Unterricht für die „Grenzlanddeutschen"

FORSCHUNGEN ZU GESCHICHTE UND KULTUR DER BÖHMISCHEN LÄNDER

Herausgegeben von
Robert Luft / Stefan Albrecht / Joachim Bahlcke /
K. Erik Franzen / Andreas Helmedach / Sarah Scholl-Schneider /
Thomas Winkelbauer / Volker Zimmermann
im Auftrag der Historischen Kommission für die böhmischen Länder e.V.

BAND 6

Zu Qualitätssicherung und Peer Review der vorliegenden Publikation

Notes on the quality assurance and peer review of this publication

Die Qualität der in dieser Reihe erscheinenden Arbeiten wird vor der Publikation durch einen der Herausgeber geprüft.

Prior to publication, the quality of the work published in this series is reviewed by one of the editors of the series.

Stefan Johann Schatz

Unterricht für die „Grenzlanddeutschen"

Das deutschsprachige Schulwesen im Reichsgau Sudetenland 1938–1945

Se shrnující odbornou studií v českém jazyce.

Bibliografische Information der Deutschen Nationalbibliothek
Die Deutsche Nationalbibliothek verzeichnet diese Publikation in der Deutschen Nationalbibliografie; detaillierte bibliografische Daten sind im Internet über http://dnb.d-nb.de abrufbar.

Zugleich Dissertation zur Erlangung des akademischen Grades Dr. phil. im Fach Erziehungswissenschaften an der Kultur-, Sozial- und Bildungswissenschaftlichen Fakultät der Humboldt-Universität zu Berlin, verteidigt am 03.02.2020.

Herausgegeben mit freundlicher Unterstützung des Deutsch-Tschechischen Zukunftsfonds.

Gefördert aus Mitteln der Kultur-, Sozial- und Bildungswissenschaftlichen Fakultät der Humboldt-Universität zu Berlin.

Die tschechischsprachige Zusammenfassung wurde von Mirek Němec aus dem Deutschen ins Tschechische übersetzt.

Umschlagabbildung: Annexion Sudetenland – Ein Lehrer erklärt. Fotografie von H. Niclatsch für Weltbild vom 10. Oktober 1938, erschien am 27. Oktober 1938 in der Berliner Illustrirten Zeitung, in Heft 43/1938, Seite 1674. Copyright: ullstein bild 00266171.

11
ISSN 2197-2885
ISBN 978-3-631-87304-5 (Print) · E-ISBN 978-3-631-89275-6 (E-PDF)
E-ISBN 978-3-631-89276-3 (EPUB) · DOI 10.3726/b20344

© Peter Lang GmbH
Internationaler Verlag der Wissenschaften
Berlin 2023
Alle Rechte vorbehalten.

Peter Lang – Berlin · Bern · Bruxelles · New York · Oxford · Warszawa · Wien

Das Werk einschließlich aller seiner Teile ist urheberrechtlich geschützt. Jede Verwertung außerhalb der engen Grenzen des Urheberrechtsgesetzes ist ohne Zustimmung des Verlages unzulässig und strafbar. Das gilt insbesondere für Vervielfältigungen, Übersetzungen, Mikroverfilmungen und die Einspeicherung und Verarbeitung in elektronischen Systemen.

Diese Publikation wurde begutachtet.

www.peterlang.com

Inhalt

Danksagung 11

Konsolidierung eines „grenzlanddeutschen" Schulwesens?
Einführung in die Arbeit 13

    Thema und Fragestellung 13

    Forschungskontexte und Forschungsstand 19

    Quellenbasis und Aufbau 42

„Sudetendeutschtum" und „Grenzlanddeutschtum".
Zur Begrifflichkeit 45

    Entstehung und Emergenz des sudetendeutschen
    „Grenzland"-Konzepts 45

    „Grenzlanddeutsche" und Interessen des Deutschen Reiches 55

Deutsches Schulwesen in der Tschechoslowakei.
Zur Vorgeschichte 75

    Das deutschsprachige Schulwesen in der Tschechoslowakei 75

    Deutsche Lehrerverbände in der Tschechoslowakei 83

    Radikalisierung 1938 87

    Schulpolitik im nationalsozialistischen Deutschland um 1938 94

Die Anfänge des nationalsozialistischen Schulwesens im
„Sudetenland" 97

    Reichserziehungsminister Rust im Reichsgau Sudetenland 97

    Installation der Schulverwaltung 99

    Akteure der Schulverwaltung 105

    Beginn der „Gleichschaltung" 112

    Ausschluss und Verfolgung Andersdenkender 121

    Verfolgung und Ausgrenzung der jüdischen Bevölkerung – Shoa 126

Eine andere Sicht auf Bildung. Der Umbau des Schulwesens 131

Auslese nach oben: die Bürgerschulen 132
   Auswahl des besten Schülerdrittels? 138
   Einführung der Hauptschule 140
   Theo Keil in Berlin 146
   Der Ausbau der 5. und 6. Klasse 149
Profiteure der neuen Vorgaben – die Volksschulen 153
Auslese nach oben: die Höheren Schulen 155
Auslese nach unten: die Sonderschulen 159
Allgemeinbildung vor fachlicher Bildung: das Berufsschulwesen 166
Gescheiterte Neubauplanungen – die infrastrukturelle Förderung des Schulwesens 170
Lehrkräfteausbildung und Lehrkräftemangel 173
   Lehrkräfteausbildung bis 1938 173
   Diskussion um die Akademisierung der Lehrkräfteausbildung 177
   Ausbildung der Kindergärtnerinnen 185
   Trotz Lehrkräftemangels – Qualitätssicherung der Lehrkräfteausbildung? 186
   „Ostaufgabe" der sudetendeutschen Lehrkräfteausbildung? 188
Zwischenergebnisse 191

Unterricht für „Grenzlanddeutsche". Bemühungen um eine eigene Schulbildung 195

Grenzlanddeutscher Literaturunterricht 195
Grenzlanddeutsche Geschichte 212
Grenzlanddeutsche Kompetenz. Das Schulfach Tschechisch 219
   Im Umfeld der Schulverwaltung 220
   Tschechische Sprache und „Volkstumspolitik" 222
   Richtungswechsel ab 1939 223
   Umfrage im Regierungsbezirk Troppau 233
   Heydrichs Widerspruch 238

Tschechisch – das unbeliebte Schulfach 244
Annäherung an die Schulpraxis 250
Lehrbuch 255
Prüfungen 274
Zwischenüberlegungen 278
Sudetendeutsche Gedenktage 280
Sudetendeutscher „Freiheitskampf" im Rahmen der
Kinderlandverschickung 286
Zwischenergebnisse 289

„Eindeutschung" des Sudetenlandes. Die „Volkstumsarbeit" der Schulverwaltung 291

Die tschechische Minderheit im Reichsgau Sudetenland 292
„Eindeutschungs"-Kontroversen um tschechische Schüler/-innen 295
    Akteure der deutschen Verwaltung 298
    Tschechische Kinder an deutschen Schulen? 304
    Kontroversen um die Vereinheitlichung der Einschulungspraxis 319
    Eindeutschung nach „rassischen" Kriterien? 321
    Kontroverse um die „sudetische Rasse" 336
    Zwischenüberlegungen 339
Unterordnung als Unterrichtsziel. Das tschechische Schulwesen
im Reichsgau Sudetenland 341
    Unter deutscher Schulaufsicht 343
    Zwischenüberlegungen 372
Zwischen Ausgrenzung und Beschulung. Die Diskussion über die
Beschulung von Zwangsarbeiterkindern im Reichsgau
Sudetenland 374
Beschulung „Volksdeutscher" im Reichsgau Sudetenland 383
Zwischenergebnisse 391

Verwaltung des Mangels. Die Schulverwaltung im Totalen Krieg 397

Fazit. Die ungehörten „Grenzlanddeutschen" 413

Appendix 423

    Karrieren nach 1945 423

    Statistische Angaben über das Schulwesen 427

    Übersicht über die Personen in der Schulverwaltung 429

        Die deutsche Schulverwaltung in Böhmen und Mähren-Schlesien (1935/1936) 429

        Schulverwaltung und Nationalsozialistischer Lehrerbund (NSLB) im Reichsgau Sudetenland 432

        Schulräte im Reichsgau Sudetenland 436

        NSLB-Gauwaltung Sudetenland in Reichenberg 442

        NSDAP-Kreisbeauftragte für Schul- und Erzieherfragen 444

        NSLB-Kreiswalter 446

Karte des Reichsgaus Sudetenland (1938–1945) 451

Quellen und Literatur 453

    Archivalien 453

    Publikationen bis 1945 456

        Unter Angabe einer Autoren- oder Herausgeberschaft 456

        Veröffentlichungen/Mitteilungen/Verordnungen ohne Angabe einer Autorenschaft 464

        Veröffentlichungen im Amtlichen Schulblatt für den Reichsgau Sudetenland 466

        Schulchroniken 468

        Lehrbücher/Texte aus Lehrbüchern 469

    Publikationen nach 1945 471

Výuka pro „Grenzlanddeutsche". Německojazyčné školství v Říšské župě Sudety 1938–1945 ... 501

Úvod ... 502

Historický kontext ... 502

Vymezení problematiky a prameny ... 509

Oblast 1: Změny ve struktuře školství ... 515

Oblast 2: Vyučování na sudetoněmeckých školách ... 519

Oblast 3: Zacházení s českým obyvatelstvem ... 526

Omezování českého školství ... 527

Kontroverze spojené s „poněmčením" českého žactva ... 530

Závěrečná fáze 1944/1945 ... 533

Shrnutí ... 535

Prameny a literatura ... 535

Abkürzungen ... 549

Konkordanz der Ortsnamen ... 553

Deutsch – Tschechisch ... 553

Tschechisch – Deutsch ... 558

Personenregister ... 565

Danksagung

Die vorliegende Arbeit ist die leicht überarbeitete Fassung meiner im Herbst 2019 im Fach Erziehungswissenschaften an der Humboldt-Universität zu Berlin eingereichten Dissertationsschrift. Diese Arbeit hätte nicht entstehen können, wenn mich dabei nicht zahlreiche Menschen und Institutionen unterstützt hätten. An dieser Stelle möchte ich ihnen meinen Dank aussprechen.

Zuerst gebührt dieser den beiden Betreuern dieser Arbeit, Prof. Dr. Marcelo Caruso (Berlin) und Prof. Dr. Volker Zimmermann (München/Düsseldorf). Ihr Vertrauen in meine Forschung, ihre konstruktiven wie kritischen Hinweise und ihre kontinuierliche, ermutigende wie sehr engagierte Unterstützung brachten meine Studie auf die richtige Spur.

Bei Doc. Dr. phil. Mirek Němec (Ústí nad Labem) und Prof. PhDr. Tomáš Kasper, Ph.D. (Liberec und Prag) bedanke ich mich herzlich für die vielen inspirierenden Gespräche und ihre wertvollen Hinweise zur Schulgeschichte der Tschechoslowakei in der Zwischenkriegszeit.

In allen Archiven wurde ich gut beraten und unterstützt. Daher möchte ich deren Mitarbeitenden ebenfalls meinen Dank aussprechen. Dabei besonders herausstellen möchte ich Jana Vanišová (Státní oblastní archiv Litoměřice – Krajská), Mgr. Roman Reil (Státní okresní archiv Trutnov) und Mgr. Zdeněk Kravar, Ph.D. (Zemský archiv Opava), die mir mit großer Eigeninitiative bei der Recherche nach relevanten Archivquellen halfen. Nicht zuletzt ist der Erfolg einer wissenschaftlichen Arbeit von der Forschungsinfrastruktur abhängig: Die Humboldt Graduate School Berlin und die Staatsbibliothek zu Berlin stellten Arbeitsplätze zur Verfügung, und das Team der Staatsbibliothek zu Berlin erfüllte jeden noch so ungewöhnlichen Bücherwunsch.

Eine Doktorarbeit finanziert sich nicht aus Motivation allein. Ich bedanke mich deshalb herzlich bei der Konrad-Adenauer-Stiftung, dass sie mich und meine Forschung mit einem Promotionsstipendium förderte. Neben der finanziellen Unterstützung war für mich besonders die hervorragende ideelle Förderung wertvoll. Die Stiftung war für mich ein Ort großer Inspiration – gerade deshalb, weil ich dort meine Forschungsarbeit in völlig anderen Fachkontexten diskutieren konnte.

Bei Prof. Dr. Dr. h. c. i. R. Detlef Brandes (Berlin) und Dr. K. Erik Franzen (München) bedanke ich mich für die kritische Lektüre des Textes vor der Drucklegung. Mein großer Wunsch war es, dass diese Arbeit in einem bohemistischen Umfeld erscheint: Umso mehr freut es mich, dass die Historische

Kommission für die Böhmischen Länder mein Buch in ihre Reihe aufgenommen hat. Ihr wie auch dem Deutsch-Tschechischen Zukunftsfonds und der Humboldt-Universität zu Berlin bin ich sehr dafür verbunden, dass sie die Drucklegung dieser Schrift finanziell unterstützen. Dr. Robert Luft (München) und Prof. Dr. Volker Zimmermann begleiteten mich im Schlussspurt und halfen umsichtig, dem Manuskript den letzten Schliff zu geben. Ich freue mich, dass die Historische Kommission und der Peter Lang Verlag es ermöglichten, der Schrift eine tschechischsprachige Zusammenfassung beizufügen, die Mirek Němec dankenswerterweise vom Deutschen ins Tschechische übersetzt hat.

Da sich bei der Textarbeit irgendwann Fehlerblindheit einschleicht, bin ich sehr dankbar, dass Michael Nerenz die Dissertation vor Einreichung bei der Universität Korrektur las und Steffen Schröter (text plus form, Dresden) das eingehende Sprachlektorat dieses Textes vor Drucklegung übernahm.

Meine abschließenden Dankesworte möchte ich meinen Eltern und meiner Frau aussprechen: Ich danke meinen Eltern, die mich auf meinem Bildungsweg immer unterstützten. Mein größter Dank gebührt meiner Frau Stefanie, die jahrelang viele Abende und Wochenenden ohne mich verbringen musste. Meine liebe Steffi, ich danke dir für deine Geduld, dein Verständnis und deine Unterstützung, gerade während der Durststrecken bei der Erstellung dieser Arbeit.

Berlin, im Juli 2022

Konsolidierung eines „grenzlanddeutschen" Schulwesens? Einführung in die Arbeit

Thema und Fragestellung

> Als im Herbst 1938 das Sudetendeutschtum vom Führer in das Großdeutsche Reich heimgeholt wurde, begann auch für das sudetendeutsche Schulwesen ein neuer Abschnitt in seiner langen und ehrenvollen Geschichte. [...] Die Aufgaben, vor die sich die neue Schulverwaltung gestellt sah, waren sehr vielseitig, da es galt, eine gute Tradition weiterzuführen und gleichzeitig den Anforderungen der neuen Zeit gerecht zu werden. Es kam daher nicht nur darauf an, äußere Angleichungen der Schulformen durchzuführen, sondern es ging vor allem auch darum, die sudetendeutsche Schule mit nationalsozialistischem Geiste zu erfüllen.[1]

Mit diesen Worten beschrieb Ludwig Eichholz, Leiter der Schulverwaltung im Reichsgau Sudetenland, im Jahr 1940 sowohl das Selbstverständnis seiner Dienststelle als auch die Herausforderung, vor der die Bildungspolitik in seinem Zuständigkeitsbereich stand. Zwei Jahre zuvor, Anfang Oktober 1938, hatten Einheiten der deutschen Wehrmacht infolge des Münchner Abkommens die mehrheitlich deutschsprachigen Gebiete der Tschechoslowakei besetzt und in das Deutsche Reich eingegliedert. Auf diese Weise endete das überwiegend friedliche Zusammenleben von Deutschen und Tschechen in den böhmischen Ländern.

Allerdings war dieses Mit- und Nebeneinander bereits vorher in zunehmendem Maße eingetrübt gewesen: Seit der zweiten Hälfte des 19. Jahrhunderts bildete sich ein nationaler Gegensatz heraus und entwickelte sich zu einem bestimmenden Element der politischen Verhältnisse in den böhmischen Ländern, obgleich Angehörige beider Nationen in vielen gesellschaftlichen Bereichen weiterhin einvernehmlich zusammenlebten. Zu jener Zeit, als diese Gebiete noch Teil der Habsburgermonarchie waren, geschah dies auch und gerade trotz wachsender Bildungsmöglichkeiten, die eben nicht mit einem gegenseitigen Spracherwerb einhergingen. Das Erlernen der Sprache des anderen blieb vor allem ein Projekt Einzelner – und war im Gegenteil vonseiten nationalbewusster Gruppen aufgrund der von ihnen

---

1 EICHHOLZ, Ludwig: Die Neugestaltung des sudetendeutschen Schulwesens. Reichenberg 1940, 7.

propagierten Sorge vor dem Verlust der eigenen nationalen Existenz nicht erwünscht.[2]

Ein deutsch-tschechischer Ausgleich zugunsten der sich benachteiligt fühlenden tschechischen Bevölkerungsmehrheit in den böhmischen Ländern scheiterte, und mit der Niederlage Österreich-Ungarns im Ersten Weltkrieg war 1918 auch das Ende der habsburgischen Herrschaft besiegelt. Auf dem Territorium der böhmischen Länder (Böhmen, Mähren, Österreichisch Schlesien) und der bisherigen ungarischen Provinz Oberungarn (Slowakei) sowie Karpatenrussland (Karpato-Ukraine) entstand nun ein neues, demokratisch verfasstes Staatswesen – die Tschechoslowakische Republik (Československá republika, ČSR).[3]

Dieser Staat war ethnisch heterogen: Nach der 1921 durchgeführten Volkszählung lebten in ihm 6,7 Millionen Tschechen und 2 Millionen Slowaken, die zusammengefasst als Tschechoslowaken die Staatsnation stellten, dazu 3,1 Millionen Deutsche, 747 000 Ungarn, 461 000 Russen und Ukrainer, 180 000 Juden und 76 000 Polen.[4] Demnach machte die deutsche Bevölkerung 23,4 Prozent der Bewohner der Tschechoslowakei aus.[5] Von einer einseitigen Tschechisierungspolitik kann jedoch keine Rede sein: Mehr als 90 Prozent der deutschsprachigen Bevölkerung hatten das Recht, im Behördenverkehr ihre Muttersprache zu verwenden; so war es möglich, dass ein großer Teil von ihnen grundsätzlich ohne Tschechischkenntnisse auskam.[6] Zudem hatte nach Meinung des tschechoslowakischen Schulministeriums wie auch vieler Pädagoginnen und Pädagogen das Deutsche den Status einer zweiten Staatssprache inne – jede gebildete

---

2   ADAM, Alfons: Unsichtbare Mauern. Die Deutschen in der Prager Gesellschaft zwischen Abkapselung und Interaktion (1918–1938/39). (Veröffentlichungen zur Kultur und Geschichte im östlichen Europa 41) Essen 2013, 212.
3   ALEXANDER, Manfred: Kleine Geschichte der böhmischen Länder. Stuttgart 2008, 399–401.
4   Vgl. PROSCHWITZER, Erhart: Staatsbürgerkunde: Lehrbuch für praktisches Studium und Handbuch für Schulpraxis. Leipzig [u. a.] 1925, 10. Zitiert nach NĚMEC, Mirek: Erziehung zum Staatsbürger? Deutsche Sekundarschulen in der Tschechoslowakei 1918–1938. (Veröffentlichungen zur Kultur und Geschichte im östlichen Europa 33) Essen 2010, 15.
5   MAJEWSKI, Piotr M.: Sudetští Němci: 1848–1948 – dějiny jednoho nacionalismu [Die Sudetendeutschen 1848–1948 – Die Geschichte eines Nationalismus]. Brno 2014, 216.
6   KUČERA, Jaroslav: Minderheit im Nationalstaat. Die Sprachenfrage in den tschechisch-deutschen Beziehungen 1918–1938. (Quellen und Darstellungen zur Zeitgeschichte 43) München 1999, 307.

Bürgerin und jeder gebildete Bürger sollte neben dem Tschechischen oder Slowakischen auch das Deutsche beherrschen.[7] Mirek Němec weist darauf hin, dass diese gewünschte Zweisprachigkeit eine Grundlage für die Integration der deutschsprachigen Bevölkerung in den Staat schaffen sollte.[8] Deutsch wurde somit inoffiziell die zweite Staatssprache, und auch vonseiten des Bildungsministeriums wurde eine deutsch-tschechische Zweisprachigkeit der tschechoslowakischen Eliten ebenso gewünscht wie gefördert.[9] War vom größten Teil der deutschen Bevölkerung der böhmischen Länder der Einbezug ihrer Siedlungsgebiete in die Tschechoslowakei anfangs vehement abgelehnt worden, führten unter anderem deutliche sozialpolitische Verbesserungen (Einführung einer Arbeitslosenunterstützung und des Acht-Stunden-Arbeitstags, Förderung des Wohnungsbaus)[10] zu einer wachsenden Akzeptanz gegenüber dem neuen Staat.[11] Politisch drückte sich dies im Laufe der 1920er Jahre in der Unterstützung der deutschen Parteien aus, die sich dem sogenannten Aktivismus, der Mitarbeit in der Tschechoslowakei, verschrieben hatten (so waren an Regierungen beteiligt: der Bund der Landwirte unter Franz Spina, die Deutsche Christlich-Soziale Volkspartei unter Robert Mayr-Harting und Erwin Zajicek sowie die Sozialdemokraten unter Ludwig Czech).[12]

Allerdings führten die Weltwirtschaftskrise und die als erfolgreich wahrgenommene Wirtschaftspolitik NS-Deutschlands nach 1933 dazu, dass die aktivistischen Parteien in den 1930er Jahren zunehmend ins Hintertreffen gerieten[13] und die 1933 gegründete, deutschnational orientierte Sudetendeutsche Heimatfront

---

7 NĚMEC, Mirek: Verpönte Landessprache? Deutsch in der Ersten Tschechoslowakischen Republik. In: EHLERS, Klaas-Hinrich et al. (Hg.): Sprache, Gesellschaft und Nation in Ostmitteleuropa. Institutionalisierung und Alltagspraxis. (Bad Wiesseer Tagungen des Collegium Carolinum 35) Göttingen 2014, 93–113, hier 112.
8 EBENDA 112.
9 NĚMEC, Mirek: Ve státním zájmu? Národnostní problematika ve středním školství meziválečného Československa [Im Interesse des Staates? Ethnische Problemstellungen im Mittelschulwesen der Tschechoslowakei in der Zwischenkriegszeit]. Červený Kostelec, Ústí nad Labem 2020, 178–180.
10 Vgl. HOENSCH, Jörg K.: Geschichte der Tschechoslowakei. Stuttgart 1992, 42.
11 ZÜCKERT, Martin: Vom Aktivismus zur Staatsnegation? Die Sudetendeutschen zwischen Staatsakzeptanz, regional-nationalistischer Bewegung und dem nationalsozialistischen Deutschland. In: HASLINGER, Peter/PUTTKAMER, Joachim von (Hg.): Staat, Loyalität und Minderheiten in Ostmittel- und Südosteuropa 1918–1941. (Buchreihe der Kommission für Geschichte und Kultur der Deutschen in Südosteuropa 39) München 2007, 69–98, hier 74–75.
12 ALEXANDER: Kleine Geschichte der böhmischen Länder 422–423, 440–441.
13 EBENDA 432–434.

(SHF, ab 1935 Sudetendeutsche Partei, SdP) um den Turnlehrer Konrad Henlein zunehmend an Einfluss gewann.[14] Sie wurde bald die bei Weitem stärkste deutsche Partei im Prager Parlament.[15]

Die Deutschen – in Österreich-Ungarn vormals neben den Ungarn eine gesellschaftlich wie politisch privilegierte Gruppe – wurden nun zur Minderheit. Sie verwendeten dabei als Eigenbezeichnung vor 1933 seltener sudetendeutsch, sondern die Begriffe tschechoslowakische Deutsche oder einfach nur Deutsche. Auch die deutschsprachigen Parteien in der Tschechoslowakei bezeichneten sich nach 1918 nicht als sudetendeutsch, sondern als deutsch.[16] Erst die Gründung der Sudetendeutschen Heimatfront ließ den identitätsstiftenden Begriff ab 1933 allgemein bekannt und gebräuchlich werden.[17]

Damit einhergehend strebte die SHF/SdP die Formierung einer „Volksgemeinschaft" an, die alle Sudetendeutschen umfassen sollte. Den Begriff Volksgemeinschaft,[18] der bereits vor dem Ersten Weltkrieg aufgekommen war und der auch von Adolf Hitler propagiert wurde, verwendete sie aber in mehrfacher Hinsicht anders als die Nationalsozialistische Deutsche Arbeiterpartei (NSDAP) im Deutschen Reich. Zum einen hob er auf eine „Schicksalsgemeinschaft" der Sudetendeutschen ab, die im Gegensatz zu ihren reichsdeutschen

---

14 Bereits vor der Gründung der SHF gab es zwei deutschsprachige Parteien in der Tschechoslowakei, die diesen Staat dezidert abgelehnt hatten: die Deutsche Nationalpartei (DNP) und die Deutsche Nationalsozialistische Partei (DNSAP). Nach deren Verbot 1933 gründete Konrad Henlein schließlich die SHF, die sich, um an den Parlamentswahlen 1935 teilnehmen zu können, in SdP umbenannte. Bewegte sich die Partei anfangs noch im Spannungsfeld zwischen ständischen, nicht unbedingt den Anschluss suchenden Ideen auf der einen und großdeutschen Forderungen auf der anderen Seite, arbeitete sie spätestens ab 1937 dezidert auf einen Anschluss an das Deutsche Reich hin. Siehe hierzu ausführlich: GEBEL, Ralf: „Heim ins Reich!": Konrad Henlein und der Reichsgau Sudetenland (1938–1945). (Veröffentlichungen des Collegium Carolinum 83) München 1999, 25–60, besonders 58; kürzer hierzu: ALEXANDER: Kleine Geschichte der böhmischen Länder, 432–443.
15 ZÜCKERT: Vom Aktivismus zur Staatsnegation 72.
16 VIERLING, Birgit: Kommunikation als Mittel politischer Mobilisierung. Die Sudetendeutsche Partei (SdP) auf ihrem Weg zur Einheitsbewegung in der Ersten Tschechoslowakischen Republik (1933–1938). (Studien zur Ostmitteleuropaforschung 27) Marburg 2014, 29.
17 EBENDA.
18 EBENDA 102. Zum Forschungsdiskurs um die Volksgemeinschaft im NS-Kontext siehe die Ausführungen im Kapitel: „‚Sudetendeutschtum' und ‚Grenzlanddeutschtum'. Zur Begrifflichkeit".

Brüdern und Schwestern gegen ihren Willen im tschechoslowakischen Staat leben mussten.[19] Zum anderen war er mit der Vorstellung einer nach Berufsständen gegliederten, solidarischen deutschen Gemeinschaft innerhalb der Tschechoslowakei verbunden.[20] Die Konstruktion einer „sudetendeutschen Volksgemeinschaft" richtete sich also vor allem gegen den tschechischen Gegner in dem seit dem 19. Jahrhundert geführten „Volkstumskampf" und sollte dabei helfen, „gegen die Benachteiligung im fremdnationalen Staat vor[zu]gehen".[21]

Mit diesem Erfahrungshintergrund und Selbstverständnis kamen die sogenannten Sudetendeutschen im Oktober 1938 in das nationalsozialistische Deutsche Reich – dessen um ideologische Gleichschaltung bemühte Führung allerdings keineswegs an Partikularinteressen oder regionalen Sonderrollen interessiert sein konnte. Denn die SdP bzw. die bald entstehende sudetendeutsche NSDAP vertrat nun offensiv die Auffassung, dass den neuen sudetendeutschen Volksgenossen im Deutschen Reich eine besondere Rolle als Grenzlanddeutsche zukommen solle. Diese Spannung zwischen Reichsidentität und der Beanspruchung einer Sonderrolle betraf notwendigerweise in hohem Maße eine Institution, die in der Moderne zunehmend mit der Hervorbringung, Veränderung und Reproduktion von Identität betraut wurde: die Schule.

Damit entwickelte sich unter den Bedingungen der NS-Herrschaft ein Konfliktfeld, mit dem sich die regionale Schulverwaltung als ausführendes Organ der schulpolitischen Vorstellungen des Reiches auseinandersetzen musste. Ebendieses Konfliktfeld soll in der vorliegenden Arbeit in den Blick genommen werden. Zentral ist dabei die Frage nach der Bedeutung des Grenzlandparadigmas für die Arbeitspraxis der Schulverwaltung: Versuchte die Schulverwaltung, durch die Betonung einer speziellen Rolle der Sudetendeutschen als Grenzlanddeutsche tatsächlich auch eigene Ansprüche zu legitimieren? Wollte sie der von Berlin geforderten Erziehung zu Deutschen tatsächlich eine eigene Erziehung zu Sudetendeutschen entgegenstellen? In dieser Hinsicht ist von Interesse, ob und inwieweit die Schulverwaltung versuchte, ihren Anspruch nicht nur gegenüber den eigenen Lehrkräften zu vertreten, sondern auch im Schulunterricht selbst durchzusetzen. Wie standen zudem die auf Vereinheitlichung ausgerichteten NS-Behörden, vor allem das Reichserziehungsministerium in Berlin, dazu? War Letzteres bereit, dieser Gruppe – im Gefolge der vorher in Deutschland

---

19 VIERLING: Kommunikation als Mittel politischer Mobilisierung 101.
20 EBENDA 114.
21 EBENDA 101–102.

so breit unterstützten Verklärung der deutschsprachigen Minderheit in der Tschechoslowakei als selbsterklärte tapfere Grenzlanddeutsche – nun tatsächlich eine eigenständige Rolle im Schulwesen des Großdeutschen Reiches zuzugestehen? Diese Fragen möchte die vorliegende Studie auf mehreren Ebenen beantworten.

Dies betrifft zunächst die Auseinandersetzung um den Fortbestand des aus österreichischer Tradition stammenden ausdifferenzierten Schulsystems der Tschechoslowakei, das nun gemäß nationalsozialistischen Ordnungsvorstellungen angepasst werden sollte. Wurde tatsächlich das Schulwesen im Reichsgau Sudetenland nach den Vorgaben aus dem Reich angeglichen, und wenn ja, stand dies im Gegensatz zu sudetendeutschen Vorstellungen? Oder setzte die sudetendeutsche Schulverwaltung diesen Forderungen nach einer sogenannten Verreichlichung ihren grenzlanddeutschen Anspruch auf ein eigenes Schulwesen entgegen?

Doch nicht nur im äußeren Schulaufbau, sondern auch im Unterricht selbst kam es zu Veränderungen. Der liberale tschechoslowakische Lehrbuchmarkt ermöglichte es völkischen Autoren bereits vor 1938, in Lehrbüchern nationalistische Beiträge zu veröffentlichen. Nach 1938 strebte die Schulverwaltung eine umfassende Neuorganisation der Lehrbuchversorgung an. Der völligen Vereinheitlichung der Unterrichtsrichtlinien nach Reichsvorgaben versuchte die Schulverwaltung eigene Unterrichtsinhalte entgegenzusetzen. Gelang es der Schulverwaltung hierbei, ihr Narrativ der grenzlanddeutschen Sudetendeutschen in den Lehrinhalten des hierfür wesentlichen Deutsch- und Geschichtsunterrichts unterzubringen? Mit besonderem Nachdruck versuchte die Schulverwaltung darüber hinaus, die Ersetzung des Tschechischunterrichts durch den Englischunterricht abzuwehren, da der Erstere notwendig sei, um grenzlanddeutsche Aufgaben erfüllen zu können. Wie reagierte Berlin auf diesen Anspruch und konnte der Tschechischunterricht beibehalten werden? Gelang es ferner, eigene, von den Reichsvorgaben abweichende sudetendeutsche Schulfeiern in den Schulen zu veranstalten?

Durch die Errichtung des Reichsgaus 1938 kam auch eine große tschechische Minderheit, laut Volkszählung vom 17. Mai 1939 genau 291 198 Personen,[22] unter nationalsozialistische Herrschaft. Diese sah sich bis 1945 zunehmender

---

22 ZIMMERMANN, Volker: Die Sudetendeutschen im NS-Staat. Politik und Stimmung der Bevölkerung im Reichsgau Sudetenland (1938–1945). (Veröffentlichungen des Instituts für Kultur und Geschichte der Deutschen im östlichen Europa 16) Essen 1999, 279.

Repression ausgesetzt. Die Schulverwaltung räumte ihr keine besondere schulische Förderung ein, stattdessen intendierte sie unter dem Schlagwort Volkstumsarbeit eine „Eindeutschung" und versuchte, darin eine eigene, sudetendeutsche Position durchzusetzen. Perspektivisch sollte die Eindeutschung mittels unterschiedlicher Herangehensweisen verwirklicht werden: durch die Vertreibung oder gar Eindeutschung von Tschechen, aber auch durch die Ansiedlung von sogenannten Volksdeutschen. Zudem stand zur Diskussion, ob Zwangsarbeiterkinder aus Osteuropa die Stellung der Tschechen stärken könnten bzw. ob es überhaupt noch eigene Schulen für die tschechische Minderheit geben sollte. Diese recht disparat anmutenden Problemstellungen hängen mit ihrer gemeinsamen Zielsetzung, eine Eindeutschung der böhmischen Länder zu erreichen, eng zusammen. Gelang es der Schulverwaltung, hierbei als eigenständiger Akteur aufzutreten und ihre Interessen durchzusetzen?

Nur rund zwölf Monate lebte der Teil der Bevölkerung des Sudetenlandes, der sich nicht Vertreibung, Misshandlungen und Übergriffen ausgesetzt sah, nach dem Münchner Abkommen 1938 in Frieden. Nach dem Kriegsausbruch im September 1939 wirkte sich der Kriegsalltag auch in der Schule aus, wenngleich zunächst nur schrittweise. Erst ab 1943, nach der deutschen Niederlage in der Schlacht um Stalingrad und der Propagierung des Totalen Krieges seitens NS-Deutschlands, waren die Kriegsauswirkungen im Schulalltag deutlicher spürbar. Wie reagierte die personell zunehmend schrumpfende Schulverwaltung darauf, insbesondere in den letzten Kriegsjahren 1944/1945, als ihre Arbeit immer stärker eingeschränkt wurde?

Forschungskontexte und Forschungsstand

Diese Fragen stehen im direkten Bezug zu vielfältigen Forschungskontexten, die sich in verschiedenen Fachrichtungen herausbildeten und die dieser bildungshistorischen Arbeit einen breiten Analyserahmen geben sollen. Die Arbeit behandelt den Zeitraum von 1938 bis 1945 in einem spezifischen Territorium, dem Reichsgau Sudetenland (Říšská župa Sudety). Dieses umfasste den größten Teil der Gebiete, die die Tschechoslowakei infolge des Münchner Abkommens 1938 an das Deutsche Reich abtreten musste. Somit steht die Forschung zuerst einmal im Kontext der Regionalgeschichte – der zeitgeschichtlichen Erforschung des Territoriums der heutigen Tschechischen Republik während der nationalsozialistischen Besatzung.

Anders als das „Protektorat Böhmen und Mähren" (Protektorát Čechy a Morava)[23] wird der Reichsgau Sudetenland erst seit der Jahrtausendwende ausführlich erforscht.[24] Dies lässt sich einerseits durch das mangelnde Interesse der tschechoslowakischen und tschechischen Historiografie begründen, die sich fast ausschließlich mit dem Schicksal der tschechischen Bevölkerung in den Jahren der Besatzung befasste;[25] andererseits wurde von deutscher Seite die Geschichte des Reichsgaus Sudetenland im Gesamtkontext des Zusammenlebens von Deutschen und Tschechen in den böhmischen Ländern kaum beachtet. Erst Ende der 1990er Jahre veröffentlichten Volker Zimmermann und Ralf Gebel einschlägige, breit angelegte Dissertationen über Stimmung und Lage der deutschen Bevölkerung bzw. über die politische Struktur des Reichsgaus Sudetenland.[26] Daneben erschienen weitere Studien zu diversen Forschungsgegenständen (Strafjustiz, Wirtschaft, Verwaltung, Judenverfolgung, Euthanasie).[27] Auch tschechische Autorinnen und Autoren verfassten eine Fülle

---

23 Siehe z. B. BRANDES, Detlef: Die Tschechen unter deutschem Protektorat. Teil I. Besatzungspolitik, Kollaboration und Widerstand im Protektorat Böhmen und Mähren bis Heydrichs Tod (1939–1942). München, Wien 1969; DERS.: Die Tschechen unter deutschem Protektorat. Teil II. Besatzungspolitik, Kollaboration und Widerstand im Protektorat Böhmen und Mähren von Heydrichs Tod bis zum Prager Aufstand (1942–1945). München, Wien 1975; KASPEROVÁ, Dana: Erziehung und Bildung der jüdischen Kinder im Protektorat und im Ghetto Theresienstadt. Bad Heilbrunn 2014; ŠUSTROVÁ, Radka: Pod ochranou protektorátu. Kinderlandverschickung v Čechách a na Moravě: politika, každodennost a paměť 1940–1945 [Unter dem Schutz des Protektorats. Die Kinderlandverschickung in Böhmen und Mähren: Politik, Alltag und Erinnerung 1940–1945]. Praha 2012; MARŠÁLEK, Pavel: Pod ochranou hákového kříže. Nacistický okupační režim v českých zemích 1939–1945 [Unter dem Schutz des Hakenkreuzes. Das nazistische Okkupationsregime in den böhmischen Ländern 1939–1945]. Praha 2012; UHLÍŘ, Jan Boris: Ve stínu říšské orlice. Protektorát Čechy a Morava, odboj a kolaborace [Im Schatten des Reichsadlers. Das Protektorat Böhmen und Mähren. Widerstand und Kollaboration]. Praha 2002; DERS.: Protektorát Čechy a Morava 1939–1942. Srdce Třetí říše [Böhmen und Mähren 1939–1942. Das Herz des Dritten Reiches]. Praha 2017.
24 Als Ausnahme wäre zu nennen: BARTOŠ, Josef: Okupované pohraničí a české obyvatelstvo 1938–1945 [Das okkupierte Grenzgebiet und die tschechische Bevölkerung 1938–1945]. Praha 1978. Zudem erschienen mehrere Beiträge verschiedener tschechischer Autorinnen und Autoren zu Teilaspekten der Geschichte des Reichsgaus in Fachzeitschriften.
25 Siehe die Angaben zum Forschungsstand in den vorhergehenden Fußnoten.
26 GEBEL: „Heim ins Reich!"; ZIMMERMANN: Die Sudetendeutschen im NS-Staat.
27 Vgl. ANDERS, Freia: Strafjustiz im Sudetengau 1938–1945. (Veröffentlichungen des Collegium Carolinum 112) München 2008; BRAUMANDL, Wolfgang: Die

von Forschungsarbeiten zum Reichsgau Sudetenland, jedoch mit deutlichem Schwerpunkt auf der tschechischen Bevölkerung.[28] Daneben entstehen derzeit an der HU Berlin zwei Dissertationen zum Themenfeld Sudetenland, die sich zum einen mit dem sudetendeutschen Paramilitarismus 1918–1938[29] und zum anderen mit der Deutschen Evangelischen Kirche im Reichsgau auseinandersetzen.[30] Wilfried Jilge arbeitete zwischen 2012 und 2014 zudem in einem

---

Wirtschafts- und Sozialpolitik des Deutschen Reiches im Sudetenland. (Veröffentlichung des Sudetendeutschen Archivs in München 20) Nürnberg 1985; BIMAN, Stanislav: Verführt und machtlos? Der Anteil der Sudetendeutschen an der Verwaltung des Reichsgaus Sudetenland. In: GLETTLER, Monika/LIPTÁK, Ľubomír/MÍŠKOVÁ, Alena (Hg.): Geteilt, besetzt, beherrscht. Die Tschechoslowakei 1938–1945: Reichsgau Sudetenland, Protektorat Böhmen und Mähren, Slowakei. (Veröffentlichungen der Deutsch-Tschechischen und Deutsch-Slowakischen Historikerkommission 11) Essen 2004, 155–183; OSTERLOH, Jörg: Nationalsozialistische Judenverfolgung im Reichsgau Sudetenland. (Veröffentlichungen des Collegium Carolinum 105) München 2006; ŠIMŮNEK, Michal/SCHULZE, Dietmar (Hg.): Die nationalsozialistische „Euthanasie" im Reichsgau Sudetenland und Protektorat Böhmen und Mähren 1939–1945. Červený Kostelec 2008.

28 Vgl. RADVANOVSKÝ, Zdeněk/KURAL, Václav (Hg.): Historie okupovaného pohraničí 1938–1945 [Die Geschichte des besetzten Grenzlandes 1938–1945]. 12 Bände. Band 9 gab Václav Kural heraus, die anderen Bände Zdeněk Radvanovský. Ústí nad Labem 1998–2006; DIES.: „Sudety" pod hákovým křížem [Die Sudeten unter dem Hakenkreuz]. Ústí nad Labem 2002; PALLAS, Ladislav: České školství v severozápadních Čechách 1938–1945 [Tschechisches Schulwesen in Nordwestböhmen 1938–1945]. In: Slezský sborník 3/4 (1991) 181–190.

29 Vgl. DÖLLING, Stefan: „Volkstumskämpfer" – Sudetendeutscher Paramilitarismus von 1918 bis 1938 (Arbeitstitel). Eine Veröffentlichung der Arbeit ist bisher nicht erfolgt. Informationen zum Forschungsprojekt: https://www.geschichte.hu-berlin.de/de/bereiche-und-lehrstuehle/dtge-20jhd/forschung/laufende-forschungsprojekte/promotionsprojekt-volkstumskaempfer-sudetendeutscher-paramilitarismus-von-1918-1938-arbeitstitel [1. März 2022].

30 Vgl. NETT, Johannes: Die Deutsche Evangelische Kirche im Sudetenland und in Böhmen und Mähren (1938–1945), eine national konstituierte Kirche im Nationalsozialismus (Arbeitstitel). Eine Veröffentlichung der Arbeit ist bisher nicht erfolgt. Nennung des Forschungsprojekts: https://www.theologie.hu-berlin.de/de/professuren/stellen/kirchengeschichte/abc/gegenwaertig-betreute-qualifikationsarbeiten [1. März 2022]. Vgl. seinen Sammelwerksbeitrag: „Lazarus vor seiner Tür". Die kirchlichen Netzwerke der sudetendeutschen Protestanten auf ihrem Weg von der tschechischen Diaspora in die deutschen Landeskirchen. In: GESTRICH, Andreas/HERMLE, Siegfried/PÖPPING, Dagmar (Hg.): Evangelisch und deutsch? Auslandsgemeinden im 20. Jahrhundert zwischen Nationalprotestantismus, Volkstumspolitik und Ökumene. Göttingen 2020, 167–186.

Projekt über den sudetendeutschen Kameradschaftsbund und die Konstruktion sudetendeutscher Identität in der Zwischenkriegszeit.[31] Tobias Weger veröffentlichte 2017 seine Habilitation über die Schlesische Stammland- und die Großfriesische Bewegung, in der er ausführlich völkische Aktivitäten seitens der deutschsprachigen Bevölkerung in der Tschechoslowakei der Zwischenkriegszeit behandelt.[32] Als einzige bildungshistorische Forschungen zum Reichsgau Sudetenland liegen ein Sammelband von Theo Keil mit einem beachtlichen Materialfundus sowie eine Dokumentation zu Landwirtschaftsschulen von Josef Karl vor; beide Bände sind aber aufgrund der einseitigen zeitgenössischen sudetendeutschen Sichtweise eher als zeitgeschichtliche Dokumente der Vertriebenenliteratur zu lesen.[33]

Anders stellt sich die Forschungslage zur Schulgeschichte der Tschechoslowakei (1918–1938) dar.[34] Hier liegen zahlreiche Arbeiten vor – beispielhaft seien entsprechende Studien von Mirek Němec,[35] Dana Kasperová[36] und

---

31 Vgl. Heroischer Nationalismus: Der Sudetendeutsche Kameradschaftsbund und die Konstruktion sudetendeutscher Identität in der Ersten Tschechoslowakischen Republik; Projekt gefördert vom Beauftragten der deutschen Bundesregierung für Kultur und Medien. Informationen zum Forschungsprojekt: https://www.uni-leipzig.de/newsdetail/artikel/wissenschaftler-der-universitaet-leipzig-erforschen-sudetendeutsche-identitaet-2013-04-04 [1. März 2022].

32 WEGER, Tobias: Großschlesisch? Großfriesisch? Großdeutsch! Ethnonationalismus in Schlesien und in Friesland 1918–1945. (Schriften des Bundesinstituts für Kultur und Geschichte der Deutschen im östlichen Europa 63) Berlin, Boston 2017.

33 Vgl. KEIL, Theo (Hg.): Die deutsche Schule in den Sudetenländern. Form und Inhalt des Bildungswesens. München 1967; KARL, Josef (Hg.): Bauern, Förster, Gärtner schufen ein blühendes Land. Das sudetendeutsche Landvolk und seine Schulen. Eine Dokumentation. München 1988.

34 Beispielsweise zur Schule im Ersten Weltkrieg und dem Wirken Přemysl Pitters: PÁNKOVÁ, Markéta/PLITZOVÁ, Helena (Hg.): Odraz 1. světové války ve škole a ve společnosti [Die Widerspiegelung des Ersten Weltkrieges in Schule und Gesellschaft]. Středokluky 2015; oder zu Schulversuchen in der Zwischenkriegszeit: PÁNKOVÁ, Markéta/KASPEROVÁ, Dana/KASPER, Tomáš: Meziválečná školská reforma v Československu [Die tschechoslowakische Schulreform in der Zwischenkriegszeit]. Praha 2015; KASPEROVÁ, Dana: Československá obec učitelská v kontextu reformy vzdělávání učitelů (ŠVSP) a reformy školy [Der Tschechoslowakische Lehrerverband im Kontext der Lehrerbildungsreform in Brünn und Prag und der Schulreform]. Praha 2018.

35 Hierunter vor allem: NĚMEC: Erziehung zum Staatsbürger?; DERS.: Ve státním zájmu?

36 Hierunter insbesondere ihre Habilitation: KASPEROVÁ, Dana: Československá obec učitelská v kontextu reformy vzdělávání učitelů (ŠVSP) a reformy školy [Der Tschechoslowakische Lehrerverband im Kontext der Lehrerbildungsreform in Brünn und

Tomáš Kasper[37] genannt. Das tschechische Schulwesen der Zwischenkriegszeit ist dabei besser durchleuchtet als das tschechische Schulwesen im Protektorat.[38] Zum deutschsprachigen Schulwesen in der Tschechoslowakei der Zwischenkriegszeit wurden seit 2010 mehrere bildungshistorische Arbeiten wie diejenigen von Tomáš Kasper und Mirek Němec veröffentlicht; zudem gaben Kristina Kaiserová und Miroslav Kunštát einen Sammelband zu verschiedenen Aspekten der Schulpolitik vor 1945 heraus.[39] Tara Zahra legte eine umfassende

---

Prag und der Schulreform]. Praha 2018; DIES.: Výchova a vzdělávání židovských dětí v protektorátu a v ghettu Terezín. Praha 2010, das Buch erschien auch in deutscher Sprache: Erziehung und Bildung der jüdischen Kinder im Protektorat und im Ghetto Theresienstadt. Bad Heilbrunn 2013.

37 Vgl. hierbei insbesondere KASPER, Tomáš: Výchova či politika? Úskalí německého reformně pedagogického hnutí v Československu v letech 1918–1933 [Erziehung oder Politik? Die Klippen der deutschen reformpädagogischen Bewegung in der Tschechoslowakei in den Jahren 1918–1933]. Praha 2007; DERS. (Hg.): Německé a české reformě pedagogické vzdělávací a výchovné koncepty – analýza, komparace [Deutsche und tschechische reformpädogische Bildungs- und Erziehungskonzepte – Analyse, Vergleich]. Liberec 2008; DERS./KASPEROVÁ, Dana: Německé mládežnické hnutí a spolky mládeže v ČSR v letech 1918–1933 [Deutsche Jugendbewegung und Jugendverbände in der Tschechoslowakei in den Jahren 1918–1938]. Praha 2016.

38 Vgl. hierzu insbesondere: BOSÁK, František: Česká škola v době nacistického útlaku. Příspěvek k dějinám českého školství od Mnichova do osvobození [Die tschechische Schule in der Zeit der NS-Unterdrückung. Ein Beitrag zur Geschichte des tschechischen Schulwesens von München bis zur Befreiung]. Praha 1969; BRANDES, Detlef: „Umvolkung, Umsiedlung, rassische Bestandsaufnahme". NS-,Volkstumspolitik' in den böhmischen Ländern. (Veröffentlichungen des Collegium Carolinum 125) München 2012, insb. 78–81, 216–219; DOLEŽAL, Jiří: Česká kultura za protektorátu. Školství, písemnictví, kinematografie [Tschechische Kultur während des Protektorats: Bildung, Literatur, Kinematografie]. Praha 1996; KASPEROVÁ, Dana: Erziehung und Bildung der jüdischen Kinder; MORKES, František: Československé školy v letech 2. světové války [Die tschechoslowakischen Schulen in den Jahren des Zweiten Weltkriegs]. Praha 2005; NĚMEC, Petr: Úloha školství při germanizaci českého národa v období okupace [Die Rolle des Schulwesens bei der Germanisierung der tschechischen Nation während der Besatzungszeit]. In: Sborník k dějinám 19. a 20. století 12 (1991) 67–90; SVOBODA, Jaroslav: Školství v období protektorátu [Schulwesen in der Zeit des Protektorats]. České Budějovice 2010; VELČOVSKÝ, Václav: Čeština pod hákovým křížem [Tschechisch unter dem Hakenkreuz]. Praha 2016.

39 Vgl. NĚMEC: Erziehung zum Staatsbürger?; DERS.: Ve státním zájmu?; PÁNKOVÁ/KASPEROVÁ/KASPER: Meziválečná školská reforma v Československu; KASPER: Výchova či politika?; KAISEROVÁ, Kristina/KUNŠTÁT, Miroslav (Hg.): Die Suche nach dem Zentrum. Wissenschaftliche Institute und Bildungseinrichtungen der

Monografie über die Nationalisierung der Erziehung und Schulbildung in den böhmischen Ländern von 1900 bis 1948 vor.[40] Mikuláš Zvánovec verteidigte im Juni 2020 seine Dissertation über die nationale Schutzarbeit des Deutschen Schulvereins und der Ústřední Matice Školská (Zentraler Schulverein) in den böhmischen Ländern von 1880 bis 1918.[41]

Miroslav Breitfelder konstatierte ferner bereits 2004 in einem kurzen Aufsatz, dass die sudetendeutsche Verwaltung ihr Schulsystem für besser als das des Deutschen Reiches erachtete und es reichsdeutschen Anpassungsversuchen daher kritisch gegenüberstand.[42] Eine 2012 erschienene Studie von Detlef Brandes zu den Zielen der NS-Volkstumspolitik in den böhmischen Ländern berücksichtigt auch den Reichsgau und dessen Schulwesen, behandelt jedoch in erster Linie tschechischsprachige Schulen.[43]

Die bisherige Vernachlässigung des Schulwesens im Reichsgau Sudetenland durch die Forschung überrascht auch deshalb, weil sowohl das deutsch- als auch das tschechischsprachige Bildungswesen in vielen Forschungsarbeiten und Publikationen[44] als besonders empfindlicher Bereich des deutsch-tschechischen Zusammenlebens herausgestellt wurde. Dort zeichneten sich die Konfliktlinien zwischen dem Loyalitätsanspruch des Staates und dem Bestreben seiner Minderheiten, kulturelle wie sprachliche Eigenständigkeit zu bewahren, deutlich

---

Deutschen in Böhmen (1800–1945). (Schriftenreihe der Kommission für Deutsche und Osteuropäische Volkskunde in der Deutschen Gesellschaft für Volkskunde e. V. 96) Münster 2014.

40 Vgl. ZAHRA, Tara: Kidnapped Souls: National Indifference and the Battle for Children in the Bohemian Lands, 1900–1948. Ithaca [u. a.] 2008.

41 ZVÁNOVEC, Mikuláš: Der nationale Schulkampf in Böhmen. Deutsche und tschechische nationale Schutzarbeit im Schulwesen vor dem Hintergrund der Demokratisierungsprozesse in Cisleithanien (1880–1918). Berlin 2021.

42 BREITFELDER, Miroslav: Poslední rok Štábu a Říšská župa Sudety [Das letzte Jahr des Stabes und der Reichsgau Sudetenland]. In: RADVANOVSKÝ, Zdeněk (Hg.): Historie okupovaného pohraničí 1938–1945 [Die Geschichte des besetzten Grenzlandes 1938–1945]. Band 8. Ústí nad Labem 2004, 101–129, hier 118–121.

43 Vgl. BRANDES: „Umvolkung, Umsiedlung, rassische Bestandsaufnahme", insb. 78–81, 216–219.

44 Siehe z. B. BENEŠ, Zdeněk/KURAL, Václav (Hg.): Geschichte verstehen. Die Entwicklung der deutsch-tschechischen Beziehungen in den böhmischen Ländern, 1848–1948. Praha 2002, 72–75; JAWORSKI, Rudolf: Vorposten oder Minderheit? Der sudetendeutsche Volkstumskampf in den Beziehungen zwischen der Weimarer Republik und der ČSR. Stuttgart 1977, 26; NĚMEC: Erziehung zum Staatsbürger? 12–14.

ab.⁴⁵ Bis 1938 hatte sich ein eigenes, von der Habsburgermonarchie geprägtes tschechoslowakisches Schulwesen entwickelt, das sich von dem des Deutschen Reiches entwicklungsgeschichtlich und strukturell deutlich unterschied. Es hatte sich bereits im 19. Jahrhundert immer mehr in eine tschechische und eine deutsche Seite ausdifferenziert und stellte seither ein bildungspolitisch besonders umstrittenes Feld des deutsch-tschechischen Verhältnisses in den böhmischen Ländern dar.⁴⁶ Die Lücken bei der Erforschung des deutschsprachigen Schulsystems in Böhmen und Mähren kontrastieren mit der differenzierten Forschungsliteratur zu Schulen in anderen besetzten Gebieten während des Zweiten Weltkrieges, etwa in Rumänien, Ungarn, den Niederlanden, dem Elsass, dem Warthegau und dem Generalgouvernement sowie in den besetzten Gebieten der Sowjetunion.⁴⁷ Der Forschungsstand zur Arbeit der Schulverwaltung im nationalsozialistisch besetzten Österreich kann dagegen ebenfalls als unzulänglich bezeichnet werden; gegenwärtig liegen hierzu nur lückenhafte Studien vor.⁴⁸ Mit Blick auf das Reichsministerium für Wissenschaft, Erziehung und Forschung bietet Anne Christine Nagels Monografie einen wichtigen

---

45 Vgl. ESER, Ingo: „Volk, Staat, Gott!". Die deutsche Minderheit in Polen und ihr Schulwesen 1918–1939. Wiesbaden 2010, 21.
46 Siehe das Kapitel „Das deutschsprachige Schulwesen in der Tschechoslowakei".
47 Vgl. WIEMANN-STÖHR, Ingeborg: Die pädagogische Mobilmachung. Schule in Baden im Zeichen des Nationalsozialismus. Bad Heilbrunn 2018; KOTZIAN, Ortfried: Das Schulwesen der Deutschen in Rumänien im Spannungsfeld zwischen Volksgruppe und Staat. Augsburg 1984; WELTZER, Wigant: Wege, Irrwege, Heimwege. Schulen, Erziehungsheime und Erziehungsanstalten des Volksbundes der Deutschen in Ungarn 1940–1944. Rothenburg ob der Tauber 2005; VAN DER STEEN, Paul: Keurkinderen. Hitlers elitescholen in Nederland. Amsterdam 2009; FINGER, Jürgen: Eigensinn im Einheitsstaat. NS-Schulpolitik in Württemberg, Baden und im Elsass 1933–1945. Baden-Baden 2016; KONSTANTINOW, Sergej: Konzept und Wirklichkeit. Die Schulpolitik des Dritten Reichs in den besetzten Gebieten. In: EIERMACHER, Karl (Hg.): Verführungen der Gewalt. Russen und Deutsche im Ersten und Zweiten Weltkrieg. München 2005, 887–913; JERABEK, Blanka: Das Schulwesen und die Schulpolitik im Reichskommissariat Ukraine 1941–1944: Im Lichte deutscher Dokumente. München 1991.
48 Vgl. DACHS, Herbert: Schule in der ‚Ostmark'. In: TÁLOS, Emmerich et al. (Hg.): NS-Herrschaft in Österreich: Ein Handbuch. Wien 2000, 446–466; ENGELBRECHT, Helmut: Geschichte des österreichischen Bildungswesens. Erziehung und Unterricht auf dem Boden Österreichs. Bd. 5. Von 1918 bis zur Gegenwart. Wien 1988, 304–350.

Überblick, behandelt jedoch ansatzbedingt die Schulpolitik wie auch den Reichsgau Sudetenland nur am Rande.[49]

Um die Aktivitäten der auf relative Autonomie pochenden Schulverwaltung erforschen zu können, muss analysiert werden, in welchen Handlungsräumen sie sich überhaupt bewegen konnte. Diese waren abhängig von der Herrschaftsstruktur des NS-Staates. Die zeitgeschichtliche Forschung hat hierzu in den letzten Jahrzehnten zahlreiche Arbeiten vorgelegt.[50] Ein zentrales Thema war dabei die Frage nach dem Spannungsfeld zwischen den beiden Polen Monokratie und Polykratie. In der Forschung der Nachkriegszeit war die Feststellung der polykratischen NS-Herrschaft[51] deshalb von enormer Bedeutung, weil sie der Nachkriegsgesellschaft eine wissenschaftliche Gegenbehauptung zu der weit verbreiteten Verdrängungsthese entgegensetzte, nach der allein Adolf Hitler für die Untaten und Verbrechen der nationalsozialistischen Herrschaft verantwortlich gewesen sei. Jedoch zeigte die daran ansetzende umfangreiche Forschung, dass die Polykratie durch changierende wie auch konkurrierende Machtstrukturen die Stabilität des NS-Regimes bis 1945 zwar einerseits beförderte,[52] andererseits aber auch Spielräume eröffnete, innerhalb derer

---

49 Vgl. NAGEL, Anne Christine: Hitlers Bildungsreformer. Das Reichsministerium für Wissenschaft, Erziehung und Volksbildung 1934–1945. Frankfurt am Main 2012.

50 Beispielsweise MECKING, Sabine/WIRSCHING, Andreas (Hg.): Stadtverwaltung im Nationalsozialismus. Systemstabilisierende Dimensionen kommunaler Herrschaft. Paderborn 2005; GRUNER, Wolf/NOLZEN, Armin (Hg.): Bürokratien. Initiative und Effizienz. Berlin 2001; WERNER, Oliver (Hg.): Mobilisierung im Nationalsozialismus. Institutionen und Regionen in der Kriegswirtschaft und der Verwaltung des „Dritten Reiches" 1936 bis 1945. (Nationalsozialistische Volksgemeinschaft 3) Paderborn [u. a.] 2013; EDEN, Sören/MARX, Henry/SCHULZ, Ulrike: Ganz normale Verwaltungen? Methodische Überlegungen zum Verhältnis von Individuum und Organisation am Beispiel des Reichsarbeitsministeriums 1919 bis 1945. In: Vierteljahreshefte für Zeitgeschichte 3 (2018) 487–520.

51 Hierunter – in unterschiedlicher Ausprägung und Einschätzung – besonders: BROSZAT, Martin: dtv-Weltgeschichte des 20. Jahrhunderts. Bd. 9: Der Staat Hitlers. Grundlegung und Entwicklung seiner inneren Verfassung. München 1969; MOMMSEN, Hans: Beamtentum im Dritten Reich. Stuttgart 1966; REBENTISCH, Dieter: Führerstaat und Verwaltung im Zweiten Weltkrieg: Verfassungsentwicklung und Verwaltungspolitik, 1939–1945. Stuttgart 1989.

52 Gerade die polykratischen Strukturen hatten durch ihre stetigen Konkurrenzen überhaupt erst die Ressourcen mobilisiert, die es ermöglichten, dass sich der Zusammenbruch des Regimes bis zum Frühjahr 1945 hinauszögern konnte. Vgl. dazu RUCK, Michael: Partikularismus und Mobilisierung – traditionelle und totalitäre Regionalgewalten im Herrschaftsgefüge des NS-Regimes. In: REICHARDT, Sven/SEIBEL,

die Institutionen des Dritten Reiches nicht als willfährige Befehlsempfänger handelten, sondern auch eigene Ziele verfolgten.[53] In dieser Struktur waren besonders die Gaue mit ihren Gauleitern gezwungen, sich zwischen zahlreichen miteinander konkurrierenden Institutionen zu behaupten. Indessen konstatiert hierzu Jürgen John, in der Gesamttendenz sei unübersehbar, dass die NS-Gaue und ihre Gauleiter nicht als partikulare und zentrifugale Kräfte wirkten, sondern letztlich als integrierende, systemstabilisierende Teilelemente des kriegsorientierten und handlungsdynamischen NS-Systems.[54]

Dabei waren die Gaue nicht Ausdruck regionalen Willens, sondern nach Wunsch und Anweisung des Reiches angelegt worden. So prägten sich auch ihre Funktionen vor allem im Reichsauftrag aus, jedoch im ungleichen Ausmaß: Während Militär, Sicherheitsdienst der SS (SD), Polizei und Gestapo stärker der Reichskontrolle unterstanden, konnten in der Kultur-, Wirtschafts- und Agrarpolitik Gaue in unterschiedlichem Grad Mitwirkung erlangen.[55] Gerade auch deshalb, weil es viele Hybridformen zwischen NSDAP und Staat gab, konnten die Gauwalter des Nationalsozialistischen Lehrerbundes (NSLB) zugleich leitende Schulverwaltungsbeamte sein.

Im Anschluss an Detlef Schmiechen-Ackermann, der die Gaue ausdrücklich nicht auf kulturell-repräsentative Aspekte reduziert, soll in der vorliegenden Arbeit danach gefragt werden, welche Rolle die Gaue einerseits bei der Absicherung von Herrschaft in der nationalsozialistischen Zustimmungsdiktatur sowie andererseits bei der Umsetzung der Verfolgungsmaßnahmen spielten.[56]

Wolfgang (Hg.): Der prekäre Staat. Herrschen und Verwalten im Nationalsozialismus. Frankfurt am Main [u. a.] 2011, 75–120.
53 Siehe hierzu auch: NOAKES, Jeremy: Viceroys of the Reich? Gauleiters 1925–45. In: MC ELLIGOTT, Anthony/KIRK, Tim (Hg.): Working towards the Führer. Essays in honour of Sir Ian Kershaw. Manchester 2003, 118–152, hier 121.
54 JOHN, Jürgen: Die Gaue im NS-System. In: JOHN, Jürgen/MÖLLER, Horst/SCHAARSCHMIDT, Thomas (Hg.): Die NS-Gaue. Regionale Mittelinstanzen im zentralistischen „Führerstaat". (Schriftenreihe der Vierteljahrshefte für Zeitgeschichte: Sondernummer) München 2007, 22–55, hier 55.
55 EBENDA 11–12.
56 SCHMIECHEN-ACKERMANN, Detlef: Das Potential der Komparatistik für die NS-Regionalforschung – Vorüberlegungen zu einer Typologie von NS-Gauen und ihren Gauleitern anhand der Fallbeispiele Süd-Hannover-Braunschweig, Osthannover und Weser-Ems. In: JOHN, Jürgen/MÖLLER, Horst/SCHAARSCHMIDT, Thomas (Hg.): Die NS-Gaue. Regionale Mittelinstanzen im zentralistischen „Führerstaat". (Schriftenreihe der Vierteljahrshefte für Zeitgeschichte: Sondernummer) München 2007, 234–253, hier 253.

Wie Jürgen John fordert, darf die Analyse der Gaue nicht nur auf Basis von Gauleitern und Gaueliten durchgeführt werden, sondern muss auch deren Personal und andere Akteure berücksichtigen, um mittels verwaltungs-, organisations- und funktionsgeschichtlicher Zugänge darlegen zu können, was die betreffenden Funktionäre gemäß ihren Prägungen, Motiven und Politikstilen in diesen Strukturen und Funktionen getan und bewirkt haben.[57]

Gerade hier kann die vorliegende Untersuchung auf ein historisches Verständnis von Bildungsadministrationen zurückgreifen, das diese nicht allein auf bürokratische Vorgänge bezieht, und somit auch die parallel dazu verhandelten und umgesetzten organisatorischen Alternativen in den Blick nehmen.[58] Denn die Herrschaft der Nationalsozialisten vor Ort blieb trotz ihrer typischen Pragmatik zwar ideologisch geprägt und unterstützte sogar häufig die Radikalisierung nationalsozialistischer Politikentwürfe,[59] doch wie Detlef Schmiechen-Ackermann konstatiert, trugen die Gauleitungen in erheblichem Maße zum Grad der Zustimmung in der Bevölkerung bei und erhöhten somit die Funktionalität bzw. die Effizienz der sogenannten Heimatfront.[60] Im Rahmen dieser Heterogenität von Macht stellen die Reichsgaue als teilautonome Herrschaftseinheiten besondere Gegenstände des Interesses dar – und der Reichsgau Sudetenland hat hierbei einen außergewöhnlichen Platz inne: Er ist als Form „neuer Staatlichkeit"[61] im NS-Herrschaftssystem ein besonders interessanter Gegenstand für die Forschung, da er schon durch seinen institutionellen Aufbau die Konkurrenz zwischen Landes- und Parteiverwaltung auflöste, auch wenn die Länder des „Altreiches" faktisch selbst nur noch Makulatur waren.[62] Dennoch war, wie bereits Volker Zimmermann und Ralf Gebel detailliert herausarbeiteten,[63] dieser behauptete Musterstatus des Reichsgaus Sudetenland mit Gauleiter

---

57 JOHN, Jürgen: Die Gaue im NS-System, 35–36.
58 GEISS, Michael: Der Pädagogenstaat. Behördenkommunikation und Organisationspraxis in der badischen Unterrichtsverwaltung, 1860–1912. Bielefeld 2014, 15–16.
59 FINGER, Jürgen: Reich und Region im Nationalsozialismus. Deutsche Schulpolitik im Elsass aus badischer Hand. In: ENGEHAUSEN, Frank/MUSCHALEK, Marie/ZIMMERMANN, Wolfgang (Hg.): Deutsch-französische Besatzungsbeziehungen im 20. Jahrhundert. (Werkhefte der Staatlichen Archivverwaltung Baden-Württemberg A 27) Stuttgart 2018, 91–117, hier 96.
60 SCHMIECHEN-ACKERMANN, Detlef: Das Potential der Komparatistik für die NS-Regionalforschung 253.
61 FINGER, Jürgen: Reich und Region im Nationalsozialismus 97.
62 EBENDA 93. Gemeint ist Deutschland in den Grenzen von 1937.
63 Vgl. GEBEL: „Heim ins Reich!" 100–117, 145–203; ZIMMERMANN: Die Sudetendeutschen im NS-Staat 227–277.

Konrad Henlein an der Spitze doch weit mehr Schein als Realität – spätestens nachdem Henlein 1939/1940 im Kontext der sogenannten Kameradschaftsbundaffäre[64] weitgehend entmachtet worden war.[65]

Der „Eigensinn" (Alf Lüdtke[66]) der sudetendeutschen Schulverwaltung oblag also spezifischen Bedingungen, deren Erforschung sich diese Studie widmen will. In Anschluss an Sören Eden, Henry Marx und Ulrike Schulz, die konstatieren, dass die Ministerialbürokratie zumeist aus konservativen, un- oder antidemokratisch eingestellten Eliten bestand, die über ihre Autoritätsgläubigkeit, ihren Antisemitismus und ihre berufliche Handlungskonformität zum Steigbügelhalter Adolf Hitlers geworden waren,[67] sowie Michael Wildts „Generation des Unbedingten"[68] soll geklärt werden, ob den Schulverwaltungsbeamten ein generationaler Hintergrund gemein war. Im Altreich hatten Fachpolitiker auf Landesebene ein eigenes Profil entwickeln können, doch blieb ihr Wirkungskreis begrenzt.[69] Die sudetendeutsche Schulverwaltung war hierbei fast durchweg männlich – nur Erna Klätte (Hilfsreferentin für die Oberschulen für Mädchen) und Marie Drab (Hilfsreferentin für Frauenfach- und Berufsfachschulen) waren Ausnahmen,[70] wenngleich sie als Hilfsreferentinnen lediglich in einer untergeordneten Funktion in der Schulverwaltung tätig waren.

Um aufzeigen zu können, welche Kommunikationswege wozu innerhalb dieser Schulverwaltung benutzt wurden, wird die mittlere Verwaltungsebene der Schulräte mit einbezogen. Vorgaben und Weisungen sind dabei gerade für

---

64 Der Kameradschaftsbund war eine Gruppierung innerhalb der SdP, die den ständischen Ideen Othmar Spanns nahestand. Nach 1940 wurden viele seiner Mitglieder unter dem Vorwurf angeblicher Homosexualität von ihren öffentlichen und Partei-Funktionen abgesetzt sowie zum Teil vor Gericht verurteilt. Siehe hierzu GEBEL: „Heim ins Reich!" 31–34, 172–179.
65 EBENDA 164–187.
66 Vgl. hierzu seine Dissertation: LÜDTKE, Alf: ‚Gemeinwohl', Polizei und ‚Festungspraxis'. Staatliche Gewaltsamkeit und innere Verwaltung in Preußen, 1815–1850. Göttingen 1982; oder DERS.: Eigen-Sinn: Fabrikalltag, Arbeitererfahrungen und Politik vom Kaiserreich bis in den Faschismus. Münster 2015, insb. 248–306, ein Band Lüdtkes, der mehrere Aufsätze zum ‚Eigensinn' umfasst.
67 EDEN/MARX/SCHULZ: Ganz normale Verwaltungen? 491.
68 WILDT, Michael: Generation des Unbedingten. Das Führungskorps des Reichssicherheitshauptamtes. Hamburg 2002.
69 FINGER: Reich und Region im Nationalsozialismus 94.
70 Siehe hierzu die Kapitel „Akteure der Schulverwaltung" und „Auslese nach oben: die Höheren Schulen". Vgl. auch: Die Schulverwaltung im Sudetengau. In: Mitteilungsblatt des NSLB der Gauwaltung Sudetenland 8 (1940) 104–105.

die Verwaltung von Bedeutung. Sie bilden zwar den zentralen Rahmen, in dem sich eine komplexe und nicht immer nonkonforme Arbeits- und Kommunikationspraxis erst entfaltet, doch sie dürfen auch nicht überschätzt werden.[71] So war die Erlasse, Verordnungen und Verfügungen der ersten vier Jahrgänge des Volksschulwesens in den Jahren 1933–1945 in den Blick nehmende Untersuchung von Margarete Götz, in der Götz feststellte, dass durch die hohe Diskrepanz zwischen der beanspruchten und der tatsächlichen reichseinheitlichen Umsetzung bisherige Deutungsmuster von Erziehung im Nationalsozialismus nicht zutreffend sind,[72] aufgrund ihres Ansatzes sehr umstritten, denn aus Sicht der Kritik ließ sich eine solche Schlussfolgerung nicht aus der reinen Analyse von Verwaltungsanordnungen gewinnen.[73]

Der Schriftverkehr bildet somit zwar durchaus den Instanzenzug ab, ist aber kein automatisierter Top-down-Prozess. Vielmehr lassen sich bei nachgeordneten Behörden Strategien des Missverstehens, der Um- und Neudeutung, der Interessenkoordination und sogar der Kommunikationsverweigerung aufzeigen, während in der zentralen und mittleren Unterrichtsverwaltung unter Verweis auf die notwendigen rechtlichen Rahmenbedingungen eine einheitliche Umsetzung der Anordnungen angestrebt wird.[74] Die Kommunikation der öffentlichen Verwaltung besteht nicht nur aus Verordnungen,[75] sondern zielt auch auf die Durchsetzung politischer Interessen wie privater Belange, auf die Vermittlung von Wertvorstellungen, die Verständigung mit Politiker/-innen sowie Interessenvertreter/-innen als den wesentlichen Einflussträgern, aber auch auf das Aushandeln von Geltungsansprüchen mit der ‚Klientel' und die Suche nach Lösungswegen bei der Fallbearbeitung ab. Gerade dies ermöglicht

---

71 BECKER, Peter: Sprachvollzug: Kommunikation und Verwaltung. In: BECKER, Peter (Hg.): Sprachvollzug im Amt. Kommunikation und Verwaltung im Europa des 19. und 20. Jahrhunderts. Bielefeld 2011, 9–42, hier 34.
72 Vgl. GÖTZ, Margarete: Die Grundschule in der Zeit des Nationalsozialismus. Eine Untersuchung der inneren Ausgestaltung der vier unteren Jahrgänge der Volksschule auf der Grundlage amtlicher Maßnahmen. Bad Heilbrunn 1997, 347–348.
73 KRAUSE-VILMAR, Dietfrid: Götz, Margarete: Die Grundschule in der Zeit des Nationalsozialismus. Eine Untersuchung der inneren Ausgestaltung der vier unteren Jahrgänge der Volksschule auf der Grundlage amtlicher Maßnahmen. Bad Heilbrunn 1997 [Rezension]. In: Zeitschrift für Pädagogik 44/3 (1998) 435–439.
74 GEISS, Michael: Der Pädagogenstaat. Behördenkommunikation und Organisationspraxis in der badischen Unterrichtsverwaltung 1860–1912. Bielefeld 2014, 29.
75 Siehe hierzu etwa TEMPLIN, David: Wasser für die Volksgemeinschaft. Wasserwerke und Stadtentwässerung in Hamburg im „Dritten Reich". (Forum Zeitgeschichte 26) München 2016.

es nach Peter Becker, einen differenzierten Zugang zur Untersuchung der Beziehungen zwischen Politik, Wirtschaft und Verwaltung, zur Analyse der Technologienutzung innerhalb von Behörden und somit letztlich auch zur Geschichte von Staatsbildung und von Herrschaft als sozialer Praxis zu finden.[76] Dabei ist Verwaltungsgeschichte ein aktuelles Forschungsfeld: Zahlreiche Forschungen zu den Ministerien im Nationalsozialismus adressieren Verwaltungsgeschichte vor allem als Kulturgeschichte.[77]

Die „Ermöglichungsstrukturen"[78], also der Kontext, in dem die Schulverwaltung agierte, sind im Reichsgau Sudetenland deshalb so spezifisch, weil die Exponenten der Schulverwaltung sich vor 1938 stark im „Grenzland"-Diskurs in der Tschechoslowakei engagiert hatten und sie Argumente, die sie bis 1938 verwendeten, auch nach 1938 zur Verteidigung ihrer Positionen vorbrachten. Dies war Ausdruck wie Konsequenz eines Selbstverständnisses, Teil einer ehemaligen Minderheit in der Tschechoslowakei gewesen zu sein, die sich zunehmend radikalisierte und nun Sorge davor hatte, im Großdeutschen Reich erneut zur Minderheit zu werden. Die Frage nach den Handlungsspielräumen der Schulverwaltung zwischen 1938 und 1945 korreliert daher unmittelbar mit der Forschungsrichtung, die sich der Analyse der sogenannten NS-Volksgemeinschaft verschrieben hat. Besonders im Umfeld von Michael Wildt entstanden hierbei Forschungsarbeiten, die darauf abstellten, Volksgemeinschaft als soziale Praxis zu untersuchen, die auf zur Vergemeinschaftung und Vergesellschaftung führenden individuellen Praktiken beruht und nicht auf homogenen Befehlen von oben folgenden Praktiken.

Eine zentrale Bedingung der Verheißung einer Volksgemeinschaft war die der Exklusion aller „Gemeinschaftsfremden",[79] vor allem der deutschen (und europäischen) Juden,[80] bei gleichzeitiger Überhöhung der inkludierten

---

76 BECKER: Sprachvollzug 11–12.
77 Vgl. CONZE, Eckart et al. (Hg.): Das Amt und die Vergangenheit. Deutsche Diplomaten im Dritten Reich und in der Bundesrepublik. München 2012, 16–20; BÖSCH, Frank/WIRSCHING, Andreas (Hg.): Hüter der Ordnung. Die Innenministerien in Bonn und Ost-Berlin nach dem Nationalsozialismus. Göttingen 2018.
78 FINGER, Jürgen: Reich und Region im Nationalsozialismus 95.
79 THAMER, Hans-Ulrich: ‚Volksgemeinschaft' in der Debatte. Interpretationen, Operationalisierungen, Potenziale und Kritik. In: SCHMIECHEN-ACKERMANN, Detlef et al. (Hg.): Der Ort der „Volksgemeinschaft" in der deutschen Gesellschaftsgeschichte. (Nationalsozialistische Volksgemeinschaft 7) Paderborn 2018, 27–36, hier 29.
80 EBENDA.

Personen als soziale Gemeinschaft. Vor allem Wildts Studie zur Gewalt gegen Juden[81] offenbart, dass antisemitische Gewaltakte durch einen großen Teil der Bevölkerung gerade deshalb möglich wurden, weil die Formulierung einer Volksgemeinschaft Momente der Selbstermächtigung gestattete. Die bisherigen Forschungen konnten hierbei unterschiedliche Funktionen des Versprechens der Volksgemeinschaft herausstellen: Neben damit verbundenen Zuschreibungen, Handlungen und Inszenierungen stellt sich die Frage, ob sie auch den emotionalen Zusammenhalt der Gesellschaft befördern konnte – gerade auch in der im Zweiten Weltkrieg erfolgenden propagandistischen Zuspitzung als „Kampfgemeinschaft"[82]. Die behauptete Volksgemeinschaft beinhaltete dabei im Gegensatz zu bisherigen Konzepten verschiedener politischer Gruppierungen in der Weimarer Republik nicht die Idee einer angestrebten sozialen Egalität, sondern eine Überwölbung aller Klassenschranken und die Herstellung einer „völkischen" Einheit.[83] Damit verbunden war eine allumfassende Handlungsaufforderung, die Volksgemeinschaft im Beruf, im Alltag und auch in der Familie selbst mitzugestalten.[84]

Die Volksgemeinschaft stand somit als Schlagwort für ein Programm, das auf soziale Inklusion abzielte und „rassische Eignung" für die Zugehörigkeit voraussetzte, wodurch alle „Nichtarier" aus ihr ausgeschlossen wurden.[85] Die seitdem erschienenen weiteren zahlreichen Forschungsarbeiten zu diesem Themenfeld werfen die Frage auf, ob mittels dieser Inklusion und Exklusion verschränkenden Mechanismen sowie der vom Regime behaupteten Selbstmobilisierung die soziale Praxis im Dritten Reich analysiert werden kann oder ob, ganz im Gegenteil, die Schablone der Volksgemeinschaft die komplexe Gesellschaft des Dritten Reiches nicht gerade allzu sehr vereinfacht. Die aktuelle

---

81 WILDT, Michael: Volksgemeinschaft als Selbstermächtigung. Gewalt gegen Juden in der deutschen Provinz 1919 bis 1939. Hamburg 2007.
82 THAMER: ‚Volksgemeinschaft' in der Debatte 30.
83 EBENDA 29.
84 STEBER, Martina/GOTTO, Bernhard: Volksgemeinschaft: Ein analytischer Schlüssel zur Gesellschaftsgeschichte des NS-Regimes. In: DANKER, Uwe/SCHWABE, Astrid (Hg.): Die NS-Volksgemeinschaft. Zeitgenössische Verheißung, analytisches Konzept und ein Schlüssel zum historischen Lernen? (Beihefte zur Zeitschrift für Geschichtsdidaktik 13) Göttingen 2017, 37–47, hier 43–44.
85 Vgl. HOTH, Christiane/RASCH, Markus: Einleitung. In: HOTH, Christiane/RASCH, Markus (Hg.): Eichstätt im Nationalsozialismus. Katholisches Milieu und Volksgemeinschaft. Münster 2017, 5–18, hier 12.

Forschung zur Volksgemeinschaft ist hierbei mehrheitlich[86] von der Prämisse bestimmt, dass „Volksgemeinschaft" in einem sozial- und kulturwissenschaftlichen Verständnis der „Gesellschaftsgeschichte des Nationalsozialismus"[87] vor allem eine soziale Praxis sowie einen permanenten sozialen Aushandlungs- und Kontrollprozess meint, der über die Zugehörigkeit oder die Ausgrenzung entscheidet.[88] Bei dieser Deutung ist gleichsam zu beachten, dass keine einheitliche Konzeption von nationalsozialistischer Ideologie existiert. Stattdessen handelt es sich um einen „indifferenten Begriff",[89] auch wenn Hans-Ulrich Wehler zumindest den Radikalnationalismus wie auch die charismatische Herrschaft als Grundkonstellationen der „nationalsozialistischen Ideologie" voraussetzt.[90]

Vor dem Hintergrund, dass der NS-Schulpolitik eine zentrale Bedeutung für die Heranbildung zukünftiger Volksgenossinnen und -genossen zugemessen wurde[91] – insbesondere in einem Gebiet, das erst spät Teil des Deutschen Reiches wurde –, leistet die vorliegende Arbeit somit auch einen Beitrag zur Diskussion über die nationalsozialistische Volksgemeinschaft. Denn gerade die bisher veröffentlichten Lokalstudien zur Volksgemeinschaft zeigen, wie Martina Steber deutlich macht, dass die NSDAP sich eben regionaler Kommunikationsnetze bedienen musste, um gesellschaftlichen Einfluss geltend machen

---

86 Kritik an der neueren Diskussion zur Volksgemeinschaft äußert hingegen: SCHYGA, Peter: Über die Volksgemeinschaft der Deutschen. Begriff und historische Wirklichkeit jenseits historiographischer Gegenwartsmoden. Baden-Baden 2015.

87 STEUWER, Janosch: Was meint und nützt das Sprechen von der ‚Volksgemeinschaft'? Neuere Literatur zur Gesellschaftsgeschichte des Nationalsozialismus. In: Archiv für Sozialgeschichte 53 (2013) 487–534, hier 532–534.

88 THAMER, Hans-Ulrich: ‚Volksgemeinschaft' in der Debatte 30. Siehe auch WILDT, Michael: Ambivalenz des Volkes. Der Nationalsozialismus als Gesellschaftsgeschichte. Berlin 2019; der Band versammelt in den letzten Jahren erschienene Beiträge des Autors zur sogenannten NS-Volksgemeinschaft.

89 KLOPFFLEISCH, Richard: Lieder der Hitlerjugend. Eine psychologische Studie an ausgewählten Beispielen. Frankfurt am Main [u. a.] 1997, 11.

90 Vgl. WEHLER, Hans-Ulrich: Deutsche Gesellschaftsgeschichte. Bd. 4: Vom Beginn des Ersten Weltkrieges bis zur Gründung der beiden deutschen Staaten 1914–1949. 3. Aufl. München 2008, 548–552, 601–603.

91 Siehe z. B. NAGEL: Hitlers Bildungsreformer 150–168; WILDT, Michael: Geschichte des Nationalsozialismus. Göttingen 2008, 103–110. Dass gerade Volksschullehrkräfte eine wichtige Rolle als Vermittler nationalsozialistischer Ideologie im ländlichen Raum einnehmen, macht Kathrin Stern in ihrer Dissertation anhand einer mikroperspektivischen Untersuchung des Landkreises Leer deutlich. Siehe: STERN, Kathrin: Erziehung zur „Volksgemeinschaft". Volksschullehrkräfte im „Dritten Reich". Paderborn 2021.

zu können, gleichwohl aber in den Gauen gerade auf dem Feld der Kultur- und Schulpolitik eigene Profile hervorgebracht wurden.[92] Daran anschließend kann nach den Möglichkeiten von Individualität und Eigen-Sinn[93] der Akteure gefragt werden.[94]

Im Eigensinn der Schulverwaltung im Reichsgau Sudetenland zeigt sich dies in besonderer Brisanz, da die administrativen Eingriffe sowohl auf der Ebene der Strukturen als auch auf jener des Schullebens zu Schwierigkeiten mit dem spezifischen Status der Sudetendeutschen als ehemaliger, selbstbewusster Minderheit in der Tschechoslowakei und der nun neu erworbenen Reichsbürgerschaft führten. Die Untersuchung der Kontroversen um die Umgestaltung des Schulsystems wie auch der tatsächlichen Veränderungen leistet daher einen Beitrag zur weit ausdifferenzierten Forschung zur Segregation[95] und zur Struktur des Schulsystems,[96] besonders weil die sudetendeutsche Schulverwaltung

---

92 STEBER, Martina: Die Eigenkraft des Regionalen. Die ungeschöpften Potenziale einer Geschichte des Nationalsozialismus im kleinen Raum. In: SCHMIECHEN-ACKERMANN, Detlef et al. (Hg.): Der Ort der „Volksgemeinschaft" in der deutschen Gesellschaftsgeschichte. (Nationalsozialistische Volksgemeinschaft 7) Paderborn 2018, 50–70, hier 58–59.
93 Vgl. hierzu LÜDTKE, Alf (Hg.): Herrschaft als soziale Praxis. Historische und sozialanthropologische Studien. (Max-Planck-Institut für Geschichte 91) Göttingen 1991.
94 STEBER/GOTTO: Volksgemeinschaft: Ein analytischer Schlüssel zur Gesellschaftsgeschichte des NS-Regimes 37–47.
95 RADTKE, Frank-Olaf: Die Illusion der meritokratischen Schule. Lokale Konstellationen der Produktion von Ungleichheit im Erziehungssystem. In: IMIS Beiträge 23. Themenheft Migration – Integration – Bildung. Grundfragen und Problembereiche. Osnabrück 2004, 143–178.
96 DREWEK, Peter: Das dreigliedrige Schulsystem im Kontext der politischen Umbrüche und des demographischen Wandels im 20. Jahrhundert. In: Zeitschrift für Pädagogik 59/4 (2013) 508–525; FRIEDEBURG, Ludwig von: Bildungsreform in Deutschland. Geschichte und gesellschaftlicher Widerspruch. Frankfurt am Main 1992; FEND, Helmut: Geschichte des Bildungswesens. Der Sonderweg im europäischen Kulturraum. Wiesbaden 2006; DREWEK, Peter: Bildungssysteme und Bildungsexpansion in Deutschland. Zur Entwicklung ihres Verhältnisses im historischen Vergleich. In: Zeitschrift für Pädagogik 47/6 (2001) 811–818; CORTINA, Kai S. et al. (Hg.): Das Bildungswesen in der Bundesrepublik Deutschland. Strukturen und Entwicklungen im Überblick. Reinbek bei Hamburg 2008; LANGEWIESCHE, Dieter/TENORTH, Heinz-Elmar (Hg.): Handbuch der deutschen Bildungsgeschichte. Bd. 5: 1918–1945: Die Weimarer Republik und die nationalsozialistische Diktatur. München 1989; ZYMEK, Bernd: Die Zukunft des zweigliedrigen Schulsystems in Deutschland. Was man von der historischen Schulentwicklung dazu wissen kann. In: Zeitschrift für Pädagogik 59/4 (2013) 469–481; TILLMANN, Klaus-Jürgen: Neue Argumente auf einem alten

versuchen sollte, Verreichlichungstendenzen aus Berlin abzuwehren. Mit Blick auf das Handeln der Schulverwaltung stellt sich also die Frage, ob ihre Entscheidungen durch das Versprechen einer Volksgemeinschaft beeinflusst wurden oder ob sie gar eigene Konzepte einer Volksgemeinschaft zu entwickeln versuchte.[97]

Diese Frage korreliert mit der nach der Loyalität der Schulverwaltungsbeamten sowohl gegenüber ihren Vorgesetzen innerhalb der Schulverwaltung im Reichsgau Sudetenland als auch gegenüber übergeordneten Behörden und Einrichtungen innerhalb des polykratischen NS-Systems, vor allem dem Reichserziehungsministerium in Berlin. Hinzu kommt, dass die handelnden Schulverwaltungsbeamten vorher, meist als Lehrkräfte, im tschechoslowakischen Staatsdienst tätig gewesen waren. Sie standen damals im Zwiespalt, einer vertikalen und horizontalen Loyalität[98] gerecht zu werden, der nach 1938 ein gänzlich anderer Loyalitätsanspruch folgte: jener zum Deutschen Reich. In der Tschechoslowakei waren sie Angehörige einer Minderheit gewesen, doch auch im Großdeutschen Reich versuchten sie ausgehend von ihrem Selbstverständnis als Grenzlanddeutsche, segregierende Vorstellungen durchzusetzen.[99]

Kampffeld? Schulstruktur-Diskussion vor und nach PISA. In: Pädagogik 7–8 (2006) 38–42; DREWEK, Peter: Das gegliederte Schulwesen in Deutschland im historischen Prozess. Ansätze, Quellen und Desiderate der historischen Bildungsforschung. In: Archivpflege in Westfalen-Lippe 83 (2015) 5–10; DERS.: Dreigliedriges Schulsystem. In: GLÄSER-ZIKUNDA, Michaela et al. (Hg.): Handbuch Schulpädagogik. Münster, New York 2015, 83–93; GEISSLER, Gerd: Schulgeschichte in Deutschland. Von den Anfängen bis in die Gegenwart. Frankfurt am Main [u. a] 2011.

97 STEBER: Die Eigenkraft des Regionalen 58–59.
98 NĚMEC: Erziehung zum Staatsbürger? 131–177.
99 Das dabei zutage tretende Spannungsfeld zwischen Segregation und Zentralmacht hat im Hinblick auf gegenwartgesellschaftliche Fragen nach dem Umgang mit Differenzen und dem Status segregierender Maßnahmen nach wie vor eine erhebliche Brisanz. Siehe hierzu den interdisziplinären Forschungsverbund „Grenze/n in nationalen und transnationalen Erinnerungskulturen zwischen Tschechien und Bayern" (Laufzeit: 2017–2020), der von den Universitäten Regensburg, Passau, Ústí nad Labem, der Karls-Universität Prag und dem Adalbert-Stifter-Verein getragen wird. Siehe den Webauftritt: https://www.uni-regensburg.de/bohemicum/forsch ung/forschungsverbund-grenzen-n-in-erinnerungskulturen [1. März 2022]. Zudem sei auf die ethnografischen Forschungen Petr Lozoviuks verwiesen, der in seiner Studie „Grenzland als Lebenswelt. Grenzkonstruktionen, Grenzwahrnehmungen und Grenzdiskurse in sächsisch-tschechischer Perspektive" die Raumwahrnehmungen wie -vorstellungen in den beiden sächsisch-tschechischen Grenzgemeinden

Dabei war dieses vehement vorgetragene Grenzlandparadigma alles andere als ein sudetendeutsches Alleinstellungsmerkmal. Die Idee vom „Grenzland" hatte im Deutschen Reich nach 1933 große Verbreitung gefunden. So wurden gewissermaßen alle NS-Reichsgaue in Grenzlage zugleich als Grenzgaue bezeichnet: Kärnten,[100] die Bayerische Ostmark,[101] Schlesien,[102] Danzig-Westpreußen,[103] die Steiermark,[104] Koblenz-Trier,[105] Wartheland,[106] Ostpreußen[107] oder auch Köln-

---

Sebnitz und Dolní Poustevna (früher Nieder-Einsiedel) untersucht. Auch der von ihm herausgegebene Tagungsband „Grenzgebiet als Forschungsfeld. Aspekte der enthnografischen und kulturhistorischen Erforschung des Grenzlandes" setzt sich historisch wie ethnografisch mit unterschiedlichsten europäischen Grenzgebieten auseinander. Überdies ist seine Dissertation „Interethnik im Wissenschaftsprozess. Deutschsprachige Volkskunde in Böhmen und ihre gesellschaftlichen Auswirkungen über die Volkskunde in den böhmischen Ländern vor 1945" zu nennen, die in der vorliegenden Arbeit an einigen Stellen herangezogen wird.

100 RAINER, Friedrich: Grenzgau Kärnten – Träger einer stolzen Reichstradition. In: Mitteilungen des Gaurings für nationalsozialistische Propaganda und Aufklärung/NSDAP – Gau Kärnten (Dezember 1942), 2.
101 WÄCHTLER, Fritz (Hg.): Bayerische Ostmark. Vier Jahre nationalsozialistische Aufbauarbeit in einem deutschen Grenzgau. Bayreuth 1937.
102 DITT, Thomas: „Stoßtruppfakultät Breslau". Rechtswissenschaft im „Grenzland Schlesien" 1933–1945. Tübingen 2011.
103 POHL, Dieter: Die Reichsgaue Danzig-Westpreußen und Wartheland: Koloniale Verwaltung oder Modell für die zukünftige Gauverwaltung? In: JOHN, Jürgen/MÖLLER, Horst/SCHAARSCHMIDT, Thomas (Hg.): Die NS-Gaue. Regionale Mittelinstanzen im zentralistischen „Führerstaat". (Schriftenreihe der Vierteljahrshefte für Zeitgeschichte: Sondernummer) München 2007, 395–405.
104 KARNER, Stefan: Die Steiermark im Dritten Reich: 1938–1945. Aspekte ihrer politischen, wirtschaftlich-sozialen und kulturellen Entwicklung. Graz, Wien 1986, 189–190.
105 Gauleitung der NSDAP Koblenz-Trier (Hg.): Der Grenzgau Koblenz-Trier. 3 Bände. Koblenz, Trier 1937–1939.
106 KLATTENHOF, Klaus/WISSMANN, Friedrich: Die Zerstörung der polnischen Schule durch die deutsche Besatzung 1939–1945/Straty polskiej szkoły w czasie okupacji niemieckiej w latach 1939–1945. Oldenburg 2006; HANSEN, Georg (Hg.): Schulpolitik als Volkstumspolitik. Quellen zur Schulpolitik der Besatzer in Polen 1939–1945. Münster 1994; DERS.: Ethnische Schulpolitik im besetzten Polen. Der Mustergau Wartheland. Münster, New York 1995; DERS.: Schulpolitik im besetzten Polen 1939–1945. Bad Reichenhall 2006.
107 TRABA, Robert: Ostpreußen – die Konstruktion einer deutschen Provinz: Eine Studie zur regionalen und nationalen Identität 1914–1933. Osnabrück 2010; KOSSERT, Andreas: ‚Grenzlandpolitik' und Ostforschung an der Peripherie des Reiches. Das ostpreußische Masuren 1919–1945. In: Vierteljahrshefte für Zeitgeschichte 51/2

Aachen,[108] stets verbunden mit dem Bild einer hinter der jeweiligen Grenze stehenden Bedrohung. Die Grenzlandaufgabe der Bayerischen Ostmark war hierbei ebenfalls auf die tschechische Nation bezogen; auf Betreiben des von 1933 bis zu seinem Tod 1935 amtierenden Gauleiters Hans Schemm eingeführt, sollten Oberpfälzer, Oberfranken und Niederbayern gemeinsam gegen eine behauptete tschechische Gefahr zusammenstehen, um so die Bevölkerung des Gaus zu homogenisieren.[109]

In der Steiermark hingegen, deren Kulturpolitik sich von der anderer Ostmark-Gaue wesentlich unterschied,[110] wurde eine eigene steirische Grenzland-Kulturpolitik durchzusetzen versucht.[111] Rund „um die Grenz-Metapher wurde die Steiermark im großdeutschen Orbit positioniert, eigenständig, aber stets NS-kompatibel, an Traditionen anknüpfend, diese aber zugleich umdeutend".[112] Unter diesem Anspruch wurde versucht, durch steirische Lehrkräfte eine Germanisierung der annektierten Untersteiermark zu erreichen.[113] Im Hinblick auf die im Zweiten Weltkrieg besetzten slowenischen Gebiete der Untersteiermark und der Oberkrain zeigt Lisbeth Matzer in ihrer Dissertation zudem, dass dort von NS-Jugendorganisationen unter starker Maßgabe von Funktionären aus Kärnten und der Steiermark ebenso explizit ein deutscher Grenzlandanspruch formuliert wurde. Die NS-Jugendorganisationen richteten sich mit ihrer Jugendarbeit in den beiden Gebieten an junge Menschen, denen ein Deutschsein zugeschrieben wurde, mit einem doppelten Effekt: Die gewünschte Mobilisierung versprach nicht nur den Jugendlichen

---

(2003) 117–146; DERS.: Ostpreussen: Geschichte einer historischen Landschaft. München 2014.
108 MÜLLER, Thomas: Der Gau Köln-Aachen und Grenzlandpolitik im Nordwesten des Deutschen Reiches. In: JOHN, Jürgen/MÖLLER, Horst/SCHAARSCHMIDT, Thomas (Hg.): Die NS-Gaue. Regionale Mittelinstanzen im zentralistischen „Führerstaat". (Schriftenreihe der Vierteljahrshefte für Zeitgeschichte: Sondernummer) München 2007, 318–333, hier 320.
109 Vgl. BALD, Albrecht: „Braun schimmert die Grenze und treu steht die Mark!" Der NS-Gau Bayerische Ostmark/Bayreuth 1933–1945: Grenzgau, Grenzlandideologie und wirtschaftliche Problemregion. Bayreuth 2014, 410–416.
110 KARNER: Die Steiermark im Dritten Reich 189–190.
111 EBENDA 473
112 MOLL, Martin: Der Reichsgau Steiermark 1938–1945. In: JOHN, Jürgen/MÖLLER, Horst/SCHAARSCHMIDT, Thomas (Hg.): Die NS-Gaue. Regionale Mittelinstanzen im zentralistischen „Führerstaat". (Schriftenreihe der Vierteljahrshefte für Zeitgeschichte: Sondernummer) München 2007, 364–377, hier 376.
113 KARNER: Die Steiermark im Dritten Reich 473.

Aufstiegsperspektiven, sondern sollte letztlich auch der Festigung des behaupteten Deutschseins der Adressierten dienen.[114]

Auch das im Zweiten Weltkrieg besetzte Elsass sollte Gegenstand eines spezifischen Framings werden, in dem die Grenze als Topos aber zurücktrat. Das Territorium des ehemaligen Reichslandes Elsass-Lothringen war 1940 aufgeteilt worden. Lothringen wurde Josef Bürckel (Saarpfalz) und das Elsass Robert Wagner (Baden) zugeschlagen, wenn auch nur als Leitern der jeweiligen Zivilverwaltung.[115] Das Elsass blieb somit zwar formell besetztes Gebiet, gehörte also nicht zum Reichsterritorium, doch wurde durch eine fortschreitende Behördenfusion der Zusammenschluss Badens mit dem Elsass[116] zumindest administrativ vorbereitet; dies zeigte sich nicht zuletzt darin, dass die Schulverwaltung des Elsass in Straßburg durchweg mit badischen Beamten besetzt wurde.[117] Doch auch wenn das Elsass formell nie Teil eines Gaues Baden wurde, konstruierten badische Schulbeamte[118] den Oberrheingau als geografische, kulturelle und völkische Einheit beider Territorien.[119] So fand sich in den Lehrplanrichtlinien der Verweis, im Geschichtsunterricht die Geschichte des Oberrheingebiets und Deutschlands[120] sowie im Deutschunterricht neben einer Novelle eines lebenden elsässischen Erzählers auch alemannische Lyrik zu behandeln.[121] Französisch wurde zudem als Unterrichtssprache

---

114 MATZER, Lisbeth: Herrschaftssicherung im „Grenzland". Nationalsozialistische Jugendmobilisierung im besetzten Slowenien. (Nationalsozialistische ‚Volksgemeinschaft' 11) Paderborn 2021; hier vor allem die Kapitel 5 und 6.
115 FINGER: Reich und Region im Nationalsozialismus 91.
116 EBENDA 92.
117 MORGEN, Daniel: Umgestaltung des Schulsystems und Zwangsumerziehung der elsässischen Lehrkräfte. In: ENGEHAUSEN, Frank/MUSCHALEK, Marie/ZIMMERMANN, Wolfgang (Hg.): Deutsch-französische Besatzungsbeziehungen im 20. Jahrhundert. (Werkhefte der Staatlichen Archivverwaltung Baden-Württemberg A 27) Stuttgart 2018, 119–151, hier 120.
118 HAUSER, Wolfram: Das Elsass als ‚Erziehungsproblem'. Zur Umgestaltung des Schulwesens und der Lehrerbildung jenseits des Rheins nach badischem Vorbild (1940–1945). In: KRIMM, Konrad (Hg.): NS-Kulturpolitik und Gesellschaft am Oberrhein: 1940–1945. Ostfildern 2013, 161–260, hier 166–167.
119 FINGER: Reich und Region im Nationalsozialismus 107.
120 Chef der Zivilverwaltung im Elsaß; Abteilung Erziehung, Unterricht und Volksbildung (Hg.): Erziehung und Unterricht in der Höheren Schule im Elsaß 1940. Karlsruhe 1940, 5–6.
121 EBENDA 3–4.

vollständig abgeschafft; es konnte nicht einmal mehr als Fremdsprache gewählt werden.¹²²

Dass es in der Zwischenkriegszeit Gemeinsamkeiten in der Beschulung von Kindern von Minderheiten gab, zeigt Machteld Venken in ihrer Studie zur Beschulung deutschsprachiger Kinder in Ostbelgien (Eupen, Sankt Vith und Malmedy) und im östlichen Oberschlesien in der Zwischenkriegszeit. Beide Gebiete waren bis zum Ende des Ersten Weltkriegs Teil des Deutschen Reiches gewesen und waren im Zuge des Friedensvertrags von Versailles zu Territorien Belgiens bzw. Polens geworden. Beider Staaten Bestreben war es, gerade durch die Schulbildung der jungen Menschen eine Integration der deutschsprachigen Bevölkerung in ihre Staaten zu erreichen. Venken stellt in ihrer Studie diesbezüglich Übereinstimmungen in beiden Gebieten fest: Die dortigen Schulpolitiken oblagen besonderen internationalen Kontexten (Deutsches Reich und Völkerbund) und in beiden Gebieten ließ der Staat eine größere Flexibilität bei den Lehrmitteln und Lehrplänen zu als sonst üblich. Nicht zuletzt hatte die Beschulung in beiden Regionen die Gemeinsamkeit, dass die Schülerinnen und Schüler von der Grenzveränderung selbst betroffen waren.¹²³

Ein weiterer wichtiger Kontext der vorliegenden Arbeit ist die Nationalismus- und Minderheitenforschung, die heute nicht mehr nur starr konfrontative Aushandlungen zwischen Minderheit und Mehrheit, sondern vielmehr die eigentümliche Suche nach der Position der Minderheiten selbst analysiert.¹²⁴ Wie bereits Jan Budňák in seiner literaturwissenschaftlichen Untersuchung des Bildes der Tschechen in der deutschsprachigen Literatur feststellte, sind die kanonisierten Nationalismus-Definitionen von Ernest Gellner, Eric Hobsbawn oder Benedict Anderson¹²⁵ im deutsch-tschechischen Kontext insofern von

---

122 TROILLET, Bernard: Das Elsass – Grenzland in Europa: Sprachen und Identitäten im Wandel. (Studien und Dokumentationen zur vergleichenden Bildungsforschung 74) Köln 1997, 127–128.
123 VENKEN, Machteld: Peripheries at the Centre. Borderland Schooling in Interwar Europe. (Contemporary European History 27) New York 2021, 94–108, 163–182, 196–201.
124 HASLINGER, Peter/PUTTKAMER, Joachim von: Staatsmacht, Minderheit, Loyalität – konzeptionelle Grundlagen am Beispiel Ostmittel- und Südosteuropas in der Zwischenkriegszeit. In: HASLINGER, Peter/PUTTKAMER, Joachim von (Hg.): Staat, Loyalität und Minderheiten in Ostmittel- und Südosteuropa 1918–1941. (Buchreihe der Kommission für Geschichte und Kultur der Deutschen in Südosteuropa 39) München 2007, 1–16, hier 1–3.
125 GELLNER, Ernest: Nations and Nationalism. 2. Aufl. Malden, MA 2006; HOBSBAWN, Eric: Nationen und Nationalismus. Mythos und Realität seit 1780. 3. Aufl. Frankfurt

begrenzter Aussagekraft, als sie sich auf die Widerlegung der Vorstellung von der „realen" Existenz der Nationen konzentrieren.[126] Stattdessen schließt diese Arbeit an die Vorstellungen Rogers Brubakers an, dessen Modell des „triadic nexus"[127] von Peter Haslinger und Joachim von Puttkamer[128] bereits gewinnbringend bei der Analyse von Minderheitsdiskursen im östlichen Europa verwendet wurde. Brubaker definiert Minderheiten nicht mehr als demografisch gegebene Gruppe, die sich in einer dauerhaften Konfrontation mit einem falschen Nationalstaat befindet. Stattdessen gesteht er Minderheiten eine „dynamische politische Haltung" zu: Sie weisen gruppenintern ausdifferenzierte Haltungen und Meinungen auf, inklusive kooperativer und separatistischer Optionen, die zusammengenommen dazu führen, dass sowohl die Akteurinnen und Akteure der Minderheit als auch die Mehrheit des konnationalen Nachbarstaats das Verhalten des jeweils anderen ständig beobachten und ihre Handlungen oder Handlungsoptionen dementsprechend auf die andere Seite hin ausrichten.[129] So wird deutlich, dass Loyalität weitaus komplexer gefasst werden muss, als es identitätspolitische Zugänge mit ihren nationalen, ethnischen und konfessionellen Faktoren ermöglichen.[130]

Seit der Jahrtausendwende sind einige Forschungsarbeiten entstanden, die unter Bezugnahme auf Brubakers Ansatz das deutsch-tschechische Verhältnis der Zwischenkriegszeit analysiert haben. Peter Haslinger und Joachim von Puttkamer etwa betonen, dass das Modell der Praktiken der Loyalität wie Illoyalität gegenüber dem Konzept der Identität zu bevorzugen sei, da es über eine emotional-ethische Komponente eben auch die individuellen und kollektiven Handlungsdispositionen erfasse. Somit werde die Wechselseitigkeit der Beziehungen deutlich. Der individuelle Verhaltensbezug von Akteuren und Beobachtern werde somit klarer ersichtlich, zudem werde hierdurch eine diskursive Komponente greifbar, die es Gruppen ermöglicht, sich über scheinbar festgefügte Identitäten hinaus Handlungsspielräume für Allianzen,

---

am Main 2005; ANDERSON, Benedict: Imagined Communities: Reflections on the Origin and Spread of Nationalism. London, New York 2016.
126 BUDŇÁK, Jan: Das Bild der Tschechen. In: BECHER, Peter et al. (Hg.): Handbuch der deutschen Literatur Prags und der böhmischen Länder. Stuttgart 2017, 264–273, hier 265.
127 BRUBAKER, Rogers: Nationalism Reframed. Nationhood and the National Question in the New Europe. New York 1996, 60–69.
128 HASLINGER/PUTTKAMER: Staatsmacht, Minderheit, Loyalität 1–3.
129 EBENDA 1–2.
130 EBENDA 2.

Zuordnungen und Abgrenzungen zu eröffnen, die sich allein aus den Identitätspositionen heraus nicht erklären ließen.[131] Martin Schulze Wessel argumentiert ähnlich. Loyalität ist für ihn eine Kategorie des sozialen Handelns und Fühlens, die nicht nur Gehorsam oder eine vertragsgemäße Erfüllung bedeute, sondern eben auch die dahinterstehende Haltung bezeichne. „Loyalität wie auch Treue sind in Über- und Unterordnungsverhältnissen, aber auch zwischen Gleichgestellten, also auf einer vertikalen und auf einer horizontalen Ebene anzutreffen."[132]

Martin Zückert fügt der Analyse des Verhältnisses von Loyalität, staatlichem Integrationsangebot und Staatsakzeptanz als wichtige Erklärung den Transformationsprozess hinzu, den die deutsche Bevölkerungsgruppe in der Ersten Tschechoslowakischen Republik durchlief. Denn die wirtschaftliche und politische Entwicklung der Tschechoslowakei in den 1920er Jahren und die stabilisierende Kraft des Alltags hatten bei den Deutschen in den böhmischen Ländern für eine Akzeptanz der bestehenden Verhältnisse gesorgt. Trotz überzeugter Demokraten an der Staatsspitze – Tomáš Garrigue Masaryk und Edvard Beneš[133] – hatte das auf ethnisch-nationaler Grundlage fußende tschechoslowakische Nationskonzept nicht die notwendige Integrationsfähigkeit entfalten können.[134] Nach Zückert war die stark autoritär ausgerichtete Sudetendeutsche Partei kein direkter Reflex auf die infolge der Wirtschaftskrise sinkende Attraktivität der Tschechoslowakei. Stattdessen hängt ihre Gründung mit einem sudetendeutschen Selbstfindungsprozess zusammen, der nicht allein durch einen tschechisch-deutschen Gegensatz zu erklären ist. Dieser Prozess sei als autarke Entwicklung zu betrachten, die aufgrund der nationalen Verhältnisse, der Bevölkerungszahl und der wirtschaftlichen Bedeutung der deutschen Teilgesellschaft durch eine erhebliche Eigendynamik gekennzeichnet war.[135] Wie dies im Reichsgau weiterwirkte, soll in dieser Studie ebenfalls gezeigt werden.

---

131 EBENDA 2–3.
132 SCHULZE WESSEL, Martin: ‚Loyalität' als geschichtlicher Grundbegriff und Forschungskonzept: Zur Einleitung. In: SCHULZE WESSEL, Martin (Hg.): Loyalitäten in der Tschechoslowakischen Republik 1918–1938. Politische, nationale und kulturelle Zugehörigkeiten. (Veröffentlichungen des Collegium Carolinum 101) München 2004, 1–22, hier 2–3.
133 Zur Kritik von Edvard Beneš am Nationalsozialismus wie auch zum Demokratieentwurf von Beneš und Masaryk siehe RUTTNER, Florian: Pangermanismus. Edvard Beneš und die Kritik des Nationalsozialismus. Freiburg, Wien 2019.
134 ZÜCKERT, Martin: Vom Aktivismus zur Staatsnegation 97–98.
135 EBENDA.

Quellenbasis und Aufbau

Die Forschung zum Reichsgau Sudetenland wird dadurch erschwert, dass die deutschen Behörden in den letzten Wochen des Dritten Reiches gezielt Dokumente vernichtet hatten. Zudem ist der Quellenbestand der Jahre 1938 bis 1941 weitaus umfangreicher als die Aufzeichnungen der späteren Kriegsjahre. Die Bestände der obersten Behörden des Reichsgaus Sudetenland sind im tschechischen Archivbezirk Litoměřice zu finden, insbesondere am Standort Litoměřice-Krajska. Dort sind viele Berichte, Protokolle und Korrespondenzen der Schulabteilung der Reichsstatthalterei erhalten geblieben. Anders als im Fall anderer Abteilungen der Reichsstatthalterei in Reichenberg, deren Bestände größtenteils zerstört worden sind, liegen im Archivbezirk Litoměřice auch Dokumente der Schulverwaltung in großer Zahl vor, wenngleich mit einer Einschränkung: Die Bestände der Referenten für Höhere Schulen sind weitgehend verloren gegangen. Die erhalten gebliebenen Dokumente aus diesem Archiv sind in dieser Arbeit von zentraler Bedeutung – sie bilden in ihrer Dichte das Handeln der Reichenberger Schulverwaltung detailreich ab und leisten für die Beantwortung der Forschungsfragen den wichtigsten Beitrag.

Die Akten der Schulabteilungen der nächstunteren drei Behörden, der Regierungspräsidenten, sind hingegen höchst ungleich überliefert. Der Bestand des Regierungspräsidenten von Troppau blieb in Opava hervorragend erhalten. Die Bestände des Regierungspräsidiums Aussig sind demgegenüber beinahe völlig zerstört, nur in Litoměřice gibt es einige wenige Dokumente; von der Schulverwaltung beim Regierungspräsidium in Karlsbad sind überwiegend nur Einzelakten zu den Höheren Schulen erhalten, die in Kláśter u Nepomuka zu finden sind. Die Bestände des Regierungspräsidenten von Troppau ermöglichen es insbesondere, genau nachzuvollziehen, wie sich seine Schulabteilung gegenüber der tschechischen Minderheit verhielt. Dies ist umso mehr von Relevanz, als Troppau der Regierungsbezirk mit der absolut wie auch prozentual größten tschechischen Minderheit war.

Auf der nächstunteren Ebene, bei den Schulräten, die jeweils den Landratsämtern zugeteilt waren, sind die erhaltenen Bestände gleichfalls auffallend ungleich; sehr gut überliefert sind Troppau (Kreis), Hohenelbe (Kreis), Marienbad (Kreis), Luditz (Kreis) und Leitmeritz (Kreis). Sie wurden in die Arbeit einbezogen, da in den Schulämtern zum einen zahlreiche Informationen zu den ihnen unterstehenden Volks- und Bürger-(Haupt-)schulen zusammenliefen. Zum anderen zeigen sie den Eigensinn der Schulämter gegenüber den ihnen übergeordneten Behörden auf.

Die Bestände des Reichserziehungsministeriums mit Bezug zum Reichsgau Sudetenland stehen in großer Zahl im Bundesarchiv in Berlin zur Verfügung. Sie ermöglichen es, detailliert nachzuzeichnen, in welcher Form und welchem Ausmaß die sudetendeutsche Schulverwaltung mit dem ihm vorgesetzten Ministerium agierte, wo sie Widerspruch, aber auch Zuspruch fand.

Um die Tätigkeiten der Schulverwaltungsbeamten vor 1938 klären zu können, wurde die Biographische Sammlung des Collegium Carolinums in München in die Recherche einbezogen. Zudem wurde der Bestand zur SdP im Nationalarchiv in Prag ausgewertet, der jedoch zu einem großen Teil zerstört ist, daher konnten ihm nur wenige Hinweise entnommen werden. Da die Akteure der Schulverwaltung parallel auch Funktionen in der NSDAP und im NSLB innehatten, wurden die NSDAP-Bestände in Litoměřice und im Nationalarchiv in Prag eingesehen. Als zentrales Mitteilungsorgan ist zudem das von 1938 bis 1945 im zweiwöchigen Turnus herausgegebene „Amtliche Schulblatt für den Reichsgau Sudetenland" von Bedeutung, dessen Ausgaben in der Bibliothek für Bildungsgeschichtliche Forschung in Berlin aufbewahrt sind. Die darin aufgeführten Richtlinien wurden oftmals in der NSLB-Lehrerzeitung „Der Sudetendeutsche Erzieher" erläutert, der das „Mitteilungsblatt des NSLB der Gauwaltung Sudetenland" beilag. Exemplare davon finden sich in der Staatsbibliothek in Berlin und gleichfalls in der Bibliothek für Bildungsgeschichtliche Forschung in Berlin. Dieses Periodikum war das wichtigste Informationsmedium, um die Lehrkräfte über Entscheidungen der Schulverwaltung in Kenntnis zu setzen, ihnen Veränderungen zu erklären und ihnen die letztlich gewünschten Unterrichtsinhalte zu vermitteln. Die redaktionelle Bearbeitung dieser Schriftzeugnisse ist teilweise im Bundesarchiv Berlin und in Litoměřice überliefert. Für die Analyse der Lehrinhalte des Deutsch-, Tschechisch- und Geschichtsunterrichts wurden Lehrbücher und Unterrichtsmaterial aus der Pädagogischen Bibliothek in Prag, der Bibliothek für Bildungsgeschichtliche Forschung in Berlin, des Georg-Eckert-Instituts in Braunschweig sowie der Deutschen Nationalbibliothek in Leipzig ausgewertet.

Um die Tätigkeiten der Schulverwaltungsbeamten nach 1945 nachvollziehen zu können, wurden die Bestände der Ost-Dokumentation in der Außenstelle des Bundesarchives in Bayreuth, der Wissenschaftlichen Bibliothek im Sudetendeutschen Haus sowie des Sudetendeutschen Archivs (beide in München) genutzt. Auch Schulchroniken, die in tschechischen Regionalarchiven in beachtlicher Menge erhalten sind, wurden zurate gezogen, allerdings ob ihrer Menge nicht systematisch.

Dieser reichhaltige Quellenfundus, von dem vieles erstmalig ausgewertet wurde, ermöglicht eine eingehende Behandlung der formulierten

Untersuchungsfragen in folgender Kapitelstruktur: Zuerst werden im zweiten Kapitel die Durchsetzung und Emergenz der Begriffe sudetendeutsch und grenzlanddeutsch erörtert und wird deren Bedeutung für die sudetendeutsche Schulverwaltung herausgearbeitet. Anschließend folgt im dritten Kapitel die Darlegung des allgemeinen wie schulpolitischen Kontextes vor 1938. Im folgenden Kapitel werden die Bedingungen der Etablierung der NS-Herrschaft im Reichsgau Sudetenland beleuchtet, anschließend gilt der Fokus im fünften Kapitel der Diskussion und Umsetzung der Anpassung des in österreich-ungarischer Tradition stehenden tschechoslowakischen Schulwesens an Reichsvorgaben. Sodann wird im sechsten Kapitel anhand der Schulinhalte analysiert werden, ob und in welcher Form sich das grenzlanddeutsche Narrativ in den Schulfächern Deutsch, Geschichte, Tschechisch und bei den Schulfeiern abbildete. Im siebten Kapitel werden die Bemühungen der Schulverwaltung um die Eindeutschung des Reichsgaus Sudetenland herausgearbeitet: Dabei geht es um die Repression und Unterdrückung der tschechischen Minderheit, die auch eine Eindeutschung tschechischer Kinder durch deren Beschulung an deutschen Schulen einschloss, aber auch um den Umgang mit der Frage, ob und wie Kinder von Zwangsarbeitern und Volksdeutschen beschult werden sollten. Schließlich wird im achten Kapitel das Handeln der Schulverwaltung in den letzten Kriegsjahren näher ausgeleuchtet. Die Arbeit schließt ab mit einem die Forschungsergebnisse einordnenden resümierenden Fazit, das die zentrale Forschungsfrage beantwortet, inwieweit der Schulverwaltung die Durchsetzung ihres grenzlanddeutschen Anspruchs gelang.

„Sudetendeutschtum" und „Grenzlanddeutschtum". Zur Begrifflichkeit

Entstehung und Emergenz des sudetendeutschen „Grenzland"-Konzepts

Dass die ab den 1930er Jahren für die Deutschen in der Tschechoslowakei weithin benutzte Bezeichnung „Sudetendeutsche" in den Augen der deutschsprachigen Bevölkerung als Kunstbegriff gelten musste, war den Zeitgenossen durchaus bewusst: Der Gymnasiallehrer und völkische Schriftsteller Emil Lehmann bezeichnete bereits 1925 Sudetenland als einen Ersatzbegriff, der notwendig sei, um alle Deutschen in der Tschechoslowakei zusammenfassen zu können.[1] Später gliederte er die Sudetendeutschen noch nach Bayern, Schlesiern, Bewohnern des nordböhmisch-sächsischen Raums sowie nach „Volksinseln".[2]

Auch der Historiker Josef Pfitzner schlug im Vorfeld der Erstellung des „Handwörterbuchs des Grenz- und Auslandsdeutschtums" 1936 vor, für die Deutschen in der Tschechoslowakei den Begriff der Sudetendeutschen zu benutzen, um ein gemeinsames „Einheitserlebnis" bekunden zu können.[3] Dessen Verwendung sollte den Anspruch unterstützen, dass dieser Gruppe aufgrund der ihr zugeschriebenen Leistungen in der mittelalterlichen Ostkolonisation ein weiterer „Leistungsanteil" in der Gegenwart – in der Tschechoslowakei – zustehe.[4]

Anders als Sudetendeutsche war der Begriff der Sudetenländer schon länger in Gebrauch. War er noch in den 1820er Jahren als geografische Bezeichnung für die Anrainerregionen des Sudetengebietes (Ernst Friedrich Glocker) oder auch als Synonym für das Erzgebirge (Joseph Marx Freiherr von Lichtenstern) verstanden worden, wurden ab den 1840er Jahren die Sudetenländer als synonyme Bezeichnung für die böhmischen Länder (české země) gebräuchlich, die „lange Zeit frei von politischem Beigeschmack [blieb]".[5] Auch ins Tschechische

---

1 LEHMANN, Emil: Der Sudetendeutsche. Eine Gesamtbetrachtung. Potsdam 1925, 11.
2 LEHMANN, Emil: Sudetendeutsches Grenzlandvolk. Das Sudetendeutschtum in seiner stammlich-landschaftlichen Entfaltung. Dresden 1937, 4.
3 BRANDES, Detlef/MÍŠKOVÁ, Alena: Vom Osteuropa-Lehrstuhl ins Prager Rathaus. Josef Pfitzner 1901–1945. Essen 2013, 152.
4 EBENDA 169.
5 WEGER: Großschlesisch? Großfriesisch? Großdeutsch! 72.

fand der Begriff als „sudetské země" Eingang.⁶ Nach 1867 wurde die Bezeichnung Sudetenländer zunehmend politisch konnotiert, ihre Verwendung sollte die böhmischen Länder als deutschen „Kulturboden" herausstellen und dazu beitragen, einen tschechischen Bezug zum Gebiet zu verhindern.⁷ In diesem Kontext wurde erstmals für die deutschsprachige Bevölkerung der böhmischen Länder der Begriff der Sudetendeutschen verwendet, als der deutschnationale Autor Franz Jesser 1903 für sie die Gebirgskette der Sudeten in Anspruch nahm. Der Höhenzug würde sich nicht nur durch Böhmen, Mähren und Schlesien ziehen, sondern auch bis hinein in das Deutsche Reich ragen. Somit konnte dieses Gebirge eine „sichtbare semantische Brücke zu den Reichsdeutschen"⁸ schlagen.

Der Begriff des Sudetenlandes war bereits seit den 1830er Jahren punktuell verwendet worden, blieb aber geografisch sehr vage. Erst durch die (gescheiterte) Etablierung einer Provinz Sudetenland am 30. Oktober 1918 wurde er erstmals räumlich konkretisiert. Das Ziel der selbsternannten Provinzregierung war, ihr Territorium – das sich auf die mehrheitlich deutschsprachigen Gebiete im Altvatergebirge und in den Ostsudeten bezog; die Hauptstadt sollte Troppau (Opava) sein – an das Deutsche Reich anzuschließen.⁹ Vor diesem Hintergrund ist es nicht verwunderlich, dass den tschechoslowakischen Behörden bewusst war, dass sich die Verwendung dieser Territorialbezeichnung gegen die territoriale Identität der Tschechoslowakei richtete; 1921 entschied die tschechoslowakische Post, keine Zustellungen an Adressen durchzuführen, die Adresszusätze wie Deutschböhmen, Böhmerwaldgau, Deutschsüdmähren, Sudetenland oder Sudetengau enthielten.¹⁰ Spätestens jetzt wurden die Begriffe Sudetendeutsche und Sudetenland politisch aufgeladen.

Die Eigenbezeichnung sudetendeutsch ging dabei mit dem Aufkommen der Termini Volksgruppe und Volksstamm einher. Die Vorstellung von einer Volksgruppe ging davon aus, dass es eine anthropologische wie auch kulturelle Verbindung zwischen Landschaft und Menschen gäbe; gefestigt wurde diese Vorstellung im frühen 20. Jahrhundert noch durch die Unterscheidung

---

6 EBENDA 72–73.
7 NĚMEC, Mirek: Sudeten/Sudety als deutsch-tschechisches Palimpsest. In: Bohemia – Zeitschrift für Geschichte und Kultur der böhmischen Länder 53/1 (2013) 94–111, hier 99–100.
8 EBENDA 99.
9 WEGER, Tobias: Großschlesisch? Großfriesisch? Großdeutsch! 158–160.
10 EBENDA 165.

zwischen einem Siedlungs- bzw. Volksboden und einem Kulturboden.[11] Die heterogene deutschsprachige Bevölkerung der Tschechoslowakei sollte somit in eine eigene Volksgruppe überführt werden – mit festem Territorium und eigener Wirtschaft, aber auch mit politischer Repräsentation, einem eigenen Schulwesen und einer besonderen Kultur.[12]

Insbesondere der Terminus Kulturboden erlangte Wirkmächtigkeit, da er anders als jener des Siedlungsbodens nicht nur den von einer bestimmten ethnischen Gruppe gerade bewohnten Raum einschloss, sondern eine Verbundenheit behauptete, die sich gar von einer ehemaligen, gegebenenfalls sehr lange zurückliegenden Präsenz herleiten ließ. So überrascht es nicht, dass in diesem Kontext gerade die – wissenschaftlich aus heutiger Sicht nicht haltbaren – Forschungen von Berthold Bretholz, der behauptete, es habe eine prähistorische germanische Siedlung in den böhmischen Ländern gegeben, die sich seither angeblich nicht habe unterbrechen lassen, mit Anerkennung aufgenommen wurden. Metaphorischer und historisch älter als Volksgruppe ist der auf Wilhelm Heinrich Riehl zurückgehende Begriff des Volksstamms, der über den Germanisten Josef Nadler auch Eingang in die Literaturgeschichte fand. Konkret differenzierte Nadler zwischen Altstämmen, etwa den Franken, Thüringern und Alemannen, und Neustämmen, die die Eindeutschung der Slawen im Osten vollbracht hätten und zu denen er auch die Sudetendeutschen zählte. Ihnen schrieb er zu, „Träger jener nach Osten ausgerichteten Kolonisationstätigkeit" gewesen zu sein.[13]

So kann, wie bereits Hans Henning Hahn unmissverständlich festhielt, konstatiert werden, dass die Eigenbezeichnung Sudetendeutsche als politischer Kampfbegriff aufzufassen ist, der keine Ethnie abbildet, da sich keine ethnisch

---

11 WEGER, Tobias: Die ‚Volksgruppe im Exil'? Sudetendeutsche Politik nach 1945. In: HAHN, Hans Henning (Hg.): Hundert Jahre sudetendeutsche Geschichte. Eine völkische Bewegung in drei Staaten. (Die Deutschen und das östliche Europa. Studien und Quellen 1) Frankfurt am Main, New York 2007, 277–301, hier 278–279.

12 BALCAROVÁ, Jitka; „Jeden za všechny, všichni za jednoho!": Bund der Deutschen a jeho předchůdci v procesu utváření „sudetoněmecké identity" [„Einer für alle, alle für einen!" Der Bund der Deutschen und seine Vorgänger im Prozess der Konstruktion „sudetendeutscher Identität"]. Praha 2013, 59, zitiert nach: JOSEFOVIČOVÁ, Milena: Deutsche wissenschaftliche Anstalten in Reichenberg 1923–1945. Von der Heimatforschung zur nationalsozialistischen Landes- und Volksforschung. (Quellen und Studien zur Geschichte und Kultur der Sudetendeutschen 6) Prag, München 2015, 11.

13 Für diesen Absatz vgl. WEGER: Die ‚Volksgruppe im Exil'? 278–281.

abgrenzbare Gruppe als sudetendeutsch erkennen lässt. Dies wird auch daran ersichtlich, dass zwischen 1918 und 1948 unterschiedliche Landstriche entlang der tschechisch-deutsch-österreichischen Grenze als sudetendeutsch tituliert wurden.[14] In der Konsequenz bedeutet das, dass die in dieser Arbeit zurate gezogene Forschung zum Reichsgau Sudetenland zwar die zeitgenössischen Termini[15] sudetendeutsch und Sudetenland gebraucht, doch dürfen die Sudetendeutschen

> weder mit allen Deutschen in der Geschichte der böhmischen Länder noch mit allen vertriebenen ehemaligen tschechoslowakischen Bürgern deutscher Nationalität gleichgesetzt werden. [...] „Sudetendeutsche Geschichte" ist die Geschichte der sudetendeutschen völkischen Bewegung und betrifft daher nur einen Teil jener deutschsprachigen Bevölkerung.[16]

Für Martin Zückert war denn auch das Selbstverständnis der Sudetendeutschen Partei als „Bewegung" folgerichtig, da ihre Ziele über die eines gewöhnlichen Parteiprogramms hinauswiesen: zum einen in der offensiv formulierten Verteidigung eines „nationalen Besitzstandes", zum anderen aber auch in der angestrebten Zusammenfassung der rund drei Millionen Sudetendeutschen zu einem ‚Block' ohne abweichende Meinungen.[17] Zückert vermutet diesbezüglich, dass die von Konrad Henlein initiierte Bewegung nicht allein als Reaktion auf einen tschechisch-deutschen Gegensatz verstanden werden kann, sondern vielmehr autarke Züge aufwies und im Rahmen eines sudetendeutschen Selbstfindungsprozesses eine ethnisch und kulturell gedeutete Eigenständigkeit anstrebte.[18]

---

14 HAHN, Hans Henning: Einleitung. In: HAHN, Hans Henning (Hg.): Hundert Jahre sudetendeutsche Geschichte. Eine völkische Bewegung in drei Staaten. (Die Deutschen und das östliche Europa. Studien und Quellen 1) Frankfurt am Main, New York 2007, 7–13, hier 10.
15 Zur Begriffsgeschichte des Ausdruckspaars „sudetendeutsch/Sudeten" wie auch zu seiner Emergenz im tschechischsprachigen Kontext siehe auch: NĚMEC: Sudeten/Sudety als deutsch-tschechisches Palimpsest.
16 HAHN: Einleitung 11.
17 ZÜCKERT: Vom Aktivismus zur Staatsnegation 92. Zur Emergenz der Begriffe Nationalbesitzstand und Wiedergutmachung als sudetendeutschen Schlagwörtern im politischen Diskurs der Tschechoslowakei nach 1919 vgl. NACHUM, Iris: Nationalbesitzstand und „Wiedergutmachung". Zur historischen Semantik sudetendeutscher Kampfbegriffe. (Veröffentlichungen des Collegium Carolinum 142) München 2021.
18 ZÜCKERT: Vom Aktivismus zur Staatsnegation 93.

Diese sudetendeutsche Selbstfindung geschah allerdings unter Exklusion derer, die nicht zu einer solchen ethnisch bzw. völkisch verstandenen Volksgemeinschaft gehören konnten: Als sich die Sudetendeutsche Partei – einen Monat nach dem sogenannten Anschluss Österreichs – Ende April 1938 offen zum Nationalsozialismus bekannte, nahm sie auch einen „Arierparagraphen" in ihre Satzung auf. Dies löste einen Dominoeffekt aus: Zahlreiche Vereine und Verbände taten es ihr gleich, auch wenn viele von ihnen den Ausschluss von Juden bereits in der Vergangenheit praktiziert haben mochten.[19]

Diese Ausgrenzung der jüdischen Bevölkerung wird auch daran deutlich, dass der Begriff „sudetendeutsche Juden" bis heute nicht zu existieren scheint; stattdessen spricht man von deutschen bzw. tschechischen Juden so, als wäre der Begriff sudetendeutsch mit jüdisch unvereinbar, wie Eva Hahn konstatiert.[20] Entsprechend bemerkt Tobias Weger folgerichtig:

> Gerade vor diesem Hintergrund erscheint es eminent wichtig, Bewusstsein für den Charakter und die Problematik des Begriffes „sudetendeutsch" zu wecken. Es handelt sich um einen Kampfbegriff der „völkischen" Propaganda unter den deutschsprachigen Bewohnern der böhmischen Länder, der mit etwas Verzögerung von den Gleichgesinnten innerhalb des Deutschen Reiches aufgegriffen und argumentativ gegen das tschechische Volk instrumentalisiert wurde.[21]

Insbesondere die von Erich Gierach 1925 gegründete Anstalt für sudetendeutsche Heimatforschung[22] in Reichenberg (Liberec) und die 1924 ins Leben gerufene Deutsche Gesellschaft für Vor- und Frühgeschichte trieben mit zahlreichen Publikationen, darunter Materialien für Schulen,[23] die Popularisierung

---

19 OSTERLOH, Jörg: „Arisierungen" und „Germanisierungen" im Reichsgau Sudetenland. In: GOSEWINKEL, Dieter/HOLEC, Roman/ŘEZNÍK, Miloš (Hg.): Eigentumsregime und Eigentumskonflikte im 20. Jahrhundert: Deutschland und die Tschechoslowakei im internationalen Kontext. Essen 2018, 163–191, hier 182.
20 HAHN, Eva: Verdrängung und Verharmlosung. Das Ende der jüdischen Bevölkerungsgruppe in den böhmischen Ländern nach ausgewählten tschechischen und sudetendeutschen Publikationen. In: BRANDES, Detlef/KURAL, Václav (Hg.): Der Weg in die Katastrophe. Deutsch-tschechoslowakische Beziehungen 1938–1947. (Veröffentlichungen des Instituts für Kultur und Geschichte der Deutschen im östlichen Europa 3) Essen 1994, 135–150, hier 141.
21 WEGER: Die ‚Volksgruppe im Exil'? 51.
22 JOSEFOVIČOVÁ, Milena: Deutsche wissenschaftliche Anstalten in Reichenberg 11.
23 SMELSER, Roland M.: Das Sudetenproblem und das Dritte Reich 1933–1938. Von der Volkstumspolitik zur nationalsozialistischen Außenpolitik. (Veröffentlichungen des Collegium Carolinum 36) München, Wien 1980, 46.

des Terminus sudetendeutsch voran. Ihre Publikationen zielten vor allem darauf ab,

> den deutschen Bewohnern der ČSR durch die Vermittlung der Landeskunde ihrer engsten Umgebung einen starken Bezug zu ihrer Heimat zu vermitteln, der auf einer übergeordneten Ebene den „Einheitsgedanken" der Sudetendeutschen und das Bewusstsein fördern sollte, ein Teil der deutschen „Volksgemeinschaft" zu sein.[24]

Der hierbei in völkischen Kreisen für diese Aktivitäten häufig verwendete Begriff des Volkstumskampfes sei nach Rudolf Jaworski gemäß seiner Dissertation von 1977 die

> Summe der Bemühungen, die ethnische Einheit und Reinheit der sudetendeutschen Bevölkerungsteile in den böhmischen Ländern vorstaatlich, überparteilich, unpolitisch und unter Absehung sozialer Unterschiede gegenüber anderen gesellschaftlichen und politischen Integrationsanforderungen zu behaupten, sowie der wiederholte Versuch, die nationale Absonderung gegenüber dem tschechischen Nachbarvolk durch kultur- und/oder machtpolitische Anlehnung an eine konnationale Großmacht zu kompensieren bzw. zu verstärken.[25]

Unterstützt wurde das Wirken der neu gegründeten sudetendeutschen völkischen Organisationen, das zeitgenössisch als Volkstumsarbeit bezeichnet wurde und zumindest in den 1930er Jahren unverkennbar die Zerschlagung der Tschechoslowakei zum Ziel hatte, durch die Fördermöglichkeiten, die ebenjener Staat bereithielt, der bekämpft wurde. In der Tschechoslowakei empfahl das Volksbildungsgesetz vom 7. Februar 1919 die Abhaltung von Kursen zur Bildung der Staatsbürger und regelte deren staatliche Förderung. Das Gesetz ermöglichte in Gemeinden mit mehr als 200 Einwohnern, die einer Minderheit angehören, Ortsbildungsausschüsse einzurichten; in Gerichtsbezirken mit mehr als 2 000 Angehörigen einer nationalen Minderheit durften darüber hinaus Bezirksbildungsausschüsse gebildet werden. Paradoxerweise wurde dieses Gesetz trotz mancher Ablehnung nun von genau jenen Kreisen genutzt, die der Republik feindlich gegenüberstanden, etwa von der sudetendeutschen völkischen Bewegung.[26]

---

24 WEGER, Tobias: Sudetendeutsche Anstalt für Landes- und Volksforschung Reichenberg. In: FAHLBUSCH, Michael/HAAR, Ingo/PINWINKLER, Alexander (Hg.): Handbuch der völkischen Wissenschaften. Akteure, Netzwerke, Forschungsprogramme, Teilband 2. 2. Aufl. Berlin 2017, 1660–1666, hier 1661.
25 Vgl. JAWORSKI: Vorposten oder Minderheit? 10.
26 WEGER, Tobias: Das Konzept der ‚Volksbildung' – völkische Bildung für die deutschen Minderheiten. In: EISLER, Cornelia/GÖTTSCH-ELTEN, Silke (Hg.): Minderheiten im

Die Volkstumsarbeit war hierbei besonders ein Projekt der Jugend, vor allem ehemaliger Frontsoldaten des Ersten Weltkriegs.[27] In dieser Hinsicht darf der Einfluss der sogenannten Böhmerwaldbewegung auf die sudetendeutsche völkische Bewegung in den 1920er und 1930er Jahren nicht hoch genug angesetzt werden,[28] da die dort geknüpften zwischenmenschlichen Kontakte auch nach 1938 in den gleichgeschalteten NS-Organisationen und gerade in der NS-Schulverwaltung weiterbestehen sollten. Ins Leben gerufen wurde die Böhmerwaldbewegung im August 1918 von einem Kreis älterer Mitglieder der deutschböhmischen Wandervogelbewegung in Böhmisch Krumau (Český Krumlov). Zu ihr gehörten Rudolf Lochner, Karl Metzner, Kurt Oberdorffer, Heinz Rutha, Karl Hermann Frank, Hans Watzlik,[29] von denen bis auf Heinz Rutha[30] und Karl Metzner[31] alle nach 1938 dem NS-Regime nahestehen sollten. Sie beschworen in ihrem Verband völkische Werte wie die Reinheit des Blutes, vertraten eine Auslese nach Charakter und Wesen und orientierten sich an autoritären Prinzipien wie Gefolgschaft und Führertum.[32] Der Bewegung trat später noch die Jungdeutsche Gemeinschaft Böhmerland bei, die unter anderem von den späterhin ebenfalls der NS-Herrschaft nahestehenden Personen Erich Gierach, Emil Lehmann und Ignaz Göth auf der Burg Schreckenstein (Střekov) bei Aussig (Ústí nad Labem) gegründet worden war und die programmatisch einen ausschließlich von Deutschen bestimmten Raum zum Ziel hatte.[33] Letzten Endes wurde die Böhmerwaldbewegung mitsamt der von ihr vertretenen Idee der Volksgemeinschaft Vorbild für weitere Jugendorganisationen, zum Beispiel für den Bund der deutschen Landjugend.

In diesem Kontext agierte auch ein weiterer, später wichtiger Funktionär des Reichsgaus Sudetenland: Franz Künzel. Er war Organisator der sogenannten Landständischen Jungmannschaft, die für die Einheit eines klassenlosen vorindustriellen Ständestaats warb.[34] 1924 wurde Künzel in diesem Sinne und

---

Europa der Zwischenkriegszeit. (Kieler Studien zur Volkskunde und Kulturgeschichte 12) Münster 2017, 99–116, hier 100–102.
27 SMELSER: Das Sudetenproblem und das Dritte Reich 45.
28 WEGER: Das Konzept der ‚Volksbildung' 109.
29 EBENDA 103–104.
30 Heinz Rutha wurde im Oktober 1937 unter dem Vorwurf angeblicher Homosexualität von tschechoslowakischen Behörden festgenommen, Anfang November 1937 beging er Selbstmord. Siehe hierzu GEBEL: „Heim ins Reich!" 54.
31 Siehe das Kapitel „Deutsche Lehrerverbände in der Tschechoslowakei".
32 WEGER: Das Konzept der ‚Volksbildung' 104.
33 EBENDA 105.
34 SMELSER: Das Sudetenproblem und das Dritte Reich 45–46.

aus „der Erkenntnis der Notwendigkeit, die reifere Bauernjugend, zunächst Deutsch-Mährens, mit den drängenden volks- und agrarpolitischen Fragen unseres Landvolkes vertraut zu machen und für einen aktiven Einsatz in der Öffentlichkeitsarbeit zu befähigen",[35] Mitbegründer der Bauernvolkshochschule Bad Ullersdorf (auch bekannt als Groß-Ullersdorf/Velké Losiny).[36] Diese vom Prager Parlamentsabgeordneten Franz Hodina[37] geleitete Einrichtung umfasste einen festen Lehrkörper und stellte für die Schülerinnen und Schüler ein eigenes Heim zur Verfügung.[38] Sie bot meist achtwöchige Lehrgänge gemäß den Zielsetzungen der Landständischen Jungmannschaft an[39] – nicht nur für Schüler/-innen aus der Tschechoslowakei, sondern auch für jene aus der Batschka, dem Banat, aus Siebenbürgen und aus dem Deutschen Reich.[40] Künzel selbst war in der Bauernvolkshochschule als Lehrer für Gesellschaftslehre und Erdkunde tätig.[41] Einer seiner Kollegen war Friedrich Bürger, der später die Kanzlei Konrad Henleins in Berlin leiten sollte.[42]

Seit den 1880er Jahren hatten sich zudem auf deutscher wie auch auf tschechischer Seite sogenannte Schutzvereine entwickelt, die Kindergärten und

---

35 WIRTH, Alfred: Die deutsche Bauernschule Bad Ullersdorf. In: KARL, Josef (Hg.): Bauern, Förster, Gärtner schufen ein blühendes Land. Das sudetendeutsche Landvolk und seine Schulen. Eine Dokumentation. München 1988, 195–197, hier 195.
36 BÜRGER, Erhard Gottfried (Hg.): Das erste Jahr Bauernvolkshochschule Bad Ullersdorf (Grundlagen, Aufgaben, Berichte). Groß-Ullersdorf 1925, 19.
37 WIRTH: Die deutsche Bauernschule Bad Ullersdorf 195.
38 EBENDA.
39 Die Bildungsziele der Einrichtung wurden in der Einladung zu den Feierlichkeiten anlässlich ihres zehnjährigen Bestehens im Mai 1934 konkretisiert: „Ziel und Aufgabe. Die dörfliche Gesellschaft braucht charakterfeste, einsichtsvolle, kenntnisreiche, klardenkende und tatkräftige Männer und Frauen, die Familie und Haus als Grundsteine jeder Kultur in Ordnung halten können, die das dörfliche Gemeinwesen in echtem landständischen Geiste verwalten und das berufsständische Organisationswesen ausbauen und führen, glaubensfeste Christen und schollentreue Deutsche, die den Kopf oben behalten, auch wenn Not und Verführung ans Tor pochen; Menschen, die in Vertrauen und Liebe zueinander stehen, wie es das Gebot bestimmt. Solchen Menschen den Lebensweg richten zu helfen, wurde die Schule ins Leben des deutschen Landstandes gestellt." Vgl. Einladung zur Feier des 10-jährigen Bestandes der Deutschen Bauernschule zu Bad-Ullersdorf am 5. und 6. Mai 1934. BArch, R 57/8246, nicht foliiert.
40 WIRTH: Die deutsche Bauernschule Bad Ullersdorf 196.
41 BÜRGER: Das erste Jahr Bauernvolkshochschule Bad Ullersdorf 26.
42 SMELSER: Das Sudetenproblem und das Dritte Reich 46.

Schulen unterstützten und auch selbst solche unterhielten. Als Dachverband der deutschen Schutzvereine in der Tschechoslowakei fungierte seit 1919 der Deutsche Kulturverband. Er wurde 1934 Teil des neugegründeten Bundes der Deutschen, der dann 1938 im NS-Staat aufgelöst werden sollte.[43] Der Deutsche Kulturverband war Nachfolger des 1919 aufgelösten Deutschen Schulvereins[44] und zählte 1929 knapp 400 000 Mitglieder in etwa 2 800 Ortsgruppen. Zu ihm gehörte das Schulschutzwerk, das unter anderem Spielleiterkurse, Konzerte und Theateraufführungen veranstaltete, Büchereien unterstützte und Wanderausstellungen organisierte.[45] Zudem förderte er die heimatkundliche Forschung und nationalistische Schriftsteller wie Karl Hans Strobl oder Hans Watzlik.[46] Obgleich diese Organisationen und Bewegungen im Einzelnen relativ klein waren, bildeten sie zusammengenommen doch ein ausgedehntes Netzwerk der Propagierung völkischer Ideen:[47] So arbeitete der rassistische, nationalistische und antisemitische Deutsche Turnverband mit dem ebenso auf arischer Grundlage stehenden Bund der Deutschen in Böhmen eng zusammen. Zusammen verfügten beide Verbände, ihnen nahestehende Organisationen eingeschlossen, bereits 1923 in etwa 2 500 Ortsgruppen über mehr als 240 000 Mitglieder; sie erreichten mit ihrer vom Rassenmythos geprägten Verbandspolitik somit einen großen Teil der sudetendeutschen Bevölkerung.[48]

Ein anderes wichtiges Veranstaltungsangebot mit völkischen Vorzeichen waren die sogenannten Schlesischen Kulturwochen. Diese wurden von der sogenannten Schlesischen Stammlandbewegung getragen, die, den

---

43 LOZOVIUK, Petr: Interethnik im Wissenschaftsprozess. Deutschsprachige Volkskunde in Böhmen und ihre gesellschaftlichen Auswirkungen. (Schriften zur sächsischen Geschichte und Volkskunde 26) Leipzig 2008, 272.
44 Zur Arbeit und Zielsetzung des Deutschen Schulvereins wie auch seines tschechischen Pendants, der Ústřední Matice Školská (Zentraler Schulverein), siehe ZVÁNOVEC: Der nationale Schulkampf in Böhmen.
45 NITSCHKE, Richard: Das Auslandsdeutschtum. I. Teil: Bilder aus dem Leben der Auslandsdeutschen. Schriften zu Deutschlands Erneuerung. 11. Aufl. Breslau 1938, 10–11.
46 KRAPPMANN, Jörg/LAHL, Kristina: Erste Republik. In: BECHER, Peter et al. (Hg.): Handbuch der deutschen Literatur Prags und der Böhmischen Länder. Stuttgart 2017, 223–234, hier 226–227.
47 SMELSER: Das Sudetenproblem und das Dritte Reich 46.
48 OSTERLOH, Jörg: Der Rassenmythos im Sudetenland 1918–1938. In: IVANIČKOVÁ, Editha/LANGEWIESCHE, Dieter/MÍŠKOVÁ, Alena (Hg.): Mythen und Politik im 20. Jahrhundert. Deutsche – Slowaken – Tschechen. (Veröffentlichungen zur Kultur und Geschichte im östlichen Europa 42) Essen 2013, 163–191, hier 181.

multiethnischen Charakter des Gebiets verneinend, von einer stammlichen deutschen Einheit Schlesiens ausging und offen die Vereinigung der schlesischen Gebiete der Tschechoslowakei, Polens und Deutschlands unter deutscher Oberherrschaft anstrebte.[49] In der Tschechoslowakei waren hierbei der Troppauer Lehrer Richard Patscheider – der später die Kinderlandverschickung im Reichsgau Sudetenland betreuen sollte[50] – wie auch der in Prag (Praha) tätige Germanist Erich Gierach, ein gebürtiger Reichenberger,[51] besonders engagiert.[52]

Gemeinsam mit dem Breslauer Schulrat Bernhard Schneck organisierten sie 1925 erstmals eine Schlesische Kulturwoche, die auch im Deutschen Reich Zuspruch fand. In der Folge fanden weitere Kulturwochen unter Teilnahme von Vertretern unterschiedlicher geisteswissenschaftlicher Disziplinen statt: 1925 in Reichenberg, 1926 in Troppau, 1927 in Hohenelbe (Vrchlabí), 1928 in Mährisch Schönberg (Šumperk), 1929 in Braunau (Broumov), 1930 in Gablonz (Jablonec nad Nisou), 1931 in Neutitschein (Nový Jičín) sowie 1932 in Ratibor erstmals im Deutschen Reich; 1933 fand sie dann letztmals statt, in der Tschechoslowakei in Jägerndorf (Krnov). Grund der Einstellung der Veranstaltungsreihe nach 1933 war der nicht überraschende Einspruch der tschechoslowakischen Behörden, die diese „Kulturwochen" als Versuch der Untergrabung der staatlichen Integrität auffassten. Im Nachgang kam es noch zum sogenannten Patscheider-Prozess, in dem der Hauptangeklagte Richard Patscheider zu einer Haftstrafe verurteilt wurde. Doch die (gesamt)schlesische Bewegung endete damit nicht. Die fortan in Breslau veranstalteten Schlesischen Gaukulturwochen führten sie unter unverkennbar nationalsozialistischer Ägide weiter; 1938 konnten ihre Vertreter schließlich die Okkupation der mehrheitlich deutschsprachigen Gebiete der Tschechoslowakei begrüßen.[53]

---

49 WEGER, Tobias: Zwischen alldeutschen Phantasien und sudetendeutschen Anschlussplänen – die ‚gesamtschlesische' Idee der 1920er und 1930er Jahre. In: ADAMSKI, Marek/KUNICKI, Wojciech (Hg.): Schlesien als literarische Provinz. Literatur zwischen Regionalismus und Universalismus. Leipzig 2008, 91–101, hier 92.
50 Siehe das Kapitel „Sudetendeutscher ‚Freiheitskampf' im Rahmen der Kinderlandverschickung?".
51 SCHIER, Bruno: Erich Gierach zum Gedenken 29.11.1881–16.12.1943. In: Bohemia – Zeitschrift für Geschichte und Kultur der böhmischen Länder 3/1 (1962) 571–581, hier 572.
52 WEGER, Tobias: Zwischen alldeutschen Phantasien und sudetendeutschen Anschlussplänen 92–95.
53 Für diesen Absatz vgl. EBENDA 92–100.

Dem beschriebenen schrittweisen Bedeutungsgewinn der völkisch geprägten sudetendeutschen Identitätsbildung auf deutscher Seite korrespondierte in der tschechischen Öffentlichkeit der Zwischenkriegszeit eine Fortentwicklung eigener Positionierungen. Mit Blick auf diese tschechischen Positionierungen spricht Peter Haslinger von zwei grundlegend verschiedenen Diskursen: dem Grenzlanddiskurs und dem Integrationsdiskurs des territorialen Bohemismus. Das wesentliche Unterscheidungsmerkmal zwischen beiden Diskursen lag in der Perspektivierung auf die deutsche Bevölkerung in den böhmischen Ländern und den daraus abgeleiteten Konsequenzen. Als politisch wirkmächtiger erwies sich der Grenzlanddiskurs. In diesem erschienen die Grenzregionen im Norden, Westen und Süden der böhmischen Länder trotz ihrer überwiegend deutschsprachigen Bevölkerung als tschechische Landschaften. Dabei bekam die Topografie der Grenzgebiete eine zentrale Bedeutung. Nur die dortigen Höhenzüge hätten die Tschechen vor einer Assimilation durch die Deutschen bewahrt. Die Gebirge wurden somit als eine notwendige naturräumliche Barriere konstruiert und fungierten im tschechischen politischen Diskurs als Schutz- und Verteidigungsmetapher.[54] In seiner Zielsetzung sollte der gemeinsame Grenzkampf inkludierend wirken und letztendlich eine neue Gesellschaftsform schaffen, die den zukünftigen Bedrohungen der eigenen nationalen Existenz stärker gewachsen sein sollte.[55]

Analog zu den deutschen Verbänden entstanden ebenfalls tschechische Schutzvereine, die mit ihrer publizistischen Reichweite vor allem in der zweiten Hälfte der 1930er Jahre einen starken Einfluss auf die tschechische Bevölkerung in den Regionen mit mehrheitlich deutschsprachiger Bevölkerung ausübten. Befördert durch die Radikalisierung der sudetendeutschen Öffentlichkeit wurden schließlich auch die tschechischen Schutzvereine ab Mitte der 1930er Jahre immer radikaler; sie forderten gar die Einschränkung der politischen Gestaltungsmöglichkeiten für die Deutschen in der Tschechoslowakei.[56]

„Grenzlanddeutsche" und Interessen des Deutschen Reiches

Bemerkenswert ist, dass die hier aufgeführten Aktivitäten auch Widerhall im Deutschen Reich fanden, wo das minderheitenpolitische Konzept des Grenz- und Auslandsdeutschtums im schulpädagogischen Kontext der Weimarer

---

54 HASLINGER, Peter: Nation und Territorium im tschechischen politischen Diskurs 1880–1938. (Veröffentlichungen des Collegium Carolinum 117) München 2010, 438.
55 EBENDA 381–383.
56 EBENDA 377.

Republik erhebliche Relevanz besaß.[57] Wie in dieser Arbeit gezeigt werden wird, standen dem Konzept einer angeblichen Volkseinheit aber auch Konzepte der Binnendifferenzierung entgegen, die die eingangs zitierte Spannung zwischen dem regionalen sudetendeutschen und dem Interesse des Reiches untermauerten. Gerade auf dem Feld der Schulpolitik sollte sich dies besonders virulent und konfliktreich ausprägen.

Hatten die deutschen Minderheiten im Ausland vor dem Ersten Weltkrieg noch kein größeres Interesse in der Öffentlichkeit des Kaiserreichs hervorgerufen, änderte sich dies, als Deutschland nach der militärischen Niederlage 1918 sein bisheriges Ideal als identitätsstiftende Macht verloren glaubte und das Auslandsdeutschtum zu idealisieren begann – gleichsam als Ausgleich für die abgetretenen Grenzgebiete und Kolonien. Eine allgemein anerkannte Definition des Auslandsdeutschtums existierte bis 1918 nicht, und die „nach dem Ersten Weltkrieg üblich gewordene begriffliche Koppelung von Grenz- und Auslandsdeutschtum brachte auch keine Klarheit, verband sie doch zwei höchst unterschiedliche Beobachtungsfelder, die nicht unbedingt in einen stringenten Zusammenhang zu bringen waren".[58]

Der nun einsetzenden Förderung des sogenannten Grenzlands nahmen sich besonders Vertreter der jungkonservativen Grenzlandideologie an, zu denen neben Karl C. von Loesch, Max Hildebert Boehm, Martin Spahn, Friedrich Heiß und Arnold Hillen-Ziegfeld nicht nur der Deutsche Schutzbund, die Mittelstelle für Jugendgrenzlandarbeit und der Volk-und-Reich-Verlag gehörten,[59] sondern auch viele weitere Organisationen und Akteure, etwa der Verein für das Deutschtum im Ausland (VDA), der 1929 eine Mitgliederzahl von annähernd zwei Millionen Personen aufwies,[60] oder die staatliche Reichszentrale für Heimatdienst, die zahlreiche Publikationen zu Grenzland- respektive Auslandsdeutschen herausgab.[61] Sie vertraten die idealisierte Vorstellung, dass die Deutschen außerhalb der Grenzen Deutschlands ihr völkisches Bewusstsein

---

57 JAWORSKI, Rudolf: Die ‚Kunde vom Grenz- und Auslandsdeutschtum' im Schulunterricht der Weimarer Republik. In: EISLER, Cornelia/GÖTTSCH-ELTEN, Silke (Hg.): Minderheiten im Europa der Zwischenkriegszeit. (Kieler Studien zur Volkskunde und Kulturgeschichte 12) Münster 2017, 117–132, hier 117.
58 EBENDA 117–119, Zitat bei 119.
59 MÜLLER: Der Gau Köln-Aachen und Grenzlandpolitik im Nordwesten des Deutschen Reiches 319.
60 JAWORSKI: Die ‚Kunde vom Grenz- und Auslandsdeutschtum' im Schulunterricht der Weimarer Republik 118.
61 EBENDA 120.

nicht nur bewahrt, sondern es auch besonders unter Beweis gestellt hätten, während es in Deutschland zeitgleich erlahmt zu sein schien.[62] Ihre akademische Begründung fand dieser Anspruch in der Politischen Geografie Friedrich Ratzels und der Geopolitik Karl Haushofers, die Grenzlinien als bloße Abstraktionen auffassten, die eben keinen verbindlichen Lauf besäßen.[63] Die daraus folgende Grenzlandpolitik ermöglichte es, Territorien außerhalb des Deutschen Reiches zu beanspruchen und somit die Souveränität der Nachbarstaaten unter Verweis auf den Minderheitenschutz zu untergraben. Dies betraf die deutschsprachigen Minderheiten der Vorkriegszeit, aber auch fremdsprachige Territorien, hinsichtlich derer unter Bezugnahme auf kulturelle, wirtschaftliche oder militärische Aspekte behauptet wurde, sie seien Teil des Grenzlandes des Deutschen Reiches.[64]

Wie Rudolf Jaworski herausgearbeitet hat, gab es im schulpädagogischen Diskurs der Weimarer Republik eine anhaltende Debatte über die Einführung auslandsdeutscher Themen in der Schule. So sollte das Auslandsdeutschtum Teil des Deutsch-, Geschichts- und vor allem Erdkundeunterrichts werden; ein eigenes Unterrichtsfach hingegen wurde nicht angestrebt. Tatsächlich wurden dann im Februar 1923 auf der 6. Tagung des Reichsschulausschusses Empfehlungen für die Behandlung des Grenz- und Auslandsdeutschtums im Schulunterricht ausgesprochen; auch das Reichsinnenministerium verabschiedete im Juni 1923 Richtlinien zur Behandlung des Grenz- und Auslandsdeutschtums für alle Schularten einschließlich der Berufs- und Fachschulen. In der Folge wurden in Preußen die Lehrpläne der Höheren Schulen entsprechend umgestaltet, die anderen Länder zogen mit vergleichbaren Regelungen nach. Jedoch sollte die Behandlung des Auslandsdeutschtums nicht auf das Klassenzimmer beschränkt bleiben: So empfahl der Reichsschulausschuss, Auslandsdeutsche einzuladen und gemeinsam Schulfeiern zu veranstalten. Daraufhin gründete der VDA bis zum Jahr 1930 4 654 Schulgruppen, die nicht nur mit Schriften und Anschauungsmaterial zum Grenz- und Auslandsdeutschtum versorgt wurden, sondern auch Briefkontakte zu Auslandsdeutschen unterhielten und gar Wanderungen in grenz- und auslandsdeutschen Gebieten unternahmen. Die behauptete Sorge um die Brüder und Schwestern im Ausland sollte nicht zuletzt für eine Änderung der Grenzen des Deutschen Reiches sensibilisieren. Hinzu

---

62 MÜLLER: Der Gau Köln-Aachen und Grenzlandpolitik im Nordwesten des Deutschen Reiches 320.
63 EBENDA 318–319.
64 EBENDA 318.

kam eine gefühlsbetonte Verklärung der Auslandsdeutschen, deren Leben als kollektiv nachahmens- wie erstrebenswertes Ideal mythologisiert wurde. Nach 1933 änderte sich die Bewertung der Grenz- und Auslandsdeutschen als gleichgestellten Vertretern eines sogenannten Deutschtums erheblich: Nun wurde von ihnen erwartet, sich bedingungslos am nationalsozialistischen Deutschland zu orientieren.[65]

Von der unter diesen Vorzeichen weitergeführten Grenzlandkunde profitierte besonders der sudetendeutsche Erziehungswissenschaftler Rudolf Lochner, der zunächst ab Mai 1934 als Professor für Erziehungswissenschaft und Grenzlandkunde[66] an der Hochschule für Lehrerbildung im schlesischen Hirschberg tätig war, bevor er im Februar 1936 als Dozent an die Universität Breslau wechselte.[67] „Keine andere Grenzlandfrage ist nun so sehr geeignet, sie zur Veranschaulichung heranzuziehen, wie gerade die sudetendeutsche",[68] behauptete er im August 1936. Dass seiner Auffassung nach die Grenzlandkunde in allen Schulen unterrichtet werden müsse, begründete er wie folgt: „[D]as endgültige Schicksal des deutschen Volkes wird nicht nur im reichsdeutschen Binnen- und Kernstaat, sondern auch im Außengrenzland entschieden" werden, weshalb „jeder Volksgenosse tatkräftig mitzuhelfen in den Stand gesetzt werden"[69] müsse. Er verstieg sich weiter zu der Aussage, dass das Reich den Sudetendeutschen nicht mehr und nicht weniger verdanke, als dass durch sie

> im mitteleuropäischen Kernraum, der alter, verlorener Reichsboden ist, die slawische Flut noch nicht ganz hemmungslos bis an die hier recht ungünstigen Reichsgrenzen heranzufluten vermag. [...] Dreieinhalb Millionen Deutsche bilden mit ihrem Volkskörper und ihren lebendigen Kräften einen Schutzwall, der noch nicht überwältigt werden konnte.[70]

Dabei beklagte er, dass „diese Leistung im Hinblick auf die bisher sehr mangelhafte Unterstützung des Kampfes durch das Reich nicht hoch genug

---

65 Für diesen Absatz vgl. JAWORSKI: Die ‚Kunde vom Grenz- und Auslandsdeutschtum' im Schulunterricht der Weimarer Republik 120–131.
66 HESSE, Alexander: Die Professoren und Dozenten der preußischen Pädagogischen Akademien (1926–1933) und Hochschulen für Lehrerbildung (1933–1941). Weinheim 1995, 478.
67 Siehe das Kapitel „Akteure der Schulverwaltung".
68 LOCHNER, Rudolf: Sudetendeutschland. Ein Beitrag zur Grenzlanderziehung im ostmitteldeutschen Raum. Langensalza 1937, 5.
69 EBENDA 4.
70 EBENDA 153.

eingeschätzt werden kann, zumal sie an einer Stelle erfolgt, wo der deutsche Volksraum noch am verwundbarsten ist".[71]

Sudetendeutsch war somit nicht nur eine künstliche geografische Sammelbezeichnung, sondern ein völkischer Begriff, dessen Verwendung vor allem eine inhaltliche Positionierung ausdrückte. Seine Konstruktion entspricht somit der Logik des Spatial Turn, nach dem Raum kulturell produziert und erschlossen wird.[72] Diese Positionierung war ab den 1930er Jahren unverkennbar mit der Selbstzuschreibung von Sudetendeutschen als grenzlanddeutsch verknüpft. Der Bund der Deutschen stellte seine Arbeit im Jahr 1938 – noch vor dem Münchner Abkommen – unter das Motto „Volk und Boden", das in der Verbandszeitschrift, den „Sudetendeutschen Monatsheften", in verschiedenen Aufsätzen beleuchtet wurde. Sepp Schwarz schrieb beispielsweise: Wie „immer sich nun die Dinge gestalten mögen: wir Sudetendeutschen werden auch in Zukunft nicht von der Verpflichtung entbunden werden, Wächter zu sein an der Grenze des deutschen Volkstums".[73] Wenige Tage vor dem Münchner Abkommen setzte der völkische Schriftsteller Wilhelm Pleyer gar die deutschsprachigen Gebiete der Tschechoslowakei mit „Grenzland" gleich: „Bleibt dem Grenzland treu!", denn der „Boden der bedrohten Grenzlandheimat kann nicht auf Entfernung gehalten werden".[74] Stets war explizit klar, gegen wen das Grenzland „gehalten werden" sollte: gegen die Tschechen. Ein wichtiger Vertreter dieser Forderung wurde der Lehrer Emil Lehmann. Bereits 1919 war er aufgrund staatsfeindlicher Tätigkeit beinahe aus dem Schuldienst entlassen worden; 1928 trat er schließlich freiwillig aus dem Staatsdienst aus, um sich voll der „Volksbildung der Sudetendeutschen" widmen zu können.[75] Lehmann hatte ab 1920 an dem Lehrbuch „Deutsches Lesebuch für die deutschen Mittelschulen

---

71 EBENDA.
72 BACHMANN-MEDICK, Doris: Cultural turns. Neuorientierungen in den Kulturwissenschaften. 3. Aufl. Reinbek bei Hamburg 2009, 285.
73 SCHWARZ, Sepp: Volk und Boden. In: Sudetendeutsche Monatshefte. Zeitschrift des Bundes der Deutschen 7 (1938) 344–346, hier 344.
74 PLEYER, Wilhelm: Bleibt dem Grenzland treu! (Nach Angabe des Autors wurde der Artikel im Erntemond [August] 1938 verfasst.) In: Sudetendeutsche Monatshefte. Zeitschrift des Bundes der Deutschen. Weinmond [Oktober] (1938) 505–510, hier 505.
75 NĚMEC, Mirek: Emil Lehmann und Anton Altrichter. In: ALBRECHT, Stefan/MALÍŘ, Jiří/MELVILLE, Ralph (Hg.): Die „sudetendeutsche Geschichtsschreibung" 1918–1960. Zur Vorgeschichte und Gründung der Historischen Kommission der Sudetenländer. (Veröffentlichungen des Collegium Carolinum 114) München 2008, 151–166, hier 158.

in der tschecho-slowakischen Republik" (insgesamt elf Bände) mitgeschrieben und schon dort eine dezidiert antitschechische Linie vertreten.[76] Im Jahr 1936 flüchtete er ins Deutsche Reich, um einer Haft infolge des bereits erwähnten Patscheider-Prozesses 1935/1936 entgehen zu können. Es handelte sich um ein gerichtliches Verfahren gegen insgesamt 20 Personen um den Troppauer Mittelschullehrer Richard Patscheider, das von Dezember 1935 bis März 1936 in Mährisch Ostrau (Moravská Ostrava) stattfand. Den Angeklagten wurde eine staatsfeindliche Tätigkeit in Zusammenarbeit mit deutschen Institutionen vorgeworfen, mit der Absicht, großdeutsche Zielsetzungen verwirklichen zu wollen.[77] Unter den Beschuldigten befanden sich neben Emil Lehmann auch Adolf Sadowski aus Teschen (Těšín) und Max Kudera aus Neutitschein,[78] die alle drei nach 1938 in Positionen der Schulverwaltung kommen sollten oder im Umfeld derselben aktiv wurden. Nach seiner Flucht in das Deutsche Reich wirkte Lehmann an der Dresdner Hochschule für Lehrerbildung, zudem hatte er einen Lehrauftrag an der Technischen Hochschule in Dresden inne.[79] Gemeinsam mit dem späteren Aussiger Regierungspräsidenten Hans Krebs, der ebenfalls ins Deutsche Reich geflüchtet war,[80] konstatierte er 1937 selbstbewusst: „*Sudetendeutscher* sein – das heißt beharrlich sein. Furchtlos und treu wie kaum ein zweites Glied der deutschen Nation halten seit vielen Jahrhunderten die Deutschen der Sudetenländer Wacht an der Mittelostgrenze des deutschen Sprachgebietes!"[81] Einer gefühlten Isolierung wie Provinzialisierung Widerstand leisten wollend, wurde schließlich auch an der Deutschen Universität in Prag, der 1920 die Rechtsnachfolge der Karls-Universität Prag einschließlich des Namenszusatzes „Karls-" verweigert worden war,[82] das Konstrukt des „Grenzlanddeutschtums" zum wissenschaftlichen Paradigma in der Geschichtswissenschaft, der

---

76 EBENDA 157.
77 Siehe NĚMEC: Erziehung zum Staatsbürger? 162–168.
78 EBENDA 163.
79 NĚMEC: Emil Lehmann und Anton Altrichter 164–165.
80 GEBEL: „Heim ins Reich!" 30.
81 KREBS, Hans/LEHMANN, Emil: Wir Sudetendeutsche! Berlin 1937, 7. Hervorhebung im Original.
82 KONRÁD, Ota: ‚Denn die Uneignung der slawischen Völkergruppe bedarf keines Beweises mehr'. Die ‚sudetendeutsche Wissenschaft' und ihre Einbindung in die zeitgenössischen Diskurse 1918–1945. In: SCHACHTMANN, Judith/STROBEL, Michael/WIDERA, Thomas (Hg.): Politik und Wissenschaft in der prähistorischen Archäologie. Perspektiven aus Sachsen, Böhmen und Schlesien. Göttingen 2009, 69–97, hier 75.

Germanistik und der Volkskunde. Es zeichnete ein spezifisches grenzlanddeutsches Selbstbild und forderte zugleich vehement die Verbundenheit zum „Gesamtvolk" ein.[83]

So hatte sich nach 1918 im völkischen Milieu der deutschsprachigen Minderheit in der Tschechoslowakei eine Grenzlandbehauptung entwickelt, die in der Weimarer Republik und später in NS-Deutschland unter jeweils unterschiedlichen Vorzeichen Unterstützung fand, wobei die Zielsetzung immer die gleiche blieb: die Verschiebung der Staatsgrenzen zugunsten der Deutschen. Mit dem Münchner Abkommen von 1938 kam es – nach der Eingliederung des Saarlands 1935 und dem sogenannten Anschluss Österreichs im März 1938 – tatsächlich zu einer weiteren Grenzrevision: Die mehrheitlich deutschsprachigen Gebiete der Tschechoslowakei wurden von der Wehrmacht besetzt und in das Deutsche Reich eingegliedert. Dabei blieb vorerst unklar, wie die neu angeschlossenen Gebiete gegliedert werden sollten. Stark kontrastierende Auffassungen standen zur Diskussion.[84] Schließlich wurde der größte Teil des Territoriums[85] zu einer eigenen verwaltungsrechtlichen Einheit unter dem Namen Reichsgau Sudetenland zusammengefasst und als sogenannter Mustergau[86] nationalsozialistischer Verwaltung eingerichtet;[87] hierdurch wurde

---

83 EBENDA 76–78; DERS.: Geisteswissenschaften im Umbruch. Die Fächer Geschichte, Germanistik und Slawistik an der Deutschen Universität in Prag 1918–1945. (Forschungen zu Geschichte und Kultur der böhmischen Länder 4) Berlin 2020, 109–183.
84 Vgl. GEBEL: „Heim ins Reich!" 81–99; ZIMMERMANN: Die Sudetendeutschen im NS-Staat 137–139.
85 Nicht alle Territorien des Abtretungsgebiets wurden zum Reichsgau Sudetenland zusammengefasst. Das sogenannte Hultschiner Ländchen wurde der preußischen Provinz Schlesien zugeschlagen, die Gebiete um Znaim (Znojmo), Nikolsburg (Mikulov) und Neubistritz (Nová Bystřice) kamen zum Reichsgau Niederdonau, die Gebiete um Böhmisch Krumau (Český Krumlov) und Kaplitz (Kaplice) zum Reichsgau Oberdonau. Das Gebiet des Böhmerwaldes südlich von Domažlice (Taus) wurde als sogenanntes Sudetenbayern an Bayern angeschlossen. Vgl. PUSTEJOVSKY, Otfrid: Christlicher Widerstand gegen die NS-Herrschaft in den Böhmischen Ländern. Münster 2009, 32.
86 Im Gegensatz zur bisherigen Verwaltungsorganisation im sogenannten Altreich existierten NS-Gau und Land im Reichsgau nicht nebenher, stattdessen entsprach der staatliche Verwaltungsbezirk dem Parteigau, die beide von einer Person – Konrad Henlein – angeführt wurden. Siehe GEBEL: „Heim ins Reich!" 102; sowie das Kapitel „Installation der Schulverwaltung".
87 Vgl. Gesetz über den Aufbau der Verwaltung im Reichsgau Sudetenland. 14. April 1939. RGBl. I (1939) S. 780.

die bisherige völkische Selbstbezeichnung sudetendeutsch zugleich administrativ bestätigt. Die vor 1938 im Umfeld völkischer Autoren vorgebrachte Identitätszuschreibung, Sudetendeutsche seien Grenzlanddeutsche, verlor danach keineswegs an Bedeutung, vielmehr entwickelte sie sich zum zentralen Bezugspunkt eines Identitätsangebots der neu errichteten Schulverwaltung im Reichsgau Sudetenland. Sie war verbunden mit dem Ansinnen sudetendeutscher Funktionäre, dass die eigenen Leistungen, die in Deutschland bisher als besonders tapfer und mutig herausgestellt worden waren, weiterhin gewürdigt werden sollten. So pochte Josef Pfitzner, der nach 1938 als Stellvertretender Primator de facto die Kommunalpolitik Prags kontrollierte, in einem 1939 in zweiter Auflage erschienenen Sammelband, der die Eigenleistungen der Sudetendeutschen zur Schau stellen sollte, eindringlich auf die Fortschreibung der sudetendeutschen Eigenrolle als „Grenzvolk":

> Die Sudetendeutschen bleiben auch im Rahmen des Reiches Grenzvolk mit allen Pflichten und Rechten. Die Blicke der Sudetendeutschen werden daher niemals nur binnenwärts gerichtet sein dürfen, sondern scharf über die Grenze in den näheren und weiteren Osten spähen müssen, um hier erfolgreichen Sicherungs- und Pionierdienst für das gesamte Volk leisten zu können. [...] Gerade die gemeinsame grenzdeutsche Aufgabe wird die sonst stammlich uneinheitlich aufgebauten Sudetendeutschen immer wieder an ihr gemeinsames Schicksal erinnern und zu gemeinsamer Arbeit führen.[88]

Mit dieser Ansicht stand Pfitzner nicht allein, insbesondere nicht in der Schulverwaltung. So konstatierte der leitende Schulverwaltungsbeamte Gottfried Preißler im Januar 1939, dass die „Erzieherschaft" im Reichsgau Sudetenland glaube, „auch dem Reiche aus ihrer Grenzlage im Osten mancherlei mitbringen zu können".[89] Kurz darauf, am 9. März 1939, gab sein Kollege Theo Keil auf einer Tagung der Kreisschulräte in Reichenberg den anwesenden Herren bekannt, was die Sudetendeutschen an schulischen Einrichtungen in das Reich einbringen würden: „ein wohlausgebautes System höherer Lehranstalten und Fachschulen und ein dichtes Netz von Volks- und Bürgerschulen". Auf seine Versicherung, „daß die sudetendeutschen Erzieher auch alle gegenwärtigen und kommenden Aufgaben mit der bisherigen Hingabe lösen werden", bekam

---

88 PFITZNER, Josef: Nationales Erwachen und Reifen der Sudetendeutschen. In: PIRCHAN, Gustav/ZATSCHEK, Heinz/WEIZSÄCKER, Wilhelm (Hg.): Das Sudetendeutschtum. Sein Wesen und Werden im Wandel der Jahrhunderte. 2. Aufl. Brünn [u. a.] 1939, 437–471, hier 470.
89 PREISSLER, Gottfried: Die Höhere Schule und ihre Lehrerschaft im Sudetengau. In: Der Sudetendeutsche Erzieher 1 (1939) 16–19, hier 19.

er von den Schulräten viel Applaus.⁹⁰ In hoher Erwartungshaltung schrieb Anfang 1939 auch Hugo Wasgestian, der Leiter der Abteilung für das berufsbildende Schulwesen in der Schulverwaltung, dass „das sudetendeutsche fachliche Schulwesen nach seiner Heimkehr ins Reich eine beachtliche Mitgift darstellt, [...] so daß unsere Schulen nicht nur nehmen, sondern auch geben können".⁹¹ Wasgestian forderte zudem, zu versuchen, die oberste Schulverwaltung davon zu überzeugen, dass die vierjährige höhere fachliche Lehranstalt⁹² eine Schulform sei, „die es verdient, auch im Altreiche eingeführt zu werden".⁹³ Als Altreich wurde zeitgenössisch das Territorium des Deutschen Reiches in den Grenzen von 1937 bezeichnet, dessen Bevölkerung entsprechend als Altreichsdeutsche galten.

Doch tatsächlich verbargen die zitierten Aussagen wohl auch die große Unsicherheit der Akteure, sich nun mit den Strukturen im großen Reich arrangieren zu müssen, denn 1938/1939 hatte der sogenannte Stillhaltekommissar bereits begonnen, das heterogene Vereins- und Organisationswesen des Sudetenlandes im nationalsozialistischen Sinne gleichzuschalten, was nach Volker Zimmermann im Sudetenland auf große Kritik gestoßen war, da viele Sudetendeutsche ihren bisherigen Vereinen nachgetrauert hätten. Insbesondere diese Abwicklung der traditionellen Vereine, aber auch die nicht eingetretene Beseitigung der Wohnungsnot, der massive Preisanstieg bei gleichbleibenden Löhnen und der sich verschlechternde Lebensstandard in Teilen der Bevölkerung führten trotz einer relativ erfolgreichen Beseitigung der Arbeitslosigkeit schon wenige Monate nach dem Münchner Abkommen zur Ernüchterung vieler Sudetendeutscher.⁹⁴

Zudem sollte nicht verkannt werden, wie groß die Enttäuschung der völkisch geprägten Akademiker darüber gewesen sein dürfte, dass die nach der Errichtung des Protektorats Böhmen und Mähren als Deutsche Karls-Universität bezeichnete deutschsprachige Hochschule in Prag⁹⁵ nicht in das Sudetenland

---

90 Die sudetendeutschen Erzieher vor neuen Aufgaben – sie wollen sie mit der bisherigen Hingabe lösen. In: Der Sudetendeutsche Erzieher 6 (1939) 136–139, hier 136.
91 WASGESTIAN, Hugo: Die Berufs- und Fachschulen in den Sudetenländern. In: Der Sudetendeutsche Erzieher 1 (1939) 20–22, hier 21.
92 Die vierjährigen Höheren Fachlichen Schulen waren berufliche Schulen; siehe hierzu das Kapitel „Allgemeinbildung vor fachlicher Bildung: das Berufsschulwesen".
93 WASGESTIAN: Die Berufs- und Fachschulen in den Sudetenländern 21.
94 Vgl. ZIMMERMANN: Die Sudetendeutschen im NS-Staat 210–225.
95 KONRÁD: ‚Denn die Uneignung der slawischen Völkergruppe bedarf keines Beweises mehr' 82.

verlegt und der ausdrückliche Wunsch der Universität, nach Prag nun bevorzugt sudetendeutsche Wissenschaftler auf unbesetzte Lehrstühle zu berufen, nicht berücksichtigt wurde. Stattdessen wurde 1940 mehr als die Hälfte der Institute von Altreichsdeutschen und Österreichern geleitet[96] – obwohl Ludwig Eichholz noch im September 1938 eindringlich gefordert hatte, dem deutschsprachigen Hochschulwesen in der Tschechoslowakei erhebliche Förderungsmaßnahmen zuteilwerden zu lassen.[97] Selbst ein personeller Ausbau stellte sich nicht ein.[98] Auch dem völkischen Erziehungswissenschaftler Rudolf Lochner blieb es trotz der Unterstützung Konrad Henleins im Jahr 1942 versagt, den pädagogischen Lehrstuhl an der Prager Universität zu besetzen; stattdessen behielt diesen bis Kriegsende sein Habilitationsbetreuer Ernst Otto.[99] Nur sein ehemaliger Kollege Wenzel Weigel wurde Direktor der Deutschen Pädagogischen Akademie[100] in Prag und blieb noch bis 1941 Dozent an der dortigen Deutschen Karls-Universität.[101] Die institutionelle Überführung der bisherigen Anstalt für sudetendeutsche Heimatforschung in die Sudetendeutsche Anstalt für Landes- und Volksforschung,[102] die ebenfalls am bisherigen Institutionsort Reichenberg eingerichtet wurde und die unter dem besonderen Einfluss Konrad Henleins stand,[103] mag daher wie ein Versuch gewirkt haben, diese Zurücksetzungen kompensieren zu wollen.

Unverkennbar wurde das Bestreben nach Anerkennung einer sudetendeutschen Lebensleistung schlagartig eminent. Eine neue Selbstreflexion wie

---

96 Míšková, Alena: Die Deutsche (Karls-)Universität vom Münchener Abkommen bis zum Ende des Zweiten Weltkrieges. Universitätsleitung und Wandel des Professorenkollegiums. Prag 2007, 110–113.
97 Eichholz, Ludwig: Deutsche und tschechische Hochschulen – ein Vergleich. In: Brass, Kurt (Hg.): Unsere alma mater. Die sudetendeutschen Hochschulen. Böhmisch-Leipa 1938, 34–49, hier 34–35.
98 Konrád: ‚Denn die Uneignung der slawischen Völkergruppe bedarf keines Beweises mehr' 82.
99 Kasper, Tomáš: Die deutsche und tschechische Pädagogik in Prag. In: Höhne, Steffen/Udolph, Ludger (Hg.): Deutsche – Tschechen – Böhmen. Kulturelle Integration und Desintegration im 20. Jahrhundert. Köln [u. a.] 2010, 231–243, hier 239.
100 Für weitere Informationen zur Deutschen Pädagogischen Akademie siehe das Kapitel „Lehrkräfteausbildung und Lehrkräftemangel".
101 Míšková: Die Deutsche (Karls-)Universität vom Münchener Abkommen bis zum Ende des Zweiten Weltkrieges 323.
102 Josefovičová: Deutsche wissenschaftliche Anstalten in Reichenberg 16.
103 Konrád: ‚Denn die Uneignung der slawischen Völkergruppe bedarf keines Beweises mehr' 83.

auch eine nach außen hin deutlich vorgetragene neue Selbstpositionierung der sudetendeutschen Schulverwaltung setzte daraufhin ein. Eine eigene, unbeanspruchte Rolle für „das große Deutsche Reich"[104] suchend, schrieb die Schulverwaltung dabei die Erzählung eines behaupteten Grenzlanddeutschtums fort, änderte aber augenblicklich den argumentativen Bezugspunkt inhaltlich wie geografisch: Fortan wurde diese Überzeugung nicht mehr als Abgrenzung gegenüber den Tschechen vertreten, sondern nunmehr als Argument gegenüber den Altreichsdeutschen artikuliert. Diese Argumentationslinie wurde durch eine historische Begründungsstrategie fundiert, die auch im Geschichtsunterricht noch wirkmächtig werden sollte[105] und prominent im Prolog der zum Jahresbeginn 1939 erschienenen ersten Ausgabe der NSLB-Zeitschrift „Der Sudetendeutsche Erzieher" ausformuliert wurde:

> Lange bevor das Reich stand, in der germanischen Zeit, saßen die Markmänner im böhmischen Raum und bildeten Turm und Wall gegen Rom. Als sie fortzogen über die Waldberge und die Slawen nachrückten in die fruchtbaren Niederungen, da kündete sich das Schicksal dieses Landes an: Grenzland mußte es hinfort sein, Schicksalsland des Reiches. [...] Und so wird es immer sein: Heimgekehrt ins Vaterland, sicher in der Hand des Führers, doch auch in Zukunft niemals beruhigt und satt, wird der Sudetendeutsche immer Rufer der Grenze sein und Kämpfer für das ewige Reich.[106]

Diesen Anspruch, künftig immerfort eine Aufgabe an der Grenze zu haben, vertrat auch Josef Steiner, verantwortlich für den HJ-Wettbewerb „Hilf-mit!". Steiner ging sogar so weit, die Sudetendeutschen von den Altreichsdeutschen abzuheben, indem er behauptete:

> Sinn, Bedeutung und Wesen des Begriffes „Volksgemeinschaft – Schicksalsgemeinschaft" erlebten wir Sudetendeutschen in unserer Lage, in unserer gegebenen Sonderbestimmtheit tiefer und härter als andere Stammesgenossen. Das innere Erleben der großen Einheit „Volksgemeinschaft – Schicksalsgemeinschaft" formte und prägte auch unsere Kinder tiefer und härter.[107]

Die Nutzung des Personalpronomens „wir" war ein deutlicher rhetorischer Fingerzeig, dass hier eine kollektive Identität behauptet werden sollte. Diesem

---

104 Die sudetendeutschen Erzieher vor neuen Aufgaben – sie wollen sie mit der bisherigen Hingabe lösen. In: Der Sudetendeutsche Erzieher 6 (1939) 136.
105 Siehe das Kapitel „‚Grenzlanddeutsche' Geschichte".
106 Prolog. In: Der Sudetendeutsche Erzieher 1 (1939) 4.
107 STEINER, Josef: Der „Hilf-mit!"-Wettbewerb. „Volksgemeinschaft – Schicksalsgemeinschaft" in unseren Landschulen. In: Sudetendeutsche Schule. Monatsblatt für zeitgemäße Schulgestaltung 5 (1939) 159–162, hier 159.

inkludierenden Duktus schloss sich Gustav Süssemilch, zuständig für die Didaktik der Geografie im NSLB Sudetenland, an und bekräftigte gegenüber den Lehrkräften im NSLB in aller Deutlichkeit: „Machen wir uns einmal klar, in welch vielfältigem Sinne wir Sudetendeutschen Grenzleute sind, wie stark uns das Grenzschicksal geprägt hat." Der „Schicksals- und Lebensraum" der Sudetendeutschen sei stets umkämpft gewesen, weshalb die „Geschichte Böhmens [...] ein einziges Ringen deutschen Volkstums um den Besitz des Gebirgsvierecks"[108] sei. Für Arthur Herr hingegen, von 1938 bis 1939 Sachbearbeiter für Volksbildung und Büchereiwesen in der Reichsstatthalterei und von 1939 bis 1941 Landesobmann für Büchereiwesen,[109] war die deutsche Sprache zentral:

> Zunächst einmal wurde die deutsche Sprache über den Rang eines Verkehrsmittels zum Palladium des Grenzdeutschtums erhoben. Die Muttersprache wurde zum Bekenntnis und geheiligten Volksbesitz, ihr Gebrauch zur Zeugenschaft für die Zugehörigkeit zum großdeutschen Volke.[110]

Dieses Konstruktionsangebot Grenzlanddeutsch = Sudetendeutsch erschöpfte sich nicht nur in Beschreibung und Darstellung, sondern wurde von der Schulverwaltung mit einem ausgeprägten Zukunftsanspruch verbunden. Demgemäß definierte Eugen Lemberg, Leiter der Lehrerbildungsanstalt in Reichenberg, die neue Aufgabe sudetendeutscher Lehrkräfte wie folgt:

> Der Sudetendeutsche ist froh, nun nichts mehr mit dem verhaßten Nachbarvolke zu tun zu haben, und er stellt sich überraschend schnell auf das Binnendeutschtum um. War er früher in leidenschaftlicher Abwehrhaltung dem Tschechen gegenübergestanden,

---

108 SÜSSEMILCH, Gustav: Sudetendeutscher Grenzkampf und die geopolitische Volkserziehung. In: Der Sudetendeutsche Erzieher 2 (1939) 36–38, hier 37.
109 Arthur Herr wurde 1891 in Olmütz geboren. Er war ab 1925 Leiter des Stadtmuseums und Stadtbuchwart in Warnsdorf. 1937/38 war er zudem ehrenamtlicher Geschäftsführer der Gesellschaft für deutsche Volksbildung in der Tschechoslowakischen Republik. 1934 trat er der Sudetendeutschen Heimatfront bei. Nach 1945 arbeitete er von 1954 bis 1965 am Collegium Carolinum in München am „Biographischen Lexikon zur Geschichte der böhmischen Länder" mit. Siehe: FRANZEN, Erik K./PEŘINOVÁ, Helena: Biogramme der Mitglieder der Historischen Kommission der Sudetenländer im Gründungsjahr 1954. In: ALBRECHT, Stefan/MALÍŘ, Jiří/MELVILLE, Ralph (Hg.): Die „sudetendeutsche Geschichtsschreibung" 1918–1960. Zur Vorgeschichte und Gründung der Historischen Kommission der Sudetenländer. (Veröffentlichungen des Collegium Carolinum 114) München 2008, 219–276, hier 234 (Eintrag zu Arthur Herr).
110 HERR, Arthur: Sudetendeutsches Erbe und großdeutsche Schule. (Schriften zu Erziehung und Unterricht 1) Reichenberg 1940, 8.

so spricht er heute nur noch mit Geringschätzung von ihm, wie in der Erinnerung an ein überstandenes Abenteuer oder an einen bösen Traum. Seine ganze Aufmerksamkeit wird dagegen von den Aufgaben des Einbaues in die Volks- und Staatsgemeinschaft des Reiches in Anspruch genommen. Es ist, als hätte er sich um 180 Grad gedreht und stünde nun mit dem Rücken gegen die Volksgrenze, die Augen ins Innere des Reiches gerichtet. Er ist auf dem besten Wege, in kürzester Zeit seelisch zum Binnendeutschen zu werden. Das ist durchaus natürlich und verständlich. Für den sudetendeutschen Erzieher aber ergibt sich bei diesem Vorgang eine wichtige Aufgabe: in der kommenden Generation, die den Druck der letzten 20 Jahre teils schnell vergißt, teils gar nicht zu spüren bekommt, das Bewußtsein von den besonderen Aufgaben der Volksgrenze wachzuhalten. [...] Lehrer und Volksbildner aller Art an der Volksgrenze heranzuziehen, ohne ihnen gleichzeitig Gelegenheit zu geben, die Sprache und das Wesen des Nachbarvolkes kennen zu lernen, ist ein Unding.[111]

Gustav Süssemilch erweiterte diese Aufgabenstellung hinsichtlich einer Mittlerposition zwischen den Tschechen und dem Altreich:

Nun hat sich mit einem Schlage unsere Aufgabe gewandelt. Wir sind nicht mehr Prellbock da draußen. [...] Wir sind ein Stück in die Etappe gerückt, aber wir sind noch Grenzland. Und wir müssen es bleiben! Wir sind den Vorposten vor der Grenze ein breiter Rückhalt und leiten den Kraftstrom des im Neuaufbau pulsierenden Binnenlandes zu ihnen weiter, befruchten andererseits das Binnenland mit dem frischen Kampfgeiste der Grenze. So haben wir heute Mitteleraufgaben zu erfüllen. Das ist etwas anderes als der Kampf in der unmittelbaren und ungeschützten Volksfront. Das verlangt von uns, daß wir zu dem Kämpfergeiste der Volkstumsfront die Gründlichkeit und geistige Durchdringung, die Ausbildung unseres fachlichen und organisatorischen Könnens fügen müssen, über die das Binnenland verfügt und zu dem wir bisher weder Zeit noch Kraft finden konnten.[112]

Robert Herzog hingegen hob die Sudetendeutschen besonders offen von den Altreichsdeutschen ab:

Und noch eines muß hervorgehoben werden. Wir sudetendeutsche Lehrer waren immer Grenzlandkämpfer, standen sozusagen ständig an der Front. [...] Der Binnendeutsche kann sich nur schwer in diese Seelenlage hineindenken, ganz erfassen wird er sie von seinem Standpunkte aus wohl nie. Und wenn nun die Grenzpfähle zwischen dem Mutterlande und unserem Grenzlandgau gefallen sind und uns damit die volle Freiheit des Schaffens wiedergegeben wurde, erfüllt uns neben einer grenzenlosen Freude und innerem Glücke ein verdoppelter Eifer, nicht nur in unserer Erzieherarbeit

---

111 LEMBERG, Eugen: Erzieher und Grenzlandaufgabe. In: Der Sudetendeutsche Erzieher 5 (1939) 105–106.
112 SÜSSEMILCH: Sudetendeutscher Grenzkampf und die geopolitische Volkserziehung 36.

> Schritt zu halten mit den Brüdern im Altreich, sondern auch ihrer Arbeit unsere Erfahrungen dienstbar zu machen. Der ständige zähe Kampf um die deutsche Seele hat uns hellhörig und scharfsichtig gemacht. Und was wir hier aus eigener Kraft im zermürbenden Alltagskampfe aufgebaut und geschaffen haben, dünkt uns wertvoll genug, um nicht unbesehen ins alte Eisen geworfen zu werden.[113]

Die Funktionäre konstatieren hier überaus deutlich, welche Aufgabe ihrer Ansicht nach der sudetendeutschen Erzieherin bzw. dem Erzieher zufalle und welcher Verlust drohe, wenn sich der Sudetendeutsche seines sogenannten Grenzdeutschtums nicht bewusst sei und stattdessen zum Binnendeutschen werde: Da es keinen sudetendeutschen Stamm gebe, würde sich seine Identität eben erst aus seiner festgelegten Aufgabe im böhmisch-mährischen Raum speisen. Vergesse er diese, würde er gar seine Identität verlieren. Stattdessen habe der Sudetendeutsche die Aufgabe, seine Grenz- wie auch seine Heimaterfahrung nach außen hin zu vertreten und dem Reich zu vermitteln bzw. seinerseits Experte für den böhmisch-mährischen Raum zu sein.

Pointiert könnten diese Forderungen als Anspruch an die sudetendeutschen Lehrkräfte verstanden werden, nicht danach zu streben, Binnendeutsche zu werden. Dieser Anspruch war fortan ein Grundpfeiler der Argumentation der Schulverwaltung. Denn somit konnte das Grenzlanderlebnis deutlich als Distinktionsmerkmal der Sudetendeutschen gegenüber den Altreichsdeutschen artikuliert werden – und es ließ sich auf diese Weise auch auf den eigenen Schultraditionen beharren, da diese sich gerade durch das Grenzlanderlebnis ausgeprägt hätten und sich deshalb von denen der Altreichsdeutschen unterscheiden bzw. davon abheben würden. Dass die Funktionäre die Sudetendeutschen als einstige willensstarke Minderheit in der Tschechoslowakei konstruierten und ihnen nun im Reich eine neue spezifische Rolle als Grenzlanddeutsche zuschrieben, bot den entscheidenden konzeptuellen Hintergrund für die sich selbst zugewiesenen Aufgaben. Der darin zum Ausdruck kommende Appell, als Grenzlanddeutscher nicht nur für spezifische Grenzlandaufgaben zuständig zu sein, sondern diese Aufgaben von außen auch zuerkannt gesprochen zu bekommen, wurde eine wichtige Argumentationslinie im Umfeld der Schulverwaltung.

Dem von der Schulverwaltung entworfenen Selbstbild, Grenzlanddeutscher zu sein, lag somit ein innerer Widerspruch zugrunde: Es definierte sich überhaupt erst durch den Top-Down-Gegensatz gegenüber den Tschechen, war in

---

113 HERZOG, Robert: Die Stellung der sudetendeutschen Lehrerschaft im Volke. In: Der Sudetendeutsche Erzieher 2 (1939) 34–36, hier 35.

der öffentlichen Argumentation der Schulverwaltung aber eben nicht an ein tschechisches Publikum adressiert, sondern sollte den Sudetendeutschen in Abgrenzung zu den Altreichsdeutschen eine eigene Bestimmung im Reich zuschreiben. Die tschechische Bevölkerung wurde also nicht mehr als ernst zu nehmender Gegner erachtet, die Erfahrungen im Umgang mit ihr sollten die Sudetendeutschen nun vielmehr von den Altreichsdeutschen abheben. Das angestrebte Verhältnis zur tschechischen Bevölkerung brachte der völkische Schriftsteller Ernst Frank, Bruder von Karl Hermann Frank (Staatsminister für das Reichsprotektorat Böhmen und Mähren), zum Ausdruck: Die Sudetendeutschen sollten den kleinen Völkern, die zwischen Ost- und Mitteleuropa des Schutzes und der Führung bedürften, „Mutter und Reich" sein.[114] Die Sudetendeutsche Anstalt für Landes- und Volksforschung erstellte Listen bedeutender sudetendeutscher Persönlichkeiten wie auch einen Kalender mit wichtigen sudetendeutschen Ereignissen.[115] Dass die Schulverwaltung mit den Aktivitäten der Anstalt durchaus vertraut war, zeigt sich darin, dass noch im Kriegsverlauf Emil Lehmanns Projektvorschlag „Die sudetendeutsche Schule im Volkstumskampf", dessen inhaltliche Intention schon im Titel ersichtlich ist, von der Sudetendeutschen Anstalt für Landes- und Volksforschung genehmigt wurde[116] – eine Publikation erschien letztlich allerdings nicht. Wie sehr das Argumentationsmuster der Schulverwaltung darüber hinaus Eingang in zeitgenössische Diskussionen fand, verdeutlicht ein im Oktober 1940 veröffentlichtes Plädoyer des völkischen Schriftstellers Wilhelm Pleyer, in dem Pleyer den Begriff sudetendeutsch definiert und ihn dabei normativ mit dem Terminus grenzlanddeutsch verbindet:

> „Sudetendeutsch" ist ein bestimmter Teil von „grenzlanddeutsch" und steht damit nicht im Gegensatz zu der (wirklich nicht glücklichen) Hilfsbezeichnung „altreichsdeutsch", sondern zu „binnendeutsch", wobei der letztere Ausdruck von uns immer

---

114 FRANK, Ernst: Sudetenland – Deutsches Land. Erzählte Geschichte des sudetendeutschen Freiheitskampfes. 4. Aufl. Görlitz 1942, 212.
115 KONRÁD, Ota: Die Sudetendeutsche Anstalt für Landes- und Volksforschung 1940–1945. In: ALBRECHT, Stefan/MALÍŘ, Jiří/MELVILLE, Ralph (Hg.): Die „sudetendeutsche Geschichtsschreibung" 1918–1960. Zur Vorgeschichte und Gründung der Historischen Kommission der Sudetenländer. (Veröffentlichungen des Collegium Carolinum 114) München 2008, 71–95.
116 JOSEFOVIČOVÁ, Milena: Die Sudetendeutsche Anstalt für Landes- und Volksforschung. In: KAISEROVÁ, Kristina/KUNŠTÁT, Miroslav (Hg.): Die Suche nach dem Zentrum. Wissenschaftliche Institute und Bildungseinrichtungen der Deutschen in Böhmen (1800–1945). Münster 2014, 393–421, hier 420.

gerne räumlich und geistig genommen worden ist. Die Antwort auf die Frage, was „sudetendeutsch" sei, ist also klar: „Sudetendeutsch" bedeutet die Zugehörigkeit zum Deutschtum in den Sudetenländern, das nach räumlicher Lage und geschichtlicher Gegebenheit besonders berufen und durch die Lehren der Vergangenheit auch besonders geeignet ist, das große völkische Problem dieses Raums mitzulösen.[117]

Besonders offenkundig wurde die Intention, die die Schulverwaltung mit ihrer Argumentation verfolgte, in der Ansprache der eigenen Lehrkräfte in den fachlichen Kommunikationsmitteln. Die Idealisierung der Sudetendeutschen als Grenzlandkämpfer ging hier einher mit einer Idealisierung des Berufs der Lehrkraft. Die Fachzeitschrift „Sudetendeutsche Schule" setzte die Lehrkräfte mit Soldaten gleich; in der Dezember-Ausgabe 1938 hieß es: Als „deutscher Lehrer stehst du mit den Soldaten des Führers und den politischen Kämpfern gleichverpflichtet für Deutschland in vorderster Front".[118] Gerhard Matthäus, ein Mitarbeiter der Schulverwaltung am Regierungspräsidium Karlsbad (Karlovy Vary) und gebürtiger Altreichsdeutscher, konstatierte:

> Im Sudetengau wie überhaupt in den grenzdeutschen Gauen ist die Frage nach der Lebensberechtigung der Schule zu keiner Zeit gestellt worden, stand doch gerade die Schule mitten im Kampfe für die Entfaltung und Erhaltung deutschen Lebens. Und gemeinsam mit ihr kämpften die großen völkischen Verbände. In ihnen war der Lehrer führend.[119]

Josef Haudek, der Herausgeber der „Sudetendeutsche Schule", unterstrich im Juni 1941 in der letzten Ausgabe[120] der Zeitschrift noch einmal:

> Uns bleibt weiter die Vorpostenstellung und die Grenzlandaufgabe, treue und zuverlässige Pioniere des Führers beim Aufbau des Neulandes im Südosten zu sein. Von dieser kämpferischen Verpflichtung entbindet uns nichts als der Tod nach restlos erfüllter Hingabe.[121]

---

117 PLEYER, Wilhelm: Was ist ‚sudetendeutsch'? In: Sudetendeutsche Monatshefte. Zeitschrift des Bundes der Deutschen Weinmond [Oktober] (1940) 332.
118 Werde hart! In: Sudetendeutsche Schule. Monatsblatt für zeitgemäße Schulgestaltung 4 (1938) 109.
119 MATTHÄUS, Gerhard: Die Hauptschule und ihr nationalsozialistischer Auftrag. Reichenberg 1941, 8.
120 Haudeks schriftstellerisches Wirken war damit aber noch nicht an ein Ende gekommen. Als Ernst Zintl im Juli 1942 zur Wehrmacht einberufen wurde, übernahm Haudek die Schriftleitung des NSLB-Gaumitteilungsblattes. Vgl. Schreiben von Fr. Pape an Ludwig Eichholz. Ohne Ort. 18. Juli 1942. BArch, NS 12/300, nicht foliiert.
121 HAUDEK, Josef: Unsere Zeit ist erfüllt. In: Sudetendeutsche Schule. Monatsblatt für zeitgemäße Schulgestaltung 10 (1941) 283.

Im Jahr 1944 bekräftigte der Gaupresseamtsleiter Karl Vierebl unter dem Pseudonym Kurt Vorbach[122]:

> Ihre Heimat aber gegen alle tschechischen Anstürme im Laufe der Jahrhunderte deutsch erhalten zu haben und damit ihre Pflicht als Grenzlandbewohner dem Reich und Gesamtvolk gegenüber erfüllt zu haben, ist ihre große geschichtliche Leistung.[123]

Einhergehend mit der Eigenbeschreibung als besondere, ja geradezu mustergültige Grenzlanddeutsche wurde bezeichnenderweise der Versuch einer Eindeutschung tschechischer Familiennamen von sudetendeutscher Seite abgelehnt, und damit auch der Versuch, die Sudetendeutschen eben – jedenfalls bei den Familiennamen – noch „deutscher" zu machen. Vorangegangen war eine Untersuchung der Anstalt für Landes- und Volksforschung, die festgestellt hatte, dass im Reichsgau Sudetenland etwa 500 000 Deutsche Namen tschechischer Herkunft tragen würden. Während die Parteikanzlei in München daraufhin eine Eindeutschung befürwortete, verwahrte sich Gauleiter Henlein diesem Ansinnen. Es würde sich nach seiner Auffassung in der überwiegenden Mehrheit um „Volksgenossen" handeln, deren Vorfahren meistens seit Generationen, vielfach seit Jahrhunderten dem deutschen Volk angehören und die einen ausgesprochen hohen Familiensinn sowie ein ausgeprägtes, im Einsatz in der Zeit des Kampfes bewiesenes „Volksbewusstsein" besitzen würden. So lehnte er die Absicht der Parteikanzlei ab, eine Eindeutschung dieser Namen vorzunehmen. Da die Durchführung einer Namensänderungsaktion dann aber als nichtkriegswichtige Arbeit zurückgestellt wurde, erledigte sich dieser Einspruch vorerst von selbst.[124]

Der breit vorgebrachten Konstruktion eines sudetendeutschen Grenzlanddeutschtums wurde in außersudetendeutschen Kreisen nicht widersprochen. Ganz im Gegenteil, sie wurde bestätigt, etwa bei der Eröffnung der Sudetendeutschen Anstalt für Landes- und Volksforschung.[125] Während des Festaktes am

---

122 BOHMANN, Hans: Das Jahr 1945 als personeller und institutioneller Wendepunkt von der Zeitungs- zur Publizistikwissenschaft. In: EBERWEIN, Tobias/MÜLLER, Daniel (Hg.): Journalismus und Öffentlichkeit. Eine Profession und ihr gesellschaftlicher Auftrag. Festschrift für Horst Pöttker. Wiesbaden 2010, 483–506, hier 488.
123 VORBACH, Kurt: Böhmens Heimkehr. Der Reichsgedanke in den Sudetenländern. Berlin, Leipzig 1944, 8.
124 Schreiben Henleins an Bormann. Reichenberg, 11. Juni 1942. ZA Opava, Fond (Bestand) ZŘKUN, inv. č. 118, Signatur A-3001, Karton 16, nicht foliiert.
125 NĚMEC, Jiří: Pokus o konstrukci obrazu ‚sudetoněmeckého' válečného hrdiny z dějin první světové války. K činnosti Sudetoněmeckého ústavu pro zemský a národnostní výzkum v Liberci v letech 1940–1945 [Der Versuch, ein sudetendeutsches Kriegsheldentum des Ersten Weltkrieges während des Zweiten Weltkrieges zu konstruieren.

13. Oktober 1940 sprach Festredner Prof. Dr. Hermann Aubin aus Breslau, ein gebürtiger Reichenberger,[126] über die Aufgabe der ostmitteldeutschen Stämme, zu denen er die Sachsen, die Schlesier und die „Deutschen aus dem Sudetenraum" zählte. Ihre Aufgabe bestünde darin, den „Kampfgeist des Grenzlertums in das Binnendeutschtum" zu tragen, sie hätten mithin eine Mittlerrolle zu erfüllen.[127] Im Verlag Phillip Reclam jun. erschien 1939 unter dem Titel „Heimgekehrte Grenzlande im Südosten. Ostmark, Sudetengau, Reichsprotektorat Böhmen und Mähren" ein Handbuch, dem die Intention zugrunde lag, über „diese Grenzlanddeutschen bei ihrer heutigen wirtschaftlichen und kulturellen Arbeit" aufzuklären.[128] Adolf Günther schrieb 1940 in seiner Monografie „Der sudetendeutsche Volkstumskampf im Spiegel des Grenzlandromans":

> Ein blutbedingtes Grenzringen prägte den Begriff vom Grenzdeutschen. [...] Die treue Widerspiegelung der grenzvölkischen Lebensart, die reine Wirklichkeit, aus der sie geschaut, erlebt und gestaltet ist, ist Dichtung als Kunst der Seele; sie ist völkischen Ursprungs und ist nur vom Völkischen her zu deuten. Nicht anders.[129]

Rudolf Lochner verstieg sich in einer Emil Lehmann gewidmeten Festschrift gar zu der Behauptung, dass beim

> Sudeten- und Ostmarkblock der Deutschen [...] der Sudetenteil [...] dem schlimmsten völkischen Gegner, dem Slawen überantwortet [war]. Den Sudetendeutschen im besonderen blieb es überlassen, zu beweisen, daß die höhere Artung, die größere Tüchtigkeit, die bedeutendere Kulturleistung Entvolkungsanstrengungen zu widerstehen vermag, wie sie kurz zuvor noch unerhört waren.[130]

Zu den Aktivitäten der Sudetendeutschen Anstalt für Landes- und Volksforschung in Reichenberg in den Jahren 1940-1945]. In: ZEMANOVÁ, Marcela/ZEMAN, Václav (Hg.): První světová válka a role Němců v českých zemích [Der Erste Weltkrieg und die Rolle der Deutschen in den böhmischen Ländern]. Ústí nad Labem 2015, 234–250.

126 GRUNDMANN, Günther: Hermann Aubin – Denkmal einer Freundschaft. In: Zeitschrift für Ostforschung 18/4 (1969) 622–629, hier 622–623.

127 FRANK [ohne Angabe eines Vornamens]: Die feierliche Eröffnung der „Sudetendeutschen Anstalt für Landes- und Volksforschung". In: Front und Heimat. Kriegsmitteilungen der Gauselbstverwaltung des Reichsgaues Sudetenland 4 (1940) 16.

128 Vorwort des Verlages [ohne Autorenangabe]. In: HELBOCK, Adolf/LEHMANN, Emil/RANZI, Friedrich (Hg.): Heimgekehrte Grenzlande im Südosten. Ostmark, Sudetengau, Reichsprotektorat Böhmen und Mähren. Leipzig 1939, 7.

129 GÜNTHER, Adolf: Der sudetendeutsche Volkstumskampf im Spiegel des Grenzlandromans. Würzburg-Aumühle 1940, 111.

130 LOCHNER, Rudolf: Lebensnahe Volksbildung. Zum Werk des Volkserziehers Emil Lehmann. In: Sudetendeutsche Anstalt für Landes- und Volksforschung (Hg.): Emil

Auch der völkische Prager Volkskundler Josef Hanika erkannte in seiner Grenzlandvolkskunde an, dass das Grenzland dabei mithelfe, die Vorgänge der Menschen „von den Gemeinschaften zur Vergemeinschaftung selbst und von den Vorgängen der nationalen Vergemeinschaftung zu den Vergemeinschaftungsaktivitäten"[131] zu verstehen. Aus diesem Grund komme mit dem Grenzlandbegriff „in der Volkskunde ein[] neue[r] lebendige[r] und schicksalhafte[r] Volkstumsbegriff zum Durchbruch [...], mit dem sich die Wissenschaft erst vollgültig in die neue völkische Bewegung einfügt".[132] Andererseits trugen diese deutlich in die Öffentlichkeit drängenden Eigen- wie Fremdzuweisungen, die die Sudetendeutschen in besonderer Weise würdigten, durch ihr Framing wohl auch dazu bei, dass es mitunter zur Demütigung altreichsdeutscher Schüler/-innen an sudetendeutschen Schulen kam. Ein starkes Indiz, dass manche von ihnen Erniedrigungen erdulden mussten, ist die im Januar 1941 in einem Schreiben an Ludwig Eichholz geäußerte nachdrückliche Beschwerde des stellvertretenden Gauleiters Richard Donnevert (selbst Altreichsdeutscher), er habe feststellen müssen, „daß gerade in den Schulen des Regierungsbezirkes Karlsbad als auch des Regierungsbezirkes Aussig die sudetendeutschen Kinder in sehr wenig schöner Weise mit den Kindern der im Gau tätigen Altreichsdeutschen verkehren und sie mit dem Titel ‚Altreichler' zu ärgern versuchen".[133] Dabei monierte Donnevert insbesondere, dass ein geringer Teil der Lehrerschaft dieses Verhalten anscheinend auch noch begrüßen würde, und bat Eichholz, alsbald energisch dagegen einzuschreiten.[134] Donnevert hatte diesen Missstand in einer Rede im Oktober 1940 vorab auch öffentlich thematisiert:

> Es gibt – und es muß dies einmal in aller Öffentlichkeit angesprochen werden – noch immer eine Reihe von Volksgenossen, die sich nicht genug tun können, einzelner bedauerlicher Sonderfälle wegen über die hier tätigen Männer des Altreiches Urteile

---

Lehmann, der Volksforscher und Volksbildner. Zu seinem 60. Geburtstag gewidmet von Freunden und Mitarbeitern. Reichenberg 1940, 10–24, hier 11.
131 HANIKA, Josef: Emil Lehmann als Volkskundler. In: Sudetendeutsche Anstalt für Landes- und Volksforschung (Hg.): Emil Lehmann, der Volksforscher und Volksbildner. Zu seinem 60. Geburtstag gewidmet von Freunden und Mitarbeitern. Reichenberg 1940, 37–44, hier 42.
132 EBENDA 42.
133 Schreiben des stellvertretenden Gauleiters Donnevert an Eichholz, Reichenberg, 13. Januar 1941. SOAL, Bestand ŘM, Signatur unklar, Karton 321, nicht foliiert.
134 EBENDA.

zu fällen, die nicht nur falsch sind, sondern von einer Großzahl selbstlos tätiger Parteigenossen geradezu als Beleidigung empfunden werden müssen.[135] Tatsächlich traten einige Altreichsdeutsche, die in das Sudetenland versetzt worden waren, rechthaberisch und arrogant auf.[136] Zudem waren laut Hermann Neuburg von reichsdeutschen Behördenleitern nicht immer die besten Kräfte entsandt worden, da sie nicht ihre guten Mitarbeiter verlieren wollten.[137] Knapp zwei Monate nach dem Schreiben Donneverts forderte Eichholz dann die Schulabteilungen in den Regierungspräsidien auf, die Schulleitungen zu ermahnen, abwertende Äußerungen gegenüber den Altreichsdeutschen zu unterbinden, um „Ansätze zu einer neuerlichen Aufspaltung sofort im Keine zu ersticken", da diese imstande seien, „Gegensätze aufzureißen".[138]

---

135 DONNEVERT, Richard: Partei und Menschentum. Unsere nationalsozialistischen Aufgaben im Sudetengau. Wortlaut der Rede Donneverts vom 25. Oktober 1940. Reichenberg 1940, 7.
136 Vgl. ZIMMERMANN: Die Sudetendeutschen im NS-Staat 180.
137 Archiv bezpečnostních složek, 301-139-3 Hermann Neuburg, fol. 6–7.
138 Schreiben von Eichholz an alle drei Regierungspräsidenten. Reichenberg, 5. März 1941. SOAL, Bestand ŘM, Signatur unklar, Karton 321, nicht foliiert.

Deutsches Schulwesen in der Tschechoslowakei. Zur Vorgeschichte

Das deutschsprachige Schulwesen in der Tschechoslowakei

Bis 1938 hatte sich ein eigenes, wesentlich österreichisch-ungarisch beeinflusstes tschechoslowakisches Schulsystem herausgebildet, das sich vom Schulsystem im Deutschen Reich nicht nur durch die habsburgische Prägung, sondern auch in seiner Struktur unterschied. Seine Form war vor allem den umfangreichen Modernisierungsbestrebungen der Habsburgermonarchie im 19. Jahrhundert geschuldet. Nachdem dort 1868 die Unterrichtsorganisation vereinheitlicht worden war, stand, zentralistisch am Wiener Unterrichtsministerium verortet, jedem Kronland ein Landesschulrat, jedem Schulbezirk ein Bezirksschulrat und jeder Schulgemeinde ein Ortsschulrat vor.[1] Ein Jahr später, 1869, wurde mit dem Reichsvolksschulgesetz schließlich eine verpflichtende fünfjährige Grundschule eingeführt und die Lehrerbesoldung verbessert; zugleich wurden die Lehrerbildungsanstalten zu vierjährigen Anstalten ausgebaut.[2] Ein anderer Faktor, der die Fortentwicklung des Schulsystems im 19. Jahrhundert prägte, war die konfliktreiche Beziehung zwischen dem Staat und der katholischen Kirche in der Habsburgermonarchie.[3] Hatte sich zunächst unter Josef II. eine säkulare Position durchgesetzt, erlangte die Kirche im Laufe des 19. Jahrhunderts in den böhmischen Ländern[4] zunehmend

---

1 Vgl. PRINZ, Friedrich: Nation und Heimat. Beiträge zur böhmischen und sudetendeutschen Geschichte. (Quellen und Studien zur Geschichte und Kultur der Sudetendeutschen 1) München 2003, 293.
2 EBENDA 293.
3 ČAPKOVÁ, Dagmar: Einige ökonomische, soziale und ideologische Probleme der Bildung und Erziehung in den tschechischen Ländern im Zeitabschnitt von 1620 bis 1918, auch unter Bezugnahme auf das Werk J. A. Komenskýs. In: LECHNER, Elmar/ RUMPLER, Helmut/ZDARZIL, Herbert (Hg.): Zur Geschichte des österreichischen Bildungswesens. Probleme und Perspektiven der Forschung. Wien 1992, 341–362, hier 352–353.
4 Unter den böhmischen Ländern wurden die historischen Landschaften Böhmen, Mähren und Mähren-Schlesien verstanden, die heute die Tschechische Republik formen und nach 1918 gemeinsam mit den Territorien Karpatenrussland sowie der Slowakei den neuen Staat der Tschechoslowakei bildeten.

die Macht zurück,[5] was wiederum die konservativen Kräfte in Regierung und Gesellschaft stärken sollte.[6] Nichtsdestotrotz blieb der Kirche weiterhin eine große Einflussnahme auf das Schulwesen verwehrt; an die Stelle bisheriger konfessioneller traten staatliche Schulen, die grundsätzlich interkonfessionelle Gemeinschaftsschulen waren.[7] So gab es im deutschsprachigen Schulwesen in den böhmischen Ländern vor 1938 auch nur wenige Bekenntnisschulen – anders als im Deutschen Reich vor 1933.[8]

Zwischen 1848 und 1870 erfolgte eine Expansion der als Mittelschulen bezeichneten Höheren Schulen. Das erste Mädchenrealgymnasium wurde in Prag im Jahr 1891 eröffnet.[9] Bedingt durch die breite und vielschichtige Industrialisierung der böhmischen Länder entstand zudem ein mehrgliedriges berufliches Schulwesen.[10] Das Schulnetz der böhmischen Länder war summa summarum überdurchschnittlich ausgedehnt – innerhalb der Donaumonarchie war es mit Ausnahme der Stadt Wien das dichteste und wies auch die am stärksten ausdifferenzierten Schulformen auf.[11] Dass das Schulwesen in den böhmischen Ländern im 19. Jahrhundert so enorm expandierte, war nach dem Historiker Friedrich Prinz eher dem hohen Industrialisierungsgrad der böhmischen Länder zuzurechnen und war weniger als Mittel nationaler Abgrenzungsversuche zu verstehen,[12] wie später oftmals behauptet wurde.[13] Dennoch

---

5 ČAPKOVÁ: Einige ökonomische, soziale und ideologische Probleme der Bildung und Erziehung in den tschechischen Ländern 352–353
6 EBENDA.
7 Vgl. PRINZ: Nation und Heimat 293.
8 Zur Diskussion über die Bekenntnisschule im Deutschen Reich siehe auch NAGEL: Hitlers Bildungsreformer 175–177.
9 ČAPKOVÁ: Einige ökonomische, soziale und ideologische Probleme der Bildung und Erziehung in den tschechischen Ländern 353.
10 Vgl. PRINZ: Nation und Heimat 295
11 EBENDA 288.
12 EBENDA 288–297.
13 So beispielsweise bei: PREISSLER, Gottfried: Der Kampf um unsere Schule. In: BROSCHE, Wilfried/NAGL, Fritz (Hg.): Sudetendeutsches Jahrbuch 1938. Nach der Beschlagnahme. 2. Aufl. Böhmisch-Leipa, Zwickau 1938, 45–48; KEIL, Theo: Beispielhafte Schulpolitik: Die österreichisch-sudetendeutsche Schultradition und die Schulnot der Gegenwart. (Kleine Schriftenreihe des Witikobundes 1) Frankfurt am Main 1957, 18; FIEDLER, Rudolf: Volks- und Bürgerschule – Sonderschulen. In: KEIL, Theo (Hg.): Die deutsche Schule in den Sudetenländern. Form und Inhalt des Bildungswesens. München 1967, 87–89.

teilte sich das Bildungswesen im 19. Jahrhundert zunehmend in eine tschechische und eine deutsche Seite. Im Jahr 1873 war die Landesschulbehörde in eine deutsche und eine tschechische Sektion gesondert worden.[14] Die Trennung der Prager Universität in einen deutschen und einen tschechischen Teil ließ schließlich die nationale Differenz zwischen Deutschen und Tschechen auch auf universitärer Ebene institutionell sichtbar werden.[15] Der aufkommende Sprachnationalismus führte schließlich dazu, dass auch im zweisprachigen Prag die Tendenz, beide Landessprachen – Tschechisch und Deutsch – zu lernen, trotz der Bildungsexpansion um 1900 spürbar abnahm.[16] Im Jahr 1905 wurde im Nachgang des Mährischen Ausgleichs das Mährische Landesgesetz verabschiedet, das festlegte, dass in sprachlich gemischten Bezirken und Schulgemeinden tschechische wie auch deutsche Bezirks- und Ortsschulräte nebeneinander zu wirken hatten.[17]

Nach 1918 blieb die Schulaufsicht in den böhmischen Ländern der Tschechoslowakei in ihrer grundsätzlichen Struktur weitgehend unverändert. Neben dem neuen Staatsministerium für Schulwesen und Volkskultur blieben der jeweilige Landesschulrat in Prag, Brünn (Brno) und Troppau als mittlere Schulaufsichtsbehörden bestehen; zum Landesschulrat für Böhmen gehörten zwei Sektionen mit drei Abteilungen und im Jahr 1936 15 Landesschulinspektoren sowie 53 deutsche Schulbezirke.[18] Die Schulbezirke wurden jeweils von einem Bezirksschulinspektor beaufsichtigt, der aus den Reihen der – männlichen – Bürgerschul- und Volksschullehrer durch die Landesschulinspektoren ernannt wurde. In jeder Schulgemeinde wurden Ortsschulräte errichtet. Diese setzten sich aus Vertretern der Schule und Vertretern der Schulgemeinde zusammen. Ähnlich organisiert waren die Bezirksschulausschüsse. Sie beaufsichtigten

---

14 Vgl. PRINZ: Nation und Heimat 294.
15 ČAPKOVÁ: Einige ökonomische, soziale und ideologische Probleme der Bildung und Erziehung in den tschechischen Ländern 354.
16 Siehe hierzu: STÖHR, Ingrid: Zweisprachigkeit in Böhmen. Deutsche Volksschulen und Gymnasien im Prag der Kafka-Zeit. (Reihe A: Slavistische Forschungen 70) Köln, Wien 2010, 447–453.
17 Vgl. PRINZ: Nation und Heimat 294.
18 BAIER, Herwig: Deutsche Lehrerbildung in der Ersten Tschechoslowakischen Republik. Eine kommentierte Dokumentation der Verhältnisse im Land Böhmen im Jahr 1936. In: HLAWITSCHKA, Eduard (Hg.): Forschungsbeiträge der Geisteswissenschaftlichen Klasse. (Schriften der Sudetendeutschen Akademie der Wissenschaften und Künste 32) München 2012, 169–196, hier 169.

alle Volks- und Bürgerschulen wie auch Kindergärten des jeweiligen Bezirks und vertraten diese auch rechtlich; ferner waren sie für die Errichtung und Unterhaltung von Schulen zuständig.[19] Im Jahr 1919 wurde zudem das bisherige Zölibat für Lehrerinnen abgeschafft; doch bereits im Jahr 1918 hatte man verheiratete Lehrerinnen im Dienst belassen.[20] Eine gewichtige Veränderung war die bereits im November 1918 beschlossene Öffnung der Mittelschulen für Jungen auch für Mädchen, obwohl sich der überwiegende Teil des Lehrkörpers dagegen ausgesprochen hatte.[21] Die bis dahin bestehenden 31 Mädchenmittelschulen wurden aufgelöst oder in Reformrealgymnasien für Mädchen umgewandelt.[22] So waren im Oktober 1928 von 14 489 Volksschulen bereits 13 265 Einrichtungen koedukativ, unter den 1 799 Bürgerschulen waren es hingegen nur 712. Im Schuljahr 1929/1930 waren schließlich zwei Drittel der Mittelschulen Gemeinschaftsschulen beider Geschlechter.[23] Auch Lehrerinnen unterrichteten nun zunehmend an Mittelschulen, nach zaghaftem Beginn in der 1920er Jahren war dies in den 1930er Jahren nicht mehr ungewöhnlich.[24] 1923 wurde die Staatssprache Čechoslovakisch verpflichtendes Unterrichtsfach, was von den Lehrkräften, auch vom späteren Schulverwaltungsbeamten Gottfried Preißler, durchaus als Integrationsangebot verstanden wurde, um das deutsch-tschechische Zusammenleben zu befördern.[25]

Dennoch hatte das deutschsprachige Schulwesen in der Tschechoslowakei nach 1918 einen quantitativen Abbau erfahren müssen. Diesem zeitgenössisch und auch nach 1938 als „Volkstumskampf um das Schulwesen" national

---

19 BUZEK, Kamil: Einführung in die Organisation des Volksschulwesens in der Čechoslovakischen Republik. Für Lehramtskandidaten und zur Vorbereitung für die Lehrbefähigungsprüfung. 3. Aufl. Prag 1937, 16–23.
20 Vgl. FIEDLER: Volks- und Bürgerschule – Sonderschulen 91.
21 SLÁDEK, Zdeněk: Das tschechoslowakische Grund- und Mittelschulwesen nach 1918: Kontinuität oder Diskontinuität? In: KARÁDY, Viktor/MITTER, Wolfgang (Hg.): Bildungswesen und Sozialstruktur in Mitteleuropa im 19. und 20. Jahrhundert. (Studien und Dokumentationen zur vergleichenden Bildungsforschung 42) Köln, Wien 1990, 27–40, hier 29.
22 NĚMEC: Erziehung zum Staatsbürger? 123.
23 SLÁDEK: Das tschechoslowakische Grund- und Mittelschulwesen nach 1918 29.
24 NĚMEC: Erziehung zum Staatsbürger? 125.
25 NĚMEC, Mirek: Kulturtransfer oder Abschottung? In: MAREK, Michaela et al. (Hg.): Kultur als Vehikel und als Opponent politischer Absichten. Kulturkontakte zwischen Deutschen, Tschechen und Slowaken von der Mitte des 19. Jahrhunderts bis in die 1980er Jahre. (Veröffentlichungen zur Kultur und Geschichte im östlichen Europa 37) Essen 2010, 165–175, hier 168.

verklärten Rückgang lagen aber objektive Gründe zugrunde, etwa der starke Geburtenrückgang infolge des Ersten Weltkriegs[26] wie auch die Angleichung des vor 1918 gegenüber den tschechischsprachigen Schulen überproportional starken deutschen Schulwesens.[27] Wie Piotr M. Majewski festgestellt hat, war der Anteil der deutschsprachigen Mittelschulen unter den tschechoslowakischen Mittelschulen mit 26 Prozent sogar höher als der prozentuale Anteil der Deutschen an der Gesamtbevölkerung der Tschechoslowakei.[28] Umstritten wie auch umkämpft sollte in diesem Kontext die Einrichtung der sogenannten Minderheitenschulen werden. Das dahingehend am 3. April 1919 verabschiedete Minderheitsschulgesetz ermöglichte es, in Orten mit einer anderen Mehrheitssprache Schulen in einer Minderheitensprache zu errichten; genutzt wurde dies vor allem zur Gründung von tschechischsprachigen Schulen im deutschsprachigen Gebiet, auf die zum Beispiel die Kinder der hierhin versetzten Eisenbahn-, Post- und Zollbeamten geschickt wurden. Für diese Schulen wurden zumeist neue Gebäude errichtet, was aufseiten der deutschsprachigen Bevölkerung Missgunst beförderte.[29]

Für das Schulministerium in Prag war die Verwaltung des deutschsprachigen Schulwesens ein Teil seines Aufgabenbereichs; parallel hatte die Behörde aber weitaus drängendere Probleme in der tschechoslowakischen Bildungslandschaft zu lösen. Denn nicht nur im Schulaufbau unterschied sich das Schulwesen in den Landesteilen Slowakei und Karpatenrussland deutlich von dem in den böhmischen Ländern[30] – auch was die Zahl der Schulen betraf, war in den östlichen Landesteilen noch Aufbauarbeit zu leisten. Somit ist nachvollziehbar, dass das Schulministerium das beklagte deutsch-tschechische Schulproblem nicht als dringlich erachtete,[31] sondern die Förderung des Schulwesens im

---

26 Vgl. PRINZ: Nation und Heimat 296.
27 PODLAHOVÁ, Libuše: Das Schulwesen als Raum zur nationalen Ausgrenzung. In: Mezinárodní konference Všeobecné vzdělání pro všechny [Internationale Konferenz: Allgemeine Bildung für alle]. Praha 2004, 93–106, hier 98.
28 MAJEWSKI: Sudetští Němci 223.
29 Vgl. REICH, Andreas: Das tschechoslowakische Bildungswesen vor dem Hintergrund des deutsch-tschechischen Nationalitätenproblems. In: Bohemia – Zeitschrift für Geschichte und Kultur der böhmischen Länder 36/1 (1995) 19–38, hier 30.
30 BENEŠ, Zdeněk: Die tschechoslowakische Bildungspolitik. In: MAREK, Michaela et al. (Hg.): Kultur als Vehikel und als Opponent politischer Absichten. Kulturkontakte zwischen Deutschen, Tschechen und Slowaken von der Mitte des 19. Jahrhunderts bis in die 1980er Jahre. (Veröffentlichungen zur Kultur und Geschichte im östlichen Europa 37) Essen 2010, 177–188, hier 181.
31 EBENDA.

slowakischen Landesteil als weitaus drängender einschätzte.[32] Vom tschechoslowakischen Schulminister Ivan Dérer war Anfang der 1930er Jahre noch eine umfassende Schulreform geplant worden, die unter anderem für die Ortsschul- und Landesschulräte eine Kompetenzerweiterung auf Grundlage der sprachlichen Trennung bedeutet hätte; die diesbezüglichen Verhandlungen mit den sudetendeutschen Lehrerverbänden zogen sich allerdings bis ins Jahr 1938.[33]

Wie Mirek Němec analysiert hat, war die deutsche Mittelschule als Integrationsfaktor der Tschechoslowakei gescheitert. So seien die bisherigen (österreichischen) Lehrinhalte zwar abgelöst worden, doch sei an deren Stelle kein klares Unterrichtskonzept getreten, sondern es habe mehrere konkurrierende Unterrichtsprogramme gegeben, mitunter auch ein ausgesprochen deutschnationales Programm. Ab 1933/1934 arbeitete das Schulministerium zwar ein Konzept für eine staatsbürgerliche Erziehung aus, das selbst vonseiten aktivistischer, also staatsunterstützender, deutscher Pädagoginnen und Pädagogen befürwortet wurde.[34] Zeitgleich radikalisierten sich aber zunehmend Teile der deutschen Minderheit. Das Schulministerium reagierte darauf, indem es bei der Approbation der Lehrbücher strengere Maßstäbe anlegte, die Aufsicht über das Schulwesen nachdrücklicher handhabe und die tschechoslowakische staatsbürgerliche Erziehung stärker förderte. Diese Maßnahmen wurden von vielen Lehrkräften wiederum kritisch aufgenommen.[35] So setzte der Kulturausschuss dem Ansinnen des Schulministeriums eigene Arbeiten zur staatsbürgerlichen Erziehung entgegen.[36] Deutschsprachige und tschechischsprachige Schulen blieben des Weiteren größtenteils monoethnisch geprägt, die Zahl tschechischer Schülerinnen und Schüler an deutschen Mittelschulen war niedrig. Im Schuljahr 1937/1938 standen am Deutschen Staatsrealgymnasium in Saaz (Žatec) 258 deutschen Schüler/-innen lediglich 7 tschechische Schüler und

---

32 Němec: Erziehung zum Staatsbürger? 16–17; Ders.: Ve státním zájmu? 97–101.
33 Mitter, Wolfgang: Deutsch-tschechische Nachbarschaft in Vergangenheit und Gegenwart: Herausforderung an die politische Bildung. In: Korte, Petra (Hg.): Kontinuität, Krise und Zukunft der Bildung. Analysen und Perspektiven. (Texte zur Theorie und Geschichte der Bildung 21) Münster 2004, 195–206, hier 201.
34 Němec: Kulturtransfer oder Abschottung? 175.
35 Ebenda.
36 Preissler, Gottfried: Unser sudetendeutsches Schulwesen. In: Brosche, Wilfried/Nagl, Fritz (Hg.): Sudetendeutsches Jahrbuch 1938. Nach der Beschlagnahme. 2. Aufl. Böhmisch-Leipa, Zwickau 1938, 138–150, hier 144–145.

Schülerinnen gegenüber,³⁷ am Staatsgymnasium Eger (Cheb) lag das Verhältnis bei 445 zu 19.³⁸

Hervorzuheben ist auch, dass es in der Tschechoslowakei beachtenswerte Schulversuche gab. Diese beschränkten sich bei Weitem nicht nur auf die deutsche Minderheit, sondern erfassten auch den tschechischen und slowakischen Schulkontext – etwa in Prag, Zlin (Zlín), Humpolec und Trnava.³⁹ Im sudetendeutschen Umfeld sind insbesondere die Anstrengungen Karl Metzners zu nennen, einer prägenden und kontroversen Persönlichkeit der deutschböhmischen Jugendbewegung.⁴⁰ Metzner baute als Ausweg aus einer behaupteten „Zivilisationskrise"⁴¹ die Freie Schulgemeinschaft zu Leitmeritz (Litoměřice) als neue Schule zur Formung der neuen Menschen wie auch zur „Volkserneuerung" auf.⁴² Vorläufer war eine von ihm 1921 in Leitmeritz gegründete Jugendsiedlung, die es rund 30 Jungen ermöglichen sollte, eine Mittelschule zu besuchen. Diese war bewusst einfach ausgestattet, um so anschaulich zu machen, dass auch ein einfaches Leben wertvoll und menschenwürdig sein kann. Da die Lehrer an der Mittelschule in Leitmeritz nach seiner Auffassung eben nicht diesem Ideal entsprachen, gründete Metzner schließlich 1928 die besagte Freie Schulgemeinschaft zu Leitmeritz nach dem Vorbild der deutschen Landerziehungsheime, die auch die Jugendsiedlung einschloss. 1933 wurde ein neues Gebäude für 10- bis 14-jährige Schüler gebaut und zudem für 15- bis 18-jährige Schüler eine Villa in Hammerstein (Hamrštejn) bei Reichenberg gemietet. Hierfür musste sich Metzner erheblich verschulden, da das Schulgeld der Eltern nicht ausreichte und es auch keine staatliche Förderung gab. Zudem wurden die von der Schule ausgestellten Zeugnisse von staatlicher Seite nicht anerkannt.⁴³

---

37 Jahresbericht des Deutschen Staatsrealgymnasiums in Saaz über das Schuljahr 1937/38. Im Selbstverlag der Anstalt, Saaz 1938. S. 16. SOA Plzeň/Klášter, ÚVP Karlovy Vary, Signatur II B 2A 16a, Karton 6, nicht foliiert.
38 Jahresbericht des Deutschen Staatsrealgymnasiums in Eger über das Schuljahr 1937–38. Im Selbstverlag der Anstalt, Eger 1938. S. 14. SOA Plzeň/Klášter, ÚVP Karlovy Vary, Signatur II B 2A 4d, Karton 6, nicht foliiert.
39 Siehe hierzu PÁNKOVÁ/KASPEROVÁ/KASPER: Meziválečná školská reforma v Československu.
40 KASPER, Tomáš: Lebenserneuerung – Karl Metzners Erziehungsprogramm für den Deutschböhmischen Wandervogel und die Freie Schulgemeinde Leitmeritz. In: CONZE, Eckart/RAPPE-WEBER, Susanne (Hg.): Ludwigstein. Annäherungen an die Geschichte der Burg. Göttingen 2015, 337–360, hier 337.
41 EBENDA 342.
42 EBENDA 346.
43 EBENDA 347–349. Zum Schulalltag siehe 351–353.

Metzner war überdies bildungspolitisch aktiv und setzte sich für eine Reform des Schulwesens in der Tschechoslowakei ein. Ebenso trieb er die Vernetzung reformpädagogisch orientierter sudetendeutscher Lehrkräfte voran. Im Jahr 1925 entstand die Freie Arbeitsgemeinschaft deutscher Volks- und Bürgerschullehrer und 1927 gründete Metzner den Deutschen Arbeitskreis für Neugestaltung der Erziehung, dem auch Wenzel Weigel nahestand, der eine der Hauptpersönlichkeiten der deutschen Reformpädagogik in der Tschechoslowakei war.[44] Weigel hatte von 1922 bis 1924 in Hamburg studiert und währenddessen zahlreiche sogenannte reformpädagogische Schulen besucht und versuchte seit seiner Rückkehr nach Prag, wo er als Privatdozent an der Philosophischen Fakultät der Deutschen Universität tätig war, seine dortigen Erfahrungen auch den deutschen Lehrkräften in der Tschechoslowakei zu vermitteln.[45] In diesem Umfeld wurden zwei reformpädagogische Zeitschriften – „Sudetendeutsche Schule. Monatsblatt für die zeitgemäße Schulgestaltung" und „Pädagogisches Jahrbuch" – publiziert sowie von Metzner selbst herausgegebene Rundbriefe verschickt.[46] Obgleich Metzners Erziehung darauf ausgerichtet war, einen „neue[n] Deutschen" zu formen,[47] wurde er mitsamt seinem Programm nach dem Münchner Abkommen, das Metzner begrüßt hatte, zurückgewiesen: Am 20. Mai 1939 wurde seine Schule im Zuge der Gleichschaltung geschlossen.[48]

In den böhmischen Ländern (Böhmen, Mähren-Schlesien)[49] existierten im Jahr 1935 insgesamt 441 deutsche Bürgerschulen, 3 165 deutsche Volksschulen, 667 deutsche Kindergärten (351 davon privat), 70 Mittelschulen (Höhere Schulen), 10 Lehrerbildungsanstalten, 54 Handelsschulen, 93 Gewerbe- und Fachschulen sowie 52 Landwirtschaftliche Schulen. Ferner gab es eine Hebammenschule, drei Krankenpflegeschulen und je vier Schulen zur

---

44 EBENDA 354.
45 KASPER: Die deutsche und tschechische Pädagogik in Prag 238.
46 KASPER, Tomáš: Lebenserneuerung 354–355.
47 EBENDA 355
48 EBENDA 349.
49 1928 wurden Mähren und Schlesien, das als mehrheitlich deutschsprachiges Gebiet von deutschsprachigen Parteien regiert worden war, zu einer Verwaltungseinheit zusammengefasst, um den deutschen Einfluss in der Tschechoslowakei zu begrenzen. Vgl. PRINZ, Friedrich: Böhmen und Mähren. (Deutsche Geschichte im Osten Europas) Berlin 1993, 393.

Ausbildung von Kindergärtnerinnen bzw. zur Ausbildung von Lehrerinnen der Haushaltskunde.[50]

Deutsche Lehrerverbände in der Tschechoslowakei

Laut Mirek Němec befanden sich die deutschen Lehrkräfte in der Tschechoslowakei in einem „Loyalitätskonflikt" zwischen der Zugehörigkeit zur deutschsprachigen Bevölkerung – die sich zunehmend gegen den Staatsentwurf der Tschechoslowakei stellen sollte – und zum Staat Tschechoslowakei, dem sie ja per Amtseid zur Loyalität verpflichtet waren.[51] Dies verstärkte die sich in den eigenen Lehrerverbänden ausdrückende „horizontale Identität" der Lehrkräfte gegenüber dem ihnen allen übergeordneten „vertikalen Staat".[52]

Die Radikalisierung der 1930er Jahre spiegelte sich auch in den Lehrerverbänden wider, die in ihrer Heterogenität der Vielgliedrigkeit des deutschsprachigen Schulwesens in der Tschechoslowakei entsprachen. Der größte Verband war der Deutsche Lehrerbund im tschechoslowakischen Staat, dem Lehrer/-innen der Volks- und Bürgerschulen angehörten. Er war mit rund 13 000 Mitgliedern (Stand 1938) die Spitzenorganisation der deutschen Landeslehrerverbände und organisierte zahlreiche Lehrertage.[53] Sein Vorsitzender Eduard Josef Rohn wurde 1937 Bürgermeister der Stadt Reichenberg und behielt dieses Amt auch nach 1938[54] bis zum Kriegsende 1945. Zum Lehrerbund gehörte auch die sogenannte Anstalt für Seelenkunde und Erziehungswissenschaft, an der unter anderem Rudolf Lochner als Dozent wirkte.[55] Lochner gab zudem die Schriften der Sudetendeutschen Anstalt für Erziehungswissenschaft der

---

50 Vgl. KURTH, Karl (Hg.): Sudetenland. Ein Hand- und Nachschlagebuch über alle Siedlungsgebiete der Sudetendeutschen in Böhmen und Mähren/Schlesien. Kitzingen/Main 1954, 124–130.
51 Siehe NĚMEC: Erziehung zum Staatsbürger? 139.
52 Zu vertikalen und horizontalen Loyalitätskonzepten in der Tschechoslowakei siehe: SCHULZE WESSEL: ‚Loyalität' als geschichtlicher Grundbegriff und Forschungskonzept 3, 13–17.
53 Vgl. BERNDT, Emil Karl: Die deutschen Lehrerorganisationen im Tschechoslowakischen Staate. In: KEIL, Theo (Hg.): Die deutsche Schule in den Sudetenländern. Form und Inhalt des Bildungswesens. München 1967, 522–529, hier 524.
54 EBENDA 522.
55 EBENDA 523.

Deutschen Wissenschaftlichen Gesellschaft in Reichenberg heraus.[56] Er setzte sich stark für eine Akademisierung der Lehrerbildung ein und lehnte daher die bisherigen Lehrerbildungsanstalten in der Tschechoslowakei ab.[57] Dem Deutschen Lehrerbund im tschechoslowakischen Staat stand der Reichsverband der deutschen Bürgerschullehrer im tschechoslowakischen Staate konkurrierend gegenüber. Der Verband hatte vor allem in Mähren Mitglieder und setzte sich für die Bürgerschullehrkräfte ein.[58] Sein Vorsitzender war Rudolf Fiedler.[59] Die Gymnasiallehrer/-innen waren hingegen im Reichsverband Deutscher Mittelschullehrer zusammengeschlossen, dessen Schriftleiter Gottfried Preißler war.[60] Daneben gab es noch den Deutschen Landeslehrerverein in Mähren (rund 3 100 Mitglieder), den Deutschen Schlesischen Landeslehrerverein (1 066 Mitglieder), den Deutschen Landeslehrerverein in der Slowakei und den katholisch geprägten Dr. Otto-Willmann-Bund. Letzterer war laut seiner Namensergänzung „Reichsverein der christlich-deutschen Lehrerschaft in der Tschechoslowakischen Republik und des Deutschen christlichen Lehrerinnen-Verbandes" und umfasste alle Gruppen von der Kindergärtnerin bis zum Universitätsprofessor.[61] Ferner gab es noch den Verband der Lehrer an gewerblichen Staatslehranstalten (Vorsitz: Hugo Wasgestian) und den Verband deutscher Handelsschullehrer (Vorsitz: Dr. Menzel)[62] sowie weitere Verbände.[63]

---

56 So z. B. SCHAUSBERGER, Dominik: Der industrielle Mensch und seine Erziehung. (Schriften der Sudetendeutschen Anstalt für Erziehungswissenschaft) Reichenberg 1931.
57 LOCHNER, Rudolf: Rückblick und Ausblick. In: LOCHNER, Rudolf (Hg.): Zur Neugestaltung der Lehrerbildung. Sudetendeutsche Anstalt für Erziehungswissenschaft der Deutschen wissenschaftlichen Gesellschaft in Reichenberg. Berichte, Leitsätze, Entwürfe. Reichenberg 1930, 51–60, hier 55.
58 Vgl. BERNDT: Die deutschen Lehrerorganisationen im Tschechoslowakischen Staate 527.
59 PREISSLER, Gottfried: Geschichte meines Lebens aus der Sicht des 85. Geburtstags. Frankfurt am Main 1979, 45–46.
60 PREISSLER, Gottfried: Der Reichsverband Deutscher Mittelschullehrer und seine Schulpolitische Arbeitsstelle. In: KEIL, Theo (Hg.): Die deutsche Schule in den Sudetenländern. Form und Inhalt des Bildungswesens. München 1967, 530–541, hier 530–531.
61 Vgl. BERNDT: Die deutschen Lehrerorganisationen im Tschechoslowakischen Staate 525–528.
62 PREISSLER: Geschichte meines Lebens aus der Sicht des 85. Geburtstags 45–46.
63 So der Verein der deutschen Fortbildungsschullehrer, der Verband der Kindergärtnerinnen, der Verband der deutschen Hilfsschullehrer, der Zentralverein der deutschen

Darüber hinaus gab es zwei politisch ausgerichtete Lehrerverbände. Der erste von ihnen, der Reichsverband deutscher sozialdemokratischer Lehrer, unterstützte den tschechoslowakischen Staat; infolgedessen wurden seine Mitglieder häufig auch bei der Besetzung höherer Posten berücksichtigt. Er arbeitete zudem am engsten mit tschechischen Lehrerorganisationen zusammen. Der Verband gründete sich 1919 in enger Anlehnung an die Deutsche sozialdemokratische Arbeiterpartei in der Tschechoslowakischen Republik (DSAP) und wurde nach längerer Inaktivität 1930 mit einigen hundert Mitgliedern wiedergegründet. Dem entgegen stand der ebenfalls einige hundert Mitglieder zählende Reichsverband deutschvölkischer Lehrer, der, wie der Name vermuten lässt, stramm nationale Ziele in der Erziehung verfolgte.[64]

War der politische Bezugspunkt der sudetendeutschen Bevölkerung vor 1918 eindeutig Wien gewesen, verschob er sich in den Jahren danach sukzessive gen Berlin. Von dieser Entwicklung blieben auch die Lehrerverbände nicht ausgenommen. Befördert durch die neue Unterstützung der Auslandsdeutschen in der Weimarer Republik entwickelten sich rege Kontakte zwischen sudetendeutschen Verbänden und den Lehrerverbänden in Deutschland. Durch Schriftenaustausch und gegenseitige Tagungsbesuche wurden die Kontakte bald weitaus zahlreicher als jene nach Österreich. Der Austausch war dabei beidseitig: Sudetendeutsche Verbände reisten zu Studien nach Deutschland und nahmen auch an Fortbildungen des Berliner Zentralinstituts für Erziehung und Unterricht teil. Umgekehrt besuchten deutsche Lehrer/-innen und Verbandsfunktionäre die Reichenberger Hochschulwochen, nahmen an Fortbildungskursen des Pädagogen Anton Herget in Komotau (Chomutov) teil und kamen als Vortragsreisende in die Tschechoslowakei.[65]

Das Panorama der Lehrerzeitschriften der damaligen Zeit offenbart deutlich, wie stark ab 1933 nationalistische Tendenzen zunahmen. Der Reichsverband

---

Lehrerinnen, der Verein deutscher Universitäts-Professoren und -Dozenten, der Reichsverband deutschvölkischer Lehrer und der Reichsverband deutscher sozialdemokratischer Lehrer. Vgl. BERNDT: Die deutschen Lehrerorganisationen im Tschechoslowakischen Staate 528.

64 IRGANG, Norbert: Die deutschen Lehrerverbände in der Tschechoslowakei 1918–1938. In: HEINEMANN, Manfred/BALLAUFF, Theodor/Deutsche Gesellschaft für Erziehungswissenschaft (Hg.): Der Lehrer und seine Organisation. (Veröffentlichungen der Historischen Kommission der Deutschen Gesellschaft für Erziehungswissenschaft 2) Stuttgart 1977, 273–287, hier 275, 279, 285.

65 Für diesen Absatz vgl. EBENDA 279.

Deutscher Mittelschullehrer äußerte sich hierbei nicht so scharf national wie der Deutsche Lehrerbund im tschechoslowakischen Staat.[66] Im Reichsverband Deutscher Mittelschullehrer begann währenddessen die Verbandstätigkeit des späteren Schulverwaltungsbeamten und Erziehungswissenschaftlers Gottfried Preißler,[67] der zunächst als Schriftleiter die Verbandszeitschrift betreute. Zudem war Preißler Geschäftsführer des sogenannten Sonderausschusses für Schul- und Bildungsfragen, der innerhalb des Verbandes schulpolitische Fragen erörterte und entsprechende Eingaben bei den Schulbehörden verantwortete.[68]

Um unter diesen – nationalen – Vorzeichen eine stärkere Kultur- und Schulautonomie zu erreichen, gründeten der Deutsche Lehrerbund, der Reichverband Deutscher Mittelschullehrer, der Verein der Lehrer an gewerblichen Staatslehranstalten, der Verband deutscher Handelsschullehrer, der Reichsverband deutscher Bürgersschullehrer und der Verband der Hochschullehrer 1935 den Kulturausschuß der sudetendeutschen Lehrerverbände, dessen Vorsitz Gottfried Preißler übernahm.[69] Diese Gründung fußte auf einer völkisch motivierten Argumentation, die ein damals kolportiertes historisches Narrativ nicht nur zu behaupten, sondern auch zu institutionalisieren versuchte.[70] Die Eigenständigkeit der sudetendeutschen Kultur betonend, setzte Preißler sich sowohl für eine „volksbürgerliche" als auch für eine „staatsbürgerliche" Bildung tschechoslowakischer Staatsbürger ein; Ziel war es, eine volle Kulturautonomie der Sudetendeutschen in der Tschechoslowakei zu erreichen.[71] Preißler erläuterte die Begründung dieser Absicht Ende der 1970er Jahre rückblickend wie folgt: Der Kulturausschuß habe die Ansicht vertreten, dass Deutsche im Rahmen der mittelalterlichen Ostwanderung nach Böhmen, Mähren und Schlesien gezogen wären, dort Wälder gerodet und Bergbau betrieben,

---

66 Ebenda 284.
67 Preißler verwendete bei seinem Nachnamen vor 1945 sowohl die Schreibweise mit Doppel-s als auch mit ß. Erst nach 1945 legte er die Schreibweise mit ß endgültig ab.
68 Preissler, Gottfried: Zur gegenwärtigen Lage der deutschen Mittelschule. In: Mitteilungen aus dem höheren Schulwesen. Zeitschrift des Reichsverbandes Deutscher Mittelschullehrer in der Tschechoslowakischen Republik 3–4 (1932), Festschrift zum zehnjährigen Bestande des Reichsverbandes Deutscher Mittelschullehrer in der tschechoslowakischen Republik. VI. Hauptversammlung in Leitmeritz am 27. und 28. Feber 1932, 40–41. BArch, R/57/8180, nicht foliiert.
69 Vgl. Preissler: Der Reichsverband Deutscher Mittelschullehrer und seine Schulpolitische Arbeitsstelle 532.
70 Siehe das Kapitel „‚Grenzlanddeutsche' Geschichte".
71 Irgang: Die deutschen Lehrerverbände in der Tschechoslowakei 1918–1938 284.

zudem Waldhufendörfer gegründet, die Christianisierung weitergeführt und Städte, auch innerhalb slawischer Siedlungen, errichtet hätten.[72] Aus dieser mittelalterlichen Leistung leitete der Kulturausschuß ab, dass die Deutschen den Tschechen und Slowaken ebenbürtig seien und eben keine Minderheit in der Tschechoslowakei darstellten. Daher sollten die Lehrpläne für Deutsch und Geschichte nicht bloße Übersetzungen der für die tschechischen Schulen gültigen Normen sein, sondern auch von einer eigenen deutschen Kommission erstellt werden.[73]

Als der Kulturausschuß gemeinsam mit der deutschen Pestalozzi-Gesellschaft schließlich die sogenannte Sudetendeutsche Tagung vom 30. Januar bis 1. Februar 1938 in Reichenberg organisierte, stand diese schon deutlich unter dem Vorzeichen des Nationalsozialismus. So sprachen dort Eduard Spranger über „Volkstum und Erziehung", Ernst Otto aus Prag über „Volk, Staat und Schule" und Gottfried Preißler über „Die Stellung von Staat und Volk in der sudetendeutschen Bildung".[74]

Die Nationalisierung und letztlich die Zerstörung des deutsch-tschechischen Zusammenlebens wurde von völkischen Lehrkräften entschieden vorangetrieben. Sie trugen durch die Betonung eines angeblichen Existenzkampfs der deutschsprachigen Bevölkerung in der Tschechoslowakei maßgeblich zur Radikalisierung der Sichtweisen auf das deutsch-tschechische Verhältnis bei.

Radikalisierung 1938

Noch vor dem Münchner Abkommen war die vormalige Pluralität der Lehrerverbände nicht mehr gegeben. Der sogenannte Anschluss Österreichs im Frühjahr 1938 gab der Sudetendeutschen Partei in der Tschechoslowakei spürbar Auftrieb. Kurz danach forderte ihr Hauptleiter für das Erziehungs- und Unterrichtswesen, Ludwig Eichholz, Gottfried Preißler auf, ihm den Vorsitz im Kulturausschuß zu übertragen.[75] Preißler bat daraufhin, diese Entscheidung dem Kulturausschuß zu überlassen, der Eichholz schließlich den Vorsitz übergab. Was Eichholz erreichen wollte, machte er unmissverständlich deutlich:

[E]s geht nicht nur um die Zahl der Schulen und Klassen, sondern es geht auch um den Geist, der in unseren Schulen herrscht. [...] Daher verlangen wir die volle Freiheit

---

72 PREISSLER: Geschichte meines Lebens aus der Sicht des 85. Geburtstags 45–46.
73 EBENDA.
74 Vgl. PREISSLER: Der Reichsverband Deutscher Mittelschullehrer und seine Schulpolitische Arbeitsstelle 538–539.
75 PREISSLER: Geschichte meines Lebens aus der Sicht des 85. Geburtstags 51.

der nationalen Erziehung auch innerhalb unserer Schule, d. h. wir verlangen deutsche Schulen in deutschem Geiste und keine tschechoslowakischen Schulen mit deutscher Unterrichtssprache. Das ist keine Phrase und kein Versammlungsschlager, das ist eine Notwendigkeit, wenn die Schulen ihren Aufgaben gerecht werden sollen. [...] Dort wo aber echte Kultur gepflegt wird, dort hören auch die Spannungen von selbst auf. Denn gegenseitige Achtung des nationalen Lebens ist Prüfstein echter Kulturreife. Wo aber gegenseitige Achtung besteht, da wird bereits staatsbürgerliche Erziehung geleistet."[76]

Schließlich schloss sich am 15. April 1938 der überwiegende Teil der Lehrerverbände zur Sudetendeutschen Erzieherschaft zusammen,[77] die, wie Eichholz es 1939 ausdrückte, nichts anderes sein wollte „als der NS-Lehrerbund der Sudetendeutschen"[78]. Der kurz darauf folgende Lehrertag 1938 in Trautenau (Trutnov) sollte diesen Anspruch auch öffentlich unmissverständlich offenbaren.[79] Dort erklärte Eichholz nachdrücklich: „Wir werden von uns aus dafür sorgen, daß der neue deutsche Geist, die neue deutsche Weltanschauung in die deutsche Schule einziehen. Das ist unsere große und letzte Aufgabe in der Sudetendeutschen Erzieherschaft."[80] Doch noch war dieser Anspruch nicht unumstritten. Während der katholische Dr. Otto-Willmann-Bund in einer Erklärung die nationale Einigung des Sudetendeutschtums freudig begrüßte und seinen Eintritt in den neuen Verband kundtat,[81] trat der Verband Deutsche Hilfsschule unter dem Vorsitz von Rudolf Marschas der Sudetendeutschen Erzieherschaft zunächst nicht bei. Doch schon kurz darauf, beim 17. Verbandstag der Hilfsschullehrer am 4. und 5. Juni 1938, wurde Marschas abgewählt; unter seinem Nachfolger Christoph Rieß sollte der Verband die Sudetendeutsche Erzieherschaft nun unterstützen.[82] Die Sudetendeutsche Erzieherschaft

---

76 EICHHOLZ, Ludwig: Der Kampf um unsere Schule. In: BROSCHE, Wilfried/NAGL, Fritz (Hg.): Sudetendeutsches Jahrbuch 1938. Nach der Beschlagnahme. 2. Aufl. Böhmisch-Leipa, Zwickau 1938, 45–48, hier 47.
77 Der sudetendeutsche Erzieherverband. In: Freie Schulzeitung 17 (1938) 266.
78 Rede Ludwig Eichholz am 8.3.1939 in Reichenberg. In: Der Sudetendeutsche Erzieher 6 (1939) 134.
79 FISCHER, Siegfried: Die innere Einheit der Erzieherschaft. In: Mitteilungsblatt des NSLB der Gauwaltung Sudetenland 5 (1940) 66–67.
80 Deutscher Lehrerbund: Vortrag von Ludwig Eichholz zur Gründung der „Sudetendeutschen Erzieherschaft", Hauptvortrag des Lehrertages in Trautenau. In: Freie Schulzeitung 27 (1938) 430, 438.
81 LANGHANS, Daniel: Der Reichsbund der deutschen katholischen Jugend in der Tschechoslowakei (1918–1938). Bonn 1990, 253.
82 BAIER, Herwig/KORNHERR, Heidi: Der Verband ‚Deutsche Hilfsschule in der tschechoslowakischen Republik'. In: Forschungsbeiträge der Geisteswissenschaftlichen

wurde zwar als eigenständiger neuer Lehrerverband gebildet, doch bis zu ihrer endgültigen rechtlichen Konstituierung sollten die bisherigen Lehrerverbände noch bestehen bleiben können – was sie bis zu ihrer Stilllegung im Zuge der Gleichschaltung Ende 1938 auch taten.[83] Als der Vorsitzende des Deutschen Lehrerverbandes Eduard Josef Rohn am 8. Juli 1938 die Bürgermeisterwahl der Stadt Reichenberg für sich entschied,[84] wurde Ludwig Eichholz unverkennbar die wichtigste öffentliche Person der Sudetendeutschen Erzieherschaft. Parallel hierzu stieg von Ende Februar bis Ende April 1938 die Zahl der Mitglieder der SdP von 549 000 auf 1 047 178.[85] Zur gleichen Zeit erfolgte auch die vorauseilende Gleichschaltung der Jugendverbände. Am 8. Mai 1938 wurden die Jugendbünde, die sich im Dachverband der „Sudetendeutschen Jugendgemeinschaft" organisiert hatten,[86] in die „Sudetendeutsche Volksjugend" überführt, die insgesamt etwa 130 000 Mitglieder unter der Leitung des von Henlein ernannten Jugendführers Franz Krautzberger zählte.[87]

Unterdessen wurde auch die Atmosphäre an den deutschen Schulen zunehmend aufgeheizt. In der Bürgerschule in Pfraumberg (Přimda) wurden von den Schüler/-innen im April 1938 die Bilder des Präsidenten Edvard Beneš aus den Lesebüchern gerissen – mit der Begründung, dass an seiner statt Hitler dorthin gehöre.[88] Das Polizeipräsidium Brünn meldete im Mai 1938 in einem Bericht, dass die deutschen Lehrkräfte im Unterricht nicht nur die jahrhundertelange Zugehörigkeit zur Habsburgermonarchie betonten, sondern nun auch

---

Klasse. (Schriften der Sudetendeutschen Akademie der Wissenschaften und Künste 26) München 2005, 157–202, hier 200–201.
83 Deutscher Lehrerbund: Eine Klarstellung. Der sudetendeutsche Erzieherverband. In: Freie Schulzeitung 19 (1938) 303.
84 Unser Rohn Bürgermeister der Stadt Reichenberg [ohne Autorenangabe]. In: Freie Schulzeitung 27 (1938) 429.
85 MAJEWSKI: Sudetští Němci 350.
86 Mitgliederzahlen der angehörigen Jugendbünde im Mai 1938: Jungturnerschaft (70 000), Reichsverband des Bundes der deutschen Landjugend (30 000), Reichsbund der deutschen katholischen Jugend (10 000), Jugendabteilung des Deutschen Herbergsverbandes (6 000), Jugend der Deutschen Arbeitergewerkschaft (5 000), Katholischer Mädchenbund für Böhmen (4 000), Pfadfinderkorps St. Georg (3 000), Bund sudetendeutscher Wandervögel (1 000), Verband sudetendeutscher Pfadfinder (500). Vgl. LANGHANS, Daniel: Der Reichsbund der deutschen katholischen Jugend in der Tschechoslowakei 258.
87 EBENDA.
88 BRANDES, Detlef: Die Sudetendeutschen im Krisenjahr 1938. (Veröffentlichungen des Collegium Carolinum 107) München 2008, 83.

die Bedeutung der Rassentheorie und Eugenik. In Reichenberg kamen im Mai 1938 Schüler mit SdP-Abzeichen in die Schule und grüßten dort mit „Heil Hitler".[89] In Mährisch Schönberg traten im Sommer 1938 deutsche Jugendliche in Reithosen und hohen Stiefeln auf und hingen an schwer zugänglichen Stellen Hakenkreuzfahnen auf. In Asch (Aš) beschwerte sich ein tschechischer Lehrer, dass bei einer Kundgebung die Schuljugend ohne Aufsicht mit erhobenem Arm gegrölt hätte, während die Lehrer, im Aufmarsch mitmarschierend, den Gruß mit erhobenem Arm erwiderten.[90] Am Gymnasium in Komotau boykottierten viele Schüler/-innen im September 1938 den Unterricht und blieben der Rundfunkübertragung zum Todestag Masaryks im gleichen Monat fern. An einem Tag erschienen von den 350 Schüler/-innen nur fünf zum Unterricht, da die anderen an einer Demonstration auf dem Komotauer Marktplatz teilnahmen.[91] In Prag richtete sich die zunehmende Radikalisierung der Schülerschaft weniger gegen die tschechische Umgebung als vielmehr gegen die jüdischen Lehrkräfte und Mitschüler/-innen.[92] Auch die Universität konnte sich dieser Radikalisierung nicht entziehen. Insbesondere die Geschichtswissenschaft an der Deutschen Universität in Prag radikalisierte sich ab 1939 deutlich, auch durch den Beitrag vieler Forscher, die nun aus dem „Altreich" und dem ehemaligen Österreich nach Prag kamen.[93] Infolge des wachsenden Antisemitismus verließen viele Juden die deutschsprachigen Gebiete in Richtung der tschechischsprachigen Regionen der Tschechoslowakei.[94]

Als sich Hitler in einer Rede auf dem NSDAP-Parteitag am 12. September 1938 in Nürnberg zum Schutzherrn der Sudetendeutschen erklärte, verschärfte sich die Lage nochmals deutlich. Die SdP organisierte über den sogenannten Freiwilligen Schutzdienst Unruhen, insbesondere in Westböhmen, in deren Verlauf es Tote und Verletzte gab.[95] Als die Tschechoslowakei

---

89 EBENDA 83.
90 EBENDA 135.
91 MATĚJKA, Ondřej/OBČANSKÉ SDRUŽENÍ ANTIKOMPLEX (Hg.): Tragická místa paměti. Průvodce po historii jednoho regionu 1938–1945 [Tragische Erinnerungsorte: Ein Führer durch die Geschichte einer Region 1938–1945]. Praha 2010, 239.
92 ADAM: Unsichtbare Mauern 212.
93 Siehe KONRÁD, Ota: Dějepisectví, germanistika a slavistika na Německé univerzitě v Praze 1918–1945 [Geschichtsschreibung, Germanistik und Slawistik an der Deutschen Universität in Prag 1918–1945]. Praha 2011, 202–217; DERS.: Geisteswissenschaften im Umbruch 259.
94 Siehe BRANDES: Die Sudetendeutschen im Krisenjahr 1938 85–86.
95 ZIMMERMANN: Die Sudetendeutschen im NS-Staat 62.

am 16. September schließlich die SdP verbot, stellte Hitler einen Tag später das Sudetendeutsche Freikorps (SFK) auf – bewaffnete Einheiten, deren Mitglieder ins Deutsche Reich geflüchtete Sudetendeutsche waren und die Henlein unterstanden;[96] meist waren es junge Männer, die nun Gewalt in das Gebiet trugen, aus dem sie als sogenannte Flüchtlinge gekommen waren.[97] Die Aktionen des SFK wie auch die tschechoslowakischen Gegenmaßnahmen führten schließlich dazu, dass sudetendeutsche Zivilisten tatsächlich in das Deutsche Reich flohen.[98] Während die Einheiten des Freikorps konstant Überfälle auf Grenzposten durchführten und Stoßtruppen ins Land einfielen, kämpften deutsche Sozialdemokraten und Kommunisten aufseiten der tschechoslowakischen Regierung – in West- und Nordböhmen kam es faktisch zum Bürgerkrieg, während es in den nordmährisch-schlesischen Gebieten ruhig blieb.[99] Die Mobilisierung der tschechoslowakischen Armee Mitte September 1938 missbilligten viele Reservisten: Etwa 100 000 von ihnen sollen deutscher Nationalität gewesen sein, was einem Drittel der deutschen Reservisten überhaupt entsprochen hätte.[100] Oberstleutnant Friedrich Köchling, der als Verbindungsoffizier des OKW beim Freikorps fungierte, bilanzierte bei den Nürnberger Prozessen 110 durch Freischärler ermordete Personen, zudem 50 Verwundete und 2 029 „Gefangene", die nach Deutschland verschleppt worden seien. Darüber hinaus seien bei 164 „gelungenen" und 75 erfolglosen Aktionen 52 Angehörige des Freikorps gefallen; außerdem seien 65 verwundet worden und 19 würden vermisst.[101]

---

96 EBENDA 63.
97 DÖLLING, Stefan: Flüchtlinge, ‚Flüchtlinge' und das Sudetendeutsche Freikorps im September 1938. In: BRANDES, Detlef/IVANIČKOVÁ, Edita/PEŠEK, Jiří (Hg.): Flüchtlinge und Asyl im Nachbarland. Die Tschechoslowakei und Deutschland 1933 bis 1989. (Veröffentlichungen der Deutsch-Tschechischen und Deutsch-Slowakischen Historikerkommission 22) Essen 2018, 179–190, hier 190.
98 EBENDA 190.
99 ZIMMERMANN: Die Sudetendeutschen im NS-Staat 64.
100 Vgl. ŠRÁMEK, Pavel: Československá armáda v roce 1938 [Die tschechoslowakische Armee im Jahr 1938]. 2. Aufl. Brno, Náchod 1996, 66–67; ZÜCKERT: Vom Aktivismus zur Staatsnegation 96.
101 Vgl. ŠRÁMEK, Pavel: Československá armáda v roce 1938 [Die tschechoslowakische Armee im Jahr 1938]. 2. Aufl. Brno, Náchod 1996, 66–67; ZÜCKERT: Vom Aktivismus zur Staatsnegation 96. 5–66, hier 62.

Parallel hierzu inszenierte das Reichspropagandaministerium bildgewaltig einen „sudetendeutschen Volkstumskampf" gegen eine tschechische Übermacht, die eine wehrlose deutsche Minderheit bedrohe.[102] Währenddessen war Berlin aber nicht bereit, sudetendeutsche Lehrkräfte unter den Flüchtlingen in den deutschen Schuldienst zu übernehmen. Eine entsprechende Anfrage war im Juni 1938 sowohl von der Deutschen Gesandtschaft in Prag als auch vom Reichserziehungsministerium abgelehnt worden, da dies aus „volkstumspolitischen Gründen unerwünscht" sei.[103] Ausnahmen sollten nur bei politischen Flüchtlingen gemacht werden dürfen.[104]

Es überrascht vor dem Hintergrund der geschilderten Entwicklungen kaum, dass die Freude bei einem großen Teil der deutschen Bevölkerung in der Tschechoslowakei groß war, als in der Nacht zum 30. September 1938 zwischen Großbritannien, Frankreich, Italien und dem Deutschen Reich das Münchner Abkommen geschlossen wurde, das die Tschechoslowakei zwang, die mehrheitlich deutschsprachigen Gebiete an das Deutsche Reich abzutreten, wurde das Abkommen doch als Schritt zur Wiederherstellung des Friedens aufgefasst.

---

102 DÖLLING: Flüchtlinge, ‚Flüchtlinge' und das Sudetendeutsche Freikorps im September 1938 180.
103 Schreiben der Deutschen Gesandtschaft (Konsularabteilung, gez. Halem) Prag an das Auswärtige Amt in Berlin. Prag, 28. Juni 1938. BArch, 4901/6778, fol. 5.
104 Schreiben des Reichserziehungsministeriums (gez. Frank; Sachbearbeiter Kohlbach) an das Ministerium für Volksbildung in Dresden. Berlin, 26. August 1938. BArch, 4901/6778, fol. 4.

Abbildung 1: Ein Lehrer erklärt Schülern den Vormarsch deutscher Truppen Anfang Oktober 1938. Diese rücken in die Gebiete vor, welche die Tschechoslowakei infolge des Münchner Abkommens an das Deutsche Reich übergeben musste. Die Schüler tragen vermutlich Uniformen der Sudetendeutschen Volksjugend. Die im Bild gezeigte Karte ist noch die der Tschechoslowakei. Das Bild wurde am 10. Oktober 1938 von H. Niclatsch für Weltbild in einer Schule im Abtretungsgebiet aufgenommen und erschien am 27. Oktober 1938 in der Berliner Illustrirten Zeitung, in Heft 43/1938 auf Seite 1674. Copyright: ullstein bild 00266171.

Schulpolitik im nationalsozialistischen Deutschland um 1938

Als die deutsche Wehrmacht im Herbst 1938 in die überwiegend deutschsprachigen Gebiete der Tschechoslowakei einmarschierte, erreichten die Bemühungen um die Vereinheitlichung des Schulwesens im Deutschen Reich gerade ihren Höhepunkt. Dabei hatte der Nationalsozialismus noch 1933 kein klares Schulkonzept aufzuweisen gehabt, was in der Konsequenz dazu führte, dass sich das Regime schwertat, das Schulsystem nach seinen Vorstellungen umzugestalten.[105] Jedoch beruhte die Bildungsgeschichte des Nationalsozialismus auf einer längeren Kontinuität – viele Volksschullehrkräfte verstanden sich bereits vor 1933 als „Erzieher des Volkes" oder „Volkslehrer", was auch im Deutungsangebot „Volksgemeinschaft" aufgegriffen wurde.[106] 1933 war – einmalig in der deutschen Bildungsgeschichte, sieht man vom Volksbildungsministerium in der DDR ab – eine zentrale deutsche Bildungsbehörde installiert worden: das Reichsministerium für Wissenschaft, Erziehung und Volksbildung (das in dieser Arbeit als Reichserziehungsministerium – ein zeitgenössisch häufig verwendeter Begriff – bezeichnet wird), dem Reichserziehungsminister Bernhard Rust, ein studierter Gymnasiallehrer aus Hannover, vorstand. Die Umgestaltung des Schulwesens unter seiner Leitung war jedoch ebenso schwierig wie kompliziert, da die gleichgeschalteten Länder eigene Schulinteressen verfolgten.[107] So dauerte es bis zum Jahr 1937, bevor das Schulwesen grundlegend vereinheitlicht werden konnte.

Nach der Herausgabe erster Richtlinien für das Grundschulwesen im Jahr 1937 trat im Folgejahr das Reichspflichtschulgesetz in Kraft, mit dem die achtjährige Schulpflicht eingeführt wurde. Erst im März 1938 gelang es dem Reichserziehungsministerium, alle noch existierenden privaten Vorschulen, die von der Vereinheitlichung der Volksschulen in der Weimarer Republik ausgenommen worden waren, zu schließen. Das bis dahin vielgliedrige Höhere Schulwesen wurde zwischen Frühjahr 1936 und Herbst 1938 vereinheitlicht und die Schulzeit auf acht Jahre verkürzt. Danach existierten nur noch drei unterschiedliche Grundtypen: die Oberschule für Jungen, geteilt in einen sprachlichen und einen naturwissenschaftlichen Zweig, mit Englisch als Fremdsprache

---

105 Vgl. WEHLER: Deutsche Gesellschaftsgeschichte. Bd. 4, 818.
106 LINK, Jörg-W./BREYVOGEL, Wilfried: Die Volksschullehrer und ihr Verhältnis zur nationalsozialistischen ‚Volksgemeinschaft'. In: RECKEN, Dietmar von/THIESSEN, Malte (Hg.): „Volksgemeinschaft" als soziale Praxis. Neue Forschungen zur NS-Gesellschaft vor Ort. Paderborn 2013, 241–253, hier 241.
107 NAGEL: Hitlers Bildungsreformer 80–90.

für alle vom ersten Jahr an; das Gymnasium als ‚Sonderform' der Oberschule, das zunehmend den Charakter einer Eliteschule bekam; und die Oberschule für Mädchen, die einen sprachlichen und einen hauswirtschaftlichen Zweig anbot. Koedukation war und blieb an den Höheren Schulen eher eine Ausnahme.[108]

Die dann 1938 durchgeführte Vereinheitlichung des mittleren Schulwesens stellte im Wesentlichen eine Weiterentwicklung des mittleren Schulwesens Preußens dar.[109] Diese Schulen, die der Ausbildung für gehobene mittlere Berufe in der Verwaltung und in der Wirtschaft dienten, blieben bis zuletzt schulgeldpflichtig und wurden bis 1938 auf wenige einheitliche Grundformen beschränkt.[110]

---

108 Vgl. WEHLER: Deutsche Gesellschaftsgeschichte. Bd. 4, 819–821.
109 PAX, Emil/RAFFAUF, Josef (Hg.): Die deutsche Mittelschule. Handbuch für Mittelschulen. Halle a. d. Saale 1940, III (Vorwort).
110 Vgl. WEHLER: Deutsche Gesellschaftsgeschichte. Bd. 4, 821–822.

Die Anfänge des nationalsozialistischen Schulwesens im „Sudetenland"

Reichserziehungsminister Rust im Reichsgau Sudetenland

> Troppau stand heute Vormittag im Zeichen des Besuchs des Reichsministers für Wissenschaft, Erziehung und Volksbildung. Um 9,15 Uhr traf der Reichsminister unter begeistertem Jubel der Bevölkerung, insbesondere [sic] der geschlossen aufmarschierten Schuljugend auf dem Oberring ein. In seiner Rede, in der der Minister immer wieder die glückliche Heimkehr der Sudetendeutschen ins Reich und die neuen Aufgaben der Schuljugend betonte, wurde er immer wieder von spontanen Beifallsstürmen unterbrochen.[1]

Zwei Wochen nach Unterzeichnung des Münchner Abkommens unternahm Reichserziehungsminister Bernhard Rust vom 17. bis zum 25. Oktober 1938 eine Reise von Ost nach West quer durch das im Abkommen festgelegte Abtretungsgebiet. Hierbei besuchte er unter anderem Fulnek (Fulnek), Neutitschein, Troppau, Jägerndorf, Freudenthal (Bruntál), Trautenau, Hohenelbe, Böhmisch Leipa (Česká Lípa), Aussig, Teplitz (Teplice), Dux (Duchcov), Franzensbad (Františkovy Lázně), Eger, Marienbad (Mariánské Lázně) und Karlsbad.[2] Seine Reise fand in der zeitgenössischen Publizistik und vor allem in den sudetendeutschen Lehrerfachzeitschriften großen Widerhall, was auch an den zahlreichen Versprechungen gelegen haben mag, die er während seiner Reise äußerte. So sicherte er in Böhmisch Leipa zu, „daß die Minister des Reiches nichts versprechen, was nicht gehalten werden kann".[3] „Daher soll dieses Sudetendeutschland auch – das ist mein Wille – das Musterland des ganzen Deutschen Reiches werden. Das Geld, das in den sudetendeutschen Schulen angelegt sein

---

1 Schreiben des Abschnittsführers der Schutzpolizei Abschnitt Ost an den Kommandeur der Schutzpolizei im Abschnitt IV „Schlesien – Nordmähren", Troppau, 17. Oktober 1938. SOkA Opava, Bestand Landrát Opava, Karton 243, složka (Mappe) inv. č. 404, Signatur Kult – 103/4, fol. 36.
2 Korrespondenz des Staatssekretärs Zschintzsch. Band 3, Schreiben und Vorlagen an Reichsminister Rust 1936–1945. Verfasser nicht bekannt, Berlin, 15. Oktober 1938. BArch R/4901/12768, Registerblatt 109–112.
3 Sudetenland soll das Schulland des ganzen Deutschen Reiches werden [ohne Autorenangabe]. In: Sudetendeutsche Schule. Monatsblatt für zeitgemäße Schulgestaltung 3 (1938) 73.

wird, ist die beste Anlage, die das deutsche Volk machen kann"⁴ – das „Sudetenland soll das Schulland des ganzen Deutschen Reiches werden".⁵ Die Fachzeitschrift „Sudetendeutsche Schule" war über so viel Zuspruch begeistert:

> Das Vertrauen, das der Herr Reichsminister Rust uns entgegenbringt, wird bis zum letzten erfüllt, ja seine Erwartungen sollen im edlen Wettstreite um die höchsten Leistungen noch überboten werden. Jeder Tag wird uns als die geistigen Soldaten der Bewegung immer bereit finden zu höchstem Einsatze für unser ewiges Volk, für das herrliche Reich und für unseren über alles geliebten Führer!⁶

Auch der Schriftleiter der Zeitschrift, Josef Haudek, gab sich euphorisch:

> Erlösend stammte aus dem ungewissen Düster des Hakenkreuzes leuchtend Zeichen, kündend, daß Not und Kümmernis nun weichen. Sehnsucht stillend, millionenfach Wunsch erfüllend, flog die Botschaft durch die Lande: Gelöst sind die widernatürlichen Bande! Brüder, nun ist's entschieden: Kommt heim ins Reich zu Freiheit, Glück und Frieden! [...] Geint im felsenfesten Willen, laßt uns den gottgewollten Auftrag jetzt erfüllen: Die Heimat mit den Lebenden, den Toten und den Ungeborenen dem auserkorenen Vaterlande einzugliedern, laßt uns erwidern die millionenfache Liebe unsrer Brüder immer wieder in dem heil'gen Eid: Ein Volk, ein Reich, ein Führer jetzt und in Ewigkeit!⁷

Der Machtwechsel wurde in sudetendeutschen Publikationen auch typografisch sichtbar, da nun viele Publikationen und Zeitschriften auf die Frakturschrift umgestellt wurden. Deren Zuschreibung als deutsche Schrift kam auch darin zum Ausdruck, dass ab Herbst 1940 an den tschechischen Schulen im Reichsgau Sudetenland zusätzlich jeweils in Frakturschrift ausgeführte deutschsprachige Aufschriften angebracht werden mussten.⁸ Diese Entwicklung war indes nur von kurzer Dauer: Bereits im Januar 1941 ließ Adolf Hitler anordnen, dass „sämtliche Zeitungen und Zeitschriften allmählich auf die sogenannte Antiqua-Schrift umgestellt werden", um der deutschen Sprache durch

---

4   Völkischer Beobachter, Nr. 296 vom 23. Oktober 1938 [ohne Seitenangabe]. BArch, NS5/5/VI 2012, Zeitungsberichte, fol. B 345.
5   Sudetenland soll das Schulland des ganzen Deutschen Reiches werden [ohne Autorenangabe]. In: Sudetendeutsche Schule. Monatsblatt für zeitgemäße Schulgestaltung 3 (1938) 73.
6   EBENDA.
7   HAUDEK, Josef: Sudetendeutsche Schicksalswende. 30. September 1938. In: Sudetendeutsche Schule. Monatsblatt für zeitgemäße Schulgestaltung 2 (1938) 37.
8   Schreiben Kalies (Regierungspräsidium Aussig) an die Kreisschulämter des Bezirks und an die Kreisberufsschule in Gablonz. Aussig, 21. Oktober 1940. SOA Trutnov, Landrát Vrchlabí, Signatur inv. č. 64, Karton 555, nicht foliiert.

eine möglichst einfache Typografie größere Vormachtstellung zu verschaffen.⁹ Die tatsächliche (Rück-)Umstellung sollte aber allmählich vor sich gehen – erst ab 1943 wurden die Publikationen (wieder) überwiegend in Antiqua-Schrift gedruckt. Neben Bernhard Rust kam auch Adolf Hitler Anfang Oktober 1938 und im Dezember 1938 in den Reichsgau Sudetenland, doch überraschenderweise schlug sich seine in Reichenberg am 2. Dezember 1938 gehaltene und nach 1945 oftmals zitierte Rede[10] in den Publikationen der sudetendeutschen Schulverwaltung nicht nieder.

Installation der Schulverwaltung

Auf Verwaltungsebene blieb vorerst unklar, wie die ans Deutsche Reich angeschlossenen ehemaligen tschechoslowakischen Gebiete gegliedert werden sollten. Nach einigen Diskussionen[11] wurde der größte Teil des Gebiets[12] schließlich zum Reichsgau Sudetenland zusammengefasst, gleichzeitig wurde dieses Gebiet zu einem sogenannten NSDAP-Mustergau. Er umfasste rund drei Millionen Einwohner.[13] Zudem wurde festgelegt, dass nach preußischem Vorbild drei Regierungspräsidien errichtet wurden. Diese sollten nachgeordnete Behörden des obersten Repräsentanten des Sudetenlands, des Reichskommissars mit Sitz in Reichenberg, werden und auch seinem Weisungsrecht unterliegen.[14] Die drei Regierungspräsidien hatten jeweils zu beaufsichtigen: den Regierungsbezirk

---

9 Der Reichsminister und Chef der Reichskanzlei an die obersten Reichsbehörden. Berlin, 13. Januar 1941. ZA Opava, RP Opava, Signatur IIA, Karton 3548, nicht foliiert.
10 Adolf Hitler: Rede in Reichenberg am 2. Dezember 1938. Auszug über die Jugenderziehung, zit. nach dem Transkript im Deutschen Rundfunkarchiv: 59 U 330/2, abgedruckt unter diesem Quellenverweis in: HORN, Klaus-Peter/LINK, Jörg-W.: Einleitung/Vorwort. In: HORN, Klaus-Peter/LINK, Jörg-W. (Hg.): Erziehungsverhältnisse im Nationalsozialismus. Totaler Anspruch und Erziehungswirklichkeit. Bad Heilbrunn 2011, 7–12, hier 7–8.
11 Siehe GEBEL: „Heim ins Reich!" 81–99; ZIMMERMANN: Die Sudetendeutschen im NS-Staat 137–139.
12 Vgl. PUSTEJOVSKY: Christlicher Widerstand gegen die NS-Herrschaft in den Böhmischen Ländern 32.
13 Vgl. BOHMANN: Das Sudetendeutschtum in Zahlen, 125; GEBEL: „Heim ins Reich!" 64.
14 Schreiben und Vorlagen an Reichsminister Rust 1936–1945, Registerblatt 114–116; Verfasser kaum entzifferbar, 4. November 1938, Berlin. Absender nicht bekannt, BArch, R/4901/12768, Korrespondenz des Staatssekretärs Zschintzsch. Band 3, S. 1.

Eger im Westen bis zu den Landkreisen Preßnitz (Přísečnice), Kaaden (Kadaň) und Saaz im Osten (da der Regierungssitz in Karlsbad verortet war, wurde für diesen Regierungsbezirk aber meist die Bezeichnung Regierungsbezirk Karlsbad benutzt); den Regierungsbezirk Aussig mit den östlich an den Regierungsbezirk Eger anschließenden Gebieten bis zum Landkreis Braunau; und den Regierungsbezirk Troppau mit den weiteren Gebieten im Osten.[15] Am 8. Oktober 1938 wurde über die sogenannte Zweite Verordnung zum Erlaß des Führers und Reichskanzlers über die Verwaltung der sudetendeutschen Gebiete festgelegt, wie die Behörde des Reichskommissars in Reichenberg zu gliedern sei. Darin wurde unter anderem in § 4 (1) bestimmt, dass es eine Abteilung für allgemeine, innere und kulturelle Angelegenheiten zu geben habe.[16] Grundsätzlich oblag dem Reichskommissar die Oberaufsicht des Reichsgaus, die Regierungspräsidenten hingegen sollten für die Verwaltungsdurchführung zuständig sein.[17]

Das Reichsinnenministerium hatte darüber hinaus bestimmt, dass die Schulaufsicht über alle Schularten im Zuständigkeitsbereich der Regierungspräsidenten liegen solle, der Reichskommissar in Reichenberg hingegen nur eine allgemeine Anordnungsbefugnis innehabe.[18] Dies stieß beim Vorsitzenden der Sudetendeutschen Erzieherschaft, Ludwig Eichholz, auf energischen Widerstand. Er reiste am 4. November 1938 kurzfristig mit einer eigenen Delegation persönlich nach Berlin, um dort zu verhindern, dass den Regierungspräsidien zu viel Macht in der Schulaufsicht zugesprochen und die Schulaufsicht somit regional geteilt würde.[19] Staatssekretär Wilhelm Stuckart, der Eichholz und seine Begleiter im Reichsinnenministerium in Berlin empfing, eröffnete ihnen aber, dass auch Rudolf Heß eine Aufteilung der Schulaufsicht auf verschiedene Behörden unter keinen Umständen wünschen würde.

---

15 Der Reichsminister des Inneren, Entwurf zur Verordnung zur Durchführung des Gesetzes über die Gliederung der sudetendeutschen Gebiete, Berlin, 24. November 1939, BArch, R4901/11827, nicht foliiert.
16 Zweite Verordnung zum Erlaß des Führers und Reichskanzlers über die Verwaltung der sudetendeutschen Gebiete (8. Oktober 1938). RGBl. I. (1938) S. 1348. In: Reichsstatthalter im Sudetengau (Hg.): Gauselbstverwaltung. Ein Handbuch. Reichenberg 1940, 7–8.
17 Schreiben und Vorlagen an Reichsminister Rust 1936–1945, Registerblatt 114–116; Verfasser kaum entzifferbar, 4. November 1938, Berlin. Absender nicht bekannt. BArch, R/4901/12768, Korrespondenz des Staatssekretärs Zschintzsch. Band 3, S. 1.
18 EBENDA S. 2.
19 EBENDA.

Die Herren um Ludwig Eichholz konnten beruhigt wieder abreisen, da die vorgetragenen Bedenken [...] Staatssekretär Stuckart nochmals mit dem Hinweis zerstreut [habe], daß die allgemeine Anordnungsbefugnis des Reichskommissars bestehe und daß er allein die Rechts- und Verwaltungsangleichung und Planung auf dem Gebiet des Schulwesens vorzunehmen habe. Als Ergebnis der Erörterung sowohl bei mir als auch bei Herrn Staatssekretär Stuckart kann festgestellt werden, daß Herr Dr. Eichholz und seine Herren die Notwendigkeit und Zweckmäßigkeit der vorgesehenen Regelung trotz ihrer Bedenken anerkannt haben.[20]

Rasch wurde die bisherige Schulverwaltungsstruktur mit ihren demokratischen Bildungs- und Schulgremien aufgelöst.[21] Stattdessen bestimmte man, eine Schulverwaltung als selbstständige Unterabteilung einzurichten und der Reichsstatthalterei in Reichenberg zuzuführen, die die oberste Behörde im Reichsgau Sudetenland war.[22] Daneben wurde eine Gauselbstverwaltung eingerichtet, der eine Abteilung für öffentliche Fürsorge, Jugendwohlfahrt und Jugendpflege zugeordnet wurde.[23]

Die Schulabteilung der Reichsstatthalterei stand den Abteilungen für Erziehung und Volksbildung in den Regierungspräsidien von Aussig, Karlsbad und Troppau vor. Sie hatte folgende Aufgaben:[24]

grundsätzliche Ausrichtung von Erziehung und Unterricht im Rahmen der Reichsgesetze
laufende Anpassung an den inneren und äußeren Schulaufbau des Altreiches
Veranlassung und Betreuung der Herausgabe von dem Gau angepassten Lehrbüchern und Lehrmitteln
Maßnahmen für die planmäßige, die besonderen Verhältnisse des Gaues berücksichtigende Fortbildung der Lehrerschaft und der Schulaufsichtsbeamten
Ausgleich der Lehrkräfte zwischen den einzelnen Regierungsbezirken
gleichmäßige Verteilung der einmaligen und besonderen Haushaltmittel
Steuerung der Bauvorhaben
Ernennung der Leiter an Volks- und Bürgerschulen
Ernennung der Studienassessoren
Kontakt zu den Gauinstanzen der Gliederungen der NSDAP
Herausgabe eines einzigen Amtlichen Schulblattes für den gesamten Sudetengau

---

20 EBENDA S. 3.
21 PREISSLER: Geschichte meines Lebens aus der Sicht des 85. Geburtstags 51–52.
22 EBENDA.
23 Zweite Verordnung zur Durchführung des Sudetengaugesetzes. 17. Juli 1939, RGBl. I (1939) S. 1271. In: Reichsstatthalter im Sudetengau (Hg.): Gauselbstverwaltung. Ein Handbuch. Reichenberg 1940, 31–32.
24 EICHHOLZ: Die Neugestaltung des sudetendeutschen Schulwesens 8.

Weisungsrecht in allen Schulverwaltungsangelegenheiten, die vom Regierungspräsidenten durchgeführt werden

Aufsicht über das Wissenschaftliche Prüfungsamt und das Pädagogische Prüfungsamt

Die Schulabteilungen bei den Regierungspräsidenten hatten hingegen Folgendes zu leisten:[25]

die unmittelbare Schulaufsicht in persönlicher und sächlicher Hinsicht (bei den Volks- und Bürgerschulen obliegt die unmittelbare Schulaufsicht dem Schulrat)

die Ernennung der Lehrkräfte an Volks- und Bürgerschulen

alle laufenden Verwaltungsaufgaben durch z. B. Überprüfung der Stundenpläne, Schulbauten, Festsetzung von Schulsprengeln, Urlaube, Dienstwohnungen usw.

Analog zum Reichserziehungsministerium, wo dem Schulfach Sport als einzigem Fach ein eigenes Referat auf Reichsebene zugestanden wurde,[26] gab es in den leitenden sudetendeutschen Schulverwaltungspositionen auch eine eigene formelle wie personelle Zuständigkeit für den Schulsport: das Referat Leibeserziehung. Hintergrund hierfür war, dass der Sportunterricht ab 1935 insgesamt eine große Aufwertung im Deutschen Reich erfahren hatte. In der Weimarer Republik war er noch zweistündig gewesen; 1935 wurde der Schulsport erst zum dreistündigen und kurz darauf zum fünfstündigen Pflichtfach für alle Schularten ausgebaut.[27] Da die Stundenzahl für den Schulsport (Leibesübungen) nun an den Schulen erhöht wurde, sollten mehr Sportlehrkräfte im Sudetenland ausgebildet werden; doch trotz der eigens dafür geschaffenen Gauturnschule[28] in Gablonz[29] bestand fortwährend ein Mangel an Sportlehrer/-innen.[30]

Um die Angleichung der sudetendeutschen Verwaltung an die Reichsvorgaben möglichst zügig voranzubringen, hatte man im Reichserziehungsministerium

---

25 EBENDA.
26 BERNETT, Hajo: Sport und Schulsport in der NS-Diktatur. Paderborn 2017, 163.
27 EBENDA 163, 166–168.
28 WELWARSKY, Wilhelm: Stand und Ausblick der Leibeserziehung im Sudetengau. In: Die NS-Turngemeinde. Amtliches Organ der Gauturnführung Sudetenland 5 (1940) 218–222, hier 221.
29 Adressfeld bei Hauptschriftleiter Hans Tesar. In: Die NS-Turngemeinde. Amtliches Organ der Gauturnführung Sudetenland 2 (1940), Außenrückseite des Heftumschlags.
30 Oberstammführer Fröhner: Die Hauptabteilung II im Gebiet Sudetenland (35). In: Die NS-Turngemeinde. Amtliches Organ der Gauturnführung Sudetenland 12 (1940) 605–606.

schon während des Einmarschs der deutschen Truppen infolge des Münchner Abkommens damit begonnen, Altreichsdeutsche, die für die neu zu errichtenden Schulverwaltungen vorgesehen waren, in die in Kürze ans Deutsche Reich angeschlossenen tschechoslowakischen Gebiete zu entsenden. Das Ministerium hatte es mithin so eilig, dass es die Entsendung der Beamten bereits zu einem Zeitpunkt in die Wege leitete, als die Schulverwaltungsstruktur noch gar nicht errichtet war. Hierfür nahm es Kontakt mit den Ministerien in München und Dresden auf, und bereits am 25. Oktober konnte eine erste Vorschlagsliste für die zu entsendenden Beamten erstellt werden.[31] Noch im Oktober 1938 wurden dann Altreichsdeutsche an die sudetendeutschen Behörden entsandt.[32] Jedoch wurden – und dies war im Vergleich mit anderen Bereichen der sudetendeutschen Verwaltung eine Besonderheit[33] – die leitenden Positionen in der Schulverwaltung vorwiegend mit Sudetendeutschen besetzt.

Die Schulaufsicht über die Volks- und Bürgerschulen oblag nun Kreisschulräten, die jeweils den Landratsämtern zugeordnet waren. Ihre Aufgaben waren nicht nur administrativer Art, sie hatten auch „die im höchsten Sinne politische Aufgabe, die Schule, einst eine Insel im Volksleben, mit dem Geist der nationalsozialistischen Volksgemeinschaft zu erfüllen".[34] So überrascht es nicht, dass die Funktionen des NSLB-Kreiswalters und des Kreisschulrats oftmals in einer Person vereinigt waren. Die NSLB-Walter agierten in einer Parallelverwaltung neben der Schulverwaltung: In den Kreisen wurden Ämter für Erzieher eingerichtet,[35] denen das Hauptamt für Erzieher (Gauwaltung) in Reichenberg vorstand.[36] Die NS-Parallelverwaltung war nicht nur für Angelegenheiten des Nationalsozialistischen Lehrerbunds zuständig,[37] sie besaß darüber hinaus noch weitergehende Kompetenzen: Im Selbstverständnis waren die „Leiter des Amtes für Erzieher [...] die Berater des Hoheitsträgers

---

31 Vermerk über ein Telegramm des Staatssekretärs Zschintzsch an das Reichsministerium des Innern. Berlin, 25. Oktober 1938. BArch, R 4901/3221, fol. 2–5.
32 Schreiben des Reichserziehungsministeriums an das Reichsinnenministerium. Ohne Datum und Autorenangabe. BArch, R 4901/3221, fol. 8R.–10R.
33 Vgl. ZIMMERMANN: Die Sudetendeutschen im NS-Staat 150–157.
34 GOERING, Richard: Der Kreisschulrat im neuen Reich. In: Weltanschauung und Schule 2 (1939) 90–92, hier 91.
35 LEY, Robert: Organisationsbuch der NSDAP. 5. Aufl. München 1938, 135.
36 Der Aufbau des NS-Lehrerbundes im Sudetengau. In: Der Sudetendeutsche Erzieher 2 (1939) 43.
37 Aufgaben des Hauptamtes für Erzieher. In: Der Sudetendeutsche Erzieher 1 (1939) 24–26.

in allen Erzieherfragen",[38] dies umfasste vor allem die sogenannte „politisch-weltanschauliche" Beurteilung der Lehrkräfte aller Schularten bei Anstellungen, Ernennungen und Beförderungen. Diese Bewertungen wurden wiederum im „engsten Einvernehmen" mit den zuständigen Kreisleitungen der NSDAP erstellt und in Form von Gutachten den zuständigen Behörden zugeleitet. Des Weiteren hatte das Amt für Erzieher ein Mitspracherecht bei Schulstellenbesetzungen, insbesondere bei der Besetzung leitender Stellen.[39]

Vonseiten der Schulräte gab es auch Kritik an ihrer Zuordnung zu den Landratsämtern, da ihnen im Landratsamt nun Arbeiten aufgetragen würden, die nichts mit der Schule zu tun hätten.[40] In der Tschechoslowakei waren die Kreisschulinspektoren hingegen lediglich von ihrer vorhergehenden Tätigkeit als Schulleiter oder Fachlehrer an einer Bürgerschule beurlaubt gewesen und hatten eine Funktionszulage erhalten, wurden aber nicht Beamte des höheren Dienstes.[41]

Anfang 1940 amtierten im Ganzen 53 Schulräte (19 Schulräte im Reg. Aussig, 18 Schulräte im Reg. Karlsbad, 16 Schulräte im Reg. Troppau).[42] In welchen Positionen sich die Personen vor 1938 in der Sudetendeutschen Partei (SdP) betätigt haben, kann heute aufgrund des weitgehend zerstörten Aktenbestandes der SdP nicht mehr nachvollzogen werden.[43]

Den Instanzen der Schulverwaltung waren die meisten, aber nicht alle Bildungseinrichtungen des Reichsgaus zugeordnet; einige überregionale Institutionen fielen hingegen in den Zuständigkeitsbereich der ebenfalls in Reichenberg ansässigen Gauselbstverwaltung. Sie war für die „[f]achliche Mitwirkung bei der Einrichtung, Ausstattung und Leitung von Anstalten für die Körperbehinderten (Blinden, Gehörlosen und Krüppel) und für die Geisteskranken,

---

38 EBENDA.
39 EBENDA.
40 Arbeitspapier zur Vorlage an das Reichserziehungsministerium. Ohne Orts- und Datumsangabe. Absender: Schulabteilung an der Behörde des Regierungspräsidiums Troppau. ZA Opava, Fond RP Opava, inv. č. 3532, nicht foliiert.
41 EBENDA.
42 Gauorganisationsamt der NSDAP/Amt des Reichsstatthalters im Reichsgau Sudetenland (Hg.): Das Sudetenbuch. Handbuch für d. Reichsgau Sudetenland, mit ausführl. Ortsverz. Teplitz-Schönau 1940, 71.
43 Die wenigen Dokumente, die zur SdP überliefert sind, befinden sich im Národní archiv (Nationalarchiv) in Prag: Fond 503 Sudetoněmecká strana [Sudetendeutsche Partei] und ders. Fond Sudetoněmecká strana – dodatky inventář [Sudetendeutsche Partei – Ergänzungsinventar].

Geistessschwachen und Epileptiker" zuständig. Darunter fielen die Gau-Heil- und Pflegeanstalten Wiesengrund (Dobřany) und Troppau, die Gau-Anstalten für Gehörlose in Mährisch Schönberg und Leitmeritz, die Orthopädische Heilanstalt Reichenberg, die Gau-Blindenschule Aussig, das Gau-Siechenhaus Welchau (Velichov) und die Gau-Arbeitsanstalt Mährisch Schönberg.[44] Die Berufsschulen des Gesundheitswesens, zu denen die Gau-Hebammenschule Reichenberg, die Gau-Volkspflegerinnenschule Reichenberg und die Gau-Krankenpflegerinnenschule Troppau gehörten, unterstanden ebenso der Gauselbstverwaltung.[45]

Akteure der Schulverwaltung

Ins Amt kamen Personen, die bereits vor 1938 in exponierten Positionen im Feld der Schulpolitik tätig gewesen waren und die sich mit hoher Wahrscheinlichkeit schon vor 1938 gekannt hatten. Gemein war vielen zudem ihr Alter: Überwiegend waren sie in der Zeit um die Jahrhundertwende geboren worden.

Leiter der Schulverwaltung in der Reichsstatthalterei und Gauwalter des NSLB[46] wurde Ludwig Eichholz. Der 1903 in Böhmisch Leipa geborene studierte Gymnasiallehrer[47] und promovierte Slawist[48] war seit 1935 Abgeordneter

---

44 Reichsstatthalter im Sudetengau (Hg.): Gauselbstverwaltung. Ein Handbuch. Reichenberg 1940, 89–103.
45 EBENDA 73–83. Daneben verwaltete die Gauselbstverwaltung das Reichsgaumuseum in Troppau, das Amt für Vorgeschichte in Teplitz-Schönau, die Wissenschaftlichen Büchereien in Eger, Troppau, Aussig und Zwittau sowie die Bücherei des Reichsgaues Sudetenland, die Landesbildstelle, die Sudetendeutsche Kunsthalle, die Sudetendeutsche Philharmonie und die Sudetendeutsche Anstalt für Landes- und Volksforschung, die allesamt in Reichenberg verortet waren. Vgl. EBENDA 40–42, 116–128.
46 KIENAST, Ernst: Der Großdeutsche Reichstag 1938 (Nachtrag). Berlin 1939, 20–21.
47 Eichholz hatte Philosophie, Germanistik und Slawistik (Hauptrigorosum in slawischen Sprachen und deutscher Volkskunde) in Prag studiert. Zuvor war er als Lehrer in Mährisch Neustadt (Uničov), Bratislava, Schmnitz, Elbogen (Loket) und Dux tätig gewesen, von 1927 bis 1929 leistete er Militärdienst. Daneben engagierte er sich im Turnverband und beim Bund der Deutschen, in Dux gründete er die Ortsgruppe der Sudetendeutschen Heimatfront. Vgl. Unser Gauwalter Dr. Ludwig Eichholz zum Regierungsdirektor ernannt. In: Mitteilungsblatt des NSLB der Gauwaltung Sudetenland 4 (1940) 49; ZVÁNOVEC, Mikuláš: Die SdP im Parlament. Eine Kollektivbiographie der Mitglieder des parlamentarischen Klubs der Sudetendeutschen und der Karpatendeutschen Partei. Praha 2014, 57.
48 Thema seiner Doktorarbeit war: Iwan Turgenjew in der deutschen Kritik. Siehe: Lebenslauf Ludwig Eichholz. Höxter, 16. Januar 1952. Bayerisches

der Sudetendeutschen Partei im Prager Abgeordnetenhaus, zudem seit 1937 Hauptleiter der SdP für das Erziehungs- und Unterrichtswesen,[49] 1938 wurde er Vorsitzender der neugegründeten Sudetendeutschen Erzieherschaft.[50] Als Leiter der Schulverwaltung und NSLB-Gauwalter fungierte er, bis er am 26. Oktober 1942 die Leitung der Hauptabteilung Wissenschaft und Unterricht in der Verwaltung des Generalgouvernements in Krakau übernahm.[51] Sodann stand der Schulverwaltung[52] vorerst Gottfried Preißler[53] vor. Hierfür wurde er von der Wehrmacht, zu der er im August 1941 einberufen worden war, wieder freigestellt.[54] Der Gymnasiallehrer war als ehemaliger Vorsitzender des Kulturausschußes der sudetendeutschen Lehrerverbände[55] wie auch als Geschäftsführer des Sonderausschusses für Schul- und Bildungsfragen des Reichsverbandes Deutscher Mittelschullehrer[56] ebenfalls bereits vor 1938 in exponierter Stellung tätig gewesen.

Hauptstaatsarchiv, SdA: Sprecherregistatur Lodgman v. Auen, 223. Die Promotion wurde von Studierenden in der Tschechoslowakei oftmals auch deshalb angestrebt, weil sie sich hierdurch Berufsmöglichkeiten im Ausland versprachen – im Gegensatz zur Staatsprüfung, die nur für den tschechoslowakischen Schuldienst qualifizierte. Vgl. PEŠEK, Jiří: Die Prager Universitäten im ersten Drittel des 20. Jahrhunderts – Versuch eines Vergleichs. In: LEMBERG, Hans (Hg.): Universitäten in nationaler Konkurrenz. Zur Geschichte der Prager Universitäten im 19. und 20. Jahrhundert. (Veröffentlichungen des Collegium Carolinum 86) München 2003, 145–166, hier 161.
49 Unser Gauwalter Dr. Ludwig Eichholz zum Regierungsdirektor ernannt. In: Mitteilungsblatt des NSLB der Gauwaltung Sudetenland 4 (1940) 49.
50 Der sudetendeutsche Erzieherverband. In: Freie Schulzeitung 17 (1938) 266.
51 Vgl. PRÄG, Werner/JACOBMEYER, Wolfgang (Hg.): Das Diensttagebuch des deutschen Generalgouverneurs in Polen: 1939–1945. Stuttgart 1975, 570.
52 Der NSLB berichtet. Gauwaltung Sudetenland. In: Mitteilungsblatt des NSLB der Gauwaltung Sudetenland 11 (1942) 87.
53 Preißler verwendete bei seinem Nachnamen vor 1945 sowohl die Schreibweise mit Doppel-s als auch mit ß. Erst nach 1945 legte er die Schreibweise mit ß endgültig ab.
54 PREISSLER: Geschichte meines Lebens aus der Sicht des 85. Geburtstags 54.
55 Vgl. PREISSLER: Der Reichsverband Deutscher Mittelschullehrer und seine Schulpolitische Arbeitsstelle 532.
56 PREISSLER, Gottfried: Zur gegenwärtigen Lage der deutschen Mittelschule. In: Mitteilungen aus dem höheren Schulwesen. Zeitschrift des Reichsverbandes Deutscher Mittelschullehrer in der Tschechoslowakischen Republik 3-4 (1932): Festschrift zum zehnjährigen Bestande des Reichsverbandes Deutscher Mittelschullehrer in der tschechoslowakischen Republik. VI. Hauptversammlung in Leitmeritz am 27. und 28. Feber 1932, 40–41. BArch, R/57/8180, nicht foliiert.

Ludwig Eichholz' Position als NSLB-Gauwalter übernahm bis zur Stilllegung des NSLB Theo Keil (voller Name: Theodor, er verwendete jedoch stets nur Theo). Er war neben Eichholz der einflussreichste Vertreter der Schulverwaltung. 1899 in Reichenberg geboren, war er in der Zwischenkriegszeit als Lehrer in der Slowakei tätig gewesen und leitete Volkshochschulen des Bundes der Deutschen in der Slowakei, zudem amtierte er als Gauwart des Wandervogels.[57] 1935 stand er an der Spitze der Karpatendeutschen Partei,[58] trat aber noch 1935 der SHF/SdP bei, später wurde er Mitglied des Hauptrates der SdP.[59] Nach der Errichtung der Reichsstatthalterei wurde er dort Eichholz' Stellvertreter und Referent für das Volks- und Bürgerschulwesen wie auch Hauptstellenleiter im NS-Gauamt für Erzieher.[60] Ab 1943 stand er augenscheinlich der Schulverwaltung vor, auch wenn keine Meldung dazu ausfindig gemacht werden konnte.

Auch weitere wichtige Akteure der Schulverwaltung waren bereits vor 1938 in der Tschechoslowakei schulpolitisch in Erscheinung getreten: So Rudolf Fiedler, Dezernent für die Bürger-, Haupt- und Mittelschulen in der Reichsstatthalterei, der vor 1938 Leiter des kleinen Lehrerverbandes der Bürgerschullehrer gewesen war.[61] Ebenso stand der Leiter der Abteilung für das berufsbildende Schulwesen in der Reichsstatthalterei Hugo Wasgestian bis 1938 einem Lehrerverband vor, dem Verband der Lehrer an gewerblichen Staatslehranstalten.[62]

Der Schulabteilung in der Reichsstatthalterei vorgesetzt waren Gauleiter Konrad Henlein, die stellvertretenden Gauleiter Karl Hermann Frank (1938–1939), Fritz Köllner (1939–1940), Richard Donnevert (1940–1943) und

---

57 Keil hatte die Staatsrealschule in Reichenberg besucht und anschließend ein Studium an der Technischen Hochschule in Prag begonnen. Dieses musste er abbrechen, als er im März 1917 an die Front eingezogen wurde. Nach seiner Rückkehr versuchte er für kurze Zeit, das Studium wiederaufzunehmen, doch aufgrund fehlender finanzieller Mittel musste er dieses Ansinnen wieder aufgeben und verdingte sich fortan als Volks- und Bürgerschullehrer und leitete später Volkshochschulen des Bundes der Deutschen. Vgl. Personalnachweis des Theodor Keil am Reichserziehungsministerium (von Theodor Keil selbst ausgefüllt). Berlin, 20. November 1941. BArch, R 4901/18549, Keil, Theodor – Handakte, fol. 1–2.
58 VIERLING: Kommunikation als Mittel politischer Mobilisierung 338.
59 Aus der Arbeit des NS-Lehrerbundes. Ernennung von Theo Keil zum Regierungs- und Schulrat am 17.1.1940. In: Mitteilungsblatt des NSLB der Gauwaltung Sudetenland 5 (1940) 65.
60 EBENDA.
61 PREISSLER: Geschichte meines Lebens aus der Sicht des 85. Geburtstags 51.
62 Die Schulverwaltung im Sudetengau. In: Mitteilungsblatt des NSLB der Gauwaltung Sudetenland 8 (1940) 104–105.

Hermann Neuburg (1943–1945) sowie der Regierungsvizepräsident Friedrich Vogeler,[63] wobei sich besonders Henlein und Vogeler in Schulfragen engagiert zeigen sollten. Auch wenn er ihr nicht direkt angehörte, brachte sich der Troppauer Regierungspräsident Friedrich Zippelius[64] stark in die Schulverwaltung ein. Der zuvor als Rechtsanwalt tätige Jurist galt als einer der engsten Mitarbeiter Henleins und vertrat vor 1938 die SHF/SdP in Prozessen gegen den tschechoslowakischen Staat. Bis zu seiner Absetzung 1942[65] war die Tätigkeit der Troppauer Schulverwaltung[66] erheblich von ihm bestimmt worden.

Waren in der höheren Schulverwaltung vor allem ausgewiesene Persönlichkeiten aus den bisherigen Fachverbänden der Tschechoslowakei zum Zuge

---

63 Siehe ZIMMERMANN: Die Sudetendeutschen im NS-Staat 457–460.

64 Zippelius wurde 1901 in Brüx (Most) als Sohn eines Gerichtsbeamten geboren, er hatte Rechtswissenschaften an der Deutschen Universität in Prag studiert, musste das Studium aufgrund finanzieller Schwierigkeiten aber zeitweilig abbrechen, um sich als Werkstudent Geldmittel für sein Studium zu beschaffen. Bereits seit der Gymnasialzeit engagierte er sich völkisch; er war im Studium Mitglied der Burschenschaft Carolina in Prag, ab 1920 war Mitglied der DNSAP und ab dem 1. Oktober 1933 Mitglied der SHF. Vgl. ŠIMŮNEK, Michal: Improvisierung, Anpassung, Zentralisierung: Die nationalsozialistische „Anstaltsführung" im Reichsgau Sudetenland, 1938–1941. In: BÖHM, Boris/ Kuratorium Gedenkstätte Sonnenstein (Hg.): Transporte in den Tod. Die Ermordung von Patienten aus dem Regierungsbezirk Troppau (Reichsgau Sudetenland) in der ‚Euthanasie'-Anstalt Pirna-Sonnenstein 1940/41. Pirna 2010, 11–30, hier 27–29.

65 Aufgrund eines Alkoholexzesses beim Besuch von Reichsschatzmeister Franz Xaver Schwarz am 8. August 1942 verlor er seinen Posten als Regierungspräsident, wurde aus der SS ausgeschlossen und als Soldat an die Ostfront geschickt. Vgl. EBENDA.

66 Der Schulverwaltung im Regierungspräsidium Troppau stand Regierungsdirektor Paul Kieseler (geboren 1889) vor. Ihm sekundierten die Regierungs- und Schulräte Kurt Jesser (geboren 1896 in Olmütz), Max Kudera (geboren 1899 in Neutitschein) und Heinrich Tannert (geboren 1893). Vgl. Verzeichnis der Abteilungsleiter und schulfachlichen Sachbearbeiter bei den Abteilungen für das Volks- und mittlere Schulwesen (Hauptschulen) beim Regierungspräsidenten von Troppau. Beiliegend dem Schreiben des Regierungspräsidiums Troppau an die Reichsstelle für Schulwesen in Berlin-Schöneberg. Troppau, im Februar 1943. ZA Opava, Fond RP Opava, inv. č. 3550, nicht foliiert; Schreiben des Regierungspräsidiums von Troppau (Jesser) an die Reichsstatthalterei. Troppau, 21. Januar 1941. ZA Opava, Fond RP Opava, inv. č. 3570, fol. 268. — Zudem waren im Regierungspräsidium Troppau anfangs noch die Altreichsdeutschen Fitzek aus Breslau (in der Abteilung für das höhere Schulwesen) und Dr. Boeckmann aus Oldenburg (als Leiter der Abteilung Volks- und Mittelschulen) tätig gewesen, ihre Vornamen sind nicht überliefert. Vgl. Schreiben von Zippelius an den Reichskommissar für die sudetendeutschen Gebiete. Troppau, 11. November 1938. ZA Opava, Fond RP Opava, inv. č. 584, nicht foliiert.

gekommen, gab es auf der Ebene der Schulräte einen radikalen personellen Schnitt. Nur fünf der 53 berufenen Schulräte im Reichsgau Sudetenland hatten schon 1935/1936 das Amt des Bezirksschulinspektors innegehabt. Stattdessen waren es oftmals relativ junge Lehrer, zumeist um die 40 Jahre alt, die vorher überwiegend in kleinen Orten ihren Dienst getan hatten.[67] Das Troppauer Regierungspräsidium bemerkte gegenüber den abgesetzten Schulräten abschätzig, dass es nur wenige gegeben habe, „die ihr schwieriges Amt während der Tschechenherrschaft so geführt haben, dass sie noch heute die Anerkennung und Verehrung der Lehrerschaft besitzen".[68] Zu den neu eingesetzten Schulräten gehörte auch der Bürgerschullehrer Eduard Fritscher (geboren 1894), der Schulrat für den Landkreis Troppau wurde und der in der Tschechoslowakei für zwei Jahre in den Ruhestand versetzt worden war,[69] was als Indiz für eine vorangegangene staatsfeindliche Betätigung gewertet werden kann.

Obgleich sie von sudetendeutschen Fachkräften angeführt wurde, gab es in der sudetendeutschen Schulverwaltung noch die vom Reichserziehungsministerium entsandten altreichsdeutschen Beamten. Unproblematisch gestaltete sich die Zusammenarbeit mit Gerhard Matthäus,[70] dem die Aufsicht über das Volks- und Hauptschulwesen im Regierungsbezirk Karlsbad oblag.[71] Anders verhielt es sich bei Erwin Kalies, der am Regierungspräsidium Aussig die Schulaufsicht über die Volks- und Hauptschulen verantwortete. Die sich auch in den Akten widerspiegelnde, oftmals zeitlich verzögerte Korrespondenz der Aussiger Schulverwaltung hatte ihren Grund darin, dass sich Kalies offenbar schwertat, Entscheidungen zu

---

67 Siehe dazu im Appendix: „Schulräte im Reichsgau Sudetenland".
68 Schreiben des Regierungspräsidiums Troppau (Regierungs- und Schulrat Dr. Stech) an die Reichsstatthalterei. Troppau, 3. April 1939. ZA Opava, Fond RP Opava, inv. č. 3570, nicht foliiert.
69 Deutscher Volksschulverband in Mähren und Deutscher Landeslehrerverein in Schlesien (Hg.): Standesausweis des deutschen Schulwesens in Mähren-Schlesien 1935. Brünn 1935, 217.
70 Matthäus wurde am 10. Dezember 1898 in Cottbus geboren, nach einer Tätigkeit als Volksschul- und Mittelschullehrer nahm er in Berlin ein Studium auf, das er mit einer Doktorarbeit zu Adalbert Stifters Erziehungsgedanken abschloss. Anschließend wurde er Regierungs- und Schulrat in Liegnitz; zudem war er von 1936 bis 1937 als Regierungsschuldirektor in Arnsberg (Westfalen) tätig. Vgl. Schreiben der NSDAP-Untergauleitung Nieder-Schlesien an die Reichsleitung der NSDAP. Liegnitz, 16. März 1934. Autor unbekannt. BArch, R/9361/II/692942.
71 Textvorschlag Rudolf Fiedlers für das Amtliche Schulblatt zum Buch von Matthäus, Gerhard: Die Hauptschule und ihr nationalsozialistischer Auftrag. Ohne Datumsangabe. SOAL, ŘM, Signatur unklar, Karton 350, fol. 38.

fällen, was schließlich dazu führte, dass die ihm untergebenen Sachbearbeiter seine Abwesenheit ausnutzten, um Vorgänge eigenmächtig zu erledigen – selbst in Fällen, in denen sich Kalies die Schlusszeichnung vorbehalten hatte.[72] 1944 wurde er nach Liegnitz versetzt.[73] Als Gerhard Matthäus 1943 an die Behörde des Gouverneurs nach Lemberg (Lviv/Lwów) wechselte,[74] sollte Karl Müller aus Wiesbaden seine Position übernehmen. Als jedoch die Reichsstatthalterei erfuhr, dass er, konfessionell evangelisch gebunden, in einem gespannten Verhältnis zum dortigen NSLB wie auch zum Gauleiter Sprenger stehe, verweigerte Henlein kurzerhand die Versetzung nach Karlsbad mit der Begründung, dass er Personen, die sich „in anderen Gauen als untragbar erwiesen haben, in den Sudetengau nicht wünscht".[75] Nach elf Monaten Tätigkeit in Karlsbad[76] wurde er auf Betreiben der Reichsstatthalterei nach Berlin versetzt.[77] Ob seine Position wieder besetzt wurde, kann aus den Quellen nicht erschlossen werden.

Am Reichserziehungsministerium in Berlin hatte die Reichenberger Schulabteilung einen vernehmbaren Fürsprecher: den Ministerialdirektor Albert Holfelder, ein gebürtiger Österreicher.[78] Preißler und Holfelder lernten sich, vermutlich 1938, bei einem Besuch Rusts im Reichsgau Sudetenland im Verlauf

---

72 Entwurf eines Schreibens der Reichsstatthalterei (vermutlich Vogeler) an das Reichserziehungsministerium bzgl. der Versetzung des Regierungsdirektors Erwin Kalies. Reichenberg, 3. September 1943 (am gleichen Tag abgeschickt), SOAL, Bestand ŘM, Signatur unklar, Karton 320, nicht foliiert.
73 Sein Amt übernahm Regierungsdirektor Dr. Michalik. Vgl. Theo Keil: Mitteilung für das Amtliche Schulblatt. Reichenberg, 10. Mai 1944. SOAL, Bestand ŘM, Signatur unklar, Karton 320, nicht foliiert.
74 Vermerk an der Reichsstatthalterei (Ic2), ohne Autorenangabe. Reichenberg, 10. August 1943. SOAL, Bestand ŘM, Signatur unklar, Karton 320, nicht foliiert.
75 Vortrag Theo Keils bei Konrad Henlein, Vortrag am 4. Mai 1943 in Reichenberg. SOAL, Bestand ŘM, Signatur unklar, Karton 320, nicht foliiert.
76 Schreiben des Regierungspräsidiums Karlsbad (Autor nicht erkennbar) an die Reichsstatthalterei. Karlsbad, 10. November 1943. SOAL, Bestand ŘM, Signatur unklar, Karton 320, nicht foliiert.
77 Schreiben des Reichserziehungsministeriums (Frank) an Oberregierungs- und -schulrat Müller in Karlsbad. Berlin, 26. April 1944. SOAL, Bestand ŘM, Signatur unklar, Karton 320, nicht foliiert.
78 Holfelder wurde 1903 in Wien geboren. 1926 wurde er mit einer Arbeit über Schellings Soziallehren promoviert und wurde nach Tätigkeiten an den Universitäten Marburg und Wien 1930 Assistent Alfred Baeumlers an der TH Dresden. Nach der Abordnung an das Reichserziehungsministerium im Oktober 1933 arbeitete er dort 1934 als Sachbearbeiter für die Hochschulen für Lehrerbildung. Von 1936 bis 1938 war er als persönlicher Referent von Bernhard Rust tätig; von 1938 bis 1945 war er als Chef des Amts für Erziehung im Reichserziehungsministerium für das gesamte

eines Abendessens kennen.⁷⁹ Preißler beschrieb sein Verhältnis zu ihm nach 1945 so: „Ich genoß seine Unterstützung, wenn mit den Fach- oder Rechtsdezernenten seiner Abteilung schwierige Übergangsfragen zu erörtern waren."⁸⁰ Formell zuständig für den Reichsgau Sudetenland war im Ministerium aber Regierungsrat Busse,⁸¹ der den Posten des Generalreferenten für den Reichsgau Sudetenland im Reichserziehungsministerium besetzte. Zwar waren alle den Reichsgau betreffenden Vorgänge von den einzelnen Abteilungen selbst zu erledigen, doch sie mussten Busse zur Mitzeichnung vorgelegt werden.⁸²

Auch der Erziehungswissenschaftler Rudolf Lochner war der Schulverwaltung nicht zugehörig, engagierte sich aber rege in ihrem Umfeld. Der Prager Universitätslehrer⁸³ hatte sich in zahlreiche völkische Organisationen⁸⁴ eingebracht

---

deutsche Schulwesen verantwortlich. Er war Mitglied der NSDAP, der SS und des Lebensborn e. V. Vgl. ORTMEYER, Benjamin: Rassismus und Judenfeindschaft in der Zeitschrift „Weltanschauung und Schule" 1936–1944 (Alfred Baeumler). (NS-Ideologie im Wissenschaftsjargon 3) Frankfurt am Main 2016, 37–38.

79 Wann dieses Abendessen stattfand, kann der Quelle nicht entnommen werden. Wahrscheinlich kam es zu dem Treffen während der Reise Rusts durch den Reichsgau Sudetenland vom 17. bis zum 25. Oktober 1938. Vgl. PREISSLER: Geschichte meines Lebens aus der Sicht des 85. Geburtstags 53.

80 EBENDA.

81 Sein Vorname konnte in den Akten leider nicht ausfindig gemacht werden.

82 Schreiben von Staatssekretär Zschintzsch an die Amtschefs, Abteilungsleiter, Referenten, Expedienten und die Registraturen im Reichserziehungsministerium (Z I Nr. 3296/38), Berlin, 7. Oktober 1938. BArch, R 4901/11828, fol. 1.

83 Geboren 1895 in Prag, war Lochner aktiver Teilnehmer des Ersten Weltkriegs und hatte sich ab 1915 bei Irkutsk in russischer Kriegsgefangenschaft befunden. Im Jahr 1918 entlassen, studierte er Philosophie, Psychologie, Pädagogik und Germanistik sowie Lateinische und Tschechische Philologie an der Deutschen Universität in Prag. Im Jahr 1921 promovierte er bei Wendelin Toischer in Prag zum Dr. phil. über „Beiträge zu einer differentiellen Pädagogik auf Grund der Ergebnisse der vergleichenden Psychologie der Geschlechter." 1924/1925 vertrat er den Lehrstuhl Toischers in Prag nach dessen Tod; 1927 habilitierte er sich in Pädagogik über „Deskriptive Pädagogik" und wurde 1929 Privatdozent an der Universität Prag, 1922/1923 war er zudem für wenige Monate als Lehrer am Deutschen Staatsgymnasium in Karlsbad tätig. Daneben befasste er sich im Auftrag des Deutschen Lehrerbundes im Tschechoslowakischen Staat mit dem Aufbau eines Instituts für experimentelle Psychologie und Pädagogik in Reichenberg, der späteren Anstalt für Seelen- und Erziehungswissenschaften. Vgl. HESSE: Die Professoren und Dozenten der preußischen Pädagogischen Akademien (1926–1933) und Hochschulen für Lehrerbildung (1933–1941) 477–479.

84 So war Lochner Leiter des Bundes Sudetendeutscher Wandervögel, Gründer der Böhmerländischen Freischaren an den Hochschulen in Prag und Brünn, zudem

und setzte sich für eine Akademisierung der Lehrerbildung ein.[85] Lochner war bei seiner Tätigkeit als Dozent am Pädagogischen Seminar der Deutschen Universität in Prag (1929–1935) als Nationalist und als aktiver Gegner der Republik aufgetreten[86] und vertrat in der Öffentlichkeit antisemitische Positionen.[87] Seit 1934 war er Professor für Erziehungswissenschaft und Grenzlandkunde[88] an der Hochschule für Lehrerbildung in Hirschberg (Schlesien) und ab 1936 auch Dozent an der Universität Breslau. Seit 1937 war er Mitglied der NSDAP; am 1. April 1940 wurde er zur Wehrmacht eingezogen.[89] Von 1942 bis 1945 war er dann Dozent am Institut für Pädagogik und Psychologie an der im April 1941 gegründeten Reichsuniversität Posen; zugleich war er Hauptmann der Reserve beim Wehrkreiskommando.[90]

Beginn der „Gleichschaltung"

Ein folgenschwerer Eingriff in die bisherigen Organisationsstrukturen der Lehrkräfte war die zügig umgesetzte Gleichschaltung des sudetendeutschen Vereins- und Verbandswesens. Zuständig hierfür war seit dem 14. Oktober 1938 Albert Hoffmann,[91] der als sogenannter Stillhaltekommissar „für die nationalsozialistische Ausrichtung und Führung sämtlicher Organisationen zu sorgen" hatte; dabei durfte er „alle für deren Neuordnung notwendigen

---

Vorstandsmitglied der Arbeitsgemeinschaft der Prager deutschen Studenten sowie Mitarbeiter der Böhmerland-Gemeinschaft. Durch sein Engagement in völkischen Verbänden erreichte er im März 1923 eine Anstellung als hauptamtlicher Geschäftsführer der Deutschen Volksbildungskanzlei in Reichenberg, die ab 1930 Städtisches Volksbildungsamt hieß. Vgl. EBENDA.

85 Sich für eine Akademisierung der Lehrerbildung einsetzend, war er Mitglied der Deutschen Pestalozzi-Gesellschaft in Prag und versuchte 1932/33 eine Pädagogische Akademie in Reichenberg zu installieren, was aber misslang. Vgl. EBENDA.
86 Vgl. KASPER, Tomáš: Německý pedagogický seminář v Praze v letech 1876–1945 [Das Deutsche Pädagogische Seminar in Prag in den Jahren 1876–1945]. In: Pedagogika 4 (2003) 375–395, hier 383.
87 KASPER: Die deutsche und tschechische Pädagogik in Prag 238–239.
88 HESSE: Die Professoren und Dozenten der preußischen Pädagogischen Akademien (1926–1933) und Hochschulen für Lehrerbildung (1933–1941) 478.
89 Fragebogen zur Aufnahme in die Reichsschrifttumkammer, Hirschberg, 28. August 1942. BArch, R/9361/V/27395 (ehemals BDC, Bestand RK), nicht foliiert.
90 HESSE: Die Professoren und Dozenten der preußischen Pädagogischen Akademien (1926–1933) und Hochschulen für Lehrerbildung (1933–1941) 479.
91 Vgl. ZIMMERMANN: Die Sudetendeutschen im NS-Staat 163.

Verfügungen treffen sowie die Verbandsleitungen und Vereinsvorsitzende absetzen. [...] Ein entsprechender Bescheid war unanfechtbar."[92] Die Behörde des Stillhaltekommissars (Stiko) löste Organisationen auf, es konnten aber auch Vereine freigestellt werden, was bedeutete, dass sie weiterhin ohne Einschränkung tätig sein konnten, ferner gab es Neuschöpfungen, zum Beispiel im Stiftungswesen. Viele Vereine wurden in die entsprechenden Organisationsstrukturen im Reich eingegliedert, etwa die Gewerkschaften in die DAF und die Lehrervereine in den NSLB. So wurde auch am 15. November 1938 die Sudetendeutsche Volksjugend in die Hitler-Jugend überführt.[93] Alle Vereine, die nach der Gleichschaltung noch aktiv waren, mussten Satzungsänderungen nach nationalsozialistischen Vorgaben vornehmen, die die Einführung des Führerprinzips, des „Arierparagraphen" und vor allem die Bestätigung des Vereinsvorsitzenden durch die zuständigen NSDAP-Stellen einschlossen.[94]

In den Zuständigkeitsbereich des Stillhaltekommissars fiel auch die Gleichschaltung der Lehrerverbände, die noch im Herbst 1938 begann. Ludwig Eichholz selbst war der Generalbeauftragte für die Stilllegung der sudetendeutschen Lehrerverbände. Bereits im Oktober 1938 übergab der Deutsche Lehrerverband die Unterlagen für seine Auflösung an Eichholz;[95] am 17. November erschien dessen Verbandsorgan „Freie Schulzeitung" zum letzten Mal.[96] Der Verband der Hilfsschullehrer wurde im NSLB als Fachschaft Sonderschulen gleichgeschaltet, die dann vom Hilfsschullehrer Josef Syrowatka[97] (geboren 1891) geleitet wurde, der sich 1941 mit amtlicher Genehmigung in Josef Preußler unbenannte.[98] Die Bauernvolkshochschule Bad Ullersdorf wurde vom

---

92 EBENDA 164–167.
93 BUDDRUS, Michael: Totale Erziehung für den totalen Krieg. Hitlerjugend und nationalsozialistische Jugendpolitik. Teil 2. (Texte und Materialien zur Zeitgeschichte 13) München 2003, 755–756.
94 EBENDA 165.
95 BERGMANN, K.: Geschäftsleitungssitzung des Deutschen Lehrerbundes und des Deutschen Landeslehrervereines i. B. In: Freie Schulzeitung 35 (1938) 545.
96 An unsere Leser! [ohne Autorenangabe]. In: Freie Schulzeitung 36 (1938) 551.
97 Josef Syrowatka (Preußler), der seit 1943 auch als Dozent der Lehrerbildungsanstalt in Reichenberg tätig war, agierte zudem als Lokalhistoriker und war Vater des Kinder- und Jugendbuchautors Otfried Preußler. Siehe die Biographische Sammlung des Collegium Carolinums (Biogr. Slg. des CC), Kartei zu Preußler (Syrowatka) Josef 1891–1967.
98 BAIER/KORNHERR: Der Verband ‚Deutsche Hilfsschule in der tschecho-slowakischen Republik' 201.

Reichsnährstand übernommen und geschlossen.⁹⁹ Der Deutsche Kulturverband, der in der Tschechoslowakei mehr als die Hälfte aller deutschsprachigen Kindergärten erhalten oder durch fortlaufende Beihilfen unterstützt hatte,¹⁰⁰ wurde besonders schnell gleichgeschaltet – bereits am 31. Oktober 1938 stellte er seine Tätigkeit ein.¹⁰¹ Die Schulen des Verbandes wurden verstaatlicht¹⁰² und die Kindergärten von der Nationalsozialistischen Volkswohlfahrt (NSV) übernommen.¹⁰³ Nach der Gleichschaltung wurden auch die Kindergärtnerinnen zu Grenzlandkämpferinnen verklärt, denn durch ihre „innere Einstellung und tapfere Haltung" seien die gefährdeten deutschen Kinder der Sprachgrenze „dem deutschen Volke erhalten" geblieben:

> Das tapfere Ausharren so mancher unbekannten Kindergärtnerin auf oft fast verlorenen Posten bei denkbar ungünstiger Bezahlung hat die Sprachgrenzbewohner in ihrem ständigen Kampfe immer und immer wieder ermutigt und gestärkt.¹⁰⁴

Die Bibliothek des früheren Deutschen Lehrerbundes in Reichenberg, die im Jahr 1938 annähernd 9 000 Bände umfasste, wurde nun vom NSLB Sudetenland übernommen und „nach dem sudetendeutschen Lehrermärtyrer Peter Donnhäuser" als Peter-Donnhäuser-Bücherei geführt.¹⁰⁵ Ergänzt wurde die Bücherei noch um die Bestände zweier Bezirkslehrbüchereien, der Verbandsbücherei der Hilfsschulen Böhmens und der Jugendbücherei des Börsenvereins der Leipziger Buchhändler; zusammen umfasste der Bestand im April 1940 fast 15 000 Bände.¹⁰⁶

Auch das Schulwesen selbst war von der Tätigkeit des Stillhaltekommissars betroffen. Per Erlass vom 20. Februar 1939 wurden alle privaten sudetendeutschen Schul- und Erziehungsstätten, „die zumeist konfessionellen Charakter hatten und mit den Zielen nationalsozialistischer Schulpolitik nicht in

---

99 WIRTH: Die deutsche Bauernschule Bad Ullersdorf 195.
100 BARON, Karl: Der Kindergarten im Sudetengau – erfüllte Grenzlandarbeit. In: Mitteilungsblatt des NSLB der Gauwaltung Sudetenland 6 (1940) 74–75.
101 Schreiben der Behörde des Stillhaltekommissars an die Schulabteilung des Reichskommissariats in Reichenberg. Reichenberg, 18. November 1938. SOAL, ŘM, Signatur 1102/3, Karton 350, fol. 1.
102 OstDok 21/30; Habermann Franz, 4.
103 EBENDA 4
104 BARON: Der Kindergarten im Sudetengau – erfüllte Grenzlandarbeit 74.
105 Zu Peter Donnhäuser siehe das Kapitel „Sudetendeutsche Gedenktage".
106 FISCHER, Fritz: Die Peter-Donnhäuser-Bücherei des NSLB in Reichenberg. In: Mitteilungsblatt des NSLB der Gauwaltung Sudetenland 3 (1942) 22–23.

Einklang zu bringen waren",[107] verstaatlicht[108] oder aufgelöst.[109] Die Verstaatlichung des Schulwesens zum 1. März 1939 begründete Henlein damit, dass die Erziehung der Jugend im Sinne der nationalsozialistischen Weltanschauung eine der Hauptaufgaben des Deutschen Reiches sei. Diese Aufgabe könne nur dann ganz erfüllt werden, wenn die Schulen und eine einheitlich ausgerichtete Lehrerschaft in diesem Sinne arbeiten würden. Es widerspreche den Grundsätzen des Nationalsozialismus, wenn Privatpersonen oder private Körperschaften (Religionsgemeinschaften) als Erhalter von Schulen und Erziehungsstätten auftreten würden.[110] So wurden auch alle kirchlichen Schulen verstaatlicht – beispielsweise die kirchlichen Einrichtungen des Ordens vom heiligen Kreuz in Eger einschließlich der dortigen Mädchenhandelsschule.[111] In Jägerndorf wurde die kirchliche Fachschule für Frauenberufe der Armen Schulschwestern der öffentlichen Verwaltung überstellt.[112] Die kirchlich geführten Gymnasien in Braunau (Broumov) und Duppau (Doupov) wurden verstaatlicht und in Oberschulen umgewandelt, das kirchlich geführte Gymnasium in Mariaschein (Bohosudov) wurde aufgelöst.[113]

Den Bischöfen von Breslau und Leitmeritz[114] missfiel die Verstaatlichung kirchlicher Schulen und sie protestierten dagegen scharf. Erzbischof Adolf Bertram aus Breslau schrieb an Reichserziehungsminister Rust, dass die Beschlagnahmung der Schulen einer gesetzlichen Grundlage entbehre, und forderte ihn auf, die kirchlichen Schulen im Sudetenland wieder zu öffnen.[115]

---

107 EICHHOLZ: Die Neugestaltung des sudetendeutschen Schulwesens 10.
108 Erlaß vom 20. Februar 1939, Zahl I K I 1576/39. In: HELM, Josef: Handelsakademie in Eger. 1. Jahresbericht über das Schuljahr 1938/39. Eger 1939, 8.
109 EICHHOLZ: Die Neugestaltung des sudetendeutschen Schulwesens 10.
110 Schreiben von Friedrich Zippelius an die Schulämter des Regierungsbezirks Troppau. Troppau, 23. Februar 1939. SOAL, ŘM, Signatur unklar, Karton 344, nicht foliiert.
111 Erlaß vom 20. Februar 1939, Zahl I K I 1576/39. In: HELM: Handelsakademie in Eger 8.
112 Jahresbericht der öffentlichen deutschen Fachschule für Frauenberufe in Jägerndorf 1938/39. Jägerndorf 1939, 2.
113 EICHHOLZ: Die Neugestaltung des sudetendeutschen Schulwesens 26–27.
114 Schreiben der Reichsstatthalterei an den Leitmeritzer Bischof Dr. Anton Alois Weber, Reichenberg, 6. Oktober 1939. SOAL, ŘM, Signatur unklar, Karton 344, nicht foliiert.
115 Schreiben des Bischofes von Breslau, Adolf Johannes Kardinal Bertram, an Reichserziehungsminister Rust, Breslau, 20. März 1939. SOAL, ŘM, Signatur unklar, Karton 344, nicht foliiert.

116 Die Anfänge des nationalsozialistischen Schulwesens im „Sudetenland"

Der Bischof von Leitmeritz, Anton Alois Weber, versuchte hingegen, das bischöfliche Gymnasium in Mariaschein dadurch zu retten, indem er Henlein gegenüber behauptete, bei dieser Bildungseinrichtung habe es sich um eine Schule gehandelt, die seit ihrer Gründung grundsätzlich „*arisch*", „*unpolitisch*" und „*volksverbunden*" gewesen sei, und beschwerte sich, dass dem bischöflichen Ordinariat als „*Erhalter der Schule*" und „*Wahrer deutscher Interessen*" im Sudetenland in keiner Weise die Gelegenheit gegeben worden sei, zur Enteignung Stellung nehmen zu dürfen.[116] Das Reichserziehungsministerium antwortete Adolf Bertram nur abschlägig, dass die Reichsstatthalterei durch das staatliche Schulaufsichtsrecht die Möglichkeit besitze, Privatschulen zu erlauben oder eben zu verbieten. Das Verbot der Privatschulen sei somit nach dem Privatschulrecht zulässig, und da für die Benutzung der benötigten früheren Privatschulräume auch eine angemessene Miete gezahlt würde, könne von einer „Beschlagnahme" nicht gesprochen werden. Daher sah es keine Veranlassung, die Verstaatlichung zu beanstanden.[117] Dieser Entscheid wurde auch an den Leitmeritzer Bischof weitergeleitet.[118]

Somit blieben beide Eingaben ohne Erfolg: Alle kirchliche Schulen blieben verstaatlicht, darunter 43 Volksschulen, 28 Bürgerschulen, 8 sonstige Fortbildungsanstalten, 13 Handarbeitsschulen, 5 Handelsschulen, 31 Frauenfachlehranstalten, eine Lehrerinnen-Bildungsanstalt, eine Handarbeits- und Hauswirtschaftsschule, zwei Kindergärtnerinnen-Seminare, drei Sonderschulen sowie 102 laufende Kursveranstaltungen zur Sprachen- und Musikpflege.[119] Überdies wurden im Reichsgau Sudetenland bis März 1939 katholische Ordensleute aus dem Schuldienst entfernt.[120] Lehrer/-innen, die bislang einer

---

116 Schreiben des Bischofs von Leitmeritz, Anton Alois Weber, an Konrad Henlein. Leitmeritz, 12. April 1939. SOAL, ŘM, Signatur unklar, Karton 344, nicht foliiert. Hervorhebung im Original.
117 Schreiben des Reichserziehungsministeriums an den Erzbischof von Breslau, Adolf Bertram. Berlin, 29. Juni 1939. SOAL, ŘM, Signatur unklar, Karton 344, nicht foliiert.
118 Schreiben der Reichsstatthalterei an den Leitmeritzer Bischof Dr. Anton Alois Weber, Reichenberg, 6. Oktober 1939. SOAL, ŘM, Signatur unklar, Karton 344, nicht foliiert.
119 Vgl. PUSTEJOVSKY: Christlicher Widerstand gegen die NS-Herrschaft in den Böhmischen Ländern 43.
120 Schreiben des Regierungspräsidiums von Aussig an die Reichsstatthalterei, Aussig, 13. März 1940; Schreiben des Regierungspräsidiums von Karlsbad an das Reichserziehungsministerium, Karlsbad, 23. März 1940; Schreiben des Regierungspräsidiums

genehmigten Tätigkeit im Kirchendienst nachgingen, durften diese nur dann weiterführen, wenn die Nebenamtstätigkeit außerhalb der ordentlichen Unterrichtszeit stattfand.[121]

Als der Stillhaltekommissar am 15. September 1939 seine Arbeit schließlich beendete, waren insgesamt 66 408 sudetendeutsche und tschechische Organisationen abgewickelt worden.[122] Insgesamt 14 204 hatte er freigestellt, 41 244 wurden aus dem Vereinsregister gelöscht und 10 960 aufgelöst.[123] Dabei hantierte er mit erheblichen Geldmengen: „An Reinvermögen wickelte er 141 602 521,71 RM ab, davon gab er 33 399 091,19 RM frei, wies 90 282 822,74 RM anderen Organisationen zu und zog 17 920 607,78 RM ein."[124] Allein am Deutschen Staatsrealgymnasium in Saaz hatten im Schuljahr 1937/1938 im Ganzen 19,[125] am Staatsgymnasium Eger 17 verschiedene Stiftungen bestanden.[126] Die Gleichschaltung des Vereins- und Verbandswesens war insgesamt noch radikaler durchgeführt worden als im Altreich.[127] Nach Zeitzeugenberichten wurde die Gleichschaltung auch kritisch gesehen – vor allem die Praxis, den Vereinsvorständen die Abwicklung sehr unpersönlich mitzuteilen, und die oftmals ignorante Vorgehensweise wurden moniert.[128]

Am 5. November 1938 wurde auch die Sudetendeutsche Partei bei einem Festakt in Reichenberg in die NSDAP eingegliedert.[129] Dessen ungeachtet mussten sich die ehemaligen SdP-Mitglieder persönlich um ihre Aufnahme in die NSDAP bewerben.[130] Die Bewerbungen, die daraufhin bei der NSDAP

---

von Troppau an das Reichserziehungsministerium, Troppau, 14. März 1940. Alle in: SOAL, ŘM, Signatur unklar, Karton 356, nicht foliiert.

121 Lehrer im Kirchendienst. In: Der Sudetendeutsche Erzieher 11 (1939) 271–272.
122 Vgl. ZIMMERMANN: Die Sudetendeutschen im NS-Staat 169.
123 EBENDA 169–170.
124 EBENDA 170.
125 Jahresbericht des Deutschen Staatsrealgymnasiums in Saaz über das Schuljahr 1937/38, Saaz 1938, 12–13. In SOA Plzeň/Klášter, ÚVP Karlovy Vary, Signatur II B 2A 16a, Karton 6, nicht foliiert.
126 Jahresbericht des Deutschen Staatsrealgymnasiums in Eger über das Schuljahr 1937/38, Eger 1938, 12. In SOA Plzeň/Klášter, ÚVP Karlovy Vary, Signatur II B 2A 4d, Karton 6, nicht foliiert.
127 Vgl. ZIMMERMANN: Die Sudetendeutschen im NS-Staat 70.
128 EBENDA 166, 171–173.
129 Vgl. WEICHSELBAUMER, Ludwig: Walter Brand (1907–1980): Ein sudetendeutscher Politiker im Spannungsfeld zwischen Autonomie und Anschluss. (Quellen und Studien zur Geschichte und Kultur der Sudetendeutschen 3) München 2008, 436.
130 Vgl. GEBEL: „Heim ins Reich!" 129.

eingingen, wurden vor allem im Jahr 1938 gestellt, sodass die NSDAP-Parteizentrale in München große Mühe hatte, die Antragssteller/-innen zeitnah aufzunehmen. Deshalb dauerte es mitunter einige Monate – teilweise gar bis 1944 –, bis die ehemaligen SdP-Mitglieder auch als Mitglieder der NSDAP geführt wurden. Für die im Jahr 1938 gestellten Mitgliedsanträge wurde die Aufnahme zu etwa 75 Prozent auf den 1. November 1938 und zu etwa 25 Prozent auf den 1. Dezember 1938 rückdatiert. Die Partei war überwiegend männlich geprägt: 81 Prozent der sudetendeutschen Mitglieder der NSDAP waren im Jahr 1945 Männer (im Altreich waren es 88 Prozent).[131]

Auch die 1938 gegründete Sudetendeutsche Erzieherschaft wurde in die NSDAP-Strukturen eingegliedert. Am 8. März 1939 wurde der NSLB Gau Sudetenland in Reichenberg unter Anwesenheit Fritz Wächtlers offiziell gegründet.[132] Ludwig Eichholz zeigte sich erfreut, dass sich die Lehrkräfte nun „in die große Kampffront der deutschen Erzieherschaft" einreihten, und unterstrich, dass die sudetendeutschen Lehrkräfte „in der deutschen Schule immer einen wichtigen Frontabschnitt in unserem Volkstumskampfe gesehen und ihn auch gehalten" hätten.[133] Im Mai 1940 waren bereits 18 000 Lehrkräfte Mitglied des NSLB im Sudetenland.[134] Wie Saskia Müller und Benjamin Ortmeyer konstatieren, wurde der NSLB von den Alliierten nach dem Krieg als verbrecherische Organisation verboten.[135] Im Jahr 1937 waren im Deutschen Reich 97 Prozent aller Lehrkräfte Mitglied im NSLB, wovon rund ein Drittel der Personen „einen harten Kern" stellten.[136] Die Zeitschrift des NSLB war der „Deutsche Erzieher", eine betont rassistische und antisemitische Zeitschrift, die zwischen 1934 und

---

131 HERTLEIN, Benjamin: Die sudetendeutschen und österreichischen NSDAP-Mitglieder. Ein Vergleich mit den Mitgliedern aus dem Altreich. In: FALTER, Jürgen W. (Hg.): Junge Kämpfer, alte Opportunisten. Die Mitglieder der NSDAP 1919–1945. Frankfurt am Main 2016, 319–334, hier 320–321, 326.
132 Schreiben Theo Keils an den Herrn Regierungspräsidenten in Regensburg bezüglich der Schulungstagung der Kreisschulräte der sudetendeutschen Gebiete vom 8. bis zum 12. März 1939 in Reichenberg, Reichenberg, 23. Februar 1939. Staatsarchiv Amberg, Regierung der Oberpfalz, 15058.
133 EICHHOLZ, Ludwig: Sudetendeutsche Erzieher! In: Der Sudetendeutsche Erzieher 1 (1939) 3.
134 FISCHER: Die innere Einheit der Erzieherschaft 66.
135 MÜLLER, Saskia/ORTMEYER, Benjamin: Die ideologische Ausrichtung der Lehrkräfte 1933–1945. Herrenmenschentum, Rassismus und Judenfeindschaft des Nationalsozialistischen Lehrerbundes. Weinheim, Basel 2016, 9.
136 EBENDA 11.

1938 kostenlos bezogen werden konnte[137] und deren sudetendeutsche Gauausgabe der „Sudetendeutsche Erzieher" war, die bis zur Stilllegung des NSLB im Jahr 1943 erschien. Unterdessen sollten die Lehrkräfte aller Schulgattungen nun die Möglichkeit haben, Reichsbeamte zu werden.[138] Bedingung für die Verbeamtung waren Gutachten der NSDAP, die von den jeweiligen NSDAP-Kreisleitern zu erstellen waren und beim Gaupersonalamt eingereicht werden mussten.[139] Bis Mitte April 1940 war die widerrufliche Übernahme der Lehrkräfte der Volks- und Bürgerschulen in das Reichsbeamtenverhältnis im Regierungsbezirk Karlsbad schon zum größten Teil abgeschlossen: 3 350 Ernennungen waren ausgesprochen geworden; lediglich 200 Fälle, meist angehende Lehrkräfte, mussten noch bearbeitet werden. Zudem waren 417 der 801 vorgeschlagenen Schulleitungen von der Reichsstatthalterei ernannt worden.[140] Viele Lehrkräfte hatten erwartet, eine Verbeamtung auf Lebenszeit zu erhalten, doch war dies in vielen Fällen nicht möglich, da im April 1940 noch immer die früheren Personalakten aus der Landesschulbehörde in Prag fehlten.[141] Die Verbeamtung der sudetendeutschen Lehrkräfte war jedoch mit einer Beschwernis verbunden: Nach Entscheidung des Reichsfinanzministeriums wurde im sogenannten Sudetenerlass festgelegt, dass sich die Besoldung im Sudetenland zwar nach der preußischen Besoldung zu richten habe, den sudetendeutschen Lehrkräften die ruhestandsfähigen Besoldungszuschüsse aber nicht zu gewähren seien – da die bisher in der Tschechoslowakei schlechter bezahlten Lehrkräfte keine geringere Entlohnung als bisher erhielten.[142] Doch die Lehrkräfte hatten offensichtlich eine Lohnerhöhung erwartet. Denn trotz der Beschwichtigung der Schulverwaltung[143] führte die weitgehende Stagnierung des bisherigen Besoldungsniveaus laut SD-Erhebungen zu erheblicher Missstimmung unter den Lehrkräften,

---

137 EBENDA 26, 30–31.
138 EICHHOLZ: Die Neugestaltung des sudetendeutschen Schulwesens 10.
139 Aktennotiz (vermutlich Eichholz), Ort unbekannt – vermutlich Reichenberg, 3. November 1939. SOAL, ŘM, Signatur unklar, Karton 356, nicht foliiert.
140 Abschrift des Lageberichts des Regierungspräsidenten in Karlsbad vom April 1940. Ohne Ort und Datum. SOAL, ŘM, Signatur unklar, Karton 355, nicht foliiert.
141 EBENDA.
142 FINGER: Eigensinn im Einheitsstaat 268–269.
143 FIEDLER, Rudolf: Zur Überführung der Volks- und Bürgerschullehrer des Sudetengaues in die Reichsbesoldungsordnung. In: Mitteilungsblatt des NSLB der Gauwaltung Sudetenland 11 (1940) 134–136.

namentlich unter den Volksschullehrkräften.[144] Dennoch wurde eine mögliche Verbesserung der Besoldung Ende Mai 1940 vom Reichserziehungsministerium und vom Reichsfinanzministerium zurückgestellt.[145]

Die Ersetzung der Schulleitungen durch „politisch einwandfreie Leiter" erwies sich mit Kriegsbeginn 1939 zunehmend als schwierig, da viele Lehrer zur Wehrmacht eingezogen wurden, um an der Front zu kämpfen. In der Folge wurden auch Schulleiter, hinsichtlich derer das NS-Hauptamt für Erzieher in seinen politischen Gutachten zu einer negativen Einschätzung kam, auf ihren Positionen belassen, wenn vorerst keine Alternativen zur Verfügung standen.[146] Jedoch verweigerte die Reichsstatthalterei diesen De-facto-Schulleitern eine offizielle Ernennung zu Schuldirektoren. De jure blieben sie somit inoffizielle Direktoren, auch wenn einige von ihnen durch Eingabe bei Henlein ihre tatsächliche Einsetzung zu erreichen versuchten.[147] Allerdings entschloss sich die Reichsstatthalterei dann zu Ostern 1940, Schulleiter abzusetzen, die schon vor 1938 tätig gewesen waren und die ihrer Ansicht nach besonders ungeeignet schienen.[148] Da dies missglückte, unternahm die Reichsstatthalterei im September 1942 einen zweiten Versuch, diese De-facto-Schulleiter abzusetzen,[149] scheiterte aufgrund des vehementen Lehrermangels aber erneut. Zumindest sollte „Lehrkräften, die mit dem Ritterkreuz oder mit dem Deutschen Kreuz in Gold ausgezeichnet" worden waren, eine Beförderung zu Rektoren zugestanden werden.[150] Des Weiteren drängte die Schulverwaltung darauf, die Leitung

---

144 Meldungen aus den kulturellen Lebensgebieten. Seite 4–5, 12. März 1940. Beilage eines Schreibens an SS-Oberführer Ministerialdirektor Holfelder. BArch, R/4901/13121.
145 FIEDLER: Zur Überführung der Volks- und Bürgerschullehrer des Sudetengaues in die Reichsbesoldungsordnung.
146 Schreiben der Reichsstatthalterei an die Regierungspräsidien in Karlsbad, Troppau und Aussig. Reichenberg, 19. Oktober 1943. SOAL, ŘM, Signatur unklar, Karton 355, nicht foliiert.
147 Schreiben der Schulabteilung der Reichsstatthalterei an die Regierungspräsidien in Aussig, Karlsbad und Troppau. Reichenberg, 2. September 1942. SOAL, ŘM, Signatur unklar, Karton 350, nicht foliiert.
148 Bericht des Ministerialrats Fleischmann über die Dienstreise vom 9. bis zum 27. Juni 1941 in den Sudetengau. Berlin, 5. Juli 1941. BArch, R 4901/4635, fol. 371.
149 Schreiben der Schulabteilung der Reichsstatthalterei an die Regierungspräsidien in Aussig, Karlsbad und Troppau. Reichenberg, 2. September 1942. SOAL, ŘM, Signatur unklar, Karton 350, nicht foliiert.
150 Schreiben der Reichsstatthalterei (Fiedler) an das Reichserziehungsministerium. Reichenberg, 8. Mai 1944. SOAL, ŘM, Signatur unklar, Karton 355, nicht foliiert.

aller Schulen in männliche Hände zu legen; Schulleiterinnen sollten demnach bei eintretender Vakanz allmählich abgesetzt werden,[151] allenfalls sollte Frauen noch die Leitung einklassiger Schulen übertragen werden.[152]

Ausschluss und Verfolgung Andersdenkender

Mit dem Einmarsch deutscher Truppen in die mehrheitlich deutschsprachigen Gebiete der Tschechoslowakei 1938 endete in diesen Territorien die bis dahin bestehende demokratische Ordnung. Schon einen Tag vorher, am 30. September, hatte die Sozialdemokratische Partei (DSAP) ihre Tätigkeit in den abzutrennenden Gebieten einstellen müssen.[153]

Die Angaben zur Zahl der Flüchtlinge, die daraufhin aus dem Abtretungsgebiet in das Gebiet des späteren Protektorats übertraten, sind bis heute umstritten und widersprüchlich. Insgesamt ist davon auszugehen, dass direkt nach dem Münchner Abkommen rund 10 000 deutsche Antifaschisten (Sozialdemokrat/-innen und Kommunist/-innen) sowie 18 000 Juden in der verkleinerten Tschechoslowakei Zuflucht fanden.[154] Jan Benda vermutet, dass insgesamt etwa 70 Prozent der deutschen Antifaschisten und Juden aus den Abtretungsgebieten flüchteten,[155] wobei nach Bastian Vergnon die überwiegende Zahl der Mitglieder der DSAP in den angeschlossenen Gebieten blieb.[156] Zudem wurden in den ersten Tagen nach dem Münchner Abkommen rund 700 bis 800 Tschechen mit Gewalt aus den Abtretungsgebieten vertrieben.[157]

---

151 Schreiben des Regierungspräsidiums Troppau an die Schulräte im Regierungsbezirk Troppau. Troppau, 8. November 1939. ZA Opava, Fond RP Opava, inv. č. 3570, nicht foliiert.
152 Vertrauliches Schreiben des Regierungspräsidiums Troppau an die Schulräte im Regierungsbezirk Troppau. Troppau, 20. Februar 1940. ZA Opava, Fond RP Opava, inv. č. 3570, nicht foliiert.
153 BACHSTEIN, Martin K.: Wenzel Jaksch und die sudetendeutsche Sozialdemokratie. München 1974, 180.
154 BENDA, Jan: Rückführungsaspekte als eine Antwort auf die Einwanderung aus den abgetretenen Grenzgebieten. In: BRANDES, Detlef/IVANIČKOVÁ, Edita/PEŠEK, Jiří (Hg.): Flüchtlinge und Asyl im Nachbarland. Die Tschechoslowakei und Deutschland 1933 bis 1989. (Veröffentlichungen der Deutsch-Tschechischen und Deutsch-Slowakischen Historikerkommission 22) Essen 2018, 149–159, hier 158.
155 BENDA, Jan: Útěky a vyhánění z pohraničí českých zemí 1938–1939 [Flucht und Vertreibung aus dem Grenzgebiet der böhmischen Länder 1938–1939]. Praha 2013, 471.
156 VERGNON, Bastian: Die sudetendeutschen Sozialdemokraten und die bayerische SPD 1945 bis 1978. Frankfurt am Main 2017, 100.
157 BENDA: Útěky a vyhánění z pohraničí českých zemí 1938–1939 96.

Nicht allen Flüchtlingen gelang die Einreise in die Tschechoslowakei – vielen wurde sie an der Grenze verweigert. Die Zahl der am Grenzübertritt gehinderten Personen ist unklar. Es waren in der Mehrzahl Deutsche. Jan Benda geht von über 7 000 Personen aus, Wenzel Jaksch setzte hingegen drei- bis viermal so viele Betroffene an.[158] Benda vermutet, dass im März 1939 auf dem Territorium der kurzzeitigen Zweiten Republik schließlich rund 12 500 deutsche Antifaschisten und 14 500 Juden aus den Abtretungsgebieten lebten.[159] Peter Heumos hingegen nennt weitaus höhere Zahlen. Er recherchierte, dass zum 1. Juli 1939 im Protektorat Böhmen und Mähren 196 714 Flüchtlinge polizeilich gemeldet waren, davon rund vier Prozent Deutsche, sechs Prozent Juden und 82 Prozent Tschechen, Slowaken und Ruthenen.[160] Von diesen Flüchtlingen stammten 171 400 aus den vom Dritten Reich annektierten Gebieten, über 20 000 aus dem vom Polen okkupierten Teschen und etwas mehr als 11 000 aus den im Ersten Wiener Schiedsspruch an Ungarn gefallenen Gebieten (Teile der Slowakei sowie die Karpato-Ukraine). Nicht enthalten sind in diesen Angaben die Zahlen der aus den betroffenen Regionen evakuierten Staatsbediensteten, die sich nicht polizeilich melden mussten: Heumos schätzt, dass es sich um mindestens 50 000 Personen gehandelt hat.[161]

Den sudetendeutschen Sozialdemokraten gelang es, viele ihrer Funktionäre und Funktionärinnen in Flüchtlingslagern in der Tschechoslowakei unterzubringen – insgesamt etwa 2 500 Personen, soweit sie nicht an den Grenzen aufgehalten wurden. Dort versuchte die Führung der Sozialdemokratie, für ihre Mitglieder Wege für eine Auswanderung zu organisieren, darunter nach Ostafrika, Bolivien, Neuseeland, Australien und Kanada, wobei nur Kanada Initiative zeigte, sie auch aufzunehmen. Die Tschechoslowakei erhielt währenddessen von Frankreich und Großbritannien eine Anleihe von vier Millionen englischen Pfund, die nicht nur zur Unterbringung der Flüchtlinge verwendet wurde, sondern auch der Unterstützung von Auswanderungswilligen – pro

---

158 EBENDA 166–169; JAKSCH, Wenzel: Der Freiheitskampf der sudetendeutschen Arbeiterbewegung. In: Seliger-Gemeinde (Hg.): Wenzel Jaksch. Patriot und Europäer. München 1967, 23–47, hier 44.
159 EBENDA 485.
160 HEUMOS, Peter: Soziale Aspekte der Flucht aus den Grenzgebieten der böhmischen Länder. In: BRANDES, Detlef/IVANIČKOVÁ, Edita/PEŠEK, Jiří (Hg.): Flüchtlinge und Asyl im Nachbarland. Die Tschechoslowakei und Deutschland 1933 bis 1989. (Veröffentlichungen der Deutsch-Tschechischen und Deutsch-Slowakischen Historikerkommission 22) Essen 2018, 133–147, hier 136–137.
161 EBENDA 136.

Familie mindestens 200 Pfund – diente. Bis Januar 1939 wanderten etwa 500 Sozialdemokrat/-innen nach Großbritannien und in die skandinavischen Länder aus. Weitere 1 000 Sozialdemokrat/-innen erhielten bis Mitte März 1939 britische, schwedische, norwegische, dänische, finnische, belgische und auch einige französische Visa; 300 sozialdemokratische Familien migrierten nach Kanada.[162]

Jene, die es nicht schafften, auszuwandern, erwartete entsetzliches Leid unter dem NS-Regime. Die in der Literatur genannten Opferzahlen schwanken allerdings. So variiert die Zahl der sudetendeutschen Sozialdemokraten/-innen, die in Konzentrationslager, Zuchthäuser und Gefängnisse eingewiesen wurden, stark (7 900,[163] 20 000[164] und 25 000[165]). Viele von ihnen starben dort.

Zugleich setzte im Reichsgau eine Verdrängung konfessioneller Lehrkräfte aus dem Schuldienst ein. Diese ging mit einem Wunsch nach Unterdrückung des religiösen Lebens einher.[166] Emil Valasek geht davon aus, dass zwischen 1938 und 1945 647 katholische Priester im Reichsgau Sudetenland gemaßregelt und verfolgt wurden. Davon wurden 108 in einem Konzentrationslager, einem Gefängnis, einem Zuchthaus oder einem Arbeitslager inhaftiert; 37 starben in der Haft.[167]

Obwohl mehrere Kreisleiter die völlige Abschaffung des Religionsunterrichts gefordert und stattdessen die rasche Einführung eines nationalsozialistischen Ethikunterrichts gewünscht hatten, blieb der Konfessionsunterricht weiterhin Teil des Schullebens, doch gemäß Henleins Erlass zur „Erteilung des

---

162 Für diesen Absatz vgl. BACHSTEIN: Wenzel Jaksch und die sudetendeutsche Sozialdemokratie 177–183.
163 Vom Rad der Geschichte erfasst 1938 [ohne Autorenangabe]. In: Seliger-Gemeinde (Hg.): Sudeten-Jahrbuch der Seliger Gemeinde 2003. München 2003, 16–17, hier 17.
164 Seliger-Gemeinde (Hg.): Weg – Leistung – Schicksal. Geschichte der sudetendeutschen Arbeiterbewegung in Wort und Bild. München 1972, 146.
165 GABERT, Volkmar: Der Kampf der deutschen Sozialdemokraten gegen Hitler und Henlein. In: GABERT, Volkmar/WERNER, Emil (Hg.): Wir wollten nicht mit den Massen irren. Die sudetendeutschen Sozialdemokraten von der Verteidigung der Republik bis zu ihrer Vertreibung. München 1995, 4–23, hier 9.
166 KÜPPER, René: Nationalsozialistische Religions- und Kirchenpolitik im Reichsgau Sudetenland. In: SCHULZE WESSEL, Martin/ZÜCKERT, Martin (Hg.): Handbuch der Religions- und Kirchengeschichte der böhmischen Länder und Tschechiens im 20. Jahrhundert. München 2009, 317–357, hier 323.
167 VALASEK, Emil: Der Kampf gegen die Priester im Sudetenland 1938 bis 1945. Eine Dokumentation. (Archiv für Kirchengeschichte von Böhmen, Mähren, Schlesien 16) Königstein 2003, 231.

Konfessionsunterrichtes" vom 24. Juni 1941 war er im Sudetenland nur als unbenotetes, „unverbindliches Lehrfach" abzuhalten, „in den Randstunden vor Unterrichtsschluß".[168] Da vonseiten der Schulaufsicht und der Schulleitung darauf geachtet wurde, dass der Konfessionsunterricht „nicht gegen die Interessen des deutschen Volkes und seiner staatlichen Einrichtungen verstößt", kam es zu zahlreichen weiteren Entziehungen der Lehrerlaubnisse.[169] Ferner wurden alle Kreuze aus den Klassenräumen entfernt und als „Lehrmittel" der Lehrmittelsammlung zugeführt.[170] Obschon der Religionsunterricht eine bestimmte Interessentenzahl sowie die schriftliche Anmeldung durch den Vater (und nicht die Mutter) erforderte, war die Zahl der Anmeldungen überall höher als erwartet, jedoch mit sinkender Tendenz.

Dass die gewünschte Entkirchlichung der Bevölkerung letztendlich scheiterte, führt René Küpper auf einen eher zurückhaltenden Kirchenkampf zurück, der auf Wunsch Berlins nicht voll entfacht werden durfte. Zudem beförderte die Dauer und zunehmende Härte des Krieges eine erneute Hinwendung der Bevölkerung zu den Kirchen; die NSDAP konnte dem auch deshalb nicht wirksam entgegensteuern, weil immer mehr politische Leiter zur Wehrmacht eingezogen worden waren.[171] So waren 1941 die Anmeldungszahlen für den Konfessionsunterricht im Regierungsbezirk Troppau entgegen der Erwartung der Schulverwaltung hoch: 88,3 Prozent der Schüler/-innen meldeten sich an.[172] Jedoch blieben 183 Schulen ohne Religionsunterricht, da 60 Geistlichen keine Unterrichtserlaubnis erteilt wurde. Über alle Lehrkräfte, die ihre eigenen Kinder zum konfessionellen Unterricht angemeldet hatten, sollte Bericht erstattet werden.[173] Zudem wurden die staatlichen Lehrkräfte aufgefordert, den Religionsunterricht aufmerksam zu beobachten: „Bei alttestamentlichen Entgleisungen der Seelsorgegeistlichen im Religionsunterricht entsprechende Darstellung und Kennzeichnung der jüdischen Gestalten im weltanschaulichen Unterricht."[174]

---

168 KÜPPER: Nationalsozialistische Religions- und Kirchenpolitik im Reichsgau Sudetenland 353–357.
169 EBENDA.
170 EBENDA 354–355.
171 EBENDA 355–357.
172 Schreiben des Regierungspräsidiums Troppau an die Schulräte des Regierungsbezirks Troppau. Troppau, 1. Dezember 1941. ZA Opava, Fond RP Opava, inv. č. 3570, nicht foliiert.
173 EBENDA.
174 EBENDA.

Einige Schicksale entlassener katholischer Lehrkräfte sollen beispielhaft herausgegriffen werden, etwa jenes von Dr. phil. Karl Lanzendörfer, der 1908 in Tachau (Tachov) geboren wurde. Lanzendörfer wurde 1936 zum Doktor der Philosophie promoviert und begann anschließend seine schulische Lehrtätigkeit. Er unterrichtete Deutsch, Geschichte, Philosophie und Tschechisch in Prag, Mährisch Schönberg (Šumperk), Zwittau (Svitavy), Iglau (Jihlava) und Freudenthal. Im November 1938 wurde er infolge einer Denunziation verhaftet. Er wurde zwar wieder freigelassen, doch eine weitere Unterrichtstätigkeit wurde ihm untersagt, da er „als Erzieher deutscher Jugend im nationalsozialistischen Sinne nicht geeignet" wäre.[175] Er wurde Hilfsbibliothekar in Prag; später war er als Übersetzer in München tätig. Anschließend folgte seine Einberufung zur Wehrmacht, aus der er aber wieder entlassen wurde. Danach arbeitete er an den Universitätsbibliotheken in Leipzig und Prag, bis ihm die Einreise in das Protektorat verweigert wurde. Angesichts dessen widmete er sich in seiner Heimatstadt Tachau weiteren Forschungen und Sprachstudien. In Tachau wurde er neuerlich verhaftet, in das Gestapo-Gefängnis nach Karlsbad verbracht und schließlich im Konzentrationslager Buchenwald interniert. Dort starb er am 20. Januar 1945.[176]

Ein anderes Beispiel ist Josef Tippelt (geboren 1908), der sich stark für Kolping engagierte. Weil er im Frühjahr 1938 gegen den „Deutschen Gruß" des Wiener Kardinals Innitzer protestiert hatte, wurde er kurz nach dem Anschluss der tschechoslowakischen Gebiete an das Deutsche Reich im Oktober 1938 verhaftet. Nach vier Jahren Haft in verschiedenen Gefängnissen und Zuchthäusern verurteilte ihn der Volksgerichtshof im Oktober 1942 zum Tode. Am 4. März 1943 wurde er in Berlin-Plötzensee hingerichtet.[177]

Die Schuldirektorin der Bürgerschule in Marienbad, Schulschwester Epiphania Maria (Barbara Pritzl), geboren 1881, wurde im März 1939 als Schuldirektorin abgesetzt, aber erst am 1. Februar 1940 aus dem Schuldienst entlassen. Nachdem sie am 3. November 1943 bei der Karlsbader Gestapo erscheinen musste, wurde sie bis Februar 1944 im örtlichen Gefängnis der Gestapo

---

175 SCHUSTER, Franz: Dr. Karl Lanzendörfer. In: HAMPERL, Wolf Dieter (Hg.): Vertreibung und Flucht aus dem Kreis Tachau im Egerland. Schicksale in Berichten, Dokumenten und Bildern. Kienberg 1997, 83–84. Der Autor zitiert aus: SCHUSTER, Franz: Tachau – Pfraumberger Heimat. Weiden 1962, 369.
176 EBENDA.
177 Vgl. PUSTEJOVSKY: Christlicher Widerstand gegen die NS-Herrschaft in den Böhmischen Ländern 143–145.

gefangen gehalten und später an das KZ Ravensbrück überwiesen, wo sie am 18. März 1944 starb.[178]

Verfolgung und Ausgrenzung der jüdischen Bevölkerung – Shoa

Von den 350 000 Juden, die 1938 auf dem gesamten Territorium der Tschechoslowakei lebten,[179] waren 118 000 in Böhmen und Mähren-Schlesien wohnhaft.[180]

Aufgrund starker Assimilation bekannten sich nur wenige zur jüdischen Nationalität, die meisten Bürger/-innen jüdischen Glaubens verstanden sich eher als Tschechen oder Deutsche. So bekannten sich am 31. Dezember 1921 unter den republikweit rund zwei Millionen Volksschüler/-innen nur rund 23 000 (1,3 Prozent) zur jüdischen Nationalität, jedoch über 33 000 (1,8 Prozent) zum jüdischen Glauben. Daher gab es in Böhmen, Mähren und in der Slowakei im Zeitraum des Bestehens der Tschechoslowakischen Republik auch keine öffentlichen jüdischen Schulen in der Primar- und der Sekundarstufe. An den Höheren Schulen waren im Schuljahr 1924/1925 im Ganzen 2 926 Schüler/-innen jüdischen Glaubens eingeschrieben; hiervon besuchten 1 736 deutschsprachige und 1 190 tschechischsprachige Schulen. In den folgenden Jahren sollte sich dieses Verhältnis umkehren: Im Schuljahr 1936/1937 besuchten von den 2 678 jüdischen Schüler/-innen inzwischen 1 556 tschechischsprachige und 1 122 deutschsprachige Höhere Schulen.[181] Ursache hierfür war mitunter die zunehmende antisemitische Atmosphäre an den deutschsprachigen Schulen.[182] Die darauffolgende weitere Radikalisierung nahm ihren Ausgang von einer Rede Hitlers auf dem Nürnberger Reichsparteitag der NSDAP am 12. September 1938, in der er sich nicht nur an die Sudetendeutschen wandte, sondern sich auch antisemitisch äußerte. Durch die Ausschaltung der

---

178 EBENDA 126.
179 GRUNER, Wolf: Die Judenverfolgung im Protektorat Böhmen und Mähren. Lokale Initiativen, zentrale Entscheidungen, jüdische Antworten 1939–1945. Göttingen 2016, 289.
180 EBENDA 289.
181 Für diesen Absatz vgl. KASPEROVÁ: Erziehung und Bildung der jüdischen Kinder 35–39.
182 Vgl. ČAPKOVÁ, Kateřina: Češi, Němci, Židé? Národní identita Židů v Čechách 1918 až 1938 [Tschechen, Deutsche, Juden. Nationale Identität von Juden in Böhmen 1918–1938]. 2. Aufl. Praha, Litomyšl 2013, 58.

Juden in Deutschland sei die „Schaffung einer geschlossenen und einheitlichen Volksgemeinschaft" überhaupt erst möglich geworden, was den Sudetendeutschen umgekehrt signalisieren sollte, dass nicht zuletzt die Juden in der Tschechoslowakei der „Heimkehr" des Sudetenlandes im Wege stünden.[183] Tatsächlich kam es nach der Rede zu Massenaufmärschen, etwa in Aussig und Karlsbad mit jeweils 15 000 Teilnehmenden. Die skandierten Losungen waren militant, darunter „Weg mit den Tschechen, weg mit der Polizei!" und „Hängt Benesch!"[184]. Nach dem Münchner Abkommen floh die jüdische Bevölkerung des Abtretungsgebiets überwiegend in die damals noch bestehende, verkleinerte Tschechoslowakei.[185] Im Dezember 1938 galt der NSDAP-Kreis Asch als erster Kreis des Deutschen Reiches als „judenfrei".[186] Am 17. Mai 1939 wurden vom Statistischen Reichsamt im Reichsgau Sudetenland noch 2 341 Juden, 2 186 „Mischlinge 1. Grades" und 1 301 „Mischlinge 2. Grades" gezählt.[187] Den jüdischen Lehrkräften, die in den Tschecho-Slowakische Republik genannten Reststaat geflüchtet waren, blieb auch nach ihrer Flucht jegliche berufliche Perspektive verwehrt. Am 22. Dezember 1938 ordnete der dortige Bildungsminister Jan Kapras die unbefristete Beurlaubung der jüdischen Professoren der Deutschen Universität in Prag und der beiden deutschen Technischen Hochschulen in Prag und Brünn an.[188] Kurz darauf, am 1. Januar 1939, beschloss der tschecho-slowakische Ministerrat zudem, alle jüdischen Lehrkräfte – von der Volksschule bis zur Universität – zu beurlauben.[189] Infolgedessen wurden 45 Professoren der Deutschen Universität Prag pensioniert und die deutschen Schulen entließen ihre jüdischen Lehrkräfte.[190]

Währenddessen waren die wenigen noch im Reichsgau Sudetenland verbliebenen jüdischen Lehrer/-innen den sofort beginnenden Repressionen der neuen Machthaber ausgesetzt. Zuerst wurden alle jüdischen Lehrkräfte „ersten Grades" (mit zwei volljüdischen Großelternteilen) oder „jüdische Mischlinge zweiten Grades" (mit einem volljüdischen Großelternteil) aus dem Schuldienst

---

183 OSTERLOH, Jörg: Der Rassenmythos im Sudetenland 183.
184 EBENDA.
185 GRUNER: Die Judenverfolgung im Protektorat Böhmen und Mähren 35.
186 Sudetendeutsche Zeitfragen: Der Ascher Bezirk judenfrei. In: Der Sudetendeutsche 12 (1938) 290.
187 Vgl. ZIMMERMANN: Die Sudetendeutschen im NS-Staat 387.
188 GRUNER: Die Judenverfolgung im Protektorat Böhmen und Mähren 38–39.
189 EBENDA 39.
190 EBENDA 42.

entfernt.[191] Gleiches galt für Lehrkräfte, die mit einem „Volljuden" oder einer „Volljüdin"[192] verheiratet waren, für mit „Mischlingen 1. Grades" Verheiratete war der Schuldienst grundsätzlich ebenso untersagt.[193] Im Hinblick auf Lehrkräfte, die selbst „Mischlinge 2. Grades" waren,[194] sollte erwogen werden, ob sie im Schuldienst belassen werden konnten – Grund für diese im Oktober 1939 getroffene Entscheidung war der von der Schulverwaltung nach Kriegsbeginn prognostizierte Lehrermangel.[195]

Bereits wenige Wochen nach seiner Errichtung wurden am 9. November 1938 in der Reichspogromnacht auch im Reichsgau Sudetenland jüdische Personen misshandelt und getötet sowie Synagogen und jüdische Geschäfte zerstört.[196] Insgesamt gab es im Sudetenland Angriffe auf 44 Synagogen, von denen drei in Brand gesetzt wurden; es waren nur deshalb nicht mehr, weil sich die Synagogen meist in Wohnhäusern befunden hatten. Zudem wurden 63 jüdische Friedhöfe verwüstet; und in zwei Fällen waren die jüdischen Abteilungen von Stadtfriedhöfen geschändet worden.[197] Nach der Pogromnacht wurden weitere Juden vertrieben bzw. zur Flucht genötigt. Diejenigen, die in die Tschechoslowakei zu flüchten versuchten, wurden jedoch an der Grenze abgewiesen, da die tschechoslowakischen Grenzposten die Anweisung hatten, flüchtende Juden von der Grenze fernzuhalten und zurückzuschicken.[198]

Bei der Volkszählung im Mai 1939 waren somit nur noch rund 2 400 Juden im Sudetenland wohnhaft. Am 15. November 1938 wurde jüdischen Schüler

---

191 Schreiben Boeckmanns (Regierungspräsidium Troppau) an die Kreisschulämter des Regierungsbezirks Troppau. Troppau, 28. Dezember 1938. ZA Opava, Fond RP Opava, inv. č. 3545, nicht foliiert.
192 EBENDA.
193 Aktenvermerk von Eichholz über die fernmündliche Unterredung mit Herrn Oberregierungsdirektor Heckel vom Reichserziehungsministerium am 19. Oktober 1939 zur Vorlage bei Keil, Wasgestian und Fiedler, (wahrscheinlich Reichenberg) 21. Oktober 1939. SOAL, ŘM, Signatur unklar, Karton 356, nicht foliiert.
194 Schreiben des Regierungspräsidiums Troppau (Boeckmann) an die Schulabteilung der Reichsstatthalterei. Troppau, 9. September 1939. SOAL, ŘM, Signatur unklar, Karton 356, nicht foliiert.
195 Aktenvermerk von Eichholz über die fernmündliche Unterredung mit Herrn Oberregierungsdirektor Heckel vom Reichserziehungsministerium am 19. Oktober 1939 zur Vorlage bei Keil, Wasgestian und Fiedler, (wahrscheinlich Reichenberg) 21. Oktober 1939. SOAL, ŘM, Signatur unklar, Karton 356, nicht foliiert.
196 Vgl. ZIMMERMANN: Die Sudetendeutschen im NS-Staat 103–104.
197 OSTERLOH: Nationalsozialistische Judenverfolgung im Reichsgau Sudetenland 214.
198 BENDA: Útěky a vyhánění z pohraničí českých zemí 1938–1939 184.

und Schülerinnen reichsweit der Besuch deutscher Schulen verboten.[199] Schulunterricht war für sie nur noch in eigenen jüdischen Schulen möglich.[200] Beschränkte Ausweichmöglichkeiten gab es für die jüdische Bevölkerung damit nur mehr in dem 1939 errichteten Protektorat Böhmen und Mähren. Dort war es jüdischen Schüler/-innen kurzzeitig noch gestattet, staatliche wie private tschechische Schulen zu besuchen, doch auch dies wurde am 7. August 1940 schließlich untersagt. Die verbliebenen 4 230 jüdischen Schüler/-innen der tschechischen Volks- und Bürgerschulen und die 2 400 jüdischen Schüler/-innen an Höheren Schulen konnten nun einzig an jüdischen Privatschulen aufgenommen werden, diese gab es aber nur in Prag, Brünn und Mährisch Ostrau. Diejenigen Kinder, die diese Schulen nicht besuchen konnten, erhielten zumeist Hausunterricht, der jedoch von den deutschen Besatzern insofern beschränkt wurde, als es öffentlich angestellten Lehrkräften streng untersagt wurde, jüdische Kinder im Hausunterricht zu unterrichten.[201]

Schließlich wurden im Sommer 1942 auch die verbliebenen jüdischen Privatschulen verboten und der Hausunterricht wurde gänzlich untersagt. Damit folgte man im Protektorat einem kurz zuvor für das Reichsgebiet herausgegebenen Erlass des Reichserziehungsministeriums, nach dem zum 30. Juni 1942 alle jüdischen Schulen schließen mussten. Gleichzeitig wurde der Unterricht jüdischer Kinder durch bezahlte und unbezahlte Lehrkräfte verboten.[202] Das bedeutete, dass jüdischen Schüler/-innen ein Unterrichtsbesuch nur noch illegal möglich war. Eine ebenso besondere wie tragische Bedeutung hatten hierbei die Erziehungsbemühungen im Konzentrationslager Theresienstadt (Terezín), im Protektorat Böhmen und Mähren an der Nordgrenze zum Reichsgau Sudetenland gelegen, wie Dana Kasperová schreibt:

> Die Theresienstädter Selbstverwaltung, mit dem Judenältestenrat an der Spitze, sah in den Kindern ein Unterpfand der Zukunft und der Kontinuität des jüdischen Volkes

---

199 Mitteilung über den Ausschluß der Juden von deutschen Schulen. In: Der Sudetendeutsche Erzieher 1 (1939) 24.
200 „Wo bisher keine besonderen Schuleinrichtungen für Juden bestanden, bleibt, nach einem Erlaß des Reichserziehungsministeriums an die Unterrichtsverwaltungen der Länder und die Regierungspräsidenten, die Erteilung von Schulunterricht an schulpflichtige Juden bis auf weiteres den Juden zu überlassen." In: Mitteilung über den Schulunterricht an Juden. In: Der Sudetendeutsche Erzieher 12 (1939) 292.
201 Vgl. KASPEROVÁ: Erziehung und Bildung der jüdischen Kinder im Protektorat und im Ghetto Theresienstadt 57–59.
202 EBENDA 91.

sowie der Hoffnung auf eine neues freiheitliches Leben und scheute keine Mühe für das Überleben der Kinder.[203] Dies schloss auch illegalen Unterricht ein, der in kleinen Gruppen ohne Wissen der Kommandantur vor sich ging und bei dem nach Möglichkeit fast alle Schulfächer gelehrt werden sollten. In den Erinnerungen und Tagebüchern wurden speziell die Kunsterziehung und die Persönlichkeiten der Lehrkräfte positiv herausgehoben.[204] Besonders unter Leitung der Künstlerin Friedl Dicker-Brandeis entstanden Tausende kindliche Zeichnungen und Bilder,[205] von denen viele in der heutigen Gedenkstätte des ehemaligen Konzentrationslagers zu sehen sind. Die meisten Kinder überlebten das Konzentrationslager nicht. Aus dem Protektoratsgebiet waren insgesamt 9 500 jüdische Kinder unter 15 Jahren nach Theresienstadt deportiert worden, von denen nur 512 (davon 124 über 15 Jahren) die Befreiung 1945 erlebten.[206] 7 590 Kinder waren von dort weiter in die östlichen Vernichtungslager deportiert worden, die nur 242 dieser Kinder überlebten.[207]

Insgesamt erlebten von den rund 118 000 Juden, die 1938 in Böhmen und Mähren wohnten, nur 14 000 dort das Kriegsende. Die Forschung schätzt die Zahl jüdischer Opfer im Protektorat Böhmen und Mähren auf etwa 80 000.[208] Von den rund 350 000 Juden, die 1938 auf dem Territorium der Tschechoslowakischen Republik lebten, fielen rund 265 000 dem Holocaust zum Opfer.[209]

---

203 EBENDA 186–187.
204 Vgl. EBENDA 57–59, 80, 91, 166–171, 186–188.
205 EBENDA 166–171.
206 Vgl. CHLÁDKOVÁ, Ludmila: Terezínské děti – bilance [Theresienstädter Kinder – eine Bilanz]. In: KÁRNÝ, Miroslav/BLODIG, Vojtěch (Hg.): Terezin v konečném řešení židovské otázky. Mezinárodní konference historiků k 50. výročí vzniku Terezínského ghetta, 1941–1945 [Theresienstadt in der Endlösung der Judenfrage: Internationale Historikerkonferenz zum 50. Jahrestag des Ghettos Theresienstadt, 1941–1945]. Praha 1992, 144–148.
207 Vgl. KÁRNÝ, Miroslav/KÁRNÁ, Margita: Terezínští dětští vězňové [Die gefangenen Kinder von Theresienstadt]. In: Památník Terezín (Hg.): Terezínské listy. Sborník Památníku Terezín [Theresienstädter Blätter: Anthologie der Gedenkstätte Theresienstadt]. Praha 1994, 25–40.
208 GRUNER: Die Judenverfolgung im Protektorat Böhmen und Mähren 289.
209 EBENDA.

Eine andere Sicht auf Bildung.
Der Umbau des Schulwesens

> Es wäre meines Erachtens falsch gewesen, wenn man im Herbst des Befreiungsjahres ohne Rücksicht auf lebendiges Herkommen und organisch Gewachsenes blindlings Schulformen aus den verschiedenen Ländern des Altreiches übernommen hätte, ohne zu beachten, wie diese Schulformen entstanden sind, und ohne zu prüfen, ob sie auch den Anforderungen einer neuen Zeit entsprechen. Heute, wo wir bereits einen gewissen Abstand gewonnen haben, können wir mit Genugtuung sagen, daß der beschrittene Weg richtig war. Wenn wir bedenken, daß durch eine persönliche Entscheidung des Führers selbst gewisse Schulformen, wie sie im Südostdeutschtum auf dem Boden des alten Österreichs gewachsen waren und wie sie auch die Tschechenherrschaft überdauert hatten, nunmehr ins gesamte Reich übernommen werden, so scheint mir das eine Bestätigung für die Richtigkeit der seit der Befreiung gemachten Schulpolitik zu sein.[1]

Dieses mit spürbarer Genugtuung formulierte Fazit über die Anpassung des sudetendeutschen Schulwesens an Reichsvorgaben zog der Leiter der sudetendeutschen Schulverwaltung Ludwig Eichholz in einem 1943 herausgegebenen, aufwendig gestalteten Bildband, der eine erfolgreiche Eingliederung des Reichsgaus Sudetenland in das Deutsche Reich behauptete. Als Eichholz 1938 Leiter der obersten sudetendeutschen Schulverwaltung in Reichenberg geworden war, setzte seine Verwaltung den Berliner Verreichlichungs- und Gleichschaltungstendenzen eigene Positionen entgegen, die unter Verklärung der Sudetendeutschen als Grenzlanddeutschen das bisherige deutschsprachige Schulwesen der Tschechoslowakei gegenüber dem des Altreiches als überlegen herausstellten. Nichtsdestotrotz war in Berlin gerade die reichsweite Vereinheitlichung des Schulwesens im vollen Gange; sudetendeutschen Vorstellungen war das Reichserziehungsministerium dabei alles andere als zugetan.

Der ehemalige Mitarbeiter der Schulverwaltung und spätere Erziehungswissenschaftler Gottfried Preissler konstatierte noch Ende der 1970er Jahre, dass „die politische Eingliederung des Bildungswesens in die Ordnungen des Deutschen Reiches [...] eine Reihe ernster Probleme mit sich" gebracht habe.[2]

---

1   EICHHOLZ, Ludwig: Der Erzieher. In: HENLEIN, Konrad (Hg.): Sudetenland im Reich. Ein Querschnitt durch die Aufbauarbeit und Leistung des Reichsgaus Sudetenland. Reichenberg 1943, 105.
2   PREISSLER: Geschichte meines Lebens aus der Sicht des 85. Geburtstags 50.

Auslese nach oben: die Bürgerschulen

Der Fortbestand der Bürgerschule war besonders umstritten, da es zu dieser Schulart im sogenannten Altreich keine Entsprechung gab und sie nur in beschränktem Umfang mit den dortigen Mittelschulen verglichen werden konnte.[3] In der Tschechoslowakei war sie in der Regel dreiklassig gewesen (6.–8. Klasse ab der Einschulung gerechnet), auf der 5. Klasse der Volksschule aufbauend und in ihrem Lehrplan auf die beruflichen Schulen hin orientiert.[4] Zudem existierte im Jahr 1938 annähernd an jeder zweiten Bürgerschule ein einjähriger Lehrkurs, der de facto ein 9. Schuljahr war.[5] Dessen Besuch ermöglichte den Absolvent/-innen den Eintritt in höhere vierklassige Fachschulen, Staatsgewerbeschulen und Handelsakademien (Wirtschaftsoberschulen).[6] In der Regel gingen die Kinder von der Volksschule ohne Aufnahmeprüfung in die Bürgerschule über. In der Konsequenz gab es somit oftmals keine Oberstufe in der Volksschule, sondern nur „einzelne völlig unbegabte Kinder".[7] So waren seit 1935 Kinder, die den 5. aufsteigenden Jahrgang einer Volksschule absolviert hatten, zum Besuch der Bürgerschule praktisch verpflichtet; sie war somit eine Pflichtwahlschule.[8] Seit 1935 wurden die Bürgerschulen zu je einem Drittel von der jeweiligen Gemeinde, vom Bezirk und vom Land getragen.[9] Oftmals waren die Bürger- und die Volksschulen innerhalb eines Gebäudes

---

3   Schreiben innerhalb der Schulabteilung des Regierungspräsidiums Troppau. Troppau, 10. Dezember 1938. ZA Opava, Fond RP Opava, inv. č. 3581, nicht foliiert.
4   EICHHOLZ, Ludwig: Was wir Sudetendeutschen mitbrachten. In: KÖNIGSWALD, Harald von (Hg.): Was wir mitbrachten. Eine Rückschau über Kräfte und Leistungen der Heimatvertriebenen und Flüchtlinge 1945–1955. (Schriftenreihe für das Vertriebenenwesen 21) Troisdorf/Rheinland 1955, 109.
5   Schreiben von Eichholz an die Regierungspräsidenten in Aussig, Karlsbad und Troppau. Reichenberg, 16. Juni 1941. SOkA Opava, Bestand Landrát Opava, Karton 237, složka inv. č. 394, nicht foliiert.
6   EICHHOLZ: Was wir Sudetendeutschen mitbrachten 109.
7   Schreiben des Stadtschulrates von Troppau (Autor nicht leserlich) an den Regierungspräsidenten in Troppau. Troppau, 9. August 1941. ZA Opava, RP Opava, Signatur IIA, Karton 3548, nicht foliiert.
8   Gesetz vom 20. Dezember 1935, DsGuB Nr. 233 betreffend Abänderung und Ergänzung der Gesetze über die Errichtung und Erhaltung der öffentlichen Bürgerschulen, ihren Besuch und ihre Verwaltung. In: BUZEK, Kamil (Hg.): Die wichtigsten Volksschulgesetze und -verordnungen für das Land Böhmen. Prag 1937, 294–304, hier 301.
9   BUZEK: Einführung in die Organisation des Volksschulwesens in der Čechoslovakischen Republik 74–75.

untergebracht, die Schulleitungen waren in vielen Fällen identisch.[10] Unterrichtet wurde in der Bürgerschule von Fachlehrkräften.[11] Schulgeld konnte theoretisch erhoben werden, praktisch geschah dies jedoch nur selten.[12] Der in der Reichenberger Schulverwaltung für die Bürgerschulen zuständige Sachbearbeiter Rudolf Fiedler, vor 1938 Leiter des kleinen Lehrerverbandes der Bürgerschullehrer, stellte Anfang des Jahres 1939 fest, dass die Bürgerschule „sich in den Schulaufbau des Großdeutschen Reiches irgendwie einzuordnen" habe.[13] Insbesondere Fiedler und sein Kollege in der Reichenberger Schulverwaltung Theo Keil setzten sich energisch für den Fortbestand der Bürgerschule ein. Bereits rund zwei Wochen nach dem Münchner Abkommen forderte Rudolf Fiedler in der Lehrerzeitschrift „Sudetendeutsche Schule" selbstbewusst, dass

> man, bevor man bei uns durch viele Jahrzehnte bewährte Formen tilgt oder wandelt, sorgfältig prüfen sollte, was an ihnen gut war und wert ist, in den Neubau mit übernommen zu werden. Denn wir haben den Ehrgeiz, nicht nur zu nehmen, sondern auch zu geben.[14]

Fiedler erklärte auch gegenüber dem NS-Lehrerbund stolz, dass die Bürgerschule „wesentliche Vorzüge [...] gegenüber den verwandten Schulformen des Altreiches (Mittelschule)" böte, nämlich Schulgeldfreiheit, Erfüllung der Schulpflicht mit abgeschlossener Schulbildung, Erhaltung der Schule und Lehrerbesoldung durch den Staat; zudem gebe es im Reichsgau ein so dichtes Netz, dass praktisch die meisten Kinder vom Elternhaus aus eine Bürgerschule besuchen könnten.[15] Gegenüber den Lehrkräften machten Keil und Fiedler auch deutlich, dass die Bürgerschulen weiterhin notwendig wären, da sich die beruflichen

---

10 Schreiben innerhalb der Schulabteilung des Regierungspräsidiums Troppau. Troppau, 10. Dezember 1938. ZA Opava, Fond RP Opava, inv. č. 3581, nicht foliiert.
11 Anhang zu einem Schreiben innerhalb der Schulabteilung des Regierungspräsidiums Troppau, S. 2. Troppau, 10. Dezember 1938. ZA Opava, Fond RP Opava, inv. č. 3581, nicht foliiert.
12 Schreiben innerhalb der Schulabteilung des Regierungspräsidiums Troppau. Troppau, 10. Dezember 1938. ZA Opava, Fond RP Opava, inv. č. 3581, nicht foliiert.
13 FIEDLER, Rudolf: Die Bürgerschule am Scheidewege. In: Der Sudetendeutsche Erzieher 1 (1939) 13–16, hier 13.
14 FIEDLER, Rudolf: Die Bürgerschule – eine mittlere Schulanstalt. In: Sudetendeutsche Schule. Monatsblatt für zeitgemäße Schulgestaltung 3 (1938) 58.
15 Dringendes Schreiben Theo Keils und Rudolf Fiedler für den NS-Lehrerbund, Gauwaltung Sudetenland an die Abteilungsleiter für Erziehung und Unterricht und an die Kreisfachschaftsleiter für Bürgerschulen. Reichenberg, 1. Juli 1939. SOkA Karlovy Vary, Landrát Žlutice 1938–1945, Karton 11, nicht foliiert.

Schulen im Sudetenland direkt auf diese beziehen würden.[16] Zugleich wurde in der Reichsstatthalterei eine Arbeitsgruppe eingerichtet, die die Zukunft der Bürgerschule klären sollte;[17] Neugründungen von Bürgerschulen wurden vorläufig verboten, solange die künftige Form dieser Schulart nicht feststand.[18]

Während man in Reichenberg entschlossen versuchte, die Bürgerschule als eigenständige Schulform zu retten, wurde in Troppau eine andere Position vertreten. Denn das dortige Regierungspräsidium war gegenteiliger Auffassung: Es sprach Bürgerschulen jegliche Zukunftsaussichten ab, stattdessen müssten sie zu Mittelschulen umgebaut werden. Allein die Bezeichnung Bürgerschule würde den Ansprüchen nationalsozialistischer Schulpolitik widersprechen.[19] Nach seiner Vorstellung sollten alle Bürgerschulen sechsklassig gestaltet werden. In der Folge würden dann diesen „voll entwickelten Bürgerschulen [...] die gleichen Berechtigungen verliehen werden, wie die Altreichsmittelschulen schon besitzen".[20] Als die Reichenberger Schulverwaltung über Umwege von diesen Plänen erfuhr, wurde das Troppauer Regierungspräsidium von Eichholz scharf aufgefordert, zukünftig alle eigenständigen Maßnahmen zum Schulaufbau zu unterlassen.[21]

Doch davon ließ man sich in Troppau offensichtlich nicht einschüchtern und unterbreitete dem Reichserziehungsministerium einen eigenen Plan, der die Errichtung von Mittelschulen im Regierungsbezirk Troppau zum Ziel hatte, verbunden mit dem Hinweis, „dieses Schreiben den Sachbearbeitern des Herrn Reichsstatthalters nicht zur Kenntnis zu bringen".[22] Wie Berlin auf diesen

---

16 KEIL, Theo: Die neuen Lehrpläne der Mittelschule und der Bürgerschule. In: Mitteilungsblatt des NSLB der Gauwaltung Sudetenland 4 (1940) 50–52.
17 EBENDA.
18 Schreiben des Regierungspräsidiums Troppau (Boeckmann) an die Landräte des Bezirks und an den Oberbürgermeister der Stadt Troppau. Troppau, 28. Dezember 1938. ZA Opava, Fond RP Opava, inv. č. 3545, nicht foliiert.
19 Arbeitspapier zur Vorlage an das Reichserziehungsministerium. Ohne Orts- und Datumsangabe. Verfasst von der Schulabteilung am Regierungspräsidium ZA Opava, Fond RP Opava, inv. č. 3532, nicht foliiert.
20 Merkblatt für die neue Mittelschule (Bürgerschule). Anhang zu einem Schreiben von Zippelius an die Kreisschulämter des Regierungsbezirks Troppau. Troppau, 19. März 1940. SOkA Opava, Bestand Landrát Opava, Karton 237, složka inv. č. 394, nicht foliiert.
21 Schreiben von Eichholz an die Schulabteilung des Regierungspräsidiums Troppau. Reichenberg, 23. Februar 1939. ZA Opava, Fond RP Opava, inv. č. 3566, nicht foliiert.
22 Schreiben Boeckmanns (Regierungspräsidium Troppau) an Ministerialrat Döbereiner (Reichserziehungsministerium), Troppau, 10. November 1939. ZA Opava, Fond RP Opava, inv. č. 3566, nicht foliiert.

Vorschlag reagierte, ist nicht bekannt. Jedenfalls hatte das Troppauer Engagement für die Mittelschule bereits Widerhall in der Öffentlichkeit des Regierungsbezirks gefunden. So gab die Frauenberufsfachschule Troppau bereits im Frühjahr 1940 als Aufnahmebedingung für ihre Schule den Besuch von vier Klassen einer Mittelschule an.[23] Auch die ehemals katholische und nun offen nationalsozialistische Monatszeitschrift „Die deutsche Familie" sprach bereits im Mai 1939 davon, dass den Volksschülern in Bälde die Möglichkeit offenstehe, in die Mittelschule überzutreten, die „etwa unserer Bürgerschule" entsprechen würde.[24]

Im Sommer 1939 kamen die Gespräche Reichenbergs mit Berlin über den Fortbestand der Bürgerschulen schließlich zum Abschluss. Die von der Reichenberger Schulverwaltung selbstbewusst nach außen vorgebrachten Erklärungen hatten keinen Erfolg gezeitigt, ganz im Gegenteil: Denn nun sollte die Bürgerschule deutlich an die Mittelschule angeglichen werden. Zum einen wurde der bisherige einjährige Lehrkurs in eine reguläre 5. Klasse (9. Jahrgangsstufe) umgewandelt,[25] an die – wie an den Mittelschulen – neu zu errichtende 6. Klassen (10. Jahrgangsstufe) anschließen sollten.[26] Der Übertritt an die Bürgerschule sollte nun nicht mehr nach dem 5. Schuljahr, sondern bereits nach dem 4. Schuljahr erfolgen.[27] Zudem sollten die Schulen, an denen es bislang den einjährigen Lehrkurs gegeben hatte, schrittweise[28] sechsstufig ausgebaut werden;[29] im April 1940 begann man dies an zwölf Schulen

---

23 Jahresbericht für das Schuljahr 1939/40 der Frauenberufsfachschule Troppau. Troppau 1940, 4.
24 Der neue Schulaufbau [ohne Autorenangabe]. In: Die deutsche Familie 8 (1939) 254.
25 Fernschreiben Keils an die Regierungspräsidien in Aussig, Karlsbad und Troppau. Reichenberg, 9. September 1939. SOAL, ŘM, Signatur unklar, Karton 350, Signatur unklar, fol. 1.
26 Schreiben von Eichholz an die Regierungspräsidenten in Aussig, Karlsbad und Troppau zum Umbau der Bürgerschule. Reichenberg, 24. Mai 1940. SOkA Opava, Bestand Landrát Opava, Karton 237, složka inv. č. 394, nicht foliiert.
27 Schreibens des Reichserziehungsministeriums (Frank) an die Reichsstatthalterei in Reichenberg. Berlin, 23. September 1939. SOAL, ŘM, Signatur unklar, Karton 350, fol. 2.
28 KEIL, Theo: Die neuen Lehrpläne der Mittelschule und der Bürgerschule. In: Mitteilungsblatt des NSLB der Gauwaltung Sudetenland 4 (1940) 50–52, hier 50.
29 Schreiben von Eichholz an die Regierungspräsidenten in Aussig, Karlsbad und Troppau, Reichenberg, 24. Mai 1940. ZA Opava, RP Opava, Signatur IIA, Karton 3547, nicht foliiert.

umzusetzen.[30] Zugleich trat 1940 ein neuer Lehrplan in Kraft, die „Bestimmungen über Erziehung und Unterricht in der Bürgerschule".[31] Den Lehrkräften wurde bereits am 1. September 1939 die Entwurfsfassung des Lehrplans übermittelt,[32] sodass möglichst schon ab diesem Zeitpunkt nach den neuen Vorgaben unterrichtet werden sollte.[33]

Mit der Einführung der neuen Lehrpläne war auch die Einführung einer verbindlichen Fremdsprache verbunden;[34] angedacht waren Tschechisch oder Englisch, was schließlich noch Gegenstand erheblicher Diskussion werden sollte.[35] Vor allem fällt auf, dass sich die „Bestimmungen über Erziehung und Unterricht in der Mittelschule" (1939)[36] und die „Bestimmungen über Erziehung und Unterricht in der Bürgerschule" (1940)[37] in weiten Teilen bis aufs Wort gleichen, sowohl in der grundsätzlichen Erörterung und in den Stundentafeln als auch in den Lehrplänen, jedoch führen die Mittelschulrichtlinien Vorgaben für den Englisch- und Französischunterricht auf,[38] die Bürgerschulrichtlinien hingegen für Englisch und Tschechisch.[39] Sogar die jeweils zu behandelnden

---

30 Schreiben von Eichholz an die Regierungspräsidenten in Aussig, Karlsbad und Troppau. Reichenberg, 24. Mai 1940. SOkA Opava, Bestand Landrát Opava, Karton 237, složka inv. č. 394, nicht foliiert.
31 Reichsstatthalter im Sudetengau (Hg.): Bestimmungen über Erziehung und Unterricht in der Bürgerschule. Reichenberg 1940.
32 Schreiben von Eichholz an die Regierungspräsidenten in Aussig, Karlsbad und Troppau. Reichenberg, 24. Mai 1940. ZA Opava, RP Opava, Signatur IIA, Karton 3547, nicht foliiert.
33 Schreiben des Regierungspräsidiums Troppau an die Kreisschulräte des Regierungsbezirks Troppau. Troppau, 22. August 1939. ZA Opava, Fond RP Opava, inv. č. 3545, nicht foliiert.
34 Schreiben von Eichholz an die Regierungspräsidenten in Aussig, Karlsbad und Troppau. Reichenberg, 24. Mai 1940. SOkA Opava, Bestand Landrát Opava, Karton 237, složka inv. č. 394, nicht foliiert.
35 Siehe das Kapitel „,Grenzlanddeutsche' Kompetenz. Das Schulfach Tschechisch".
36 PAX, Emil/RAFFAUF, Josef (Hg.): Bestimmungen über Erziehung und Unterricht in der Mittelschule. Halle a. d. Saale 1940. Die Richtlinien waren erstmals 1939 erschienen, die nachfolgenden Seitenangaben zu dieser Publikation beziehen sich auf die Ausgabe von 1940.
37 Reichsstatthalter im Sudetengau (Hg.): Bestimmungen über Erziehung und Unterricht in der Bürgerschule.
38 PAX/RAFFAUF (Hg.): Bestimmungen über Erziehung und Unterricht in der Mittelschule 72–79.
39 Reichsstatthalter im Sudetengau (Hg.): Bestimmungen über Erziehung und Unterricht in der Bürgerschule 86–96.

Inhalte (Stoffpläne) in den Fächern gleichen sich beinahe völlig – auch bei der im Fach Deutsch verpflichtend zu lesenden Literatur.[40] Nur im Fach Geschichte gibt es im Stoffplan deutliche Abweichungen. Während an der Bürgerschule die deutsche Geschichte, beginnend mit der Steinzeit sowie den „Indogermanen", ab der 1. Klasse (5. Jahrgangsstufe) vermittelt wurde und sich danach chronologisch so erstreckte, dass der Unterricht in der 4. Klasse (8. Jahrgangsstufe) in der Gegenwart ankam, zog sich die chronologische Erzählung in der Mittelschule länger hin – erst in der 5. Klasse erreichte sie die Gegenwart. In der 6. Klasse (10. Jahrgangsstufe) wurde dann nochmals die germanische Frühgeschichte sowie die griechische und römische Geschichte als „Rassenschicksal" behandelt, um dann mit dem Aufbau des Dritten Reiches und einem Rückblick auf die Geschichte vom „Ersten bis zum Dritten Reich" abzuschließen.[41] In der Bürgerschule erfolgte die Besprechung der germanischen Frühgeschichte sowie der römischen und griechischen Geschichte als „Rassenschicksal" stattdessen in der 5. Klasse, in der 6. Klasse wurde sich dann dem „Werden des deutschen Volkes und seines Staates" in seiner Gesamtheit gewidmet sowie – das ist bemerkenswert – die „Geschichte des Grenz- und Auslandsdeutschtums"[42] behandelt.[43] Somit drängt sich der Eindruck auf, dass die Abgrenzung vom Lehrplan der Mittelschule nicht so wie behauptet gelang, mit einer Ausnahme: dem Grenzlanddeutschtum als Unterrichtsinhalt. Die Schulverwaltung war augenscheinlich vor allem daran interessiert, die Bürgerschule unter ihrem Namen zu erhalten – und damit auch die Beschäftigung der dort tätigen Lehrkräfte abzusichern. Dass tatsächlich nun nach dem Lehrplan der Mittelschule unterrichtet wurde, wurde aber nicht thematisiert.

Schon die Tatsache, dass es den Namen Bürgerschule für diese Schulform noch gab, konnte als Beleg für eine erfolgreiche Rettung angeführt werden. Diese Forterhaltung schrieb Theo Keil vor allem seiner eigenen Schulverwaltung zu. Gegenüber den Lehrkräften behauptete er voller Freude, dass es dank der Bemühungen des NSLB und der Schulabteilung des Reichsstatthalters gelingen werde, „in der neuen Bürgerschule die Vorteile der Mittelschule des

---

40 PAX/RAFFAUF (Hg.): Bestimmungen über Erziehung und Unterricht in der Mittelschule 24; Reichsstatthalter im Sudetengau (Hg.): Bestimmungen über Erziehung und Unterricht in der Bürgerschule 23.
41 PAX/RAFFAUF (Hg.): Bestimmungen über Erziehung und Unterricht in der Mittelschule 29–30.
42 Reichsstatthalter im Sudetengau (Hg.): Bestimmungen über Erziehung und Unterricht in der Bürgerschule 33.
43 EBENDA 32–33.

Altreiches mit den unbestreitbaren Vorzügen unserer alten Bürgerschule zu vereinen"[44] – ein dichtes Netz und Schulgeldfreiheit, was die NSDAP und Bernhard Rust für das gesamte Reich anstreben würden.[45]

Auch Rust konnte bei einer Dienstbesprechung am 15. Dezember 1939 bekanntgeben, dass die Einführung der Mittelschule im Reichsgau Sudetenland nun zwar doch unterbleibe, stattdessen aber die bisherige Bürgerschule umgebaut werde.[46] Damit war die Mittelschule, wenngleich nicht unter ihrem Namen, de facto auch im Reichsgau Sudetenland eingeführt worden. Sie blieb aber im Gegensatz zur reichsdeutschen Mittelschule[47] ohne Zahlung eines Schulgeldes zugänglich,[48] ein Erfolg für die sudetendeutsche Schulverwaltung, die somit ihr Ansinnen, dass „auch Schüler der sozial schwächsten Schichten"[49] die Bürgerschule besuchen können, durchsetzen konnte. Dies betraf jedoch nur die Klassen 1 bis 4 (5.–8. Jahrgangsstufe), für den Besuch der 5. und 6. Klasse (9.–10. Jahrgangsstufe) konnte ein Lehrmittelbeitrag erhoben werden, der jedoch zum Ankauf von Lehr- und Lernmitteln für die betreffende Bürgerschule verwendet werden musste.[50]

Auswahl des besten Schülerdrittels?

Mit der weitgehenden Angleichung der Bürgerschule an die Mittelschule kam es umgehend zu einer tiefgreifenden Neuerung: Diese wurde nun erst nach erfolgreicher Absolvierung eines Aufnahmeverfahrens zugänglich. Die Schulverwaltung ging zumindest in der Öffentlichkeit davon aus, dass die neuen Auswahlverfahren von den Eltern akzeptiert werden würden, da die Eltern wüssten, dass ein schlechterer Schüler an der Volksschule besser gefördert werden könne als an der Bürgerschule, „in der er sich nur als Bremsklotz und mehr oder weniger als unbeachteter Außenseiter fühlen müßte".[51] Doch das

---

44 KEIL, Theo: Die Bürgerschule im neuen Schuljahre. In: Der Sudetendeutsche Erzieher 17 (1939) 378–380, hier 378.
45 EBENDA 378.
46 Vermerk der Schulabteilung am Regierungspräsidium Troppau. Troppau, 23. April 1940. ZA Opava, Fond RP Opava, inv. č. 3532, nicht foliiert.
47 Vgl. WEHLER: Deutsche Gesellschaftsgeschichte. Bd. 4, 821–822.
48 KEIL: Die Bürgerschule im neuen Schuljahre 378.
49 Schreiben Henleins an Martin Bormann. Reichenberg, 29. März 1941. SOAL, ŘM, Signatur unklar, Karton 350, fol. 112–116.
50 Schreiben von Eichholz an die Regierungspräsidenten in Aussig, Karlsbad und Troppau. Reichenberg, 24. Mai 1940. SOkA Opava, Bestand Landrát Opava, Karton 237, složka, inv. č. 394, nicht foliiert.
51 KEIL: Die Bürgerschule im neuen Schuljahre 379.

sahen die Eltern anscheinend ganz anders. Da die Bürgerschule ebenso wie die Volksschule schulgeldfrei blieb, war nachvollziehbar, dass viele Schülerinnen, Schüler und Eltern weiterhin versuchten, einen Übertritt an die Bürgerschule zu erreichen. So war die Abweichung von der Vorgabe in der Praxis groß. Das Regierungspräsidium Troppau beklagte sich im Mai 1940 bei seinen Kreisschulämtern, dass in einzelnen Volksschulen bis zu 90 Prozent aller Schüler/-innen die Aufnahmeberechtigung für die Bürgerschule erhielten – die Vorgabe sah 33 Prozent vor.[52]

Die Direktoren hatten für ihr großzügiges Aufnahmeverhalten allerdings einen Grund: Sie strebten an, ihre Schulen nun sechsstufig auszubauen, was aber nur einem Drittel der Bürgerschulen überhaupt zugestanden werden sollte.[53] Dafür war es notwendig, dass sich mindestens zwölf Schüler/-innen für die 6. Klasse (10. Jahrgangsstufe) anmeldeten.[54]

Die Schulverwaltung war über diese Missachtung der Aufnahmebedingungen aufgebracht. Im Regierungsbezirk Troppau drohte man den betreffenden Schulen, dass die so gebildeten Klassen kurzerhand aufgelöst würden.[55] Die Reichsstatthalterei hingegen versuchte, die Lehrkräfte mit finanziellen Anreizen zu überzeugen: Ihnen wurde eine bessere Besoldung gegenüber den Volksschullehrkräften nur dann in Aussicht gestellt, wenn die Auswahlverfahren tatsächlich wie vorgegeben durchgeführt würden.[56] Ab Herbst 1940 erhielten Bürgerschullehrkräfte schließlich dann auch eine Zulage von 300 RM.[57]

Dies soll aber nicht darüber hinwegtäuschen, dass zwischen 1938 und 1940 die Aufnahme von Schüler/-innen an die Bürgerschulen insgesamt empfindlich beschränkt worden war. Im Herbst 1938 wurden die ersten Klassen der deutschen Bürgerschulen im Sudetengau von rund 29 000 Schüler/-innen besucht,

---

52 Schreiben des Regierungspräsidiums Troppau (Kieseler) an die Schulämter des Regierungsbezirks Troppau. Troppau, 28. Mai 1940. SOkA Opava, Bestand Landrát Opava, Karton 237, složka inv. č. 394, nicht foliiert.
53 EBENDA.
54 Schreiben von Eichholz an die Regierungspräsidenten in Aussig, Karlsbad und Troppau zum Umbau der Bürgerschule. Reichenberg, 24. Mai 1940. SOkA Opava, Bestand Landrát Opava, Karton 237, složka inv. č. 394, nicht foliiert.
55 Schreiben des Regierungspräsidiums von Troppau (Schönfeldt) an die Schulräte des Regierungsbezirks Troppau. Troppau, 30. August 1940. SOkA Opava, Bestand Landrát Opava, Karton 237, složka inv. č. 394, nicht foliiert.
56 Deutscher Lehrerbund: Die Übertrittszulage. In: Freie Schulzeitung 28 (1938) 455.
57 FIEDLER: Zur Überführung der Volks- und Bürgerschullehrer des Sudetengaues in die Reichsbesoldungsordnung.

im Herbst 1940 betrug die Gesamtzahl der Schüler/-innen in Klasse 1 (5. Jahrgangsstufe) bei den Jungen nur noch 5 687 und bei den Mädchen 6 452.[58]

Einführung der Hauptschule

Nach außen zeigte sich die Schulverwaltung außerordentlich zufrieden. Bei einer Schulbesichtigung in Kaaden behauptete Theo Keil übermütig: „Die Bürgerschule steht im Mittelpunkt des Interesses der ganzen deutschen Erzieherschaft. Sie weiß, dass man wie nie zuvor auf sie und ihre Arbeit an der Bürgerschule schaut."[59] Auch Henlein zeigte sich erfreut, dass der Umbau der Bürgerschule nun zum Abschluss gebracht wurde.[60] Und auch in Berlin galt der nationalsozialistische Umbau des Schulsystems im Deutschen Reich mit der Veröffentlichung der Richtlinien für Volks- und Mittelschulen am 15. Dezember 1939 im Großen und Ganzen als abgeschlossen.[61] Insoweit kam die plötzliche Entscheidung Hitlers im Herbst 1940, nun die Hauptschule als mittlere Schulart reichsweit einzuführen[62] für die sudetendeutsche Schulverwaltung vermutlich höchst überraschend. Der Hintergrund war wohl der mutmaßliche Wunsch Hitlers, Schuleinrichtungen des früheren Österreich zu übernehmen.[63] Am 16. Dezember 1940 trug die Parteikanzlei diese Entscheidung Hitlers dem

---

58 FIEDLER, Rudolf: Bürgerschule – Hauptschule. In: Mitteilungsblatt des NSLB der Gauwaltung Sudetenland 2 (1941) 14–15.
59 Bericht über die Besichtigung der 6. Klasse an der Knabenbürgerschule in Kaaden durch Theo Keil, Rudolf Fiedler (Reichsstatthalterei) und Dr. Matthäus und Anton Brich (Schulabteilung am Regierungspräsidium Karlsbad) sowie Friedrich Schuster (Schulrat Kreis Kaaden) am 25. Februar 1941. SOAL, ŘM, Signatur 1062/0, Karton 337, nicht foliiert.
60 Schreiben Henleins an Martin Bormann. Reichenberg, 29. März 1941. SOAL, ŘM, Signatur unklar, Karton 350, fol. 112–116.
61 Office of Military Government for Germany (U 8), Ministerial Collecting Center, Education Section, Fürstenhagen – APO 742. Bericht über Konflikte zwischen Reichserziehungsministerium und NSDAP. Ohne Datums- und Ortsangabe. BArch, R 4901/13105, Konflikte des Reichserziehungsministeriums mit der NSDAP, fol. 6, 22–24.
62 KEIL, Theo: Die Hauptschule im Schulaufbau des Großdeutschen Reiches. In: PAX, Emil/ZEHLER, Friedrich/RAFFAUF, Josef (Hg.): Die Deutsche Hauptschule. Sammlung der Bestimmungen über die Hauptschule. Heft 1: Bestimmungen über Erziehung und Unterricht in der Hauptschule – Allgemeine schulorganisatorische und schulfachliche Anordnungen. Halle a. d. Saale 1942, 5–12, hier 5.
63 Office of Military Government for Germany (U 8), Ministerial Collecting Center, Education Section, Fürstenhagen – APO 742. Bericht über Konflikte zwischen Reichserziehungsministerium und NSDAP. Ohne Datums- und Ortsangabe. BArch,

Reichserziehungsministerium vor und beauftragte es, „das mittlere Schulwesen so zu verändern [...], dass die vierklassige Hauptschule an die Stelle der sechsklassigen Mittelschule [...] trete".[64] Die hierbei in Anspruch genommene österreichische Hauptschule kann als institutionelles Pendant zur sudetendeutschen Bürgerschule bezeichnet werden. Schulgeschichtlich ebenso bis in die Zeit der Habsburgermonarchie zurückreichend, war sie in der Zwischenkriegszeit in der Republik Österreich reformiert und von Bürgerschule in Hauptschule umbenannt worden. Auch wenn sie in ihrer Zielsetzung weitestgehend der bisherigen Bürgerschule entsprach,[65] sollte der wesentliche Unterschied der Hauptschule zur Mittelschule im nur vierklassigen Aufbau (Klassenstufen 5–8) bestehen.

Dagegen wurde aber – auch von sämtlichen Berliner Ressorts – eingewendet, dass dadurch eine Lücke entstünde, die durch andere Schuleinrichtungen geschlossen werden müsste. Die Parteikanzlei entgegnete auf diesen Einwand, dass die Lücke alsbald durch verschiedene, neu zu errichtende Berufsfachschulen geschlossen werde.[66] Selbst der gebürtige Österreicher Holfelder aber, in dessen Zuständigkeitsbereich die Einführung der Hauptschule fiel, sah ihre Installation höchst kritisch: Ihrer Einführung zu Beginn des Schuljahres 1941/1942 würden „gewichtige verwaltungsmäßige und technische Bedenken" entgegenstehen. „Die Überlastung der Verwaltungsbehörden, die jede nicht unbedingt notwendige kriegswichtige zusätzliche Arbeit" verböte, würde die „Gefahr in sich schließen, daß die neue Schulgattung, überstürzt geschaffen und zunächst mit großen Mängeln behaftet, einen für ihre ganze künftige Entwicklung und für das Ansehen der neuen Schule nachteiligen Beginn hätte".[67] Dass das Reichserziehungsministerium nach dem Beschluss über die

---

R 4901/13105, Konflikte des Reichserziehungsministeriums mit der NSDAP, fol. 6, 22–24.
64 EBENDA.
65 Einführung der Hauptschule in den neuen Gebieten des Großdeutschen Reiches. Runderlaß vom 28. April 1941 – E II d I 139 (a). In: PAX/ZEHLER/RAFFAUF (Hg.): Die Deutsche Hauptschule. Sammlung der Bestimmungen über die Hauptschule 90.
66 Office of Military Government for Germany (U 8), Ministerial Collecting Center, Education Section, Fürstenhagen – APO 742. Bericht über Konflikte zwischen Reichserziehungsministerium und NSDAP. Ohne Datums- und Ortsangabe. BArch, R 4901/13105, Konflikte des Reichserziehungsministeriums mit der NSDAP, fol. 6, 22–24.
67 Vermerk Holfelders über eine Ressortbesprechung am 26. Mai 1941 zur Einführung der Hauptschule. Berlin, 11. Juni 1941. R 4901/11906 Einführung der Hauptschule, nicht foliiert.

Einführung der Hauptschule zuerst die Schulverwaltungen der Ostmark und des Sudetenlandes um Stellungnahmen zu dieser Schulart bat, zeigt, dass man im Ministerium nicht allzu viel Kenntnis über diese Schulart hatte.[68]

Die erheblichen Vorbehalte aufseiten des Reichserziehungsministeriums konnten jedoch die Einführung der Hauptschule letztendlich nicht aufhalten. Am 28. April 1941 wurde beschlossen, die Hauptschule zu Beginn des Schuljahres 1941/1942 „in den neuen Gebieten einzuführen". Laut Erlass sollte die Hauptschule als eigenständige Schulart neben der Volksschule bestehen, auf dem 4. Volksschuljahr aufbauen und vier aufsteigende Klassen umfassen. Von einer 5. und 6. Klasse (9. und 10. Jahrgangsstufe) war im Erlass ausdrücklich nicht die Rede. Ein Schulgeld sollte nicht erhoben werden.[69] Die sudetendeutsche Öffentlichkeit erfuhr von diesem Wandel, als Rust im Februar 1941 bei einer Rede in Posen ankündigte, dass die „Schulform der Hauptschule in das gesamte Deutsche Reich, und zwar zunächst in die neuen Gaue des Ostens und des Westens, übernommen" werde.[70]

Die öffentlich zur Schau getragene Begeisterung der sudetendeutschen Schulverwaltung war groß. Gerhard Matthäus jubelte: „Die Entscheidung des Führers darf die Erzieherschaft der Ostmark und des Sudetengaues mit Stolz und Freude erfüllen; sie bedeutet Anerkennung und Bestätigung aus berufenstem Munde."[71] Im August 1941 gab die Reichsstatthalterei dann auch öffentlich bekannt, dass auf „Grund der Entscheidung des Führers die alte österreichische Bürgerschule unter dem ihr später verliehenen Namen Hauptschule ein wesentlicher Bestandteil des gesamten deutschen Schulwesens" geworden ist – und sogleich wurden die bisherigen Bürgerschulen im Reichsgau Sudetenland zu Beginn des Schuljahres 1941/1942 in Hauptschulen unbenannt.[72] Dass dabei die österreichische Hauptschule – und eben nicht die sudetendeutsche Bürgerschule – als mittlere Schulform des Deutschen Reiches eingeführt werden sollte, machte für Theo Keil keinen Unterschied. Er setzte kurzerhand die Hauptschule mit der Bürgerschule gleich: „Auf Grund einer Entscheidung des Führers wird die Hauptschule in Gestalt einer Pflichtschule die mittlere Schulform des Deutschen Reiches. Sie besteht seit langer Zeit in den Reichsgauen

---

68 HAUSER: Das Elsass als ‚Erziehungsproblem' 162.
69 Der 1. Hauptschulerlaß (Erlass des Reichserziehungsministeriums (E II d 139 a)) vom 28.4.1941. In: Die Deutsche Hauptschule 3 (1944) 20–22.
70 FIEDLER: Bürgerschule – Hauptschule 14.
71 MATTHÄUS: Die Hauptschule und ihr nationalsozialistischer Auftrag 5.
72 Anweisung der Reichsstatthalterei für das Amtliche Schulblatt. Reichenberg, 16. August 1941. SOAL, ŘM, Signatur unklar, Karton 350, fol. 23.

des Alpen- und Donaulandes und im Sudetenlande" – und erklärte somit das sudetendeutsche Schulwesen ebenso zum Gewinner wie auch zum Vorbild der Reform.[73] So referierte er denn auch auf einer Tagung in Prag:

> Der südostdeutsche Grenzraum hat in seiner Bürgerschule (Hauptschule), den Lehrerbildungsanstalten und verschiedenen Fachschulen Mustergültiges geschaffen, das nunmehr als Organisationsform fürs Gesamtreich übernommen wird. Hierüber ist die Entscheidung des Führers gefallen. Die Durchführung selbst bringt geradezu eine Revolution in den Aufbau des deutschen Schulwesens, die bei uns im Sudetenland weniger stark verspürt wird, weil, wie gesagt, eben schon das meiste bei uns so war und nur mit neuem Geiste zu erfüllen ist.[74]

Gerhard Matthäus in Karlsbad war nach außen hin selbstkritischer, jedoch ließ er zugleich keinerlei Zweifel an der besonderen Motivation der sudetendeutschen Lehrkräfte aufkommen, für die neue Schulart einzustehen. In einer viel umworbenen Broschüre zur Einführung der Hauptschule im Sudetenland schrieb er:

> Wir wollen die Hauptschule zu der nationalsozialistischen Erziehungs- und Arbeitsstätte gestalten, die den Forderungen der vom Reichsstatthalter im Sudetengau erlassenen „Bestimmungen über Erziehung und Unterricht der Bürgerschule" gerecht zu werden vermag. Wir sind ehrlich genug, zu sagen, daß dieses Ziel in der kurzen Zeit nationalsozialistischer Schularbeit noch nicht erreicht werden konnte; unser Wille aber, es zu schaffen, soll von keinem Gau des Reiches übertroffen werden.[75]

Höchst selbstbewusst behauptete er in dieser Broschüre überdies, dass das Sudetenland für den künftigen Aufbau der Hauptschule im Reich „Schrittmacher sein" werde.[76] Henlein sah den Beweis für die Richtigkeit der Bürgerschule darin, dass „die Tschechen die Bürgerschule als Sprungbrett benützten, von dem aus sie die mittleren Stellungen in unseren Sprachinselstädten in planmäßigem Vorgehen eroberten", und sich somit gezeigt hatte, dass die Bürgerschule

---

73 Vorwort der Herausgeber. Berlin, im Mai 1942. In: PAX, Emil/ZEHLER, Friedrich/RAFFAUF, Josef (Hg.) Die Deutsche Hauptschule. Sammlung der Bestimmungen über die Hauptschule. Heft 1: Bestimmungen über Erziehung und Unterricht in der Hauptschule – Allgemeine schulorganisatorische und schulfachliche Anordnungen. Halle a. d. Saale 1942.
74 HERZOG, Robert: Bericht über die Tagung des NSLB. Sudetenland in Prag (19.–21. April 1941). In: Mitteilungsblatt des NSLB der Gauwaltung Sudetenland 6 (1941) 66–68, hier 67.
75 MATTHÄUS: Die Hauptschule und ihr nationalsozialistischer Auftrag 5–6.
76 EBENDA 13.

breitesten Schichten einen stetigen Aufstieg ermöglichen würde.⁷⁷ Henlein konnte in einem Schreiben an Martin Bormann zudem frohgemut konstatieren: „Es lag nie in meiner Absicht, die im Reichsgau Sudetenland bestehenden Bürgerschulen in Mittelschulen umzuwandeln", auch wenn er zugab, „einige klar erkennbare Vorzüge der Mittelschulen für die Bürgerschule zu übernehmen". Er machte Bormann in diesem Zusammenhang noch darauf aufmerksam, dass der Lehrplan der Bürgerschule gegenüber dem der Mittelschulen den Vorteil habe, das „Bildungsgut nach Klasse 4 derart ab[zurunden]" (nach Jahrgangsstufe 8), dass die „grosse Mehrheit der Schüler mit 14 Jahren in das Berufsleben oder in Fachschulen eintreten kann".⁷⁸ Zudem seien die mathematisch-technischen und naturkundlichen Fächer bedeutend stärker als in der Mittelschule vertreten, für Mädchen stattdessen die hauswirtschaftlichen Fächer.⁷⁹ Seine Empfehlung der vierklassigen Bürgerschule sollte sich später für Henlein noch als Eigentor herausstellen.

Dass der Einführung der Hauptschule abgeneigte Reichserziehungsministerium hatte zumindest erreicht, dass große Teile der Richtlinien für Mittelschulen nun in den Lehrplan für Hauptschulen übernommen wurden, sodass die Hauptschule wenigstens curricular der Mittelschule angenähert wurde.⁸⁰ Da die Richtlinien für die Mittelschulen und die Richtlinien für sudetendeutsche Bürgerschulen aus dem Jahr 1940, wie aufgezeigt, sehr ähnlich waren, konnte die Schulverwaltung nun selbstzufrieden betonen, dass „kaum eine Einzelheit geändert zu werden braucht".⁸¹ So glichen sich auch die im Juni 1942 eingeführten „Bestimmungen über Erziehung und Unterricht in der Hauptschule" und die „Bestimmungen über Erziehung und Unterricht in der Bürgerschule" weitgehend – mit einem wichtigen Unterschied: Führten die Bürgerschulrichtlinien sechs aufsteigende Klassen auf (Jahrgangsstufen 5–10), waren es in den

---

77 HENLEIN, Konrad: Von der Bürgerschule zur Hauptschule. In: Die Deutsche Hauptschule 1 (1941) 3.
78 Schreiben Henleins an Martin Bormann. Reichenberg, 29. März 1941. SOAL, ŘM, Signatur unklar, Karton 350, fol. 112–116.
79 EBENDA.
80 SCHOLTZ, Harald: Nationalsozialistische Ausleseschulen. Internatsschulen als Herrschaftsmittel des Führerstaates. Göttingen 1973, 270–271, zit. nach GUTZMANN, Ulrike: Von der Hochschule für Lehrerbildung zur Lehrerbildungsanstalt. Die Neuregelung der Volksschullehrerausbildung in der Zeit des Nationalsozialismus und ihre Umsetzung in Schleswig-Holstein und Hamburg. (Schriften des Bundesarchivs 55) Düsseldorf 2000, 394.
81 FIEDLER: Bürgerschule – Hauptschule 14.

Hauptschulrichtlinien nur noch deren vier (Jahrgangsstufen 5–8).[82] Auch die Aufnahmebedingungen der nun in Hauptschule unbenannten Bürgerschule wurden unverändert beibehalten. Ein Drittel der Schüler/-innen sollte weiterhin die Möglichkeit haben, die Hauptschule zu besuchen. Dabei blieb die Hauptschule Pflichtschule und die Höheren Schulen Wahlschulen.[83] Auch wurde das sogenannte Ausleseprinzip, das bereits in den Vorjahren in der Bürgerschule angewendet worden war, weitergeführt. Zudem beschloss die Reichsstatthalterei nun, die Zulassungsvoraussetzungen zu verschärfen und auch zu vereinheitlichen, da das Auswahlverfahren vielerorts noch immer zu milde sei.[84]

Ab September 1942 wurden daraufhin an zwei Terminen im Jahr gaueinheitliche Aufnahmeprüfungen durchgeführt.[85] Den Vorrang der körperlichen Leistungsfähigkeit hierbei versuchte die Reichsstatthalterei aber abzuschwächen:

> Einige Erfahrungen der letzten Zeit veranlassen mich auf folgendes hinzuweisen: [...] Bei der Anwendung der Bestimmungen über die körperliche Auslese muß ferner als oberste Richtschnur die Erkenntnis sein, daß die Schule die Aufgabe hat, jeden Schüler so zu fördern, daß er im Dienste des Volksganzen zur höchsten für ihn erreichbaren Lebensleistung befähigt ist. Es ist diesem Grundsatze entgegen gehandelt, wenn geistig leistungsfähige und nach ihrer charakterlichen Haltung für die Hauptschule geeignete Schüler deshalb zurückgewiesen werden, weil sie körperlich behindert sind.[86]

Zumindest im Landkreis Troppau verschärften sich in der Folge die Auswahlbedingungen nochmals deutlich: Im Schuljahr 1944/1945 wurden nur 41 der

---

82 Bestimmungen über Erziehung und Unterricht in der Hauptschule. Reichenberg, 4. Juni 1942. Aktenzeichen I c 3, Nr. 112/00. In: Amtliches Schulblatt für den Reichsgau Sudetenland 12 (1942) 118.
83 Auswahl, Aufnahme und Bewährung der Schüler an den allgemeinbildenden Schulen, Übergang an die berufsbildenden Schulen. Schulabteilung der Reichsstatthalterei. Ohne Adressierung. Reichenberg, 28. Mai 1941. SOAL, ŘM, Signatur unklar, Karton 331, nicht foliiert.
84 Schreiben Fiedlers (Reichsstatthalterei) an das Reichserziehungsministerium. Reichenberg, 22. April 1943. SOAL, ŘM, Signatur unklar, Karton 338, nicht foliiert.
85 Ebenda.
86 Körperliche Eignung der Hauptschüler. Reichenberg, 30. Juni 1942. Aktenzeichen 1 c 3, Nr. 118/01. In: Amtliches Schulblatt für den Reichsgau Sudetenland 12 (1942) 120.

insgesamt 435 abgehenden Schülerinnen und Schüler der 4. Klasse (in Prozent: 9,43) in die 1. Klasse der Hauptschule aufgenommen.[87]

Theo Keil in Berlin

Für Theo Keil war die Einführung der Hauptschule mit einer beruflichen Veränderung verbunden. Am Reichserziehungsministerium hatte der Österreicher Dr. Meyer[88] aus Wien noch die ersten Maßnahmen zur Einführung der Hauptschule im Reich in die Wege geleitet, bat dann aber, zu seiner Familie nach Wien zurückkehren zu dürfen.[89] Am 17. November 1941 berief das Reichserziehungsministerium[90] daraufhin Theo Keil als Meyers Nachfolger zum Generalreferenten für die Hauptschulen nach Berlin.[91] Keil nahm seine neue Funktion gleich zum Anlass, die Gründe für die Einführung der Hauptschule in einer Sonderausgabe der neuen Fachzeitschrift „Die Deutsche Hauptschule" eingehend darzulegen. Darin vermied er bezeichnenderweise schulpraktische Erörterungen und konstatierte stattdessen: „Der Auftrag mußte zugleich die Neuformung der Hauptschule von Grund auf aus nationalsozialistischer Sicht umfassen."[92] Was das zu bedeuten hatte, führte Keil weiter aus:

> Entsprechend dieser Aufgabe, den jungen Menschen auf seine doppelte Stellung in der Volksgemeinschaft vorzubereiten, ihn einerseits als künftigen Angehörigen einer bestimmten Berufsgruppe und andererseits als späteren Träger einer im engeren und weiteren Sinne politischen Aufgabe zu sehen, ergibt sich die folgende Zielsetzung: „*Der Hauptschule ist somit aufgetragen, als Teil der einheitlichen nationalsozialistischen Erziehungsordnung über das Ziel der Volksschule hinaus die Leistungen zu steigern, frühzeitig eine nationalsozialistische Berufshaltung vorzubereiten, eine der Altersstufe angemessene abgerundete Gesamtschau der politischen, kulturellen und wirtschaftlichen Grundlagen des deutschen Volkes zu vermitteln und die Ausrichtung des Lebens nach der germanisch-deutschen Wertordnung*" anzubahnen.[93]

---

87 Schreiben Fritschers (Kreisschulamt in Troppau) an das Regierungspräsidium in Troppau. Troppau, 18. Juli 1944. SOkA Opava, Bestand Landrát Opava, Karton 237, složka inv. č. 394, nicht foliiert.
88 Leider ließ sich der Vorname in den Archivalien nicht ausfindig machen.
89 Schreiben im Reichserziehungsministerium von Heißmeyer an den Amtschef Z. Berlin, 26. August 1941. BArch, R 4901/18549, fol. 3.
90 Schreiben von Staatssekretär Zschintzsch an Henlein. Berlin, 22. September 1942. BArch, R 4901/18549, Keil, Theodor – Handakte, fol. 34.
91 Besoldungsvermerk für Theodor Keil für das Rechnungsjahr 1941. Reichenberg, 17. November 1941. BArch, R 4901/18549, Keil, Theodor – Handakte, fol. 12.
92 Keil: Die Hauptschule im Schulaufbau des Großdeutschen Reiches 9.
93 Ebenda 9. Hervorhebung im Original.

In seinem Text ließ es sich Keil nicht nehmen, hervorzuheben, dass die Hauptschule gegenüber der Mittelschule Vorteile besäße, „die für den Nationalsozialismus entscheidend sein mußten": ein ausreichend dichtes Netz, das jedem „begabten Arbeiter- und Kleinbauernkind offenstand", kein Schulgeld und ein Personalaufwand, der fast ausschließlich vom Staat getragen wurde.[94] Zugleich gestand er der Hauptschule eine zentrale Rolle bei der Germanisierung der „neuen Ostgebiete" zu: Nach Verfügung des Reichskommissars für die Festigung deutschen Volkstums habe zu jeder Gruppe neu zu errichtender Dörfer immer ein Hauptdorf zu gehören. In diesem könne eine Hauptschule errichtet werden, denn das „Hauptdorf mit dem Bereich seiner Nebendörfer wird so viel Boden zugewiesen bekommen, daß auf ihm etwa 4 000 bis 5 000 deutsche Menschen leben können".[95] Und er lobte, dass die Hauptschule „die überwiegende Mehrzahl der Schüler schon mit 14 Jahren ins praktische Leben, in Wirtschaft und Verwaltung oder in gewisse weiterführende Schulen" entlasse, so, wie es dem „Bedürfnisse des Volksganzen" entspreche.[96]

Während Keil betont positiv über die Einführung der Hauptschule sprach, hatte er im Reichserziehungsministerium viele schwierige Fragen zu klären. Denn eigentlich sollte mit der stufenweisen Einführung der Hauptschule im alten Reichsgebiet der gleichzeitige stufenweise Abbau der Mittelschulen erfolgen, um eine Vereinheitlichung des mittleren Schulwesens zu erreichen.[97] Obgleich man die Einführung der Hauptschule im Reichserziehungsministerium abgelehnt hatte, trieb das Ministerium nach gefällter Entscheidung den Ausbau der Hauptschulen voran,[98] wenn auch nur in beschränktem Maße, es veranschlagte je Land oder Regierungsbezirk nur die Errichtung von fünf bis zehn neuen Hauptschulen.[99] Auch wenn die Zahl deutscher Hauptschulen im Jahr 1942 auf 1 392 Schulen anstieg, darunter 370 im Reichsgau Sudetenland und 594 auf dem Gebiet des ehemaligen Österreich,[100] stand ihre Einführung im alten Reichsgebiet vor ganz praktischen Problemen: Es herrschte Lehrermangel,

---

94 Ebenda 7.
95 Ebenda 10–11.
96 Ebenda 7.
97 Bericht über die Einführung der Hauptschule im alten Reichsgebiet zur Weiterleitung an die Reichsbehörden. Gefertigt von einem Sachbearbeiter am Reichserziehungsministerium [ohne Namensangabe]. Berlin, 16. Januar 1943. BArch, R43 II/951, fol. 18–30.
98 Nagel: Hitlers Bildungsreformer 352–353.
99 Finger: Eigensinn im Einheitsstaat 169.
100 Vgl. Keil: Die Hauptschule im Schulaufbau des Großdeutschen Reiches 11–12.

Schulgebäude wurden zunehmend von der Wehrmacht in Anspruch genommen und die Verwaltungsbehörden waren überlastet.[101]

Im Herbst 1942 sah man sich im Reichserziehungsministerium schließlich gezwungen, einzugestehen, dass einer „allgemeinen Einführung der Hauptschule im Gebiete des Altreichs [...] unüberwindliche Schwierigkeiten" entgegenstanden. Daraufhin wurde die Einführung der Hauptschule im alten Reichsgebiet zurückgestellt. Für die weitere Übergangszeit sollte der Unterhalt der bereits eingeführten Hauptschulen finanziell möglichst einfach gestaltet werden.[102] Zum Zeitpunkt des Ausbaustopps zählte man im Altreich am 1. November 1942 im Ganzen 2 561 Hauptschulklassen, von denen allein 2 084 im Jahr 1942 gebildet worden waren;[103] 535 Klassen wurden an neu errichteten Hauptschulen untergebracht, 1 549 Klassen kamen in den noch bestehenden Mittelschulen unter.[104] Im Februar 1943 wurde in Berlin letztlich die Notbremse hinsichtlich aller Aufbauarbeiten zur Hauptschule gezogen. Am 4. Februar 1943 beschloss ein aus dem Chef des Oberkommandos der Wehrmacht, der Parteikanzlei und dem Reichserziehungsministerium zusammengesetzter Ausschuss, dass die schon errichteten Hauptschulen weiter aufgebaut werden sollten, die Neuerrichtung von Hauptschulen jedoch zurückgestellt werden müsse[105] – wohlgemerkt deshalb, weil die Wehrmacht eine Verschlechterung des Leistungsstandes der zukünftigen Soldaten befürchtete.[106]

Infolgedessen ging auch Keils Aufenthalt in Berlin zu Ende. Nach dem Abgang von Eichholz nach Krakau beklagte sich Henlein beim Reichserziehungsministerium: Ihm stünden „nur wenige geeignete Mitarbeiter zur

---

101 Abschrift eines Schreibens von Bormann an Rust. Führerhauptquartier, 11. September 1943. R 4901/13105 Konflikte des Reichserziehungsministeriums mit der NSDAP, fol. 28–30.

102 Schnellbrief des Reichserziehungsministeriums an das Reichsfinanzministerium, Reichsinnenministerium, Preußische Finanzministerium und die Generalbevollmächtigten für die Reichsverwaltung. Berlin, 27. Mai 1942. BArch, R 4901/11906, Folierung nicht erkennbar.

103 Bericht über die Einführung der Hauptschule im alten Reichsgebiet zur Weiterleitung an die Reichsbehörden. Gefertigt von einem Sachbearbeiter am Reichserziehungsministerium [ohne Namensangabe]. Berlin, 16. Januar 1943. BArch, R43 II/951, fol. 18–30.

104 EBENDA.

105 Vermerk am Reichserziehungsministerium, ohne Autorenangabe. Berlin, 10. Februar 1943. BArch, R43 II/951, fol. 33.

106 EILERS, Rolf: Die nationalsozialistische Schulpolitik. Eine Studie zur Funktion der Erziehung im totalitären Staat. Köln, Opladen 1963, 127.

Verfügung, die auch bereits in der Kampfzeit mein persönliches Vertrauen genossen haben".[107] Daraufhin wurde Keil vom Ministerium freigestellt und kehrte im Herbst 1942 nach Reichenberg zurück.[108]

Der Ausbau der 5. und 6. Klasse

In Reichenberg war Keil wiederum für die Volks- und nun auch für die Hauptschulen zuständig. Hatte er in Berlin noch konstatiert, dass die Hauptschule dem „Bedürfnisse des Volksganzen" entspreche,[109] stritt er nun leidenschaftlich für die Erhaltung der 5. und 6. Klasse (9. und 10. Jahrgangsstufe). Denn diese sollten nach Plänen der Parteikanzlei eigentlich abgebaut werden – die Hauptschule sah bekanntlich keine 5. und 6. Klasse vor. Doch die Reichenberger Schulverwaltung forcierte schon seit April 1941 den Ausbau 5. und 6. Klassen.[110] Unterstützung fand sie dabei besonders bei den Bürgermeistern, wenngleich diese, wie die Reichsstatthalterei monierte, oft gar nicht prüften, ob es überhaupt einen entsprechenden Bedarf gäbe.[111] Auch Ludwig Eichholz hatte schon 1941 gefordert, dass vonseiten der Schulverwaltung gerade der kriegsbedingten allgemeinen Tendenz zur verknappten Bildung und zum verfrühten Berufseintritt entgegengetreten werden müsse.[112] Dabei verteidigte die Schulverwaltung ihre Haltung auch öffentlich gegenüber den Lehrkräften, und Fiedler höchstpersönlich forderte im Mitteilungsblatt des NSLB eindringlich, dass das

Sudetendeutschtum [...] nicht ein zweitesmal [sic] in den Fehler verfallen [darf], über seine Kraft Beamte zu exportieren und andere Berufszweige durch Angehörige fremden Volkstums unterwandern zu lassen. [...] Das Opfer dieser Verkürzung der Vorbildung – und der Jugend – muß in den nächsten Jahren den besonderen Anforderungen, die an das deutsche Volk gestellt sind, gebracht werden. Hierin findet der

---

107 Schreiben Henleins an Staatssekretär Zschintzsch. Reichenberg, 25. August 1942. BArch, R 4901/18549, Keil, Theodor – Handakte, fol. 32
108 Schreiben von Staatssekretär Zschintzsch an Henlein. Berlin, 22. September 1942. BArch, R 4901/18549, Keil, Theodor – Handakte, fol. 34.
109 KEIL: Die Hauptschule im Schulaufbau des Großdeutschen Reiches 7.
110 HERZOG: Bericht über die Tagung des NSLB. Sudetenland in Prag 67.
111 Schreiben von Eichholz an die Regierungspräsidenten in Aussig, Karlsbad und Troppau. Reichenberg, 16. Juni 1941. SOkA Opava, Bestand Landrát Opava, Karton 237, složka inv. č. 394, nicht foliiert.
112 Schreiben von Eichholz an die Regierungspräsidenten in Aussig, Karlsbad und Troppau. Reichenberg, 24. Mai 1940. SOkA Opava, Bestand Landrát Opava, Karton 237, složka inv. č. 394, nicht foliiert.

Bestand einer nur vierklassigen Form der Bürgerschule und des Einschnittes in allen Lehrplänen nach Klasse 4 die Rechtfertigung.¹¹³ Allgemeinbildung vor fachlicher Bildung – unter diesem Credo trieb die Schulverwaltung den Ausbau der 5. und 6. Klasse nachdrücklich voran. Bis 1942 wurden im Reichsgau Sudetenland von den bestehenden rund 370 Hauptschulen 80 zu sechsklassigen Anstalten ausgebaut.¹¹⁴ Die 5. Klassen (9. Jahrgangsstufe) wurden im Schuljahr 1940/1941 von 2 815 Jungen und 2 412 Mädchen besucht, die 79 6. Klassen (10. Jahrgangsstufe) von 1 076 Jungen und 790 Mädchen.¹¹⁵ Währenddessen focht das Reichserziehungsministerium einen Kampf gegen die Parteikanzlei, die die 5. und 6. Klassen der reichsdeutschen Mittelschule nicht fortführen wollte. Die Allgemeinbildung sollte laut der Parteikanzlei vielmehr mit dem 14. Lebensjahr als abgeschlossen gelten,¹¹⁶ wie es auch Theo Keil während seiner Zeit in Berlin noch kundgetan hatte. Rust verweigerte aber einen Abbau der 5. und 6. Mittelschulklasse mit der Begründung eines großen Bedarfs an Nachwuchs für die gehobenen Berufe.¹¹⁷ Damit stand er nicht allein: Auch der Beauftragte des Vierjahresplanes, das Oberkommando der Wehrmacht, das Reichsinnenministerium, das Reichswirtschaftsministerium, die Reichswirtschaftskammer, das Reichspostministerium, das Reichsverkehrsministerium, das Reichsministerium für Ernährung und Landwirtschaft sowie der Deutsche Gemeindetag vertraten einmütig die Auffassung, dass bei der Umwandlung der sechsklassigen Mittelschulen in vierklassige Hauptschulen eine allgemeinbildende Schuleinrichtung minderer Qualität geschaffen würde. Sie waren daher gegen den Ersatz der bestehenden 5. und 6. Mittelschulklassen durch Berufsfachschulen.¹¹⁸ Die Parteikanzlei behielt ihre Haltung trotzdem bei. Bormann warf Rust gar vor, durch die zusätzliche Schaffung von 5. und 6. Hauptschulklassen den Lehrkräfte- und Schulgebäudemangel noch

---

113 FIEDLER: Bürgerschule – Hauptschule 15.
114 KEIL: Die Hauptschule im Schulaufbau des Großdeutschen Reiches 11.
115 FIEDLER: Bürgerschule – Hauptschule 14–15.
116 Office of Military Government for Germany (U 8), Ministerial Collecting Center, Education Section, Fürstenhagen – APO 742. Bericht über Konflikte zwischen Reichserziehungsministerium und NSDAP. Ohne Datums- und Ortsangabe. BArch, R 4901/13105, Konflikte des Reichserziehungsministeriums mit der NSDAP, Anlage 6, fol. 22–24.
117 EBENDA.
118 EBENDA.

Die Bürgerschulen

zu verschärfen.[119] Auf das Argument, die Allgemeinbildung könne nicht mit 14 Jahren abgeschlossen werden, entgegnete er nur, dass es auf „Meinungsbildungen rein theoretischer Art" beruhe, die „durch Tatsachen bisher nicht erhärtet werden [konnten] und [...] sich aller Voraussicht nach auch nicht bestätigen [werden]".[120] Die Parteikanzlei fand dabei durchaus auch Unterstützung. So teilte man im Warthegau den Standpunkt der Parteikanzlei; und im April 1943 ordnete der Reichsstatthalter Arthur Greiser – trotz erheblichen Protests des Reichserziehungsministeriums – kurzerhand an, die 5. und 6. Klassen an den Mittelschulen im Warthegau aufzulösen.[121]

Im Jahr 1944 nahm die Parteikanzlei dann auch Reichenberg ins Visier: Sie forderte die Schulverwaltung ultimativ auf, analog zu den Mittelschulen nun die 5. und 6. Klassen an den Hauptschulen im Sudetenland abzuschaffen. Das sahen Keil und Fiedler jedoch nicht ein und nutzten stattdessen einen Besuch Rusts in Tetschen-Liebwerd (Libverda), vermutlich an der dortigen

---

119 Abschrift eines Schreibens von Bormann an Rust. Führerhauptquartier, 11. September 1943. BArch, R 4901/13105, Konflikte des Reichserziehungsministeriums mit der NSDAP, fol. 28–30, hier fol. 29.
120 EBENDA.
121 Rust war darüber wütend und wandte sich an Bormann: „Ich kann diese Gründe in keiner Weise als stichhaltig anerkennen. Es ist mir unverständlich, wie der Reichsstatthalter eines vorwiegend landwirtschaftlich ausgerichteten Reichsgaues seine Maßnahme vor allem mit der Bekämpfung der Landflucht begründet, wenn er damit zugleich alle Schüler und Schülerinnen, die den Eintritt in die gehobenen Laufbahnen der [nicht leserlich; S. J. S.] Berufszweige anstreben, zwingt, in die Handelsschule [nicht leserlich; S. J. S.]" Abschrift eines Schreibens von Rust an Bormann. Berlin, 3. Juli 1943. BArch R 4901/13105, Konflikte des Reichserziehungsministeriums mit der NSDAP, fol. 25–27, hier fol. 25–25R. Bormann hingegen konstatierte, dass durch die Aufhebung der 5. und 6. mittleren Schulklassen im Warthegau kein Nachwuchsmangel für die mittleren und gehobenen Berufe entstanden sei, da die Anordnung vom Reichsstatthalter im Einvernehmen mit den zuständigen Arbeitsämtern getroffen worden sei. Dabei warf er Rust vor, diese „Tatsache" nicht berücksichtigt zu haben und hierdurch zu falschen grundsätzlichen Schlussfolgerungen gekommen zu sein. Doch de facto waren die Folgen der Abschaffung dramatisch. So waren im Warthegau auf dem Lande wohnende Jugendliche gegen ihren und ihrer Eltern Willen in städtische Berufe gedrängt worden, andere Eltern hatten ihre Kinder auf die Höheren bzw. Mittleren Schulen der Nachbargaue geschickt. Office of Military Government for Germany (U 8), Ministerial Collecting Center, Education Section, Fürstenhagen – APO 742. Bericht über Konflikte zwischen Reichserziehungsministerium und NSDAP. Ohne Datums- und Ortsangabe. BArch, R 4901/13105, Konflikte des Reichserziehungsministeriums mit der NSDAP, fol. 6, 22–24.

Landwirtschaftlichen Hochschule, im Februar 1944, um ihm unter Anwesenheit Henleins vorzutragen, dass sowohl die Partei als auch verschiedene staatliche Stellen weiterhin die 5. und 6. Klassen wünschten. Rust gab den Vortragenden nur kurz zur Antwort, dass er mit Bormanns Staatssekretär Gerhard Klopfer darüber sprechen wolle.[122]

Kurz darauf meldete sich bei Henlein dann der von Rust genannte Gerhard Klopfer, einer der Mitverantwortlichen für den Holocaust und seit 1942 als Vertreter der Parteikanzlei Staatssekretär in der Reichskanzlei.[123] Geradezu harsch versuchte er Henlein anzuweisen, diese Klassen abzuschaffen. Denn nach „übereinstimmender Auffassung der obersten Reichsbehörden" – was augenfällig nicht den Tatsachen entsprach – würde für die Beamtenausbildung der Abschluss einer vierklassigen Hauptschule ausreichen. Aus diesem Grund sei die Notwendigkeit 5. und 6. Hauptschulklassen künftig nicht mehr gegeben. Klopfer bot abschließend noch abschätzig an, „daß ich oder einer meiner Mitarbeiter mit Ihnen das gesamte Problem eines Weiterbestandes von besonderen Lehrkursen an Hauptschulen noch eingehend erörtere".[124] Doch Henlein selbst widersetzte sich dem deutlich. Seiner Meinung nach benötige „der Nachwuchs zur Bewältigung der Führungs- und Verwaltungsaufgaben in Partei, Staat und in allen öffentlichen Diensten überhaupt [...] in erster Linie eine gute Allgemeinbildung mit besonderer Betonung der deutschkundlichen Fächer"; nicht „nur die einzelnen Zweige der öffentl. Verwaltung, sondern auch die Wirtschaft benötigt Nachwuchs, der die Bildungshöhe einer abgeschlossenen 6-klassigen Schule besitzt".[125] Überdies sei mit „Sicherheit zu erwarten", dass Eltern, die ihren Kindern eine weiterführende Bildung zu vermitteln bestrebt seien, diese dann nicht mehr auf die Hauptschule, sondern gleich auf die Höhere Schule schickten, was dann die Höhere Schule „belasten" würde.[126]

---

122 Vermerk Keils, Schulrat Fiedler zur Kenntnisnahme. Reichenberg, 25. Februar 1944. SOAL, ŘM, Signatur unklar, Karton 350, fol. 31.
123 Vgl. HECKMANN, Markus: NS-Täter und Bürger der Bundesrepublik. Das Beispiel des Dr. Gerhard Klopfer. Münster, Ulm 2010, 34–46.
124 Schreiben Dr. Klopfers (Parteikanzlei, München) an Henlein. München, 3. Juli 1944. SOAL, Župní vedení NSDAP, Signatur 1000/42, Karton 91, nicht foliiert.
125 Schreiben Henleins an Martin Bormann. Reichenberg, 29. März 1941. SOAL, ŘM, Signatur unklar, Karton 350, fol. 112–116.
126 Die Lage der Aufbauklassen zu Hauptschulen im Sudetengau. Anhang zum Schreiben Henleins an den Leiter der Parteikanzlei, Reichsleiter Martin Bormann, zu Aufbauklassen an Hauptschulen im Sudetengau. Reichenberg, 26. Mai 1944. SOAL, Župní vedení NSDAP, Signatur 1000/42, Karton 91, nicht foliiert.

Da Klopfer sich aufgrund seiner hohen Arbeitsbelastung außerstande sah,[127] der Kontroverse weiter nachzugehen, fand man einen Kompromiss: Die 5. und 6. Klassen wurden nicht mehr als 5. und 6. Hauptschulklassen, sondern als 1. und 2. Aufbauklasse geführt,[128] um

> auch nach außen hin darzutun, daß diese Aufbauklassen kein tatsächlicher Bestandteil der Hauptschule sind und nur aus Zweckmäßigkeitsgründen, genau so wie die seinerzeitigen *Einjährigen Lehrkurse* mit der Hauptschule organisatorisch, nicht aber organisch verbunden werden.[129]

So konnten sie bis Kriegsende bestehen bleiben. 1944 traten 16 bis 20 Prozent der Schüler/-innen der Hauptschulen nach der 4. Klasse in die 5. Klasse über.[130] Bei der letzten überlieferten Zählung zum Stichtag 1. Januar 1945 gab es im Reichsgau Sudetenland 84 Hauptschulen mit 5. und 6. Klassen.[131]

Profiteure der neuen Vorgaben – die Volksschulen

Eine direkte Folge der Reglementierung der Schüleraufnahme an den Bürger- bzw. Hauptschulen war der Anstieg der Schülerzahlen in den Volksschulklassen ab der 5. Jahrgangsstufe, deren Besuch für die an den Bürger- bzw. Hauptschulen abgelehnten Schüler/-innen verpflichtend wurde. Die Volksschule wurde somit institutioneller Nutznießer der Umbildung der Bürger- bzw. Hauptschule, die als „Ausleseschule" nur Schüler/-innen aufnehmen durfte, die das Auswahlverfahren erfolgreich durchlaufen hatten. Die Anpassung der Volksschule an reichsweite Vorgaben war vorab reibungslos verlaufen. Curricular

---

127 Schreiben Dr. Klopfers (NSDAP, Führerbau München) an Henlein. München, 23. September 1944. SOAL, Župní vedení NSDAP, Signatur 1000/42, Karton 91, nicht foliiert.
128 Reisebericht von Pax (Reichserziehungsministerium) Berlin, 15. Juni 1944. BArch, R 4901/12836.
129 Schreiben Henleins an Martin Bormann, Reichenberg, 26. Mai 1944. SOAL, Župní vedení NSDAP, Signatura 1000/42, Karton 91, nicht foliiert. Hervorhebung im Original.
130 Die Lage der Aufbauklassen zu Hauptschulen im Sudetengau. Anhang zum Schreiben Henleins an den Leiter der Parteikanzlei, Reichsleiter Martin Bormann, zu Aufbauklassen an Hauptschulen im Sudetengau. Reichenberg, 26. Mai 1944. SOAL, Župní vedení NSDAP, Signatur 1000/42, Karton 91, nicht foliiert.
131 Entwurf eines Schreibens der Reichsstatthalterei an das Reichserziehungsministerium. Reichenberg, 15. Januar 1945. SOAL, ŘM, Signatur unklar, Karton 344, fol. 1–4.

erfolgte diese in Form der Umsetzung der Richtlinien des Reiches gemäß dem Reichserlass vom 15. Dezember 1939.[132]

Da vor 1938 kaum noch Volksschuloberstufen (ab der 6. Klasse, gezählt ab der Einschulung) existiert hatten, mussten sie nun überwiegend neu aufgebaut werden. Vor allem die Reichsstatthalterei selbst schob in den Schuljahren 1941/1942 und 1942/1943 den Ausbau der Oberstufen der Volksschulen an.[133] Tatsächlich nahm die Anzahl der Oberstufenklassen an Volksschulen im Reichsgau Sudetenland nach 1940 sukzessive in hohem Maße zu. Gab es im Reichsgau Sudetenland im Schuljahr 1940/1941 noch 68 siebte und 9 achte Klassen, waren es im Schuljahr 1942/1943 bereits 89 siebte und 42 achte Klassen.[134]

Einhergehend mit der allmählich strengeren Schülerauswahl wurde der Ausbau der Oberstufen der Volksschulen bis Kriegsende weiter vorangetrieben. Wo es ging, wurden Mädchen und Jungen getrennt beschult. Um dies zu ermöglichen, wurden die Volksschuloberstufenklassen nur an möglichst zentral gelegenen Orten errichtet. Die umliegenden Volksschulen dienten den Schulen hierbei als Zubringer.[135]

Allerdings wurde der beschriebene Ausbau von den Eltern offenkundig ablehnend wahrgenommen. Sie sahen die schulische Zukunft ihrer Kinder weiterhin auf der – ebenso wie die Volksschule schulgeldfreien – Bürger- bzw. Hauptschule. So musste die Reichsstatthalterei im August 1941 eingestehen, dass sich die Volksschuloberstufe „noch nicht jener Wertschätzung erfreut, die ihr unbedingt als Schule des Volkes gebührt".[136] Daher ersuchte sie alle Schulaufsichtsbeamten und Lehrkräfte, die Wertschätzung der Volksschuloberstufe entsprechend zu fördern:[137]

---

132 Richtlinien für Volksschulen. Runderlaß vom 15.12.1939 – E II a 3500/39 K V (a), hierbei Bezug zum Runderlaß vom 10. April 1937. In: Erziehung und Unterricht in der Volksschule. (Amtliches Schulblatt für den Reichsgau Sudetenland Sonderfolge) Reichenberg 1940, 3.
133 Schreiben Fiedlers (Reichsstatthalterei) an das Reichserziehungsministerium. Reichenberg, 22. April 1943. SOAL, ŘM, Signatur unklar, Karton 338, nicht foliiert.
134 Entwurf eines Schreibens der Reichsstatthalterei (Fiedler) an das Reichserziehungsministerium. Reichenberg, 22. April 1943. SOAL, ŘM, Signatur unklar, Karton 338, nicht foliiert.
135 Schreiben von Kalies (Berichterstatter Schulrat Sagaster), Regierungspräsidium Aussig, an die Reichsstatthalterei. Aussig, 18. März 1943. SOAL, ŘM, Signatur unklar, Karton 338, nicht foliiert.
136 Wertschätzung der Volksschule. Reichenberg, 26. August 1941. Aktenzeichen I c 2, Nr. 115/00. In: Amtliches Schulblatt für den Reichsgau Sudetenland 17 (1941) 206.
137 EBENDA.

Hier sei ein offenes Wort an alle Erzieher gesprochen: Es ist eine wichtige Aufgabe für uns alle, der Volksschule auch in der Oberstufe der Städte das richtige Ansehen zu verschaffen. Im nationalsozialistischen Staat ist tatsächlich die Volksschule die Schule der gesamten Volksgemeinschaft und sie kann in keinem Falle etwas Minderwertiges sein.[138]

Auch Ludwig Eichholz mahnte:

> Die Volksschule darf keineswegs im Ansehen fallen, sie muß im Gegenteil als wahre „Schule des Volkes" unbedingt ebenfalls an innerem Werte steigen, in dem sie ihrer eigentlichen Aufgabe gerecht wird.[139]

Ob es gelang, das Ansehen der Volksschuloberstufe in der Bevölkerung bis Kriegsende zu steigern, lässt sich nicht nachweisen. Es steht jedoch zu vermuten, dass es nicht gelang.

Auslese nach oben: die Höheren Schulen

Die Höheren Schulen der Tschechoslowakei, die bis 1938 Mittelschulen genannt wurden und dabei nichts mit den namensgleichen Mittelschulen des Deutschen Reiches gemein hatten, standen ebenso in der österreichisch-ungarischer Schultradition und hatten sich in vier verschiedenen Formen ausgeprägt: Die siebenklassigen Realschulen hatten die naturwissenschaftlich-technische Bildung zum Schwerpunkt und boten darüber hinaus moderne Sprachen an (in den deutschsprachigen Realschulen in der Regel Französisch und Englisch, sukzessive auch Tschechisch); die achtklassigen Gymnasien hingegen fokussierten auf die humanistische Bildung einschließlich Sprachunterricht in Latein und Griechisch. Realgymnasien und Reformrealgymnasien, die gleichfalls achtklassig aufgebaut waren, standen zwischen diesen beiden Schulformen.[140] Nach langer Diskussion wurde ab Ende der 1920er Jahre eine Reform des höheren Schulwesens angegangen.[141] Im Jahr 1933 wurde ein neuer Lehrplan für Mittelschulen erlassen. Das Realgymnasium wurde in den Folgejahren zur am weitesten verbreiteten Form der Höheren Schulen, mit Tschechisch als erster und Latein

---

138 Keil: Die Bürgerschule im neuen Schuljahre 379.
139 Schreiben von Eichholz (NS-Lehrerbund, Gauwalter) an alle Kreiswalter des NS-Lehrerbundes im Reichsgau Sudetenland. Reichenberg, 28. Mai 1940. ZA Opava, Fond RP Opava, inv. č. 3532, nicht foliiert.
140 Willscher, Gustav (Hg.): Schulführer. Ein Ratgeber für alle Erzieher über die Bildungsmöglichkeiten für die Deutschen in der tschechoslowakischen Republik. Prag 1928, 26–28.
141 Ebenda 27 (dort in der Fußnote).

als zweiter Fremdsprache.[142] Diese Schulform war ein Kompromiss zwischen Gymnasium und Realschule: So wurden anstelle von Griechisch zwei moderne Fremdsprachen angeboten, darüber hinaus waren auch mathematische Fächer wie Geometrie im Lehrplan enthalten, um das Studium technischer Fächer zu ermöglichen.[143] Gottfried Preißler war von dieser Reform des höheren Schulwesens sehr überzeugt; er unterstellte noch 1938, dass die „Neugestaltung der Höheren Schule im Deutschen Reiche [...] mancherlei Lösungen unserer Mittelschulreform übernimmt".[144]

Nach 1938 wurden die bisherigen Schulformen – Realgymnasium, Realschule, Gymnasium und Reformrealgymnasium – überwiegend in die reichsdeutschen Formen Oberschule für Jungen und Oberschule für Mädchen umgewandelt. Daneben wurde das nach 1918 geschlossene Reichenberger Gymnasium wiedereröffnet und das Realgymnasium in Aussig in ein Gymnasium umgewandelt; die Gymnasien in Eger, Teplitz-Schönau und Troppau blieben in ihrer Schulform erhalten, sodass es im Reichsgau Sudetenland fünf Gymnasien gab.[145] Ferner wurde 1940 in Ploschkowitz (Ploskovice) eine Napola (Nationalpolitische Erziehungsanstalt) errichtet, die einzige auf dem Territorium des Reichsgaus Sudetenland bleiben sollte und im Dezember 1942 „mit einer Ausnahme nur sudetendeutsche Jungen"[146] aufgenommen hatte. Wegen der hohen Bewerberzahlen wurde im Dezember 1942 geplant, eine weitere Napola auf Schloss Fulnek im Regierungsbezirk Troppau[147] mit rund 200 Plätzen zu errichten,[148] die Realisierung scheiterte aber letztlich an mangelnden Räumen.[149] In Duppau (Doupov) wurde zudem die Oberschule für Jungen zur Deutschen Heimschule ausgebaut, die Kindern beruflich oder militärisch

---

142 PREISSLER: Unser sudetendeutsches Schulwesen 147.
143 BENEŠ: Die tschechoslowakische Bildungspolitik 184.
144 PREISSLER: Unser sudetendeutsches Schulwesen 147.
145 EICHHOLZ: Die Neugestaltung des sudetendeutschen Schulwesens 26–27.
146 Vermerk Donneverts für Henlein. Reichenberg, 27. November 1941. SOAL, Župní vedení NSDAP, Signatur 1000/42, Karton 91, nicht foliiert.
147 Schreiben Vogelers an die Unterabteilung Ic in der Reichsstatthalterei. Reichenberg, 22. Februar 1943. SOAL, ŘM, Signatur 1035/0, Karton 319, nicht foliiert.
148 Entwurf eines Schreibens der Schulabteilung in der Reichsstatthalterei an das Generalreferat für Raumordnung und Landesplanung in der Reichsstatthalterei. Reichenberg, 24. Dezember 1942. SOAL, ŘM, Signatur 1035/0, Karton 319, nicht foliiert.
149 Schreiben Vogelers an die Unterabteilung Ic in der Reichsstatthalterei. Reichenberg, 22. Februar 1943. SOAL, ŘM, Signatur 1035/0, Karton 319, nicht foliiert.

verhinderter Eltern offenstehen sollte und mit einem verhältnismäßig geringen Schulgeld bemessen wurde.[150]

Henleins Wunsch war es, die Schulgelder an den Höheren Schulen abzuschaffen oder zumindest das Schulgeld möglichst niedrig zu halten, um „breitesten Kreisen" den Schulbesuch zu ermöglichen. Die Schulgeldfreiheit wollte er dann nach dem Krieg einführen.[151] Doch Henlein fand mit seinem Wunsch keinen Widerhall; auch eine Eingabe seinerseits an Bormann im Oktober 1941 änderte daran nichts.[152] So blieb die Höhere Schule eine elitäre Schulform und vor allem eine Wahlschule, für die die Eltern weiter Schulgeld bezahlen mussten. Dieses betrug 1942 halbjährlich 25 RM.[153] So veränderte sich – im Gegensatz zu den Bürgerschulen und den beruflichen Schulen – kaum etwas im äußeren Gefüge der Höheren Schulen und vor allem auch nicht im Zugang zu diesen. Sie wurden zwar um ein Jahr verkürzt und auf drei Formen beschränkt, doch sie behielten ihre herausgehobene Stellung im Schulsystem. Auch dieser Wegfall des letzten Schuljahres änderte nichts an den bisherigen Berechtigungen,[154] sondern sorgte einzig dafür, dass die Schüler/-innen die Höheren Schulen bereits im Alter von 18 Jahren abschlossen.[155] Zudem erfolgte ab dem Schuljahr 1939/1940 der Übertritt von der Grund- zur Höheren Schule nicht mehr nach dem 5., sondern schon nach dem 4. Schuljahr.[156] Für eine Aufnahme in die Höheren Schulen waren nach wie vor Aufnahmeprüfungen abzulegen, darunter im Fach Leibeserziehung,[157] dem eine wichtige Rolle beigemessen wurde.

---

150 KEIL, Theo: Die Erziehung unserer Kinder. In: Heimatbrief der Kreisleitung der NSDAP 4 (1944), Paginierung unklar. Archiviert in: SOAL, Bestand ŘM, Signatur unklar, Karton 321, nicht foliiert.
151 Schreiben Henleins an Bormann bezüglich der „Verordnung über die Unterhaltung der öffentlichen Höheren Schulen in den eingegliederten Ostgebieten, den Reichsgauen der Ostmark und dem Sudetenland". Reichenberg, 17. Dezember 1941. SOAL, Župní vedení NSDAP, Signatur 1000 142, Karton 91, nicht foliiert.
152 EBENDA.
153 Schreiben Dr. Vogelers (Reichsstatthalterei) an das Regierungspräsidium Karlsbad. Reichenberg, 17. Januar 1942. SOA Plzeň/Klášter, ÚVP Karlovy Vary, Signatur II B K 13, Karton 4, nicht foliiert.
154 Schreiben der Schulabteilung am Regierungspräsidium Aussig an die Landräte des Regierungsbezirks Aussig. Aussig, 3. Dezember 1938. SOkA Lovosice, Landrát Litoměřice, Signatur unklar, Karton 671, nicht foliiert.
155 EBENDA.
156 EBENDA.
157 Aufnahme von Schülern in die höhere Schule. Erlaß des Reichserziehungsministers vom 5. April 1939 (RMin AmtsblDtschWiss S. 232/233). In: Sudetendeutscher Gemeindetag 9 (1939) 273.

Die in der Zeit der Tschechoslowakei eingeführte Koedukation von Mädchen und Jungen musste sogleich „entsprechend den Grundsätzen nationalsozialistischer Erziehung"[158] aufgegeben werden. Die Mädchen wurden, soweit möglich, aus den Jungenschulen ausgeschult und in separaten Oberschulen für Mädchen unterrichtet. Hatte es vor dem Münchner Abkommen auf dem Territorium des Reichsgaus Sudetenland nur vier Höhere Mädchenschulen gegeben (die Reformrealgymnasien in Aussig, Gablonz, Karlsbad und Reichenberg), bestanden 1940 bereits 15 Oberschulen für Mädchen.[159] Die größeren Städte bekamen Oberstufen mit einem sprachlichen und einem hauswirtschaftlichen Zweig, die übrigen Schulen führten nur die hauswirtschaftliche Oberstufe.[160] Erna Klätte, die in der Schulverwaltung der Reichsstatthalterei für die Oberschulen für Mädchen zuständig war, begründete diese Entscheidung mit ganz eigenen, den Mädchen zugeschriebenen Aufgaben:

> Es leuchtet ohne weiteres ein, daß die Erziehung des Knaben zur Wehrhaftigkeit unmöglich gleichzeitig gefördert werden kann mit der Erziehung des Mädchens zur Mütterlichkeit. […] Daß die für die Bildung der Frau wichtigen Fächer wie Musik, Zeichnen, Nadelarbeit nicht fehlen dürfen, ist selbstverständlich.[161]

Teil der Ausbildung war auch ein vierwöchig abzuleistendes Praktikum in Säuglingsheimen, Kindergärten, Familien oder Wirtschaftsbetrieben, das Klätte zur „Feuerprobe" verklärte.[162] Die neugegründeten Oberschulen für Mädchen wurden häufig in ehemals tschechischen Schulgebäuden eröffnet. Die Ausgründung dieser Oberschulen wurde von Klätte als Überwindung der „allmählichen Vernichtung der deutschen Höheren Schule" bezeichnet, die die Tschechoslowakei angeblich besonders bei den Mädchenschulen forciert hätte.[163] Sie gab zwar zu, dass die 14 Oberschulen für Mädchen, die um drei

---

158 EICHHOLZ: Die Neugestaltung des sudetendeutschen Schulwesens 27.
159 Mit Beginn des Schuljahres 1939/40 wurden die in der Tschechoslowakei geschlossenen Reformrealgymnasien für Mädchen in Eger, Teplitz-Schönau und Troppau als Oberschulen für Mädchen wiedereröffnet und in weiteren Orten staatliche Oberschulen für Mädchen neu errichtet: in Brüx, Tetschen, Leitmeritz, Böhmisch-Leipa, Schönlinde, Freiwaldau, Jägerndorf, Mährisch Schönberg und Neutitschein. In Trautenau wurde für die Mädchen keine eigene Oberschule eröffnet, sondern in der dortigen Oberschule für Jungen ein eigener hauswirtschaftlicher Zweig einer Oberschule für Mädchen eingerichtet. Vgl. EBENDA.
160 KLÄTTE, Erna: Aufgaben und Ziele der nationalsozialistischen Oberschule für Mädchen. In: Der Sudetendeutsche Erzieher 15/16 (1939) 350–352, hier 351.
161 EBENDA 351.
162 EBENDA 352.
163 EBENDA 350.

weitere erweitert werden sollten, in Raumgestaltung und Ausstattung noch viel zu wünschen übrig ließen, doch sollten in den Folgejahren beträchtliche Summen investiert werden; das beginnende Schuljahr sollte hierbei nur den Anfang darstellen.[164] Insgesamt ging der Ausbau der Oberschulen für Mädchen indessen nur zögerlich voran; erst 1942 umfassten alle Oberschulen für Mädchen sämtliche Klassenstufen von der 5. Klasse bin hin zum Abitur.[165]

Die 1938 erlassenen verbindlichen Lehrpläne für Höhere Schulen erlangten sogleich auch im Reichsgau Sudetenland Gültigkeit, wurden aber in den Klassen erst schrittweise eingeführt.[166] Vorerst blieb ein Übergangslehrplan in Kraft, der nach und nach an die reichsweiten Regelungen angepasst werden sollte,[167] dabei wurde den Fachinhalten in „den für den nationalsozialistischen Unterricht besonders wichtigen Gegenständen Deutsch, Geschichte, Biologie und Leibeserziehung besondere Aufmerksamkeit geschenkt".[168] Ab dem Schuljahr 1941/1942 erfolgte der Unterricht an den Höheren Schulen schließlich nach den reichsweiten Vorgaben.[169]

Ludwig Eichholz konstatierte 1943, dass die Neuregelung des Schulwesens nach 1938 bei den Höheren Schulen am „einfachsten" gewesen sei, da bei diesen die reichseinheitlichen Bestimmungen ohne eigene Zusätze übernommen worden waren.[170] Ob diese zeitgenössische Feststellung der ganzen Wahrheit entspricht, kann nicht überprüft werden: Sowohl auf Ebene des Reichserziehungsministeriums als auch auf Ebene der Reichsstatthalterei sind die entsprechenden Akten nicht erhalten geblieben. Allein schon Henleins überlieferter Wunsch nach Schulgeldfreiheit an den Höheren Schulen ist aber ein Indiz, dass es auch mit Blick auf das höhere Schulwesen ausgeprägte Diskussionen in der Schulverwaltung gegeben haben dürfte.

Auslese nach unten: die Sonderschulen

Hatten Berlin wie auch die Reichsstatthalterei durch die vehemente Forderung nach einem Auswahlverfahren für die Bürgerschule eine Selektion der

---

164 EBENDA 350–351.
165 Reichsstelle für Schulwesen (Hg.): Wegweiser durch das höhere Schulwesen des Deutschen Reichs. Schuljahr 1942. Berlin 1944, 136–137.
166 EICHHOLZ: Die Neugestaltung des sudetendeutschen Schulwesens 29.
167 PREISSLER: Geschichte meines Lebens aus der Sicht des 85. Geburtstags 52
168 EICHHOLZ: Die Neugestaltung des sudetendeutschen Schulwesens 29.
169 EBENDA.
170 EICHHOLZ: Der Erzieher 105.

Schüler/-innen nach oben durchgesetzt, griff das Ausleseprinzip infolge der Reform der Hilfsschulen im Reichsgau Sudetenland auch in der umgekehrten Richtung. Hilfsschulen hatten sich institutionell unabhängig vom Deutschen Reich entwickelt und standen ebenfalls ganz in österreichisch-ungarischer Tradition. Die erste deutsche Hilfsschule in den böhmischen Ländern war 1904 in Troppau eröffnet worden, ihr folgten weitere Gründungen in Jägerndorf, Brünn und Eger.[171] In der Tschechoslowakei erfuhr das Sonderschulwesen[172] nachfolgend einen massiven Ausbau. Maßgeblich Anteil daran hatte Rudolf (Rolf) Marschas, Gründer und Leiter der Hilfsschule Reichenberg. Er gründete den Verband Deutsche Hilfsschule in der Tschecho-Slowakischen Republik und blieb bis 1938 dessen Vorsitzender.[173] Am 24. Mai 1929 verabschiedete die Tschechoslowakei zudem als erster Staat weltweit ein Hilfsschulgesetz.[174] Der Ausbau geschah vor allem durch die Angliederung von Hilfsschulklassen an bestehende Volksschulen,[175] aber auch durch die Gründung neuer Hilfsschulen.[176] Ausnahme war Prag, wo bis 1945 keine deutsche Hilfsschule existierte.[177] An den Lehrerbildungsanstalten wurde die sogenannte Methodik des Hilfsschulunterrichts als Wahlfach angeboten;[178] 1937 wurde dann in der Tschechoslowakei eine Prüfungsordnung für die „fachliche Befähigungsprüfung der Lehrerschaft an Schulen (Anstalten für abnormale Kinder)" eingeführt, die die

---

171 BAIER, Herwig: Schulen für Behinderte im Sudetenland. In: HLAWITSCHKA, Eduard (Hg.): Forschungsbeiträge der Geisteswissenschaftlichen Klasse. (Schriften der Sudetendeutschen Akademie der Wissenschaften und Künste 8) München 1988, 85–122, hier 90.
172 Die Schulformbezeichnung Sonderschule ist umstritten. Gleichwohl soll hier diese zeitgenössische Bezeichnung verwendet werden, da sie anders als der zeitgenössisch ebenso genutzte Begriff Hilfsschule die mit dieser Schulform intendierte Besonderung zum Ausdruck bringt.
173 BAIER: Die deutsche Hilfsschule in den böhmischen Ländern: Ein exemplarisches Kapitel der Schulpolitik. In: Bohemia – Zeitschrift für Geschichte und Kultur der böhmischen Länder 37/ 2 (1996) 391– 401, hier 391–394.
174 BAIER/KORNHERR: Der Verband ‚Deutsche Hilfsschule in der tschecho-slowakischen Republik' 199.
175 BAIER: Schulen für Behinderte im Sudetenland 94.
176 BAIER/KORNHERR: Der Verband ‚Deutsche Hilfsschule in der tschecho-slowakischen Republik' 199.
177 EBENDA 188.
178 BAIER: Deutsche Lehrerbildung in der Ersten Tschechoslowakischen Republik 192.

Die Sonderschulen

Prüfung für alle Sonderschullehrkräfte regelte.[179] Überdies hatte man in der Tschechoslowakei noch 1938 an einem einheitlichen Lehrplan für Hilfsschulen gearbeitet, der eigentlich Ende 1938 erscheinen sollte und an dessen Ausarbeitung auch deutsche Hilfsschullehrkräfte mitgewirkt hatten. Allerdings wurde dieser Lehrplan mit der Errichtung des Reichsgaus Sudetenland hinfällig.[180]

Im Herbst 1938 existierten auf dem Gebiet des Reichsgaus insgesamt 45 Hilfsschulen. Davon waren 17 selbstständig, die anderen waren an Volks- und Bürgerschulen angegliedert.[181] Institutionell ging die Angleichung des Sonderschulwesens im Reichsgau Sudetenland zügig vonstatten. Der Verband Deutsche Hilfsschule in der tschecho-slowakischen Republik wurde 1938 gleichgeschaltet und sein Vermögen vom sogenannten Gauverband der Schülerforderungsvereine übernommen.[182] Die 1937 noch in der Tschechoslowakei verabschiedete Prüfungsordnung für Sonderschullehrer aller sonderpädagogischen Fachrichtungen behielt im Reichsgau Sudetenland bis 1945 Gültigkeit.[183] Eine Ausnahme waren allerdings die Blinden- und Taubstummenlehrkräfte, die nach einer reichseinheitlichen Ausbildungs- und Prüfungsordnung vom 9. Dezember 1938 in Berlin geprüft werden sollten; ob daran Sudetendeutsche teilnahmen, ist aber unbekannt.[184] Die bereits seit 1913 bestehende Volksschule der Blinden, seit 1918 von der Stadt Aussig getragen, wurde 1939 als Gaublindenschule eine staatliche Einrichtung, die im Rahmen der Kinderlandverschickung die Blindenschule Berlin-Steglitz bis Kriegsende 1945 aufnehmen sollte.[185] Die Gehörlosenschulen in Leitmeritz und Mährisch Schönberg wurden 1938 zu Gau-Gehörlosenschulen,[186] die 1943 in Leitmeritz zusammengelegt wurden.[187] Die 1909 eröffnete sogenannte Krüppelanstalt in Reichenberg, eine Schule für Körperbehinderte, fungierte im Reichsgau Sudetenland als Gau-Körperbehindertenschule.[188]

---

179 Zulassungskriterien waren die fachliche Lehrbefähigungsprüfung für Volks- oder Bürgerschulen, 30 Monate Dienstzeit, Praxis in der jeweiligen Sonderschulart. Siehe BAIER: Schulen für Behinderte im Sudetenland 114.
180 HLAWITSCHKA, Eduard: Der Einfluss des Deutschtums auf die Gestaltung des Sonderschulwesens im böhmisch-mährischen Raume. In: Die deutsche Sonderschule 4 (1939) 241–243, hier 242.
181 BAIER: Schulen für Behinderte im Sudetenland 95.
182 EBENDA 115.
183 BAIER: Die deutsche Hilfsschule in den böhmischen Ländern 394–395.
184 BAIER: Schulen für Behinderte im Sudetenland 114.
185 EBENDA 103.
186 EBENDA 105.
187 Mährisch Schönberg. Meldung. In: Die Deutsche Sonderschule V/VII (1943) 201.
188 BAIER: Schulen für Behinderte im Sudetenland 107.

Laut Herwig Baier lag dem unter nationalsozialistischer Herrschaft einsetzenden Ausbau des Hilfsschulwesens ein Auslesegrundsatz zugrunde, wie er auch bei der Bürger- und späteren Hauptschule zum Tragen kam – wobei die Auslese bei den Sonderschulen nach unten, bei den Bürger- und Hauptschulen hingegen nach oben funktionierte.[189] Die Grundlage für den Ausbau hatte die Vereinheitlichung des Sonderschulwesens im Deutschen Reich nach 1933 geschaffen; die Hilfsschule war hierbei als selbstständige Sonderschule gefasst und in ein sich formierendes Sonderschulwesen eingegliedert worden.[190] Sie wurde neu ausgerichtet – sie sollte nun eine Ausleseschule sein. Mit dieser „Forcierung der negativen Auslese aus der Volksschule in die Hilfsschule und der negativen Auslese aus der Hilfsschule" erlangten die Hilfsschullehrkräfte „das fachliche Monopol, über die Hilfsschulbedürftigkeit und damit über die Auslese von Kindern in die und aus der Hilfsschule zu entscheiden".[191] Die nun aufgestellte Forderung nach Auslese, die mit deren Nutzbarmachung gerechtfertigt wurde, hatte zur Konsequenz, dass unterschiedliche Kategorien der Exklusion Realität wurden: Als erbkrank stigmatisierte Menschen wurden ebenso als „unbrauchbar" gebrandmarkt und aussortiert wie solche, die zwar sterilisiert werden sollten, aber dem Gesetz nach noch nicht als „erbkrank" galten, wiewohl sie als „gemeinschaftsunfähig" und folglich als „unbrauchbar" angesehen wurden.[192] Die brutale Selektion nach der Nützlichkeit des Einzelnen überschnitt sich mit der Einteilung als „lebenswert" bzw. als „lebensunwert" und war somit entscheidend für das Überleben von Menschen.[193]

Dieser Anspruch nach Auslese wird auch in der zeitgenössischen sudetendeutschen Presse deutlich. Nicht die Hilfe, sondern die Brauchbarmachung des Sonderschülers war nun die Begründung für die Sonderschule. So heißt es im Mai 1939 in der einstmals katholischen, nun aber nationalsozialistisch geprägten Monatszeitschrift „Die deutsche Familie":

> Es ist nun Aufgabe des deutschen Sonderschulwesens, die Volksschulen so weit zu entlasten, damit die Kräfte ungehemmt der Erziehung der gesunden deutschen Jugend dienen können. […] Bildungsunfähige Kinder (Idioten usw.) dürfen auf keinen Fall

---

189 BAIER: Die deutsche Hilfsschule in den böhmischen Ländern 400.
190 Siehe HÄNSEL, Dagmar: Die NS-Zeit als Gewinn für Hilfsschullehrer. Bad Heilbrunn 2006, 145–147.
191 EBENDA 148.
192 MÜLLER/ORTMEYER: Die ideologische Ausrichtung der Lehrkräfte 1933–1945 109–110.
193 EBENDA 110.

das deutsche Sonderschulwesen belasten und bleiben außerhalb jeder Beschulung. [...] Wir sollen uns ja nicht nur fortpflanzen, sondern auch hinaufpflanzen.[194]

Auch Josef Preußler, Vorsitzender der Fachschaft Sonderschulen im NSLB des Reichsgaus Sudetenland, äußerte sich bezüglich dieser Ausrichtung der Hilfsschule überaus positiv, denn diese ermögliche es, bildungsfähige Minderbegabte so zu erziehen, dass sie Selbstvertrauen und Arbeitsfreude entwickeln, leistungsfähig werden und sich in die Volksgemeinschaft einbringen.[195]

Im März 1940 übernahm der Reichsgau Sudetenland schließlich die Allgemeine Anordnung über die Hilfsschulen in Preußen aus dem Jahr 1938, die gemäß der vorhergehenden Ausführungen festlegte, dass die Hilfsschule die Volksschule zu entlasten sowie die erb- und rassenpflegerischen Maßnahmen des Staates zu unterstützen habe und die Kinder letztendlich zu brauchbaren Gliedern der Volksgemeinschaft erziehen solle.[196] Die 1942 vom Reichserziehungsministerium herausgegebenen „Richtlinien für Erziehung und Unterricht in der Hilfsschule", die diese Schulform als Sonderschule bezeichnen, bauten hierauf auf und spezifizierten das Schulprofil weiter.[197]

Insgesamt verdoppelte sich unter diesen Vorzeichen die Zahl der Hilfsschulen allein im Regierungsbezirk Karlsbad von 9 auf 18.[198] In Reichenberg versuchte der Hilfsschulverein im Mai 1940 eine Unterbringung des Hilfsschülerheims im Gebäude der Spitalgasse 18 zu erreichen, das im Rahmen des „Zwangsentjudungsverfahrens" den jüdischen Besitzern Neumann, Back und Pollack enteignet worden war.[199] Diesen Antrag unterstützte auch Eichholz nachdrücklich; ob das Heim tatsächlich dort untergebracht wurde, kann

---

194 Wozu deutsche Sonderschulen? [ohne Autorenangabe]. In: Die deutsche Familie 8 (1939) 250.
195 PREUßLER, Josef: Richtlinien für Erziehung und Unterricht in der Hilfsschule. In: Mitteilungsblatt des NSLB der Gauwaltung Sudetenland 5 (1942) 37.
196 BAIER: Schulen für Behinderte im Sudetenland, 94.
197 Bei den Mädchen trat der hauswirtschaftliche Unterricht an die Stelle der Werkarbeit; zudem wurde für beide Geschlechter Gartenarbeit wichtiger. Hinzu kamen Heimatkunde, Deutsch, Gesang und Rechnen. Vgl PREUßLER: Richtlinien für Erziehung und Unterricht in der Hilfsschule 37.
198 BAIER: Die deutsche Hilfsschule in den böhmischen Ländern 399. Bis Kriegsende wurden dort vier weitere Standorte für Hilfsschulen gegründet: Ellbogen, Eulau bei Tetschen, Falkenau (Falknov nad Ohří, heute Sokolov) und Königsberg an der Eger (Kynšperk nad Ohří). Vgl. BAIER: Schulen für Behinderte im Sudetenland 97.
199 Schreiben von Wolfgang Kuhn an den Gauwirtschaftsberater Pleyer in Reichenberg. Reichenberg, 30. Mai 1940. SOAL, ŘM, Signatur 1101/2, Karton 350, fol. 51.

allerdings nicht nachvollzogen werden.[200] Einige Hilfsschulen benutzten die Räume der geschlossenen tschechischen Minderheitsschulen.[201] Hilfsschulklassen, die bislang Volksschulen angegliedert waren, wurden in eigenständige Hilfsschulen umgewandelt.[202] Grund hierfür war, dass die aus dem Altreich versetzten Beamten in den Regierungshauptkassen in Karlsbad, Aussig und Troppau kritisiert hatten, dass den Hilfsschullehrkräften nur dann eine eigene Hilfsschullehrerbesoldung zustehen könne, wenn sie eine Laufbahn innerhalb der eigenen Schulform anstreben könnten.[203]

Trotz dieses Ausbaus monierte 1942 Karl Tornow als Schriftleiter der Fachzeitschrift „Deutsche Sonderschule" auf einer Tagung der sudetendeutschen Schulräte in Reichenberg, dass das Sudetenland Nachholbedarf auf dem sonderpädagogischen Gebiet habe.[204] Im Mai 1943 plante die Reichsstatthalterei noch, das Hilfsschulwesen stark auszubauen. Die 134 Klassen der inzwischen insgesamt 66 Schulen sollten auf 181 Klassen aufgestockt werden.[205]

Bei alldem darf nicht vergessen werden, dass die Forderung nach einer Brauchbarmachung der Schülerinnen und Schüler schwerwiegende Folgen für diejenigen hatte, die in dieser Terminologie als nicht brauchbar galten und teils in den 50 Einrichtungen zur Betreuung psychisch kranker sowie geistig behinderter Menschen im Reichsgau Sudetenland untergebracht waren.[206] Die größten Heil- und Pflegeanstalten befanden sich in Troppau, Sternberg (Šternberk) und Wiesengrund (Landkreis Mies) und waren in die Gauselbstverwaltung in Reichenberg übernommen worden.[207]

Von enormer Bedeutung wurde nun das Gesetz zur Verhütung erbkranken Nachwuchses aus dem Jahr 1934, das im November 1939 auch im Reichsgau

---

200 Schreiben von Eichholz an Oberregierungsrat Thamm im Regierungspräsidium Aussig. Reichenberg, 12. Juli 1940. Zusammenstellung des Hilfsschulwesens im Reichsgau Sudetenland. SOAL, ŘM, Signatur 1101/2, Karton 350, fol. 60.
201 BAIER: Die deutsche Hilfsschule in den böhmischen Ländern 399.
202 EBENDA 399.
203 BAIER, Herwig: Zur schulpolitischen Geschichte des sudetendeutschen Schulwesens. In: ELLGER-RÜTTGARDT, Sieglind (Hg.): Bildungs- und Sozialpolitik für Behinderte. München, Basel 1990, 247–256, hier 253.
204 BAIER/KORNHERR: Der Verband ‚Deutsche Hilfsschule in der tschecho-slowakischen Republik' 200.
205 Zusammenstellung des Hilfsschulwesens im Reichsgau Sudetenland. SOAL, ŘM, Signatur 1101/2, Karton 350, fol. 143.
206 BAIER: Schulen für Behinderte im Sudetenland 109.
207 EBENDA 109.

Sudetenland in Kraft trat.[208] Infolgedessen wurden neun sogenannte Erbgesundheitsgerichte und ein Erbgesundheitsobergericht in Leitmeritz installiert.[209] Wahrscheinlich etwa 800 Patient/-innen aus den Heil- und Pflegeanstalten Troppau und Sternberg wurden 1940/1941 in Pirna-Sonnenstein getötet;[210] zudem gibt es Hinweise darauf, dass Patient/-innen der Gau-Heil- und Pflegeanstalt in Wiesengrund auf Schloss Hartheim in Alkoven bei Linz ermordet wurden.[211] Unter dem Begriff Euthanasie werden heute verschiedene NS-Mordaktionen zusammengefasst: Aktion T4, Kinder-Euthanasie, Ermordung der jüdischen Geisteskranken, Sonderbehandlung 14f13 (Tötung von KZ-Häftlingen), dezentrale Euthanasie und auch die Aktion Brandt (Tötung von Patienten, die sich in Krankenhäusern befanden).[212] Im Rahmen der sogenannten dezentralen Euthanasie nach 1941, bei der die Mordaktionen noch ausgeweitet wurden, starben neben kranken und behinderten Menschen in psychiatrischen Einrichtungen auch Altenheiminsassen, geistes- und tuberkulosekranke Zwangsarbeiter, hirnverletzte Wehrmachtssoldaten, vom Bombenkrieg traumatisierte Zivilisten und Kinder mit einem jüdischen Elternteil.[213] Grundsätzlich ist Forschung hierzu schwierig, da viele Dokumente im Reichsgau Sudetenland vernichtet wurden und die Dokumente und Verwaltungsunterlagen der Berliner T4-Zentrale als verschollen gelten.[214]

---

208 BAIER/KORNHERR: Der Verband ,Deutsche Hilfsschule in der tschecho-slowakischen Republik' 200.
209 BAIER: Schulen für Behinderte im Sudetenland 109.
210 BÖHM, Boris/SCHULZE, Dietmar: Erfassung, Selektion und Abtransport der Patienten aus dem Regierungsbezirk Troppau 1939–1941. In: BÖHM, Boris/Kuratorium Gedenkstätte Sonnenstein (Hg.): Transporte in den Tod. Die Ermordung von Patienten aus dem Regierungsbezirk Troppau (Reichsgau Sudetenland) in der „Euthanasie"-Anstalt Pirna-Sonnenstein 1940/41. Pirna 2010, 54–78, hier 78.
211 KEPPLINGER, Brigitte: Die Ermordung von psychisch kranken und behinderten Menschen in der ,Euthanasie'-Vernichtungsanstalt Hartheim in Oberösterreich (1940–1941). In: ŠIMŮNEK, Michal/SCHULZE, Dietmar (Hg.): Die nationalsozialistische „Euthanasie" im Reichsgau Sudetenland und Protektorat Böhmen und Mähren 1939–1945/Nacistická „eutanázie" v rísské zupe Sudety a protektorátu Cechy a Morava 1939. Praha 2008, 57–77, hier 68.
212 Siehe hierzu: SANDNER, Peter: Verwaltung des Krankenmordes. Der Bezirksverband Nassau im Nationalsozialismus. Gießen 2003, 9.
213 SANDNER, Peter: NS-Euthanasie im Überblick. In: KOSTLÁN, Antonín (Hg.): Wissenschaft in den böhmischen Ländern 1939–1945. (Práce z dějin vědy 9) Praha 2004, 178–189, hier 188.
214 SCHMITT, Stephanie et al.: Die „Aktion T4" im Reichsgau Sudetenland am Beispiel der Gau-Heil- und Pflegeanstalten in Sternberg (Šternberk na Moravě), Troppau

Allgemeinbildung vor fachlicher Bildung: das Berufsschulwesen

Wie ausgeführt, zielte das Ringen der Reichenberger Schulverwaltung um die Erhaltung der Bürger- bzw. Hauptschulen hauptsächlich darauf, die 5. und 6. Klasse (also die 9. und 10. Jahrgangsstufe ab der Einschulung gerechnet) dieser Schulart zu retten und somit deren Schüler/-innen eine möglichst gute Allgemeinbildung zu ermöglichen. Die Diskussion um das berufliche Schulwesen schloss direkt daran an. Denn das berufsbildende Schulsystem im Reichsgau Sudetenland stand 1938 ebenfalls noch stark in österreichisch-ungarischer Tradition. Während sich im Deutschen Reich die duale Ausbildung durchgesetzt hatte, fand die berufliche Ausbildung in der Tschechoslowakei in Berufsfachschulen statt.[215] Nach 1918 war das berufsbildende Schulwesen bereits weitgehend verstaatlicht worden;[216] das Schulministerium hatte darüber hinaus entsprechende Einheitslehrpläne und einheitliche Schulordnungen erlassen.[217]

Im Deutschen Reich hatte das fachlich wie institutionell heterogene berufliche Schulwesen währenddessen eine quantitative Expansion erfahren. Seine beabsichtigte Vereinheitlichung nach 1933 gestaltete sich deshalb überaus kompliziert. Im Jahr 1937 wurde das vielgliedrige berufliche Schulwesen schließlich auf drei Grundtypen beschränkt: auf die Berufsschule, die Praxis und Theorie verband, die Berufsfachschule, die in einem ganztägigen Unterricht auf einen Beruf vorbereitete, und die Fachschule, die nach entsprechender beruflicher Vorbildung besucht werden konnte und den Übertritt in die sogenannte Ingenieurs- oder Architektenlaufbahn ermöglichte, auch wenn die Zahl der tatsächlichen Übergänge gering blieb. Die Städte und Gemeinden wurden grundsätzlich zu Trägern der Berufsschulen und hatten 75 Prozent der Kosten aufzubringen. Zugleich wurde 1938 mit dem Reichspflichtschulgesetz die Berufsschulpflicht eingeführt. Doch Schwierigkeiten bei der Durchsetzung

---

(Opava) und Wiesengrund bei Pilsen (Dobřany u Plzně) auf Basis des Bestandes R179 (1939–1941). In: In: ŠIMŮNEK, Michal/SCHULZE, Dietmar (Hg.): Die nationalsozialistische „Euthanasie" im Reichsgau Sudetenland und Protektorat Böhmen und Mähren 1939–1945/Nacistická „eutanázie" v ríkské zupe Sudety a protektorátu Cechy a Morava 1939–1945. Praha 2008, 79–116, hier 79–80.
215 EICHHOLZ: Was wir Sudetendeutschen mitbrachten 109.
216 PONTZ, Peter: Die Entwicklung und das Wesen der beruflichen Schulen in den Ländern der heutigen Tschechoslowakei. In: Bohemia – Zeitschrift für Geschichte und Kultur der böhmischen Länder 5/1 (1964) 242–284, hier 267.
217 EBENDA.

dieser Vorgabe in den Ländern verhinderten ihren flächendeckenden Erfolg bis Kriegsende.[218]

Nach der Errichtung des Reichsgaus Sudetenland musste das bisher schulisch organisierte Berufsschulwesen an das reichsdeutsche duale System angepasst werden. Vorerst blieben die alten Lehrpläne gültig, doch an allen Schulen wurden sofort Leibeserziehung und nationalpolitischer Unterricht eingeführt.[219] Zuerst wurden die Schulen umbenannt: Als Berufsfachschulen wurden nun Schulen bezeichnet, die eine Lehre oder Anlernzeit ersetzten; als Fachschulen galten Schulen, die als Aufnahmebedingung berufliche Praxis vorschrieben.[220] Die bisherige Fortbildungsschule wurde nach reichsdeutschen Vorgaben zur Berufsschule.[221] Aus den Handelsschulen hingegen wurden Wirtschaftsschulen und aus den Handelsakademien Wirtschaftsoberschulen.[222]

Die konkrete Anpassung an die Lehrpläne des Reiches ging an den Berufsschulen nur zögerlich voran – der Lehrplan für Nahrungsmittelgewerbe an den Berufsschulen etwa erschien erst Anfang 1944.[223] Die allgemeinbildenden wurden zugunsten der berufsbezogenen Fächer stark zurückgedrängt oder gestrichen.[224] Am 15. Juni 1940 wurde die 1938 im Deutschen Reich eingeführte Berufsschulpflicht für alle Jugendlichen zwischen 14 und 18 Jahren im Reichsgau Sudetenland rechtskräftig.[225] Auch im berufsbildenden Schulwesen setzte man auf eine geschlechtertrennende Beschulung: Die Haushaltungsschulen wurden deutlich ausgebaut und an den Landwirtschaftsschulen Mädchenabteilungen eingerichtet.[226] Mit der Trägerschaft der berufsbildenden Schulen wurden verschiedene Stellen betraut; einige befanden sich nun unter Trägerschaft der Gauselbstverwaltung, andere hingegen unter Trägerschaft der Städte

---

218 Für diesen Abschnitt vgl. NAGEL: Hitlers Bildungsreformer 207–211.
219 EICHHOLZ: Die Neugestaltung des sudetendeutschen Schulwesens 35–36.
220 EBENDA 35.
221 PONTZ: Die Entwicklung und das Wesen der beruflichen Schulen in den Ländern der heutigen Tschechoslowakei 269.
222 EBENDA.
223 Lehrpläne für Berufsschulen. Reichenberg, 24. Januar 1944. Aktenzeichen I c 4, Nr. 131 – 04/1/0. In: Amtliches Schulblatt für den Reichsgau Sudetenland 3 (1944) 14.
224 KARL (Hg.): Bauern, Förster, Gärtner schufen ein blühendes Land 264.
225 KRAEMER [ohne Angabe eines Vornamens, vermutlich Adolf]: Das landwirtschaftliche Schulwesen im Regierungsbezirk Karlsbad. Jahresbericht 1939/40 beim Regierungspräsidenten, Dezernat IIa 8. Karlsbad 1940, 6.
226 KARL (Hg.): Bauern, Förster, Gärtner schufen ein blühendes Land 264.

und Landkreise.[227] Die hauptamtlichen Lehrkräfte der Berufsschulen wurden Reichsbeamte.[228]

In allen beruflichen Schulen wurde der Praxisanteil wesentlich erhöht.[229] An den Landwirtschaftlichen Berufsschulen, den bisherigen Ländlichen Fortbildungsschulen, mussten die Lehrlinge nun im Rahmen ihrer Ausbildung eine praktische Lehre auf dem Bauernhof absolvieren.[230] An den Handelsschulen mussten mehrwöchige Praktika in den Ferien abgeleistet werden.[231] Die bisherigen Höheren Staatsgewerbeschulen waren mit den Ingenieur- und Bauschulen im Deutschen Reich nur begrenzt vergleichbar, da Letztere einen zweijährigen Schulbesuch umfassten, Erstere aber bereits nach Absolvierung der Bürgerschule besucht werden konnten und vier Jahre Schulbesuch vorsahen.[232] Trotzdem wurden die Reichslehrpläne der Ingenieur- und Bauschulen in den Lehrplan der Höheren Staatsgewerbeschulen übernommen und auch hier wurde vor allem der praktische Unterricht ausgebaut.[233]

Wenngleich Gottfried Preißler 1979 rückblickend konstatierte, dass das vielfältig gegliederte Fach- und Berufsschulwesen erhalten blieb,[234] war dies für die beruflichen Schulen nur in ihrer äußeren Form zutreffend – curricular übernahmen sie unverkennbar die Reichsvorgaben. Die Aktenvorgänge der Schulverwaltung belegen lange keinen Widerstand gegen diese Eingriffe – bis die Eingriffe offenbar ein solches Ausmaß annahmen, dass die Situation eskalierte. Dies passierte, als 1943 die Textilschulen geschlossen werden sollten. Anders als an anderen beruflichen Schulen war die duale Ausbildung an den Textilschulen nur punktuell eingeführt worden.[235] Ludwig Eichholz hatte die Textilindustrie noch 1940 als die wichtigste Industrie des Sudetenlandes überhaupt bezeichnet.[236] Auch Jörg Osterloh bestätigt, dass das wirtschaftliche

---

227 Schreiben Wasgestians an das Reichserziehungsministerium. Reichenberg, 15. Juli 1940. SOAL, ŘM, Signatur 67/2 5136, Karton 364, nicht foliiert.
228 EICHHOLZ: Die Neugestaltung des sudetendeutschen Schulwesens 32.
229 WASGESTIAN, Hugo: Die berufsbildenden Schulen im Sudetengau seit der Befreiung. In: Der Sudetendeutsche Erzieher 15/16 (1939) 346–350.
230 PONTZ: Die Entwicklung und das Wesen der beruflichen Schulen in den Ländern der heutigen Tschechoslowakei 269.
231 EBENDA.
232 EICHHOLZ: Die Neugestaltung des sudetendeutschen Schulwesens 33.
233 EBENDA 33–35.
234 PREISSLER: Geschichte meines Lebens aus der Sicht des 85. Geburtstags 55–56.
235 EICHHOLZ: Die Neugestaltung des sudetendeutschen Schulwesens 36.
236 EBENDA.

Hauptinteresse Berlins in der Nutzbarmachung der Montan- wie auch der Textil- und Glasindustrie für die Kriegswirtschaft bestand, während die Konsumgüterindustrie nachrangig behandelt werden sollte.[237] Doch dies hatte sich 1943 anscheinend geändert. Der zuständige Sachbearbeiter am Reichserziehungsministerium in Berlin, Ministerialrat Prof. Peter, begründete die Schließung zum einen mit „der allgemeinen Planung," zum anderen aber auch damit, dass das Reichswirtschaftsministerium die Berufsfachschule ablehne und diese Ausbildungsform daher „zu einer Klärung dränge", was laut Auffassung der Schulabteilung in der Reichsstatthalterei „praktisch der Schließung sämtlicher Textil- und Berufsfachschulen gleichkommt".[238] Der Leiter der Abteilung für das berufliche Schulwesen in der Reichsstatthalterei, Hugo Wasgestian, war zwar bereits zur Wehrmacht eingezogen worden, doch hielt ihn dies nicht davon ab, sich aus dem „Armeegebiet" per Feldpostbrief bei der Reichsstatthalterei zu melden: Wütend tadelte er, dass „bei uns die Ausbildung in das Schema des Mittelalters, aber ohne die vorgesehene Wanderschaft, gepresst werden soll", während den Tschechen ihre Schulen belassen werden würden.[239] Er wandte sich somit scharf gegen die duale Ausbildungsform, wobei seine Aussage, der tschechischen Bevölkerung seien die Schulen belassen worden, falscher nicht hätte sein können – die tschechischsprachigen Schulen waren im Reichsgau Sudetenland mit Ausnahme der Volksschulen geschlossen worden.[240] Auch in den weiteren Teilen des Briefs vermied Wasgestian eine fachliche Argumentation, stattdessen brachte er seine Wut deutlich zum Ausdruck:

---

237 OSTERLOH, Jörg: „Arisierungen" und „Germanisierungen" im Reichsgau Sudetenland. In: GOSEWINKEL, Dieter/HOLEC, Roman/ŘEZNÍK, Miloš (Hg.): Eigentumsregime und Eigentumskonflikte im 20. Jahrhundert. Deutschland und die Tschechoslowakei im internationalen Kontext. (Veröffentlichungen zur Kultur und Geschichte im östlichen Europa 53) Essen 2018, 183–198, hier 187–188.
238 Vermerk für Dr. Baierl zur Vorsprache des Ministerialdirigenten Prof. Heering beim Gauleiter am 25. Mai 1944. Autor unbekannt, da Unterschrift unleserlich. Reichenberg, 12. Februar 1944. SOAL, Župní vedení NSDAP, Signatur 1000/42, Karton 91, nicht foliiert.
239 Schreiben Hugo Wasgestians zur „Textilschulfrage im Sudetengau" an die Reichsstatthalterei. St Q, 30. Juli 1943. SOAL, ŘM, Signatur 530/1 4978, Karton 365, nicht foliiert. Die Textilfachschulen im Protektorat Böhmen und Mähren, wo „sowohl auf deutscher wie auch auf tschechischer Seite der Nachwuchs" beschult wurde, blieben bestehen. Dazu: Vermerk von Kiesel (Gaustudentenführer) an Theo Keil. Prag, 23. Oktober 1944. SOAL, ŘM, Signatur 530/1 4978, Karton 365, nicht foliiert.
240 Siehe das Kapitel „Unterordnung als Unterrichtsziel. Das tschechische Schulwesen im Reichsgau Sudetenland".

An der Volkstumsgrenze Kultureinrichtungen im Namen der höchsten Reichsbehörde sperren zu wollen, die die Volksgruppe selbst im zähen Kampf sich erhalten hat, zeigt von einer solchen psychologischen Einstellung, dass jedes weitere Wort überflüssig ist.[241]

Nachdem daraufhin Henlein im Dezember 1943 Reichserziehungsminister Rust bat, die Schulschließungen „für die Zeit nach dem Kriege zurückzustellen"[242], und sich schließlich auch das Reichswirtschaftsministerium gegen die Schließungen aussprach,[243] wurden im Mai 1944 als Kompromiss nur vier der zehn Textilschulen „mit Rücksicht auf die Erfordernisse des Krieges" geschlossen.[244] Doch der Weiterbestand war von kurzer Dauer: Im Herbst 1944 wurden schließlich fast alle beruflichen Schulen geschlossen.[245]

Gescheiterte Neubauplanungen – die infrastrukturelle Förderung des Schulwesens

In sudetendeutschen Publikationen im Herbst 1938 lässt sich eine hohe Erwartungshaltung hinsichtlich zukünftiger Investitionen ausmachen. So heißt es im Jahresbericht 1938/1939 der Staatsfachschule für Weberei in Jägerndorf (Krnov), dass der Bau einer Werkstätte bald angegangen werden würde: „Es ist zu erwarten, daß dieser Bau baldigst durchgeführt werden wird."[246]

---

241 Schreiben Hugo Wasgestians zur „Textilschulfrage im Sudetengau" an die Reichsstatthalterei. St Q, 30. Juli 1943. SOAL, ŘM, Signatur 530/1 4978, Karton 365, nicht foliiert.
242 Schreiben Henleins an Rust. Reichenberg 14. Dezember 1943. SOAL, ŘM, Signatur 530/1 4978, Karton 365, nicht foliiert.
243 Abschrift des Schreibens des Reichswirtschaftsministeriums (Blotenberg) an die Gauwirtschaftskammer vom 9. Februar 1944 in einem Schreiben der Gauwirtschaftskammer an die Wirtschaftsgruppe Textilindustrie in Reichenberg, mit einem Durchschlag für die Schulabteilung in der Reichsstatthalterei. Reichenberg, 14. Februar 1944. SOAL, ŘM, Signatur 530/1 4978, Karton 365, nicht foliiert.
244 Geschlossen wurden die Textilschulen in Freudenthal, Rochlitz (Rokytnice nad Jizerou), Sternberg (Šternberk) und Schönlinde (Krásná Lípa). Vgl. Schnellbrief des Reichserziehungsministeriums an die Unterrichtsverwaltungen über Kriegsmaßnahmen auf dem Gebiet des technischen Schulwesens (Bau-, Ingenieur- und Textilschulen). Berlin, 15. März 1943. SOAL, ŘM, Signatur unklar, Karton 365, nicht foliiert.
245 Siehe das Kapitel „Verwaltung des Mangels. Die Schulverwaltung im Totalen Krieg".
246 Jahresbericht über das Schuljahr 1938/39 der Staatsfachschule für Weberei in Jägerndorf. Jägerndorf 1939, 11–12.

Diese Erwartungshaltung betraf nicht nur das Schulwesen, wie Gebel, Zimmermann und Němec belegen.[247] Gleichwohl wurde der Ausbau des Schulwesens vom Reichsinnenministerium in Berlin als vordringlich erachtet, was jedoch nicht an schulpraktischen Erwägungen lag. Als Grund wurde vielmehr angegeben, man wolle der sudetendeutschen wie der tschechischen Bevölkerung verdeutlichen, dass das Deutsche Reich in der Lage sei, das deutsche Schulwesen mit nicht weniger guten Schulgebäuden zu versehen, als es die Tschechoslowakei für das tschechischen Schulwesen getan habe.[248] Hierfür wurden im Jahr 1939 drei Millionen Reichsmark als sogenannte Grenzlandfürsorge – man griff bei der Benennung des Maßnahmenpakets mithin den Grenzlandbegriff auf – für den Reichsgau Sudetenland bereitgestellt, um deren Verteilung sich die Regierungspräsidenten stritten. Schließlich gingen eine halbe Million Reichsmark an den Regierungsbezirk Karlsbad, eine Million Reichsmark an den Regierungsbezirk Aussig und 1,5 Millionen Reichsmark an den Regierungsbezirk Troppau – der höchste Geldbetrag ging somit an den Regierungsbezirk, der die größte tschechische Minderheit aufwies. Die Mittel sollten für den Schulbau, aber auch für die Einrichtung von Schießplätzen, HJ-Heimen und NS-Kindergärten verwendet werden.[249] Mit diesem Geld, so versprach das Regierungspräsidium Troppau seinen Schulräten im März 1939, würden in den nächsten Jahren Schulneu- und -umbauten in großem Umfang durchgeführt werden.[250] Das Regierungspräsidium Karlsbad beantragte im September 1939 ebenso ein umfangreiches Neubauprogramm für die Höheren Schulen des Regierungsbezirks.[251] Die Pläne der beiden Behörden waren also

---

247 ZIMMERMANN: Die Sudetendeutschen im NS-Staat 188–189; GEBEL: „Heim ins Reich!" 238–239; NĚMEC, Richard: Die Ökonomisierung des Raums. Planen und Bauen in Mittel- und Osteuropa unter den Nationalsozialisten 1938 bis 1945. Berlin 2020, 70–163.
248 Schreiben des Reichsinnenministeriums [ohne Autor] an das Reichserziehungsministerium. Berlin, 24. Juni 1939. SOA Plzeň/Klášter, ÚVP Karlovy Vary, Signatur unklar, Karton 15, nicht foliiert.
249 Siehe BRAUMANDL: Die Wirtschafts- und Sozialpolitik des Deutschen Reiches im Sudetenland 158–159.
250 Schreiben des Regierungspräsidiums Troppau an die Schulräte im Regierungsbezirk Troppau. Troppau, 24. März 1939. Sowie: Schreiben des Regierungspräsidiums Troppau an die Schulräte im Regierungsbezirk Troppau. Troppau, 8. November 1939. ZA Opava, Fond RP Opava, inv. č. 3575, nicht foliiert.
251 Das Regierungspräsidium Karlsbad beantragte im September 1939 Folgendes: Neubau der Oberschule für Jungen in Graslitz, Neubau des Gymnasiums in Eger, Neubau der Oberschule für Jungen in Elbogen, Neubau der Oberschule für Jungen in

sehr ambitioniert – doch mit dem zur Verfügung stehenden Budget konnten solche Ansprüche schon von vornherein nicht erfüllt werden. Im Regierungsbezirk Karlsbad konnte 1939 nicht mehr als ein Drittel der Bau- und Instandsetzungskosten durch Zuschüsse gedeckt werden.[252] Das Reichsinnenministerium selbst musste schon im Juni 1939 eingestehen, dass die Grenzlandfürsorgemittel sehr knapp bemessen seien, wenn sie verwendet würden, sollten sie aber unbedingt Schulneubauten und Ausbesserungen von Schulen dienen.[253]

Um der Erwartungshaltung dennoch gerecht zu werden, wurde vom Reichsinnenministerium vorgeschlagen, nicht mehr benötigte tschechische Schulgebäude für das deutsche Schulwesen zu nutzen.[254] Nur noch an Orten, an denen dies nicht möglich war, sollten neue Schulgebäude gebaut oder bestehende Schulgebäude instandgesetzt werden.[255] Tatsächlich wurden die beschlagnahmten Gebäude tschechischer Schulen dann aber unterschiedlichen Nutzungen zugeführt und dienten bei Weitem nicht nur zur Unterbringung von Schulen. Konkret waren von den 1939 im Regierungsbezirk Troppau geschlossenen 113 tschechischen Schulgebäuden nur 24 an deutsche Schulen übergeben worden.[256]

Mit Kriegsbeginn 1939 verschlechterten sich die Möglichkeiten finanzieller Förderung nochmals deutlich. Im August 1940 musste das Regierungspräsidium Troppau gegenüber seinen Schulräten zugeben, dass das Bauprogramm

---

Mies, Aufbau eines zweiten Stockwerks und Anbau eines zweistöckigen Flügels an das Gebäude der Oberschule für Jungen in Staab, Anbau eines Geräteraumes an die Turnhalle der Lehrerbildungsanstalt in Mies und eines Raumes mit Duschen und Waschgelegenheiten samt Dampfheizungsanlage. Vgl. Schreiben des Regierungspräsidiums Karlsbad an das Reichserziehungsministerium durch die Reichsstatthalterei in Reichenberg. Berichterstatter: Dr. Stibitz. Karlsbad, im September 1939 (kein genaues Datum angegeben). SOAL, ŘM, Signatur 1408/604, Karton 414, nicht foliiert.

252 Auszugsweise Abschrift des Lageberichts des Regierungspräsidenten in Karlsbad vom April 1940. Ohne Ort und Datum. SOAL, ŘM, Signatur unklar, Karton 355, nicht foliiert.
253 Schreiben des Reichsinnenministeriums (Dr. Vollert) an das Reichserziehungsministerium. Berlin, 24. Juni 1939. SOA Plzeň/Klášter, ÚVP Karlovy Vary, Signatur unklar, Karton 15, nicht foliiert.
254 EBENDA.
255 EBENDA.
256 Siehe das Kapitel „Unterordnung als Unterrichtsziel. Das tschechische Schulwesen im Reichsgau Sudetenland".

„vielfach nicht erfüllt" worden sei.²⁵⁷ Auch Eichholz hielt 1940 fest, dass viele Baumaßnahmen nicht mehr in Angriff genommen werden konnten, da „der Ausbruch des Krieges den Einsatz aller Mittel an anderer Stelle erfordert".²⁵⁸ In vielen Fällen wurden die Arbeiten nicht mehr fertiggestellt oder konnten gar nicht erst begonnen werden.²⁵⁹

Konrad Henlein ordnete im Mai 1942 trotzdem an, nach Beendigung des Krieges ein umfangreiches Schulbauprogramm im Sudetenland einzuleiten. Dafür wurden die Regierungspräsidien angewiesen, alle Schulbauvorhaben in vordringliche sowie weniger vordringliche zu sondern und die vordringlichen so weit zu bearbeiten, dass die Baumaßnahmen nach Kriegsende sofort begonnen werden könnten.²⁶⁰ Jedoch wurde wenige Monate später, am 13. Januar 1943, bestimmt, auch diese Vorbereitungen und Planungen vollständig einzustellen.²⁶¹

Lehrkräfteausbildung und Lehrkräftemangel

Lehrkräfteausbildung bis 1938

Die Ausbildung der Volks- und Bürgerschullehrkräfte in der Tschechoslowakei beruhte noch auf dem in der Habsburgermonarchie erlassenen Reichsvolksschulgesetz (1869), nach dem seminaristisch organisierte Lehrerbildungsanstalten einzurichten waren,²⁶² die auch nach 1918 bestehen blieben.²⁶³ In der Tschechoslowakei gab es 1918 insgesamt 16 deutschsprachige

---

257 Schreiben von Schönfeldt (Regierungspräsidium Troppau) an die Schulräte des Regierungsbezirks. Troppau, 30. August 1940. SOkA Opava, Bestand Landrát Opava, Karton 237, složka inv. č. 394, nicht foliiert.
258 EICHHOLZ: Die Neugestaltung des sudetendeutschen Schulwesens 17.
259 Auszug aus dem Monatsbericht des Kreisamtsleiters für Kommunalpolitik in Kaaden für Mai 1940. Weiterleitung des Gauamtes für Kommunalpolitik (G. Wünsch) an Eichholz. Reichenberg, 13. Juni 1940. SOAL, ŘM, Signatur 1065/3, Karton 338, nicht foliiert.
260 Schreiben der Reichsstatthalterei an die Regierungspräsidien in Karlsbad, Aussig und Troppau. Reichenberg, 12. März 1942. SOAL, ŘM, Signatur 1065/3, Karton 338, nicht foliiert.
261 Schreiben der Reichsstatthalterei an die Regierungspräsidien in Aussig, Karlsbad und Troppau. Reichenberg, 24. Februar 1943. ZA Opava, Fond RP Opava, inv. č. 3549, nicht foliiert.
262 BAIER: Deutsche Lehrerbildung in der Ersten Tschechoslowakischen Republik 169–170.
263 EBENDA.

Lehrerbildungsanstalten: zwei getrennt nach Männern und Frauen in Prag, Troppau, Brünn und Eger, zudem einzelne Anstalten in Komotau, Mies (Stříbro), Budweis (České Budějovice), Reichenberg, Trautenau, Leitmeritz, Olmütz (Olomouc) und Aussig. Bis auf die Lehrerinnenbildungsanstalten in Eger (katholisch) und Aussig (kommunal) wurden die Einrichtungen vom Staat getragen.[264] Zudem gab es auf dem Gebiet des späteren Reichsgaus Sudetenland in Saaz eine tschechischsprachige Lehrerbildungsanstalt.[265] Zwischen 1918 und 1938 waren die Anstalten in Trautenau, Leitmeritz und Olmütz geschlossen worden; überdies wurden die nach Geschlechtern getrennten Lehrerbildungsanstalten zusammengelegt, sodass sich die Zahl der deutschsprachigen Einrichtungen dieser Art in der Tschechoslowakei bis 1938 auf zehn reduzierte.[266] Um an den Lehrerbildungsanstalten aufgenommen zu werden, musste eine Aufnahmeprüfung bestanden werden, die rund jede/-r fünfte Bewerber/-in erfolgreich bestand. An allen deutschsprachigen Lehrerbildungsanstalten zusammen gab es etwa 200 Neuaufnahmen pro Jahrgang.[267] Den Lehrerbildungsanstalten waren jeweils Übungsschulen zugeordnet, an denen die Praxisanteile des Studiums abzuleisten waren; außerdem fanden die 2. Staatsprüfungen für die Volksschulen an diesen Übungsschulen statt, obwohl die angehenden Lehrkräfte ihre mitzubringende Praxiserfahrung zwischenzeitlich an anderen Schulen sammeln mussten.[268]

Die Absolvent/-innen der Lehrerbildungsanstalten waren in der Regel jung – sie verließen die Anstalten durchschnittlich im Alter von 19 Jahren.[269] Nach 20 Monaten Schuldienst konnte die Anwärterin bzw. der Anwärter (Dienstbezeichnung: Provisorischer Lehrer) die sogenannte Lehrbefähigungsprüfung ablegen und erhielt das Zeugnis der Lehrbefähigung für Volksschulen. Bereits nach 30 Monaten Schuldienst durfte dann die Prüfung für Bürgerschullehrer absolviert werden,[270] mit der man die Lehrbefähigung

---

264 Vgl. FIEDLER: Volks- und Bürgerschule – Sonderschulen 102.
265 BAIER: Deutsche Lehrerbildung in der Ersten Tschechoslowakischen Republik 183–184.
266 Vgl. FIEDLER: Volks- und Bürgerschule – Sonderschulen 102.
267 BAIER: Deutsche Lehrerbildung in der Ersten Tschechoslowakischen Republik 192.
268 EBENDA 190.
269 Der Chef der Sicherheitspolizei und des SD, Amt III, an SS-Oberführer Ministerialdirektor Holfelder im Reichsministerium für Wissenschaft und Volksbildung. BArch, R/4901/13121, Meldungen aus den kulturellen Lebensgebieten, 12. März 1940, Seite 4–5.
270 Die Prüfung war möglich in vier Gruppen:
 – 1. Gruppe: Deutsch, Geografie, Geschichte;

für Bürgerschulen erlangen konnte.[271] Eine zweite Phase der Lehrerbildung, etwa einen Vorbereitungsdienst oder ein Referendariat, gab es nicht. Die Vorbereitung auf die Lehrbefähigungsprüfung für Volks- und Bürgerschulen (2. Staatsprüfung) hatten die Kandidat/-innen vielmehr individuell zu leisten; erst 1937 wurde hierfür eine eigene Lehrerfortbildung angeboten.[272] Die Lehrerausbildungen für Bürgerschul- und Volksschullehrkräfte waren somit eng miteinander verbunden bzw. es gab keine eigene Lehrerausbildung für die Bürgerschullehrkräfte.

Entgegen der seminaristischen Ausbildung der Volks- und Bürgerschullehrkräfte nach dem Reichsschulgesetz von 1869 versuchte die Deutsche Pestalozzi-Gesellschaft, die vom Volksschullehrer Alois Wolf 1921 als Pädagogische Arbeitsstelle in Prag gegründet worden war, eine universitäre Ausbildung der Volksschullehrkräfte zu etablieren. Ihr gelang 1931 die Errichtung der privaten Deutschen Pädagogischen Akademie in Prag, die eine Alternative zur seminaristischen Ausbildung anbieten wollte und es den Studierenden ermöglichte, Kurse an der Deutschen Universität in Prag zu belegen.[273] Die Zahl derer, die dort studierten, blieb jedoch gering: Im Studienjahr 1935/1936 waren es 52, davon 27 Frauen.[274] Nach 1939, im Protektorat Böhmen und Mähren, wurde die Pestalozzi-Gesellschaft bis 1945 als Einrichtung des Berliner Zentralinstituts für Erziehung und Unterricht weitergeführt.[275]

Die Lehrkräfte der Höheren Schulen (Mittelschulen) der Tschechoslowakei hingegen wurden überwiegend an der Deutschen Universität in Prag ausgebildet, aber auch an den Deutschen Technischen Hochschulen in Brünn und

---

– 2. Gruppe: Mathematik, Naturgeschichte, Physik, Chemie;
– 3. Gruppe: Zeichnen mit Schreiben, Darstellende Geometrie und Mathematik;
– 4. Gruppe: Unterrichtssprache, Zweite Sprache, Körperliche Erziehung.
Im Anhang zu einem Schreiben innerhalb der Schulabteilung des Regierungspräsidiums Troppau. Troppau, 10. Dezember 1938. ZA Opava, Fond RP Opava, inv. č. 3581, nicht foliiert.

271 Anhang zu einem Schreiben innerhalb der Schulabteilung des Regierungspräsidiums Troppau, S. 2. Troppau, 10. Dezember 1938. ZA Opava, Fond RP Opava, inv. č. 3581, nicht foliiert.
272 BAIER: Deutsche Lehrerbildung in der Ersten Tschechoslowakischen Republik 184.
273 Vgl. TINKL, Walter: Die Deutsche Pestalozzi-Gesellschaft. In: KEIL, Theo (Hg.): Die deutsche Schule in den Sudetenländern. Form und Inhalt des Bildungswesens. München 1967, 439–441, hier 440.
274 Vgl. KURTH: Sudetenland 123.
275 Vgl. TINKL: Die Deutsche Pestalozzi-Gesellschaft 439–440.

Prag sowie – die Lehrkräfte an höheren Landwirtschaftsschulen – an der Landwirtschaftlichen Fakultät der Deutschen Technischen Hochschule in Tetschen-Liebwerd,[276] die ehemals als eigenständige Landwirtschaftliche Akademie fungiert hatte und 1920 als Landwirtschaftliche Abteilung in die Deutsche Technische Hochschule in Prag eingegliedert worden war.[277] Das Studium war in erster Linie ein Fach- und kein Pädagogikstudium, was Gottfried Preißler 1930 dazu veranlasste, sich für mehr pädagogische Lehrinhalte im Universitätsstudium angehender Mittelschullehrkräfte auszusprechen.[278] Im Laufe des Jahres 1921 waren 6 103 Studierende an den Hochschulen in der Tschechoslowakei deutscher Nationalität; sie stellten somit rund 21 Prozent aller Studierenden der Tschechoslowakei.[279] Die Deutsche Universität in Prag – die einzige staatliche Universität für eine Minderheit in den Nationalstaaten Europas der Zwischenkriegszeit[280] – war trotzdem relativ isoliert vom Stadtgeschehen. Versuchte sie nach anfänglichem Boykott des neuen Staats einen Ausbau ihrer Institute zu erreichen, vermied sie zugleich fast jeglichen Kontakt zu den tschechischen Hochschulen.[281] Nur die beiden Technischen Hochschulen in Prag arbeiteten zusammen und nutzten eine gemeinsame Bibliothek.[282] Studierende, die aus den mehrheitlich deutschsprachigen Gebieten zum Studium nach Prag kamen, hatten es nicht selten schwer, in der überwiegend tschechischsprachigen Stadt zurechtzukommen, da ihre Tschechischkenntnisse oftmals mangelhaft waren.[283] Tatsächlich war die Mehrheit der deutschen Studierenden

---

276 BAIER: Deutsche Lehrerbildung in der Ersten Tschechoslowakischen Republik 170; siehe auch: WILLSCHER (Hg.): Schulführer 30–38.
277 BORESCH, Karl: Das Werden der Hochschulstätte der sudetendeutschen Landwirtschaft. In: BRASS, Kurt (Hg.): Unsere alma mater. Die sudetendeutschen Hochschulen. Böhmisch-Leipa 1938, 122–130, hier 125–126.
278 PREISSLER, Gottfried: Die zukünftige Vorbildung der Mittelschullehrer. In: LOCHNER, Rudolf (Hg.): Zur Neugestaltung der Lehrerbildung. Sudetendeutsche Anstalt für Erziehungswissenschaft der Deutschen wissenschaftlichen Gesellschaft in Reichenberg. Berichte, Leitsätze, Entwürfe. Reichenberg 1930, 25–37, hier 33.
279 MAJEWSKI: Sudetští Němci 222.
280 Vgl. PEŠEK: Die Prager Universitäten im ersten Drittel des 20. Jahrhunderts 151.
281 ADAM: Unsichtbare Mauern 212–213.
282 EBENDA.
283 ADAM, Alfons: ‚Slawisches Prag' versus ‚deutsches Prag' – zwei konkurrierende Stadtmythen in der Zwischenkriegszeit. In: IVANIČKOVÁ, Edita/LANGEWIESCHE, Dieter/MÍŠKOVÁ, Alena (Hg.): Mythen und Politik im 20. Jahrhundert. Deutsche – Slowaken – Tschechen. (Veröffentlichungen zur Kultur und Geschichte im östlichen Europa 42) Essen 2013, 101–121, hier 119–120.

aufgrund ungenügender Sprachkenntnisse im Tschechischen gar nicht in der Lage, Lehrveranstaltungen an den tschechischen Hochschulen zu besuchen.[284] Unterdessen war im Deutschen Reich nach 1933 die Lehrerbildung für Lehrkräfte an Volksschulen grundlegend reformiert und vereinheitlicht worden. Die bereits seit 1918 teilweise akademische Volksschullehrerausbildung wurde nun an den gebührenfreien Hochschulen für Lehrerbildung, die ab 1934 meist in mittleren und kleinen Provinzstädten eingerichtet wurden, reichsweit akademisch. Ziel der neuen Ausbildung war es vor allem, die Volksschullehrkräfte zu politischen Erzieher/-innen des Volkes zu machen. Die Einrichtung stand Abiturient/-innen offen und bot eine sich über vier Semester erstreckende zweijährige Ausbildung an, die zahlreiche Verpflichtungen wie die Mitarbeit in Parteigliederungen einschloss.[285] Die akademische Ausbildung änderte jedoch nichts an der Bezahlung der an Volksschulen tätigen Lehrkräfte, sie bekamen kein höheres Gehalt als ihre seminaristisch ausgebildeten Kolleg/-innen.[286]

Diskussion um die Akademisierung der Lehrkräfteausbildung

Gottfried Preißler suchte nach Errichtung des Reichsgaus Sudetenland eine grundsätzliche Erneuerung der Lehrkräfteausbildung zu erreichen – ein Anliegen, das in der Tschechoslowakei sowohl auf deutscher als auch auf tschechischer Seite bereits vehement vertreten worden war.[287] Grundsätzliche Änderungen forderte nun auch Rudolf Lochner, inzwischen Professor an der Hochschule für Lehrerbildung im schlesischen Hirschberg. Er unterbreitete der Reichenberger Schulverwaltung den Vorschlag, eine Hochschule nach preußischem Vorbild einzuführen – jedoch erhielt er seinen eigenen Angaben zufolge keine Antwort aus Reichenberg.[288]

---

284 ADAM: Unsichtbare Mauern 212–213.
285 NAGEL: Hitlers Bildungsreformer 162–163.
286 HAUSER: Das Elsass als ‚Erziehungsproblem' 225.
287 KASPEROVÁ, Dana: „Und wir streben höher". Die Bemühungen der tschechischen und deutschen Lehrerschaft um die Hochschulbildung in der Zwischenkriegszeit in der Tschechoslowakei. In: HOFFMANN-OCON, Andreas/HORLACHER, Rebekka (Hg.): Pädagogik und pädagogisches Wissen. Ambitionen in und Erwartungen an die Ausbildung von Lehrpersonen/Pedagogy and Educational Knowledge. Ambitions and Imaginations in Teacher Education. Bad Heilbrunn 2016, 171–190.
288 LOCHNER, Rudolf: Planungen zur Akademisierung der sudetendeutschen Volksschullehrerausbildung zwischen 1918 und 1945. In: KEIL, Theo (Hg.): Die deutsche Schule in den Sudetenländern. Form und Inhalt des Bildungswesens. München 1967, 235–243, hier 240–241.

Preißler schlug dem Reichserziehungsministerium im August 1940 vor, „die überalterten und für die heutigen Kulturaufgaben des Lehrers ungenügende[n] Ausbildungseinrichtungen aus der Tschechenzeit" durch eine Hochschule für Lehrerbildung zu ersetzen und Aufbaulehrgänge für die Lehrkräfteausbildung einzurichten, was jedoch trotz mehrfacher Eingaben auf Weisung des Reichserziehungsministeriums nicht umgesetzt werden durfte.[289] Berlin drängte Preißler, mit der Einführung abzuwarten, bis es eine reichsweite Klärung über die Weiterführung gäbe.[290] Diese Zurückweisung von Preißlers Vorschlag durch das Reichserziehungsministerium lag darin begründet, dass es seinerseits gezwungen war, seine Hochschulen für Lehrerbildung nachdrücklich zu verteidigen, die seit Herbst 1938 zur Disposition standen. Schuld daran war vor allem der eingetretene Lehrermangel,[291] den Holfelder im Reichserziehungsministerium aber nicht den Hochschulen anlastete, sondern vor allem auf eine verfehlte Sparpolitik vor 1933 zurückführte.[292] Hatte die bessere Lage auf dem Arbeitsmarkt nach 1933 schon den Lehrermangel verschärft, verschlimmerte sich die Lage mit Kriegsbeginn durch die Einberufung vieler Lehrer zur Wehrmacht nochmals deutlich.[293] Das Reichserziehungsministerium versuchte ab Ostern 1939, den Mangel durch zweijährige Aufbaulehrgänge auszugleichen, die für Abgänger/-innen von Volks- und Mittelschulen eingerichtet worden waren und die dann zum Studium an den Hochschulen für Lehrerbildung berechtigten.[294]

Angesichts des Lehrermangels forderte Bormann gegen den Widerstand Rusts, die erst wenige Jahre zuvor akademisierte Lehrkräfteausbildung wieder zu entakademisieren und die seminaristische Lehrerausbildung Österreichs, mithin die bislang im Sudetenland praktizierte, alsbald für das Reich zu übernehmen.[295]

---

289 Schreiben Preißlers an das Reichserziehungsministerium bezüglich der Aufsicht über die Lehrerbildungsanstalten. Reichenberg, 2. August 1940. SOAL, ŘM, Signatur 1073/1, Karton 331, nicht foliiert.
290 EBENDA.
291 So fehlten im Schuljahr 1938/1939 etwa 3 000 Lehrkräfte in Preußen, 600 in Bayern und 150 in Württemberg. Vgl. GUTZMANN: Von der Hochschule für Lehrerbildung zur Lehrerbildungsanstalt 302.
292 NAGEL: Hitlers Bildungsreformer 343.
293 EBENDA 166.
294 Vgl. GUTZMANN: Von der Hochschule für Lehrerbildung zur Lehrerbildungsanstalt 306–312.
295 NAGEL: Hitlers Bildungsreformer 342–343.

Allerdings waren die seminaristischen Lehrerbildungsanstalten schon vor dem Anschluss 1938 auch in Österreich nicht unumstritten gewesen; stattdessen hatte Österreich vor 1938 erste Hochschulen für Lehrerbildung eingerichtet.[296] Und noch 1940 war dort nicht geklärt, ob die Lehrerbildungsanstalten weiterbestehen oder ob weitere Hochschulen für Lehrerbildung aufgebaut werden sollten.[297] Im Reichsgau Sudetenland hatte man währenddessen damit begonnen, die Lehrpläne der Lehrerbildungsanstalten umzugestalten: Die allgemeinbildenden Fächer schlossen nun nach dem 3. Jahrgang ab; der 4. Jahrgang war ausschließlich der beruflichen Praxis vorbehalten.[298]

Im November 1940 erhielt die Reichsstatthalterei schließlich eine Einladung zu einer Tagung nach Wien, auf der die Zukunft der Lehrerbildung besprochen werden sollte. Die Schulverwaltung der Reichsstatthalterei wollte die Zusammenkunft in Wien dazu nutzen, ein eigenes Konzept für die Lehrerbildung vorzustellen, das explizit auf eine Verschränkung der Höheren Schulen mit den Lehrerbildungsanstalten abzielte. Der Plan sah vor, dass die 1., 2. und 3. Jahrgänge der Lehrerbildungsanstalten an die 6., 7. und 8. Klassen der Höheren Schule angegliedert werden sollten; zusätzlich sollte ein 4. Jahrgang aufgebaut werden.[299] Vor der Abreise nach Wien forderte Henlein seine Schulverwaltung auf, von der Reform der Lehrerbildungsanstalten „unter keinen Umständen abzugehen", sodass „der Lehrer zum Volkserzieher herangebildet wird [...] und außerdem die Gewähr besteht, daß der Übergang zu einer reichseinheitlichen Lösung der Lehrerbildung gefunden wird".[300]

Als dann aber Preißler in Begleitung der Direktoren der Lehrerbildungsanstalten von Reichenberg, Mies und Trautenau mit diesem Konzept im Gepäck am 16. November in Wien eintraf,[301] war der Gruppe schon vorab jeglicher Verhandlungsspielraum verwehrt. Den versammelten Schulverwaltungsbeamten

---

296 Vgl. GUTZMANN: Von der Hochschule für Lehrerbildung zur Lehrerbildungsanstalt 334.
297 Der Chef der Sicherheitspolizei und des SD, Amt III, an SS-Oberführer Ministerialdirektor Holfelder im Reichsministerium für Wissenschaft und Volksbildung. BArch, R/4901/13121, Meldungen aus den kulturellen Lebensgebieten, 16. August 1940, Seite 6.
298 Schreiben Konrad Henleins an Martin Bormann. Reichenberg, 8. November 1940. SOAL, ŘM, Signatur 1073/1, Karton 361, nicht foliiert.
299 Vermerk (vermutlich Preißler) über die am 1. November 1940 erfolgte Vorsprache beim Gauleiter und Reichsstatthalter. Reichenberg, 1. November 1940. SOAL, ŘM, Signatur 1073/1, Karton 331, nicht foliiert.
300 EBENDA.
301 EBENDA.

wurde eröffnet, dass Adolf Hitler dem Reichserziehungsminister Bernhard Rust mitgeteilt habe, dass die Lehrerbildung in den Gebieten außerhalb des Altreichs in der Tradition österreichischer Lehrerbildungsanstalten und nicht in Hochschulen für Lehrerbildung erfolgen solle;[302] in den altreichsdeutschen Gebieten würden die Hochschulen für Lehrerbildung später durch die Lehrerbildungsanstalten ersetzt werden.[303] Dass man in Wien den sudetendeutschen Schulbeamten hierbei kritisch gegenüberstand, kommt auch darin zum Ausdruck, dass keiner der angereisten Herren in den hierfür zuständigen, neu eingerichteten Arbeitskreis berufen wurde.[304] Dies überrascht nicht, zuvor hatte die Schulverwaltung die Wiederaufnahme seminaristischer Ausbildungsformen im Gaumitteilungsblatt des NSLB scharf kritisiert:

> Die neue seminaristische Ausbildung in der Ostmark ist ein Rückfall in die Zeit vor 50 Jahren und kann im Sudetengau nicht einmal als Notlösung zugelassen werden. Bei der Lehrerbildung muß man immer eingedenk sein, daß die Leistung der Schule von heute die Leistung der Wirtschaft von morgen ist. Die Leistung der deutschen Schule hängt aber im wesentlichen von der Vorbildung des Lehrers ab.[305]

Der Klage, die seminaristische Ausbildung sei unzureichend, schloss sich sogleich die Kritik an, dass der Lehrermangel nicht Ausgangspunkt eines sinkenden Bildungsanspruchs sein dürfe:

> Der Mangel an Lehrernachwuchs kann niemals auf Kosten der Leistung der deutschen Schule behoben werden. Es wäre eine Vogel-Strauß-Politik, wenn man dem Grundsatz huldigen wollte: Je größer der Mangel an Arbeitskräften, desto geringer müßte die Ausbildung sein.[306]

---

302 Schreiben vom Stab des Stellvertreters des Führers (Unterschrift unleserlich, Bormann eher unwahrscheinlich). München, 19. November 1940. SOAL, ŘM, Signatur 1073/1, Karton 361, nicht foliiert.
303 Vgl. Nagel: Hitlers Bildungsreformer 346.
304 Der Umbau wurde unter Leitung zweier Österreicher durchgeführt, Dr. Fritz aus Wien mit seinem Stellvertreter Oberstudiendirektor Dr. Holoubek aus Innsbruck. Unterstützt werden sollten sie von einem Ausschuss, in den aus jedem Gau ein Sachbearbeiter berufen werden sollte. Interessanterweise wurde Henlein vonseiten des Stabes des Stellvertreters des Führers darum gebeten, in diesen Ausschuss als Vertreter des Reichsgaues Oberregierungs- und -Schulrat Emil Funek zu entsenden, aber eben nicht Preißler. Vgl. Schreiben vom Stab des Stellvertreters des Führers. München, 19. November 1940. SOAL, ŘM, Signatur 1073/1, Karton 361, nicht foliiert.
305 Die Regelung der Frage der Lehrerbildungsanstalten im Reichsgau. In: Mitteilungsblatt des NSLB der Gauwaltung Sudetenland 6 (1940) 82.
306 Ebenda.

Die Missbilligung dieser Kritik ließ nicht lange auf sich warten. Hans Stricker, Hauptstellenleiter des NS-Hauptamts für Erziehung in Bayreuth, wies Eichholz hinsichtlich dieser Ausführungen zurecht,

> die für uns Altreichsdeutschen wahrlich einen Dolchstoß bedeuten. Es geht nicht an, daß jeder Reichsgau auf eigene Faust Schulpolitik treibt. Die Schulpolitik wird bestimmt durch unseren Reichswalter Parteigenossen Fritz Wächtler und keine Gauwaltung hat das Recht in der Öffentlichkeit eine andere Meinung zu propagieren.[307]

Dieser Tadel zeigte Wirkung. In der Öffentlichkeit war über die Wiedereinführung der seminaristischen Ausbildung nun kein negatives Wort zu vernehmen. Es ist nur zu erahnen, welche Enttäuschung es für Preißler gewesen sein dürfte, dass seine Forderungen nach einer Akademisierung sich nicht nur nicht erfüllten, sondern die Schulverwaltung auch noch – an Selbstverleugnung grenzend – damit beginnen musste, die bisherige seminaristische Ausbildung als sudetendeutsche Errungenschaft zu rühmen. So heißt es Ende 1942: „Der Führer selbst hat im Herbst 1940 entschieden, daß die ostmärkische (und damit auch unsere sudetendeutsche) Form der Lehrerbildung wegen ihrer Vorzüge gegenüber der altreichsdeutschen Hochschule für Lehrerbildung im gesamten Reich zu übernehmen ist."[308] Begründet sei dies dadurch, dass die Hochschule für Lehrerbildung durch ihre Zugangsvoraussetzung des Abiturs „die Nachwuchsbreite zu sehr eingeengt hat" und dabei die Lehrkraft dem Dorf entfremdet habe. Doch gerade die Lehrkraft habe „im völkischen Kampf die Führungsaufgaben in vorderster Reihe" inne; zudem solle sie hauptamtliche Aufgaben in der Hitler-Jugend oder in der NSDAP übernehmen können. „Der Lehrer soll nicht nur für die Schule, sondern als nationalsozialistischer Volkslehrer, als Führer und Erzieher des Volkes ausgebildet werden."[309] Dies sei notwendig, denn die

> neue Lehrerbildung [...] soll die Erzieher heranbilden, die die noch nicht geborene deutsche Jugend in eine neue deutsche Zukunft führen soll[en], deren Größe wir heute

---

307 Schreiben des Hauptstellenleiters des Hauptamts für Erziehung in Bayreuth, Hans Stricker, an Ludwig Eichholz. Bayreuth, 14. Juni 1940. BArch, NS 12/300, nicht foliiert.
308 Weisung des Gaustabsamtsleiters Richard Lammel und des Gauamtsleiters Theo Keil (NS-Gauamt für Erzieher) an alle Schulräte, Regierungspräsidien und NS-Kreisamtsleitungen für Erzieher. Reichenberg, 14. Dezember 1942. SOAL, Župní vedení NSDAP, Signatur I 915, Karton 28, fol. 19.
309 EBENDA.

noch kaum zu ahnen vermögen, an die wir aber mit der ganzen Kraft unseres Gemütes glauben.[310]

Hatte die Schulverwaltung noch zwei Jahre zuvor im NSLB-Mitteilungsblatt die seminaristische Lehrerausbildung leidenschaftlich abgelehnt, erklärte sie den Lehrkräften nun – augenscheinlich auf ein schwaches Gedächtnis derselben hoffend –, dass Widerstand gegen die neue (und im Reichsgau zugleich alte) Lehrkräfteausbildung falsch sei; stattdessen sei das, was in der Öffentlichkeit erzählt werde, nicht immer das Wesentliche und manches werde gar aus Fahrlässigkeit oder mit Vorsatz entstellt.[311] Zumindest in einem anderen Bereich der Lehrkräfteausbildung aber konnte Keil noch einen späten Erfolg einfahren: Während seines Aufenthalts in Berlin machte er sich für die reichsweite Einführung der Ausbildung von Lehrerinnen für Hauswirtschaft und Turnen – vermutlich nach tschechoslowakischem Vorbild – stark. Im Anschluss an seine Rückkehr nach Reichenberg wurde sein Vorschlag weitgehend umgesetzt: Ein Erlass brachte Mitte 1944 die reichsweite Einführung dieses Lehrberufs zumindest noch administrativ auf den Weg.[312]

Im Mai 1942 existierten im Reichsgau Sudetenland Lehrerbildungsanstalten in Troppau, Müglitz (Mohelnice), Mährisch Altstadt (Staré Město pod Sněžníkem), Lobositz (Lovosice), Komotau, Reichenberg, Mies, Trautenau sowie in Eger (je eine Anstalt für Mädchen und eine für Jungen). Insgesamt wurden diese Anstalten von 2 730 Studierenden besucht, die in 89 Klassen von 220 Lehrkräften unterrichtet wurden. Von den Studierenden waren 630 im Heim untergebracht.[313] 1939 war der im völkischen Umfeld als Historiker und Soziologe tätige Eugen Lemberg[314] zum Leiter der Lehrerbildungsanstalt

---

310 EBENDA.
311 EBENDA.
312 Schreiben Keils an Ministerialdirigent Dr. Carl Frank am Reichserziehungsministerium in Berlin. Reichenberg, 20. September 1944. BArch, R/9361/II/200354, Akte Eichholz, nicht foliiert.
313 Anlage zu einem Schreiben der Reichsstatthalterei an die Leiter der Lehrerbildungsanstalten im Reichsgau Sudetenland. Reichenberg, 1. Mai 1942. SOAL, ŘM, Signatur unklar, Karton 331, nicht foliiert.
314 Lemberg hielt sich nach seiner Promotion 1927 in Prag noch an den Universitäten in Berlin (1927) und in Münster (1931/32) auf. BArch, R 4901/13270, nicht foliiert. In Münster war er als wissenschaftlicher Assistent am Deutschen Institut für Auslandskunde tätig. Vgl. LEMBERG, Eugen: Ein Leben in Grenzzonen und Ambivalenzen. In: SEIBT, Ferdinand (Hg.): Lebensbilder zur Geschichte der böhmischen Länder. Bd. 5: Eugen Lemberg 1903–1976. München 1986, 131–278, hier 164; JILEK, Heinrich: Das Lebenswerk Eugen Lembergs. In: SEIBT, Ferdinand (Hg.): Lebensbilder zur

in Reichenberg ernannt worden; daneben war er Dozent für Gesellschafts- und Volkswissenschaft an der Deutschen Karls-Universität Prag.[315] Jedoch erfolgte 1941 aus nicht zu rekonstruierenden Gründen ein Parteigerichtsverfahren,[316] das mit seinem Ausschluss aus der NSDAP endete.[317] Lembergs eigener Angabe nach 1945 zufolge bestanden zwei der Hauptanklagepunkte gegen ihn in seiner vormaligen Mitgliedschaft in der katholischen Jugendbewegung und in dem Umstand, dass er ehemalige Mitglieder der katholischen Jugendbewegung als Lehrkräfte an die Lehrerbildungsanstalt in Reichenberg berufen hätte.[318] Um weiteren Demütigungen zu entgehen, meldete er sich 1941 selbst zur Wehrmacht.[319] Er wurde im Oktober 1941 einberufen; das Kriegsende erlebte er 1945 in einem Kriegsgefangenenlager in den USA.[320]

Auch die Ausbildung der Lehrkräfte für Höhere Schulen wurde erheblich verändert. Vor 1938 hatten angehende Lehrkräfte zwar Kenntnisse in Pädagogik nachzuweisen, Schulpraxis war jedoch nicht Teil des Studiums. Nach der Staatsprüfung begannen sie ihre Tätigkeit sogleich an den Schulen als sogenannte Provisorische Professoren; dabei wurden sie von einer Lehrkraft angeleitet. Eine einheitlich festgelegte Ausbildung für diesen Praxisteil, den die angehenden Lehrkräfte zu absolvieren hatten, existierte nicht. Anschließend mussten sie eine 2. Staatsprüfung erfolgreich ablegen, bevor sie als reguläre Lehrkräfte an den Schulen arbeiten konnten.[321] Nach 1938 wurde für die Lehrkräfte an den Höheren Schulen ein Referendariat nach preußischem Vorbild

---

Geschichte der böhmischen Länder. Bd. 5: Eugen Lemberg 1903–1976. München 1986, 17–30, hier 21. Warum sich Lemberg 1927 in Berlin aufhielt, konnte nicht ausfindig gemacht werden.

315 Schreiben des Reichserziehungsministeriums (Mentzel) an Eugen Lemberg. Berlin, 18. Oktober 1940. BArch, R/31/411, nicht foliiert.
316 LEMBERG: Ein Leben in Grenzzonen und Ambivalenzen 203. Zum Gerichtsverfahren gegen Lemberg konnte auch im Personennachweis der Reichskulturkammer nichts gefunden werden. BArch, R/9361/V/26950, Akte Lemberg (ehemals BDC), nicht foliiert.
317 LEMBERG: Ein Leben in Grenzzonen und Ambivalenzen 203.
318 EBENDA.
319 Damit endete auch seine Tätigkeit an der Deutschen Karls-Universität Prag. Vgl. Vermerk über die Rückgabe des Dienstausweises für Prag beim Kurator der deutschen wissenschaftlichen Hochschulen in Prag. Prag, 15. September 1942. BArch, R/31/411, nicht foliiert.
320 FRANZEN/PEŘINOVÁ: Biogramme der Mitglieder der Historischen Kommission der Sudetenländer im Gründungsjahr 1954 241 (Eintrag zu Eugen Lemberg).
321 Vgl. PREISSLER: Die zukünftige Vorbildung der Mittelschullehrer 32–35.

verpflichtend. An das Universitätsstudium schloss sich damit ab dem Frühjahr 1939 eine Tätigkeit als Studienreferendar/-in an, die wie in Preußen an einem der vier Studienseminare abgeleistet werden sollte: in Karlsbad, Aussig, Reichenberg oder Troppau.[322] Da diese infolge des Kriegsbeginns aber geschlossen worden waren, wurden stattdessen an einigen Schulen Studienseminare eingerichtet, an denen die Referendar/-innen in sogenannten pädagogischen Arbeitsgemeinschaften zu unterweisen waren. Doch auch diese mussten kurz nach Kriegsbeginn aufgegeben werden, da die Ausbilder fehlten.[323]

So musste die Schulverwaltung im September 1940 vermerken, dass die Referendar/-innen keinesfalls eine Ausbildung erfahren hätten, die sich auch nur im Entferntesten mit der preußischen Ausbildung vergleichen ließe. Bei der Ausbildung an den Schulen hätte es an jeglicher Standardisierung gefehlt. Das Problem war nun, dass die Referendar/-innen ihre Abschlussprüfung vor dem Reichsprüfungsausschuss in Berlin abzuleisten hatten und demgemäß auch zwei Lehrproben vor einer unbekannten Klasse in Berlin halten sollten. Aufgrund der ungenügenden Ausbildung bat die Reichsstatthalterei in Reichenberg das Reichserziehungsministerium inständig, die Erstdurchführung der Prüfung im Herbst 1940 doch nicht in Berlin abzuhalten, sondern sie in Reichenberg durchführen zu dürfen.[324]

Tatsächlich reisten dann Mitglieder des Reichsprüfungsamtes von Berlin nach Reichenberg, um die Prüfungen abzunehmen; alle sudetendeutschen Ausbilder hatten als Gäste an den Prüfungen teilzunehmen.[325] Schließlich gelang es der Reichenberger Schulverwaltung, auch die nachfolgenden Prüfungen in Reichenberg statt in Berlin abzuhalten. Zu diesem Zweck wurde am 27. Februar 1940 eigens ein Wissenschaftliches Prüfungsamt in Reichenberg errichtet,[326] das bis zu seiner Schließung 1944 die Prüfungen abnahm.[327]

Wie zuvor war die Deutsche Universität in Prag auch nach 1938 zentraler akademischer Bezugspunkt für den Reichsgau Sudetenland und damit

---

322 PREISSLER: Geschichte meines Lebens aus der Sicht des 85. Geburtstags 53.
323 Schreiben des Regierungspräsidiums in Karlsbad (Dr. Krause) an die Reichsstatthalterei. Karlsbad, 28. September 1940. SOAL, ŘM, Signatur 1157/1, Karton 360, nicht foliiert.
324 EBENDA.
325 Reisebericht Preisslers über die Dienstbesprechung im Reichsprüfungsamt. Ohne Ortsangabe, 9. Oktober 1940. SOAL, ŘM, Signatur 1157/1, Karton 360, nicht foliiert.
326 Schnellbrief Henleins an Rust. Reichenberg, 8. Februar 1944. SOAL, Župní vedení NSDAP, Signatur 1000 142, Karton 91, nicht foliiert.
327 EBENDA.

Ausbildungsort angehender Lehrkräfte an den Höheren Schulen – obgleich Adolf Hitler im November 1938 entschieden hatte, die Deutsche Universität in Prag nicht in den Reichsgau Sudetenland zu verlegen.[328] Die einzige Hochschule im Reichsgau Sudetenland war somit die ab 1939 selbstständige Landwirtschaftliche Hochschule Tetschen-Liebwerd,[329] die vorher Teil der Landwirtschaftlichen Fakultät der Deutschen Technischen Hochschule Prag gewesen war.[330]

Ausbildung der Kindergärtnerinnen

Eine Aufwertung der Ausbildung versuchte die Schulverwaltung auch bei den Kindergärtnerinnen zu erreichen. In der Tschechoslowakei waren diese an eigenen Bildungsanstalten für Kindergärtnerinnen ausgebildet worden; nach Errichtung des Reichsgaus Sudetenland wurden diese Anstalten sogleich an die Lehrerbildungsanstalten angegliedert.[331] Jedoch musste diese Angliederung im Mai 1940 wieder aufgehoben werden;[332] ab August 1940 erfolgte die Ausbildung wieder in Berufsfachschulen.[333] Ob diese Rücknahme auf einer eigenen Entscheidung der Schulverwaltung beruhte oder ob sie auf Druck Berlins umgesetzt werden musste, ist aus den Quellen leider nicht ersichtlich.

---

328 MÍŠKOVÁ, Alena: „Heraus aus Prag!" – Pläne für den Aufbau und Umzüge von deutschen Hochschulen in Böhmen. In: KAISEROVÁ, Kristina/KUNŠTÁT, Miroslav (Hg.): Die Suche nach dem Zentrum. Wissenschaftliche Institute und Bildungseinrichtungen der Deutschen in Böhmen (1800–1945). (Schriftenreihe der Kommission für deutsche und osteuropäische Volkskunde 96) Münster, New York 2014, 119–143, hier 141–142.
329 HANKE, Emil: Die Landwirtschaftliche Hochschule Tetschen-Liebwerd. In: KEIL, Theo (Hg.): Die deutsche Schule in den Sudetenländern. Form und Inhalt des Bildungswesens. München 1967, 309–312, hier 310.
330 EBENDA 132–133.
331 Vermerk Otto Wasgestians über die Tagung zur Ausbildung von Kindergärtnerinnen am 5. und 6. November 1942 in Prag. Reichenberg, 12. November 1942. SOAL, ŘM, Signatur 205/9 210, Karton 369, nicht foliiert.
332 Schreiben von Eichholz an das Regierungspräsidium in Aussig. Reichenberg, 23. Juli 1940. BArch, R/4901/6779, fol. 42.
333 Vermerk über die Dienstbesprechung am 22. Februar 1940 (Anwesende: Wasgestian, Preissler, Fiedler, Funek), Unterschrift nicht leserlich. Ohne Datum und Ort. SOAL, ŘM, Signatur 205/9 210, Karton 369, nicht foliiert.

Trotz Lehrkräftemangels – Qualitätssicherung der Lehrkräfteausbildung?

Im Verlauf des Zweiten Weltkrieges wurde der Lehrermangel ein immer drängenderes Problem für die Schulverwaltung. Verschärfend wirkte sich aus, dass die Volksschulen überwiegend klein waren: So gab es an den Volks- und Hauptschulen im Regierungsbezirk Troppau Anfang Oktober 1941 zwar 102 878 Schüler/-innen (51 924 Jungen und 50 954 Mädchen), doch diese wurden in 1 066 Schulen mit insgesamt 3 022 Klassen beschult, an denen 3 587 Lehrkräfte tätig waren.[334] Die drei Regierungsbezirke des Sudetenlands waren vom Lehrermangel unterschiedlich stark betroffen – am stärksten der Regierungsbezirk Troppau.[335] Dort mussten ab Januar 1940 manche Lehrkräfte zwei Klassen gleichzeitig führen, die eine am Vormittag, die andere am Nachmittag.[336] Infolgedessen musste der Troppauer Schulrat Eduard Fritscher schon im Januar 1940 konstatieren, dass „die Stimmung jener Lehrerschaft, die außerhalb der Schule stark, oft überlastet ist, [...] nicht die beste" sei.[337]

Am 1. September 1941 waren allein im Regierungsbezirk Troppau 833 Lehrer und zwei Schulräte zum Kriegsdienst eingezogen worden: Das entsprach 44 Prozent der Lehrer.[338] Um diesen Abgang zu kompensieren, wurden nicht nur 140 Pensionisten und nicht mehr im Schuldienst tätige verheiratete Lehrerinnen in die Schulen zurückgeholt, sondern auch 85 Absolvent/-innen der Lehrerbildungsanstalten, oft ohne zweite Prüfung[339] und weitere Ausbildung, eingestellt. 32 dieser Berufsanfänger/-innen bekamen gar die Leitung zweiklassiger Schulen aufgetragen. Zudem wurden 176 deutsche Lehrkräfte von den

---

334 Volks- und Hauptschulwesen im Regierungsbezirk Troppau, Stand: 1.10.1941. Autor und Ort unbekannt. ZA Opava, Fond RP Opava, inv. č. 3566, nicht foliiert.
335 Schreiben Vogelers (Reichsstatthalterei) an die Regierungspräsidenten in Aussig und Karlsbad. Reichenberg, 8. Dezember 1939. ZA Opava, RP Opava, Signatur IIA, Karton 3547, nicht foliiert.
336 Schulrat Fritscher, Entwicklung des Schulwesens seit Kriegsbeginn im Kreise Troppau-Land. Empfänger nicht bekannt. Troppau, 13. Januar 1940. S. 2 des Berichts. SOkA Opava, Bestand Landrát Opava, Karton 226, složka inv. č. 395, nicht foliiert.
337 EBENDA.
338 Erhaltene Aktennotiz. Autor unbekannt. Ohne Ort und Datum. Übersicht über die Auswirkungen des Krieges auf die Schulen im Regierungsbezirk Troppau. ZA Opava, RP Opava, Signatur IIA, Karton 3548, nicht foliiert.
339 Schreiben Jessers (Regierungsbezirk Troppau) an die Reichsstatthalterei. Troppau, 5. Februar 1940. ZA Opava, RP Opava, Signatur IIA, Karton 3547, nicht foliiert.

tschechischen an die deutschen Schulen versetzt, sodass dort nur noch 80 Lehrkräfte übrigblieben.[340] Die Troppauer Schulverwaltung bemängelte daraufhin, dass allein 49 der neu ins Amt gekommenen Schulleitungen nicht die dafür erforderlichen Kompetenzen hätten.[341] Insgesamt erhöhte sich in den Kriegsjahren der Frauenanteil unter den Lehrkräften deutlich: Waren zu Kriegsbeginn noch 70 Prozent aller Lehrkräfte im Regierungsbezirk Troppau Männer gewesen, waren es im September 1941 nur noch 48 Prozent.[342]

Aufgrund des sich weiter verschärfenden Lehrermangels wurden ab Februar 1942 Beurlaubungen für außerschulische Zwecke und Zurückstellungen von der Einberufung zum Volksschuldienst nur noch dann bewilligt, wenn ein besonderes öffentliches Interesse vorlag.[343] Im November 1944 beschloss die Reichsstatthalterei, an Hauptschulen auch Volksschullehrkräfte einzusetzen, die noch keine Lehrbefähigung für Hauptschulen besaßen und von denen erwartet wurde, dass sie in Zukunft die Befähigungsprüfung noch ablegen würden.[344] Ab August 1944 meldeten sich zudem geflüchtete deutsche Lehrkräfte aus dem Generalgouvernement bei den Schulbehörden und ersuchten um eine Anstellung. Soweit möglich, wurden sie in den Schuldienst im Sudetenland aufgenommen.[345] Erst kurz vor Kriegsende sollte sich die Situation umkehren: So musste die Reichsstatthalterei im Februar 1945 feststellen, dass die Lehrkräfte aufgrund der weitgehenden Schließung der Schulen kaum noch voll ausgelastet waren.[346]

---

340 Erhaltene Aktennotiz. Autor unbekannt. Ohne Ort und Datum. Übersicht über die Auswirkungen des Krieges auf die Schulen im Regierungsbezirk Troppau. ZA Opava, RP Opava, Signatur IIA, Karton 3548, nicht foliiert.
341 Schreiben Jessers (Regierungsbezirk Troppau) an die Reichsstatthalterei. Troppau, 5. Februar 1940. ZA Opava, RP Opava, Signatur IIA, Karton 3547, nicht foliiert.
342 Erhaltene Aktennotiz. Autor unbekannt. Ohne Ort und Datum. Übersicht über die Auswirkungen des Krieges auf die Schulen im Regierungsbezirk Troppau. ZA Opava, RP Opava, Signatur IIA, Karton 3548, nicht foliiert.
343 Verordnung des Reichserziehungsministeriums, E IIb Nr. 370 II/41 – Z I b (a). Berlin, 18. Februar 1942. ZA Opava, RP Opava, Signatur IIA, Karton 3549, nicht foliiert.
344 Schreiben der Reichsstatthalterei (Fiedler) an das Reichserziehungsministerium. Reichenberg, 10. November 1944. SOAL, ŘM, Signatur unklar, Karton 338, nicht foliiert.
345 Schreiben der Reichsstatthalterei an die Hauptabteilung Wissenschaft und Unterricht des Generalgouvernements in Krakau. Reichenberg, 29. August 1944. SOAL, ŘM, Signatur 1118/1, Karton 355, nicht foliiert.
346 Schreiben der Reichsstatthalterei (vermutlich Fiedler) an das Regierungspräsidium in Karlsbad. Reichenberg, 23. Februar 1945. Bestand ŘM, Signatur 1139/24, Karton 357, nicht foliiert.

So groß der Lehrermangel auch war, so sehr wollte die Reichenberger Schulverwaltung, die ihren Wunsch nach einer akademischen Lehrerbildung nicht hatte umsetzen können, eine noch weitergehende Abqualifizierung der Ausbildung vermeiden. Daher ordnete sie im November 1943 gegenüber dem Regierungspräsidium Aussig an, dass eingestellte Laienlehrkräfte an den Volksschulen sofort zu entlassen und stattdessen die ausgebildeten Lehrkräfte voll zu beschäftigen seien.[347] Auch lehnte sie die Ausbildung von sogenannten Schulhelfern ab. Diese Hilfslehrkräfte wurden in einsemestrigen Lehrgängen vor allem für den Einsatz in den vom Deutschen Reich annektierten Gebieten im Osten ausgebildet.[348] Rudolf Fiedler war jedoch „ein entschiedener Gegner der Schulhelferausbildung", was dazu führte, dass im Reichsgau Sudetenland „bis auf verschwindende Ausnahmen" kaum Schulhelfer/-innen tätig waren.[349]

„Ostaufgabe" der sudetendeutschen Lehrkräfteausbildung?

Auch wenn das sudetendeutsche Schulwesen im Kriegsverlauf unter immer größerem Lehrermangel litt, war die Lage im besetzten Polen – eigenverschuldet – noch schwieriger. Im Dezember 1939 beklagte sich die Krakauer Schulverwaltung des Generalgouvernements in Berlin, dass zwei Drittel der für den Ausbau des Schulwesens erforderlichen deutschen Lehrkräfte fehlten. Dass im Generalgouvernement ein solcher Lehrerbedarf bestand, lag an der Absicht der deutschen Besatzungsbehörden, bereits ab acht deutschen Kindern in einer Ortschaft deutsche Schulen zu errichten.[350] Das polnische Schulwesen wurde indessen massiv beschnitten und die Zahl der Klassen verringert; zugleich wurde die Klassengröße auf bis zu 80 Schüler/-innen heraufgesetzt. Polnische Lehrerbildungsanstalten wurden geschlossen, da man die Versorgung mit polnischen Lehrkräften als ausreichend erachtete. Die Schulaufsicht und das

---

347 Schreiben der Schulabteilung der Reichsstatthalterei an das Regierungspräsidium Aussig. Reichenberg, 12. Februar 1944. SOAL, ŘM, Signatur unklar, Karton 356, nicht foliiert.
348 Vgl. GUTZMANN: Von der Hochschule für Lehrerbildung zur Lehrerbildungsanstalt 358.
349 Schreiben Fiedlers an Kreisschulrat Zubek in Graslitz. Vermutlich Reichenberg, 23. Februar 1945. SOAL, ŘM, Signatur 1139/24, Karton 357, nicht foliiert.
350 Der Chef der Sicherheitspolizei und des SD, Amt III, an SS-Oberführer Ministerialdirektor Holfelder im Reichsministerium für Wissenschaft und Volksbildung. BArch, R/4901/13121, Meldungen aus den kulturellen Lebensgebieten, 10. Januar 1940, S. 4.

Entscheidungsrecht über die polnischen Schulen oblagen ausschließlich den deutschen Kreisbeauftragten.[351] Das Reichserziehungsministerium unterstützte die Bitte Krakaus, Lehrkräfte aus anderen Gauen in das Generalgouvernement zu versetzen, und forderte im Januar 1940 die „außerpreußischen Länder und die Ostmark" zu entsprechenden Versetzungen auf, da die preußischen Regierungsbezirke diese Aufgabe nicht allein tragen könnten.[352] Gegen Versetzungen nach Osten verwahrte sich Regierungsvizepräsident Vogeler aber entschieden, weil „die eigentliche Ostaufgabe" des Reichsgaus „in der Beihilfe beim Aufbau des deutschen Schulwesens des Protektorates" bestehe.[353] Vogelers Argument war also das einer spezifischen Ostaufgabe der sudetendeutschen Lehrkräfteausbildung. Dieses Argument machte er auch gegenüber dem Reichserziehungsministerium geltend. Seine Lehrkräfte würden viel dringender in Leitungspositionen tschechischer Volksschulen im Reichsgau Sudetenland gebraucht, als sie „nun in den Osten" abzugeben.[354] Daher

> darf gesagt werden: Die Aufgaben, die nach der Befreiung der Ostgebiete (ehem. Polen) dem Altreiche hinsichtlich der Abgabe von Lehrern zufallen, hat der Sudetengau schon seit seiner Befreiung dauernd teils in seinen eigenen Grenzen, teils in den angrenzenden Gebieten, besonders auch im Protektorat gehabt. Trotzdem werde ich bis zu einer gewissen Grenze jene Lehrer in die befreiten östlichen Gebiete abgeben, die sich dafür freiwillig melden.[355]

Unterstützung fand diese Haltung bei Hans Heckel, Leiter der Abteilung Schulwesen im Deutschen Staatsministerium für Böhmen und Mähren in Prag. Da zahlreiche Lehrkräfte deutscher Schulen im Protektorat für die Wehrmacht freigegeben werden mussten, hätten schon einige Volksschulen geschlossen werden müssen. Gegenüber Berlin klagte er, dass neuerliche Kürzungen die ohnehin schon stark in Mitleidenschaft gezogene Qualität des deutschen Schulwesens weiter mindern würden, was im Hinblick auf das seiner Meinung nach fortgesetzt ausgezeichnet arbeitende tschechische Schulwesen nicht vertretbar

---

351 EBENDA.
352 Rundschreiben des Reichserziehungsministeriums. Berlin, 26. Januar 1940. ZA Opava, RP Opava, Signatur IIA, Karton 3547, nicht foliiert.
353 Schreiben Vogelers an den Regierungspräsidenten von Karlsbad. Reichenberg, 12. Februar 1940. ZA Opava, RP Opava, Signatur IIA, Karton 3547, nicht foliiert.
354 Schreiben Vogelers an das Reichserziehungsministerium. Reichenberg, 8. Dezember 1939. ZA Opava, RP Opava, Signatur: IIA, Karton 3547, nicht foliiert.
355 EBENDA.

sei.[356] Um den Lehrerbedarf zu decken, wurden im Jahr 1943 Lehrerbildungsanstalten in Olmütz, Iglau, Müglitz, Mährisch Altstadt und Znaim eröffnet,[357] deren angepeilte 600 Studierende aus anderen Reichsgauen kommen sollten.[358] Angeblich hätte dadurch der Bedarf an neuen Lehrkräften gedeckt werden können,[359] und dies trotz weiterer Neueröffnungen deutscher Volksschulen im Protektorat.[360] Währenddessen waren laut der Broschüre „Der deutsche Osten ruft den Jungerzieher" bis August 1941 insgesamt 700 Lehrkräfte aus dem Altreich in den Warthegau abgeordnet worden, was allerdings als „kein zufriedenstellendes Ergebnis" beanstandet wurde.[361] Im Oktober 1941 stimmte das Reichserziehungsministerium schließlich zu, keine Lehrkräfte aus den sudetendeutschen Lehrerbildungsanstalten in die eingegliederten Ostgebiete zu versetzen.[362] Doch schon zwei Jahre später, 1943, wurden dann doch 144 Absolvent/-innen der sudetendeutschen Lehrerbildungsanstalten in andere Gaue überwiesen, vor allem in die sogenannten „neugewonnenen Ostgebiete",[363] aber auch ins Protektorat Böhmen und Mähren.[364] Im Juli 1944 wurde schließlich die Hälfte aller Absolvent/-innen der Lehrerbildungsanstalten außerhalb des Sudetenlandes eingesetzt.[365] Bezeichnenderweise führte diese Versetzungspraxis

---

356 Dr. Hans Heckel (Ministerialrat, Leiter der Abt. Schulwesen im deutschen Staatsministerium für Böhmen und Mähren, Präsidialchef des Ministeriums für Schulwesen). Verwaltungsbericht der Abteilung III für das 3. Vierteljahr 1943, S. 2. BArch, R/4901/12797.
357 OstDok 21/30; Habermann Franz, S. 4.
358 Dr. Hans Heckel. Abschrift des ordentlichen Haushalts des Protektorats 1943, Erläuterungen, S. 4. Prag, 7. Januar 1944. BArch, R/4901/12800.
359 Jedoch wurde diese Angabe erst nach 1945 gemacht. Siehe: OstDok 21/30; Habermann Franz, S. 4.
360 EBENDA S. 5.
361 STEGEMANN, Hermann: Der Aufbau des Volksschulwesens im Warthegau. In: NSLB-Jungerziehergemeinschaft in den befreiten Ostgebieten (Hg.): Der deutsche Osten ruft den Jungerzieher. Posen 1941, 11.
362 Schreiben des Reichserziehungsministeriums an die Reichsstatthalterei. Berlin, 1. Oktober 1941. ZA Opava, RP Opava, Signatur IIA, Karton 3548, nicht foliiert.
363 Aktennotiz ohne Orts-, Datums- und Autorenangabe. Vermutlich wurde die Notiz im Sommer 1944 in der Reichsstatthalterei abgefasst. SOAL, Župní vedení NSDAP, Signatur 1000/42, Karton 91, nicht foliiert.
364 Dr. Hans Heckel. Abschrift des ordentlichen Haushalts des Protektorats 1943, Erläuterungen, S. 4. Prag, 7. Januar 1944. BArch, R/4901/12800.
365 Schreiben der Schulabteilung der Reichsstatthalterei an Elly Hanßen in Aussig-Pokau. Reichenberg, 25. Juli 1944. SOAL, ŘM, Signatur unklar, Karton 354, nicht foliiert.

dazu, dass es zu nennenswert weniger Anmeldungen an den sudetendeutschen Lehrerbildungsanstalten kam.[366] Denn diese Praxis hatte sich im Reichsgau herumgesprochen – allein im Jahr 1944 sank die Zahl der Anmeldungen an den Lehrerbildungsanstalten gauweit um ein Drittel.[367] Die Schulverwaltung wollte daraufhin weitere Versetzungen verhindern und beschwichtigte, dass erst nach „dem Kriege, wenn junge männliche Lehrkräfte zur Verfügung stehen, […] der Sudetengau seinen Beitrag zum Aufbau des deutschen Schulwesens in den Ostgebieten leisten" werde. Stattdessen schlug sie vor, arbeitslose ältere Lehrkräfte aus den Luftkriegsgebieten in die Ostgebiete zu versetzen.[368]

Somit war die Strategie der Schulverwaltung, eine eigene sogenannte Ostaufgabe in den böhmischen Ländern zu behaupten, gescheitert. Das Reichserziehungsministerium stufte die schulischen Aufgaben im besetzten Polen höher ein als die Ostaufgabe der sudetendeutschen Schulverwaltung in den böhmischen Ländern. Ob daran auch der Einfluss von Eichholz, der ab Oktober 1942 der Schulverwaltung in Krakau vorstand, schuld war, kann nicht nachvollzogen werden. Ein Indiz dafür könnte aber sein, dass die Reichenberger Schulverwaltung ihn im Anschluss an seine Rückkehr nach Reichenberg Anfang 1945 nicht wieder einstellen wollte.

Zwischenergebnisse

Die Quellen aus den ersten Wochen nach dem Einmarsch der deutschen Wehrmacht im Herbst 1938 zeigen eindrucksvoll, mit welchem Enthusiasmus die neu angetretenen leitenden Schulverwaltungsbeamten ihrer zukünftigen Arbeit entgegensahen: Die, die bereits vor 1938 in der Tschechoslowakei in der Schulpolitik tätig gewesen waren, sahen nun den Zeitpunkt gekommen, ihre schulpolitischen Überzeugungen in die Realität umsetzen zu können. Doch dieser Enthusiasmus wich schnell einer Ernüchterung. Denn die sudetendeutsche Schulverwaltung wollte sich vor allem für die Bildung breiter Schichten einsetzen – auch Henlein selbst, der sich gegen Schulgelder für Höhere Schulen aussprach. Doch die von Berlin aus forcierte Verreichlichung sollte das Gegenteil bewirken: eine Separierung des Schulwesens, bei der die allgemeinbildende der praktischen Bildung den Vortritt lassen musste.

---

366 Reisebericht von Pax (Reichserziehungsministerium) Berlin, 15. Juni 1944. BArch, R 4901/12836.
367 Aktennotiz ohne Orts-, Datums- und Autorenangabe. Vermutlich wurde die Notiz im Sommer 1944 in der Reichsstatthalterei abgefasst. SOAL, Župní vedení NSDAP, Signatur 1000/42, Karton 91, nicht foliiert.
368 EBENDA.

So standen sich zwei unterschiedliche Sichtweisen auf Schulbildung gegenüber, wobei die Reichenberger Funktionäre in der schwächeren Position waren: Das Reichserziehungsministerium in Berlin, das die schwierige Vereinheitlichung des reichsweiten Schulwesens verantwortete, sah Sonderwünsche einzelner Reichsgebiete äußerst kritisch. Jedoch war der Schulverwaltung ein Spielraum gegeben, die massiven Eingriffe in die Schulstruktur vor der Bevölkerung verbergen zu können. So musste im Reichsgau Sudetenland zwar die reichsdeutsche Mittelschule eingeführt werden, doch blieb dies in der Öffentlichkeit unbemerkt, da die bisherige Bezeichnung Bürgerschule beibehalten wurde und auch die im Reichsgau herausgegebenen Richtlinien für Mittelschulen faktisch als Bürgerschulrichtlinien firmierten.

Dennoch blieben zwischen Reichenberg und Berlin erhebliche Meinungsverschiedenheiten bestehen – vor allem bezüglich der Regelung der Aufnahmebedingungen für die Bürgerschule und der von der Schulverwaltung abgelehnten Abschaffung der Klassen 5 und 6 (9. und 10. Jahrgangsstufe) an den Hauptschulen. Dass die beruflichen Schulen nicht ebenso völlig verreichlicht wurden, lag wohl nur am Ausbruch des Krieges. Ihr Umbau war erst einmal ausgesetzt, die Anpassung der Lehrpläne an Reichsvorgaben erfolgte daher nur schleppend. Ein herber Rückschlag für die Schulverwaltung war zudem die ausgebliebene Reform der Lehrkräfteausbildung. Hatten sudetendeutsche Lehrerverbände bereits vor 1938 eindringlich die Akademisierung der Lehrerbildung gefordert, wurde in Reichenberg nach 1938 ein eigenes Konzept mit derselben Zielsetzung ausgearbeitet. Doch das Gegenteil geschah: Hitler entschied sich zum Entsetzen der sudetendeutschen Schulverwaltung für die Wiedereinführung bzw. Aufrechterhaltung der seminaristischen Lehrkräfteausbildung. Letztlich blieb der Schulverwaltung nichts anderes übrig, als die Argumentation der NS-Führung vermutlich bis zur Selbstleugnung zu übernehmen. Sie musste die seminaristische Ausbildung als vorbildliche sudetendeutsche Einrichtung rühmen.

Der Versetzung eigener Lehrkräfte in andere Gebiete, vor allem in das besetzte östliche Europa, versuchte die Schulverwaltung zwar noch grenzlanddeutsche Aufgaben im böhmischen Raum entgegenzustellen, doch Gehör fanden diese Argumente nicht. Das Gegenhandeln der sudetendeutschen Schulverwaltung lag nicht darin begründet, dass sie ihr Bildungssystem als ein grenzlanddeutsches Schulwesen retten wollten. Vielmehr vertraten die einheimischen Funktionäre eine andere Idee von guter Schule: Breite Allgemeinbildung sollte in ihren Augen vor fachlicher Bildung und schulische vor dualer Ausbildung kommen, und nicht zuletzt sollte eine akademische Lehrkräfteausbildung Vorrang vor der seminaristischen Ausbildung erhalten. Dies waren aber Vorstellungen, die kaum Widerhall fanden, weder im Reichserziehungsministerium noch – und hier gar weniger – in der Parteikanzlei.

Dass die sudetendeutschen Schulbeamten ihre Misserfolge vor der Öffentlichkeit verbargen und stattdessen das Narrativ eines erfolgreichen, anerkannten und fortbestehenden grenzlanddeutschen Schulwesens aufrechterhielten, an dem nur überlegte, notwendige Eingriffe vorgenommen worden seien, hing auch mit der Erwartungshaltung der Bevölkerung vor 1938 zusammen: Gerade jene Schulverwaltungsbeamten hatten zuvor in der Tschechoslowakei eindringlich eine ungerechte Behandlung der deutschsprachigen Schulen durch das Prager Schulministerium beklagt; ein selbstverwaltetes sudetendeutsches Schulwesen würde, so die Erwartung, diese Probleme nun endlich lösen. Das Eingeständnis der Beamten gegenüber der Öffentlichkeit wie auch gegenüber den eigenen Lehrkräften, dass unter nationalsozialistischer Herrschaft das Gegenteil eingetreten war, hätte die Zustimmung der Lehrerschaft zum Regime massiv beeinträchtigen können.

Dies war wohl auch der Grund, warum das Reichserziehungsministerium der sudetendeutschen Schulverwaltung diese immensen Spielräume bei der öffentlichen Deutung zugestand – bei gleichzeitiger Anpassung der Schulstruktur an die eigenen Vorgaben. So war die Aussage der Schulverwaltung, dass die Altreichsdeutschen die Leistungsfähigkeit der Bürgerschule gerade auch im Grenzlandkampf anerkannt hätten, tatsächlich mehr Trugbild als Realität. Allerdings erreichte sie, dass die Geschichte des Grenz- und Auslandsdeutschtums Unterrichtsinhalt an der Bürgerschule wurde. Schwer verständlich und letztlich ebenso ungeklärt bleibt, warum die sudetendeutsche Schulverwaltung keinerlei Abstimmung mit den sogenannten ostmärkischen Gauen auf dem Territorium des ehemaligen Österreich suchte, da in diesen an das Reich angeschlossenen Gebieten die „Gleichschaltung" des Schulwesens gleichfalls vor großen Problemen stand.[369] Auch nach Regensburg, wo das dortige Regierungspräsidium für die nach Bayern eingegliederten sudetendeutschen Gebiete zuständig war, suchte man keinen Kontakt.[370]

---

369 Schreiben des Chefs der Sicherheitspolizei und des SD, Amt III, an Holfelder. BArch, R/4901/13121, Meldungen aus den kulturellen Lebensgebieten, 16. August 1940. S. 6.
370 Nur im Februar 1939 hatte die Reichsstatthalterei das Regierungspräsidium in Regensburg über eine anstehende Schulungstagung der Kreisschulräte der sudetendeutschen Gebiete vom 8. bis zum 12. März 1939 in Reichenberg informiert. Schreiben Theo Keils an den Regierungspräsidenten in Regensburg. Reichenberg, 23. Februar 1939. Staatsarchiv Amberg, Regierung der Oberpfalz, 15058.

Unterricht für Grenzlanddeutsche. Bemühungen um eine eigene Schulbildung

> Nur im Zusammenhang dieser größeren Ostlandaufgabe soll der Sudetengau für Schule und Volkserziehung in unserem Atlas dargestellt werden. Diese Aufgabenstellung führt uns zusammen mit den Deutschen im Protektorat Böhmen und Mähren, die heute einen großen Teil der Verantwortung übernommen haben, die aber den festen Rückhalt der mit ihnen durch jahrhundertelangen, gemeinsamen Kampf verbundenen sudetendeutschen Schicksalsgefährten brauchen. Diese geopolitische Schicksalsverbundenheit und Ordnungsaufgabe unseres Heimatgaues muß jedem Kinde immer wieder klar gemacht und eingehämmert werden.[1]

Offensiv forderte Gustav Süssemilch, Herausgeber des 1941 veröffentlichten „Sudetendeutschen Schulatlas", die Lehrkräfte des Reichsgaus auf, den Schüler/-innen eine spezifische Ordnungsaufgabe zu vermitteln: die territoriale Herrschaft über die böhmischen Länder. Doch dieser Anspruch blieb nicht unwidersprochen. Denn nach der Errichtung des Reichsgaus Sudetenland hatte sich nicht nur der äußere Aufbau des sudetendeutschen Schulwesens verändert, auch die in der Schule zu vermittelnden Inhalte standen zur Diskussion.

Waren die Lehrpläne bis 1938 auf die demokratisch orientierte Tschechoslowakei hin ausgerichtet und hatten – wie auch die tschechoslowakischen Schulfeiern – für Unmut in völkischen Kreisen gesorgt,[2] war die Hoffnung der sudetendeutschen Schulverwaltung groß, ihr behauptetes grenzlanddeutsches Erlebnis jetzt nicht nur im Schulalltag darstellen, sondern auch dauerhaft im Bewusstsein der Schüler/-innen verankern zu können. Die Bemühungen der Schulverwaltung um eine spezifische Schulbildung schlugen sich erheblich im Literatur-, Geschichts- und Fremdsprachenunterricht sowie bei Schulfeiern nieder.

Grenzlanddeutscher Literaturunterricht

Einhergehend mit der sudetendeutschen Behauptung, als Grenzlanddeutsche über besondere Erfahrungen zu verfügen, wurde die Grenzlandliteratur von der sudetendeutschen Schulverwaltung besonders gefördert. Dabei war diese Literaturgattung keine Neuschöpfung nach 1938: Bereits in der zweiten Hälfte

---

1 SÜSSEMILCH, Gustav/ZEPNICK, Karl: Erläuterungen zum neu erschienenen Sudetendeutschen Schulatlas. Von den Bearbeitern des Heimatteils. In: Mitteilungsblatt des NSLB der Gauwaltung Sudetenland 9 (1941) 89–93, hier 90.
2 Vgl. NĚMEC: Erziehung zum Staatsbürger? 220, 357–359.

des 19. Jahrhunderts hatte sie sich innerhalb der Literatur der böhmischen Länder herausgebildet.³ Die deutschböhmische bzw. deutschmährische Literatur hatte die Figur des „Anderen" meistens mit tschechischen Personen besetzt, was aber nicht bedeutete, dass diese auch stereotyp im Sinne eines national Anderen handelten.⁴ Stattdessen zeichneten sich die jeweiligen Figurenkonstellationen durch Dynamik und flexible Handlungsszenarien aus, wenngleich sie den damaligen nationalen Diskurs miteinbezogen. Sie sind letzthin Zeugnis des Selbstbildes der Deutschböhmen und Deutschmährer wie auch des Fremdbildes der Tschechen.⁵ Die Grenzlandliteratur war vor 1918 in erster Linie daran orientiert, die gefühlte bzw. behauptete Bedrohung der Deutschen in den böhmischen Ländern durch die tschechische Bevölkerung zumindest literarisch zu vermitteln; nach 1918 war sie ein Klagemittel gegenüber dem Deutschen Reich, dem Desinteresse an seiner verlorenen Bevölkerung im Ausland vorgeworfen wurde.⁶ Zentrale Publikationsorte der deutschsprachigen Grenzlandliteratur in der Tschechoslowakei waren der Karlsbader Adam Kraft Verlag und der Reichenberger Stiepel Verlag. Die wichtigste Zeitschrift war „Der Ackermann aus Böhmen", die unter der Herausgeberschaft von Hans Watzlik und Karl Franz Leppa die „deutschen Kulturaufgaben in der Tschechoslowakei" betonte.⁷ Der Germanist Karsten Rinas zählt zur Grenzlandliteratur sämtliche Werke, „die den deutsch-tschechischen Nationalitätenkonflikt in einer Weise thematisieren, dass er einen wichtigen, integralen Bestandteil darstellt"; angesichts dessen hat Rinas für diese literarische Strömung – ihrer thematischen Zielrichtung entsprechend – den Alternativbegriff Konfliktliteratur vorgeschlagen.⁸

Insgesamt blieb die Grenzlandliteratur aber lange Zeit eine Randerscheinung. Erst nach der Machtübernahme der Nationalsozialisten in Deutschland 1933 gewann sie auch in der Tschechoslowakei an Popularität.⁹ Indes war die

---

3   BUDŇÁK: Das Bild der Tschechen 265.
4   EBENDA 264.
5   EBENDA 265, 272–273.
6   RINAS, Karsten: Grenzland. In: BECHER, Peter et al. (Hg.): Handbuch der deutschen Literatur Prags und der Böhmischen Länder. Stuttgart 2017, 307–318, hier 311.
7   JACQUES, Christian: Über die Erfindung des Sudetendeutschtums: Johannes Stauda, ein sudetendeutscher Verleger. In: HAHN, Hans Henning (Hg.): Hundert Jahre sudetendeutsche Geschichte. Eine völkische Bewegung in drei Staaten. (Die Deutschen und das östliche Europa. Studien und Quellen 1) Frankfurt am Main, New York 2007, 193–205, hier 205.
8   RINAS: Grenzland 308.
9   EBENDA 311.

Kreativität der nationalsozialistischen Literaturkritik, wie Hubert Orłowski pointiert festgestellt hat, bezüglich neuer Komposita mit Grenze kaum zu übertreffen, etwa wurden von ihr Begriffe wie Grenzlanderlebnis, Grenzlandmensch und Grenzlandbewährung geprägt und in den Diskurs eingeführt.[10] Die nun einsetzende Förderung der Grenzlandliteratur durch die Nationalsozialisten wurde aber nicht allen Autoren zuteil. So wurde Fritz Mauthner – offensichtlich aufgrund seiner jüdischen Herkunft – als unfähig abqualifiziert.[11] Viele der nun geförderten Grenzlandromane verschrieben sich der Blut-und-Boden-Ideologie und thematisierten entsprechend das ländliche Umfeld;[12] so zum Beispiel Bruno Hüblers Grenzlandroman „Unser Acker ist Deutschland" (1938),[13] an dessen Ende die Botschaft des Buches deutlich zum Ausdruck kommt:

> Aber gegen diese brutale Gewalt der Tschechen steht das Recht unseres Lebens, unseres deutschen Lebens, Hans, das unsere Heimat geprägt hat seit tausend Jahren! Und zu uns herüber leuchtet die Fahne des neuen Reiches, die nichts anderes kündet als nur das eine: Recht und Ehre und Freiheit für das Volk der Deutschen [...] *Denn die neue Fahne weht nur dort, wo der Wille zum Leben ist. Die Fahne ist da, wo unser Deutschland wächst! Hans, unser Acker ist Deutschland!*[14]

Daneben erschienen weitere Werke, die sich durchaus in der Darstellung unterschieden. So war Friedrich Bodenreuths „Alle Wasser Böhmens fließen nach Deutschland" (1937) nicht so holzschnittartig wie Hüblers Roman angelegt, Hugo Maria Kriz' Werk „Der Kampf um Eisenburg" (1934) war humoristisch, und „Ostwind" von August Scholtis (1932) behandelte Konflikte zwischen Deutschen, Polen und Tschechen gar ironisch.[15] Umgekehrt gab es auf tschechischer Seite Werke, die nach Karsten Rinas als Pendant zur deutschen Grenzlandliteratur gelten können.[16] Diese seien gegen eine „Germanisierung" gerichtet gewesen, was sich daran zeige, dass die Deutschen als Imperialisten und Despoten dargestellt würden, die die Tschechen an ihrer nationalen

---

10 ORŁOWSKI, Hubert: Grenzlandliteratur. In: ORŁOWSKI, Hubert (Hg.): Heimat und Heimatliteratur in Vergangenheit und Gegenwart. Poznań 1993, 9–18, hier 12.
11 RINAS: Grenzland, 314.
12 EBENDA 311.
13 EBENDA.
14 HÜBLER, Bruno: Unser Acker ist Deutschland. Eine sudetendeutsche Bauernerzählung. Berlin 1938, 56. Hervorhebung im Original.
15 RINAS: Grenzland 312.
16 EBENDA 312–313.

Entfaltung behinderten. „Oft ist der Protagonist ein nationalbewusster tschechischer Lehrer, der bemüht ist, seine ‚Volksgenossen' zum nationalen Kampf zu ermuntern."[17]

Auch in der deutschsprachigen Grenzlandliteratur fand der Topos der Schule besondere literarische Aufmerksamkeit. Vor allem die Frage, ob die deutschen Kinder eine deutsche Schule besuchen können, war ein zentraler Bezugspunkt des Narrativs der bedrohten deutschen Nation.[18] Besonders einflussreich war hierbei der erstmals 1936 erschienene nationalsozialistische Erfolgsroman „Das Dorf an der Grenze" des völkischen Schriftstellers und gebürtigen Troppauers Gottfried Rothacker (Bruno Nowak). In diesem im fiktionalen Dorf Schatzdorf/Skopolnica[19] spielenden Roman stellt Rothacker den guten Deutschen holzschnittartig einen bösartigen Tschechen entgegen, der die Schule der deutschen Dorfkinder schließt und die Kinder zwingt, bei „eisiger Kälte" in den nächsten Ort zu laufen.[20] Das Buch endet – wenig überraschend – ebenso gefühlsbetont-überladen wie pathetisch:

> Wir deutschen Menschen an der Grenze stehen für eine Gemeinschaft, die sich durchgerungen hat durch ein ganzes Jahrtausend und die schon im Augenblick des letzten Zusammenbruches begonnen hat, sich ihre endgültige Form zu schaffen. Wir stehen für diese Gemeinschaft, und wollen nun auch, daß diese Gemeinschaft für uns stehe. [...] Denn ich kenne nur ein Glück, das Glück ein Deutscher zu sein, einer des deutschen Ostens, des großen, heiligen, ewigen deutschen Ostens, dem [sic] wir leben, und

---

17 EBENDA 312.
18 KRAPPMANN/LAHL: Erste Republik 229–230.
19 Nach eigenen Angaben waren die von Rothacker – der eigentlich Bruno Nowak hieß, ab Mitte der 1930er Jahre aber das Pseudonym Gottfried Rothacker nutzte – in seinem Buch geschilderten Erlebnisse allesamt wahr. So stehe das Pseudonym Schatzdorf für ein „Dorf an der Grenze", in dem er in den 1920er Jahren vier Jahre als Lehrer tätig gewesen war. Siehe: ROTHACKER, Gottfried: Über mich selbst. In: NOWAK-ROTHACKER, Martha (Hg.): Vermächtnis. Aus dem Nachlaß des Dichters. Bayreuth 1942, 305–308, hier 306. Laut Ferdinand Oppenberg handelt es sich bei Schatzdorf um das „Grenzdorf" Tabor – gemeint ist der nordwestlich von Opava gelegene Ort Tábor, der heute zur Gemeinde Velké Heraltice gehört. Siehe OPPENBERG, Ferdinand: Gottfried Rothacker – sein Leben und Werk. In: NOWAK-ROTHACKER, Martha (Hg.): Vermächtnis. Aus dem Nachlaß des Dichters. Bayreuth 1942, 309–317, hier 312.
20 ROTHACKER, Gottfried: Das Dorf an der Grenze. Aufl. 151.-260.000. München 1938, 297.

sterben, und dem [sic] wir immer wieder auferstehen, ein Schicksal tragend, das in uns begründet und beschlossen liegt.[21]

Rothacker veröffentlichte im Anschluss noch ein Jugendbuch: „Die Kinder von Kirwang" (1937). Dieses lehnte sich stark an seinen Bestseller an, allerdings wurde der Konflikt aus der Perspektive von Kindern erzählt.[22]

Schon in der Zeit der Tschechoslowakei schlug sich die Grenzlandliteratur im Deutschunterricht an den deutschen Schulen nieder. Auch die universitäre Germanistik in der Tschechoslowakei wurde zunehmend politischer, als sie versuchte, kulturhistorische und ethnografische Erkenntnisse stärker in die Literaturwissenschaft einzubeziehen.[23] Daran konnten nationalistische Ansätze anknüpfen, etwa jener der Erziehung zum gesunden deutschen Mann nach Walther Hofstaetter, aber auch die Volkskunde des völkischen Schulbuchautors Emil Lehmann.[24] Letzterer, der der Tschechoslowakei feindlich gegenüberstand,[25] sah den Deutschunterricht als probates Mittel an, eine „Sudetendeutsche Stammeserziehung"[26] leisten zu können.[27] Besonders deutlich schlug sich Lehmanns gewünschte Stammerziehung in einer Anthologie deutscher Literatur für die Mittelschulen namens „Heimat und Welt"[28] nieder.[29] Das Buch führte die Schüler/-innen dabei nicht nur in die deutsche Welt der böhmischen Länder ein, sondern auch in die Welt Österreichs und Deutschlands.[30] Prag wurde in diesem Lesebuch nur aus der Sicht eines deutschen politischen Radikalen namens Karl Hans Strobl geschildert.[31] Auch sonst war die versammelte Literatur deutlich von Vertretern aus dem deutschsprachigen Grenzgebiet geprägt, darunter nationalistische Autoren wie Emil Hadina, Robert Hohlbaum, Karl Franz Leppa und Bruno Hans Wittek.[32] Angesichts solcher staatsfeindlichen Töne in der

---

21 EBENDA 298–299.
22 RINAS: Grenzland 312.
23 Vgl. NĚMEC: Ve státním zájmu? 184–187.
24 EBENDA 188–189.
25 Vgl. das Kapitel „‚Grenzlanddeutsche' und Interessen des Deutschen Reiches".
26 LEHMANN, Emil: Sudetendeutsche Stammeserziehung. Eger, Leipzig 1923. Zitiert nach NĚMEC: Ve státním zájmu? 191.
27 Vgl. NĚMEC: Ve státním zájmu? 191–194.
28 JELINEK, Franz/STREINZ, Franz/PESCHEL, Franz: Heimat und Welt. Lesebuch für die unteren Klassen der Mittelschulen. Bd. I. Brünn 1933.
29 Vgl. NĚMEC: Ve státním zájmu? 212–218.
30 EBENDA 214–215.
31 EBENDA 215.
32 Vgl. EBENDA 216.

tschechoslowakischen Bildungspolitik erhöhte das Schulministerium in Prag nach 1933 seine Kontrolle über Lehrpläne und Lehrbücher.³³

Laut Karsten Rinas hatte die Grenzlandliteratur nach der Annexion des Sudetenlandes durch das Deutsche Reich ihre politische Mission erfüllt. Deshalb habe in der Folgezeit das Interesse an ihr stark nachgelassen, sodass nach 1939 nur noch sporadisch neue Publikationen erschienen seien.³⁴ Doch das bedeutete nicht, dass die Schulverwaltung diesen Rückgang auch begrüßte. Denn die Grenzlandliteratur thematisierte ein Motiv, das die Schulverwaltung als besonders wichtig für ihr Handeln erachtete: Nur wer den Grenzlandkampf „durchlitten habe, könne wirklich ermessen, was es heiße, ein Deutscher zu sein".³⁵

Grundsätzlich hat die Forschung bereits festgestellt, dass es schwer ist, über die NS-Jugendliteratur³⁶ im Protektorat Böhmen und Mähren Angaben zu machen, da die Bestände in den Bibliotheken nach 1945 teilweise vernichtet wurden bzw. – sofern vorhanden – mangelhaft erschlossen und nicht systematisiert sind;³⁷ diese Mangelsituation trifft ebenso für den Reichsgau Sudetenland zu. Gleichwohl ist es möglich, den Niederschlag der Grenzlandliteratur in den Lesebüchern aufzuzeigen, die an den Schulen verwendet wurden.

Nach 1938 dauerte es allerdings geraume Zeit, bis neue Lesebücher erschienen, denn diese mussten zunächst erstellt werden. Erst ab dem Schuljahr 1940/ 1941 konnte ein reichseinheitliches Volksschullesebuch mitsamt einem Gauteil Sudetenland ausgeliefert werden; für diesen hatte die Schulverwaltung bereits Ende 1938 mit der Zusammenstellung von Inhalten begonnen.³⁸ Da die Schulverwaltung den Eltern finanziell nicht zumuten wollte, für die Übergangszeit bis zur Herausgabe neuer Lehrwerke reichsdeutsche Lesebücher anschaffen zu müssen, ordnete sie im Oktober 1939 an, in den Schulen die bisherigen

---

33 Němec: Ve státním zájmu? 194–195.
34 Rinas: Grenzland 312.
35 Ebenda 311–312, Zitat bei 311.
36 Jugendliteratur meint hier Literatur, die sich in Inhalt, Stil und Ausstattung an Jugendliche bis zum 16. Lebensjahr wendet. Siehe: Krywalski, Diether: Die Darstellung der Protektoratszeit der böhmischen Länder im Jugendbuch. In: Becher, Peter/Fiala-Fürst, Ingeborg (Hg.): Literatur unter dem Hakenkreuz. Böhmen und Mähren 1938–1945. (Vitalis scientia 6) Prag 2005, 55–87, hier 57.
37 Ebenda 58.
38 Schreiben Keils und Fiedlers (Reichsstatthalterei) an das Reichserziehungsministerium. Reichenberg, 9. Januar 1941. SOAL, ŘM, Signatur 1076/0, Karton 341, nicht foliiert.

(tschechoslowakischen) Lehrbücher zu nutzen. Aus diesen sollte aber alles entfernt werden,[39] was

> den Anforderungen an ein vorbildliches Schrifttum im nationalsozialistischen Staate widerspricht, wie Stücke von Juden und Mischlingen und Stücke [Textstelle nicht leserlich; S. J. S.] Einstellung zur Rassenfrage, Stücke, die nordischer Grundhaltung widersprechen, weiteres solche, die eine konfessionelle Grundhaltung aufweisen, Stücke, die weltanschaulich und politisch gegen die deutsche Volksgemeinschaft eingestellt sind, dann vor allem Stücke überholten Inhalts, wie solche, die von der Tschecho-Slowakei und ihren ehemaligen Staatsmännern berichten [Textstelle nicht leserlich; S. J. S.] verherrlichen usw.[40]

Für den Zuschnitt sollten die Schüler/-innen an einem Unterrichtstag ohne vorherige Ankündigung angewiesen werden, ganze Seiten herauszuschneiden oder mit abdeckendem Papier zu überkleben. Alle „Masarykbilder" und „Beneschbilder" in den Büchern waren auszuschneiden, alle tschechischen Orts- und Straßenbezeichnungen wie auch alle bildlichen und textlichen Bezüge zur Tschechoslowakei und zur tschechischen Geschichte und Literatur waren zu schwärzen.[41] Die von der Staatlichen Verlagsanstalt in Prag herausgegebenen Lesebücher „Dichtung und Leben" und „Heimat"[42] waren ebenso zu vernichten wie alle in den Volksschulen und Bürgersschulen in Gebrauch stehenden Lehrbücher der Fächer Geschichte und Erdkunde, da Letztere „in keiner Weise den Forderungen entsprechen, die der Nationalsozialismus an diese beiden Fächer stellt".[43]

---

39 Lesebücher an Volks- und Bürgerschulen. Reichenberg, 23. November 1938. Aktenzeichen I K I – 2610/38. In: Amtliches Schulblatt für den Reichsgau Sudetenland 2 (1938) 14–15.

40 Schreiben von Ludwig Eichholz an die Schulabteilungen an den Regierungspräsidien und an alle Schulräte im Reichsgau Sudetenland. Reichenberg, 12. Oktober 1939. SOkA Opava, Bestand Landrát Opava, Karton 243, složka inv. č. 404, fol. 328–328R, Hervorhebung im Original.

41 EBENDA.

42 LAURICH, O. H./PIRKHEIM, G. (Hg.): Dichtung und Leben. Lesebuch für deutsche Bürgerschulen in der Tschecho-slowakischen Republik. 3 Bände. Prag 1937; WAGNER, Eduard et al. (Hg.): Heimat: Deutsches Lesebuch für allgemeine Volksschulen. Bände (Teile) A–F. 3. Aufl. Prag 1937. Siehe: Schreiben von Ludwig Eichholz an die Schulabteilungen an den Regierungspräsidien und an alle Schulräte im Reichsgau Sudetenland. Reichenberg, 12. Oktober 1939. SOkA Opava, Bestand Landrát Opava, Karton 243, Signatur Kult – 103/4, fol. 328–328R.

43 Schreiben von Eichholz an die Schulabteilungen der Regierungspräsidien. Reichenberg, 30. Oktober 1939. SOkA Opava, Bestand Landrát Opava, Karton 243, složka inv. č. 404, Signatur Kult – 103/4, fol. 331.

An den Höheren Schulen wurden mit Einführung der neuen Lehrpläne jeweils auch Reichslehrbücher in den Klassen eingeführt.[44] Jedoch durfte die noch in der Tschechoslowakei entstandene Lehrbuchreihe „Von deutscher Art und Kunst", die in den 1930er Jahren von Alois Bernt, Emil Lehmann und Karl Weps sowie später von Gottfried Preißler und Karl Essl herausgegeben wurde,[45] an den Schulen weiter in Gebrauch bleiben,[46] weil sie bereits eine starke deutschkundliche wie nationalistische Grundierung aufwies, obgleich in ihr auch Texte staatsfreundlicher Literaten wie Heinrich Rauchberg (Die Anfänge der Čechoslovakischen Republik) und Josef Taller (Unser Staatswappen) enthalten waren.[47]

An den berufsbildenden Schulen war die Umstellung der Lehrbücher am einfachsten, da für sie keine eigenen sudetendeutschen Lehrbücher entwickelt werden sollten, sondern stattdessen reichsdeutsche sofort und dauerhaft eingeführt wurden.[48] Besonders die Versorgung der Bürgerschulen mit Lehrbüchern sollte ein stetig ungelöstes Problem bleiben. Schuld daran war in erster Linie die Reichenberger Schulverwaltung selbst, weil sie sich weigerte, Lehrbücher für die Mittelschulen an den Bürgerschulen einzuführen, auch wenn sich die Lehrpläne der beiden Schulformen ab 1940 kaum mehr unterschieden – und Lehrbücher für Bürgerschulen gab es im sogenannten Altreich keine, da diese Schulform dort nicht existierte. Im Mai 1940 plante man, wenigstens in einzelnen Fächern wie Deutsch, Fremdsprachen und Musik sowie beim Unterricht in Kurzschrift die an den Mittelschulen eingeführten Lehrbücher zu übernehmen.[49] So half man sich 1938/1939 in der Mehrzahl der Fächer an der Bürgerschule noch verschiedentlich aus[50] und hoffte auf baldigen Ersatz mit neuen

---

44 EICHHOLZ: Die Neugestaltung des sudetendeutschen Schulwesens 29.
45 Vgl. NĚMEC: Ve státním zájmu? 203–204.
46 Schreiben des Reichserziehungsministeriums (Huhnhäuser) an die Reichsstatthalterei. Berlin, 22. Dezember 1939. BArch, R/4901 4635, fol. 57.
47 Siehe etwa WEPS, Karl/ESSL, Karl/PREISSLER, Gottfried (Hg.): Von deutscher Art und Kunst. Deutsches Lesebuch für deutsche Mittelschulen. Vierter Band. Für die vierte Klasse der Mittelschulen. Reichenberg 1936; darin RAUCHBERG, Heinrich: Die Anfänge der Čechoslovakischen Republik 172; TALLER, Josef: Unser Staatswappen 181. Insgesamt erschienen von dieser Lehrbuchreihe sechs Bände.
48 Schreiben von Eichholz an die Schulabteilungen der Regierungspräsidien. Reichenberg, 30. Oktober 1939. SOkA Opava, Bestand Landrát Opava, Karton 243, složka inv. č. 404, Signatur Kult – 103/4, fol. 331.
49 Schreiben von Eichholz an die Regierungspräsidenten in Aussig, Karlsbad und Troppau. Reichenberg, 24. Mai 1940. SOkA Opava, Bestand Landrát Opava, Karton 237, složka inv. č. 394, nicht foliiert.
50 EBENDA.

Lehrbüchern. Aber bereits im Sommer 1940 lagen reichsweit Meldungen vor, die auf erhebliche Verzögerungen bei der Schulbuchbeschaffung hinwiesen, die in erster Linie durch Lieferschwierigkeiten bedingt waren.[51] Der gewünschten Herausgabe sudetendeutscher Schulbücher standen zudem ab 1940 Veränderungen in Berlin entgegen: Da Hitler dem Reichserziehungsministerium unterstellte, einer Vereinheitlichung des heterogenen Schulbuchmarktes entgegenzustehen, entzog er dem Ministerium kurzerhand für zehn Jahre die Aufsicht über die Schulbücher und übertrug sie stattdessen der neugegründeten Reichsstelle für das Schul- und Unterrichtsschrifttum, mit deren Leitung er Philipp Bouhler betraute.[52] Anders als zuvor Rust, der noch eine regionale Vielfalt der Lehrbücher zugelassen hatte, forcierte Bouhler eine Zentralisierung des Lehrbuchmarkts.[53] Insbesondere die Erarbeitung eines gemeinsamen Reichsvolksschullesebuchs und eines Reichshauptschullesebuchs sollte nun – unter Einbezug spezieller Gauteile – „einen bemerkenswerten Fortschritt in Richtung auf ein nationalsozialistisch ausgerichtetes Schulbuch in einheitlicher Gestaltung" leisten.[54] Daraufhin gelang es 1941 und 1942 schließlich, ein dreibändiges reichseinheitliches Volksschullesebuch mitsamt einem Gauteil zum Sudetenland herauszugeben – der erste Band für die ersten beiden Jahrgangsstufen, der zweite für die dritte und die vierte Jahrgangsstufe und der dritte für die nachfolgenden Klassen.

Während der für Leseanfänger gedachte erste Band naturgemäß nur wenig Auszüge aus Ganzschriften enthielt, wurde den Kindern im zweiten Band durchaus Literatur zugemutet, die sprachlich nicht altersgemäß war. Eingang fand etwa Gottfried Rothackers Jugendroman „Kirwang", und zwar ausgerechnet jene Passage, in der die Schüler/-innen nach der Schließung der deutschen Schule schwören, „in Ewigkeit" deutsch bleiben zu wollen.[55] Raum wurde

---

51 Schreiben des Chefs der Sicherheitspolizei und des SD, Amt III, an Ministerialdirektor Holfelder. BArch, R/4901/13121, Meldungen aus den kulturellen Lebensgebieten, Datum unbekannt, vermutlich Juli/August 1940, Seite 9.
52 HEINZE, Carsten: Das Schulbuch im Innovationsprozess. Bildungspolitische Steuerung – pädagogischer Anspruch – unterrichtspraktische Wirkungserwartungen. Bad Heilbrunn 2011, 143.
53 EBENDA.
54 Schreiben der Reichsstelle für das Schul- und Unterrichtsschrifttum (Reichsleiter Philipp Bouhler) an die Erzieherschaft. Berlin, April 1944. SOkA Opava, Bestand Landrát Opava, Karton 243, složka inv. č. 404, Signatur Kult – 103/4, fol. 95–95R.
55 „Es kam der letzte Tag des Unterrichtes. Lehrer Leithoff wollte den Kindern, die er ohne Ausnahme in sein Herz geschlossen hatte, den Abschied aus den altgewohnten, liebgewordenen Räumen erleichtern. Kaum aber hatte er ein paar Worte gesprochen,

sowohl im ersten als auch im zweiten Band der Sudetenkrise 1938 gegeben, die – entgegen der Realität – als verzweifelter Kampf der Sudetendeutschen gegen die Tschechen geschildert wurde. So wurden Auszüge aus der Publikation „Endlich befreit! Sudetendeutsche Jugend erzählt von der Befreiung ihrer Heimat"[56] abgedruckt, die sich durch eine besonders bildhafte wie auch eingängige Darstellung auszeichneten. Enthalten ist etwa die Erzählung eines Kindes, dessen Vater seine letzte Kuh an den „Jud" geben musste und der schließlich von den Tschechen verschleppt wurde, sodass die Familie um Besserung gebetet hätte: „Führer, hilf! Adolf Hitler, mach uns frei!"[57] Währenddessen habe das Sudetendeutsche Freikorps das Leben der Sudetendeutschen mutig beschützt.[58] Hitler sei schließlich die Befreiung der Sudetendeutschen gelungen und er sei mit frenetischem Jubel freudig im Sudetenland empfangen worden. „Ich hatte mir fest vorgenommen, nicht zu weinen, aber noch während der Führer sprach, schossen mir die Tränen an den Augen."[59] Dass man aus der angeblichen

---

da weinten die Mädchen, und die kleinen Buben heulten mit. Die größeren Jungen aber ballten die Fäuste und machten trotzige Gesichter. [...] Dann trat er wieder vor die Bänke und sagte noch ein paar Worte zu allen: ‚Schwere Zeiten kommen über euch, liebe Kinder. Seid tapfer und mutig und tragt sie, bis wieder bessere Tage kommen! Seid gehorsam und treu und zeigt unsern Feinden, daß wir uns nicht unterkriegen lassen! Wenn ich auch jetzt nicht mehr bei euch bleiben darf, so will ich doch von Zeit zu Zeit euch besuchen kommen. Ich freue mich schon heute auf das erste Wiedersehen. Steht auf und sprecht mir die Worte nach: ‚Wir bleiben gut deutsch in Ewigkeit!' Die Kinder standen auf und sprachen die Worte feierlich nach wie einen Schwur. So schloß der letzte deutsche Unterricht in Kirwang." Vgl. ROTHACKER, Gottfried: Der letzte Schultag in Kirwang. In: Deutsches Lesebuch für Volksschulen. Zweiter Band (3. und 4. Schuljahr). 2. Aufl. Reichenberg 1941, 249–250. Der Text wurde entnommen aus: ROTHACKER, Gottfried: Die Kinder von Kirwang. Berlin 1939.

56 NSLB Gau Sudetenland (Hg.): Endlich befreit! Sudetendeutsche Jugend erzählt von der Befreiung ihrer Heimat. Reichenberg 1939.
57 Sudetendeutsche Kinder erzählen. In: Deutsches Lesebuch für Volksschulen. Erster Band (1. und 2. Schuljahr). 3. Aufl. Reichenberg 1942, 160–163. Aus: NSLB Gau Sudetenland (Hg.): Endlich befreit! 20–21.
58 Vgl. BERNDT, Alfred Ingemar: Sudetendeutsche Husarenstücke. In: Deutsches Lesebuch für Volksschulen. Zweiter Band (3. und 4. Schuljahr). 2. Aufl. Reichenberg 1941, 250–251. Entnommen aus: BERNDT, Alfred Ingemar: Der Marsch ins Großdeutsche Reich. Meilensteine des Dritten Reiches. Band 2. München 1939, 121–122.
59 Sudetendeutsche Kinder erzählen. In: Deutsches Lesebuch für Volksschulen. Erster Band (1. und 2. Schuljahr). 3. Aufl. Reichenberg 1942, 160–163. Aus: NSLB Gau Sudetenland (Hg.): Endlich befreit! 246.

Unrechtsherrschaft der Tschechoslowakei gerettet werden konnte, wurde einer Person zugeschrieben: Adolf Hitler. Hans Watzliks Gedicht „Sudetenland an den Führer" behauptete gar, dass Hitler die Sudetendeutschen vor dem drohenden Untergang gerettet habe.[60] Das in dem Gedicht angesprochene „Knechtesjoch", das die Sudetendeutschen hätten durchleiden müssen, wurde in Watzliks ebenfalls abgedrucktem Gedicht „Der Väter Land" wieder aufgegriffen: Sollte ein „Feind es wagen", die von den Ahnen „in nimmermüdem Fleiß" erschlossene Heimat zu bedrohen, „sollst ihm trotzig sagen: Hinweg, das Land bleibt mein!"[61] Es überrascht nicht, dass Hans Watzlik besonders prominent vertreten war. Dem NS-Regime hatte er seinen Aufstieg zu verdanken[62] – er war Nutznießer des Machtwechsels 1938[63] und gehörte zu den meistgelesenen Jugendbuchautoren der 1930er und 1940er Jahre. Seine Werke waren oftmals unter nationalistischen Vorzeichen – Deutsche gegen Tschechen – formuliert und waren nach 1933 immer deutlicher von nationalistischem Chauvinismus durchtränkt. Dass sein Jugendroman „Roswitha oder Die Flucht aus Böhmen" (1940) nicht in das Lesebuch aufgenommen wurde, dürfte daran gelegen haben, dass die Bearbeitung des Volksschullesebuches bei der Veröffentlichung des Jugendromans[64] schon zu weit fortgeschritten war. Es kann jedoch vermutet werden, dass das Buch Eingang in die Schulbüchereien fand. Mit seiner heimeligen „gartenzwergigen Diminutivsprache"[65] zeichnet es sich durch eine geradezu intrigante Erzählweise aus.[66]

---

60 Vgl. WATZLIK, Hans: Sudetenland an den Führer. In: Deutsches Lesebuch für Volksschulen. Zweiter Band (3. und 4. Schuljahr). 2. Aufl. Reichenberg 1941, 251–252. 2. Aus: Tageszeitung Die Zeit. Reichenberg Oktober 1938 [ohne genauere Angabe].
61 WATZLIK, Hans: Der Väter Land. In: Deutsches Lesebuch für Volksschulen. Zweiter Band (3. und 4. Schuljahr). 2. Aufl. Reichenberg 1941, 272.
62 Vgl. BAUR, Uwe: Die institutionellen Einbindungen Hans Watzliks während der Zeit des Nationalsozialismus. In: KOSCHMAL, Walter/MAIDL, Václav (Hg.): Hans Watzlik – Ein Nazidichter? Wuppertal 2006, 21–37, hier 26–28.
63 Vgl. BECHER, Peter: Hans Watzlik 1933–1945. Zur Rezeption eines sudetendeutschen Schriftstellers. In: KOSCHMAL, Walter/MAIDL, Václav (Hg.): Hans Watzlik – Ein Nazidichter? Wuppertal 2006, 57–74, hier 73–74.
64 KRYWALSKI: Die Darstellung der Protektoratszeit der böhmischen Länder im Jugendbuch 62.
65 EBENDA.
66 In dem Roman wächst die kleine Roswitha als Tochter eines Oberförsters im Einklang mit der Natur auf. Sie spielt mit den Tieren des Waldes, findet in der Idylle viele Freunde und geht zur Schule – bis Tschechen in diese heile Welt eindringen. Das Bild, das Watzlik nun zeichnet, ist alptraumhaft: Tschechen schlagen Frauen, drohen

Der dritte Band des Lesebuchs führte die Narrative der vorherigen Bände nahtlos fort. So verherrlicht ein Text den „Freikorpskampf",[67] der mit dem „Einmarsch ins Sudetenland" nach dem Münchner Abkommen 1938 sein Ende gefunden habe. Aus Sicht eines Wehrmachtssoldaten wird der Einmarsch in eine nicht namentlich genannte sudetendeutsche Stadt geschildert (tatsächlich war der Autor Benno von Arent, der sich als „Reichsbühnenbildner"[68] einen Namen gemacht hatte). Der Text erzählt einerseits von der Begeisterung der Menschen über die Ankunft der Soldaten im Ort: „Die Häuser der Straße sind über und über mit Fahnen und Fähnchen und Blumen und Bildern von unserem Führer und von Konrad Henlein geschmückt." Andererseits schildert er die Begeisterung des Soldaten für die Sudetendeutschen: „Und sie sind stolz auf uns, und wir sind stolz auf sie, daß sie zu uns gehören. Sie werden für uns ein Vorbild sein des Glaubens und der Härte."[69] Der Chronologie der beiden vorangehenden Texte folgend, schließt sich ein Text an, der von Adolf Hitlers Ankunft in Prag am 15. März 1939 erzählt, wo Hitler einen Tag später die Errichtung des Protektorats Böhmen und Mähren ausrufen sollte. So, wie Herzog Wenzel im Mittelalter dem deutschen König gehuldigt habe,

> so stellt heute Staatspräsident Hacha sein Land und Volk unter den Schutz der größten Führerpersönlichkeit, die das Reich je an seiner Spitze sah. Er begründet damit erneut eine Zeit der Blüte und des langen Friedens für Böhmen und Mähren.[70]

Roswithas Vater mit dem Tod und ziehen grölend an ihrem Haus vorbei. Schließlich entschließt sich Roswitha zur Flucht. Erst als die deutschen Truppen nach dem Münchner Abkommen in ihr Dorf einmarschieren, kehrt die Idylle wieder zurück. Vgl. EBENDA 63, 67–69.

67 TESKE, Hermann: Freikorpskampf. In: Deutsches Lesebuch für Volksschulen. Dritter Band. 1. Aufl. Reichenberg 1942, 364–366. Aus: TESKE, Hermann: Wir marschierten für Großdeutschland. Erlebtes und Erlauschtes aus dem großen Jahr 1938. Berlin 1939, 70–73.

68 BRAUNMÜLLER, Robert: Von der Komödie zum Staatstheater und wieder zurück. Zur Aufführungsgeschichte der Meistersinger von Nürnberg in München. In: BOLZ, Sebastian/SCHICK, Hartmut (Hg.): Richard Wagner in München. Bericht über das interdisziplinäre Symposium zum 200. Geburtstag des Komponisten. München 2015, 259–287, hier 266.

69 ARENT, Benno von: Einmarsch ins Sudetenland. In: Deutsches Lesebuch für Volksschulen. Dritter Band. 1. Aufl. Reichenberg 1942, 366–370. Aus: ARENT, Benno von: Ein sudetendeutsches Tagebuch. 13. August bis 19. Oktober 1938. Berlin 1939, 47–53.

70 BERNDT, Alfred Ingemar: Der Führer in Prag am 15. März 1939. In: Deutsches Lesebuch für Volksschulen. Dritter Band. 1. Aufl. Reichenberg 1942, 370. Aus: BERNDT: Der Marsch ins Großdeutsche Reich 453–454.

Auch die im völkischen Umfeld der 1920er Jahre beliebte Sage[71] von den „Brüdern Gorenz" fand – in einer besonders holzschnittartigen Bearbeitung Gottfried Rothackers – Eingang in das Lesebuch. Der Text beginnt mit der hussitischen Belagerung der Stadt Bilin (Bílina) im Jahr 1421. Obgleich sich die Stadt verteidigte, gelang es den Hussiten, das Stadttor zu durchbrechen:

> Im gleichen Augenblick drängte ein dichter Haufe [sic] von Hussiten mit teuflischem Gebrüll durch die entstandene Lücke und stieß die langen, zackigen Stoßlanzen in den lebendigen Wall der Leiber. Unaufhaltsam quoll durch das aufgerissene Loch die Masse der Mordbanden, [...] rasend in ihrer entfesselten Unmenschlichkeit, haltlos und unhaltbar. Je tapferer sich die Deutschen wehrten, desto grausamer wurden sie abgeschlachtet.[72]

Bei ihrem Durchbruch konnten die Hussiten den Ritter Ramphold Gorenz gefangen nehmen. Sie banden ihn an einen Rammbock und drohten, ihn zu töten, wenn die benachbarte Festung Landeswart bei Brüx, die von Titus, dem Bruder Rampholds, verteidigt wurde, nicht aufgegeben werde. Ramphold aber forderte seinen Bruder auf, ihn erschießen zu lassen, um die Eroberung der Stadt zu verhindern. „Bruder, es ist besser, ist sterbe allein, als daß viele Getreue und Glaubenshelden verderben. [...] Der Bruder Titus, der von der Stimme des Bruders ganz erfüllt war und seine Bruderliebe fest und sieghaft in die größere Liebe zum gemeinsamen Heil und Nutzen einschloß, gab einem Söldner, der ein sicherer Schütze war, ein Zeichen", woraufhin dieser Ramphold erschoss. „Rampholds Aufopferung machte den Bruder frei und ließ ihn mit zwingender Zuversicht einen sieghaften Kampf ausfechten. Keines Hussiten Fuß betrat je die Stadt. Es war damit der Anfang gegeben von der Hussiten Ende."[73]

Unmissverständlich transportiert der Text zwei Leitgedanken: erstens den, dass die Tschechen blutrünstige Hussiten seien, denen sich die Deutschen mutig entgegenzustellen haben – diese Gleichsetzung von Hussiten und Tschechen im Sinne eines Feindbilds war im völkischen Umfeld bereits in der Zwischenkriegszeit populär.[74] Und zweitens findet hier das Motiv des Heldentods seine

---

71 WEGER, Tobias: „Volkstumskampf" ohne Ende? Sudetendeutsche Organisationen, 1945–1955. (Die Deutschen und das östliche Europa. Studien und Quellen 2) Frankfurt am Main 2008, 350–351.
72 ROTHACKER, Gottfried: Die Brüder Gorenz. In: Deutsches Lesebuch für Volksschulen. Dritter Band. 1. Aufl. Reichenberg 1942, 291–295, hier 292. Aus: ROTHACKER, Gottfried: Bleib stet! 14 Volksgeschichten. München 1938, 144–151.
73 EBENDA 295.
74 WEGER: „Volkstumskampf" ohne Ende? 344–346.

Verklärung, einhergehend mit der Botschaft, dass es nichts Größeres gäbe, als das eigene Leben für die Gemeinschaft zu opfern.

Die sudetendeutsche Schulverwaltung selbst war mit den drei Lesebüchern zufrieden; Rudolf Fiedler schrieb später, dass „das sudetendeutsche Schrifttum darin – gemessen an anderen Gauen – verhältnismäßig gut vertreten ist".[75]

Insgesamt ist auffallend, dass in den Gauteilen der drei Bände keine Eigenleistungen der SdP-Funktionäre thematisiert wurden: Die behauptete Errettung aus höchster Not wurde nur Adolf Hitler persönlich zugeschrieben, nicht aber dem ebenso Erwähnung findenden Konrad Henlein. Wie sich auch bei der Gestaltung von sudetendeutschen Schulfeiern zeigen sollte,[76] war diese Missachtung kein Versehen. Henleins Name taucht neben einer kurzen Erwähnung im dritten Band nur im zweiten Band auf. Der dortige Text stilisiert Henlein zwar zum Turnhelden,[77] lässt aber die ihm weithin zugesprochene Rolle als „Führer der Sudetendeutschen"[78] außen vor, was in einem augenfälligen Kontrast zu der daneben abgedruckten Kindheitsgeschichte Adolf Hitlers steht, laut der Hitler schon als Schüler Großdeutschland im Sinn gehabt habe.[79]

Dass diese Fokussierung auf Hitler von der Schulverwaltung gewollt war, bekräftigt das im Lesebuch zitierte Buch „Endlich befreit. Sudetendeutsche Jugend erzählt von der Befreiung ihrer Heimat", das der NSLB Sudetenland 1939 zu Ehren des Geburtstags von Hitler herausgegeben und bei dem dieser mit großer Wahrscheinlichkeit zensierend eingegriffen hatte. „Endlich befreit" versammelt in zahlreichen kleinen Aufsätzen und Gedichten, was Schüler/-innen über „die Befreiung ihrer Heimat wissen und wie sie diese Befreiung miterlebt haben".[80] Das Buch basierte auf einem Aufruf des NSLB und des herausgebenden Verlags, zwischen dem 1. November und dem 1. Dezember 1938 entsprechende

---

75 Schreiben Fiedlers (Reichsstatthalterei) an die Schulräte im Reichsgau Sudetenland. Reichenberg, 15. November 1944. SOkA Opava, Bestand Landrát Opava, Karton 243, složka inv. č. 404, Signatur Kult – 103/4, fol. 157–158.
76 Siehe das Kapitel „Sudetendeutsche Gedenktage".
77 Vgl. JAHN, Rudolf: Aus der Jugendzeit Konrad Henleins. In: Deutsches Lesebuch für Volksschulen. Zweiter Band (3. und 4. Schuljahr). 2. Aufl. Reichenberg 1941, 243–245. Aus: JAHN, Rudolf: Konrad Henlein. Leben und Werk des Turnführers. Karlsbad-Drahowitz 1938.
78 GEBEL: „Heim ins Reich!" 117.
79 Vgl. Aus Hitlers Jugendzeit (Verfasser unbekannt). In: Deutsches Lesebuch für Volksschulen. Zweiter Band (3. und 4. Schuljahr). 2. Aufl. Reichenberg 1941, 242–243. Aus: Dürrs Ergänzungshefte zu deutschen Volksschullesebüchern (3. und 4. Schuljahr). Leipzig o. J.
80 NSLB Gau Sudetenland (Hg.): Endlich befreit! 5.

Texte einzureichen.[81] In auffallender Homogenität wird ein Schreckensbild angeblicher tschechischer Unterdrückung ausgebreitet und jeglicher positive Kontakt zu Tschechinnen und Tschechen verneint. Das inhaltliche Credo der Beiträge lässt sich zugespitzt mit dem folgenden Zitat zusammenfassen: „Es ist gar nicht so lange her, da wir noch unter Tschechenherrschaft lebten, und noch heute gruselt mich, wenn ich an diese Zeit zurückdenke."[82] Im Kapitel „In Not und Elend; doch voller Zuversicht"[83] wird das Leben der Sudetendeutschen in der Tschechoslowakei äußerst negativ geschildert und ihre Haltung ob dieser Umstände verklärt: Während die Sudetendeutschen wirtschaftliche Not gelitten hätten, hätten sich Juden an den Deutschen bereichert. Es seien tschechische Schulen gebaut worden, die die deutschen Kinder leidvoll hätten besuchen müssen:

> In Rochlitz allein mußten vier große Fabriken eingestellt werden. Aber eine andere Fabrik war immer voll im Betrieb, denn diese gehörte einem Juden. Man darf deshalb nicht sagen, daß nur die Tschechen uns unterdrückten, die weitgrößten Hetzer waren bestimmt die verächtlichen Juden.[84]

Im zweiten Kapitel „Geknechtet"[85] werden die Herbstereignisse 1938 schließlich ins Gegenteil verdreht. In Reaktion darauf, dass tschechische Soldaten wehrlose Kinder überfallen hätten[86] und Dörfer „aus[]räucher[n]"[87] wollten, sei das „tapfere Freikorps" aufgestellt worden,[88] das die deutsche Bevölkerung gegen Juden, Kommunisten und Tschechen beschützt habe. Eigene Gewaltanwendung wird hingegen völlig verharmlost:

> Am Montag, dem 12. September, verlief der Jahrmarkt in gewohnter Weise und lag etwas in der Luft. Was wird heute Abend unser Führer sprechen? Das waren die Gedanken aller Deutschen in Eger. Tief ergriffen lauschten wir in den späten Abendstunden des 12. September den Worten Adolf Hitlers, unseres innigst geliebten Führers. Dann durchzog eine unübersehbare Menschenmenge die Straßen Egers und bekannte sich begeistert zu unserem großen deutschen Vaterland. Weil wir durch 20 Jahre so unterdrückt waren, kam es noch in der Nacht zu Zerstörungen von jüdischen und tschechischen Geschäften.[89]

---

81 EBENDA 5–6.
82 EBENDA 118.
83 EBENDA 7–57.
84 EBENDA 16–17.
85 EBENDA 61–172.
86 EBENDA 96.
87 EBENDA 78.
88 EBENDA 106.
89 EBENDA 144.

In der Folge sei es zur Flucht zahlreicher Familien ins Deutsche Reich gekommen, die im Kapitel „Geflüchtet" thematisiert wird.[90] Daran schließt sich das Kapitel „Unsere Retter sind da! Heimkehr ins große Vaterland" an,[91] das den Einmarsch der deutschen Wehrmacht und den Besuch Adolf Hitlers Anfang Oktober 1938 im Sudetenland feierlich ausbreitet. Das Buch endet mit dem Kapitel „Wir danken unserem Führer",[92] das Dankesgedichte an Hitler versammelt. Die inhaltliche Akzentuierung des Buches überrascht im damaligen politischen Kontext zwar nicht, doch es ist auch hier augenfällig, dass die Schilderungen durchgehend von der Hoffnung erzählen, von Adolf Hitler „gerettet" zu werden, dem schließlich ausführlich Dank gezollt wird. Derweil werden – wie später im Lesebuch – die führenden Vertreter der SdP kaum mit Dank bedacht. Wenngleich Henlein als führende Person der Sudetendeutschen herausgestellt wird,[93] gilt der Dank über die „Befreiung" des Sudetenlandes allein Adolf Hitler. Und andere SdP-Funktionäre, etwa Karl Hermann Frank, Richard Lammel oder Fritz Köllner, werden im Buch erst gar nicht erwähnt.

Außer dem dreibändigen reicheinheitlichen Volksschullesebuch kam es zu keinen weiteren Veröffentlichungen von Lesebüchern mit sudetendeutschen Bezügen mehr. Der Grund hierfür war, dass sich im Kriegsverlauf die Auslieferung bestellter Lehrbücher weiter verzögerte; 1943 wurden Lehrbücher, wenn überhaupt, nur noch nach monatelanger Wartezeit zugestellt,[94] zudem verbrannten zahlreiche für das Sudetenland bestimmte Lehrbücher bei einem Bombenangriff auf Leipzig im Dezember 1943.[95] Ab Mai 1944 sollten die Lehrbücher für das sudetendeutsche Schulwesen nur noch beim Roland-Verlag Trausel in Reichenberg gedruckt werden.[96] Zugleich wurden alle regionalen Schulbuchausgaben durch reichsweite Schulbücher ersetzt – die Reichsstelle für das Schul- und Unterrichtsschrifttum hatte vorab bestimmt, welches Buch dies

---

90 EBENDA 173–209.
91 EBENDA 211–308.
92 EBENDA 309–320.
93 EBENDA 28.
94 Schreiben der Schulabteilung des Regierungspräsidiums Troppau (Tannert) an die Schulräte des Regierungsbezirks. Troppau, 24. Mai 1943. SOkA Opava, Bestand Landrát Opava, Karton 243, složka inv. č. 404, Signatur Kult – 103/4, fol. 41.
95 Schreiben des Verlags von Gustav Börnchen, Leipzig, an das Kreisschulamt in Troppau. Leipzig, 9. Januar 1944. SOkA Opava, Bestand Landrát Opava, Karton 243, složka inv. č. 404, Signatur Kult – 103/4, fol. 59.
96 Entwurf eines Schreibens Henleins an den Reichsbeauftragten für das Schul- und Unterrichtsschrifttum, Reichsleiter Philipp Bouhler. Reichenberg, 19. Mai 1944. SOAL, Župní vedení NSDAP, Signatur 1000/42, Karton 91, nicht foliiert.

pro Fach und Klasse jeweils sein sollte.[97] Ausgeliefert werden sollte nur noch die reichseinheitliche Ausgabe des Volksschullesebuchs – ohne den Gauteil Sudetenland.[98] Stattdessen sollte die sudetendeutsche Schulverwaltung, wie die anderen Schulverwaltungen auch, ein 64 Seiten starkes Ergänzungsheft entwickeln.[99] Ob diese Beilage tatsächlich noch fertiggestellt und verteilt wurde, geht aus den Quellen nicht hervor.[100] Ab Herbst 1944 konnten im Schulbuchhandel überhaupt keine neuen Lehrbücher mehr erworben werden,[101] dafür sollten ab Januar 1945 an den Schulen Leihbüchereien eingerichtet werden, Buchhändlern hingegen wurde der Verkauf von Lehrbüchern untersagt.[102]

Obwohl kriegsbedingt keine weiteren Lesebücher erstellt werden konnten, war es der Schulverwaltung mit dem Gauteil des Reichsvolksschullesebuchs also gelungen, grenzlanddeutsche Narrative in den Volksschulunterricht zu integrieren: Dieser Gauteil des Lesebuchs war dabei deutlich von Texten geprägt, die das tschechisch-deutsche Zusammenleben in der Tschechoslowakei nicht nur als konflikthaft beschrieben, sondern auch einen Verteidigungskampf der Sudetendeutschen gegenüber den Tschechen behaupteten, der durch die Hilfe Adolf Hitlers letzten Endes gewonnen worden sei. An den Höheren Schulen wurden zwar keine eigenen Lesebücher, sondern nur reichsdeutsche Lizenzausgaben eingeführt, doch schaffte es die Schulverwaltung auch hier, grenzlanddeutsche Inhalte unterzubringen: Die noch aus der Tschechoslowakei stammende nationalistische Anthologie „Von deutscher Art und Kunst"

---

97 Schreiben der Reichsstelle für das Schul- und Unterrichtsschrifttum (Reichsleiter Philipp Bouhler) an die Erzieherschaft. Berlin, April 1944. SOkA Opava, Bestand Landrát Opava, Karton 243, složka inv. č. 404, Signatur Kult – 103/4, fol. 95–96.

98 Schreiben Henleins an den Reichsbeauftragten für das Schul- und Unterrichtsschrifttum, Reichsleiter Philipp Bouhler. Reichenberg, Mai 1944. SOAL, Župní vedení NSDAP, Signatur 1000/42, Karton 91, nicht foliiert.

99 Schreiben Fiedlers (Reichsstatthalterei) an die Schulräte im Reichsgau Sudetenland. SOkA Opava, Bestand Landrát Opava, Karton 243, složka inv. č. 404, Signatur Kult – 103/4, fol. 157–158.

100 EBENDA.

101 Anhang mit Erlassen des Reichsministeriums für Wissenschaft, Erziehung und Volksbildung, das einem Schreiben der Reichsstelle für das Schul- und Unterrichtsschrifttum an die Erzieherschaft beilag. Berlin, 5. April 1944. SOkA Opava, Bestand Landrát Opava, Karton 243, složka inv. č. 404, Signatur Kult – 103/4, fol. 99.

102 Schreiben des Regierungspräsidiums von Troppau (Dworzak) an die Kreisschulämter des Regierungsbezirks. Troppau, 27. Februar 1945. SOkA Opava, Bestand Landrát Opava, Karton 243, složka inv. č. 404, Signatur Kult – 103/4, fol. 162.

blieb weiter in Gebrauch – und bildete die Konfliktliteratur im Deutschunterricht der Höheren Schulen erfolgreich ab. Da für die Bürger- und späteren Hauptschulen keine eigenen Schulbücher eingeführt wurden, konnten grenzlanddeutsche Inhalte zumindest nicht in den Lehrbüchern prononciert werden. Dennoch ist es recht wahrscheinlich, dass auch an diesen Schulen – vermutlich unter Nutzung bisheriger Lehrbücher – grenzlanddeutsche Einsichten zu vermitteln versucht wurden. Damit erfüllte die sudetendeutsche (Grenzland-) Literatur einen doppelten Zweck: Durch ihre Schilderung einer überwundenen Unrechtsherrschaft in der deutsch-tschechischen Konfliktgemeinschaft wurde ein gemeinsinnstiftendes sudetendeutsches Gruppenbewusstsein erzeugt, zugleich wurde durch den Verweis, dass Adolf Hitler die Befreiung von dieser behaupteten Unrechtsherrschaft erreicht habe, die Bindung an den „Führer" – und damit an den Nationalsozialismus – gestärkt, dem die Sudetendeutschen für immer zu Dank verpflichtet seien. Dass dieses ‚group building' unmittelbar mit dem Anspruch einer sudetendeutschen Herrschaft über den böhmisch-mährischen Raum verbunden war, sollte sich nicht zuletzt im Geschichts- und Fremdsprachenunterricht offenbaren.

Grenzlanddeutsche Geschichte

Die seit der Mitte des 19. Jahrhunderts zunehmenden Spannungen im Zusammenleben von Tschechen und Deutschen in den böhmischen Ländern, die Jan Křen mit dem Begriff der Konfliktgemeinschaft[103] fasst, wurden besonders durch die Geschichtswissenschaft befördert. So waren im 19. Jahrhundert Geschichtsdeutungen (etwa von Gustav Pirchan oder Josef Pekař) entstanden, die die Vergangenheit ganz aus der Perspektive der jeweiligen Ethnie strukturierten und dabei andere Ethnien der eigenen hierarchisch unterordneten.[104] Zwei besonders einflussreiche deutschnationale Protagonisten waren hierbei Gustav Treixler, der Direktor des deutschen Realgymnasiums in Graslitz,[105] und sein Kollege Berthold Bretholz.[106] Letzterer, 1862 als Jude in Freiberg in Mähren (Příbor) geboren, konvertierte noch während des Jura- und

---

103 KŘEN, Jan: Die Konfliktgemeinschaft. Tschechen und Deutsche 1780–1918. (Veröffentlichungen des Collegium Carolinum 71) München 1996.
104 BUDŇÁK, Jan: Eigen- und Fremdbilder. Grundlegung. In: BECHER, Peter et al. (Hg.): Handbuch der deutschen Literatur Prags und der Böhmischen Länder. Stuttgart 2017, 262–264, hier 262.
105 Vgl. NĚMEC: Erziehung zum Staatsbürger? 303.
106 NĚMEC: Kulturtransfer oder Abschottung? 170–171.

Mediävistikstudiums zum evangelischen Glauben nach dem Augsburger Bekenntnis; 1894 heiratete er seine ebenfalls konvertierte Cousine Karoline Weiser nach evangelischem Ritus.[107] Im Jahr 1900 erfolgte seine Ernennung zum Landesarchivar Mährens;[108] ein Posten an der Universität Berlin (Extraordinariat für osteuropäische Geschichte) blieb ihm 1919 wahrscheinlich aufgrund seiner jüdischen Abstammung verwehrt.[109] Im Jahr 1936 starb er in Brünn, wobei ein Freitod nicht auszuschließen ist.[110]

Am 22. Dezember 1918 hatte Tomáš Garrigue Masaryk eine später vielzitierte Rede gehalten, bei der er die Deutschen in Böhmen und Mähren missverständlich als Nachkommen von Kolonisten und Emigranten bezeichnete.[111] In diesem Kontext stellte Bretholz im Jahr 1921 seine (heute unhaltbare) These einer kontinuierlichen Besiedlung Böhmens und Mährens durch Germanen auf,[112] die von deutscher Seite schon in der Zwischenkriegszeit oftmals aufgegriffen wurde.[113]

Geradezu selbstverständlich wurde Bretholz breit rezipiert, etwa in der Reichenberger Anstalt für sudetendeutsche Heimatforschung oder auch von Emil Lehmann, der 1926 unter Bezugnahme auf Bretholz behauptete, dass das ganze „Sudetengebiet" vor dem Eindringen der Tschechen unbestreitbar germanisches Land gewesen sei.[114] Die germanische Besiedlung sei auch nach diesem „Eindringen der Tschechen" bis in die Zeit der deutschen Kolonisation im Mittelalter erhalten geblieben, sodass die Kolonisten auf einem „Grundstock von der Markomannenzeit" hätten aufbauen können.[115] Laut Gerhard Eis hätten Kelten und Germanen aber keine Gebirge als Grenzen gekannt, diese seien erst von

---

107 STOKLÁSKOVÁ, Zdeňka: Schizophrenie des Schicksals. Der mährische Historiker Bertold Bretholz. In: KORDIOVSKÝ, Emil (Hg.): Moravští Židé v rakousko-uherské monarchii (1780-1918) [Mährische Juden in der österreichisch-ungarischen Monarchie (1780-1918)]. Mikulov 2003, 319-332, hier 319-320.
108 EBENDA 321.
109 EBENDA 325.
110 EBENDA 328.
111 BUDŇÁK, Jan/HORŇÁČEK, Milan: Das Bild der Deutschen. In: BECHER, Peter et al. (Hg.): Handbuch der deutschen Literatur Prags und der Böhmischen Länder. Stuttgart 2017, 273-283, hier 282.
112 BRETHOLZ, Bertold: Geschichte Böhmens und Mährens. Band 1. Reichenberg 1921, 29-33.
113 BUDŇÁK/HORŇÁČEK: Das Bild der Deutschen 282.
114 EBENDA.
115 EBENDA.

den Slawen zu solchen erklärt worden.¹¹⁶ Damit wurde Masaryks strittige Rede ins Gegenteil verkehrt: Die deutschsprachige Bevölkerung wurde als autochthone Gruppe konstruiert und die Tschechen wurden als späte Ankömmlinge charakterisiert. Auf diese Weise sollte letztendlich der kulturelle wie politische Hegemonialanspruch der Sudetendeutschen untermauert werden.¹¹⁷ Dass diese These in sich diskrepant und fast bis zum Bruch argumentativ biegsam war, zeigt die Veröffentlichung der bereits 1934 in Prag eingereichten Dissertation Rudolf Fischers im Jahr 1940. In ihr ging es laut dem Untertitel um „[d]ie slawischen Ortsnamen des Egerlandes und ihre Auswertung für die Lautlehre und Siedlungsgeschichte".¹¹⁸ Dass diese Untersuchung, die die slawische Besiedlung des Egerlandes im Mittelalter linguistisch herzuleiten versuchte, spiegelverkehrt zur offiziellen nationalsozialistischen Geschichtsschreibung stand, störte bei der Veröffentlichung augenscheinlich nicht. Stattdessen wurde der Schrift kurzerhand eine Einleitung vorangestellt, die die Erkenntnisse wieder in die offizielle Geschichtsschreibung einordnete und dabei geradezu umdrehte: „Gerade in dieser slawistischen Untersuchung sind wir zu der Erkenntnis gelangt, daß sich im Egerland Germanen aus vorslawischer Zeit behaupten konnten, daß also das Egerland ununterbrochen durch zwei Jahrtausende deutscher Siedlungsboden ist."¹¹⁹ Dass slawische Flurnamen überhaupt existierten, müsse daher als „Mahnung zu steter Bereitschaft"¹²⁰ aufgefasst werden.

Dabei ist die weitgehende personelle wie konzeptionelle Kontinuität der deutschsprachigen Geschichtswissenschaft in den böhmischen Ländern in den 1920er und 1930er Jahre bemerkenswert: Nach 1938/1939 kam es nicht etwa zu einem Paradigmenwechsel, vielmehr radikalisierte sie sich.¹²¹ Diese Nationalisierung fand bereits vor 1938 in tschechoslowakischen Geschichtslehrbüchern ihren Niederschlag: Mirek Němec ist bei seinen Lehrbuchanalysen zur Zwischenkriegszeit zu dem Ergebnis gekommen, dass die Geschichtsbilder ebenso wie die Narrative der deutschen Lehrbücher in erster Linie von den Autoren

---

116 EIS, Gerhard: Die Sendung der Deutschen Kultur im Sudetenraum. (Aus dem Sudetengau 1) Reichenberg 1940, 8.
117 BUDŇÁK/HORŇÁČEK: Das Bild der Deutschen 282.
118 FISCHER, Rudolf: Zur Namenskunde des Egerlandes. Die slawischen Ortsnamen des Egerlandes und ihre Auswertung für die Lautlehre und Siedlungsgeschichte. (Allgemeine Reihe 9) Reichenberg, Leipzig 1940.
119 EBENDA 2.
120 EBENDA 3.
121 KONRÁD: ‚Denn die Uneignung der slawischen Völkergruppe bedarf keines Beweises mehr' 93.

selbst bestimmt wurden und sich in diesen damit eigene parteipolitische Positionen widerspiegelten. Möglich wurde diese Kontinuität erst dadurch, dass den Autoren vonseiten des Schulministeriums große Freiheiten zugestanden wurde. Dies blieb auch nach einem einschränkenden Erlass im Jahr 1928 so;[122] erst nach 1933 kontrollierte das Schulministerium stärker die Inhalte der herausgegebenen Lehrbücher.[123]

Die nach 1938 im Reichsgau Sudetenland herausgegebenen Geschichtslehrbücher waren hingegen Lizenzausgaben ohne spezifischen sudetendeutschen Zuschnitt, die von Verlagshäusern außerhalb des Sudetenlandes übernommen und bei sudetendeutschen Verlagen gedruckt wurden, was auch von der Reichenberger Schulverwaltung beklagt wurde. Der zuständige Gutachter für Geschichtslehrbücher, Rudolf Sagaster, monierte im September 1940, dass die Geschichte des Sudetenlandes zu wenig berücksichtigt werde, ging aber davon aus, dass dies durch die geschichtlichen Kenntnisse der Geschichtslehrkräfte kompensiert werden könnte.[124] Auch bei den Reifeprüfungsaufgaben, die im Frühjahr 1940 im Sudetenland und in den ehemals österreichischen Donau- und Alpengauen gestellt wurden, fanden sich, abgesehen von wenigen Ausnahmen, keine speziellen Bezüge zum Reichsgau Sudetenland oder zu österreichischen Themen.[125]

Umso mehr Wert legte die Schulverwaltung darauf, eigene Publikationen für den Unterrichtsgebrauch herauszugeben. Noch 1939 wurde das kleine Heftchen „Sudetendeutschland" verlegt, das eingängig die einseitige Geschichtsschreibung referierte: Nach einer Erstbesiedelung des böhmischen Raumes durch „nordische

---

122 NĚMEC: Kulturtransfer oder Abschottung? 171.
123 Vgl. NĚMEC: Ve státním zájmu? 194–196.
124 Beurteilung der Lehrbücher für Geschichte. Beurteiler: Regierungs- und Schulrat Sagaster. Aussig, September 1940. SOAL, ŘM, Signatur 1077/2, Karton 342, nicht foliiert.
125 Ausnahmen: Die Bedeutung der geologischen Grundlagen für die wirtschaftlichen Verhältnisse unserer Heimat (die Aufgabe wurde an zwei Schulen in Karlsbad gestellt); die Bedeutung der geologischen Grundlagen für die wirtschaftlichen Verhältnisse des Sudetenlandes; welche Bodenschätze benötigen wir zum Aufbau unserer Schwerindustrie (Graslitz); das volkswirtschaftliche Gefüge unserer engeren Heimat (Staab/Stod). Vgl. DIPF | Leibniz-Institut für Bildungsforschung und Bildungsinformation, BBF | Bibliothek für Bildungsgeschichtliche Forschung – Archiv: GUT SAMML 2207, Gutachterstelle des BIL, Sammlungsgut Lehrpläne, Reifeprüfungsaufgaben der Donau- und Alpenländer und des Sudetenlandes im Schuljahr 1939/40, undatiert, ohne Ortsangaben, 37 Blätter.

Stämme" und einen kraftvollen „Germanenstaat" hätten die nachfolgenden Slawen als „Knechte der Awaren" auf „sehr niedriger Kulturstufe" diesem nichts Vergleichbares entgegenzusetzen gehabt.[126]

Im Jahr 1941 wurde im Auftrag der Schulverwaltung ein „Sudetendeutscher Schulatlas" herausgegeben. Dieser war schon deshalb von Bedeutung, weil sich die Veröffentlichung historischer Atlanten in der vormaligen Tschechoslowakei überaus schwierig gestaltet hatte. Nachdem 1923 die Neuauflage eines bereits in Österreich-Ungarn veröffentlichten historischen Schulatlas erschienen war,[127] dauerte es zehn Jahre, bis 1937 in einer deutschen[128] und 1938 in einer tschechischen Ausgabe[129] ein neuer Geschichtsatlas veröffentlicht wurde. Dieser Atlas, der die gesamte Weltgeschichte abzubilden versuchte, wurde überwiegend positiv rezensiert und war stark an einen vorab in Österreich erschienenen Atlas angelehnt.[130] Während in der deutschsprachigen Ausgabe des Atlas die Ortsnamen der böhmischen Länder – auch um die Auflagen des Schulministeriums zu erfüllen – durchgehend zweisprachig aufgeführt sind, sind sie in der tschechischen Ausgabe ausschließlich in Tschechisch angegeben.[131] Der deutschsprachige Atlas schildert, wie die „Čechoslovaken" im 6. Jahrhundert vom Territorium des heutigen Weißrussland auf das Territorium der Tschechoslowakei gewandert seien,[132] und bildet sowohl das Großmährische Reich als auch das Reich Přemysl Ottokars II. ab. Die deutsche Ostsiedlung im Mittelalter wird in Richtung der späteren Regionen Schlesien, Pommern und Ostpreußen aufgezeigt, nicht dargestellt ist hingegen die Siedlung in den böhmischen

---

126 Sudetendeutschland. Anhang zu KAHNMEYER, Ludwig/SCHULZE, Hermann: Reallienbuch. Bielefeld, Leipzig 1939, 3–5.
127 BALCAR, Antonín/KAMENÍČEK, František/HORÁK, Bohuslav: Historicko-zeměpisný atlas školní starého, středního a nového věku: pro české školy střední [Historisch-geografischer Schulatlas zur alten, mittleren und neueren Geschichte für tschechische Mittelschulen]. Praha 1923. Siehe dazu NĚMEC: Ve státním zájmu? 307.
128 ALTRICHTER, Anton: Geschichtsatlas für die deutschen Schulen in der Čechoslovakischen Republik. Brünn 1937. Siehe dazu NĚMEC: Ve státním zájmu? 310.
129 LAMEŠ, Jaroslav: Historický atlas pro střední a odborné školy [Historischer Atlas für Mittelschulen und Berufsschulen]. Praha 1938. Siehe dazu NĚMEC: Ve státním zájmu? 310.
130 SCHIER, Wilhelm: Atlas zur allgemeinen und oesterreichischen Geschichte. Wien 1935. Siehe dazu NĚMEC: Ve státním zájmu? 313.
131 Vgl. NĚMEC: Ve státním zájmu? 319–322.
132 ALTRICHTER: Geschichtsatlas für die deutschen Schulen in der Čechoslovakischen Republik 15.

Ländern.[133] Somit stand der Atlas ganz im zeitgeschichtlichen Kontext: Die – historisch nicht haltbare – Existenz eines Staatsvolkes der „Čechoslovaken" bereits im frühen Mittelalter behauptend, vermied er es zugleich, die mittelalterliche deutsche Ostsiedlung in den böhmischen Ländern zu thematisieren.

Wenig überraschend brach der 1941 im Reichsgau erschienene „Sudetendeutsche Schulatlas"[134] gänzlich mit diesem Narrativ. Er war in seiner Anlage zwar kein historischer, sondern in erster Linie ein Weltatlas mit Schwerpunktsetzung NS-Deutschland, unterschied sich von Atlanten, die für andere Gebiete des Deutschen Reiches herausgegeben wurden, aber dadurch, dass dem Reichsgau Sudetenland acht eigene Seiten gewidmet wurden, darunter die historischen Karten „Germanen in Böhmen und Mähren" und „Ostlandfahrer schaffen neuen Siedlungsraum", die unter dem Titel „Deutsche gestalten den Sudetenraum" den Atlas eröffnen.[135] Die weiteren Karten zeigen die physische Beschaffenheit, Klima, Boden, Landschaftsformen, Bevölkerungsdichte, Wirtschaft und Bergbau nebst Industrie der böhmischen Länder, wobei behauptete deutsche „Volksinseln" im Protektorat Böhmen und Mähren nochmals schraffiert hervorgehoben wurden.[136] Entwickelt worden war dieser Gauteil von Gustav Süssemilch, der im NSLB Sudetenland für die Didaktik der Geografie zuständig war. Die Gründe für die spezifische Darstellung des Reichsgaus Sudetenland in dem Schulatlas legte er ausführlich im „Mitteilungsblatt des NSLB" dar: Zu Beginn kritisiert Süssemilch die Konstruktion des Sudetengaus, der eben keine „geographische oder volkspolitische Einheit mit einem ausgesprochenen Eigenleben" sei. Dies habe es erforderlich gemacht, die Kartenausschnitte im Atlas so zu wählen, dass den Schüler/-innen klar werde, dass ihre „engere Heimat zwar ein lebenswichtiger, aber nur kleiner Teil bis Großdeutschen Reiches ist".[137] Dies bedeutete aber im Süssemilch'schen Sinne keinesfalls eine Selbstaufgabe der Sudetendeutschen, denn im nächsten Schritt führte er eine terminologische Unterscheidung ein, die den Eigenanspruch noch verstärkte: Der Ausdruck „Sudetenraum" bezeichne Böhmen und Mähren, einen Raum, „den die Deutschen der Sudetenländer (der historischen Länder

---

133 EBENDA 21–23.
134 SÜSSEMILCH, Gustav/ZEPNICK, Karl/EGGERS, W. (Hg.): Sudetendeutscher Schulatlas. Harms einheitliches Unterrichtswerk. Reichenberg, Leipzig 1941.
135 EBENDA 1.
136 EBENDA 2–8.
137 SÜSSEMILCH, Gustav/ZEPNICK, Karl: Erläuterungen zum neu erschienenen Sudetendeutschen Schulatlas. Von den Bearbeitern des Heimatteils. In: Mitteilungsblatt des NSLB der Gauwaltung Sudetenland 9 (1941) 89–93, hier 90.

Böhmen und Mähren) als natürliche und geopolitische Einheit in der bisherigen Geschichte zu meistern hatten und mit dem wir uns auch weiterhin schicksalshaft auseinanderzusetzen haben". Der „Sudetengau" wiederum leite „seine Lebensberechtigung aus dieser größeren Ordnungsaufgabe [Herrschaft über die böhmischen Länder, Anmerkung S. J. S.] her, die über das eigentliche Gaugebiet im Rahmen der gesamtdeutschen Ostlandaufgabe weit hinausreicht". Dies hatte für die Verwendung des Atlas im Unterricht zur Folge:

> Nur im Zusammenhang dieser größeren Ostlandaufgabe soll der Sudetengau für Schule und Volkserziehung in unserem Atlas dargestellt werden. Diese Aufgabenstellung führt uns zusammen mit den Deutschen im Protektorat Böhmen und Mähren, die heute einen großen Teil der Verantwortung übernommen haben, die aber den festen Rückhalt der mit ihnen durch jahrhundertelangen, gemeinsamen Kampf verbundenen sudetendeutschen Schicksalsgefährten brauchen. Diese geopolitische Schicksalsverbundenheit und Ordnungsaufgabe unseres Heimatgaues muß jedem Kinde immer wieder klar gemacht und eingehämmert werden.[138]

Insbesondere die Umbenennung der historischen Länder Böhmen und Mähren in Sudetenraum war bemerkenswert, da die völkische Eigenbezeichnung Sudetendeutsche nun auch raumbehauptend wurde. Um den Sudetendeutschen die territoriale Vorherrschaft – auch im Protektorat Böhmen und Mähren – auch terminologisch zuzusprechen, wurde also an die Stelle der gebräuchlichen Bezeichnungen böhmische Länder und Sudetenländer eine spezifische Raumbezeichnung gesetzt. Jedoch machte Süssemilch zugleich deutlich, dass sich dieser Eigenanspruch, der gar als „Lebensberechtigung" des Reichsgaus behauptet wurde, nicht nur auf die böhmischen Länder beschränkte, sondern auch auf Aufgaben der Sudetendeutschen im europäischen Osten bezog. Damit machte er im September 1941 – rund drei Monate nach dem Überall auf die Sowjetunion – seine Erwartungshaltung an die Sudetendeutschen deutlich; sein Atlas sollte den Schüler/-innen ebendiesen Eigenanspruch der Sudetendeutschen bewusst machen. Diese Einforderung eines Sonderrechts sollte sich noch besonders im Fremdsprachenunterricht abbilden. In dessen Umfeld stand zur Diskussion, welche Fremdsprache – Englisch oder Tschechisch – sudetendeutsche Schüler/-innen an der Schule erlernen sollten.

---

138 EBENDA.

Grenzlanddeutsche Kompetenz. Das Schulfach Tschechisch

> Im gegenseitigen Verkehr der Sprachgrenzbevölkerung ist die Kenntnis der tschechischen Sprache aus politischen und wirtschaftlichen Gründen besonders für den deutschen Bevölkerungsanteil eine Notwendigkeit. Viele Bewohner des unwirtlichen Adlergebirges werden sich als Siedler für die Ostgebiete melden. Ihnen würde die Erfüllung großer Aufgaben durch die Kenntnis der tschechischen als einer slawischen Sprache wesentlich erleichtert werden.[139]

Am 8. Mai 1941 weilte Ministerialdirigent Emil Pax, der als Referent im Reichserziehungsministerium in Berlin für die mittleren Schulformen zuständig war, zu einer Besprechung mit dem Gaugrenzlandamt[140] und der Schulabteilung des Reichsstatthalters in der Stadt Karlsbad. Die Schulabteilung trug ihm vor, dass an den sudetendeutschen Schulen neben dem Englischen unbedingt auch das Tschechische unterrichtet werden sollte, wofür sie neben wirtschaftlichen auch politische und militärische Gründe anführte:

> Der Sudetengau hat zur deutschen Durchdringung des Protektorates und der übrigen Ostgebiete jetzt und in Zukunft immer mehr Menschen abzugeben. Deutsche werden im Protektorate [sic] nicht nur die höchsten leitenden Stellen einzunehmen haben, sondern auch die gehobenen mittleren Stellungen. Mir ist bekannt, daß die Tschechen nicht zuletzt aus politischen Gründen große Anstrengungen machen, die deutsche Sprache zu erlernen. Damit kann das Problem des tschechischen Volkes, soweit es die Sprache angeht, nicht als gelöst betrachtet werden.[141]

Mit großer Bestimmtheit behauptete die Schulverwaltung, dass der Reichsgau im Protektorat und in den Ostgebieten das Führungspersonal zu stellen habe. Doch so einhellig und entschlossen die sudetendeutsche Schulverwaltung gegenüber dem Reichserziehungsministerium auch auftrat, unumstritten war ihre Position nicht.

---

139 Schreiben des Kreisschulamtes von Grulich, Dokoupil, an den Regierungspräsidenten von Troppau. Grulich, 19. Mai 1942. ZA Opava, RP Opava, Signatur inv. č. 3566, Karton 3566, nicht foliiert.

140 Zu Funktion und Stellung des Gaugrenzlandamts siehe das Kapitel „Eindeutschungs'-Kontroversen um tschechische Schüler/-innen".

141 Abschrift eines Schreibens der Reichsstatthalterei (Berichterstatter Keil und Eichholz) an das Reichserziehungsministerium. Reichenberg, 28. Juli 1941. ZA Opava, RP Opava, Signatur inv. č. 3548, Karton 3548, nicht foliiert.

Im Umfeld der Schulverwaltung

Bis zur Errichtung des Reichsgaus Sudetenland hatte sich das Schulfach Tschechisch nur allmählich an den deutschsprachigen Schulen der Tschechoslowakei etablieren können – erst im Jahr 1923 wurde Tschechisch an den Mittelschulen (Höheren Schulen) als Unterrichtsfach[142] und als erste zu unterrichtende Fremdsprache eingeführt; somit wurde es zu einem der wichtigsten Fächer an den deutschen Mittelschulen.[143] An den Volks- und Bürgerschulen hingegen war Tschechisch nach dem Kleinen Schulgesetz von 1922 nicht zwingend als Schulfach einzuführen, und der Tschechischunterricht breitete sich in der Praxis tatsächlich auch nur schrittweise aus.[144] Anfang der 1930er Jahre lernten aber schon circa 82 Prozent der Schüler/-innen an den deutschen Bürgerschulen Tschechisch.[145] Bis 1938 blieb Tschechisch an den Volks- und Bürgerschulen ein wahlfreier Unterrichtsgegenstand, der im Umfang von drei Wochenstunden ab dem 3. Schuljahr gelehrt wurde. Allerdings konnte der Ortsschulrat beim Landesschulrat beantragen, dass Tschechisch an den Bürgerschulen verpflichtend eingeführt und die Zahl der Wochenstunden in der 1. und 2. Klasse der Bürgerschule auf vier erhöht wird. In den einjährigen Lehrkursen an den Bürgerschulen war Tschechisch hingegen verbindlich und umfasste jeweils vier Wochenstunden.[146] Das Niveau der erworbenen Tschechischkenntnisse war jedoch offensichtlich nicht allzu hoch, insbesondere in den überwiegend deutschsprachigen Regionen. So waren laut einer Untersuchung zu Beginn der 1930er Jahre in Böhmisch Leipa, Kaplitz (Kaplice) und Nikolsburg nur zwischen drei und vier Prozent der Tschechischlernenden an den Bürgerschulen in der Lage, sich auf Tschechisch zu verständigen.[147]

1938 endete diese Entwicklung abrupt. Nun wurde die Neubestimmung der zu lernenden Fremdsprachen eine der vordringlichsten Aufgaben für die Schulverwaltung – deren curriculare Positionswechsel in den nachfolgenden beiden Jahren einer Achterbahnfahrt gleichen sollten.

---

142 Vgl. NĚMEC: Erziehung zum Staatsbürger? 222; zur Sprachenfrage in der Tschechoslowakei 1918–1938 siehe KUČERA: Minderheit im Nationalstaat.
143 Vgl. NĚMEC: Erziehung zum Staatsbürger? 224.
144 EBENDA 222.
145 Vgl. KUČERA: Minderheit im Nationalstaat 275.
146 Schreibens des Reichsstatthalters im Sudetengau I c 1–1613/39 (Verfasser unbekannt) an das Reichserziehungsministerium, Reichenberg, 11. Dezember 1939. BArch, R 4901/6779, fol. 7.
147 Vgl. KUČERA: Minderheit im Nationalstaat 276.

Bereits in den ersten Wochen nach der Errichtung des Reichsgaues wurde in den meisten Schulformen Tschechisch als Pflichtfach abgeschafft oder stark zurückgedrängt. So wurde an den Volksschulen und den Bürgerschulen ab Mitte November 1938[148] Tschechisch nicht mehr regulär unterrichtet. Ausnahmen blieben jedoch möglich: Dies betraf insbesondere die Bürgerschulen, denen es vorerst noch gestattet war, neben Englisch weiterhin fünf Stunden wöchentlich Tschechisch zu unterrichten.[149]

An den Volkschulen konnte Tschechisch noch als Freigegenstand angeboten werden; im Januar 1942 wurde diese Möglichkeit abgeschafft.[150] Allerdings wurde noch im November 1944 in einer Bekanntgabe im „Amtlichen Schulblatt" empfohlen, Musterwörter im Unterricht der tschechischen Sprache an Volksschulen zu verwenden, sodass Tschechisch vermutlich weiterhin unterrichtet wurde, auch wenn es diesbezüglich keine weiteren Quellenfunde gibt.[151]

An den Höheren Schulen blieb der Unterricht im Tschechischen als dritter Fremdsprache vorläufig weiter bestehen,[152] sollte aber ebenso wie der Französischunterricht ab dem Schuljahr 1939/1940 sukzessive auslaufen.[153] An den berufsbildenden Schulen wurde der Tschechischunterricht – soweit er Teil des bisherigen Lehrplans war – nahezu gänzlich gestrichen. Nur an den

---

148 Tschechisch-Unterricht. Reichenberg, 14. November 1938. Aktenzeichen I K – VIII 50/38. In: Amtliches Schulblatt für den Sudetengau 1 (1938) 4–5.
149 Aktenzeichen I K 1 Nr. 1106/38. In: Schreiben des Reichskommissars für die sudetendeutschen Gebiete an das Bezirksschulamt in Luditz. Reichenberg, 8. November 1938. SOkA Karlovy Vary, Landrát Žlutice 1938–1945, Signatur NAD 1662, Karton 10, fol. 7.
150 Tschechischunterricht an deutschen Volksschulen. Reichenberg, 31. Januar 1942. Aktenzeichen I c 3, Nr. 112-00/42. In: Amtliches Schulblatt für den Reichsgau Sudetenland 3 (1942) 18.
151 Zum Beispiel: pánev, hrad – muž, stroj – sluha, soudce, ano – ty – bratrův, nese – bere – bludiště – tře. Insgesamt werden 36 Wörter aufgeführt. Siehe: Musterwörter im Unterrichte der tschechischen Sprache. Reichenberg, 4. November 1944. Aktenzeichen I c 12, Nr. 112/00. In: Amtliches Schulblatt für den Reichsgau Sudetenland 22 (1944) 183.
152 Schreiben der Reichsstatthalterei (Preissler) an das Reichserziehungsministerium. Reichenberg, 2. Juni 1939. BArch, R 4901/4634, fol. 22.
153 Gleichfalls wurden an Höheren Schulen für das Schuljahr 1937/1938 Benotungen der Leistungen in der tschechoslowakischen Vaterlandskunde und der tschechischen Sprache mit „nicht genügend" nachträglich für ungültig erklärt. Hatte ein Betroffener oder eine Betroffene darüber hinaus in einem zweiten Fach eine ungenügende Note erhalten, war eine Wiederholungsprüfung anzusetzen. Somit war es möglich, das Klassenziel nachträglich doch noch zu erreichen. Siehe: Benotung der Schüler

Handelslehranstalten wurde Tschechisch als Wahlfach neben Französisch – Englisch war Pflichtfach – in der 1. und 2. Klasse mit vier Stunden unterrichtet, in der 3. und 4. Klasse blieb es ein Pflichtfach mit vier Stunden. Der Abbau des Tschechischunterrichts schritt somit zügig voran. So erging im Dezember 1938 an alle Studierenden der Slawistik die Aufforderung, das Fach zu wechseln – möglichst zu Musik, Englisch oder, wie es wörtlich heißt, zu „Fächer[n] des Frauenschaffens (Handarbeit, Kochen)".[154] Der Rückgang der Tschechischlernenden an der Deutschen Karls-Universität in Prag blieb auch für die dortige Slawistik nicht ohne Folgen – ein Jahr später, im Januar 1941, bat der Rektor der Universität das Reichserziehungsministerium eindringlich, die Slawistik nicht noch weiter abzubauen, da sie die „geistige Auseinandersetzung mit der Kultur- und Geisteswelt der slawischen Völker und insbesondere mit dem Panslawismus" ermögliche.[155]

Tschechische Sprache und „Volkstumspolitik"

Im Jahr 1938 verlor die tschechische Sprache mit Errichtung des Reichsgaus Sudetenland in diesem Gebiet ihre bisherige Stellung als Staatssprache. Vonseiten des Reichsinnenministeriums wie auch der Reichsstatthalterei wurde es als völlig abwegig erachtet, Tschechisch zumindest als zweite Staatssprache im Sudetengau beizubehalten.[156] Die Maßnahmen gegenüber der tschechischen Bevölkerung und der tschechischen Sprache im Reichsgau Sudetenland sowie im Protektorat Böhmen und Mähren wurden stattdessen mit den Jahren immer repressiver; sie zielten allesamt darauf, die tschechische Sprache zurückzudrängen. Der Hintergrund dieser Maßnahmen – die in der Forschung unter dem Terminus Volkstumspolitik zusammengefasst und in dieser Arbeit noch ausführlich diskutiert werden – war die langfristige Zielsetzung, den Reichsgau

---

in den Fächern tschechoslowakische Vaterlandskunde und tschechische Sprache an den höheren Schulen. Reichenberg, 21. November 1938. Aktenzeichen I K – II – 787/38 vom 21. November 1938. In: Amtliches Schulblatt für den Reichsgau Sudetenland 2 (1938) 23.

154 Schreiben des Regierungspräsidenten von Aussig an die Landräte des Regierungsbezirks. Aussig, 3. Dezember 1938. SOkA Lovosice, LR, Signatur Kult I, Karton 671, nicht foliiert.

155 Schreiben des Rektors der Deutschen Karls-Universität an das Reichserziehungsministerium. Prag, 20. Januar 1941. BArch, R 4901/2616, fol. 15.

156 Schreiben des Reichsministers des Inneren an die ersten Reichsbehörden zur deutschen Sprache in den sudetendeutschen Gebieten. Berlin, 22. November 1938. BArch, R113/405, fol. 93.

Sudetenland sowie das Protektorat Böhmen und Mähren einzudeutschen; gleichwohl spielten bei ihrer Umsetzung immer auch höchst unterschiedliche andere Motive eine Rolle und nicht zuletzt waren sie, wie die Forschung gezeigt hat,[157] mangels gemeinsamer Planung bis zum Jahr 1941 in hohem Maße improvisiert. Unbestreitbar sollte aber im Verlaufe des Krieges die Verwendung der tschechischen Sprache im Reichsgau Sudetenland immer weiter eingeschränkt werden.[158] Zudem verlor Tschechisch im Protektorat Böhmen und Mähren spätestens unter der Herrschaft Reinhard Heydrichs seinen Status als eine von den Deutschen akzeptierte Amtssprache. De facto erhielt Deutsch dort gegenüber dem Tschechischen Vorrang, was sich auch in zwingenden Deutschprüfungen für alle Protektoratsbeamten niederschlug; in Prag etwa wurden ab 1942 alle Stadtratssitzungen auf Deutsch gehalten.[159]

Richtungswechsel ab 1939

Mit der Zerschlagung der Tschechoslowakei und der Errichtung des Protektorats Böhmen und Mähren im März 1939 kamen rund sieben Millionen Tschechen in den unmittelbaren Herrschaftsbereich des Dritten Reiches – eine Situation, die eine gänzlich neue Perspektive auf den Tschechischunterricht mit sich brachte. Dennoch wurden die vorläufigen Bestimmungen vom Vorjahr nochmals bestätigt, Englisch sollte nun Tschechisch als neue Pflichtfremdsprache in den Bürgerschulen ablösen.[160] Tschechisch hätte künftig lediglich als Freigegenstand in allen Jahrgangsstufen im Umfang von drei Wochenstunden unterrichtet werden dürfen.

---

157 Siehe ZIMMERMANN: Die Sudetendeutschen im NS-Staat 279–338; GEBEL: „Heim ins Reich!" 275–352; BRANDES: „Umvolkung, Umsiedlung, rassische Bestandsaufnahme" 39–40.
158 EBENDA.
159 Siehe hierzu die Kapitel „Die tschechische Minderheit im Reichsgau Sudetenland" und „Unterordnung als Unterrichtsziel. Das tschechische Schulwesen im Reichsgau Sudetenland". Zudem BRANDES: „Umvolkung, Umsiedlung, rassische Bestandsaufnahme" 63–66; SCHOLTEN, Dirk: Sprachverbreitungspolitik des nationalsozialistischen Deutschlands. (Duisburger Arbeiten zur Sprach- und Kulturwissenschaft 42) Frankfurt am Main [u. a.] 2001, 150–153; VELČOVSKÝ: Čeština pod hákovým křížem 87–103.
160 Lehrplan für die 5. bis 8. Klasse der Volksschule für das Schuljahr 1939/40. Reichenberg, 27. September 1939. Aktenzeichen I K 1 Nr. 3828/39. In: Amtliches Schulblatt für den Reichsgau Sudetenland 21 (1939) 318–322, hier 321–322.

Doch vorerst sollten zahlreiche Ausnahmen möglich bleiben: Für die Regierungsbezirke Aussig und Karlsbad sowie für die Kreise Freiwaldau (Frývaldov, heute Jeseník), Freudenthal und Jägerndorf galt, dass an den Bürgerschulen im Falle fehlender Englischlehrkräfte weiterhin Tschechisch unterrichtet werden sollte.[161] Auch wurde für diese Kreise festgelegt, dass Englisch nur in der 1. Klasse (5. Jahrgangsstufe) der Bürgerschule im Schuljahr 1939/1940 einzuführen war; in den folgenden Klassen hingegen sollte vorerst weiter Tschechisch unterrichtet werden, um es dann in kommenden Jahren sukzessive auslaufen zu lassen.[162]

Nur in Ausnahmefällen – explizit wurde in der Richtlinie der Regierungsbezirk Troppau genannt, der die größte tschechische Bevölkerung im Reichsgau aufwies[163] – sollte Tschechisch als Regelfach unterrichtet werden dürfen.[164] Im Regierungsbezirk Troppau und in Sprachgrenzorten der Regierungsbezirke Aussig und Karlsbad[165] sollte Tschechisch weiterhin als erste Fremdsprache an Bürgerschulen unterrichtet werden dürfen.

Im Jahr 1939 waren somit alle Maßnahmen der sudetendeutschen Schulverwaltung darauf ausgerichtet, den schulischen Tschechischunterricht erheblich zurückzudrängen. Allerdings stellte der gleichzeitige Aufbau des Englischunterrichts die Schulverwaltung vor das Problem eines großen Mangels an Englischlehrkräften.[166] So vermerkte die Schulverwaltung beim Regierungspräsidenten in Troppau in ihren Akten:

> Lehrer, welche tschechischen Sprachunterricht an den Bürgerschulen zu unterrichten hätten, dürften an jeder Schule vorhanden sein. Für englischen Sprachunterricht werden die Lehrkräfte fehlen und der Sprachunterricht wird deshalb nur an jenen Bürgerschulen eingeführt werden können, wo die entsprechenden Lehrkräfte zur Verfügung stehen.[167]

---

161 Regelung des Unterrichts in der ersten Fremdsprache. Reichenberg, 11. September 1939. Aktenzeichen 1 K 1, 3760/39. In: Amtliches Schulblatt für den Reichsgau Sudetenland 20 (1939) 295.
162 EBENDA.
163 Siehe das Kapitel „Die tschechische Minderheit im Reichsgau Sudetenland".
164 Erlass des Reichsstatthalters im Sudetengau. Reichenberg, 11. September 1939. ZA Opava, RP Opava, Signatur inv. č. 3549, Karton 3549, nicht foliiert.
165 Regelung des Unterrichts in der ersten Fremdsprache. Reichenberg, 11. September 1939. Aktenzeichen 1 K 1, 3760/39. In: Amtliches Schulblatt für den Reichsgau Sudetenland 20 (1939) 295.
166 Vgl. KEIL: Die Bürgerschule im neuen Schuljahre 380.
167 Aktenvermerk der Schulverwaltung beim Regierungspräsidenten von Troppau. Troppau, 22. August 1939. ZA Opava, Fond RP Opava, inv. č. 3545, nicht foliiert.

Neben Tschechisch war Französisch unter den neusprachlichen Fächern in den böhmischen Ländern schon seit österreich-ungarischer Zeit etabliert,[168] Englisch hingegen hatte sich kaum durchsetzen können. Die Entscheidung der Schulverwaltung für Englisch statt Französisch entsprach gleichwohl den Interessen des Reiches, denn Englisch hatte im Deutschen Reich seit 1933 eine deutliche Aufwertung erfahren: Es wurde an allen Höheren Schulen – abgesehen von den humanistischen Gymnasien – zur ersten Fremdsprache und zugleich zur Pflichtfremdsprache, während Latein und insbesondere Französisch deutlich an Stundenzahl und Lernern verloren.[169] So wurde im Februar 1939 die gesamte Lehrerschaft des Sudetenlandes aufgefordert, selbstständig Englischkenntnisse zu erwerben, an Fortbildungen zum Englischunterricht teilzunehmen und sich möglichst zahlreich auf die Lehrbefähigung für Englisch vorzubereiten.[170] Dies führte dazu, dass ab Juli 1940 selbst Bewerber/-innen zur Lehrbefähigung für Englisch an Bürgerschulen zugelassen wurden, die nicht einmal über ein Abschlusszeugnis einer Oberschule oder Fachschule verfügten.[171] Um die Situation zu verbessern, beauftragte die Reichsstatthalterei das deutsche Zentralinstitut für Erziehung und Unterricht in Rankenheim (Mark Brandenburg) mit der Durchführung von Englischkursen für 40 Englischlehrer/-innen an Bürgerschulen sowie für Bewerber/-innen, die Englisch schon hinlänglich beherrschten und die Lehrbefähigungsprüfung für Englisch an Bürgerschulen in Bälde ablegen wollten. Zudem versuchte man, den Mangel durch Einsatz ungeprüfter Hilfslehrkräfte zu beheben.[172] Theodor Keil plädierte

---

168 Vgl. NĚMEC: Erziehung zum Staatsbürger? 222–223.
169 Vgl. REINFRIED, Marcus: Die romanischen Schulsprachen im deutschen Schulwesen des Dritten Reichs. Sprachenpolitische Maßnahmen und bildungsideologische Diskurse. In: KLIPPEL, Friederike/KOLB, Elisabeth/SHARP, Felicitas (Hg.): Schulsprachenpolitik und fremdsprachliche Unterrichtspraxis. Historische Schlaglichter zwischen 1800 und 1989. Münster 2013, 29–48, hier 30–31.
170 Gewinnung von Lehrern der englischen Sprache. Reichenberg, 24. Februar 1939. Aktenzeichen 1 K I 1707/39. In: Amtliches Schulblatt im Reichsgau Sudetenland 8 (1939) 108–109.
171 Erwerbung der Lehrbefähigung für Bürgerschulen aus der englischen Sprache. Reichenberg, 1. Juli 1940. Aktenzeichen I c 3, Nr. 114/00. In: Amtliches Schulblatt für den Reichsgau Sudetenland 14 (1940) 170.
172 Lehrgang für Englisch. Reichenberg, 1. Juni 1939. Aktenzeichen I K 1 3210/39. In: Amtliches Schulblatt für den Reichsgau Sudetenland 14 (1939) 195. Zudem fand im Oktober 1939 ein zweiwöchiger Kurs für (reichsdeutsche) Mittelschullehrkräfte statt, zu dem auch sudetendeutsche Bürgerschullehrer/-innen eingeladen wurden. Siehe: Lehrgang für Englisch. Reichenberg, 26. August 1939.

angesichts dieser Not dafür, den Schulen die Möglichkeit einzuräumen, im Falle mangelnder Englischlehrkräfte den Tschechischunterricht wieder einzuführen.[173] Auch der Leiter der Schulverwaltung an der Reichsstatthalterei, Ludwig Eichholz, pflichtete 1940 bei, dass Tschechisch nur „teilweise" durch Englisch hätte ersetzt werden können.[174] Dieses Einlenken verdeutlicht, dass der gewünschte breite Abbau des Tschechischunterrichts doch nicht im angekündigten Maß voranging.

Zudem bedeutete die Abschaffung des Tschechischunterrichts eine berufliche Abqualifizierung der meist jungen Tschechischlehrer/-innen. Das Studium der Slawistik war aufgrund des Mangels an qualifizierten Tschechischlehrkräften in der Tschechoslowakei de facto mit einer Einstellungsgarantie im Schuldienst verbunden gewesen. Viele Lehramtsstudierende entschieden sich aus diesem pragmatischen Grund für das Studium der Slawistik – weniger ging es um die Überzeugung, damit die deutsch-tschechische Verständigung in der jungen Tschechoslowakei zu unterstützen.[175] Wichtige Exponenten der sudetendeutschen Schulbehörden wie Ludwig Eichholz und Gottfried Preißler waren studierte Slawisten[176] und hatten wohl schon aus persönlichen Gründen kein Interesse an einer Abwertung ihrer Studien- wie Berufsqualifikation. Insbesondere die Lehrenden, die bisher als Nebenlehrkräfte ausschließlich Tschechisch unterrichtet hatten, waren von der Abschaffung des Tschechischunterrichts betroffen. War es nicht möglich, sie im Deutsch- oder Englischunterricht bzw. in anderer Funktion an den Schulen einzusetzen, hatten sie einen Antrag auf Beurlaubung oder Pensionierung zu stellen.[177] Somit waren die Karriereängste der meist jungen – da in der Tschechoslowakei ausgebildeten – Tschechischlehrkräfte durchaus ein – zwar in keiner Quelle genanntes,

---

Aktenzeichen I K 1 3694/39. In: Amtliches Schulblatt für den Reichsgau Sudetenland 19 (1939) 274.
173 KEIL: Die Bürgerschule im neuen Schuljahre 380.
174 Vgl. EICHHOLZ: Die Neugestaltung des sudetendeutschen Schulwesens 9.
175 Vgl. NĚMEC: Erziehung zum Staatsbürger? 226–227.
176 Gottfried Preißler trat daneben in der Tschechoslowakei als engagierter Publizist für die tschechische Sprache auf. Zu seiner Publikationstätigkeit siehe auch das Kapitel „Deutsche Lehrerverbände in der Tschechoslowakei".
177 Schreiben des Reichskommissars für die sudetendeutschen Gebiete an das Bezirksschulamt in Tetschen bezüglich des Tschechischunterrichts. Reichenberg, 8. November 1938. SOkA Děčín, Landrát Děčín, Signatur Kult 104, Karton 228, nicht foliiert.

aber recht wahrscheinliches – Argument, das gegen die Abschaffung des Tschechischunterrichts sprach. Wie im Kapitel „‚Grenzlanddeutsche' und Interessen des Deutschen Reiches" dargelegt, hatten auch andere Personen Existenzängste. Spätestens im Jahr 1942 war hinsichtlich des Anschlusses an das Reich eine deutliche Ernüchterung in der sudetendeutschen Bevölkerung eingetreten und die hohen Erwartungen der Schulverwaltung, dass das Sudetenland eine Vorbildrolle für das Reich haben könnte, hatten sich ins Gegenteil verkehrt.[178]

Diese Situation wie auch die großen Probleme, die an den Schulen beim Fremdsprachenwechsel von Tschechisch zu Englisch zutage traten, mögen der Hintergrund gewesen sein, warum die Reichsstatthalterei sich im Dezember 1939, also ein halbes Jahr nach Errichtung des Protektorats, an das Reichserziehungsministerium wandte und dafür plädierte, den Tschechischunterricht an den Schulen weiter bestehen zu lassen:

> Weiters bin ich der Überzeugung, daß seitens der Schaffung des Protektorates Böhmen und Mähren gerade das Sudetendeutschtum auf Grund seiner Kenntnis des tschechischen Volkstums das geeignete Sammelbecken für die Reichsbeamtenschaft im Protektorat bilden kann. Die Voraussetzung hierfür ist aber auch die Kenntnis der tschechischen Sprache.
> Es sind vor allem politische und wirtschaftliche Gründe, die die Beherrschung der tschechischen Sprache unbedingt verlangen. Außerdem darf ich darauf hinwiesen, daß im Gau Sudetenland, und zwar vor allem im Regierungsbezirke Troppau, noch immer eine beträchtliche tschechische Minderheit vorhanden ist, die eigene tschechische Volksschulen hat. Die Leiter dieser Schulen müssen zuverlässige Deutsche sein, die die tschechische Sprache beherrschen.[179]

Neben den hier vorgebrachten politischen und wirtschaftlichen Gründen waren Tschechischkenntnisse somit nicht zuletzt für die Kontrolle und Verwaltung der tschechischsprachigen Volksschulen im Reichsgau Sudetenland notwendig.[180] Laut der Aktenlage gab es im Reichserziehungsministerium keine gegenteilige Position – zumindest ist keine überliefert. Im Gegenteil: Wie positiv das Reichserziehungsministerium dieses sudetendeutsche Ansinnen aufnahm und wie sehr

---

178 Siehe hierzu das Kapitel „‚Grenzlanddeutsche' und Interessen des Deutschen Reiches".
179 Abschrift eines Schreibens der Reichsstatthalterei an das Reichserziehungsministerium. Reichenberg, 11. Dezember 1939. BArch, R/4901 6779, fol. 7. Beigelegt einem Schreiben von Pax an Rudolf Heß. Berlin, 10. Februar 1940. BArch, R/4901 6779, fol. 7–8.
180 Siehe das Kapitel „Unterordnung als Unterrichtsziel. Das tschechische Schulwesen im Reichsgau Sudetenland".

sie es unterstützte, zeigt sich darin, dass es ihre Befürwortung des Tschechischunterrichts an Rudolf Heß persönlich nach München versandte. Dies macht deutlich, dass die Diskussion über den Tschechischunterricht im Reichsgau Sudetenland über die Referatsebene hinaus von Bedeutung war. Der Überzeugung der Reichsstatthalterei pflichtete auch das Reichsinnenministerium bei, wie ein Schreiben an das Reichserziehungsministerium vom Juni 1939 bezeugt. Es schloss sich stark der Argumentation aus Reichenberg an, forderte aber zusätzlich die Einführung des Tschechischunterrichts an den Höheren Schulen:

> Um den Aufgaben im ganzen böhmisch-mährischen Raum gerecht zu werden, ist es notwendig, daß möglichst zahlreiche Deutsche fließend tschechisch sprechen. Daher ist die *tschechische Sprache als Unterrichtsgegenstand* in allen Mittelschulen (Gymnasien usw.) einzuführen, auch gegen den etwa vorhandenen Widerstand aus Eltern- und Schülerkreisen.[181]

Dass das Reichserziehungsministerium diesem Vorhaben so positiv gegenüberstand und die Reichsstatthalterei hierbei auf offene Ohren stieß, überrascht nicht, denn bereits im Juni 1939 hatte sich der im Ministerium für den Reichsgau Sudetenland zuständige Regierungsrat Busse gegenüber seinem Amtskollegen Ministerialrat Freysoldt wie auch gegenüber dem in der Behörde des Reichsprotektors tätigen Schulreferenten Heckel für Tschechisch ausgesprochen, unter folgender Begründung:

> Nach der Weisung des Führers soll eine möglichst enge Verzahnung des deutschen Volkstums im Protektorat mit dem tschechischen Volkstum auf kulturellem Gebiet erfolgen, wobei dem deutschen Kulturleben die Aufgabe obliegt, durch den höheren Stand der deutschen Kultur das tschechische kulturelle Leben maßgeblich zu beeinflussen.[182]

Dass diese Weisung den Tatsachen entsprach, kann angenommen werden, da in einem zeitnahen Memorandum Neuraths von Mitte März 1939 davon die Rede ist, dass sich Hitler wiederholt für die Erhaltung des tschechischen Volkstums und für die Eingliederung des böhmisch-mährischen Raumes in das

---

181 Schreiben des Reichsstatthalters im Sudetengau vom 11. Dezember 1939 an das Reichserziehungsministerium. Aktenzeichen I c 1-1613/39 (Verfasser unbekannt). BArch, R/4901 6779, fol. 7–8. Hervorhebung im Original.
182 Stellungnahme Busses und Heckels vom 12. Juni und 13. Juni 1939 gegenüber Freysoldt bezüglich der Frage, welche Rolle Tschechisch an deutschen Schulen und Deutsch an tschechischen Schulen spielen sollte. BArch, R/4901 4635, fol. 97. Der Vorname Freysoldts geht aus den Archivalien leider ebenso wenig hervor wie der von Busse.

Großdeutsche Reich ausgesprochen habe, wofür, so Hitler, freilich der tschechische Wille nach Eigenstaatlichkeit zu zerschlagen sei. Neurath folgerte hieraus in seinem Memorandum unter anderem, dass die Propagandierung des Deutschen als bevorzugter Sprache effektiver sei, wenn der Gebrauch der tschechischen Sprache grundsätzlich weniger unterbunden werde.[183]

Weiter schreibt Busse, dass das „deutsche Volkstum" im Protektoratsgebiet gestärkt werden sollte, wobei es sich jedoch nicht gänzlich vom „tschechischen Volkstum" ablösen dürfe. Hierzu wäre es erforderlich, dass möglichst viele Deutsche im Protektorat und in den gemischtsprachigen Gebieten des Sudetengebietes neben einer tadellosen Beherrschung des Deutschen über möglichst gute tschechische Sprachkenntnisse verfügten. Daher hielt es Heckel für angebracht, dass in bestimmten Gebieten des Sudetengaus und der deutschen Sprachinseln im Protektorat an deutschen Schulen Tschechisch gelehrt werde.[184] Auch wenn sich Busse in seiner Stellungnahme direkt auf die Weisung Hitlers beruft, kann aus dem Text nicht schlüssig festgestellt werden, ob die aus der Weisung abgeleitete Befürwortung des Tschechischunterrichts auf Hitler oder auf Busse selbst zurückzuführen ist.

Zumindest die Schulabteilung der Behörde des Reichsprotektors wurde über Busses Stellungnahme informiert; wie es sich bei der sudetendeutschen Schulverwaltung verhielt, lässt sich aus den überlieferten Quellen leider nicht nachvollziehen. Sie war zwar de jure zuständig, war aber nicht nach einer Stellungnahme gefragt worden; auch wurden Busses Ausführungen in Reichenberg nicht kommentiert oder beantwortet.[185]

Ein Jahr später schloss sich auch Gottfried Preißler, der Leiter der Abteilung für Höhere Schulen in der Schulabteilung der Reichsstatthalterei, der Eingabe der Abteilung für Volks- und Bürgerschulen an und wandte sich in

---

183 BRANDES: „Umvolkung, Umsiedlung, rassische Bestandsaufnahme" 11.
184 Stellungnahme Busses vom 12. Juni 1939 gegenüber Freysoldt bezüglich der Frage, welche Rolle Tschechisch an deutschen Schulen und Deutsch an tschechischen Schulen spielen sollte. BArch, R/4901 4635, fol. 97–97R.
185 Obgleich die Reichsstatthalterei nicht angefragt worden war, schrieb sie an das Reichserziehungsministerium, dass die Einführung des Tschechischen als dritter Fremdsprache an deutschen Höheren Schulen des Reichsgaus Sudetenland im Rahmen einer Regelung für das ganze Reich erfolgten sollte. Hierzu würde es Erwägungen geben. In: Stellungnahme Kühns vom 16. Juni 1939 gegenüber Busse bezüglich der Frage, welche Rolle Tschechisch an deutschen Schulen und Deutsch an tschechischen Schulen spielen sollte. BArch, R/4901 4635, fol. 98.

einem dreiseitigen Schreiben[186] an das Reichserziehungsministerium: Er bitte um Zustimmung, in Form von Arbeitsgemeinschaften Tschechisch als dritte Fremdsprache an Höheren Schulen einführen zu dürfen. Dies begründete er damit, dass „zu der allgemeinen Bildung im Grenzlande des Reiches", das dem slawischen Gebiet unmittelbar benachbart sei und in dem es einen hundertjährigen Kampf um die Erhaltung des deutschen Volkstums gegeben habe, die Sprache des „völkischen Gegners" gehöre. „Als solcher erscheint für den Reichsgau Sudetenland der Tscheche." Daraus folgerte Preißler, dass für „*die* Schichten des Volkes, die einmal ‚verantwortliche und selbständige Aufgaben für das Volk zu lösen haben', die Kenntnis der Sprache des völkischen Gegners" eine notwendige Voraussetzung sei.[187] Weiter führte er aus, dass das anzustrebende Sprachniveau dieser „Schichten des Volkes" darüber hinausgehen sollte, „dass der zukünftige Offizier und Reichsbeamte, der Techniker und Wirtschaftler sich notdürftig mit dem Tschechen verständigen" könne, da zumindest die gebildeten Tschechen so gut Deutsch lernen werden würden, dass die sprachliche Verständigung seiner Ansicht nach gesichert erscheine. Es gehöre „zur Bildungsaufgabe des Sudetenlandes, dass die führende deutsche Schicht, welche die politische, militärische, wirtschaftliche und kulturelle Verantwortung für die Reichs- und Volkstumsgrenze zu tun [sic] hat, stets genaue Kenntnis von dem kulturellen und politischen Wollen des tschechischen Volkes habe". Dies wiederum wäre nur möglich, wenn die „verantwortungstragenden Schichten" die tschechische Sprache beherrschen würden, denn nur dann seien sie in der Lage, „die politischen und kulturellen Strömungen im tschechischen Volke zu beobachten und zu beeinflussen".[188]

Die ausgeprägte Diskussion um Zukunft und Legitimierung des Tschechischunterrichts unter den NS-Funktionsträgern zeigte Wirkung. Nun bekam dieser wieder mehr curriculare Bedeutung zugewiesen. Der Erhalt der Schulart der Bürgerschule, die ab 1941 die Bezeichnung Hauptschule[189] führen sollte, war nicht nur, wie im Kapitel „Auslese nach oben: die Bürgerschulen" dargestellt, von erheblichen Diskussionen geprägt, sondern brachte auch erhebliche konzeptionelle Änderungen mit sich. Denn die beschlossene Neukonzeption

---

186 Schreiben Preißlers an das Reichserziehungsministerium. Reichenberg, 4. Juni 1940. BArch, R/4901 4635, fol. 238–240.
187 EBENDA, hier fol. 238. Hervorhebung im Original.
188 EBENDA fol. 238R.
189 Schreiben des Reichserziehungsministeriums an die Reichsstatthalterei. Berlin, 23. Juni 1941. SOAL, ŘM, Signatur 115, Karton 350, nicht foliiert.

der Bürgerschule (Hauptschule) als Ausleseschule sah vor, dass die bisher überwiegend vierklassigen Schulen schrittweise sechsklassig ausgebaut werden sollten und dass in allen Schulen verbindlich eine Fremdsprache, Englisch oder Tschechisch, gelehrt werden sollte. Im Oktober 1939[190] wurde es allen Bürgerschulen freigestellt, entweder Tschechisch oder Englisch als Fremdsprachen einzuführen, die Klassen 1 und 2 (5. und 6. Jahrgangsstufe) sollten dabei je fünf und die Klassen 3–6 (7.–10. Jahrgangsstufe) je vier Wochenstunden unterrichtet werden.

Die im August 1940 beschlossenen „Bestimmungen über den Unterricht in der Bürgerschule" stellten den Tschechischunterricht sodann unter Bestandsschutz: Es wurde bestätigt, dass im Regierungsbezirk Troppau und in den Sprachgrenzorten der Regierungsbezirke Aussig und Karlsbad, „wo die Verhältnisse es gestatten und das Bedürfnis besteht", Tschechisch statt Englisch als verbindliche Fremdsprache zu lehren sei. Die Stundentafel der sechsklassigen Bürgerschulen sah für Englisch wie auch Tschechisch in der 1. Klasse fünf Stunden, in der 2. Klasse sechs Stunden und von der 3. bis zur 6. Klasse vier Stunden vor.[191]

An den Höheren Schulen sollte nach Auffassung der Schulverwaltung mit Rücksicht auf die besonderen Verhältnisse des Reichsgaus Sudetenland Tschechisch als dritte Fremdsprache unterrichtet werden.[192] So durfte ab dem Schuljahr 1940/1941 Tschechisch in der 11. und 12. Jahrgangsstufe der Oberschulen für Jungen angeboten werden; alternativ konnte es als Arbeitsgemeinschaft unterrichtet werden (in der 10. und 11. Jahrgangsstufe je zwei Stunden, in der 12. Jahrgangsstufe drei Stunden).[193] In den Bestimmungen für die Oberschulen für Mädchen wurde der Tschechischunterricht hingegen nicht mehr aufgeführt, obwohl im Reichsgau Sudetenland auch Schulen mit sprachlichem Zweig existierten. Wenngleich sich hierfür keine Erklärung finden lässt, kann vermutet werden, dass Tschechischkenntnisse nur für Jungen als wichtig erachtet

---

190 Stundentafel und Lehrplan für die 1. Klasse (5. aufsteigender Jahrgang) der Bürgerschule. Reichenberg, 26. Oktober 1939. Aktenzeichen I K 1 Nr. 3994/39. In: Amtliches Schulblatt für den Reichsgau Sudetenland 23 (1939) 347–349.
191 Hinweise zur Einführung der Bestimmungen über Erziehung und Unterricht an der Bürgerschule. Reichsstatthalter im Sudetengau. Reichenberg, 27. August 1940. SOAL, ŘM, Signatur unklar, Karton 341, nicht foliiert.
192 Schreiben Preisslers an das Reichserziehungsministerium. Reichenberg, 2. Juni 1939. BArch, R 4901/4634, fol. 22.
193 EBENDA.

wurden, da die Besatzungsherrschaft auch in Zukunft vornehmlich in männlichen Händen liegen sollte.

Im Mai 1941 wurden ebenso die Bestimmungen über den Tschechischunterricht in Wirtschaftsschulen geändert. Die bisherige Regelung, dass nur Englisch als einzige Fremdsprache gelehrt werden dürfe, wurde aufgrund „besonderer Erwägungen" dahingehend geändert, dass neben dem Englisch- nun auch der Tschechischunterricht möglich wurde, sofern sich mindestens 15 Schüler/-innen dafür anmeldeten; allerdings sollte nur eine der beiden zu unterrichtenden Fremdsprachen als Pflichtsprache eingestuft werden.[194] Schon ab September 1940 wurde an der Troppauer Lehrerbildungsanstalt Tschechisch wieder als Fremdsprache neben Englisch eingeführt. Insgesamt 66 Studierende entschieden sich dort im Schuljahr 1940/1941 für Tschechisch, 94 für Englisch. Während die Lernerfolge im Englischen als günstig bezeichnet wurden,

> zeigte sich im Tschechischen bei einer größeren Anzahl der Schüler nur ein geringer Fortschritt, der auf die Abneigung der Schüler gegen diese Sprache zurückzuführen ist. Trotz fortgesetzter Belehrung über die Bedeutung der Kenntnis einer slawischen Sprache ist ein voller Erfolg nicht eingetreten.[195]

Dass es infolge dieser Änderungen wieder die Möglichkeit gab, Tschechisch (weiter) lernen zu können, wurde nicht nur im Umfeld der Schulverwaltung, sondern auch vom Gaugrenzlandamt begrüßt. So hieß es im Juni 1941 in einer Stellungnahme des Amtes wie folgt:

> In volkspolitischer Hinsicht liegt die Aufgabe des Sudetendeutschtums nach dem Osten hin gerichtet, so vor allem auf dem Gebiet der Verwaltung und der Wirtschaft. Aus diesen Gründen ist die Kenntnis der tschechischen Sprache als Schlüssel aller slawischen Sprachen unerlässlich. Außerdem soll doch das Sudetendeutschtum einmal den Nachwuchs des Beamtenstabes im Protektorat stellen, wofür tschechische Sprachkenntnisse von großer Bedeutung sind. Wenn auch von Tschechen im Großdeutschen Reich mit Recht verlangt wird, dass sie sich bei deutschen Stellen ausschließlich der deutschen Sprache bedienen, so ist es von unschätzbarem Vorteil, wenn der im tschechischen Gebiet wirkende Deutsche auch die tschechische Sprache versteht, um so selbst Einblick in die wahren Verhältnisse und in die wirkliche Stimmung der Bevölkerung bzw. die ganze Entwicklung zu erhalten.[196]

---

194 Erlaß 1 c 5, Nr. 135/14 vom 5. Mai 1941. In: Amtliches Schulblatt für den Reichsgau Sudetenland 13 (1941) 178.
195 Jahresbericht der Lehrerbildungsanstalt Troppau für das Schuljahr 1940/41, S. 16. SOAL, ŘM, Signatur unklar, Karton 331, nicht foliiert.
196 Stellungnahme des Gaugrenzlandamts. Reichenberg, 10. Juni 1941. ZA Opava, RP Opava, Signatur inv. č. 3548, Karton 3548, nicht foliiert.

Mit dieser Auffassung sollte das Amt, wie sich später zeigen würde, nicht alleinstehen. Der damalige stellvertretende Leiter der Schulabteilung in der Reichsstatthalterei, Theodor Keil, ging überdies wie selbstverständlich davon aus, dass sich das nun zur Wahl stehende Schulfach Tschechisch fortan besonderer Popularität in der Bevölkerung erfreuen würde:

> Ich bin überzeugt, daß wir die frühere Abneigung unserer Jugend gegen die Erlernung der tschechischen Sprache nunmehr leichter überwinden können, da es sich ja nicht mehr um die Sprache eines Volkes handelt, das uns bedrückt. Jeder Pimpf wird nun verstehen, daß wichtige politische, wirtschaftliche und auch militärische Gründe dafür sprechen, daß unsere Jugend sich die Kenntnis dieser Sprache erwirbt.[197]

Dass sich Theodor Keil grundlegend irren sollte, wird in den kommenden Abschnitten thematisiert werden.

Umfrage im Regierungsbezirk Troppau

Dass der Tschechischunterricht nun wieder mehr Verbreitung fand, sah der Troppauer Regierungspräsident Friedrich Zippelius mit Argwohn. Im September 1941 ließ er seine Schulverwaltung wissen, dass er entgegen der Entwicklung gegen die Beibehaltung des Tschechischunterrichts sei.[198] Doch war er zu einem Kompromiss bereit: Nur dort, wo die örtlichen Verantwortungsträger den Tschechischunterricht befürworten würden, könne er beibehalten werden. Paul Kieseler – Leiter seiner Schulabteilung – wurde von ihm beauftragt, bei einem Treffen zwischen der Schulabteilung der Reichsstatthalterei und Emil Pax vom Reichserziehungsministerium Mitte September 1941 in Hirschberg (Doksy) diesen Vorschlag einzubringen:

> Der Regierungspräsident bestimmt nach Einholung von Äußerungen in Frage kommender Stellen, an welchem Ort und an welcher Schule Tschechisch als Hauptfremdsprache offiziell einzuführen ist. Es wären folgende Stellen zur Äußerung aufzufordern: Industrie- und Handelskammer, Handwerkskammer, Gaugrenzlandamt, Kreisleiter, Landräte, Schulräte. Es ist unbedingt daran festzuhalten, dass in jedem Fall die Entscheidung der Regierungspräsident sich vorbehält.[199]

---

197 KEIL: Die Bürgerschule im neuen Schuljahre 380.
198 Vermerk am Regierungspräsidium Troppau (Autor unbekannt). Troppau, 30. September 1941. ZA Opava, RP Opava, Signatur inv. č. 3549, Karton 3549, nicht foliiert.
199 EBENDA.

Dieses Vorhaben, welches sich an eine Regelung für die Regierungsbezirke Aussig und Karlsbad anlehnte,[200] fand die Zustimmung der Reichsstatthalterei. Die entsprechende Umfrage im Regierungsbezirk Troppau wurde ein halbes Jahr später, im Frühjahr 1942, durchgeführt.[201] Kurz vor der Durchführung der Umfrage sah sich die NSDAP-Gauleitung im Januar 1942 noch veranlasst, den NSDAP-Ortsgruppenleitern in einem Schreiben zu empfehlen, sich bei der Umfrage für Tschechisch auszusprechen, da es den Sudetendeutschen große Vorteile bringe. Wörtlich heißt es:

> Die tschechische Sprache bietet die Voraussetzung für die leichte Erlernung aller übrigen slawischen Sprachen, besonders des Polnischen und des Russischen. Die Erfahrungen dieses Krieges lehren, wie unsere im Osten liegenden sudetendeutschen Soldaten mit Tschechischkenntnissen für ihre Einheiten die Dolmetscherrolle übernehmen, wie nützlich sie diese Sprachkenntnisse verwerten können. Das Sudetendeutschtum hat außerdem besondere Aufgaben im Protektorat Böhmen und Mähren, die seine Kräfte verhältnismäßig stark in Anspruch nehmen werden.[202]

Darüber hinaus führte das Schreiben aus, dass die Personen, die in Berührung mit dem „fremden Volkstum" kommen würden, schon um der staatlichen Sicherheit willen der Sprache mächtig sein sollten.

Von den besonderen Aufgaben, die das Sudetendeutschtum im Protektorat Böhmen und Mähren zu erfüllen habe, sprechen auch die zahlreichen eingegangenen Gutachten sudetendeutscher Funktionäre – Bürgermeister, Wirtschaftsvertreter, NSDAP-Funktionsträger –, die zum Großteil erhalten geblieben sind und meist ausführlich (auf mindestens einer Seite) auf die Fragestellung Bezug nehmen. Sie bezeugen fast ausnahmslos eine deutliche Befürwortung des Tschechischunterrichts sowie eine Bevorzugung des Tschechischen vor dem Englischen. Die Begründungen wie auch die Argumentationsmuster der Gutachten ähneln einander unverkennbar. Der stellvertretende Hauptgeschäftsführer der

---

200 „An welchen Sprachgrenzorten in den Regierungsbezirken Aussig und Karlsbad Tschechisch eingeführt werden durfte, sollten der Regierungspräsident in Abstimmung mit dem NSDAP-Kreisleiter und den Kreisschulräten bestimmen." Siehe: Regelung des Unterrichtes in der ersten Fremdsprache. Reichenberg, 11. September 1939. Aktenzeichen 1 K 1, 3760/39. In: Amtliches Schulblatt für den Reichsgau Sudetenland 20 (1939) 295.
201 Schreiben Konrad Henleins an das Amtliche Schulblatt. Reichenberg, 18. März 1942. ZA Opava, RP Opava, Signatur inv. č. 3549, Karton 3549, nicht foliiert.
202 Weisung der NSDAP-Gauleitung Sudetenland, Rundschreiben 30/41 vom 12. Januar 1942. ZA Opava, RP Opava, Signatur inv. č. 3549, Karton 3549, nicht foliiert.

Wirtschaftskammer Sudetenland schrieb beispielsweise, dass tschechische Sprachkenntnisse den deutschen Volkstumsangehörigen die Einflussnahme auf den tschechischen Siedlungsraum und das tschechische Kulturleben erleichtern würden. Darüber hinaus könne „der deutsche Kaufmann mit tschechischen Sprachkenntnissen den Markt in allen slawischen Siedlungsgebieten leichter erobern" und die „im Sudetenland noch vorhandenen Gegensätze zwischen dem deutschen und tschechischen Bevölkerungsteil [...] leichter überbrück[en] bzw. beseitig[en]". Abschließend bat er, „auf keinen Fall eine Minderung des Tschechischunterrichts zuzulassen, da dieser nach wie vor für sudetendeutsche Schüler, die besondere Aufgaben im benachbarten Protektoratsraum zu erfüllen haben werden, wichtig ist".[203] Der NSDAP-Kreisleiter von Freiwaldau, Walther Jaroschek, betonte hingegen die praktische Bedeutung der zu wählenden Fremdsprache im späteren Leben der Schüler/-innen: „Wenn zwischen englisch und tschechisch zu entscheiden ist, dann wird angesichts der ins Übergroße gewachsenen Berührungsfläche des deutschen Volkes mit den Völkern slavischer Herkunft, der tschechischen Sprache eine besondere Beachtung zukommen." Weiter schrieb er,

> daß die Stoßrichtung des Sudetengaues und die Erfüllung seiner geschichtlichen Sendung maßgeblich nach dem Südosten gerichtet bleiben muss, wodurch also die nächsten und wichtigsten fremdsprachlichen Nachbarn die tschechisch sprechenden Reichsangehörigen bleiben werden. Gerade die Erfahrung der letzten 3 Jahre hat bewiesen, daß die Kenntnis der tschechischen Sprache eine wichtige Unterlage für die Kenntnis und die Erlernung aller anderen slavischen Sprachen sein kann.[204]

Karl Dokoupil, Schulrat in Grulich (Králíky), vermutete gar weit größere Aufgaben und schrieb, dass sich viele Bewohner des Adlergebirges als Siedler für die Ostgebiete melden würden und für diese Kenntnisse in der tschechischen Sprache unverzichtbar seien.[205] Als Mittel der Herrschaftssicherung begrüßte hingegen Kurt von Lankisch-Hoernitz, Geschäftsführer der Zweigstelle Ost der

---

203 Schreiben der Wirtschaftskammer Sudetenland an die Reichsstatthalterei. Reichenberg, 29. Mai 1942. SOAL, ŘM, Signatur inv. č. 1076/0, Karton 341, nicht foliiert.
204 Schreiben des Kreisleiters der NSDAP von Freiwaldau, Jaroschek, an das Kreisschulamt von Freiwaldau. Freiwaldau, 18. Mai 1942. ZA Opava, RP Opava, Signatur inv. č. 3566, Karton 3566, nicht foliiert.
205 Schreiben des Kreisschulamtes von Grulich, Karl Dokoupil, an den Regierungspräsidenten von Troppau. Grulich, 19. Mai 1942. ZA Opava, RP Opava, Signatur inv. č. 3566, Karton 3566, nicht foliiert.

Bezirksgruppe Sudetenland der Wirtschaftsgruppe Textilindustrie, den Tschechischunterricht:

> Obwohl die Entscheidung nach der politischen Seite der Partei zufällt, muß doch darauf hingewiesen werden, daß man Haltung und Stimmung eines Volkes viel richtiger erkennt, wenn man seine Sprache beherrscht, und eine der wichtigsten Aufgaben des Sudetendeutschtums besteht darin, das geschlossene tschechische Sprachgebiet zu durchdringen. Die Erfahrungen von nahezu 50 Jahren haben bewiesen, daß es ein schwerer Fehler der Sudetendeutschen war, die tschechische Sprache nicht zu erlernen.[206]

Die eingegangenen Gutachten argumentieren durchgängig mit zwei (mehr oder minder deutlich ausgeprägten) Begründungssträngen, die das Votum für den Tschechischunterricht bestätigen: Zum einen wird ökonomisch argumentiert, dass die Tschechen wie auch die Slawen insgesamt Handelspartner seien, zum anderen wird der politische Grund angeführt, dass Tschechischkenntnisse es den Sudetendeutschen ermöglichen würden, als Führungspersönlichkeiten dem Protektorat und Osteuropa vorzustehen. Die Schreiben stehen deutlich unter dem Eindruck des fortschreitenden Krieges an der Ostfront und der damit verbundenen Propaganda, zum Beispiel jener der Waffen-SS, die in ihrer Werbebroschüre für den Reichsgau Sudetenland 1942 propagierte, dass deren Angehörige später als Wehrbauern im Osten siedeln[207] könnten. Die Argumente für den Tschechischunterricht sind somit andere als die der Schulverwaltung in den Jahren 1939/1940: Zielte Letztere mit dem Tschechischunterricht noch auf eine Herrschaft über den böhmischen Raum, wird die tschechische Sprache nun als eine Mittler- und Dolmetschersprache bei der Eroberung Osteuropas verstanden. Somit zeichnen die Gutachten ein anschauliches Selbstbild sudetendeutscher Funktionäre, das die nationalsozialistische Propaganda wie auch die eigene und die von außen herangetragene Erwartungshaltung an die Sudetendeutschen klar widerspiegelt. Die einzigen beiden erhaltenen Gutachten, in denen sich gegen den Tschechisch- und für den Englischunterricht ausgesprochen wurde, stammten von Funktionären, die aus dem Altreich in das Sudetenland gewechselt waren. Hier war das Argument jeweils, dass es den Funktionären nach dem Wechsel schwergefallen sei, dem fortgeschrittenen

---

206 Schreiben von Kurt von Lankisch-Hoernitz, Geschäftsführer der Zweigstelle Ost der Bezirksgruppe Sudetenland der Wirtschaftsgruppe Textilindustrie, an das Kreisschulamt Jägerndorf. Jägerndorf, 14. Mai 1942. ZA Opava, RP Opava, Signatur inv. č. 3566, Karton 3566, nicht foliiert.

207 Ergänzungsamt der Waffen-SS: Die Waffen-SS ruft die sudetendeutsche Jugend 1942. Waldheim in Sachsen 1942, 13.

Tschechischunterricht folgen zu können.²⁰⁸ Belegt ist auch der Wunsch des NSDAP-Kreisleiters von Jägerndorf, sowohl Englisch als auch Tschechisch zu unterrichten, um die Exportfähigkeit der Jägerndorfer Industrie sicherstellen zu können.²⁰⁹

Am 23. Juni 1942 informierte Zippelius die Reichsstatthalterei schließlich über das Ergebnis der Umfrage. Übereinstimmend hätten alle Kreise, selbst die, in denen bisher vorwiegend Englisch unterrichtet worden sei, Tschechisch als verbindliche Fremdsprache gewünscht. Bedarfsgebunden sollte seiner Auffassung nach aber weiterhin die Möglichkeit des Englischlernens eingeräumt werden.²¹⁰

Und dennoch: Zippelius sprach sich weiterhin gegen die Einführung eines verbindlichen Tschechischunterrichts aus – mit der Begründung, dass sich diese Einführung nicht umsetzen ließe, da fast 1 000 Lehrer aus seinem Regierungsbezirk zum Wehrdienst eingezogen worden seien. Beim verbliebenen Rest der Lehrkräfte gebe es zwar einige, die über die Lehrbefähigung für Tschechisch verfügten, diese könne er „aber für einen gedeihlichen Unterricht in der tschechischen Sprache an Hauptschulen nicht einsetzen [...], weil sie fast durchwegs die Sprache nur mangelhaft beherrschen, ein Erfolg also von vornherein ausgeschlossen erscheint".²¹¹ Allerdings kann diese Begründung durchaus hinterfragt werden: Wie viele der eingezogenen Lehrer hatten tatsächlich die Lehrbefähigung für Tschechisch? Wohl bei Weitem nicht alle. Überdies bleibt er eine Antwort auf die Frage schuldig, wie er unter diesen Umständen den Englischunterricht bei einer deutlich geringeren Anzahl an ausgebildeten Englischlehrer/-innen realisieren könnte.

Letztendlich konnte Zippelius seine Einwände gegen den Tschechischunterricht jedoch nicht weiter vorbringen, da er im Herbst 1942 aufgrund erheblichen persönlichen Fehlverhaltens seines Amtes enthoben wurde.²¹²

---

208 Schreiben des Kreisleiters von Grulich an den Kreisschulrat von Grulich, Dokoupil. Grulich, 19. Mai 1942. Sowie: Schreiben von Dr. Schimeczek, Stadtschulamt Troppau, an den Regierungspräsidenten von Troppau. Troppau, 30. April 1942. ZA Opava, RP Opava, Signatur inv. č. 3566, Karton 3566, nicht foliiert.
209 Schreiben des NSDAP-Kreisleiters von Jägerndorf an den Landrat in Jägerndorf. Jägerndorf, 14. Mai 1942. ZA Opava, RP Opava, Signatur inv. č. 3566, Karton 3566, nicht foliiert.
210 Schreiben von Zippelius an die Reichsstatthalterei. Troppau, 23. Juni 1942. SOAL, ŘM, Signatur inv. č. 1076/0, Karton 341, nicht foliiert.
211 Ebenda.
212 BArch, R/9361/SSO/, SS-Führerpersonalakten 24-C (ehemals BDC), nicht foliiert. Siehe hierzu das Kapitel „Akteure der Schulverwaltung".

Heydrichs Widerspruch

Zwischenzeitlich hatten sich im benachbarten Protektorat Böhmen und Mähren personell, aber auch in der politischen Stoßrichtung der Besatzungsherrschaft grundlegende Veränderungen ergeben. Nachdem Reichsprotektor Konstantin von Neurath aufgrund einer angeblich zu nachsichtigen Herrschaft offiziell beurlaubt worden war, übernahm Reinhard Heydrich in der Funktion des stellvertretenden Reichsprotektors de facto die politische Führung des Protektorats. Bereits kurz nach seinem Eintreffen in Prag am 27. September 1941 machte er seinen Führungsanspruch deutlich und verschärfte die deutsche Besatzungsherrschaft gegenüber der tschechischen Bevölkerung. Dass an deutschen Schulen im Protektorat Böhmen und Mähren auf Dauer Tschechisch unterrichtet werden sollte, sah er nicht ein. In deutlichen Worten wandte er sich im Januar 1942 persönlich an Reichserziehungsminister Rust:[213] Er habe von den Argumenten der Reichsstatthalterei für den Tschechischunterricht erfahren und verschließe sich ihnen nicht. Dennoch halte er aus „volkstumspolitischen Gründen" eine stufenweise Zurückdrängung des Tschechischen an den deutschen Schulen im Protektorat und in den Grenzgebieten des Sudetengaus für geboten:

> Die den böhmisch-mährischen Raum bewohnenden Tschechen müssen in möglichst kurzer Zeit dazu gezwungen werden, die deutsche Sprache zu erlernen und sie nicht nur im amtlichen Verkehr, sondern auch im gesamten Wirtschaftsleben ausschließlich zu gebrauchen. Der Umvolkungsprozeß, der gegenüber der Masse von 7 ½ Millionen Tschechen und in ihrer in Jahrhunderten erhärteten nationalen Zähigkeit für das Deutschtum dieses Raumes eine Aufgabe von ganz ungewöhnlichem Ausmaß darstellt, wird nur gelingen, wenn den Tschechen jede Möglichkeit genommen wird, ohne die vollkommene Beherrschung der deutschen Sprache überhaupt bestehen zu können. Nur durch einen solchen bis in die letzten Winkel des gesamten öffentlichen und wirtschaftlichen Lebens hineingreifenden äußeren Zwang wird sich die deutsche Sprache im Laufe der nächsten Jahrzehnte als die allein herrschende im böhmisch-mährischen Raum durchsetzen können.[214]

Als Argument gab er an, dass die tschechische Bevölkerung mit ihrer „wachen Intelligenz und ihrer nationalen Hartnäckigkeit" den Tschechischunterricht an deutschen Schulen des „böhmisch-mährischen Raumes" als ein Eingeständnis

---

213 Schreiben Heydrichs an Rust bezüglich des Tschechischunterrichts an den deutschen Schulen im Protektorat Böhmen und Mähren. Prag, 19. Januar 1942. NA Praha, ÚŘP AMV 114, Signatur inv. č. 114-15-7, Karton 67, fol. 196–201.
214 EBENDA fol. 196–197.

deutscher Schwäche empfinden und dadurch weiter an die Lebenskraft ihrer Muttersprache glauben würde. Deshalb habe nach seiner Auffassung mit der Einführung der deutschen Amtssprache und mit der Verstärkung des Deutschunterrichts an den tschechischen Schulen, die die allmähliche Einführung von Deutsch als Unterrichtssprache zum Ziel habe, gleichzeitig eine stufenweise Zurückdrängung des Tschechischunterrichts an den deutschen Schulen zu erfolgen. Abschließend hielt er fest, dass den Deutschen des „böhmisch-mährischen Raumes" die „Krücke der tschechischen Sprache" als Verständigungsmittel entzogen werden müsse, soweit jene nicht ausdrücklich zur politischen Überwachung der Tschechen – für die sich seiner Einschätzung nach ohnehin nur wenige eigneten – eingesetzt würde. Er schrieb weiter:

> Besonders in Wirtschaftskreisen, die bekanntlich immer am meisten dazu neigen, sich vorzugsweise von Nützlichkeitsgründen leiten zu lassen, wird eine scharfe politische Erziehung dahingehend einsetzen müssen, auf die tschechische Sprache als Verständigungsmittel zu verzichten.[215]

Daraus folgerte er schließlich, den Tschechischunterricht an den deutschen Schulen des Protektorats zurückzudrängen: An den Volksschulen sollte der Tschechischunterricht mit Beginn des nächsten Schuljahres entfallen, an den Hauptschulen in den Eingangsklassen durch eine andere Fremdsprache ersetzt werden und in den übrigen Klassen auslaufen. Welche Sprache dann gelehrt werden sollte, sollte noch geprüft werden. In den Höheren Schulen wurde der Tschechischunterricht auf Arbeitsgemeinschaften beschränkt, mit dem Ziel, dass sich die Tschechischlernenden auf „diese Weise in Zukunft nur auf einen kleinen Kreis beschränken, wahrscheinlich im allgemeinen an jeder Anstalt nur auf einige wenige Schüler, die später Slawistik studieren wollen".[216]

Den Lehrerbildungsanstalten einschließlich der sogenannten Kindergärtnerinnen-Anstalten im Protektorat blieb es gestattet, für die kommenden acht Jahre Tschechisch anzubieten. Die Schüler/-innen, die an den Hauptschulen Tschechisch gelernt hatten, sollten während ihrer fünfjährigen Ausbildung an der Lehrerbildungsanstalt zusätzlich noch drei Wochenstunden Tschechischunterricht erhalten.[217] Die ausgebildeten Lehrkräfte mit Tschechischkenntnissen sollten dann an den deutschen Schulen eingesetzt werden, „in denen vorzugsweise

---

215 Schreiben Heydrichs an Rust bezüglich des Tschechischunterrichts an den deutschen Schulen im Protektorat Böhmen und Mähren. Prag, 19. Januar 1942. NA Praha, ÚŘP AMV 114, Signatur inv. č. 114-15-7, Karton 67, fol. 196–201.
216 EBENDA fol. 199.
217 EBENDA.

Schüler mit tschechischer Muttersprache, mit denen sie sich dann leichter verständigen können, unterrichtet werden".[218]

Zudem wurde Tschechisch auch an den Berufsschulen deutlich zurückgedrängt.[219] Zum Schluss seines sechsseitigen Schreibens betonte Heydrich, dass er es für „unumgänglich notwendig" halte, dass die Frage des Tschechischunterrichts an den deutschen Schulen des gesamten „böhmisch-mährischen Raumes" einheitlich gelöst werde. Deshalb habe er Konrad Henlein gebeten, sich dem von ihm vertretenen Standpunkt anzuschließen.

Heydrichs Begründung steht somit im Widerspruch zu den im Reichsgau Sudetenland vorgebrachten Argumenten. Dem „Umvolkungsprozeß" Böhmens und Mährens würden Tschechischkenntnisse der deutschen Bevölkerung entgegenstehen, da diese die Motivation der Tschechen, das Deutsche zu erlernen, mindern würden. Allen Nützlichkeitserwägungen stellte sich Heydrich energisch entgegen: Stattdessen müsse in Wirtschaftskreisen „scharfe politische Erziehung" angewandt werden, damit sie auf das Tschechische verzichten. So sehr er in seiner Begründung „volkstumspolitische Gründe" für die Abschaffung des Tschechischunterrichts ins Feld führte, erwähnte er einen entscheidenden Grund hierfür mit keinem Wort: Durch die im Gegensatz zum Reichsgau Sudetenland im Protektorat offener und großzügiger durchgeführten sogenannten Eindeutschungsverfahren waren an den dortigen deutschen Schulen viele tschechische Muttersprachler eingeschult worden. Diese Praxis wurde in der Schulverwaltung des Reichsprotektors als erhebliches Problem angesehen:[220] So legte der SD-Leitabschnitt Prag in einem Schreiben an Heydrich im Oktober 1941 dar, dass sich die Entwicklung an den deutschen Schulen – Erhöhung der Zahl der Schulen um 30–50 Prozent und der Schülerzahlen um 50–100 Prozent – mit der Rückführung deutscher Kinder aus tschechischen

---

218 EBENDA.
219 An den Handelsakademien wurde Tschechisch Wahlfach, an den zweijährigen deutschen Handelsschulen blieb das Fach mit vier Wochenstunden für die kommenden zwei Jahre vorerst bestehen. An den Höheren Gewerbeschulen, den Textilgewerbeschulen und den Werkmeisterschulen sollte der Tschechischunterricht sukzessive in den folgenden Jahren abgeschafft werden, an den sogenannten Frauenfachschulen aller Kategorien blieb er aber weiterhin als Freigegenstand bestehen. Die Landwirtschaftsschulen, die das Fach bisher nicht angeboten hatten, blieben auch weiter ohne Tschechischunterricht, an den Berufsschulen wurde Tschechisch, das bisher an einigen Schulen Freigegenstand war, abgeschafft. Siehe EBENDA fol. 200–201.
220 Siehe BRANDES: „Umvolkung, Umsiedlung, rassische Bestandsaufnahme" 54–55.

Schulen, der „Eindeutschung" und „Rückvolkung" tschechischer Familien sowie dem Zuwachs von Schulkindern aus Familien der „völkischen Zwischenschicht" erklären lasse, monierte dabei aber auch, dass „ein Großteil der Schülerschaft die deutsche Sprache kaum, oder nur mangelhaft beherrscht".[221]

Was das in der Praxis bedeutete, beschrieb im September 1943 ein umfangreicher Bericht der Schulbeauftragten der Oberlandräte-Inspekteure: „Lehrplanmässig wird in verschiedenen Klassen der deutschen Hauptschulen Tschechisch unterrichtet. Sehr viele der davon betroffenen Kinder können als M-Kinder besser Tschechisch als Deutsch (z. B. in Kladno). Es liegt nahe, in diesen Stunden an Stelle von Tschechisch Deutsch zu erteilen."[222] Zudem war die Verwendung der tschechischen Sprache an deutschen Schulen überhaupt, auch in privaten Gesprächen, strengstens untersagt.[223] Und ohnehin wäre die Vorstellung eines Fremdsprachenunterrichts im Tschechischen in Klassen mit oftmals überwiegend tschechischen Muttersprachlern absurd erschienen.

Die Wirkung von Heydrichs überaus deutlichem Brandbrief gibt Rätsel auf. Der Brief wurde als abgesendet abgezeichnet, eine Antwort auf das Schreiben gibt es aber nicht, obwohl es höchst relevanten Diskussionsstoff bot. War das Schreiben vielleicht doch nicht abgesandt worden? Oder unterband das Reichserziehungsministerium weitere Diskussionen? Weder Zippelius noch die Schulbehörde der Reichsstatthalterei oder das Reichserziehungsministerium bezogen sich jemals auf das Schreiben. Gerade Zippelius hätte – wenn er von der Eingabe Heydrichs in Kenntnis gesetzt worden wäre – es nutzen können, um kurz vor Beginn der Umfrage unter den Funktionären seinen eigenen Wunsch nach Abschaffung des Tschechischunterrichts mit Verweis auf die prominente Unterstützung zu bekräftigen. Ferner entstand das Schreiben im Kontext eines Konflikts zwischen Henlein und Heydrich, in dem Henlein im Nachgang zur Kameradschaftsbund-Affäre um seinen Posten als Gauleiter fürchten musste.[224]

---

221 Schreiben des SD-Leitabschnitts Prag (Autor unbekannt) an Heydrich bezüglich des deutschen Schulwesens im Protektorat. Prag-Bubentsch, 11. Oktober 1941. NA Praha, ÚŘP AMV 114, Signatur inv. č. 114-15-7, Karton 67, fol. 181R.; 182.

222 Bericht (Autor: Hucke) über die Überprüfung des deutschen Schulwesens. Prag, 30. September. Einstufung als geheim. NA Praha, ÚŘP AMV 114, Signatur inv. č. 114-15-10, Karton 68, fol. 7R. Als M-Kinder wurden „eindeutschungsfähige" Kinder bezeichnet. Siehe das Kapitel „‚Eindeutschungs'-Kontroversen um tschechische Schüler/-innen".

223 Vermerk des Sachbearbeiters Fitzek zur Aufnahme tschechischer Schüler an deutschen Schulen. Prag, März 1940 (genaues Datum wird nicht angegeben). NA Praha, ÚŘP, Signatur inv. č. I-10 EISch, Karton 508, nicht foliiert.

224 Siehe ZIMMERMANN: Die Sudetendeutschen im NS-Staat: 250–251.

Ob der im Brief erwähnte Henlein von diesem wusste und ob er Heydrichs Einspruch gar als Infragestellung seiner Politik betrachtete, muss unbeantwortet bleiben, da sich sein Aktenbestand in den Archiven nicht erhielt. Grundsätzlich nahm Henlein aber eine andere Position ein als Frank und Heydrich:[225] Er unterschied zwischen Sudetengau und Protektorat und wollte die Tschechen möglichst schnell aus seinem Herrschaftsgebiet aussiedeln.[226] Langfristig wäre aus Henleins Perspektive Tschechisch somit die Sprache des benachbarten Protektorats gewesen, nicht jedoch die Sprache einer Minderheit im Reichsgaus Sudetenland. Vor diesem Hintergrund war Heydrichs Befürchtung, Tschechen durch das Erlernen ihrer Sprache zu bevorzugen, für den Reichsgau Sudetenland selbst nicht von Relevanz. Beachtenswert bleibt überdies, dass Heydrich zwar den Austausch bzw. eine Übereinkunft mit der Reichsstatthalterei – konkret mit Konrad Henlein – wünschte, jedoch vonseiten der sudetendeutschen Schulbehörden – egal, ob es sich um die Kreisschulämter, die Regierungspräsidenten oder gar die Reichsstatthalterei handelte – bei der Debatte über die gleichermaßen das Protektorat betreffende Fortführung des Tschechischunterrichts zu keinem Zeitpunkt der Kontakt zur Behörde des Reichsprotektors gesucht wurde. Ein Indiz, dass Heydrichs Eingabe undiskutiert blieb, ist ein Schreiben des zuständigen Referenten im Reichserziehungsministerium Kohlbach an den Reichsprotektor in Böhmen und Mähren vom März 1943 (Reinhard Heydrich war am 4. Juni 1942 einem Attentat erlegen), in dem er darlegte, dass er erst kürzlich, am 23. Februar 1943, vom Leiter der Schulabteilung in der Behörde des Reichsprotektors, Heckel, erfahren habe, dass im Protektorat nicht beabsichtigt werde, Tschechisch als Fremdsprache beizubehalten.[227]

Im Frühjahr 1943 übernahm schließlich das Reichserziehungsministerium zum ersten und einzigen Mal bei der Frage des Tschechischunterrichts die Initiative: Es rief Vertreter des Reichskommissars für die Festigung des deutschen Volkstums und des Reichsministers des Inneren zu einer Ressortbesprechung ein. Über die Ergebnisse der Besprechung informierte das Ministerium schließlich im März 1943 sowohl den Reichsprotektor in Böhmen und Mähren als auch die Reichsstatthalterei. Erneut wurde dabei der sudetendeutschen Position zugestimmt:

---

225 Vgl. das Kapitel „‚Eindeutschungs'-Kontroversen' um tschechische Schüler/-innen".
226 Vgl. GEBEL: „Heim ins Reich!" 353.
227 Schreiben des Reichserziehungsministeriums (Kohlbach) an den Reichsprotektor von Böhmen und Mähren mit Abschrift an den Reichsstatthalter im Sudetengau. Berlin, 17. März 1943. ZA Opava, Fond RP Opava, inv. č. 3550, nicht foliiert.

In einer Ressortbesprechung, in der vor kurzem diese Frage mit Vertretern des Reichskommissars für die Festigung deutschen Volkstums und des Reichsministers des Innern erörtert wurde, ist nach wie vor die Auffassung vertreten worden, daß in allen Gebieten mit tschechischer Bevölkerung nicht nur der Nachwuchs für den deutschen Polizei- und Sicherheitsdienst ausreichende tschechische Sprachkenntnisse mitbringen müsse, sondern daß es darüber hinaus dringend erwünscht sei, daß möglichst viele der im geschlossenen tschechischen Siedlungsgebiet eingesetzten Deutschen wenigstens Tschechisch verstehen sollten; es sei deshalb erforderlich, daß an einem Teil der Hauptschulen im Sudetengau und an volkstumsmäßig gefestigten deutschen Hauptschulen im Protektorat Böhmen und Mähren auch Tschechisch als Pflichtfremdsprache gelehrt würde.[228]

Dabei hob das Ministerium hervor, dass die Protektoratsbehörden im Laufe der Zeit eine große Zahl von deutschen Beamten und Angestellten mit tschechischen Sprachkenntnissen aus dem Sudetenland angefordert hätten und es besonders für die gehobenen Berufe wichtig sei, dass der Nachwuchs über Tschechischkenntnisse verfüge. Zudem sei das Tschechische eine geeignete Grundlage für das Erlernen weiterer slawischer Sprachen, die „von dem Nachwuchs gehobener Berufe in den weiteren Ostgebieten in größerem Umfang" benötigt würden. Die Eingabe aus der Protektoratsverwaltung, den Tschechischunterricht abzuschaffen, wurde vom Reichserziehungsministerium hingegen zurückgewiesen:

Ich bitte, diese Ihre Stellungnahme mit Rücksicht auf diesen Sachverhalt nochmals zu überprüfen. Falls es bei Ihrer bisherigen Stellungnahme verbleiben sollte, würde ich mich veranlaßt sehen, die für den Sudetengau getroffene Regelung zu überprüfen, zumal die Maßnahme zunächst gegen den Willen vieler sudetendeutscher Erziehungsberechtigter durchgesetzt werden mußte.[229]

Die vom Ministerium eingeforderten Antwortschreiben beider Behörden liegen leider nicht mehr vor. Dass der Tschechischunterricht im Protektorat Böhmen und Mähren tatsächlich abgebaut wurde, kann nur vermutet werden, da die Bestände der Schulverwaltung im Protektorat Böhmen und Mähren nur sehr unvollständig überliefert sind. Im Reichsgau Sudetenland blieben grundsätzliche Diskussionen über den Fortbestand des Tschechischunterrichts fortan tatsächlich aus – stattdessen setzte sich die Schulverwaltung vehement für den Erhalt des Schulfachs Tschechisch ein.

---

228 EBENDA.
229 EBENDA.

Tschechisch – das unbeliebte Schulfach

Im Hinblick auf das Schuljahr 1942/1943 lässt sich für den Tschechischunterricht im Reichsgau Sudetenland festhalten: Im Regierungsbezirk Karlsbad wurde an den Bürgerschulen in den Kreisen Bischofteinitz (Horšovský Týn) und Mies Tschechisch als verbindliche Fremdsprache unterrichtet.[230] Daneben deuten einzelne Quellen darauf hin, dass in weiteren Orten Tschechisch unterrichtet wurde, so zum Beispiel im Landkreis Hohenelbe im Regierungsbezirk Aussig;[231] konkrete Angaben zur Zahl der Schulen wie auch zu den Schulstandorten haben sich aber nicht erhalten.[232] Im Regierungsbezirk Troppau wurde im Schuljahr 1942/1943 an 59 von 92 Hauptschulen Tschechisch unterrichtet.[233]

Die Beibehaltung des Unterrichts im Tschechischen wie auch die klare Befürwortung dieser Sprache durch NS-Funktionäre bedeuteten allerdings nicht, dass auch die Eltern für ihre Kinder den Tschechischunterricht wünschten. Da sich nur wenige Schüler/-innen für Tschechisch statt für Englisch entschieden, ging die Zahl der Schulen mit Tschechischunterricht zurück[234] – was die Schulverwaltungsbeamten eindringlich kritisierten. Allesamt versuchten sie, eine Begründung für diese in ihren Augen so unerfreuliche Entwicklung zu finden. So beklagte sich das Schulamt der Stadt Troppau im Mai 1943 wie folgt:

> Solange Tschechisch als Pflichtfremdsprache wenigstens eines Teiles der Hauptschulen beibehalten werden soll, kann den Eltern die Wahl der Fremdsprache nicht überlassen werden. […] Ferner muß festgestellt werden, daß trotz aller Aufklärungsarbeit der Schule die Abneigung der Eltern und Schüler gegen Tschechisch nicht geringer

---

230 Schreiben des Kreisschulamtes von Eger an alle Leitungen der Hauptschulen. Eger, 4. August 1942. SOkA Cheb, Landrát Eger 1938–1945, Fond 596, Signatur Kult I a 2, složka inv. č. 265, Karton 153, nicht foliiert.

231 Bericht über die Besichtigung der sechsklassigen Bürgerschule in Nieder-Rochlitz Berichterstatter: Theodor Keil und Rudolf Fiedler. Stand der 6. Klassen. Ohne Ort, 19. Juni 1941. SOA Trutnov, Landrát Vrchlabí, Signatur inv. č. 64, Karton 550, nicht foliiert.

232 Verbindliche Fremdsprache an Hauptschulen. Reichenberg, 18. März 1942. Aktenzeichen I c 3 – 112-00/42. In: Amtliches Schulblatt im Reichsgau Sudetenland 7 (1942) 56.

233 Schreiben der Schulabteilung des Regierungspräsidenten von Troppau (Tannert) an die Reichsstatthalterei. Troppau, 3. September 1942. SOAL, ŘM, Signatur inv. č. 1076/0, Karton 341, nicht foliiert.

234 Entwurf eines Schreibens der Reichsstatthalterei (Keil, Fiedler) an das Reichserziehungsministerium. Reichenberg, Juli 1943 (genaues Datum unleserlich). SOAL, ŘM, Signatur inv. č. 1076/0, Karton 341, nicht foliiert.

geworden, ja eher gewachsen ist. Die offensichtlich passive, wenn nicht direkt ablehnende Haltung der tschechischen Bevölkerung unserem Staate gegenüber trägt wesentlich zu dieser Abneigung bei; die Einstellung der Hitler-Jugend nicht minder. Die zahlreichen Aufforderungen „Hier wird nur deutsch gesprochen!" in Ämtern und Geschäften vermehren, so notwendig sie sind, die Abneigung gegen die tschechische Sprache und geben ihr in den Augen der Jugend das Gepräge des Minderwertigen im Gegensatz zu Englisch, das immer noch, auch heute noch, den Glanz einer gewissen Vornehmheit und Erstrangigkeit ausstrahlt.[235]

Zahlreiche Stimmungsberichte der NSDAP-Kreisleiter im Reichsgau Sudetenland decken sich mit der hier bezeugten negativen Stimmung der deutschen gegenüber der tschechischen Bevölkerung[236] – so musste sogar Martin Bormann in einem Rundschreiben darauf hinweisen, dass im Auftrage Adolf Hitlers jede Diskussion der „Tschechenfrage" in Parteiversammlungen, in der Presse oder gar in der Öffentlichkeit zu unterbleiben habe.[237] Die Reichsstatthalterei schätzte gar, dass sich bei einer freien Entscheidung etwa 80 von 100 der Erziehungsberechtigten für Englisch aussprechen würden, obwohl die verschiedenen Führungsstellen der Partei, des Staates und der Wirtschaft nach wie vor für die Beibehaltung der tschechischen Sprache als Fremdsprache seien.[238] Da zudem der Lehrermangel ein Problem blieb und kriegsbedingt mittelfristig nicht behoben werden konnte,[239] kam sogar der Vorschlag auf, ob nicht auch tschechische Lehrkräfte Tschechisch unterrichten könnten. Das Schulamt des Regierungsbezirks Troppau wies diesen Vorschlag deutlich zurück – mit der Begründung, dass die Schulgemeinschaft „durch diesen Fremdkörper, den tschechische Lehrer immer darstellen werden, stark gestört" werde und dem

---

235 Schreiben des Regierungspräsidiums von Troppau (Tannert) an die Reichsstatthalterei. Troppau, 24. Mai 1943. ZA Opava, RP Opava, Signatur inv. č. 848, Karton 3550, nicht foliiert.
236 Siehe ZIMMERMANN: Die Sudetendeutschen im NS-Staat 279–338; GEBEL: „Heim ins Reich!" 275–352; BRANDES: „Umvolkung, Umsiedlung, rassische Bestandsaufnahme" 94–95.
237 Geheimes Rundschreiben Martin Bormanns. Führerhauptquartier, 8. Juni 1942. BArch, NS 19/2383, fol. 11.
238 Entwurf eines Schreibens der Reichsstatthalterei (Keil, Fiedler) an das Reichserziehungsministerium. Reichenberg, Juli 1943 (genaues Datum unleserlich). SOAL, ŘM, Signatur inv. č. 1076/0, Karton 341, nicht foliiert.
239 Schreiben der Reichsstatthalterei (Keil, Fiedler) an das Reichserziehungsministerium. Reichenberg, 19. Juli 1943. SOAL, ŘM, Signatur inv. č. 1076/0, Karton 341, nicht foliiert.

„Tschechentum [...] kein größerer Gefallen erwiesen werden [könnte], als tschechische Lehrkräfte an deutsche Schulen heranzuziehen".[240]

Im Juli 1943 äußerte sich die Reichsstatthalterei in einem Schreiben an das Reichserziehungsministerium besorgt, dass in der Öffentlichkeit die Notwendigkeit des Erlernens der tschechischen Sprache nicht erkannt werde. Begründet sei dies durch die „20-jährige Tschechenherrschaft" und die – wörtlich – „heutige notwendige Einstellung" gegenüber der tschechischen Sprache im öffentlichen Leben. Vor diesem Hintergrund würden manche Eltern entgegen den Präferenzen der Führungsstellen des Staates und der Wirtschaft Englisch bevorzugen. Auch bedauerte der Reichsstatthalter, dass die zugesagte Aufklärung der Öffentlichkeit noch nicht mit Nachdruck betrieben würde. Abschließend kündigte er an, nun die NSDAP wie auch die Hitler-Jugend um Unterstützung zu bitten.[241] Einige Monate später schritt die Reichsstatthalterei selbst zur Tat, um den beklagten Missstand zu beheben: Sie berief für den 22. Oktober 1943 eine Besprechung in Reichenberg ein. Teilnehmer waren Theodor Keil, Rudolf Fiedler, das Gaustabsamt, die Gaufrauenschaft, das Gauamt für Volkstumsfragen und die Gauwirtschaftskammer. Die Hitler-Jugend konnte, wie es heißt, nicht erreicht werden. Das erhaltene gebliebene Ergebnisprotokoll des Treffens[242] hielt fest, dass Tschechisch in der Öffentlichkeit aktiv beworben werden müsste:

> Es geht also wesentlich um die Erörterung eines Weges zur Aufklärung der Öffentlichkeit über die Notwendigkeit [der tschechischen Sprache; Anm. S. J. S.], um die zweifellos vorhandenen psychologischen Widerstände bei Eltern und Schülern zu beseitigen.

Sowohl Oberschulrat Keil als auch alle Parteistellen des Gaues sprachen sich für die Beibehaltung des Tschechischunterrichts aus. Um dies zu erreichen, wurden im Protokoll konkrete Vorschläge aufgeführt. Wörtlich heißt es:

- Aufsatz zur Unterrichtung der Hoheitsträger [...]
- Vorträge [...]

---

240 Schreiben Kieselers und Kuderas (Regierungspräsidium Troppau) an die Reichsstatthalterei. Troppau, 4. August 1942. ZA Opava, RP Opava, Signatur inv. č. 3549, Karton 3549, nicht foliiert.

241 Schreiben der Reichsstatthalterei (Keil, Fiedler) an das Reichserziehungsministerium. Reichenberg, 19. Juli 1943. SOAL, ŘM, Signatur inv. č. 1076/0, Karton 341, nicht foliiert.

242 Aktenvermerk über die Besprechung am 22. Oktober 1943. Entwurf vom 26. Oktober 1943. SOAL, ŘM, Signatur inv. č. 1076/0, Karton 341, nicht foliiert.

- In den Orten, in denen Tschechisch verbindliche Fremdsprache an Hauptschulen bleibt, soll auch in Zellenabenden, u. U. auch in öffentlichen Sprechabenden, die auch Nichtmitgliedern zugänglich sind, die Frage behandelt werden. [...]
- Herausgabe eines gut gegliederten, vertraulichen Merkblattes, [...] das nicht nur an die Hoheitsträger, sondern auch an die Lehrer verteilt werden soll. In ihm sind die tieferen Beweggründe für die Beibehaltung der tschechischen Sprache klarzulegen. [...]
- Die Frauenschaft wird den Gegenstand bei Nähabenden und gelegentlich der Schulung der Leiterinnen erörtern. Sie wird überhaupt alle Möglichkeiten der Mundpropaganda ausnützen. [...]
- Aus den Ausführungen der einzelnen Teilnehmer ergibt sich u. a., daß die Verlegung von Sommerlagern der Hitler-Jugend in das Protektoratsgebiet sehr geeignet wäre, eine größere Aufgeschlossenheit der Jugend für die Probleme dieses Raumes und die Notwendigkeit der Erlernung der tschechischen Sprache herbeizuführen.[243]

Das Protokoll ging dem Reichserziehungsministerium zu, verbunden mit der Zusicherung: „Alle Beteiligten waren einmütig der Ansicht, daß die im Sudetengau bestehende Regelung zweckmäßig ist und nicht nur der Bedürfnisse des Gaues wegen, sondern noch mehr im Interesse des gesamten Reiches beibehalten werden muß."[244] Nochmals unterstrichen die Beteiligten hiermit die Sonderrolle, die den Sudetendeutschen zukomme – und die auch im Interesse und zum Vorteil des gesamten Reiches sei.

Ob die Vorschläge umgesetzt wurden, kann anhand der vorliegenden Quellenlage nicht rekonstruiert werden. Da sie jedoch bis zum Kriegsende 1945 weder seitens der Schulämter noch von der Schulabteilung des Regierungspräsidenten in Troppau erwähnt werden, ist zu vermuten, dass der Maßnahmenkatalog über die Ankündigung wohl nicht hinauskam. Zudem hatten die Maßnahmen des Totalen Kriegs dazu geführt, dass für die Förderung des Tschechischunterrichts kaum Zeit und Personal zur Verfügung stand – die personell stark zusammengeschrumpfte Schulverwaltung stand vor weitaus drängenderen Problemen.[245] Bis Kriegsende verschärfte sich der Mangel an Lehrkräften für Fremdsprachen überdies noch weiter, sodass sich im Juli 1944 das Deutsche Volksbildungswerk mit der Bitte an Theodor Keil wandte,

---

243 Entwurf eines Schreibens der Reichsstatthalterei (Fiedler) an das Reichserziehungsministerium. Reichenberg, 13. November 1943. SOAL, ŘM, Signatur inv. č. 1076/0, Karton 341, nicht foliiert.
244 EBENDA.
245 Siehe das Kapitel „Verwaltung des Mangels. Die Schulverwaltung im Totalen Krieg".

zu prüfen, ob Personen mit Fremdsprachenkenntnissen, die in anderen Berufen arbeiten, Fremdsprachenunterricht erteilen könnten.[246] Zumindest wurden noch im Februar 1944 für die Tschechischlehrer/-innen des Regierungsbezirks Troppau zwei einwöchige Lehrgänge[247] einberufen, für die das erst kürzlich neu erschienene Lehrbuch mitzubringen war. Diese Lehrgänge sollten dazu dienen, die Sprechfertigkeiten der Teilnehmenden durch rege Konversationen zu fördern und sie mit modernen Methoden der Fremdsprachenvermittlung bekanntzumachen:

> Jene Lehrkräfte, die sich bereits vom alten grammatikalischen Fremdsprachenunterricht freigemacht haben und im Sinne einer naturgemäßeren lebenswahren Methode (etwa nach Marie Duve) unterrichten, bereiten Berichte, evtl. auch Stundenbilder, über ihren Lehrvorgang vor, um denselben den Lehrgangsteilnehmern klar zu machen und kritische Stellungnahme dazu zu ermöglichen.[248]

Gleichwohl wiesen die Schulbehörden angesichts des zunehmenden Unterrichtsausfalls an, eher den Fremdsprachenunterricht als den Unterricht in den deutschkundlichen oder naturwissenschaftlich-mathematischen Fächern

---

246 Schreiben des Deutschen Volksbildungswerks (Unterschrift unleserlich) an Theo Keil. Reichenberg, 3. Juli 1944. SOAL, ŘM, Signatur unklar, Karton 357, nicht foliiert.

247 Lehrgänge zur Fortbildung der Hauptschullehrer. Troppau, den 1. Februar 1944. In: Amtliches Schulblatt für den Regierungsbezirk Troppau 3 (1944) 13. Archiviert in: ZA Opava, Fond RP Opava, Signatur IIA, Karton 3582, nicht foliiert.

248 Lehrgänge zur Fortbildung der Hauptschullehrer. Troppau, den 1. Februar 1944. In: Amtliches Schulblatt für den Regierungsbezirk Troppau 3 (1944) 13. Archiviert in: ZA Opava, Fond RP Opava, Signatur IIA, Karton 3582, nicht foliiert. — Bereits im August 1939 war Marie Duves Lehrwerkreihe „The New Guide" für den Englischunterricht an Bürgerschulen eingeführt worden. Siehe: Englisches Unterrichtswerk zur Verwendung an Bürgerschulen. Reichenberg, 26. August 1939. Aktenzeichen I K 1, 3691/39. In: Amtliches Schulblatt für den Reichsgau Sudetenland 19 (1939) 276. Marie Duve (1876–1959) setzte sich in ihren Schriften für eine aktive Verwendung einer Fremdsprache im Unterricht ein und sprach sich damit deutlich gegen den weitverbreiteten, auf Grammatik- und Übersetzungsübungen basierenden Fremdsprachenunterricht aus. Um einen möglichst lebensnahen Unterricht zu ermöglichen, plädierte sie noch im Mai 1935 dafür, Engländer in den Unterricht einzuladen. Der Gebrauch der deutschen Sprache im Fremdsprachenunterricht – den sie als ein Zeichen mangelnden Könnens oder gar als Bequemlichkeit der Lehrerinnen und Lehrer bewertete – sollte hingegen eine Ausnahme sein, auch in kulturkundlichen Besprechungen. Vgl. Duve, Marie: „New Guide" und direkte Methode. In: Die Mittelschule. Zeitschrift der Reichsfachschaft Mittelschule im Nationalsozialistischen Lehrerbund 18 (1935) 213–215.

entfallen zu lassen.[249] So sollte im Reichsgau Sudetenland „der Fremdsprachenunterricht vorübergehend oder für längere Zeit zu Gunsten der Kernfächer gekürzt oder eingestellt werden, zunächst in den neuen, falls unvermeidlich auch in den alten Sprachen".[250] Vermutlich wurde Tschechisch aber noch bis zum Ende des regulären Schulbetriebs im Schuljahr 1944/1945 unterrichtet, sofern der Schulbetrieb aufrechterhalten werden konnte.[251]

Die Debatte über die Beibehaltung des Tschechischunterrichts im Reichsgau Sudetenland vermittelt auf den ersten Blick einen zwiespältigen Eindruck. Einerseits wurde zwar von einer notwendigen Einschränkung und Zurückdrängung der tschechischen Sprache gesprochen, andererseits aber der mangelnde Willen beklagt, Tschechisch zu lernen, obwohl Funktionäre aus NSDAP und Wirtschaft dies doch wünschen würden. Der Einspruch Heydrichs gegen den Tschechischunterricht hingegen blieb offensichtlich wirkungslos und fand keine Beachtung. Weshalb dem so war, kann mangels Archivquellen nicht geklärt werden. Der deutlichen Befürwortung des Tschechischunterrichts in der Schulverwaltung des Reichsgaus Sudetenland lagen mutmaßlich fünf Motive zugrunde:

– Mit Errichtung des Protektorats Böhmen und Mähren im März 1939 standen rund sieben Millionen Tschechen unter der Besatzungsherrschaft des Deutschen Reiches, darüber hinaus gab es rund 400 000 Tschechen[252] auf dem Territorium des Reichsgaus Sudetenland. Die deutsche Besatzungsherrschaft stand vor der Aufgabe, deren Kontrolle wie auch die Verwaltung der Gebiete sicherzustellen.
– Der Einführung eines flächendeckenden Englischunterrichts stand ein erheblicher Mangel an Englischlehrkräften entgegen, der sich im weiteren Kriegsverlauf noch verschärfte.
– Der Wunsch, Tschechisch zu unterrichten, wurde nicht um der Verständigung willen geäußert, sondern folgte aus sudetendeutscher Sicht klaren wirtschaftsstrategischen wie politischen Zielen.

---

249 Vgl. LEHBERGER, Reiner: Englischunterricht im Nationalsozialismus. Tübingen 1986, 197–198; REINFRIED: Die romanischen Schulsprachen im deutschen Schulwesen des Dritten Reichs 42.
250 Anlage zum Erlass des Reichsstatthalters im Sudetengau vom 8. November 1943, Aktenzeichen I c 3, Nr. 129/09. Kriegsmaßnahmen im Unterricht an den Höheren Schulen. BArch, R 4901/3409, fol. 146–152R.
251 Siehe das Kapitel „Verwaltung des Mangels. Die Schulverwaltung im Totalen Krieg".
252 Siehe das Kapitel „Die tschechische Minderheit im Reichsgau Sudetenland".

– Die Kenntnis des Tschechischen wurde als spezifische (Grenzland-)Aufgabe der Sudetendeutschen herausgestellt, was auch die Reichsbehörden bestätigten und nicht infrage stellten.
– Ein weiterer Grund, der in den Quellen nicht genannt wird, aber zumindest als recht wahrscheinlich angesehen werden kann, war die Angst der studierten Slawisten innerhalb der sudetendeutschen Schulverwaltung und nicht zuletzt der Tschechischlehrenden selbst vor einer beruflichen Abqualifizierung im Falle einer Abschaffung des Tschechischunterrichts.

Annäherung an die Schulpraxis

In den vorhergehenden Abschnitten wurden zwar die Sichtweisen der NS-Funktionäre und deren Begründungen untersucht, doch erst eine weitere Analyseperspektive, die klären soll, ob und inwieweit sie im Unterrichtsbetrieb auch umgesetzt werden konnten, ermöglicht eine Annäherung an die Situation vor Ort an den Schulen. Vonseiten der Höheren Schulen haben sich keine Archivquellen zum Tschechischunterricht erhalten;[253] zu Volksschulen konnten nur vereinzelt Informationen gefunden werden. Somit konzentriert sich die weitere Darstellung auf die Umsetzung des Tschechischunterrichts an Bürgerschulen, wo er quantitativ auch am weitesten verbreitet war.

Nach Errichtung des Reichsgaus Sudetenland 1938 war die Zukunft der Bürgerschule ungewiss. Erst 1940 wurde ein neuer Lehrplan herausgegeben, die „Bestimmungen über Erziehung und Unterricht in der Bürgerschule".[254] Dieser ist, wie im Kapitel „Auslese nach oben: die Bürgerschulen" ausführlich dargestellt, erheblich von der vorangegangenen Diskussion über den Weiterbestand der Schulart Bürgerschule geprägt. Er sollte bis Kriegsende weitgehend in der nun als Hauptschule firmierenden Bürgerschule seine Gültigkeit behalten, auch wenn diese nun Ausleseschule sein und nicht mehr wie noch in der Tschechoslowakei den Charakter einer Gemeinschaftsschule haben sollte.[255]

---

253 Der Archivbestand der Schulverwaltung der Höheren Schulen an der Reichsstatthalterei ist zerstört. Der Bestand der einzelnen Höheren Schulen im Archivstandort Klášter u Nepomuka enthält in den einzelnen Schulakten der Höheren Schulen des Regierungsbezirks Aussig keine Angaben zum Tschechischunterricht. Siehe hierzu das Kapitel „Quellenbasis und Aufbau".
254 Reichsstatthalter im Sudetengau (Hg.): Bestimmungen über Erziehung und Unterricht in der Bürgerschule.
255 Die 1942 erschienenen „Bestimmungen über Erziehung und Unterricht in der Hauptschule" orientierten sich weitestgehend an den „Bestimmungen über Erziehung und

Der Lehrplan widmet jedem Fach wenige Seiten,[256] die bei allen Fächern gleich aufgebaut sind: Zuerst werden die allgemeinen Lernziele aufgeführt, anschließend erfolgt die Darlegung der konkreten Stoffverteilung pro Schuljahr. In der voranstehenden Zielsetzung für den Tschechischunterricht heißt es lediglich, dass die Bestimmungen über Ziele und Arbeitsweise für den Englischunterricht sinngemäß auch für das Fach Tschechisch gelten.[257] Somit ist ein Blick in den Lehrplan für Englisch notwendig:

> Der Unterricht in der englischen Sprache hat dem Schüler ein seiner geistigen Weise entsprechendes Verständnis für das Wesen des englischen Volkes zu erschließen, soweit es in seinen Lebensäußerungen, seiner Geschichte und seinen schöpferischen Einzelpersönlichkeiten zum Ausdruck kommt. Die Auseinandersetzung mit dem fremden Volkstum dient gleichzeitig der Klärung und tieferen Würdigung deutscher Art und Kultur. Damit stellt sich auch der Unterricht in der Fremdsprache in den Dienst der Erziehung zu bewußtem und tatbereitem Deutschtum.[258]

Der Lehrplan schließt geradezu nahtlos an die nationalsozialistisch-völkische Konzeption des neusprachlichen Fremdsprachenunterrichts im Dritten Reich an, in der neben der Charaktererziehung vor allem der inhaltlich-ideologische Bereich im Vordergrund stand. Zentral ist bei der zitierten Lernplanformulierung, dass die bisherige Beschäftigung mit fremden Kulturen, die zu einem besseren Verständnis fremder Perspektiven führen sollte, eben nicht mehr – wie es noch in der neusprachlichen Reformpädagogik der Fall gewesen war – als eigenständiges Lernziel begriffen wurde.[259] Stattdessen wurden die „fremden Kulturen" nationalistisch instrumentalisiert. Diese methodische Herangehensweise wurde bereits im Fremdsprachenunterricht während des Ersten Weltkriegs en vogue und fand 1925 schließlich Eingang in die preußischen

---

Unterricht in der Bürgerschule" aus dem Jahr 1940. Einen gravierenden Unterschied gab es jedoch: Ein Schulfach Tschechisch wurde gar nicht mehr explizit erwähnt, da der Lehrplan reichsweit galt. Lapidar heißt es hierzu nur: „Andere lebende Fremdsprachen: Die Bestimmungen über die Stoffverteilung für Englisch gelten sinngemäß auch für andere lebende Fremdsprachen." In: Die Deutsche Hauptschule 5/6 (1942) 97–144, hier 144.

256 Jedoch sollten nach Aufforderung des Lehrplans noch detaillierte Stoffpläne an jeder Schule aufgestellt werden. Leider haben sich diese in den Archivbeständen nicht erhalten.
257 Vgl. Reichsstatthalter im Sudetengau (Hg.): Bestimmungen über Erziehung und Unterricht in der Bürgerschule 94.
258 EBENDA 86.
259 Vgl. REINFRIED: Die romanischen Schulsprachen im deutschen Schulwesen des Dritten Reichs 38.

Lehrplanrichtlinien, in denen sie als sogenanntes kulturkundliches Prinzip definiert wurde, das als fächerübergreifende „Konzentrationsidee" die „Nationalerziehung zur Deutschheit" aufzugreifen habe. Das vorrangige Bildungsziel verlagerte sich somit auf die eigene Kultur. Diese sogenannte Kulturkunde breitete sich sodann in allen deutschen Ländern aus und wurde schließlich zum wichtigsten Unterrichtsprinzip im deutschen Fremdsprachenunterricht der 1920er und 1930er Jahre.[260] Ab 1933 erfuhr die Kulturkunde im Dritten Reich eine ebenso folgenschwere wie drastische Umdeutung von der „Wesens-" zur „Rassenkunde". Wurde bis dahin aus fremdkulturellen Texten das Wesen oder der „Nationalcharakter" abzulesen versucht, wurden nun alle fremdkulturellen Äußerungen einer spezifischen fremden Kultur[261] mit „typischen Rassemerkmalen" zugeordnet. Mit Beginn des Zweiten Weltkriegs prägte sich diese Denkweise mit Blick darauf, ob die Bezugsländer zu NS-Deutschland im Friedens- oder im Kriegsverhältnis standen, weiter aus. Dies hatte vor allem für die beiden am weitesten verbreiteten Fremdsprachen Englisch und Französisch Konsequenzen, waren die USA, Großbritannien und Frankreich doch zu Kriegsfeinden geworden. Weder in den Lehrbüchern noch in den Lehrerhandreichungen des Englisch- und des Geschichtsunterrichts sollten sie als Völker mit rassischen Vorzügen oder vorbildlichen Verhaltensformen dargestellt werden.[262] Nur Italienern und Spaniern konnte im „rassekundlich" ausgerichteten Fremdsprachenunterricht noch ein gewisser Vorbildcharakter zugestanden werden.[263]

Diese inhaltsorientierte Lernzielunterscheidung ist zentral, um die Veränderungen im Tschechischunterricht nach 1938 einordnen zu können. Der in der Tschechoslowakei gültige „Lehrplan für Tschechisch an Bürgerschulen"[264] aus

---

260 EBENDA.
261 Vgl. SIMON-PELANDA, Hans: Landeskundlicher Ansatz. In: HELBIG, Gerhard/UNGEHEUER, Gerold/BURKHARDT, Armin (Hg.): Deutsch als Fremdsprache. Ein internationales Handbuch. (Handbücher zur Sprach- und Kommunikationswissenschaft, HSK 19.1) Berlin, Boston 2000, 41–55, hier 46.
262 Vgl. LEHBERGER: Englischunterricht im Nationalsozialismus 201–203, 223–226.
263 Vgl. REINFRIED: Die romanischen Schulsprachen im deutschen Schulwesen des Dritten Reichs 41.
264 Der Lehrplan für Höhere Schulen aus den Jahren 1933/1934 war demgegenüber weitaus zielbetonter. Laut ihm war im Tschechischunterricht „in die wichtigsten Erscheinungen des kulturellen, wirtschaftlichen und sozialen Lebens des tschechoslowakischen Volkes" einzuführen. Sein kulturkundlicher Ansatz unterschied sich aber von den Lehrplänen im Deutschen Reich unverkennbar, da der fremdsprachliche Unterricht in der Staatssprache Tschechisch (oder Tschechoslowakisch, wie

dem Jahr 1932 und die „Bestimmungen über Erziehung und Unterricht an der Bürgerschule" aus dem Jahr 1940 ähneln sich auf der Ebene des zu vermittelnden Sprachwissens – Grammatik und Wortschatz – stark, auf der inhaltsorientierten Ebene unterscheiden sie sich aber grundlegend. Der Lehrplan aus der Tschechoslowakei vermeidet inhaltsorientierte Angaben noch konsequent und formuliert stattdessen ausschließlich Lernzielbestimmungen im Bereich des Sprachwissens (Lesen, Gespräche, Stil, Sprachlehre und Rechtschreibung).[265] Der Lehrplan aus dem Jahr 1940 betont hingegen inhaltsorientierte Lernziele:

> 4. Klasse: Die Auswahl der Lesestoffe wird durch das Ziel bestimmt: Einführung in die Gedanken und Gefühlswelt des tschechischen Volkes: sein Nationalbewusstsein, sein Realismus und seine Stellung zum Deutschtum. Leichte Ganzschriften, die die Wesensart des tschechischen Volkes erkennen lassen. [...]
> 6. Klasse: Gewinnung eines Überblickes über die Entwicklung des tschechischen Geisteslebens und der kulturellen Beziehungen zwischen Tschechen und Deutschen. Der soziale Aufbau des tschechischen Volkes, seine wirtschaftlichen Verhältnisse, Herausarbeitung der nationalen Unterschiede des deutschen und des tschechischen Volkes. Gelegentliche Heranziehung der Zeitung zur Besprechung der Wechselbeziehungen.[266]

Somit steht er beispielhaft für die nationalsozialistische Umwertung der Kulturkunde, die dem landeskundlichen Unterricht die Aufgabe übertrug, Unterschiede zwischen dem deutschen und dem tschechischen Volk herauszuarbeiten. Dabei hatte diese Herausarbeitung von nationalen Unterschieden strikt von einem deutschen Standpunkt aus zu erfolgen.

Auch für Volksschulen wurde im September 1939 ein neuer Lehrplan für den Tschechischunterricht herausgegeben. Darin heißt es:

---

es damals offiziell oft hieß) explizit darauf zielte, die deutschsprachigen Schüler zu tschechoslowakischen Staatsbürgern zu erziehen – die Lehrplanänderung aus dem Jahr 1938, in der es explizit um die Erziehung zur Armee ging, war nicht nur sehr kurzlebig, sie war auch deutlich der zeitgenössischen außenpolitischen Lage geschuldet. Vgl. NĚMEC: Erziehung zum Staatsbürger? 225.

265 Darüber hinaus wird empfohlen, mit Schülerinnen und Schülern tschechischer Schulen zu kommunizieren. Siehe: Lehrplanrichtlinien für Bürgerschulen. In: Beiträge zu Erziehung und Unterricht 2 (1932). Beilage zu Heft Nr. 10 der „Freien Schulzeitung" vom 10. März 1932.

266 Vgl. Reichsstatthalter im Sudetengau (Hg.): Bestimmungen über Erziehung und Unterricht in der Bürgerschule 96.

4. Tschechische Sprache
Der Unterricht in der tschechischen Sprache unterweist den Schüler im mündlichen und schriftlichen Gebrauch der tschechischen Umgangssprache und vermittelt ihm einen Einblick in das tschechische Volkstum.
Der Unterricht hat den Schüler zu befähigen
1. die tschechische Sprache richtig aufzufassen,
2. einfache Gedankengänge mündlich und schriftlich richtig wiederzugeben,
3. einfache tschechische Schriftsätze zu erfassen und in der Muttersprache richtig wiederzugeben,
4. durch Erkennen sprachlicher Gesetzmäßigkeiten bewusst richtig zu sprechen,
5. durch Lesen leicht verständlicher Schrift ganzer und einfacher Berichte einen Einblick in das tschechische Volkstum zu erlangen.[267]

Zudem bestimmte er, dass der Unterricht den Schüler/-innen eine Sprache vermitteln solle, wie sie gleichaltrige tschechische Kinder sprechen. Der mündliche Gebrauch der tschechischen Sprache wurde dabei höher bewertet als die schriftsprachlichen Fähigkeiten. In den letzten Klassen sollten durch den Lesestoff „kennzeichnende Seiten des tschechischen Volkstums" erkennbar werden.[268]

Auch hier – „Einblick in das tschechische Volkstum" – wird der kulturkundliche Anspruch des Lehrplans sichtbar. In den weiteren Ausführungen zeigt sich, dass der von den Lehrplänen für den volksschulischen Tschechischunterricht – der, wie dargelegt, bis zu seiner offiziellen Abschaffung 1942 nur noch Freigegenstand war[269] – formulierte sprachliche Anspruch niedrig war. In der 5. Jahrgangsstufe waren die Hauptwörter, Pronomen und Verben in der Gegenwart zu behandeln; die Zahlen bis 100 waren hingegen erst in der 6. und die Vergangenheitsform wie auch einfache Lesestücke über Familie, Heimat sowie Berufe erst in der 7. Jahrgangsstufe Gegenstand. In der 8. Jahrgangsstufe sollten

---

267 Lehrplan für die 5. bis 8. Klasse der Volksschule für das Schuljahr 1939/40. Aktenzeichen I K 1, 3828/39 vom 27. September 1939. In: Amtliches Schulblatt für den Reichsgau Sudetenland 21 (1939) 318–322, hier 321.
268 Richtlinien für Volksschulen. Runderlaß vom 15. Dezember 1939. In: Erziehung und Unterricht in der Volksschule. (Amtliches Schulblatt für den Reichsgau Sudetenland Sonderfolge) Reichenberg 1940, 41.
269 Ab dem Schuljahr 1939/40 sollte Tschechisch als Freigegenstand vom fünften aufsteigenden Jahrgange an im Umfang von drei Wochenstunden unterrichtet werden. In: Lehrplan für die 5. bis 8. Klasse der Volksschule für das Schuljahr 1939/40. Reichenberg, 27. September 1939. In: Amtliches Schulblatt für den Reichsgau Sudetenland 21 (1939) 318–322, hier 318, 321.

abschließend die gebräuchlichsten Verhältniswörter geübt und einfache Texte gelesen werden.[270]

An den Höheren Schulen wurde für Tschechisch kein neuer Lehrplan mehr herausgegeben, stattdessen blieb der alte Lehrplan aus der Tschechoslowakei in Kraft – jedoch mit der Einschränkung, dass der Pflege der Umgangssprache im mündlichen und schriftlichen Gebrauch besondere Aufmerksamkeit geschenkt werden solle. Zusammenhängende literaturgeschichtliche Belehrungen entfielen hingegen ganz.[271]

Schulrechtlich stellen Richtlinien der Schulverwaltung Ausführungsverordnungen für den Vollzug an der Schule dar. Das „Amtliche Schulblatt für den Reichsgau Sudetenland", das bis Kriegsende 1945 publiziert wurde, erwähnt den Tschechischunterricht in vergleichsweise wenigen Bestimmungen, die bereits in den früheren Abschnitten der vorliegenden Arbeit als Quellenmaterial herangezogen wurden. Die geringe Beachtung, die dem Tschechischunterricht in den Richtlinien zuteilwird, ist durchaus erstaunlich: Seitenweise wird in ihnen über die Ergebnisse der Altmetall- oder Beerensammlung referiert, der Tschechischunterricht jedoch kaum erwähnt, obwohl sich die Reichsstatthalterei mit Vehemenz für Tschechisch aussprach und die Bedeutung dieser Sprache auch der Öffentlichkeit vermitteln wollte. Damit bezeugen die Richtlinien zugleich, dass der Tschechischunterricht aus Sicht der Schulverwaltung nur wenig konkreten rechtlichen Regelungsbedarf erforderte, obwohl sein Niveau wiederholt als schlecht beklagt und Handlungsbedarf gesehen wurde.

Lehrbuch

Ein maßgeblicher Anteil an den vielfach schlechten Ergebnissen im Tschechischunterricht wurde dem Fehlen eines neuen Lehrbuchs zugeschrieben,[272] obwohl in der Tschechoslowakei vor allem in den 1930er Jahren noch viele

---

270 Lehrplan für die 5. bis 8. Klasse der Volksschule für das Schuljahr 1939/40 vom 27. September 1939. In: Amtliches Schulblatt für den Reichsgau Sudetenland 21 (1939) 318–322, hier 321–322.
271 Regelung des Unterrichtes an den Höheren Schulen im Schuljahre 1940/41. Reichenberg, 2. Juli 1940. Aktenzeichen I c 4, Nr. 129/09. In: Amtliches Schulblatt für den Reichsgau Sudetenland 14 (1940) 171–176.
272 Schreiben des Schulamtes beim Oberbürgermeister von Troppau an den Regierungspräsidenten von Troppau. Troppau, 4. Mai 1943. ZA Opava, RP Opava, Signatur inv. č. 3566, Karton 3566, nicht foliiert.

Tschechischlehrbücher publiziert und verbreitet worden waren.[273] Diese durften weiterverwendet werden,[274] zudem konnten im Unterricht Zeitschriften und Ganzschriften herangezogen werden.[275]

Doch in den Akten der sudetendeutschen Schulbehörden ist von einem weiteren Gebrauch tschechoslowakischer Lehrbücher nichts zu lesen – ganz im Gegenteil, ihr Vorhandensein wird völlig negiert: „Für Tschechisch als erste Fremdsprache liegt bisher kein Unterrichtswerk vor."[276] Diese Haltung verblüfft nicht zuletzt deshalb, weil Gottfried Preißler in der Tschechoslowakei noch als Mitherausgeber der „Zeitschrift für den Tschechischunterricht"[277] auftrat, auf seine ehemalige Herausgebertätigkeit aber nirgends Bezug genommen wird.

Für die Höheren Schulen war von vornherein kein neues Lehrbuch geplant. Stattdessen wurde es den Höheren Schulen gestattet, Karl Röslers „Lehrbuch für Tschechisch", das 1938 im Verlag Rudolf M. Rohrer in Brünn erschienen war, zu verwenden.[278] Auch für die Volksschulen, in denen Tschechisch nur Freigegenstand war, wurde vermutlich kein neues Lehrbuch vorbereitet.

Einzig für die 1. Klasse der Bürger- bzw. Hauptschulen[279] wurde 1944 ein neues Tschechischlehrbuch veröffentlicht. Obgleich es sich um ein Lehrbuch für absolute Anfänger handelt, das als solches typischerweise Situationen des Alltags behandelt und verhältnismäßig wenig politisch-kulturelle bzw. landeskundliche Themen vermittelt, bietet es die einmalige Möglichkeit, sich der Standortbestimmung

---

273 KUBELKA, Viktor/BERGMANN, Edmund: Unterrichtslehre der tschechischen Sprache. Mit besonderer Berücksichtigung der Untermittel- und Bürgerschulen. Bd. 2. Handbuch für die deutschen Schulen in der Tschechoslowakei. Reichenberg 1936.
274 Regelung des Unterrichtes in der ersten Fremdsprache. Reichenberg, 11. September 1939. Aktenzeichen 1 K 1, 3760/39. In: Amtliches Schulblatt für den Reichsgau Sudetenland 20 (1939) 295.
275 Schreiben Keils und Fiedlers an das Reichserziehungsministerium. Reichenberg, 10. Oktober 1940. SOAL, ŘM, Signatur inv. č. 1077/2, Karton 342, nicht foliiert.
276 EBENDA.
277 LIEWEHR, Ferdinand/PREISSLER, Gottfried/RIPPL, Eugen: Zeitschrift für den Tschechischunterricht. Die Zeitschrift wurde 1937 gegründet und im selben Jahr nach nur 6 Ausgaben wieder eingestellt. Die Autoren waren im Akademischen Verein Deutscher Slawisten in Prag organisiert. Siehe hierzu: NĚMEC, Mirek: Die Zeitschrift für den Tschechischunterricht als Indikator der deutsch-tschechischen Konfliktgemeinschaft. In: Brücken. Zeitschrift für Sprach-, Literatur- und Kulturwissenschaft 28/1 (2021) 65–82.
278 Lehrbuch für Tschechisch an Höheren Schulen. Aktenzeichen I c 3, Nr. 129/13/1. Reichenberg, 15. Oktober 1943. In: Amtliches Schulblatt für den Reichsgau Sudetenland 21 (1943) 200. Das Lehrbuch selbst ließ sich leider weder in einer Bibliothek noch in einem Archiv finden.
279 Die 1. Klasse der Hauptschule entsprach der 5. Klasse nach der Einschulung.

des damals in hohem Maße lehrbuchzentrierten Unterrichts nähern zu können. Vor dem Hintergrund der weiter oben untersuchten Diskussion über die Beibehaltung oder die Abschaffung des Tschechischunterrichts stellt sich für das Schulbuch die Frage, wie sich mit seiner Hilfe veranschaulichen lässt, wie die nationalsozialistisch-kulturkundliche Zielsetzung, einen Einblick in das „fremde Volkstum"[280] zu geben, konkret umgesetzt wurde.

Daraus leiten sich konkretere Fragen ab: Werden Sachinhalte aus der Perspektive eines deutschen oder aus der eines tschechischen Lernenden erzählt? Inwieweit sind Bezüge zum tschechischen Alltag und zur Umgebung erkennbar? Und werden gar deutsch-tschechische Begegnungen dargeboten?

Um diese Fragestellung nachvollziehbar untersuchen zu können, wird die qualitative Inhaltsanalyse nach Philipp Mayring[281] den Handlungsrahmen bieten. Unter den verschiedenen Analysevarianten wird die inhaltlich-strukturierende qualitative Inhaltsanalyse[282] verwendet, da sie die differenzierte Beantwortung dieser Fragen ermöglicht.

Bestimmung des Ausgangsmaterials

Das Lehrbuch[283] für Tschechisch an Hauptschulen im 1. Band (für die 1. Klasse/ 5. Jahrgangsstufe)[284] war das einzige publizierte Tschechischlehrbuch für den

---

280 Reichsstatthalter im Sudetengau (Hg.): Bestimmungen über Erziehung und Unterricht in der Bürgerschule 86.
281 Philipp Mayring stellte die qualitative Inhaltsanalyse bereits 1980 vor und hat sie seitdem kontinuierlich weiterentwickelt. In seiner Ausarbeitung steht die Methode in der Tradition der Hermeneutik, bezieht sich aber auch auf andere sozialwissenschaftliche Ansätze wie die Grounded Theory oder die Objektive Hermeneutik. Das Verfahren der inhaltlich-strukturierenden qualitativen Inhaltsanalyse ermöglicht konkrete Aspektanalysen, wie sie für die in den Blick genommene Fragestellung erforderlich sind. Zu weiteren Erläuterungen der Methode siehe: MAYRING, Philipp: Qualitative Inhaltsanalyse. Grundlagen und Techniken. 12. Aufl. Weinheim, Basel 2015, 50–64.
282 EBENDA 103–106.
283 Beim vorhandenen Unterrichtsmedium handelt es sich tatsächlich um ein Lehrbuch und nicht um ein Lehrwerk. Während Lehrwerke zumeist aus mehreren Lehrwerkteilen mit unterschiedlicher didaktischer Funktion bestehen (zum Beispiel Lesebuch, Arbeitsbuch, Übungsbuch), sind Lehrbücher in sich geschlossene Druckwerke mit fest umrissener didaktischer und methodischer Konzeption. Siehe hierzu: NEUNER, Gerhard: Lehrwerke. In: BAUSCH, Karl-Richard et al. (Hg.): Handbuch Fremdsprachenunterricht. 4. Aufl. Tübingen, Stuttgart 2003, 399–402, hier 399.
284 Vollständige Angabe im Buch: Tschechisch für Hauptschulen, bearbeitet von Dr. J. Willinger, H. Willinger, E. Bergmann, unter Mitverantwortung der

Schulgebrauch, das im deutschsprachigen Raum zwischen 1938 und 1945 publiziert worden war.[285] Begreiflicherweise kommt daher diesem Lehrbuch ein besonderes Interesse zu.

Analyse der Entstehungsbedingungen

Fertiggestellt werden sollte das Lehrbuch bereits im Frühjahr 1941,[286] doch erst im September 1942[287] wurde es schließlich genehmigt, sodass es 1943[288] in Reichenberg in Druck gehen sollte; ausgeliefert werden konnte es dann aber tatsächlich erst im April 1944.[289] Ein zweiter Band für Tschechisch war bereits in Vorbereitung; die Realisierung scheiterte jedoch letztlich aufgrund seiner vorläufigen Zurückstellung im Kriegsverlauf.[290] Verantwortlich für die Erstellung und Herausgabe des Buches war unter anderem Josef Willinger, der bereits in der Tschechoslowakei sehr aktiv als Lehrbuchautor tätig gewesen war, aber vom Prager Schulministerium für keines seiner Bücher eine Schulzulassung

---

Tschechischbücher von Willinger-Vaniš, Habermann, Bergmann-Nykl, Bilder von W. Gareis. 1. Teil für die 1. Klasse. Durch Erlaß des Reichserziehungsministeriums E II d L Na 7/42 vom 15. September 1942 zum Gebrauche zugelassen. Reichenberg: Sudetendeutscher Verlag Franz Kraus, 1943. Siehe: WILLINGER, Josef/ WILLINGER, Hans/BERGMANN, Edmund: Tschechisch für Hauptschulen (Band 1). Reichenberg 1943.

285 Zwar erschienen noch weitere Tschechischlehrwerke, jedoch keines für den Schulgebrauch, etwa ZASCHE, Rudolf: 30 Stunden Tschechisch für Anfänger. Berlin-Schöneberg 1942; TRÁVNÍČEK, František: Stručná mluvnice česká [Kurzgefasste tschechische Grammatik]. 2. Aufl. Praha 1943; HULÍK, Vojtěch: Tschechisch-Deutsches Wörterbuch der Umgangssprache. 2. Aufl. Prag 1944.

286 Schreiben Keils und Fiedlers an das Reichserziehungsministerium. Reichenberg, 10. Oktober 1940. SOAL, ŘM, Signatur Ic, Karton 342, nicht foliiert.

287 Lernbuch der tschechischen Sprache für Hauptschulen. Reichenberg, 4. April 1944. Aktenzeichen I c 2, Nr. 112/02/11. In: Amtliches Schulblatt für den Reichsgau Sudetenland 8 (1944) 62.

288 Schreiben der Reichsstatthalterei (Keil, Fiedler) an das Reichserziehungsministerium. Reichenberg, 19. Juli 1943. SOAL, ŘM, Signatur inv. č. 1076/0, Karton 341, nicht foliiert.

289 Lernbuch der tschechischen Sprache für Hauptschulen. Reichenberg, 4. April 1944. Aktenzeichen I c 2, Nr. 112/02/11. In: Amtliches Schulblatt für den Reichsgau Sudetenland 8 (1944) 62.

290 Schreiben der Reichsstatthalterei (Fiedler) an das Reichserziehungsministerium mit der Bitte, einen Band 2 eines Lehrbuches für Tschechisch zuzulassen. BArch, R4901/ 3283, fol. 1.

erhielt.²⁹¹ Willinger hatte als Lehrer an der Staats-Realschule in Eger im Schuljahr 1930/1931 begonnen, im Selbstverlag eine Sprachzeitschrift mit dem Titel „Co je nového? – Was gibt's Neues?"²⁹² herauszugeben. Die didaktische Zielsetzung dieser Zeitschrift bestand in erster Linie darin, Tschechisch als berufliches Erfordernis in der Tschechoslowakei zu begreifen; hingegen ging es explizit nicht darum, die tschechische Sprache als ein Mittel aufzufassen, um der tschechischsprachigen Bevölkerung im gesellschaftlichen Leben zu begegnen.²⁹³ Bemerkenswert ist, dass Willinger anscheinend selbst nicht damit rechnete, dass seine Bücher eine Zulassung für Schulen erhalten würden, denn er stellte für keines seiner Lehrbücher einen Antrag auf Approbation beim Schulministerium.²⁹⁴ Mit Errichtung des Protektorats Böhmen und Mähren änderte sich seine berufliche Situation grundlegend: 1939 wurde Willinger zunächst Oberschulrat und ab 1942 Leiter der Sektion II des Schulministeriums des Protektorats Böhmen

---

291 In seiner Dissertation zeichnet Mirek Němec Josef Willingers Position in der Tschechoslowakei nach: 1899 geboren, Lehrbefähigung für Tschechisch, Turnen und Deutsch an Mittelschulen (Höhere Schulen) – und höchst engagierter Lehrbuchautor. Vgl. NĚMEC: Erziehung zum Staatsbürger? 242–247.

292 WILLINGER, Josef: Was gibts Neues? Sprachzeitschrift = Co je nového? Malé noviny. Eger. Erscheinungszeitraum: 1931–1935.

293 Wie Mirek Němec in seinen Analysen gezeigt hat, spiegelte sich dies deutlich in den Ausgaben der Zeitschrift wider: Auf der ersten Seite wurde jeweils eine Stadt aus der Tschechoslowakei (inklusive der Slowakei und der Karpato-Ukraine) vorgestellt, in der mehrheitlich Deutsche lebten – und deren Leistungen wurden herausgestellt. Der Leser wird des Eindrucks nicht müde, dass die Sprachlernzeitschrift primär dem Zweck diente, deutschvölkische Ideen zu verbreiten. Als die Zeitschrift 1934 eingestellt wurde – unfreiwillig, wie Němec vermutet –, endete Willingers Arbeit aber nicht. Stattdessen konzentrierte er sich nun auf die Herausgabe von didaktischen Behelfen und mehreren Handbüchern für den Tschechischunterricht. Diese waren durchaus nicht von mangelnder didaktischer Qualität, sondern wiesen für die damalige Zeit eine ungewöhnliche Modernität und Kreativität auf. Die in der Fremdsprachendidaktik sich entwickelnde direkte Methode aufnehmend, veröffentlichte er 1934 sogar ein tschechisch-deutsches Sprachdomino. Jedoch verwehrte er sich in seinen Lehrbüchern und didaktischen Handreichungen gegen die vom Bildungsministerium aufgestellten Lehrziele, laut denen in Lehrmitteln für die Oberstufe explizit der kulturelle Aspekt der tschechischen Sprache einbezogen sein sollte. Stattdessen waren seine Lehrbücher unpolitisch und erwähnten die Existenz der Tschechoslowakischen Republik überhaupt nicht. Vielmehr wählte er Texte aus, die auf das praktische Leben zugeschnitten sein sollten, denn „so wird der Nutzen für das Leben auch nicht ausbleiben". Vgl. NĚMEC: Erziehung zum Staatsbürger? 242–247.

294 EBENDA 247.

und Mähren, ab dem 11. Mai 1943 fungierte er zudem als Vorsitzender der Disziplinarkommission beim Schulministerium. Zugleich war er in den Schriftleitungen der Lehrerzeitschrift „Erzieher für Böhmen und Mähren" und ihres tschechischsprachigen Pendants „Vychovatel v Čechách a na Moravě" tätig.[295] Es überrascht nicht, dass gerade er es war, der beauftragt wurde, die neuen Lehrbücher für Tschechisch an Hauptschulen herauszugeben, dürfte er der Schulverwaltung mit seinem didaktischen Ansatz der direkten Methode wie auch mit seiner politischen Haltung – Tschechisch als Mittel zum Zweck – doch als idealer Schulbuchautor erschienen sein. Willingers 1944 veröffentlichtes Lehrbuch knüpft dabei nahtlos an seine Werke aus der Tschechoslowakei an und greift ihre didaktischen Konzepte nochmals neu auf. Dabei sind Ähnlichkeiten mit seinem Lehrbuch „Tschechisch für Anfänger" und seiner Sprachzeitschrift „Co je nového?" unverkennbar. Daran wird auch ersichtlich, dass er im Autorenteam des Lehrbuchs wohl die maßgebliche Kraft war.

Formale Charakteristika des Materials

Das Buch umfasst 132 Seiten und enthält Texte wie auch bildliche Schwarz-Weiß-Darstellungen. Bemerkenswert ist, dass die Gliederung des Buches ausschließlich nach grammatikalischen Gesichtspunkten erfolgt. Thematisch ist das Lehrbuch abwechslungsreich angelegt, um einen möglichst breiten praxisorientierten Wortschatzerwerb zu gewährleisten (Einkauf, Verkehr, Zug, Tiere und Wald, Monate, Uhr, Klasse, Stadt, Jahreszeiten, Tagesablauf eines Schülers, Körper, Möbel). Dabei befolgt die Stoffverteilung geradezu akkurat die Lehrplanbestimmungen für die 1. Klasse der Bürgerschule.[296] Eine Ausnahme stellt

---

295 EBENDA 242.
296 Lehrplan für Tschechisch für die 1. Klasse an Bürgerschulen: „Einführung in den Lautbestand der tschechischen Sprache. Einfache Sprechübungen im Anschluß an Gegenstände, an Handlungen, an den Lesestoff und an Bilder. Lesen kurzer, zusammenhängender Sprachstücke aus der Umwelt des Kindes, kurze Tiergeschichten, Erzählungen, Lebensbilder der verschiedenen Berufe, Auswendiglernen von Sprüchen, Sprichwörtern, Reimen, Gedichten, Prosastücken, Singen von Liedern, Aneignung eines Wortschatzes aus der Umgangssprache. Einfache Redewendungen. Einfache Fälle aus der Formenlehre: das Hauptwort und sein Geschlecht, das dreiendige Eigenschaftswort, erster und vierter Fall beider in der Ein- und Mehrzahl, besitzanzeigende Fürwörter, das persönliche Fürwort, Zeitwort, Nennform, Gegenwart, Verneinung, Befehlsform, das Grundzahlwort bis 100. Abschriften, Umformungen, Nachschriften, Beantwortung von Fragen, freie Arbeiten einfachster Art. 12 Klassenarbeiten." In: Reichsstatthalter im Sudetengau (Hg.): Bestimmungen über Erziehung und Unterricht in der Bürgerschule. Reichenberg 94.

der letzte Text des Buches dar, der in tschechischer Sprache eine Überblicksdarstellung über das Protektorat Böhmen und Mähren präsentiert.

Theoriegeleitete Festlegung der inhaltlichen Hauptkategorien

Der nationalsozialistisch-kulturkundliche Ansatz des Lehrplans forderte als Zielsetzung einen Einblick in das „tschechische Volkstum". Die Frage ist, wie sich dieser Anspruch im Lehrbuch konkretisiert: Werden Sachinhalte aus der Perspektive eines deutschen oder aus der eines tschechischen Lernenden erzählt? Inwieweit sind Bezüge zum tschechischen Alltag und zur Umgebung erkennbar? Und werden auch deutsch-tschechische Begegnungen dargeboten?

Formulierung von Codierregeln

Gegenstand der Analyse ist das gesamte Buch, also alles Geschriebene wie auch alle Bilddarstellungen einschließlich des Bucheinbands werden in den Blick genommen. Die Codierung erfolgt in zwei Kategorien:

(1) Erzählnarrativ: Dabei sollen alle Stellen markiert werden, die einen zeitgenössischen Bezug aufweisen, auch die, die Alltagssituationen thematisieren. Das können Bilddetails sein (zum Beispiel Hakenkreuze in einer Bahnhofshalle), aber auch Textstellen, die einen zeitgeschichtlich-alltäglichen Kontext einbringen (zum Beispiel Tätigkeit in der Hitler-Jugend). Wird aus der Alltagsperspektive eines deutschen oder eines tschechischen Lernenden erzählt?
(2) Namensnennung: Welche Personennamen werden im Buch verwendet: deutsche oder tschechische?

Anstelle einer separaten Aufbereitung beider Kategorien werden diese im Folgenden parallel in einer Tabelle aufgelistet. Soweit sich für eine der beiden Kategorien auf einer Seite des Buches ein Fund konkretisiert, wird dies in der entsprechenden Tabellenspalte eingetragen. Als Zusatzinformation wird angegeben, in welchem textlich-sprachlichen Umfeld – Tschechisch oder Deutsch – sich die Stelle fand. Eine vom Autor der vorliegenden Arbeit angefertigte Übersetzung der tschechischen Textstellen ins Deutsche findet sich in den jeweiligen Fußnoten wieder.

Tabelle 1: Durchführung der Analyse

Seite	Erzählnarrativ	Namensnennung	Verwendete Sprache der Textstelle
Bucheinband	Ausschließlich Angabe des Titels und der Autoren, keine Verwendung von Bildmaterial		Deutsch
S. 3	Text: Liebe Kinder! Habt ihr schon einmal tschechisch reden hören? Wer von euch hat schon eine tschechische Aufschrift gesehen und zu lesen versucht? Wo ist das gewesen? Was ist euch da aufgefallen? Welche Schrift verwendet der Tscheche? Wir wollen jetzt Tschechisch lernen! Manche tschechische Wörter kennt ihr schon. […] Wer kann diese Wörter ins Deutsche übertragen? Wie spricht sie der Deutsche und wie der Tscheche aus? Schreibt der Tscheche die Hauptwörter auch groß wie wir? Welche Silbe betont der Tscheche? Wie spricht der Deutsche den Rufnahmen „Peter" und wie der Tscheche „Petr"?		Deutsch
S. 4	Bild mit Aufschrift „Apotheke" – Text hierzu: „Prosím je to lékárna?"[a]		Bild: Deutsch Text: Tschechisch
S. 6	Bild: Wochenblatt – Text hierzu: Tam jsou noviny.[b]		Bild: Deutsch Text: Tschechisch
S. 10	Bild: Briefmarke mit Aufschrift „Deutsches Reich" – Wort: známka[c]		Bild: Deutsch Text: Tschechisch

Das Schulfach Tschechisch 263

Seite	Erzählnarrativ	Namensnennung	Verwendete Sprache der Textstelle
S. 17	Übung: Welche tschechischen Aufschriften habt ihr schon gelesen? [in zweisprachiger Darstellung:] Lange Gasse Nr. 35/ Dlouhá ulice č. 35; Langsam fahren!/Jedte pomalu!; Achtung! Ausfahrt!/Pozor! Výjezd!; Karl Holub Bäcker/Karel Holub pekař; Buchhandlung/knihkupectví; Johann Holý Selcher [Fleischer S. J. S.]/Jan Holý uzenář; Milchhalle/Mlékárna [...]		Deutsch Tschechisch
S. 19		Text: Antonín Novák, Božena Nováková, Bedřich Bílý, František Procházka, Jan Černý, Anička Černá, Jindřich Singer, Mařenka Singerová, Jiří Beneš, Petr Meier, Vilém Korn, Václav Prokop	Tschechisch
S. 20		Text: Frantík, Karlíček, Jeníček, Anička, Novák, Nováková, Bedřiška, Petr, Singer, Beneš, Václav, Pepíček, Jindřich, Vilém, Mařenko, Antonín, Božka	Tschechisch
S. 24		Bildüberschrift: Karlíček	Tschechisch
S. 27		Text: pan Vlk, Frantík, Karlíček	Tschechisch

(wird auf nächster Seite fortgeführt)

Tabelle 1: Fortsetzung

Seite	Erzählnarrativ	Namensnennung	Verwendete Sprache der Textstelle
S. 31		Übung: Karel, Mařenka, Boženka, Pepíček, Petr, Bedřišek, pan Černý, pan Novák, Anička	Tschechisch
S. 34		Text: Pepíček, pan Černý, František. Übersetzungsübung (Deutsch zu Tschechisch): Karl, Anna, Herr Meyer, Frau Novák	Tschechisch Deutsch
S. 35	Übung: Odkud jste? Jsme z Prahy. Kde jsou tvoji rodiče? V Praze.[d]	Text: Jan Čermák, Karel, Pepíček, Bedřiška, Petr, Růžena, Anežka, Pavel	Tschechisch
S. 36	Übersetzungsübung: Sind wir schon in Prag (v Praze)? Wir sind noch nicht in Prag. Übung: Odkud jste, pane Malý? – Jsem z Brna.[e]	Übung: Máňa, Anička Králová	Deutsch Tschechisch
S. 45		Übersetzungsübung (Deutsch zu Tschechisch): Hans, Karl, Heinrich. Übung: Jiřík, Frantík, Jeník	Deutsch Tschechisch
S. 46		Liedtext: Adám	Tschechisch
S. 47		Bildergeschichte: Karlíček, Jeníček, Anička, Frantík	Tschechisch
S. 48		Bildergeschichte: František, Karel, Jeníček	Tschechisch

Das Schulfach Tschechisch 265

Seite	Erzählnarrativ	Namensnennung	Verwendete Sprache der Textstelle
S. 49		Übung: František	Tschechisch
S. 50	Übung: Pořádný hoch. (Titel) Karlíček je pořádný hoch. V úterý a ve čtvrtek chodí do HJ.[f]	Übung: Karlíček, Jeník, Karla	Tschechisch
S. 51		Bildergeschichte: Petr	Tschechisch
S. 52		Übung: Karel, Jeník, Pepíček, Pepička	Tschechisch
S. 54	Bild: Städtische Straßenszene. Bus und Postkutsche mit Reichsadler an den Außenseiten.		Deutsch
S. 55		Bildergeschichte/Übung: Jiřík, Frantík, Jeník, Mařenka, Ladík, Pepíček, obuvník Singer[g]	Tschechisch
S. 56		Bildergeschichte: Mařenka, Růženka; Text: Pepíček	Tschechisch
S. 58		Übung: Pepíček, Máňa	Tschechisch
S. 59	Übung: Co děláš celý den? [...] Dvakrát týdně mám večer službu v HJ.[h]		Tschechisch
S. 60	Text: Zima (Titel): Pátého prosince chodí Mikuláš.[i]	Text: Anička	Tschechisch
S. 62		Bildergeschichte: Toník, Karlík	Tschechisch
S. 63		Übung: Karlíček, Anička	Tschechisch
S. 65		Bildergeschichte: Vašík, Jiřík	Tschechisch

(wird auf nächster Seite fortgeführt)

Tabelle 1: Fortsetzung

Seite	Erzählnarrativ	Namensnennung	Verwendete Sprache der Textstelle
S. 66		Bildergeschichte/Übung: Anička, Toník, Jiříku, Antonín, Petr, Václav, Mařenka, Boženka, Vašík	Tschechisch
S. 67		Text: Pepíček, Karlík, Maminka, Karlík	Tschechisch
S. 68		Bildergeschichte: Toníček, Pan Jirásek	Tschechisch
S. 69		Text: Karlíček	Tschechisch
S. 71	Text: Prosím vás, nevíte, kdy pojede vlak do Prahy?[j]	Text: František	Tschechisch
S. 72		Übersetzungsübung (Deutsch zu Tschechisch): Emma	Deutsch
S. 73	Text: V Čechách jsou vajíčka ponejvíce hnědá s kresbami, a na Moravě jsou kraslice krásně pestrá. […] Dvacátého dubna má narozeniny Vůdce Adolf Hitler. Prvního května jest Národní svátek německého národa. Osmnáctého května slavíme Den rodiny.[k]		Tschechisch
S. 76/77	Text und Übung zu Geldbeträgen in Reichsmark und in der Krone des Protektorats Böhmen und Mähren, darunter: Kolik korun (haléřů) je jedna marka padesát?[l] Darstellung: Einkaufsliste in Reichsmark	Übung: Pan Novák, Petr, Anička	Tschechisch
S. 78		Übung: Pan Novák, Petr, Jeník, Jiřík	Tschechisch

Seite	Erzählnarrativ	Namensnennung	Verwendete Sprache der Textstelle
S. 79	Text: V celé Říši počítáme na marky a feniky. V Čechách a na Moravě mají mimo to ještě koruny a haléře.[m]		Tschechisch
S. 81	Bild: Porträtbild von Adolf Hitler (vermutlich) im Klassenzimmer	Text: Anežka, Jiřinka, Hanička, Zdeněk, Mařenka, Pavel	Tschechisch
S. 82		Bildergeschichte/Übung: Karel, Toníček, Václav, Zdeňka, Máňa, Pepička	Tschechisch
S. 83		Text: Pan Tichý, Anička	Tschechisch
S. 84	Übung: František přijel do Prahy. Čte na ulici všelijaké nápisy.[n] [in zweisprachiger Darstellung:] Zuckerbäckerei/cukrářství; Schulsachen/Školní potřeby; Spenglerei Karel Kalina; Klempířství Karel Kalina [...]		Tschechisch Deutsch
S. 85		Bildergeschichte: Jindřich, Václav	Tschechisch
S. 86		Bildergeschichte: Vojtěch, Jeníček, Karlík, Pepíček, Karel, Vašík, Toník, Mařenka, Anička	Tschechisch
S. 87		Übung: Pavel, Jeník, Karlík	Tschechisch
S. 88		Übung: Eliška, Jeníček, Jiřík	Tschechisch
S. 89		Übung: Jiřík	Tschechisch
S. 90		Text/Übung: Františka, Matka, Karlíček, Pepíček	Tschechisch

(wird auf nächster Seite fortgeführt)

Tabelle 1: Fortsetzung

Seite	Erzählnarrativ	Namensnennung	Verwendete Sprache der Textstelle
S. 91		Text: Eliška, Mařenka, Karlíček, Milada	Tschechisch
S. 92		Text: Božena, Antonín, František, Marie	Tschechisch
S. 93		Bildergeschichte/Text: Mařenka, Paní Mayerová,[o] Máňa, Paní Černá,[p] Andulinka	Tschechisch
S. 96	Text: Telegramm: Jan Pokorný, Plzeň, Jungmannova 36. Prijeďte zítra! Novotný, Kladno. Postkarte: Srdečný pozdrav z Prahy, Tvůj přítel Karlíček. Pan Josef Veselý v Plzni. Jungmannova 23/II[q]		Tschechisch
S. 98		Text: Karlík, Strýček	Tschechisch
S. 99	Bild einer Bahnhofshalle: Im Vordergrund ein Mann in Wehrmachts- oder SS-Uniform	Text: Pepíček	Tschechisch
S. 100	Text: Jeden dětský do Prahy. [...] U pokladny: Praha, třetí třída. Na osobní nebo na rychlík? [...] Kam jedeš, Vašku? – Do Plzně[r]		Tschechisch
S. 101	Text: Průvodčí: Einsteigen nach Brünn, Prag! Nastupovat do Brna, do Prahy! [...] Pane průvodčí, jedu do Poděbrad! Je to přímý vůz nebo musím v Praze přestoupiti?[s]	Text: Frantík, Karlík, Karl	Tschechisch
S. 102		Übung: Karlík, Anička	Tschechisch
S. 104–107		Text: Paleček	Tschechisch

Seite	Erzählnarrativ	Namensnennung	Verwendete Sprache der Textstelle
S. 108	Text: Protektorát Čechy a Morava. Protektorát Čechy a Morava náleží k území Velkoněmecké říše. Hlavní město je Praha. Tam sídlí říšský protektor na Hradčanech. Na hradě vlaje vlajka s hákovým křížem a vedle vlajka Protektorátu. Říšského protektora jmenuje Vůdce. Praha je nádherné město. Všude vidíme svědky německé minulosti: Hrad s chrámem svatého Víta, kostel sv. Mikuláše a krásné paláce i domy na Malé Straně, Staroměstskou radnici, Prašnou bránu, Týnský chrám, nejstarší německou univerzitu a Karlův most. Prahou teče Vltava. Přes řeku vede mnoho mostů. Známé pražské čtvrti jsou: Staré Město, Nové Město, Malá Strana, Hradčany, Vinohrady, Vyšehrad a Smíchov. Jiná velká města v Čechách jsou Plzeň, České Budějovice, Hradec Králové, Pardubice, Kolín a Kutná Hora. Na Moravě jsou města Brno, Moravská Ostrava a Olomouc. Protektorát je velmi bohatá země. Daří se tu cukrovka [sic!] a nejkrásnější pšenice [sic!]. U Mělníka roste též dobré víno. Uhlí se těží na Plzeňsku, na Kladensku a na Ostravsku. V Brně kvete textilní a strojnický průmysl. Blízko Moravské Ostravy jsou Vítkovické železárny a v Plzni Škodovy závody. Plzeňské pivo a pražská šunka jsou známé.		Tschechisch

(wird auf nächster Seite fortgeführt)

Tabelle 1: Fortsetzung

Seite	Erzählnarrativ	Namensnennung	Verwendete Sprache der Textstelle
	Odpovídejte: Kde sídlí říšský protektor? Kolik milionů Čechů žije v Čechách a na Moravě? Vyjmenujte některé části Prahy! Které jsou nejkrásnější stavby v Praze? Vypočítejte některá města v Čechách a na Moravě! Proč je Protektorát bohatá země? Pomáháme Vůdci: Sbíráme staré hmoty (starý papír, staré kovy, zbytky látek, staniol, tuby, korek) a kosti. Sbíráme pro WHW (pro akci Zimní pomoci) a jiné dobré účely. Pomáháme sedláku na poli, na louce i doma na dvoře, ve stáji a v domácnosti. Konáme svou povinnost ve škole, v HJ (v Hitlerově mládeži) i doma, a pomáháme tak Vůdci vybudovati nové Německo.[1]		

[a] Übersetzung: Entschuldigung, ist das die Apotheke?
[b] Übersetzung: Dort sind Zeitungen.
[c] Übersetzung: Briefmarke.
[d] Übersetzung: Woher kommen Sie? Wir kommen aus Prag. Wo sind deine Eltern? In Prag.
[e] Übersetzung: Woher kommen Sie, Herr Malý? Ich bin aus Brünn.
[f] Übersetzung: Braver Junge (Titel). Karlíček ist ein braver Junge. Am Dienstag und am Donnerstag geht er zur Hitler-Jugend.
[g] Übersetzung: Schuhmacher Singer.
[h] Übersetzung: Was machst du den ganzen Tag? Zweimal in der Woche habe ich Dienst in der Hitler-Jugend.
[i] Übersetzung: Winter (Titel): Am fünften Dezember kommt der Nikolaus.
[j] Übersetzung: Entschuldigug, wissen Sie vielleicht, wann der Zug nach Prag abfährt?
[k] Übersetzung: In Böhmen sind die Eier meistens braun mit Bildern, in Mähren sind es schöne bunte Ostereier. Der 20. April ist der Geburtstag des Führers Adolf Hitler. Der erste Mai ist ein Feiertag der deutschen Nation. Am 18. Mai feiern wir den Tag der Familie.
[l] Übersetzung: Wie viele Kronen sind eine Mark fünfzig?

m Übersetzung: Im gesamten Reich zählen wir in Mark und Pfennigen. In Böhmen und Mähren gibt es auch Kronen und Heller.
n Übersetzung: Frantíšek ist in Prag angekommen. Er liest auf der Straße alle möglichen Aufschriften:
o Übersetzung: Frau Mayerová.
p Übersetzung: Frau Černá.
q Übersetzung: Telegramm: Jan Pokorný, Pilsen, Jungmannova Straße 36. Kommen Sie morgen! Novotný, Kladno. Postkarte: Herzliche Grüße aus Prag. Dein Freund Karlíček. Herr Josef Veselý in Pilsen. Jungmannova Straße 23/II.
r Übersetzung: Eine Fahrkarte für ein Kind nach Prag. – An der Kasse: Prag, dritte Klasse. Einen Regional- oder einen Schnellzug? [...] Wohin fährst du, Vašek? – Nach Pilsen.
s Übersetzung: Schaffner: Einsteigen nach Brünn, Prag! Einsteigen nach Brünn, nach Prag! Herr Schaffner, ich fahre nach Podiebrad. Ist es ein Direktzug oder muss ich in Prag umsteigen?
t Übersetzung: Protektorat Böhmen und Mähren. Das Protektorat Böhmen und Mähren gehört zum Gebiet des Großdeutschen Reiches. Die Hauptstadt ist Prag. Dort ist der Sitz des Reichsprotektors auf dem Hradschin. Auf der Burg wehen die Hakenkreuzflagge und die Flagge des Protektorats. Den Reichsprotektor ernennt der Führer.
Prag ist eine schöne Stadt. Überall sehen wir die Zeugen der deutschen Vergangenheit: Die Burg mit dem Veitsdom, die Nikolauskirche und schöne Häuser und Paläste auf der Kleinseite. Altstädter Rathaus, Pulverturm, Teynkirche, die älteste deutsche Universität und die Karlsbrücke. Prag liegt an der Moldau. Über dem Fluss liegen viele Brücken. Die Prager Bezirke, die wir kennen sind: Altstadt, Neustadt, Kleinseite, Hradschin, Weinberge, Wyschehrad und Smichow. Andere große Städte in Böhmen sind: Pilsen, Budweis, Königgrätz, Pardubitz, Köln an der Elbe und Kuttenberg. In Mähren sind es Brünn, Mährisch Ostrau und Olmütz.
Das Protektorat ist ein sehr reiches Land. Es gedeihen Zuckerrüben und der beste Weizen. In Melnik wächst auch guter Wein. Kohle wird bei Pilsen, bei Kladno und bei Ostrau gewonnen. In Brünn blüht die Textil- und Maschinenbauindustrie. Nahe Mährisch Ostrau ist die Witkowitzer Eisenhütte und in Pilsen sind die Skoda-Werke. Pilsner Bier und Prager Schinken kennen wir.
Antwortet: Wo ist der Sitz des Reichsprotektors?
Wie viele Millionen Tschechen leben in Böhmen und Mähren? Nennt einige Prager Bezirke! Welches sind die schönsten Gebäude in Prag? Ermittelt einige Städte in Böhmen und Mähren? Warum ist das Protektorat ein reiches Land?
Wir helfen dem Führer: Wir sammeln alte Materialien (Altpapier, Schrott, Stoffreste, Zinnfolie, Rohre, Kork) und Knochen.
Wir sammeln für das WHW (Winterhilfswerk) und andere gute Zwecke.
Wir helfen dem Landwirt auf dem Feld, im Hof, in Haus und Stall und in der Heimat.
Ich tue meine Pflicht in der Schule, in der HJ (in der Hitler-Jugend) und zu Hause und wir helfen dem Führer, ein neues Deutschland zu bauen.

Auswertung

Kategorie Namensnennung:
Bei Textstellen, die in tschechischer Sprache dargeboten werden, sind meist auch die Personennamen tschechisch, bei deutschen Textstellen hingegen deutsch. Dies wäre zumindest ein Indiz dafür, dass die Namenswahl vermitteln soll, dass tschechische Kinder tschechisch sprechen, deutsche Kinder hingegen deutsch.

Kategorie Erzählnarrativ
Aufschlussreich ist die gewählte Erzählperspektive: Zum einen werden konkrete Kompetenzen vermittelt, zum Beispiel der Kauf einer Zugfahrkarte (S. 100), das Schreiben eines Telegramms (S. 96) und das Rechnen in der Währung des Protektorats (S. 77). Sobald jedoch ein konkreter Realitätsbezug zum Tagesablauf fassbar ist, wird die tschechische Perspektive negiert. So geht der tschechische Schüler Karlíček zur Hitler-Jugend (S. 50), obgleich tschechischen Jugendlichen die Aufnahme in die HJ verwehrt war; ferner wird Hitlers Geburtstag als Nationalfeiertag bezeichnet und im Mai wird der Tag der Familie[297] (S. 73) gefeiert. Auch in einer Übung, in der die Lernenden direkt angesprochen werden, wird eine Antwort nach dem Tagesablauf vorgegeben – der (männliche) Schüler hat zweimal in der Woche Dienst in der Hitler-Jugend (S. 59). In den abgedruckten Bildern mit Alltagsbezug werden bewusst „deutsche" Figurationen eingesetzt: In einer Straßenszene ist ein Reichspostauto zu sehen (S. 54), in einem Klassenzimmer ein Hitlerporträt an der Wand (S. 81) und in einer Bahnhofshalle im Vordergrund ein Mann in deutscher Uniform (S. 99). Ein landeskundlicher Beitrag zur Eierbemalung in Böhmen und Mähren mag zutreffend sein (S. 73), nimmt aber einen Brauch in den Blick, der sowohl bei der deutschen als auch bei der tschechischen Bevölkerung verbreitet war. Ein herausgehobenes Textelement ist die als isolierter Sachtext das Lehrbuch und das Schuljahr abschließende Darstellung des Protektorats Böhmen und Mähren (S. 108), die das deutsche Narrativ (Reichsprotektor, Flagge des Reichsprotektors, „deutsche" Sehenswürdigkeiten Prags) deutlich betont. Die daran anschließende Übung macht durch ihre Lernzielkontrolle (Fragen) deutlich, dass der Text weniger der Vermittlung sprachlicher Fertigkeiten, sondern primär der Vermittlung von Wissen dient, das dann abgefragt werden sollte. Zum Schluss werden die Schüler/-innen aufgefordert, gewünschte Bekenntnisse abzugeben (Materialsammlung, Winterhilfswerk, Hilfe für den Führer

---

297 Vermutlich war damit der Muttertag gemeint.

beim Bau eines neuen Deutschlands). Auffällig ist im Lehrbuch auch, dass die tschechische Bevölkerung im Reichsgau Sudetenland keine Erwähnung findet – obwohl Tschechisch gerade im Regierungsbezirk Troppau und in den Sprachgrenzbezirken der Regierungsbezirke Aussig und Karlsbad unterrichtet wurde, wo es eine große tschechische Minderheit gab. Damit wurde Henleins Wunsch eines Reichsgaus Sudetenland ohne tschechische Bevölkerung[298] zumindest im Lehrbuch konzeptuell verwirklicht. Somit zielte das Lehrbuch ausschließlich auf den praktischen Spracherwerb, jedoch nicht auf die Vermittlung einer Begegnung mit der tschechischen Bevölkerung.

Resümee der Lehrbuchanalyse

Bei der Vermittlung der Inhalte werden im Lehrbuch zwar tschechische Namen genutzt, doch suggeriert dies nur vordergründig einen tschechischen Blickwinkel. Denn die Lernerperspektive ist die einer sudetendeutschen Schülerin bzw. eines sudetendeutschen Schülers – beim Dienst in der Hitler-Jugend, bei der Feier des Geburtstags Adolf Hitlers und bei der Herausstellung der „deutschen" Sehenswürdigkeiten Prags. Diese Stadt war als propagandistischer wie mystifizierender Kristallisationspunkt besonders umstritten, da sie in der Zwischenkriegszeit eindeutig tschechisch dominiert gewesen war.[299] Auf deutscher Seite blieb der Mythos des deutschen Prag stattdessen der Vergangenheit verhaftet.[300] Die NS-Propaganda schloss nach der Errichtung des Protektorats Böhmen und Mähren hieran an, indem sie versuchte, Prag verklärend als bedeutende mittelalterliche deutsche Stadt in den Mittelpunkt zu rücken und somit letztendlich deren Besetzung in den zahlreich erschienenen Broschüren kulturhistorisch zu legitimieren.[301] Daneben werden im Lehrbuch konkrete sprachliche wie auch praktische Kompetenzen vermittelt – das Verfassen von Telegrammen, der Fahrtkartenkauf und die Umrechnung von Mark in Kronen. Pointiert könnte man formulieren, dass den Schüler/-innen konzeptionell zwar landeskundliche und sprachliche Kompetenzen vermittelt wurden, die Tschechen selbst im Konzept aber fehlten. Somit folgt das Lehrbuch der Intention der Schulverwaltung, Tschechisch als anwendungsbezogene Wirtschafts- und Besatzungssprache zu lehren. Einen Bezug zum tschechischen Alltag gibt es nicht.

---

298 Siehe das Kapitel „‚Eindeutschungs'-Kontroversen um tschechische Schülerinnen und Schüler".
299 ADAM: ‚Slawisches Prag' versus ‚deutsches Prag' 119–120.
300 EBENDA.
301 EBENDA 118.

Dies spiegelt sich auch in den tschechischsprachigen Lektüreempfehlungen für die 5. und 6. Klasse (9. + 10. Jahrgangsstufe) an der Bürgerschule wider.[302] Neben ausgewählter Prosa von Jan Neruda sowie einigen tschechischen (slawischen) Märchen und Sagen werden darin folgende zwei Texte empfohlen: das hochmelancholische Drama „Pod dutým stromem" (Unterm hohlen Baum) von Vítězslav Hálek aus den 1870er Jahren, das die bittere und letztendlich aussichtslose Suche eines Waisenkindes nach einem glücklichen Leben thematisiert,[303] und das Buch „Chudí lidé" (Arme Leute) von Božena Němcová, die darin ihre autobiografischen Erfahrungen in der (offenbar unbefriedigenden) Ehe mit dem tschechischen Patrioten Josef Němec in Červený Kostelec verarbeitet.[304] Dass gerade diese Werke aus dem reichen literarischen Schaffen der beiden Autor/-innen gewählt worden waren, fußte wohl auf einer bewussten Entscheidung, konnte doch einerseits der tschechische Patriotismus des 19. Jahrhunderts – Němcová war eine der wichtigsten Vertreterinnen dieser Strömung – diskreditiert und andererseits ein ärmlicher und perspektivloser tschechischer Alltag (in der Mitte des 19. Jahrhunderts) behauptet werden. Dass die in beiden Schriften dargestellte Armut als Kritik an den Zuständen der damaligen Zeit verstanden werden konnte, erfuhren die Kinder hingegen nicht.

Prüfungen

Eine weitere Quelle zur Rekonstruktion des Tschechischunterrichts im Reichsgau Sudetenland sind die Aufgabenstellungen der Kommissionsprüfungen, mit denen die 10. Jahrgangsstufe der Bürgerschule abgeschlossen wurde. Diese Abschlussprüfungen waren an allen sechsstufigen Bürgerschulen im Reichsgau Sudetenland jeweils im Juni in den Fächern Deutsch, Mathematik und der unterrichteten Fremdsprache durchzuführen.[305] Die Arbeitszeit für das Fach Tschechisch betrug zwei Stunden. Im Regierungsbezirk Aussig sollten

---

302 Lesestoff für den Tschechischunterricht. Aktenzeichen I c 3, Nr. 112-02 vom 23. Dezember 1940. In: Amtliches Schulblatt für den Reichsgau Sudetenland 1 (1941) 11.
303 Autorský kolektiv: Čeští spisovatelé 19. a počátku 20. století [Tschechische Schriftsteller des 19. und frühen 20. Jahrhunderts]. Praha 1973, 77.
304 SCHAMSCHULA, Walter: Geschichte der tschechischen Literatur. Band II: Von der Romantik bis zum Ersten Weltkrieg. Köln, Weimar, Wien 1996, 70, 75–76.
305 Kommissionsprüfungen an den sechsklassigen Bürgerschulen. Reichenberg, 27. Februar 1940. Aktenzeichen I c 3 Nr. 4327/40. In: Amtliches Schulblatt für den Reichsgau Sudetenland 5 (1940) 50–51.

die Schüler/-innen 1941 im Fach Tschechisch die beiden folgenden Aufgaben bearbeiten:[306]

1) Freie Darstellung:

„Náš výlet do Prahy" (Übersetzung: Unser Ausflug nach Prag).

2) Übersetzung vom Tschechischen ins Deutsche:

„Válka před branami Syrie" (Übersetzung: Krieg vor den Toren in Syrien), Zeitungsbericht aus „Večerní České Slovo" vom 21. Mai 1941.

Der zu übersetzende Zeitungsbericht ist bis heute belegt; dass er im Rahmen einer Prüfungsaufgabe genutzt wurde, geht auf einen erhalten gebliebenen Vorschlag der Bürgerschule für Jungen in Leitmeritz zurück.[307] Die Schüler/-innen hatten folgende Passage des dreispaltigen Textes zu übersetzen:

Francouzi mají v Syrii [sic!] 45 000 až 60 000 mužů, většinou zkušených koloniálních vojáků. A ti jsou připraveni. Generál Dentz, francouzský výsostný komisař v Syrii, po prvních britských náletech protestoval u britského Konsula v Bejrutu [sic!]. Současně však nařídil, aby každý útok byl odražen a aby se proti zbraním použilo zbraní. Prohlásil, že Sýrie a Libanon budou britským útokům klast největší odpor. Od maršála Pétaina má rozkaz, aby Levantu za každých okolností hájil, a to i ve vzduchu. Posádky podél palestinských hranic byly zesíleny. Také syrští Arabové ohlašují, že budou svou domovinu hájit všemi prostředky. V Iráku zatím boje pokračují. Na několika místech [sic!] poraženy a rozehnány oddíly britské bojové vozby [sic!]. Známý partyzán Fauzi Kaukdži pronikl po vítězství nad britskými oddíly do Zajordání. Tři irácké letouny bombardovaly hlavní město Zajordání Amman, jiné bombardovaly britské lodi v přístavu Basra. Angličané, obklíčeni na letišti Habánya, se už dlouho neudrží. Také povstání v Palestině se vzmáhá a je pro Angličany stále hrozivější.

In deutscher Übersetzung:[308]

Die Franzosen haben in Syrien 45 000 bis 60 000 Männer, die meisten davon erfahrene Kolonialsoldaten. Und sie sind bereit. General Dentz, französischer Hochkommissar in Syrien, legte nach den ersten britischen Luftangriffen beim britischen Konsul in Beirut Protest ein. Gleichzeitig befahl er jedoch, jeden Angriff abzuwehren und Waffen gegen Waffen einzusetzen. Er erklärte, dass Syrien und der Libanon den größten

---

306 Regierungspräsident Aussig, Verfügung vom 3. Juni 1941. SOkA Lovosice, Signatur Kult I, Karton 671, nicht foliiert.
307 Schreiben der Direktion der Volks- und Bürgerschule für Knaben in Leitmeritz an das Kreisschulamt Leitmeritz. Aufgabenvorschläge für die Kommissionsprüfungen. Leitmeritz, 23. Mai 1941. SOkA Lovosice, Signatur Kult I, Karton 671, nicht foliiert.
308 Übersetzung vom Autor angefertigt.

Widerstand gegen britische Angriffe leisten würden. Er hat von Marschall Pétain den Befehl, die Levante unter allen Umständen zu verteidigen, auch aus der Luft. Die Garnisonen entlang der palästinensischen Grenze wurden verstärkt. Auch die syrischen Araber kündigen an, dass sie ihr Heimatland mit allen Mitteln verteidigen werden. Unterdessen gehen die Kämpfe im Irak weiter. An mehreren Orten wurden die britischen Kampfeinheiten besiegt und zerstreut. Der bekannte Partisan Fauzi Kaukdži [Fawzi Al-Qawuqji] drang nach dem Sieg über die britischen Truppen in Transjordanien ein. Drei irakische Flugzeuge bombardierten die Hauptstadt Transjordaniens, Amman, andere bombardierten britische Schiffe im Hafen von Basra. Die Engländer, die auf dem Flugplatz Habanya eingekesselt sind, können nicht mehr lange standhalten. Auch der Aufstand in Palästina wächst und wird für die Engländer immer bedrohlicher.

Der Text mag schwer zugänglich erscheinen, jedoch enthält er zahlreiche Internationalismen und Ortsbezeichnungen. Zudem sind die Sätze kurz und in nicht allzu anspruchsvoller Grammatik formuliert. Es kann vermutet werden, dass sich der Sinngehalt des Textes mit globalem Textverständnis und Kontextwissen auch ohne tiefere Fremdsprachenkenntnis erschloss – insbesondere auch, da der Text vom Tschechischen ins Deutsche übersetzt werden musste. Im Regierungsbezirk Troppau hingegen mussten die Schüler/-innen 1942 diese beiden Themen[309] bearbeiten:

1) Freie Darstellung: „Válka a ozbrojena [sic!] moc" (Übersetzung: Der Krieg und bewaffnete Macht)[310]
2) Übersetzung vom Tschechischen ins Deutsche: „Naše vesnička" (Übersetzung: Unser kleines Dorf)[311]

Auch wenn die Aufgabenstellung tatsächlich so formuliert ist, ist stark zu vermuten, dass die Reichsstatthalterei beide Themenstellungen jeweils falsch zuordnete – wahrscheinlich war der Text zum Dorf eine freie Darstellung, während die Aufgabenstellung zu Kriegen und bewaffneter Macht eher die Übersetzungsaufgabe war. Obgleich keine Schülerantworten überliefert sind, zeigen die Aufgabenstellungen einen eher geringen Anspruch der Kommissionsprüfungen, der insbesondere deutlich wird, wenn man sich die Vorgaben des Lehrplans vor Augen führt: Dieser forderte in der Abschlussklasse nämlich eigentlich einen inhaltlichen Überblick über die „Entwicklung des

---

309 Schreiben des Regierungspräsidiums Troppau an die Leitung der sechsklassigen Hauptschule I in Troppau. Troppau, 29. Mai 1942. ZA Opava, RP Opava, Signatur inv. č. 3565, Karton 3565, fol. 392.
310 Der zugehörige Text hat sich nicht erhalten.
311 Die Übersetzungen in den Klammern wurden vom Autor angefertigt.

tschechischen Geisteslebens und der kulturellen Beziehungen zwischen Tschechen und Deutschen"[312] ein. Eine freie Darstellung zum Dorf oder zu einer Reise nach Prag erfüllt diesen Anspruch nicht ansatzweise; auch das dabei benötigte Sprachwissen entspricht nur elementaren Kenntnissen. Bei den Übersetzungen kann vermutet werden, dass gerade solche Texte ausgewählt wurden, deren Sinngehalt global aus dem Textkontext erschlossen werden konnte – insbesondere, da die Übersetzung vom Tschechischen ins Deutsche erfolgte.

Als im Juni 1942 der Troppauer Schulverwaltungsbeamte Heinrich Tannert der Reichsstatthalterei schließlich die Ergebnisse der durchgeführten Kommissionsprüfungen im Regierungsbezirk Troppau meldete, zeichnete er ein ungeschminktes Bild vom Zustand des Tschechischunterrichts in seinem Regierungsbezirk:

> Ganz allgemein kann gesagt werden, daß die schwächsten Leistungen in der tschechischen Sprache zu verzeichnen sind. Die Leistungen sind so gering, daß der Großteil der Schüler eigentlich mit ungenügend oder bestenfalls mangelhaft benotet werden mußte [sic], somit auch kein Abschlußzeugnis erhalten dürfte. Ablehnung der tschechischen Sprache durch die Schüler und Widerwillen gegen sie sind, wie ich mich überzeugen konnte, die Hauptursachen für die geringen Erfolge. Eine Schwierigkeit liegt auch in der geringen Sprachgewandtheit eines Teiles der Sprachlehrer. Die Erfolge könnten wesentlich gebessert werden, wenn zur Erteilung des tschechischen Sprachunterrichtes bewährte Lehrer tschechischen Volkstums, die von einwandfreier Haltung gegenüber unserem Staate sind, als Fremdsprachenlehrer an unseren Hauptschulen verwendet werden dürfen, allerdings bin ich mir bewußt, daß in anderer Hinsicht hiergegen Bedenken bestehen.[313]

Dieses wenig positive Bild bestätigt der erhaltene Bericht über eine Hospitationsreise eines Mitarbeiters der Schulabteilung der Reichsstatthalterei, Rudolf Fiedler, in Schulen des Landkreises Hohenelbe (Regierungsbezirk Aussig) vom Juni 1941. So zeigte sich bei einer Hospitation in der 10. Jahrgangsstufe der Hauptschule in Nieder-Rochlitz (Dolní Rokytnice) ein beklagenswerter Unterricht, was den niedrigen Anspruch der Kommissionprüfungen bestätigt:

> Auf die Aufforderung des Fachlehrers Langner: „Vypravuj, jak vypadá naše bydliště"[[314]] erzählen die Schüler folgendes in tschechischer Sprache. Unser Wohnort

---

312 Reichsstatthalter im Sudetengau (Hg.): Bestimmungen über Erziehung und Unterricht in der Bürgerschule 96.
313 Schreiben des Regierungs- und Schulrats Tannert (Regierungspräsident Troppau) an die Reichsstatthalterei. Troppau, 18. Juli 1942. ZA Opava, RP Opava, Signatur inv. č. 3532, nicht foliiert.
314 Übersetzung des Autors: Erzähle, wie unser Wohnort aussieht.

heißt Rochlitz. Er liegt im Riesengebirge an den Ufern des Hüttenbaches. Unser Wohnort hat beiläufig 5 000 Einwohner. Die Leute ernähren sich durch Landwirtschaft und Fabrikarbeit. Die Fabriken erzeugen Gewebe. In Rochlitz ist eine Volksschule und eine Bürgerschule. Öffentliche Gebäude sind: Rathaus, Post, Bahnhof, Gericht, evangelische und katholische Kirche. Die Sprechfähigkeit der Schüler ist äußerst gering. Gedichte und Lieder können nicht vorgetragen werden.[315]

Der geprüfte Lehrer versuchte sich damit zu rechtfertigen, dass keine Lehrbücher zur Verfügung gestanden hätten. Zudem wurde bemerkt, dass die während des Krieges notwendige verstärkte häusliche Mithilfe der Schüler/-innen an den schlechten Leistungen schuld sei.[316]

Vereinzelt finden sich in den Archivbeständen aber auch positivere Einschätzungen der Tschechischkenntnisse der Lernenden: So würden an der Knabenbürgerschule in Lobositz einige der 18 Kinder der 9. Jahrgangsstufe vorzügliche Tschechischkenntnisse aufweisen, ein Schüler habe hingegen vollkommen versagt.[317] Bei einer Besichtigung der 10. Jahrgangsstufe der Hauptschule in Kukus hätten die Schüler/-innen zufriedenstellend gearbeitet und den zur Erlernung der Fremdsprache nötigen Fleiß erkennen lassen.[318] Auch in der Hauptschule in Mies sei der Leistungsstand der Schüler/-innen im März 1942 befriedigend gewesen.[319]

Zwischenüberlegungen

Die Diskussion über den Fortbestand des Tschechischunterrichts an Bürger- bzw. Hauptschulen zeigt in beispielhafter Weise, welche Handlungsspielräume eine Mittelinstanz der Schulverwaltung im Dritten Reich besaß. Denn im zeitgeschichtlichen Kontext der faktischen wie rechtlichen Zurückdrängung des Tschechischen im Reichsgau Sudetenland und im Protektorat Böhmen und

---

315 Schreiben des Schulamtes Hohenelbe an den Regierungspräsidenten in Aussig mit einem Bericht zur Besichtigung der sechsklassigen Bürgerschule in Nieder-Rochlitz. Hohenelbe, 25. Juni 1941. SOA Trutnov, Landrát Vrchlabí, Signatur inv. č. 64, Karton 550, nicht foliiert.
316 EBENDA.
317 Schreiben von Kalies (Regierungspräsidium Aussig) an die Reichsstatthalterei. Aussig, 6. November 1939. SOAL, ŘM, Signatur unklar, Karton 352, fol. 18.
318 Bericht über die Besichtigung der 6. Klasse der Hauptschule in Kukus am 25. März 1942 durch Rudolf Fiedler und Rudolf Rasche (Aussig). SOAL, ŘM, Signatur 1100-1, Karton 349, nicht foliiert.
319 Bericht über die Besichtigung der 6. Hauptschulklasse am 27. Februar 1942 durch den Schulrat von Mies. SOAL, ŘM, Signatur 1100-1, Karton 349, fol. 64.

Mähren mag eine befürwortende Haltung zum Tschechischunterricht zwar ambivalent erscheinen, doch war der Erhalt dieses Faches eine Möglichkeit, den Sudetendeutschen eine besondere, sich von der in anderen Reichsgebieten unterscheidende Schulbildung zukommen zu lassen, die sie für die behaupteten Grenzlandaufgaben zuerst im „böhmisch-mährischen Raum" und später auch im besetzten Osten prädestinierte. Die Nuancen, in denen sich die Argumente für den Tschechischunterricht nach 1939 veränderten, lassen sich mit dem Kriegsverlauf erklären. War bis 1941 ausschließlich von der Beherrschung des „böhmisch-mährischen Raums" die Rede, wurde ab dem Überfall auf die Sowjetunion im Juni 1941 Tschechisch als Mittlersprache im slawischen Osten propagiert; gar als notwendige Qualifikation für künftige sudetendeutsche Ostsiedler fand die tschechische Sprache Befürwortung.

Die Ergebnisse der Umfrage, ob Tschechisch oder Englisch unterrichtet werden sollte, verdeutlichen die breite Unterstützung des Tschechischunterrichts durch Verantwortliche aus der Wirtschaft und der NSDAP. Dahinter stand neben wirtschaftspolitischen Zielen die Erwartung, im heutigen Tschechien wie auch in Osteuropa die künftige Elite stellen zu können. Diese Erwartungshaltung fand im Reichserziehungsministerium solche Zustimmung, dass Reinhard Heydrichs Einspruch daran nichts ändern konnte – stattdessen verstärkten die sudetendeutschen Schulbehörden ihr Engagement für den Tschechischunterricht sogar noch. Einer flächendeckenden Einführung des Englischen stand zudem ein Mangel an Englischlehrkräften entgegen. Des Weiteren hätte eine Abschaffung des Tschechischunterrichts eine Disqualifikation der beruflichen Ausbildung einiger Vertreter der Schulverwaltung wie auch der Tschechischlehrenden selbst bedeutet. Das neu erstellte Lehrbuch sowie der vom nationalsozialistischen Geist durchdrungene, kulturkundlich geprägte Lehrplan für Tschechisch bezeugen, dass der Tschechischunterricht jedenfalls keineswegs als Begegnungssprache für den Kontakt mit der tschechischen Bevölkerung gesehen wurde. Warum die Unterrichtsqualität nun anscheinend so schlecht war, kann nur vermutet werden – letztendlich war dies wohl auch das Ergebnis der deutlichen Spannung zwischen den Ansprüchen der Schulverwaltung und der zeitgleichen Zurückdrängung der tschechischen Sprache in der Öffentlichkeit, die bis Kriegsende nicht aufgelöst werden konnte und womöglich dafür sorgte, dass der Tschechischunterricht von den Lehrkräften und den Schulleitungen nicht mit entsprechendem Nachdruck verfolgt wurde. Eine Beantwortung der Frage, warum sich die Diskussion über den Fortbestand des Tschechischunterrichts so stark auf die Schulart der Bürger- bzw. der Hauptschule konzentrierte, ist schwierig. In Volksschulen sollten laut Lehrplan – auch in Abgrenzung zu den neuen Hauptschulen – Fremdsprachen am Rande des Unterrichts stehen, ein Fortbestand des Tschechischunterrichts stand hier folglich nicht zur Debatte. Es kann jedoch angenommen werden, dass der Weisung zur Abschaffung des Tschechischunterrichts an Volksschulen im Jahr 1942 nicht überall Folge geleistet wurde, da noch 1944 Empfehlungen zur Wortschatzarbeit im Tschechischunterricht der Volksschule erschienen. Zudem ist nicht auszuschließen, dass eine ähnliche Diskussion zum Tschechischunterricht auch im Hinblick auf die Höheren Schulen geführt wurde, denn immerhin durfte Tschechisch dort als dritte Fremdsprache und als Arbeitsgemeinschaft weiterbestehen. Allerdings ist der Archivbestand der Schulverwaltung für Höhere Schulen bei der Reichsstatthalterei völlig zerstört, sodass dies nicht belegt werden kann. Da jedoch weder in den Quellen des Reichserziehungsministeriums im Bundesarchiv Berlin noch im „Amtlichen Schulblatt" entsprechende Belege zu finden sind und auch kein neuer Lehrplan für Tschechisch herausgegeben wurde, kann vermutet werden, dass es in der Schulverwaltung keine breite Diskussion über den Fortbestand des Tschechischunterrichts an Höheren Schulen gab. Dies verwundert, da die Kenntnis des Tschechischen vor allem in den gehobenen Berufen als wichtig erachtet worden war. Eine Beantwortung dieser Frage muss letztendlich offenbleiben; womöglich war Tschechisch aber tatsächlich nur für Berufe mit mittlerem Berufsabschluss, insbesondere für Kaufleute und Verwaltungsbeamte, gewollt, was zwar durchaus naheliegt, aber letztlich eine Vermutung bleiben muss.

Sudetendeutsche Gedenktage

Mit der Errichtung des Reichsgaus Sudetenland änderte sich die Feierkultur an den Schulen einschneidend. Bisherige tschechoslowakische Schulfeiern wurden umgehend abgeschafft[320] und zugleich alle reichsweiten Feiertage (30. Januar,

---

320 Eine Ausnahme war das Gedenken an den als Bildungsreformer bekannt gewordenen Comenius. Ihm gegenüber verhielt sich die nationalsozialistische Führung widersprüchlich. Einerseits wurde sogleich am 10. Oktober 1938 die Comenius-Statue vor der tschechischen Schule in Kosten (Košťany) bei Teplitz-Schönau (Teplice-Šanov) geschleift, andererseits plante Josef Pfitzner noch im Jahr 1941, wenn auch erfolglos, die Stiftung eines Comenius-Preises für tschechische Kulturschaffende. Vgl. WEGER, Tobias: Jan Amos Komenský – die „Karriere" einer religiösen Leitfigur in den Beziehungen zwischen Deutschen, Tschechen und Slowaken im 20. Jahrhundert. In: KAISEROVÁ, Kristina/NIŽŇANSKÝ, Eduard/SCHULZE WESSEL, Martin (Hg.): Religion und Nation: Tschechen, Deutsche und Slowaken im 20. Jahrhundert. (Veröffentlichungen der Deutsch-Tschechischen und Deutsch-Slowakischen Historikerkommission 20) Essen 2015, 151–168, hier 160.

20. April, 1. Mai, 21. Juni, 9. November, 21. Dezember) an den Schulen eingeführt.[321] Insbesondere der Geburtstag Adolf Hitlers nahm dabei gemäß den Schulchroniken stets großen Raum ein – und dies bis zum Jahr 1945 in den noch deutsch kontrollierten Gebieten des Reichsgaus. Die entsprechende Feier war in den letzten Unterrichtsstunden des 20. April zu veranstalten.[322] Auch wurde das Hissen der Flagge zu Gedenktagen, zu Ferienbeginn und -ende verpflichtend, zu dem jeweils die gesamte Schule anzutreten hatte. Den Ablauf regelte eine detaillierte Handlungsanweisung, die Ende 1939 formuliert worden war.[323]

Schulentlassungsfeiern wurden „wegen ihres hohen Stimmungsgehaltes" am Sonntagmorgen durchgeführt. Dabei sollten die Schüler/-innen „unter dem Bilde des Führers" von der Schulleitung aus der Schule entlassen und von NS-Funktionären „ins schaffende Volk" aufgenommen werden.[324] Der Spielraum bei der konkreten Ausgestaltung solcher Feiern war für die Schulverwaltung aber nur gering, da es unter anderem vom Hauptkulturamt der Reichspropagandaleitung erlassene Durchführungsbestimmungen gab,[325] die auch Eingang in das „Amtliche Schulblatt" fanden.[326]

Darüber hinaus forcierte die Schulverwaltung die Einführung einer eigenen sudetendeutschen Gedenkkultur. Dieser Anspruch zeigt sich besonders an den sogenannten Peter-Donnhäuser-Gedenkfeiern, die alljährlich am 22. April

---

321 HUYER, Erich: Artgemäße Feiergestaltung in unserer nat.-soz. Schule. In: Der Sudetendeutsche Erzieher 13 (1939) 305–306, hier 306.
322 Entwurf der Schulabteilung der Reichsstatthalterei für ein Schreiben an das „Amtliche Schulblatt" und an die Schulabteilungen der Regierungspräsidien. Reichenberg, 11. April 1944. Bestand ŘM, Signatur 1051 31, Karton 326, nicht foliiert.
323 Schreiben von Eichholz an alle Schulleiter im Reichsgau Sudetenland. Reichenberg, 14. Dezember 1939. SOkA Karlovy Vary, Landrát Žlutice 1938–1945, Karton 10, Signatur 54/2006, nicht foliiert.
324 Reichswaltung des NS-Lehrerbundes: Die Schulentlassungsfeier. Denkschrift der Reichswaltung des NS-Lehrerbundes. In: Reichswaltung des NS-Lehrerbundes (Hg.): Die deutsche Schulfeier. Berater für die Spiel-, Feier- und Freizeitgestaltung der deutschen Schulen und Schulgemeinden. Band 1. Berlin 1939, 2–5, hier 3.
325 Weisung des NSDAP-Gaupropagandaamtes K-10/44 (Gaupropagandaleiter Franz Höller). Reichenberg, 24. März 1944. SOAL, Bestand ŘM, Signatur 1051 31, Karton 326, nicht foliiert.
326 Veranstaltung von Schulfeiern. Aktenzeichen I c 1 Nr. 100/31 vom 26. Oktober 1943. In: Amtliches Schulblatt für den Reichsgau Sudetenland 22 (1943) 204; Der Geburtstag des Führers. Aktenzeichen I c 12 Nr. 100/31 vom 8. April 1944. In: Amtliches Schulblatt für den Reichsgau Sudetenland 8 (1944) 58.

für den zum „Märtyrer"327 verklärten Lehrer veranstaltet werden sollten. Peter Donnhäuser war am 17. Juni 1900 in Niederhof (Dolní Dvůr) geboren worden, einem kleinen Ort im Riesengebirge. Bereits 1921 trat er der Deutschen Nationalsozialistischen Arbeiterpartei in der Tschechoslowakei (DNSAP) bei. Nach mehreren Anstellungen in Wickwitz (Vojkovice), St. Joachimsthal (Jáchymov), Kuttenplaner Schmelzthal (Chodovská Huť) und Böhmisch Rust (Kadaňský Rohozec) wurde er 1925 aus dem Schuldienst entlassen, offensichtlich aufgrund politischer Agitation. Anschließend war er als Fabrikarbeiter in St. Joachimsthal tätig, bevor er ab 1928 hauptberuflich für die DSNAP arbeitete, zuerst als Kreisjugendführer von Westböhmen, ab 1930 als Landesführer der nationalsozialistischen Jugend in Böhmen. Als 1932 der Volkssportverband der DSNAP, eine paramilitärische Organisation ähnlich der SA, verboten wurde, wurden dessen Verantwortliche, darunter Peter Donnhäuser, im sogenannten Volkssport-Prozess angeklagt, einen Anschluss der deutschsprachigen Gebiete der Tschechoslowakei an das Deutsche Reich vorangetrieben zu haben. Das Gericht verurteilte Donnhäuser am 24. September 1932 zu zwei Jahren Gefängnishaft und 2 000 Kronen Geldstrafe,328 doch nach erfolgreicher Berufung kam er bereits im März 1933 wieder frei.329 Bei einer Fahrt mit dem Zug von Prag nach Roßbach bei Asch (Hranice), das direkt an der Staatsgrenze zum Deutschen Reich lag, wurde er am 21. April verhaftet, vermutlich unter dem Verdacht, ins Deutsche Reich flüchten zu wollen, und in das Polizeigefängnis von Karlsbad gebracht.330 Laut der nationalsozialistischen Darstellung habe der Polizeibericht vermerkt, dass er sich einen Tag später, am 22. April 1933, in seiner Zelle erhängt habe. Doch habe es sich unmöglich um einen Selbstmord handeln können, vielmehr sei er ermordet worden.331

1938 begann die Verklärung Donnhäusers, dessen Ermordung unbeirrt behauptet wurde. Schon als Reichserziehungsminister Rust im Herbst 1938 das Sudetenland besuchte, kam er nach Niederhof, dem Geburtsort Donnhäusers, benannte die örtliche Schule in Peter-Donnhäuser-Schule um und genehmigte

---

327 Reichsminister Rust im Sudetengau. In: Weltanschauung und Schule 11 (1938) 517–526, hier 520–521.
328 Zu diesen biografischen Angaben vgl. URBAHN, Anneliese: Peter Donnhäuser: Heimatabend. Reichenberg 1943, 4–7.
329 SCHORK, Kurt: Peter Donnhäuser. Ein sudetendeutsches Schicksal. München 1937, 38.
330 EBENDA 38.
331 EBENDA 39. Die tatsächlichen Umstände des Todes von Peter Donnhäuser lassen sich nicht rekonstruieren.

der Einrichtung sogleich „eine Bücherei und ein Inventar", damit „die Schule des Namens dieses Märtyrers wert ist."³³² Dass Rust von Peter Donnhäuser wusste, überrascht nicht: So war 1937 eine tendenziöse Biografie über ihn erschienen, um schon vor dem Münchner Abkommen seine Popularisierung im Reich voranzutreiben.³³³ Als Reichserziehungsminister Rust dann am Grab Donnhäusers in Niederhof einen Kranz niederlegte, zog er eine Linie zu zwei weiteren „Märtyrern" der Nationalsozialisten: „Dieses Grab ist nicht sinnlos; über Leo Schlageters Grab führte der Weg ins befreite Rheinland, über Horst Wessels Grab zum 30. Januar 1933 und über Peter Donnhäusers Grab in das befreite Sudetenland."³³⁴ Der Verweis auf Leo Schlageter³³⁵ macht deutlich, welche Bedeutung Donnhäuser zugesprochen wurde: Er wurde nicht nur als Opfer der behaupteten tschechoslowakischen Unterdrückung der deutschen Bevölkerung dargestellt, sondern gar zum unbeugsamen Heiligen des „Sudetendeutschtums" erhoben.

Sein Name sollte in den folgenden Jahren vielfach Verwendung finden: in der Peter-Donnhäuser-Bibliothek in Reichenberg, in Lehrbüchern und Handreichungen sowie als Thema für einen Heimatabend der Hitler-Jugend. An den Schulen im Reichsgau Sudetenland waren an seinem Todestag Feierstunden zu veranstalten, die daran erinnern sollten, dass er „sein Leben im Freiheitskampfe des Sudetendeutschtums hingab".³³⁶

Am 22. April 1943, dem zehnjährigen Todestag Donnhäusers, wurde eine große Gedenkveranstaltung in Niederhof organisiert, auf der nicht nur alte „Mitkämpfer" Donnhäusers zu Wort kamen, sondern auf Wunsch Henleins

---

332 Reichsminister Rust im Sudetengau 520–521.
333 Der sudetendeutsche Horst Wessel. Artikel zu SCHORK, Kurt: Peter Donnhäuser – Ein sudetendeutsches Schicksal. In: Berliner Börsenzeitung vom 12. Juni 1938. BArch, NS/5/VI/17566, fol. 48.
334 HERZOG, Robert: Peter Donnhäuser – ein Grenzlandkämpfer. In: Der Sudetendeutsche Erzieher 5 (1939) 102–104, hier 102.
335 Leo Schlageter war ein militanter Aktivist gegen die Ruhrbesetzung und unter anderem für zahlreiche Anschläge verantwortlich. Am 9. Mai 1923 wurde er von einem französischen Militärgericht in Düsseldorf zum Tode verurteilt; das Urteil wurde am 26. Mai 1923 vollstreckt. Siehe HÜRTER, Johannes: Schlageter, Albert Leo. In: Neuere Deutsche Biographie (NDB). Band 23. Berlin 2007, 23.
336 Schreiben der Schulabteilung der Reichsstatthalterei an die Schulabteilungen der Regierungspräsidien und zur Veröffentlichung an das „Amtliche Schulblatt". Reichenberg, 9. April 1943. SOAL, Bestand ŘM, Signatur 1051/31, Karton 326, nicht foliiert.

auch Theo Keil sprach.³³⁷ Anlässlich dieser Feier wurde von der HJ-Gauleitung eine Broschüre zu Donnhäuser herausgegeben, die durch einen ihm gewidmeten Heimatabend führen sollte. In ihr erfuhr sein Tod eine heilsgeschichtliche Aufladung:

> Den Körper konnten sie töten, doch niemals den Geist, denn ewig leben alle, die für ein großes Ideal dahingegangen sind. Wenn auch wenige Monate nach seinem Tode die nationalsozialistische Bewegung in den Sudetengebieten vom tschechischen Staat verboten wird, ihr Geist lebt weiter, findet seine Form in der Bewegung Konrad Henleins und siegt, als der Führer im großdeutschen Jahr 1938 mit der neu erstandenen Kraft und Macht des Reiches die Heimat befreit, und auch der Opfertod Peter Donnhäusers seinen letzten Sinn erfährt.³³⁸

Sein Tod habe für die Hitler-Jugend nur eine Konsequenz: „Heute ist die Zeit der Bewährung auch für uns herangekommen. Sie heißt: Einsatz in der Heimat und das Letzte hergeben. Hier wollen wir den Beweis antreten."³³⁹

Der 4. März wurde den Toten der sudetendeutschen Freiheitsbewegung gewidmet,³⁴⁰ so etwa 1941 an den Gablonzer Handelslehranstalten.³⁴¹

Auch dem Sudetendeutschen Freikorps wurde schulische Würdigung zuteil. Das 1939 von Franz Höller veröffentlichte Schultheaterstück „Schill", das „den Toten des sudetendeutschen Freikorps geweiht" wurde,³⁴² thematisiert die Kriegsprozesse gegen die Offiziere des Schill'schen Freikorps während der napoleonischen Herrschaft im Jahr 1809, und auch wenn diese historisch nie die böhmischen Länder betreten hatten, wurde der Bezug zumindest biografisch fundiert. Die Verbindung zum Sudetenland wurde über Schills tatsächlich im Egerland geborenen Vater Johann Georg hergestellt, der Schill, als dieser noch ein Kind war, erzählt habe, dass früher einmal Egerländer Bauern „bis auf den letzten Mann" im Kampf gegen fürstliche Unterdrückung gestorben seien.³⁴³ Auf diese Weise konnte eine Brücke geschlagen werden: So, wie

---

337 Schreiben Keils an den Gablonzer Schulrat Alfons Urban. Ohne Ort, 30. April 1943. SOAL, ŘM, Signatur 1035/0, Karton 317, nicht foliiert.
338 URBAHN: Peter Donnhäuser 8.
339 EBENDA 8.
340 Dieser ab 1938 propagandistisch im Reichsgau Sudetenland begangene Gedenktag gedachte derjenigen, die am 4. März 1919 bei Schießereien im Rahmen überparteilicher Demonstrationen gegen die neu gegründete Tschechoslowakei ums Leben kamen. Vgl. ZIMMERMANN: Die Sudetendeutschen im NS-Staat 35.
341 50. Jahresbericht der Gablonzer Handelslehranstalten über das Schuljahr 1940/41, 35. BArch, R/57/8265, nicht foliiert.
342 HÖLLER Franz: Schill. Ein Schauspiel. Karlsbad-Drahowitz 1939, 5.
343 EBENDA 30–31.

die Egerländer Bauern für die Freiheit gefallen seien, so seien Freikorpssoldaten für die Freiheit gestorben – im Kampf gegen die angebliche Unterdrückung der Sudetendeutschen in der Tschechoslowakei 1938.

Ein weiterer wichtiger Gedenktag war der sogenannte Jahrestag für das Sudetendeutschtum, der alljährlich am 1. Oktober gefeiert wurde. Der 1938 vollzogenen Eingliederung tschechoslowakischer Gebiete an NS-Deutschland infolge des Münchner Abkommens gewidmet, änderte sich der Charakter dieses Jahrestages im Kriegsverlauf deutlich. Sollte er in den ersten Jahren noch als kurze und schlichte Gedenkfeier begangen werden,[344] war ab 1941, nach dem Angriff auf die Sowjetunion,

> darauf hinzuweisen, dass die sudetendeutsche Befreiung nur ein Markstein in der Entwicklung zum Großdeutschen Reich und damit zum tausendjährigen Reich aller Deutschen ist. Also nicht Abschluss, sondern Auftakt zu einer größeren Zukunft war der 1. Oktober 1938.[345]

Ab 1943 waren zu den Gedenkveranstaltungen NSDAP-Funktionäre einzuladen, die Reden halten sollten. Zudem mussten an diesem Tag die „Führerbilder" geschmückt werden.[346]

Doch die beabsichtigte Würdigung der führenden Persönlichkeiten des Reichsgaus Sudetenland an diesem Gedenktag fand anscheinend nicht wie gewünscht Anklang. Im Herbst 1943 beklagte sich die NSDAP-Kreisleitung Reichenberg bei Theo Keil, dass bei Schulfeiern in Reichenberg „nur in sehr geringem Maße, ja sogar überhaupt nicht der Gauleiter genannt wurde, noch seine Verdienste für das Sudetendeutschtum in keiner Weise erwähnt, noch gewürdigt wurden", und forderte ihn auf, Rahmenprogramme für die Feiern auszuarbeiten, die diesen Missstand beheben würden.[347] Daraufhin organisierte

---

344 Schnellbrief der Schulabteilung der Reichsstatthalterei an die Schulabteilungen der Regierungspräsidien. Reichenberg, 16. Dezember 1941. SOAL, Bestand ŘM, Signatur 1051 31, Karton 326, nicht foliiert.
345 Schreiben des stellvertretenden Gaupropagandaleiters Werner Tutter an Eichholz. Reichenberg, 20. September 1941. SOAL, Bestand ŘM, Signatur 1051 31, Karton 326, nicht foliiert.
346 Entwurf über die Feier „Fünfte Wiederkehr des Befreiungstages". Reichenberg, 14. September 1943. SOAL, Bestand ŘM, Signatur 1051 31, Karton 326, nicht foliiert.
347 Schreiben der NSDAP-Kreisleitung Reichenberg (Hauptabschnittsleiter Porsche) an Theo Keil. Reichenberg, 1. Oktober 1943. SOAL, Bestand ŘM, Signatur 1051 31, Karton 326, nicht foliiert.

das NS-Gauschulungsamt in den Weihnachtsferien 1943[348] mit persönlicher Zustimmung Henleins mehrere Wochenendschulungen für die praktische Fest- und Feiergestaltung.[349] Des Weiteren veröffentlichte die Schulverwaltung im „Amtlichen Schulblatt" Richtlinien zur Festgestaltung, die herausstellten, dass „Einsatz und Taten der handelnden Persönlichkeiten unseres Volkes" entsprechend gewürdigt werden sollten.[350]

Somit betrifft der weiter oben bei der näheren Betrachtung des Gauteils des 1941/1942 erschienenen reichseinheitlichen Volksschullesebuchs entstandene Eindruck einer unzureichenden Berücksichtigung sudetendeutscher Funktionäre auch die Feierkultur. Fand zumindest Konrad Henlein im Lesebuch noch Erwähnung, wurde er ausgerechnet beim sogenannten Jahrestag für das Sudetendeutschtum nicht bedacht. Grund hierfür war nicht nur die sich 1940 verschlechternde Machtposition Henleins, die in der Öffentlichkeit durchaus wahrnehmbar war,[351] sondern gerade auch die Weisung, die Feierlichkeiten so zu gestalten, dass die als Befreiung behauptete Angliederung als Auftakt für eine bessere Zukunft erscheine – was die Bedeutung Henleins schmälerte, umgekehrt aber jene Adolf Hitlers vergrößerte.

Sudetendeutscher „Freiheitskampf" im Rahmen der Kinderlandverschickung

Der Reichsgau Sudetenland war bei der sogenannten Kinderlandverschickung (KLV) eine der bevorzugten Aufnahmeregionen des Deutschen Reichs. Kinder im Alter unter zehn Jahren wurden unter fachlicher Betreuung des NSLB in Familien untergebracht, während Jugendliche über zehn Jahren in Heimen, Jugendherbergen, Schullandheimen und Gasthöfen, für die die HJ zuständig war, Aufnahme fanden.[352] Die Schüler/-innen der Höheren Schulen wurden meist in größeren

---

348 Schreiben von Keil an Fiedler. Reichenberg, 28. Oktober 1943. SOAL, Bestand ŘM, Signatur 1051 31, Karton 326, nicht foliiert.
349 Schreiben des Gauschulungsamtes (Stolba) an Theo Keil. Reichenberg, 21. Oktober 1943. SOAL, Bestand ŘM, Signatur 1051 31, Karton 326, nicht foliiert.
350 Schreiben der Schulverwaltung der Reichsstatthalterei an das „Amtliche Schulblatt" und an die Schulabteilungen der Regierungspräsidien. Reichenberg, 26. Oktober 1943. SOAL, Bestand ŘM, Signatur 1051 31, Karton 326, nicht foliiert.
351 Vgl. ZIMMERMANN: Die Sudetendeutschen im NS-Staat 234–247; GEBEL: „Heim ins Reich!" 167–176.
352 Vgl. Berliner Kinder in unserem Gau. In: Mitteilungsblatt des NSLB der Gauwaltung Sudetenland 12 (1940) 153.

Gebäuden, die Volks- und Hauptschüler/-innen eher in kleineren Heimen untergebracht. Manche KLV-Lager waren auch in Hotels und in kleineren Pensionen eingerichtet worden. Die Bewirtschaftung der KLV-Lager wurde meist von der Gebietsführung der HJ übernommen.[353] Geschah die KLV anfangs noch – mehr oder weniger – freiwillig, erarbeitete die KLV-Führung 1942 Pläne, nicht mehr nur einzelne Schulklassen, sondern ganze Schulen zu verlegen. Diese Pläne wurden schließlich ab Sommer 1943 als erweiterte Kinderlandverschickung unter Einbezug der Lehrkräfte und der Lehrmaterialien realisiert.[354] Dabei wurden die Schüler/-innen vielfach in bestehenden Schulgebäuden untergebracht, was dazu führte, dass in einem Gebäude oft zwei bis drei Schulen in Schichten unterrichtet wurden.[355] Zudem wurden Schüler/-innen individuell an den örtlichen Schulen eingeschult. Allein im November 1944 waren dies 287 Kinder an Volks- und 19 Kinder an Hauptschulen des Landkreises Freiwaldau.[356]

Im Laufe des Krieges stieg die Zahl der Schüler/-innen, die sich im Rahmen der Kinderlandverschickung im Reichsgau Sudetenland aufhielten, stark an. Gab es im Oktober 1942 im Reichsgau Sudetenland noch 93 KLV-Lager, in denen 3 295 Kinder lebten,[357] erhöhte sich deren Zahl bis Februar 1944 auf rund 130.[358] Zum Stichtag 25. November 1944 hielten sich im Reichsgau Sudetenland 158 432 Schülerinnen und Schüler auf, davon allein 62 899 aus Berlin, wobei das Hauptamt für Volkswohlfahrt im Dezember 1944 eine Aufnahmezahl von 226 000 als Gesamtsoll ansah.[359] Auch das benachbarte Protektorat Böhmen

---

353 Reisebericht von Pax (Reichserziehungsministerium). Berlin, 15. Juni 1944. BArch, R 4901/12836, nicht foliiert.
354 KOCK, Gerhard: „Der Führer sorgt für unsere Kinder ..." Die Kinderlandverschickung im Zweiten Weltkrieg. Paderborn [u. a.] 1997, 213–225.
355 „Amtliches Schulblatt", Sonderfolge zur Weihnacht 1944 für die Lehrersoldaten, S. 12, undatiert. ZA Opava, RP Opava, Signatur IIA, Karton 3582, nicht foliiert.
356 Schreiben des Kreisschulamtes von Freiwaldau an das Regierungspräsidium Troppau. Freiwaldau, 18. November 1944. ZA Opava, Fond RP Opava, inv. č. 3550, nicht foliiert.
357 Schreiben des KLV-Inspektors des NSLB-Sudetenland Claus Hartlef an die Gaugeschäftsführung des NSLB Gau Sudetenland in Reichenberg. Reichenberg, 27. Oktober 1942. SOAL, ŘM 317, Signatur Ic1 100/00, Karton 317, nicht foliiert.
358 KEIL, Theo: Die Erziehung unserer Kinder. In: Heimatbrief der Kreisleitung der NSDAP, Folge 4, Februar 1944. SOAL, Bestand ŘM, Signatur unklar, Karton 321, nicht foliiert.
359 Schreiben des Hauptamts für Volkswohlfahrt an das Reichsministerium für Wissenschaft, Erziehung und Volksbildung. Eingang im Ministerium am 9. Dezember 1944. BArch R/4901/12941, Folierung unklar.

und Mähren war ein oft gewähltes Ziel der KLV: Gerhard Dabel, verantwortlicher Mitarbeiter der Reichsjugendführung für die Kinderlandverschickung, schätzte, dass sich im Laufe der KLV insgesamt rund 500 000 Kinder dort aufgehalten hatten.[360] Radka Šustrová geht in ihren Forschungen hingegen von insgesamt rund 300 000 deutschen Kindern aus, die im Rahmen der KLV zeitweise im Protektorat lebten.[361] Die administrative Verantwortung für die Schulaufsicht über die KLV-Lager lag ab Oktober 1943 bei den Schulräten.[362] Im Folgejahr wurde Richard Patscheider nach Reichenberg beordert und mit der Koordination der KLV im Sudetenland betraut.[363] Er war als einer der Hauptangeklagten im sogenannten Patscheider-Prozess 1935/1936 zu einer Haftstrafe verurteilt worden,[364] später wurde er Oberstudienrat in München, 1941 ging er als Major an die Ostfront,[365] bald darauf wechselte er aber als Mitarbeiter von Eichholz in die Regierung des Generalgouvernements, nachdem dieser nach Krakau gegangen war.[366]

Einhergehend mit der Übernahme der Schulaufsicht der KLV-Lager im Sudetenland durch die sudetendeutsche Schulverwaltung wurde festgelegt, dass die Schüler/-innen in den KLV-Schulen, in denen nach den heimatlichen Lehrplänen gelehrt wurde, auch etwas über das Sudetenland lernen sollten. So war an den Schulen im Geschichtsunterricht herauszuarbeiten, was das Sudetenland zur

> Bildung des Deutschen Volkes beigetragen hat. [...] Die Bedeutung des böhmisch-mährischen Raumes für das Reich in allen Abschnitten der deutschen Geschichte ist herauszuschälen. Dabei ist auf die Geschichte des Sudetenlandes seit 1918 besonderer Wert zu legen. Es ist dafür zu sorgen, daß die Kinder aus dem Munde geeigneter Persönlichkeiten (Mitkämpfer) des Lagerortes oder der Umgebung lebendige Schilderungen des sudetendeutschen Freiheitskampfes erhalten. Diese Maßnahme gibt dem Lagerort in den Augen der Kinder eine ganz andere Bedeutung und fördert die Verbindung zwischen dem Lager und der gastgebenden Bevölkerung. Als Persönlichkeit

---

360 Vgl. Šustrová: Pod ochranou protektorátu 272.
361 Ebenda.
362 Reisebericht Ministerialrat Pax (Reichserziehungsministerium) Berlin, 15. Juni 1944. BArch, R 4901/12836.
363 „Amtliches Schulblatt", Sonderfolge zur Weihnacht 1944 für die Lehrersoldaten, S. 12, undatiert. ZA Opava, RP Opava, Signatur IIA, Karton 3582, nicht foliiert.
364 Siehe das Kapitel „Entstehung und Emergenz des sudetendeutschen ‚Grenzland'-Konzepts".
365 Weger: Großschlesisch? Großfriesisch? Großdeutsch! 495.
366 „Amtliches Schulblatt", Sonderfolge zur Weihnacht 1944 für die Lehrersoldaten, S. 12, undatiert. ZA Opava, RP Opava, Signatur IIA, Karton 3582, nicht foliiert.

ist Konrad Henlein zu schildern. Das Schicksal und die Bedeutung Peter Donnhäusers sind zu würdigen.[367]

So drängte die Schulverwaltung auch bei der KLV vehement darauf, nicht nur die Geschichte der böhmischen Länder zu erzählen, sondern hierbei auch sudetendeutsche Leistungen besonders herauszustellen. Immerhin scheinen die vorangegangenen Beschwerden über die zu geringe Beachtung Henleins eine Wirkung gezeigt zu haben, wurde er doch in dieser Weisung aus dem Januar 1944 – kurz nachdem die besagten Wochenendschulungen zur sudetendeutschen Feiergestaltung stattgefunden hatten – namentlich erwähnt.

Zwischenergebnisse

Das Bestreben der sudetendeutschen Schulverwaltung war es, ihr behauptetes grenzlanddeutsches Erlebnis auch den Schüler/-innen im Schulunterricht näherzubringen. Dies sollte den Anspruch einer sudetendeutschen Herrschaft über den böhmisch-mährischen Raum nicht nur historisch rechtfertigen, vielmehr sollten die Schüler/-innen daraus auch die der einheimischen Bevölkerung zugeschriebene Vormachtstellung in den böhmischen Ländern ableiten. Dieses Paradigma versuchte die Schulverwaltung auf vielfältige Art umzusetzen: Beispielsweise wurden im „Sudetendeutschen Schulatlas" die historischen Länder Böhmen und Mähren als Sudetenraum bezeichnet. Diese Umbenennung erfolgte, um auf der Basis der politischen Eigenbezeichnung als Sudetendeutsche den territorialen Herrschaftsanspruch nun auch terminologisch zu bekräftigen.

Praktisch sollte sich diese Herrschaft auf in der Schule zu erwerbende Tschechischkenntnisse der einheimischen Bevölkerung stützen. Sudetendeutsche Funktionsträger verbanden mit dieser Idee konkrete wirtschaftspolitische Ziele und die Erwartung, nicht nur im böhmisch-mährischen Raum, sondern zugleich im zu erobernden Osten die künftige Elite stellen zu können. Jedoch gelang es der Schulverwaltung nicht, den Widerspruch zwischen solchen Ansprüchen auf der einen und der faktischen Zurückdrängung der tschechischen Sprache in der Öffentlichkeit auf der anderen Seite aufzulösen, was letztlich dazu führte, dass der Tschechischunterricht sowohl bei den Erziehungsberechtigten als auch bei den Schüler/-innen selbst weithin unbeliebt

---

367 Übernahme der Schulaufsicht über die im Rahmen der erweiterten Kinderlandverschickung verlegten Schulen durch den Staat (Sonderfolge des „Amtlichen Schulblatts" für den Reichsgau Sudetenland, Reichenberg, 24. Januar 1944), nichtamtlicher Teil S. 11. ZA Opava, RP Opava, Signatur IIA, Karton 3582, nicht foliiert.

war und – wohl nicht zuletzt aus diesem Grund – die Schulleistungen im Fach ziemlich schlecht ausfielen.

Im Deutschunterricht wie auch bei Schulfeiern sollte hingegen ein Gemeinsinn stiftendes „sudetendeutsches" Gruppenbewusstsein erzeugt werden, das mit dem Gefühl einer Verpflichtung gegenüber Adolf Hitler verknüpft wurde. Es war der sudetendeutschen Schulverwaltung gelungen, das von ihr behauptete Narrativ sowohl in den Lesebüchern an Volksschulen als auch bei den Schulfeiern abzubilden: So hätten sich die „Sudetendeutschen" in einem tapferen Verteidigungskampf gegenüber den Tschechen behaupten müssen, bei dem Peter Donnhäuser als Märtyrer sein Leben gegeben habe. Aus dieser Unrechtsherrschaft der Tschechen seien sie schließlich von Adolf Hitler befreit worden. Dabei bleibt bemerkenswert, dass diese Rettung aus der Not nicht auch den Funktionären der SdP zugeschrieben wurde – einzig Konrad Henlein wurde diesbezüglich, wenn auch eher beiläufig, erwähnt.

Anders als bei den Schulstrukturen konnte die Schulverwaltung ihre Identitätsstiftung gegenüber Berlin widerspruchslos durchsetzen. Dies war möglich, weil sie zwar ein eigenes gruppenbezogenes Deutungsangebot formulierte, dabei aber nicht den NS-Staat infrage stellte. Ihrer Geschichtsdeutung zufolge hatte erst der Nationalsozialismus die erfolgreiche Realisierung der sudetendeutschen Ziele ermöglicht. Eine solche Position stieß in Berlin nicht auf Widerstand, schließlich forderte sie im Gegensatz zur Diskussion um den Umbau des Schulwesens nicht die Zentralmacht heraus, sondern beförderte vielmehr das Gefühl der Zugehörigkeit der Schüler/-innen zum nationalsozialistischen Staat und war somit als systemstützende Loyalitätsbekundung zu verstehen. Die Linie Berlins, der Reichenberger Schulverwaltung ein Auftreten zuzugestehen, das nach außen hin eigenständig erschien, faktisch aber die Zentralmacht nicht anzweifelte, sollte sich auch in einem weiteren Feld zeigen – und zwar auf dem Gebiet der sogenannten Volkstumspolitik, mit der eine „Eindeutschung" der böhmischen Länder verwirklicht werden sollte.

„Eindeutschung" des Sudetenlandes. Die „Volkstumsarbeit" der Schulverwaltung

> Es hat sich ergeben, dass tschechische Schüler in der Regel Fremdkörper in einer Klasse darstellen und dass die Klassengemeinschaft darunter leidet. Der Lehrer kommt in Gefahr, sich in vielen Fällen eine unerwünschte Zurückhaltung aufzuerlegen. Durch den Besuch einer deutschen Schule tritt für die tschechischen Schüler keineswegs eine Verdeutschung ein; die Tatsache, dass der größte Teil der ehemaligen Tschechenführer durch deutsche Schulen gegangen ist, beweist das Gegenteil. Der wirkliche Tscheche wird immer unzuverlässig bleiben und wird auch später versuchen, nach Möglichkeit Zersetzungsherde zu bilden. Das deutsche Volk hat kein Interesse daran, Tschechen z. B. in wehrwirtschaftliche Dinge blicken zu lassen, sie mit geistigem Rüstzeug zu versehen, das gegen das deutsche Volk eingesetzt werden könnte, und sie zum Nachteil der deutschen Volksgenossen in gehobene Stellung zu bringen.[1]

Wütend wandte sich der Troppauer Regierungspräsident Zippelius im Juni 1940 an die Schuldirektoren seines Bezirkes, um die Einschulung tschechischer Schüler/-innen an deutschen Schulen scharf zu kritisieren. Seine Einschätzung, durch die Einschulung von Tschechen an deutschen Schulen werde eben gerade nicht deren Eindeutschung erreicht, stattdessen aber unfreiwillig die tschechische Minderheit gefördert, war unter sudetendeutschen Funktionären weit verbreitet. Nach der Errichtung des Reichsgaus Sudetenland zwei Jahre zuvor hatte zumindest in den zeitgenössischen Publikationen nichts darauf hingedeutet, dass eine Beschulung tschechischer Schüler/-innen an deutschen Schulen überhaupt ein Thema für die Schulverwaltung werden sollte. So proklamierte im Frühjahr 1939 Alfred Endt, Gauhauptstellenleiter im Rassenpolitischen Amt der NSDAP: „Die deutsche Volksschule und der deutsche Erzieher haben die Pflicht, sich zuerst und mit allen Kräften den tüchtigen, fähigen, brauchbaren deutschen Kindern zu widmen."[2]

Doch dies entsprach nicht dem Selbstverständnis der sudetendeutschen Schulverwaltung. Sie beschäftigte sich eingehend mit der Beschulung nichtdeutscher Kinder im Sudetenland. Denn durch die Errichtung des Reichsgaus kam auch eine große Zahl von Tschechinnen und Tschechen – rund 400 000

---

1 Streng vertrauliches Schreiben von Zippelius an die Fachschulen seines Regierungsbezirks. Troppau, 21. Juni 1940. ZA Opava, Fond RP Opava, inv. č. 1437, nicht foliiert.
2 ENDT, Alfred: Erziehung zu Rassen- und Sippenpflege als Kernaufgabe der nationalsozialistischen Schule. In: Der Sudetendeutsche Erzieher 3 (1939) 50–54, hier 54.

Personen – unter nationalsozialistische Herrschaft, die sich durch diese bis 1945 zunehmender Repression und Unterdrückung ausgesetzt sahen. Doch die Schulverwaltung erwog nicht im Geringsten, ihnen eine besondere schulische Förderung einzuräumen; vielmehr intendierte sie unter dem Begriff Volkstumsarbeit sofort eine Eindeutschung des ihr unterstehenden Raumes, wiewohl sie in deutlicher Abgrenzung nach außen dabei zugleich vehement eine eigene, erklärtermaßen sudetendeutsche Position zu behaupten versuchte. Perspektivisch stand die Eindeutschung im Kontext unterschiedlicher Fragestellungen: Ob Tschechen vertrieben oder ob sie eingedeutscht werden könnten, ob Volksdeutsche wiederum den Platz der zu vertreibenden Tschechen einnehmen könnten, ob Zwangsarbeiterkinder aus Osteuropa nicht die Stellung der Tschechen ungewollt stärken könnten und ob es überhaupt noch eigene Schulen für die tschechische Minderheit geben sollte. Diese scheinbar disparaten, tatsächlich aber eng miteinander verknüpften Themen hingen letztlich alle mit dem Ziel der Eindeutschung des Raumes und der Menschen zusammen.

Die tschechische Minderheit im Reichsgau Sudetenland

Laut Volkszählung vom 17. Mai 1939 lebte unter den rund drei Millionen Menschen des Reichsgaus Sudetenland eine tschechische Minderheit mit 291 198 Personen. Sie waren territorial höchst ungleich verteilt: 160 988 von ihnen lebten im Regierungsbezirk Troppau, wo sie 19,8 Prozent der Gesamtbevölkerung stellten und vielfach in der Landwirtschaft arbeiteten. 112 361 Tschechen gab es im Regierungsbezirk Aussig, vor allem im nordwestböhmischen Industriegebiet um Dux und Brüx wie auch in den industriell geprägten Kreisen Gablonz, Reichenberg und Hohenelbe, wo sie zum größten Teil als Arbeitskräfte tätig waren. Im Regierungsbezirk Karlsbad zählte die tschechische Minderheit hingegen nur 14 590 Menschen, davon allein 8 001 im Landkreis Mies.[3]

Dass die tschechische Minderheit im Reichsgau Sudetenland eine solche Personenzahl erreichte, hatte die deutsche Verhandlungsführung nach dem Münchner Abkommen zu verantworten. Denn bei der Grenzziehung der Gebiete, die die Tschechoslowakei an das Deutsche Reich abtreten musste, wurde nicht allein auf ethnische Gesichtspunkte geachtet, sondern wirtschaftliche und militärische Erwägungen spielten ebenso eine Rolle. Des Weiteren verzichtete der Internationale Ausschuss am 13. Oktober 1938 auf Vorschlag der

---

3 Vgl. Ergebnisse der Volkszählung, Angaben nach BOHMANN, Alfred: Das Sudetendeutschtum in Zahlen. München 1959, 125, 134; sowie GEBEL: „Heim ins Reich!" 275–277; ZIMMERMANN: Die Sudetendeutschen im NS-Staat 279–281.

deutschen Delegation auf eine Volksabstimmung in den Gebieten, in denen die ethnische Bevölkerungsverteilung unklar gewesen war.[4] Die Begründung hierfür war, dass „mit der Demarkationslinie bereits eine ethnographische Grenze gefunden"[5] sei. Rechtlich wie juristisch höchste Bedeutung hatte der Vertrag über Staatsangehörigkeits- und Optionsfragen,[6] in dem bestimmt wurde, dass die vormals tschechoslowakischen Staatsangehörigen in den Abtretungsgebieten ihre bisherige Staatsangehörigkeit verlieren und stattdessen die deutsche erwerben würden, sofern sie „vor dem 1. Januar 1910 in dem mit dem Deutschen Reich vereinigten Gebiet geboren" worden waren oder „die deutsche Staatsangehörigkeit mit dem 10. Januar 1920" – dem Zeitpunkt des Inkrafttretens des Friedensvertrags von Versailles – verloren hatten; Gleiches galt für Kinder, Enkelkinder oder Ehefrauen solcher Personen.[7] „Personen nichtdeutscher Volkszugehörigkeit" hatten darüber hinaus die Möglichkeit, stattdessen für die tschechoslowakische Staatsangehörigkeit zu optieren.[8] Die Zahl der Tschechen, die sich für die deutsche Staatsangehörigkeit entschieden, betrug 174 143.[9] Deutsche Statistiken gaben die Zahl deutscher Staatsangehöriger mit tschechischer Muttersprache 1939 darüber hinaus mit 208 000 an.[10]

Die Gründe der Optierung für oder wider die tschechoslowakische Staatsbürgerschaft waren dabei stark von wirtschaftlichen Erwägungen geprägt. Im Regierungsbezirk Aussig, wo die meisten Tschechen in der Industrie und im

---

4 Siehe ZIMMERMANN: Die Sudetendeutschen im NS-Staat 279; GEBEL: „Heim ins Reich!" 62; PROCHÁZKA, Theodore: The Second Republic: The disintegration of post-Munich Czechoslovakia (Oct. 1938–March 1939). New York 1981, 17–21.
5 Protokoll über die Achte Sitzung des Internationalen Ausschuss in Berlin am 13.10.1938. In: BUSSMANN, Walter (Hg.): Akten zur deutschen auswärtigen Politik. Die Nachwirkungen von München. Oktober 1938–März 1939. Göttingen 1951, Dok. 56, 60–63, hier 60.
6 Vertrag zwischen dem Deutschen Reich und der Tschechoslowakischen Republik über Staatsangehörigkeits- und Optionsfragen vom 20. November 1938. Abgedruckt in: MEIER-BENNECKENSTEIN, Paul (Hg.): Dokumente der Deutschen Politik. Bd. 6: Großdeutschland 1938. Teil 1. Berlin 1939, 384–389.
7 Vgl. GEBEL: „Heim ins Reich!" 277.
8 EBENDA.
9 Vgl. BECKER, Steffen: Von der Werbung zum „Totaleinsatz". Die Politik der Rekrutierung von Arbeitskräften im „Protektorat Böhmen und Mähren" für die deutsche Kriegswirtschaft und der Aufenthalt tschechischer Zwangsarbeiter und -arbeiterinnen im Dritten Reich 1939–1945. Berlin 2005, 45; RADVANOVSKÝ: Historie okupovaného pohraničí, Band 1, 25–40.
10 Vgl. BECKER: Von der Werbung zum „Totaleinsatz" 46.

Bergbau arbeiteten, entschieden sich 69 Prozent für die Tschechoslowakei.[11] So besaßen im nordwestböhmischen Kohlegebiet (in den Landkreisen Aussig, Bilin, Dux, Komotau und Teplitz-Schönau) von den 58 401 Tschechen, die 14,41 Prozent der Bevölkerung stellten, nur 7,1 Prozent die deutsche Staatsangehörigkeit.[12] Währenddessen optierten im Regierungsbezirk Troppau nur rund 20 Prozent für die Tschechoslowakei, die restlichen 80 Prozent erwarben die deutsche Staatsangehörigkeit. Der Grund war, dass die meisten von ihnen in der Landwirtschaft tätig waren und befürchteten, sonst ihren Besitz zu verlieren.[13] Insbesondere in einigen Kreisen des Regierungsbezirks Troppau war der prozentuale Anteil der tschechischen Bevölkerung an der Gesamtbevölkerung hoch: Landskron (Lanškroun) 26,6 Prozent; Troppau-Stadt 19,8 Prozent; Troppau-Land 55,9 Prozent; Mährisch Schönberg 15,5 Prozent; Hohenstadt (Zábřeh) 51,8 Prozent; Neutitschein 35,4 Prozent.[14]

Aufgrund dieser uneinheitlichen Staatsangehörigkeitsentscheidung der tschechischsprachigen Minderheit ergab sich für die deutschen Behörden die Schwierigkeit, dass sich – anders als im späteren Protektorat Böhmen und Mähren, wo eine deutliche Unterscheidung zwischen deutscher und nichtdeutscher Volkszugehörigkeit vorgenommen wurde[15] (Reichsangehörige, Protektoratsangehörige) – die tschechische Minderheit im Sudetenland statistisch nicht

---

11 Vgl. GEBEL: „Heim ins Reich!" 278; JOZA, Jaroslav: Česká menšina v severních Čechách v letech 1938–1941 ve světle nacistických pramenů [Die tschechische Minderheit in Nordböhmen in den Jahren 1938–1941 im Lichte nationalsozialistischer Quellen]. In: Pedagogická fakulta v Ústí nad Labem (Hg.): Severní Čechy a Mnichov. Sborník statí k 30. Výročí Mnichova [Nordböhmen und München. Sammelband zum 30. Jahrestag von München]. Liberec 1969, 176–213, hier 180. Vgl. auch BARTOŠ: Okupované pohraničí a české obyvatelstvo 76, 149.

12 Schreiben des Regierungspräsidiums von Aussig (Unterschrift unleserlich) an Schulrat Hocke in der Reichsstatthalterei. Aussig, 19. Januar 1941. SOAL, ŘM, Signatur 1076/0, Karton 341, nicht foliiert.

13 Vgl. GEBEL: „Heim ins Reich!" 278; JOZA: Česká menšina v severních Čechách v letech 1938–1941 ve světle nacistických pramenů 180; BARTOŠ: Okupované pohraničí a české obyvatelstvo 76, 149.

14 Tabellarische Übersicht über die Lebendgeburten deutscher und tschechischer Eltern. Anhang des Geheimen Lageberichts des Regierungspräsidenten von Troppau an die Reichsstatthalterei. Troppau, 8. Mai 1942. ZA Opava, Fond RP Opava, inv. č. 1435, fol. 57.

15 Zumindest legten dies die Oberlandräte so fest – eine „rassische" Überprüfung fand nicht statt. Siehe BRANDES: „Umvolkung, Umsiedlung, rassische Bestandsaufnahme" 179.

authentisch abbilden ließ. So nahm auch der Inspekteur für Statistik in Berlin folgerichtig an, dass das „subjektive Volkstumsbekenntnis" der zu erfassenden Personen eher von Stimmungen und wirtschaftlichen Erwägungen abhängig sei und es deshalb keine einwandfreie Grundlage für die Bevölkerungsstatistik der tschechischen Volksgruppe gebe.[16] In der zeitgenössischen Diskussion wurden diese Personen in der Folge oftmals als „Konjunkturdeutsche" bezeichnet. Auch das Bezirksschulamt in Prachatitz (Prachatice), dessen Landkreis 1938 an Bayern angeschlossen wurde, bemerkte, dass die genaue Feststellung der „Volkszugehörigkeit" oft nicht leicht sei. In Prachatitz und Winterberg (Vimperk) gebe es Angehörige eines „schwebenden Volkstums", die nicht wissen würden, ob sie deutsch oder tschechisch seien – meist würde es sich hierbei um „Mischlinge" (Kinder deutsch-tschechischer Eltern) handeln.[17] Insgesamt kann davon ausgegangen werden, dass die Zahl 291 198 die Größe der tschechischen Minderheit[18] nur unzureichend erfasst.[19] Wahrscheinlich hatte sich die Zahl der tschechischen Bevölkerung nach Errichtung des Reichsgaus Sudetenland 1938 von circa 780 000 auf rund 400 000 reduziert.[20]

„Eindeutschungs"-Kontroversen um tschechische Schüler/-innen

Für die nationalsozialistischen Behörden war es undenkbar, der tschechischen Minderheit im Reichsgau Sudetenland Minderheitenrechte zuzugestehen. Ganz im Gegenteil: Die tschechischen Vereine wurden aufgelöst, tschechischsprachige Zeitungen eingestellt und fast alle tschechischen Büchereien geschlossen.[21] Ferner war seit Dezember 1938 der Gebrauch der tschechischen Sprache

---

16 Der Inspekteur für Statistik: Die natürliche Bevölkerungsbewegung der Tschechen im Deutschen Reich. BArch, NS19/2136, Tschechen im Deutschen Reich, fol. 10.
17 Schreiben des Bezirksschulamtes in Prachatitz an den Regierungspräsidenten in Regensburg. Prachatitz, 7. Oktober 1943. Staatsarchiv Amberg, Bestand Regierung der Oberpfalz, Nr. 14692, fol. 10R.
18 Der Inspekteur für Statistik: Die natürliche Bevölkerungsbewegung der Tschechen im Deutschen Reich. BArch, NS19/2136, Tschechen im Deutschen Reich, fol. 11.
19 Vgl. ZIMMERMANN: Die Sudetendeutschen im NS-Staat 279.
20 Vgl. GEBEL: „Heim ins Reich!" 278; HABEL, Fritz Peter: Eine politische Legende – Die Massenvertreibung von Tschechen aus dem Sudetengebiet 1938/39. München 1996, 83; BARTOŠ: Okupované pohraničí a české obyvatelstvo 71.
21 Siehe ZIMMERMANN: Die Sudetendeutschen im NS-Staat 297–299.

in allen Behörden verboten, nur in rein tschechischen Gemeinden durften amtliche Bekanntmachungen auch zweisprachig angebracht werden.[22]

Die Aussage des Aussiger Regierungspräsidenten Hans Krebs, dass „[d]er Tscheche [...] aufgrund seines slawischen Charakters nur dann Ordnung [hält], wenn er eine starke Hand spürt",[23] kann als unheilvolle Ankündigung dessen verstanden werden, wie sich die deutsche Besatzungsherrschaft in den folgenden Jahren gestalten sollte. Nach 1938 stimmten die sudetendeutschen und die reichsdeutschen Planungen zumindest darin überein, dass für den Umgang mit der tschechischsprachigen Bevölkerung ein Gesamtkonzept gefunden werden müsse,[24] wobei unklar blieb, wie dieses aussehen sollte. Letztendlich wurde aber weder im Protektorat Böhmen und Mähren noch im Reichsgau Sudetenland eine klare Konzeption entwickelt. Ziel blieb gleichwohl, eine Eindeutschung des Reichsgaus und des Protektorats zu erreichen. Der von den Funktionären benutzte Begriff „Eindeutschung" wurde im nationalsozialistischen Kontext in erster Linie im Sinne einer Verleihung der deutschen Staatsangehörigkeit an „Volksdeutsche" und an „rassisch wertvolle Fremdvölkische" verstanden, durch die langfristig die „Germanisierung" der okkupierten Länder im Osten gesichert werden sollte.[25] Dabei hatte die Bezeichnung „Germanisierung" bereits in der Kolonialpolitik des Deutschen Reiches Anwendung gefunden,[26] während der Nationalsozialismus sie stark mit „Lebensraum" und „Drang nach Osten" verband.[27] Osteuropa sollte gemäß Hitlers Vorstellungen den Deutschen den als notwendig behaupteten Lebensraum bieten.[28] Die deutsche Verwaltung verwendete für ihre Tätigkeiten, die mit der tschechischen Minderheit in Verbindung standen, die Termini Volkstumsarbeit und Volkstumspolitik – in erster Linie Chiffren, die diverse Ansätze beinhalteten, weniger aber ein einheitliches

---

22 BRANDES, Detlef: Deutsch gegen Tschechisch: NS-Sprachenpolitik als Teil der geplanten Germanisierung und ‚Umvolkung'. In: EHLERS, Klaas-Hinrich et al. (Hg.): Sprache, Gesellschaft und Nation in Ostmitteleuropa. Institutionalisierung und Alltagspraxis. Göttingen 2014, 221–246, hier 224.
23 Bericht des Regierungspräsidenten von Aussig, Hans Krebs, über die Lage der tschechischen Minderheit vom 31. Januar 1939. SOAL, ÚVP Ústí, Karton 30, nicht foliiert.
24 Vgl. ZIMMERMANN: Die Sudetendeutschen im NS-Staat 282–283.
25 Vgl. HOPFER, Ines: Geraubte Identität. Die gewaltsame „Eindeutschung" von polnischen Kindern in der NS-Zeit. Wien [u. a.] 2010, 23; HENSLE, Michael: Eindeutschung. In: BENZ, Wolfgang/GRAML, Hermann/WEISS, Hermann (Hg.): Enzyklopädie des Nationalsozialismus. 5. Aufl. München 2007, 484.
26 Vgl. HOPFER: Geraubte Identität 23.
27 EBENDA 24.
28 EBENDA.

Programm. Dass sie darunter vor allem die „Germanisierung" bzw. „Eindeutschung" des Raumes und eines großen Teils der tschechischen Bevölkerung verstand,[29] zeigt die einseitige Stoßrichtung der entsprechenden Pläne und Maßnahmen auf. Detlef Brandes hat diesbezüglich zwischen Fernzielen, die nach dem Krieg erreicht werden sollten, und Nahzielen unterschieden, auf deren Erfüllung schon in der Gegenwart hingearbeitet werden sollte.[30] Mitursache für die dann faktisch eintretende, als improvisiert zu bezeichnende Minderheitenpolitik gegenüber der tschechischen Bevölkerung war die Unzufriedenheit der sudetendeutschen Behörden mit dem Zuschnitt des Reichsgaus Sudetenland, die nach dem Sieg über Frankreich 1940 noch zunahm. So war den nun im Sudetenland zahlreich formulierten Neuordnungsvorstellungen die Ansicht gemein, dass die bisherige territoriale Gliederung des Gaues unbefriedigend sei. Zugleich erwarteten breite sudetendeutsche Kreise eine Auflösung des Protektorats.[31] Im Sudetengau mache, so befand auch der Unterstaatssekretär beim Reichsprotektor in Prag, jeder Regierungspräsident seine eigene „Tschechenpolitik".[32] Ralf Gebel geht noch weiter und konstatiert, dass jeder Landrat und jeder Kreisleiter im Reichsgau eine eigene Position im Umgang mit der tschechischen Bevölkerung vertrat.[33] Insofern war die Uneinheitlichkeit der „Germanisierungspolitik" im Sudetengau zugleich eines ihrer herausragenden Merkmale.[34]

So uneinheitlich der Diskurs in der „Volkstumspolitik" auch war, er bewegte sich zwischen zwei Polen: Entweder sollten die Tschechen ausgewiesen bzw. sonst irgendwie zum Verlassen ihrer Heimat bewegt und durch Deutsche ersetzt werden oder man versuchte, die Tschechen zu Deutschen machen – sie also „einzudeutschen".[35] Im Jahr 1940 beschloss Hitler dann zwar die grundlegende Assimilierung der Tschechen,[36] doch bei der konzeptuellen Umsetzung dieses Beschlusses sollten sich zwei Ansätze unversöhnlich gegenüberstehen: Während sich die Sudetendeutschen auf die Fortführung ihrer selbst beanspruchten Grenzlandaufgabe konzentrierten, wurde im benachbarten Protektorat und in

---

29 BRANDES: „Umvolkung, Umsiedlung, rassische Bestandsaufnahme" 3.
30 EBENDA.
31 Vgl. ZIMMERMANN: Die Sudetendeutschen im NS-Staat 285.
32 Vgl. GEBEL: „Heim ins Reich!" 325
33 EBENDA.
34 Vgl. EBENDA 323.
35 Vgl. EBENDA 288
36 EBENDA 303.

SS-Kreisen ein anderer Ansatz verfolgt – die Eindeutschung mittels „rassischer Auswahl".[37]

Akteure der deutschen Verwaltung

Um den Umgang mit der tschechischen Bevölkerung im Reichsgau Sudetenland angesichts seiner „volkspolitischen Zusammensetzung"[38] zentral koordinieren zu können, wurde mit der Errichtung des Reichsgaus sogleich eine neue Behörde namens Gaugrenzlandamt geschaffen, die bei der NSDAP verortet wurde.[39] Leiter dieses in Gablonz ansässigen Amtes war Franz Künzel. Im Jahr 1900 geboren, hatte er als studierter Diplom-Ingenieur für Landwirtschaft bis 1938 eine ansehnliche Karriere hingelegt. Von 1924 bis 1930 noch als Lehrer an der Deutschen Bauernschule in Bad Ullersdorf, einer Berufsschule für Landwirte,[40] tätig,[41] fungierte er von 1930 bis 1935 als Direktor des Zentralverbandes der Landwirtschaftlichen Genossenschaften Mährens, Schlesiens und der Slowakei in Brünn. 1930 trat er dem Kameradschaftsbund bei. Im Jahr 1935 vom Bund der Landwirte ausgeschlossen, stand er ab 1935 hauptberuflich dem Amt für Agrarpolitik und Bauernfragen der SdP in Prag vor; zudem war er ab Juli 1936 Mitglied des Politischen Ausschusses der Sudetendeutschen Partei. Dass er großen Einfluss hatte, zeigt sich auch darin, dass er von Herbst 1938 bis September 1940 Generalbeauftragter des Stillhaltekommissars für die sudetendeutschen Schutzverbände war. Somit lässt sich bei ihm die typische Ämterhäufung eines NS-Funktionärs beobachten.[42]

---

37 Vgl. ZIMMERMANN: Die Sudetendeutschen im NS-Staat 290–292.
38 Vgl. Bericht Neuburgs in tschechoslowakischer Haft 1945/46. S. 541–542. Archiv bezpečnostních složek, Signatur 301-139-3 Hermann Neuburg, fol. 147–148.
39 EBENDA.
40 Siehe hierzu auch das Kapitel „Entstehung und Emergenz des sudetendeutschen ‚Grenzland'-Konzepts".
41 KÜNZEL, Franz: Führer und Führung in der landständischen Gesellschaft. In: HODINA, Franz/BÜRGER, Erhard Gottfried (Hg.): Fünf Jahre Deutsche Bauernschule. (Schriften der Deutschen Bauernschule zu Bad Groß-Ullersdorf 9) Groß-Ullersdorf 1929, 35–46.
42 Er wurde im Dezember 1938 Gaubeauftragter der Volksdeutschen Mittelstelle, Gaubeauftragter des Referats Partei beim Auswärtigen Amt, Verbandsleiter der sudetenländischen landwirtschaftlichen Genossenschaften und zudem Abgeordneter des nationalsozialistischen Reichstags. Siehe zu den aufgeführten biografischen Angaben zu Künzel: LILLA, Joachim: Die Vertretung des ‚Reichsgaus Sudetenland' und des ‚Protektorats Böhmen und Mähren' im Grossdeutschen Reichstag.

Bemerkenswert ist, dass gerade er als Agrarfachmann, ebenso wie Heinrich Himmler und Richard Walther Darré, sich berufen sah, nun als Volkstumspolitiker tätig zu werden. Künzel betrachtete den Reichsgau Sudetenland als seine Angriffsbasis gegen die Tschechen – dies war auch der Grund, warum er sich gegen eine Angliederung sudetendeutscher Gebiete an benachbarte deutsche Territorien aussprach.[43] Auch kann vermutet werden, dass er seine Machtposition bewahren wollte, die bei einer Auflösung des Reichsgaus gefährdet zu sein schien. Bis zu seiner Absetzung 1942 redete er faktisch in allen Angelegenheiten mit, die tschechische Schüler/-innen betrafen. Einschulungen von Tschechen an deutschen Schulen sah Künzel sehr kritisch. So warnte er im Juli 1940 vor einem „schleichenden Assimilierungsprozeß", durch den Gefahr bestünde, dass sich „charakterlose tschechische Volkszugehörige in das deutsche Volk" einschleichen.[44] Auch gegenüber den Schulräten äußerte er sich negativ. Deren Sitzung in Reichenberg am 17. Oktober 1940 nutzte er, um darauf hinzuweisen, dass eine „Assimilierung des gesamten tschechischen Volkes besonders mit den tschechischen Arbeitern im Brüxer und Duxer Braunkohlerevier" keinen Gewinn für das deutsche Volk darstelle, da es sich dort um „keine rassische Auslese im guten Sinne handle".[45] Zudem warnte er die Schulräte vor einer „rassischen Vermantschung".[46] Künzels Position war nach Zimmermann auf seine Erfahrungen im „Volkstumskampf" in der Tschechoslowakei zurückzuführen, mit denen er tatsächlich auch argumentierte: „Diese Methoden haben aus uns keine Tschechen machen können, sie würden aus dem rassisch vollwertigen Tschechen keinen Deutschen machen."[47]

Den Wunsch der Scheidung zwischen Deutschen und Tschechen verfolgte auch der Vorgesetzte Künzels, Gauleiter Konrad Henlein, der noch im Sommer 1943 bei einem Besuch im Regierungsbezirk Troppau offen erklärte, dass das ganze Sudetenland rein deutsch und frei von Tschechen werden müsse.[48] Die archivarische Quellenbasis zu Henlein ist sehr knapp, doch die bereits

---

In: Bohemia – Zeitschrift für Geschichte und Kultur der böhmischen Länder 40/2 (1999) 462–463.
43 ZIMMERMANN: Die Sudetendeutschen im NS-Staat 286.
44 Zitiert nach EBENDA 291–292.
45 EBENDA.
46 EBENDA.
47 EBENDA.
48 Lagebericht des Regierungspräsidiums Troppau (Berichterstatter Dr. Truhetz) über die tschechische Volksgruppe an das Reichsinnenministerium. Troppau, 5. September 1943. ZA Opava, Fond RP Opava, Inv. C. 1435, fol. 146.

vorliegenden Forschungsarbeiten belegen,[49] dass eine Einschätzung Hermann Neuburgs, die, 1945/1946 in tschechoslowakischer Haft niedergeschrieben, zwar begreiflicherweise zweifelhafte Objektivität besitzt, im Kontext der Quellen dennoch stimmig ist: So war laut Neuburg „Henleins Verhältnis zum tschechischen Volkstum und zum tschechischen Staat eindeutig klar [...]. Er wollte als Deutscher mit Deutschen zusammenleben und war daher [...] für eine restlose Trennung der beiden Volkstümer weit mehr zu haben als für eine Autonomielösung."[50] So habe er nur deshalb tschechische Schulen im Reichsgau verboten, weil er die Tschechen dazu bewegen wollte, von sich aus den Sudetengau zu verlassen und ins Protektorat abzuwandern.[51]

Sicherlich trat Henlein für diese „restlose Trennung der beiden Volkstümer"[52] persönlich ein, was er auch öffentlich bei einer Rede in Gablonz am 29. Mai 1942 bekundete, als er vor mehr als eintausend Funktionären der Partei mitteilte, er habe „dem Führer versprochen, daß nach dem Kriege der Sudetengau" von ihm, Henlein, „tschechenfrei gemacht" werde.[53] Auch in einem Schreiben an das Reichserziehungsministerium vom Juni 1940 machte er deutlich, dass alle tschechischen Schüler/-innen an deutschen Schulen mit einem sogenannten Volkstumsvermerk gekennzeichnet werden müssten, da sonst die Gefahr bestünde, dass sie sich als Deutsche „tarnen" und später Anstellungen bekommen könnten, bei denen eigentlich Deutsche erwünscht seien.[54]

Neben der Reichsstatthalterei und dem Gaugrenzlandamt zeigte eine weitere Behörde bis 1942 deutliche Initiative, eigene Handlungsleitlinien in der Frage der Beschulung tschechischer Kinder an deutschen Schulen entwickeln zu wollen: das Regierungspräsidium in Troppau, dem Regierungsbezirk mit der größten tschechischen Bevölkerung, wo insbesondere Regierungspräsident Zippelius – im Gegensatz zu den Regierungspräsidenten von Karlsbad und Aussig – ein hohes Engagement in der dienstlichen Korrespondenz mit der

---

49 Siehe GEBEL: „Heim ins Reich!"; ZIMMERMANN: Die Sudetendeutschen im NS-Staat; KURAL/RADVANOVSKÝ (Hg.): Sudety pod hákovým křížem; ZAHRA, Tara: Kidnapped Souls; BRANDES: „Umvolkung, Umsiedlung, rassische Bestandsaufnahme".
50 Bericht Hermann Neuburgs in tschechoslowakischer Haft 1945/46, S. 437. Archiv bezpečnostních složek, 301-139-3 Hermann Neuburg, fol. 43.
51 EBENDA.
52 EBENDA fol. 41.
53 Vgl. GEBEL: „Heim ins Reich!" 285.
54 Schreiben Konrad Henleins an das Reichserziehungsministerium durch Berichterstatter Theodor Keil. Reichenberg, 13. Juni 1940. SOAL, ŘM, Signatur unklar, Karton 343, nicht foliiert.

Reichenberger Schulverwaltung an den Tag legte. Im Umgang mit der tschechischen Bevölkerung nahm Zippelius ähnlich wie bei der Diskussion über den Tschechischunterricht an deutschen Schulen eine nachdrücklichere antitschechische Haltung ein als die Schulverwaltung im Reichenberg. Beim Regierungspräsidenten von Aussig, Hans Krebs, der einen noch schärferen Kurs gegenüber der tschechischen Bevölkerung als Zippelius verfolgte, könnte nach Lage der Forschung[55] vermutet werden, dass seine Haltung mit der von Zippelius übereinstimmte, jedoch suchte er erst gar nicht die Absprache mit der Schulverwaltung in Reichenberg. Stattdessen setzte er, wie im Folgenden gezeigt wird, seine Regelungen ohne Abstimmung mit der Reichenberger Schulverwaltung eigenständig um.

Die vorliegenden Forschungsarbeiten,[56] die die Diskussion und die Praxis der sogenannten Volkstumsarbeit auf den höchsten Verwaltungsebenen in Prag, Berlin und Reichenberg nachzeichnen, konstatieren allesamt, dass das wichtigste Feld der Volkstumsarbeit das Schulwesen gewesen sei. Dennoch blieb das diesbezügliche Agieren der Schulverwaltung von der Forschung bis dato unbeachtet, stattdessen zeichneten ihre Vertreter in den 1960er Jahren ein apologetisches Bild von einem unterstützenden Umgang mit der tschechischen Bevölkerung.[57] Doch tatsächlich sah sich auch die Schulverwaltung in der Position, eigenständige Standpunkte in der Volkstumsarbeit zu vertreten. Im Februar 1939 beanspruchte der Leiter der Reichenberger Schulverwaltung, Ludwig Eichholz, gegenüber dem Reichserziehungsministerium nicht nur eine führende Stellung in der Volkstumsarbeit, er forderte auch eine Zurückdrängung der tschechischen Bevölkerung aus dem Reichsgau Sudetenland mittels der Schulpolitik. Seiner Auffassung nach sei es jetzt „die beste Gelegenheit, Positionen, welche die Tschechen innerhalb der deutschen Volksgruppe zum Zwecke der Zerreißung des deutschen Siedlungsgebietes aufgebaut hatten, gründlich zu beseitigen". Konkret sollte das bedeuten: „Es wäre sogar möglich, die Sprachgrenze so weit als möglich vorzuschieben und das tschechische Element bis auf den eigentlichen, schon in der weiten Vergangenheit besiedelten tschechischen

---

55 Vgl. GEBEL: „Heim ins Reich!" 316.
56 Siehe GEBEL: „Heim ins Reich!"; ZIMMERMANN: Die Sudetendeutschen im NS-Staat; KURAL/RADVANOVSKÝ (Hg.): Sudety pod hákovým křížem; ZAHRA: Kidnapped Souls; BRANDES: „Umvolkung, Umsiedlung, rassische Bestandsaufnahme". Unrichtig, da die zeitgenössischen Quellen unhinterfragt für wahr haltend und so eher eine Apologetik der NS-Herrschaft vorlegend: BEER, Lukáš: Hitlers Tschechen. Leipzig 2017 (tschechischsprachige Originalausgabe: Hitlerovi Češi. Brno 2014).
57 Siehe FIEDLER: Volks- und Bürgerschule – Sonderschulen 125–132.

Raum zurückzudrängen."⁵⁸ Damit stand Eichholz eindeutig in einer Linie mit einem Volkstumskämpfer wie Franz Künzel, der Deutsche und Tschechen voneinander trennen und dabei den deutschen Sprachraum möglichst umfassend erweitern wollte.⁵⁹ Dass Eichholz einer breiten Germanisierung der tschechischen Bevölkerung sehr kritisch gegenüberstand, unterstrich er mit einem Verweis auf Hitler. Er wolle die Tschechen nicht zum Militärdienst heranziehen und noch weniger beabsichtige er, die Tschechen ohne Weiteres zu „deutschen Volksgenossen" zu machen.⁶⁰ Warum er einer Eindeutschung überhaupt so kritisch gegenüberstand, machte er unmissverständlich deutlich: Tschechen mit guter Kenntnis der deutschen Sprache seien, soweit sie Staatsbürger sind, eine Gefahr für das deutsche Staats-, Gesellschafts- und Geistesleben, besonders wenn sie in enger Verbindung mit dem „Stammvolk" stünden. Durch eine zu starke „Aufsaugung" und „Angleichung", besonders in den Grenzgebieten des Reichsgaus Sudetenland, würden unzuverlässige „Elemente" geschaffen, die als solche nicht mehr erkennbar seien.⁶¹

Die Absicht von Eichholz, eine Trennung zwischen Deutschen und Tschechen zu bewirken, wurde von zwei Schulräten geteilt, die sich sogleich berufen sahen, ebenfalls volkstumspolitisch aktiv zu werden. So begann im Landkreis Hohenstadt der örtliche Schulrat Hans Itermann, Mitglied der SS,⁶² mit einer fragwürdigen historischen Arbeit: Er erstellte eine Karte seines Landkreises und ließ sodann in jedem Ort die Namen der Großeltern der Schüler/-innen auf „Namensmischung" untersuchen, um letztlich ermitteln zu können, inwieweit sich deutsche und tschechische Namen in den Ortschaften verteilten. Der Landrat von Hohenstadt griff die Arbeit seines Schulrates enthusiastisch auf und hatte sogleich eine Deutung parat: Je höher der Anteil an deutschen Familiennamen, desto mehr handele es sich um Gebiete, die früher weitgehend deutsch gewesen seien. Des Weiteren kündigte er an, sein Kreisschulrat, der zugleich Rassenbeauftragter der NSDAP war, werde die Liste komplettieren, indem er bei einer Reihe von Kindern, bei denen deutsche Namen in der Ahnentafel

---

58 Schreiben von Eichholz an das Auswärtige Amt. Reichenberg, 13. Februar 1939. BArch, R 8043/970, fol. 86–88.
59 Zum „Volkstumskampf" im schulischen Kontext vor 1938 siehe ZAHRA: Kidnapped Souls 126–133.
60 Schreiben von Eichholz an das Auswärtige Amt. Reichenberg, 13. Februar 1939. BArch, R 8043/970, fol. 86–88.
61 EBENDA.
62 Schreiben des Regierungspräsidiums von Troppau (Jesser) an die Reichsstatthalterei. Troppau, 21. Januar 1941. ZA Opava, Fond RP Opava, inv. č. 3570, fol. 268.

„Eindeutschungs"-Kontroversen um tschechische Schüler/-innen   303

vorliegen, durch Fotografien unterstützte „rassentechnische" Untersuchungen durchführen werde.⁶³

Auch im gut 100 Kilometer östlich gelegenen Troppau erstellte wenige Monate später, im Mai 1940, der Schulrat Eduard Fritscher einen ausführlichen Bericht über die „rassische und völkische Zusammensetzung der Bevölkerung im Kreise Troppau". Seine eigenständig entwickelte Untersuchungsmethode basierte auf folgenden Daten zu den Schulkindern des Kreises: der Haar- und Augenfarbe, der Zahl der deutschen und tschechischen Namen, dem „freien Volkstumsbekenntnis", der Ansässigkeit beider Eltern und aller vier Großeltern, der beruflichen Tätigkeit der Eltern (Nichtbauer oder Bauer, um die Bodenständigkeit der Bevölkerung zu ermitteln), der Zahl der deutschen Ahnen, den geistigen Fähigkeiten („wertig oder minderwertig?") und der Zahl der geistigen und körperlichen „Krüppel".⁶⁴ Seine Ergebnisse waren aber nur wenig aussagekräftig: Er ermittelte, dass 49,1 Prozent aller Schulkinder des Kreises blond seien, 16,2 Prozent der Schüler als nordisch bezeichnet werden könnten und exakt ein Viertel von ihnen rein blauäugig sei. Es zeigte sich, dass die Untersuchungsergebnisse bei Deutschen und Tschechen starke Ähnlichkeiten aufwiesen.⁶⁵ Im Endeffekt wusste Fritscher nicht, was er mit dem Ergebnis anfangen sollte:

> Als Gesamtergebnis der Untersuchungen kann gleich vorweg gesagt werden, daß die Bevölkerung dieses Kreises in rassischer Beziehung im deutschen Gebiete nahezu die gleiche Zusammensetzung zeigt mit der im rein tschechischen Gebiet. Beide Bevölkerungsanteile müssen als gleichwertig bezeichnet werden. Die vielfachen anderen Untersuchungsergebnisse zeigen, daß der tschechische Anteil der Bevölkerung äußerst stark mit deutschem Blut und deutschem Erbe durchsetzt ist, daß die Verdeutschung oder besser gesagt Rückdeutschung berechtigt ist.⁶⁶

Sein abschließendes Fazit negierte hingegen kontextlos die vorangegangene Untersuchung:

> Das Ziel aller Maßnahmen ist, das sudetendeutsche Gebiet wieder rein deutsch zu gewinnen. Dies soll durch Aussiedlung der tschechischen Bevölkerung erreicht

---

63 Schreiben des Landrates von Hohenstadt an Zippelius. Hohenstadt, 7. März 1940. SokA Opava, Bestand Landrát Opava, Karton 227, složka inv. č. 397, fol. 540R.
64 Konzeptpapier: „Die rassische und völkische Zusammensetzung der Bevölkerung im Kreise Troppau". Kreisschulamt Troppau (Fritscher, 16. Mai 1940). SokA Opava, Bestand Landrát Opava, Karton 227, složka inv. č. 397, fol. 542–557.
65 EBENDA.
66 EBENDA 544.

werden. [...] Als Tscheche gilt, wer unter seinen Eltern und beiderseitigen Großeltern weniger als 3 deutsche Ahnen hat und sich zum tschechischen Volkstum bekennt.[67]

Somit mündete die Untersuchung – ungeachtet der Ergebnisse – in ein Plädoyer für eine Vertreibung der tschechischen Bevölkerung. Trotz ihrer methodischen Fragwürdigkeit bewirkte Fritscher mit seiner Arbeit einiges: So bat der Schulrat von Wagstadt (Bílovec) ihn um Rat, „wie wir die Sache mit Erfolg in unserem Kreise angehen könnten".[68] Darüber hinaus wurden Fritscher gar akademische Weihen erteilt, als sich im September 1943 Karl Valentin Müller, Direktor des Instituts für Sozialanthropologie und Volksbiologie an der Deutschen Karls-Universität Prag, mit dem Anliegen an ihn wandte,

> dass Sie in Ihrem Schulkreise mit Hilfe der Lehrerschaft biologische Erhebungen an Schulkindern durchgeführt haben, die mir für die Arbeiten meines Institutes außerordentlich wichtig sein könnten. [...] Ich hoffe, dass sie keine grundsätzlichen Bedenken gegen eine allfällige Zusammenarbeit haben, von der ich mir gegebenenfalls recht viel versprechen könnte.[69]

Ob diese Kooperation zustande kam, konnte aus den Archivalien nicht erschlossen werden.

Tschechische Kinder an deutschen Schulen?

Obwohl der Leiter des Gaugrenzlandamts Franz Künzel die Ansicht vertrat, dass es in der Volkstumsarbeit um „eine feste Frontbildung und Abgrenzung der beiden Volksgruppen im Raume Böhmen-Mähren" gehe,[70] erklärte er sich zumindest mit einer geringen Zahl von Tschechen an deutschen Schulen, die eingedeutscht werden könnten, einverstanden.

Dies konkretisierte er in seiner „Volkspolitischen Terminologie", die im Juni 1941 als geheime Weisung an die Behörden des Reichsgaus Sudetenland übersandt wurde. Eine Vereinheitlichung der Volkstumsarbeit anstrebend, sollte diese Weisung helfen, „dass in der volkspolitischen Arbeit einheitliche

---

67 EBENDA 551.
68 Schreiben des Kreisschulamtes von Wagstadt, Großmann, an Kreisrat Eduard Fritscher. Wagstadt, 11. Mai 1940. SokA Opava, Bestand Landrát Opava, Karton 227, složka inv. č. 397, fol. 541. Leider konnte aus der Archivalie nicht der Vorname entnommen werden.
69 Schreiben Müllers (Institut für Sozialanthropologie und Volksbiologie an der Deutschen Karls-Universität Prag) an Schulrat Fritscher. Prag, 7. September 1943. SokA Opava, Bestand Landrát Opava, Karton 227, složka inv. č. 397, fol. 558.
70 Vgl. GEBEL: „Heim ins Reich!" 298.

Bezeichnungen für bestimmte volkspolitische Begriffe verwendet und irreführende oder unzweckmässige oder politisch untragbare Ausdrücke ausgemerzt werden".[71] Weiterhin beauftragte er die Leiter der Kreisgrenzlandämter, „dafür Sorge zu tragen, dass die von mir vertretene Auffassung zur Kenntnis aller für die volkspolitische Arbeit zuständigen Dienststellen kommt und in deren Äußerungen in Wort oder Schrift beachtet wird".[72] Wörtlich heißt es in der Weisung:

> „Germanisation". Der Ausdruck „Germanisation" kennzeichnet einen Begriff der liberalen Vergangenheit und ihrer durch den Begriff vom „deutschen Staatsbürger" und durch die Nichtbeachtung heutiger rassen- und volkswissenschaftlicher Erkenntnisse gekennzeichneten Nationalpolitik. Den Vorgang des Überganges aus einem Volkstum in das andere und die auf die Herbeiführung des Überganges gerichteten Maßnahmen bezeichnen wir als „Umvolkung". Wir haben nun keinesfalls die Absicht, das tschechische Volk „umzuvolken", zu „germanisieren" im Sinne der quantitativen Volkspolitik liberal-demokratischer Systeme, so etwa, wie die Tschechen versuchten, die deutschen Staatsbürger des tschechoslowakischen Staates zu „tschechisieren". Der nationalsozialistische Staat lehnt es aus rassen- und volkswissenschaftlichen Erkenntnissen ab, fremde Völker zu „assimilieren", zu „germanisieren". Unsere Umvolkungsmaßnahmen sind nur auf die Rückführung, Rückgewinnung der deutschstämmigen Elemente des tschechischen Volkes gerichtet. Unsere Umvolkungsmaßnahmen sind keine „Assimilierungsmaßnahmen" gegenüber der tschechischen Volkssubstanz, sondern Eindeutschungsmaßnahmen. Die Ausdrücke „Assimilierung", „Germanisation" sind auszumerzen. Wir kennzeichnen den Begriff des Überganges aus einem Volkstum in das andere mit dem Ausdruck „Umvolkung" und bezeichnen unsere „Umvolkungsmaßnahmen" als „Rückführung oder Rückgewinnung deutschstämmiger tschechischer Bevölkerungsteile" oder einfach als „Rückdeutschung".[73]

Damit legte das Gaugrenzlandamt seine Beweggründe dar – eine Assimilierung der tschechischen Bevölkerung sei eine „Eindeutschungsmaßnahme", die im Rahmen der „Umvolkung" nur „auf die Rückführung, Rückgewinnung der deutschstämmigen Elemente des tschechischen Volkes gerichtet" sei und daher auf eine kleine Zahl beschränkt bleiben solle. Im Hinblick auf die Auswahl dieser kleinen Zahl unterschied Künzel zwischen der „Umvolkungsfähigkeit" (rassische Kriterien) und der „Umvolkungswürdigkeit" (politische Kriterien).[74]

---

71 Volkspolitische Terminologie. Geheime Weisung des Gaugrenzlandamtes Nr. 8/41g. Gablonz, 10. Juni 1941. Autoren: Gaustabsamtsleiter Richard Lammel sowie der Leiter des Gaugrenzlandamtes Franz Künzel. SOA Trutnov, Landrát Vrchlabí, Signatur inv. č. 64, Karton 555, nicht foliiert.
72 EBENDA.
73 EBENDA.
74 Vgl. ZIMMERMANN: Die Sudetendeutschen im NS-Staat 305–306.

Dieser Ansatz sollte sich in den Quellen im Terminus der Eindeutschungswürdigkeit niederschlagen.
Die Schulverwaltung stand unverkennbar hinter der Position Künzels. Wie er forderte sie die Fortführung des Volkstumskampfes und sprach sich dabei vor allem für die Verdrängung der Tschechen aus. Ludwig Eichholz konnte sich zumindest mit einer geringen Zahl einzuschulender tschechischer Kinder anfreunden und stand damit auf der Seite Künzels, als er gegenüber dem Reichserziehungsministerium erläuterte, dass eine „Aufsaugung oder Angleichung von Tschechen" vom „rassebiologischen Standpunkt" aus umstritten sei, besonders dort, wo es sich um „rassisch minderwertige Elemente" handele.[75] Er gestand aber zu, dass deutsche Schulen in tschechischen Gebieten für eine etwaige freiwillige Assimilierung der dortigen tschechischen Bevölkerung notwendig seien.[76] Sein Stellvertreter und späterer Nachfolger Theodor Keil vertrat diesen Standpunkt ebenso:

> Nun glaube ich, dass wir ruhig so verfahren können, wie wir es im Sudetengau mit den Tschechen machen: Von denen wir annehmen, daß sie in jeder Beziehung in Ordnung sind (dazu kommt freilich, daß sie auch eindeutschungswürdig sein müssen) und die außerdem auch leistungsmäßig (besonders mit der deutschen Sprache) mitkönnen, die nehmen wir doch, das sind immer wenige Ausnahmen, auch in die Hauptschule. Ähnlich könnte man mit den Ukrainern auch verfahren.[77]

Doch es gab in der Reichenberger Schulverwaltung auch scharfe Gegner von Eindeutschungen. Der Leiter der Abteilung für das berufliche Schulwesen, Hugo Wasgestian, der eine Denkschrift zur „Berufsausbildung des deutschen und nichtdeutschen Nachwuchses auf wirtschaftlichem Gebiet. Eine nationalpolitische Studie aus dem Sudetengau" vorlegte, verwarf das „Umvolkungskonzept" völlig: „Es ist klar, daß die entscheidenden Partei- und Staatsstellen dafür sind, aus dem Sudetengau ein möglichst rein deutsches Reichsgebiet zu machen. Ein Grenzgau kann seine Aufgabe nur erfüllen, wenn er volkstumsmäßig einheitlich und geschlossen ist."[78] Unter Betonung einer klaren Scheidung

---

75 Schreiben von Eichholz an das Auswärtige Amt. Reichenberg, 13. Februar 1939. BArch, R 8043/970, fol. 88.
76 EBENDA.
77 Schreiben Theo Keils an Alfons Urban. Berlin, 6. Dezember 1942. SOAL, ŘM 317, Signatur Ic1 100/00, Karton 317, nicht foliiert.
78 Wasgestian, Hugo: Die Berufsausbildung des deutschen und nichtdeutschen Nachwuchses auf wirtschaftlichem Gebiet. Eine nationalpolitische Studie aus dem Sudetengau. Ort und Datum unbekannt, vermutlich Herbst 1940. ZA Opava, Fond RP Opava, inv. č. 1437, fol. 55–58.

zwischen Deutschen und Tschechen führte Wasgestian aus, dass es aus „rassenpolitischen" Erwägungen abzulehnen sei, die hier wohnenden Tschechen zu Deutschen zu machen. Stattdessen wolle man nur die in niedriger Zahl vorhandenen Tschechen, die Deutsche gewesen und in der Vergangenheit „tschechisiert" worden seien, wieder für das deutsche Volk zurückgewinnen. Doch auch hier sah er das Problem, dass ausgerechnet „diese kämpferischen Menschen" „einer neuerlichen Umvolkung" widersprechen würden. Sie würden vielmehr Angehörige einer „Zwischenschicht" sein, „die aus Konjunkturgründen handelt".[79] Daher werde sich die „Volkstumspolitik [...] für die Dauer des Krieges im wesentlichen auf die Abwehr alles dessen, was die restlose Erfassung und Ausnützung der Arbeits- und Wirtschaftskraft des tschechischen Volkes zur Erringung des Endsieges hemmen oder hindern könnte, beschränken müssen".[80] Auch die Schulabteilung des Regierungsbezirks Troppau war alles andere als überzeugt von Eindeutschungsabsichten. Sie machte gegenüber dem Reichsinnenministerium deutlich, dass sie eine „Germanisierung der Tschechen" ablehne:

> Wir glauben nicht, daß Tschechen durch allgemeine Aufnahme in deutsche Schulen für das Deutschtum gewonnen werden können oder daß durch Aufnahme in deutsche Schulen und durch allgemeinen deutschsprachlichen Unterricht etwa die tschechische Sprache aussterben könnte.[81]

Die erste Behörde, die die Beschulung tschechischer Kinder an deutschen Schulen regelte, war nicht das Gaugrenzlandamt oder die Schulverwaltung in

---

79 EBENDA. Seiner Angst, dass man durch Umvolkung eine „Zwischenschicht" erzeugen würde, pflichtete auch Vizeregierungspräsident Vogeler bei. Er forderte eine reichseinheitliche Regelung der Behandlung nichtdeutscher „Volksteile" im Deutschen Reich. Es sei nach seiner Auffassung notwendig, in dieser Frage eine gewisse Übereinstimmung mit den Behörden des Protektorats herbeizuführen, da es dort bereits viele „Neudeutsche" gäbe, die „Angehörige der Zwischenschicht zwischen den Völkern, die sich jetzt als Deutsche bekennen", seien. Vgl. Abschrift eines Schreibens Vogelers an den Reichserziehungsminister. Berichterstatter: Hugo Wasgestian. Reichenberg, 20. August 1940. ZA Opava, Fond RP Opava, inv. č. 1437, fol. 38–41.
80 Geheimer Lagebericht zur tschechischen Volksgruppe des Regierungspräsidenten von Troppau (Berichterstatter Truhetz) an das Reichsinnenministerium. Troppau, 3. Mai 1943. ZA Opava, Fond RP Opava, inv. č. 1435, fol. 103R.
81 Ausführungen über das Schulwesen des Regierungsbezirkes Troppau (Ref. II A) vor Staatssekretär Pfundtner (Reichsinnenministerium). Troppau, 15. Mai 1941. ZA Opava, Fond RP Opava, inv. č. 3572, nicht foliiert.

Reichenberg, sondern das Regierungspräsidium Troppau, wo sich Regierungspräsident Zippelius höchstpersönlich der Sache annahm. Er zeigte sich Anfang 1939 gegenüber tschechischen Schüler/-innen, die eine deutsche Schule besuchen wollten, geradezu entgegenkommend: Den Kindern, die die deutsche Sprache noch nicht ausreichend beherrschten, wurde erlaubt, eine deutsche Schule zu besuchen, für sie durfte extra Deutschunterricht angeboten werden, aber es sollten keine eigenen tschechischen Klassen gebildet werden. Somit stand die entgegenkommende Einschulungspraxis des Troppauer Regierungspräsidenten zu Beginn des Jahres 1939 dem zeitgleich erhobenen Anspruch von Eichholz entgegen, eine Einschulung tschechischer Kinder an deutschen Schulen nur im eng begrenzten Umfang zuzulassen. Ermöglicht wurde dieser Widerspruch durch die Unbeständigkeit wie Uneinigkeit der Volkstumsarbeit im Reichsgau Sudetenland. Auch das Gaugrenzlandamt, dem hierbei ja eigentlich die formelle Koordination zustand, wollte nicht außen vor stehen und erreichte in Gesprächen mit der Schulabteilung am Regierungspräsidium Troppau eine Regelung, nach der ab Herbst 1939 tschechische Schüler/-innen, die bestimmte Kriterien erfüllten, an deutschen Schulen aufgenommen werden sollten:

> Erziehungsberechtigte von Kindern aus Familien, die nachweisbar vor 1 oder 2 Generationen noch deutsch waren, sollen befragt und veranlasst werden, ihre Kinder der deutschen Schule zuzuführen. Die Einbeziehung von Kindern aus Ehen verschiedener Volkszugehörigkeit oder aber aus Familien, die nachweisbar vor 1 oder 2 Generationen noch deutsch waren, ist jedoch nur dann zu betreiben, wenn aus rassischen und völkischen Erwägungen keine Bedenken bestehen, d. h. wenn ihre Einbeziehung für das deutsche Volk eine Bereicherung darstellt und ihre endgültige Eindeutschung sichergestellt ist. Ich ersuche, das Weitere zu veranlassen. Der Schulwechsel kann, soweit es erforderlich erscheint, bis zum Beginn des 2. Schulhalbjahres hinausgeschoben werden.[82]

Die Auswahlkriterien wurden somit eingegrenzt. Die geforderte Berücksichtigung „rassischer und völkischer Erwägungen" wurde nur vage begründet: „wenn ihre Einbeziehung für das deutsche Volk eine Bereicherung darstellt und ihre endgültige Eindeutschung sichergestellt ist".[83]

---

82 Entwurf eines Schreibens bezüglich des Schulbesuchs von Kindern aus Ehen verschiedener Volkszugehörigkeit. Anhang zu einem Schreiben des Gaugrenzlandamtes (Dr. Fischer) an den Leiter des Gauamtes für Erzieher, Eichholz. Reichenberg, 22. November 1939. SOAL, ŘM, Signatur unklar, Karton 343, nicht foliiert.
83 EBENDA.

Auch Eichholz stimmte dieser Regelung zu, schränkte aber sogleich deutlich ein, dass die Aufnahme der infrage kommenden Schüler/-innen nur ausnahmsweise gestattet werden solle. Die Herausbildung einer milden Praxis würde, abgesehen von Fällen, wo es sich um die „Reassimilierung" von „begabten Kindern einst deutscher Eltern" oder von Kindern aus „Mischehen" handele, seiner Absicht, wie er selbst angibt, völlig widersprechen. Er sei davon überzeugt, dass in vier Schuljahren eine tiefergehende Beeinflussung kaum möglich sein werde.[84] Die Praxis zielte also auf die nationale Abstammung ab, rassische Kriterien wurden hingegen vermieden. Dies war der frühen Eindeutschungspraxis der Oberlandräte im Protektorat Böhmen und Mähren 1939/1940 nicht unähnlich.[85] Es wäre jedoch irreführend, den NS-Funktionären eine besonders großzügige Haltung zu unterstellen. Formal waren die Vorgaben zur Einschulungspraxis – sowohl die des Gaugrenzlandamts als auch die von Zippelius – zwar sehr unklar gefasst. Zielrichtung dieser Erlasse war aber, diese Schüler/-innen in das „deutsche Volk" einzubeziehen.[86] Konkrete rassische wie nationale Aufnahmekategorien wurden den Verantwortlichen allerdings nicht an die Hand gegeben – nur der Hinweis, dass sie die Aufnahme streng durchführen sollten.

Dass den Schuldirektoren somit ein gewisser Entscheidungsspielraum zugestanden wurde, kann durchaus als Zutrauen der Schulverwaltung in deren Vor-Ort-Kenntnisse verstanden werden. Auch das Gaugrenzlandamt unter Franz Künzel stand hinter diesem Vorgehen. Er erwog, diese Vorgehensweise auch in den Regierungsbezirken Aussig und Karlsbad anzuwenden, da dort „einige Schulräte (z. B. Schulrat Jakowetz in Dux) Anhänger einer schrankenlosen Germanisierung zu sein scheinen".[87] Von den besagten Schulräten liegen aber keine aussagekräftigen Archivbestände vor – unzweifelhaft wurde vom Regierungspräsidenten in Aussig eine weit härtere Gangart gegenüber der

---

84 Abschrift eines Schreibens von Eichholz an die Regierungspräsidien von Aussig, Karlsbad und Troppau. Reichenberg, 3. April 1940. ZA Opava, Fond RP Opava, inv. č. 1437, nicht foliiert.
85 Vgl. BRANDES: „Umvolkung, Umsiedlung, rassische Bestandsaufnahme" 52–54.
86 Entwurf eines Schreibens bezüglich des Schulbesuchs von Kindern aus Ehen verschiedener Volkszugehörigkeit. Anhang zu einem Schreiben des Gaugrenzlandamtes (Dr. Fischer) an den Leiter des Gauamtes für Erzieher, Eichholz. Reichenberg, 22. November 1939. SOAL, ŘM, Signatur unklar, Karton 343, nicht foliiert.
87 Schreiben des Gaugrenzlandamtes (Dr. Fischer) an den Leiter des Gauamtes für Erzieher, Eichholz. Reichenberg, 22. November 1939. SOAL, ŘM, Signatur unklar, Karton 343, nicht foliiert.

tschechischen Bevölkerung vertreten.⁸⁸ Ende 1939 bzw. Anfang 1940 wurden schließlich im Regierungsbezirk Troppau und im Regierungsbezirk Aussig sich im Wortlaut unterscheidende Erlasse herausgegeben, die der bisherigen Linie folgten. Der im Dezember 1939 für den Regierungsbezirk Troppau ausgegebene Erlass besagte:

> [F]alls die beiden Eltern eines Kindes sich zwar zum tschechischen Volks bekennen, seine übrigen Vorfahren aber in der Mehrzahl, besonders im Mannesstamm, deutsch waren, sollten die Eltern im Wege der Aufklärung bewogen werden, das Kind in die Schule mit deutscher Unterrichtssprache zu schicken; im Sinne dieser Verfügung gelten als zum deutschen Volk gehörend auch Elternteile, die der Herkunft nach deutsch sind und sich erst später zum tschechischen Volk bekannt haben, in den genannten Fällen ist das Kind jedoch nicht in die Schule mit deutscher Unterrichtssprache aufzunehmen, wenn seine Aufnahme in die deutsche Volksgemeinschaft aus rassischen, gesundheitlichen oder sozialen Gründen unerwünscht erscheint.⁸⁹

Der Erlass für den Regierungsbezirk Aussig im Januar 1940 war hingegen wie folgt formuliert:

> Erziehungsberechtigte von Kindern aus Familien, die nachweisbar vor 1 oder 2 Generationen noch deutsch waren, sollen befragt und veranlasst werden, ihre Kinder der deutschen Schule zuzuführen. Die Einbeziehung von Kindern aus Familien, die nachweisbar vor 1 oder 2 Generationen noch deutsch waren, ist jedoch nur dann zu betreiben, wenn dagegen aus rassischen Erwägungen keine Bedenken bestehen, d. h. wenn ihre Einbeziehung für das deutsche Volk erwünscht erscheint.⁹⁰

Der Troppauer Erlass lehnte sich somit deutlich an die damalige Rassengesetzgebung an, in der dem Mann die zentrale Bedeutung für die sogenannte Blutsqualität der Nachkommen beigemessen wurde.⁹¹ Die Aussiger Position,

---

88 Vgl. PALLAS: České školství v severozápadních Čechách 181.
89 Verfügung des Regierungspräsidenten Zippelius vom 13. Dezember 1939, II A 8/39. Aufgeführt in einem Schreiben von Zippelius an die Kreisschulämter und Landräte im Regierungsbezirk. Troppau, 4. Juni 1940. ZA Opava, RP Opava, Signatur IIA, Karton 3547, nicht foliiert.
90 Schreiben des Regierungspräsidiums Aussig (Kalies) an die Schulleiter und Schulräte des Regierungsbezirks. Aussig, 11. Januar 1940. SOAL, ŘM, Signatur Ic 10/100/2, Karton 320, nicht foliiert.
91 Siehe ROBINSOHN, Hans: Justiz als politische Verfolgung. Die Rechtsprechung in „Rasseschandefällen" beim Landgericht Hamburg 1936–1943. (Schriftenreihe der Vierteljahrshefte für Zeitgeschichte 35) Stuttgart 1977, 9–16; ESSNER, Cornelia: Die ‚Nürnberger Gesetze' oder Die Verwaltung des Rassenwahns 1933–1945. Paderborn [u. a.] 2002; ADAM, Uwe Dietrich: Judenpolitik im Dritten Reich. Düsseldorf 2003, 114–144.

vom Regierungspräsidenten Hans Krebs selbst herausgegeben, vermied dagegen Bezüge zur Rassengesetzgebung und legte die rassischen Erwägungen als Abstammungsnachweis aus. Damit hatten die Regierungspräsidenten die Richtlinien vorgegeben. Die oberste Schulverwaltung in Reichenberg ergänzte nur noch, dass tschechische Kinder nur dann an Bürgerschulen aufgenommen werden sollten, wenn sie dem Unterricht folgen oder ihre diesbezüglich bestehenden Schwächen im Laufe des ersten Bürgerschuljahres behoben werden könnten.[92]

Zudem wurde für den gesamten Reichsgau festgelegt, dass Kindern aus deutsch-tschechischen Ehen, von der Verwaltung abfällig als Mischlinge bezeichnet, eine deutsche Identität zugeschrieben werden solle. Dem Vorschlag des Gaugrenzlandamtes folgend,[93] wurde im Dezember 1939 bestimmt, dass alle Kinder, die einen deutschen Vater hatten, eine deutsche Volks- und Bürgerschule besuchen mussten, diejenigen Kinder mit deutscher Mutter sollten hingegen nur eine solche Schule besuchen.[94] Dies unterschied sich nur wenig von der Verfahrensweise im Protektorat, in dem Kinder aus deutsch-tschechischen Ehen in deutschen Schulen unterrichtet wurden.[95]

In der Praxis wurde die Vorgabe nach strenger Auswahl nicht überall eingehalten. So wurden im Regierungsbezirk Troppau im Juni 1940 mehrere deutsche Volksschulen von tschechischen Kindern besucht, die nicht nur die Abstammungskriterien nicht erfüllen, sondern auch die deutsche Sprache nicht ausreichend beherrschen würden.[96] Zippelius ordnete ihre sofortige Umschulung an tschechische Schulen an, da er es nicht verantworten könne, dass sie die

---

92 Abschrift eines Schreibens von Eichholz an die Regierungspräsidenten von Aussig, Karlsbad und Troppau. Reichenberg, 3. April 1940. ZA Opava, Fond RP Opava, inv. č. 1437, nicht foliiert.
93 Schulbesuch von Kindern aus Ehen verschiedener Volkszugehörigkeit. Anhang zu einem Schreiben des Gaugrenzlandamtes (Dr. Fischer) an den Leiter des Gauamtes für Erzieher, Eichholz. Reichenberg, 22. November 1939. SOAL, ŘM, Signatur unklar, Karton 343, nicht foliiert.
94 Verfügung des Regierungspräsidenten Zippelius vom 13. Dezember 1939, II A 8/39. Schreiben von Zippelius an die Kreisschulämter und Landräte im Bezirk. Troppau, 4. Juni 1940. ZA Opava, RP Opava, Signatur IIA, Karton 3547, nicht foliiert.
95 Vgl. BRANDES: „Umvolkung, Umsiedlung, rassische Bestandsaufnahme" 55.
96 Schreiben von Zippelius (Regierungspräsident Troppau) an die Kreisschulämter und Landräte im Bezirk. Troppau, 4. Juni 1940. ZA Opava, RP Opava, Signatur IIA, Karton 3547, nicht foliiert.

Unterrichtserfolge wie auch den Leistungsstand der deutschen Kinder beeinträchtigten.[97] Tatsächlich waren nicht wenige tschechische Schülerinnen und Schüler an den deutschen Schulen eingeschrieben. Im Regierungsbezirk Troppau besuchten im Mai 1941 neben rund 20 000 tschechischen Schüler/-innen, die in tschechischen Volksschulen unterrichtet wurden, 150 deutsche Bürgerschulen und rund 2 000 deutsche Volksschulen.[98] Zum 1. September 1942 erhöhte sich die Zahl der Tschechinnen und Tschechen an den Bürgerschulen noch um 79.[99] Selbst in den Kindergärten im Landkreis Troppau gab es im Juli 1942 laut dem NSV-Kreisamtsleiter einen „untragbaren hohen Prozentsatz an tschechischen Kindern".[100]

In der Praxis durchkreuzten die Schulräte und Schulleitungen im Reichsgau Sudetenland also offenkundig die restriktiven Vorgaben der Erlassgeber und schulten weit mehr tschechische Schüler/-innen ein, als eigentlich intendiert war. Dass die Erlasse großzügiger ausgelegt wurden, mag angesichts der weit verbreiteten Abneigung der Sudetendeutschen gegenüber der tschechischen Bevölkerung[101] zunächst widersprüchlich wirken. Doch die obigen Zahlen beziehen sich auf den ländlich geprägten Regierungsbezirk Troppau, wo in den vielen kleinen Orten eine persönliche Bekanntschaft der Bevölkerung untereinander vermutet werden kann. Des Weiteren war es häufiger der Fall, dass die tschechischen Kinder schon vorher über Deutschkenntnisse verfügt hatten.[102] Überdies kann davon ausgegangen werden, dass viele tschechische Eltern mit Blick auf den Niedergang des tschechischen Schulwesens verständlicherweise versucht haben dürften, die Einschulung ihrer Kinder an einer deutschen

---

97 EBENDA.
98 Ausführungen über das Schulwesen des Regierungspräsidenten von Troppau (Abt. II A) vor Staatssekretär Pfundtner bei seinem Besuch in Troppau. Schulverwaltung Troppau (Kieseler). Troppau, 15. Mai 1941. ZA Opava, Fond RP Opava, inv. č. 3572, fol. 1252.
99 MAINUŠ, František: České školství v pohraničí za nacistické okupace se zvláštním zřetelem k severní Moravě a Slezsku [Das tschechische Schulwesen im Grenzgebiet unter der nazistischen Okkupation unter besonderer Berücksichtigung von Nordmähren und Schlesien]. In: Slezský sborník 57 (1959) 277–312, hier 296.
100 Vertrauliches Schreiben des NSV-Kreisamtsleiters von Troppau, Plott, an das Kreisschulamt in Troppau. Troppau, 15. Juli 1942. SokA Opava, Bestand Landrát Opava, Karton 227, složka inv. č. 397, fol. 59.
101 Vgl. GEBEL: „Heim ins Reich!" 345–346; ZIMMERMANN: Die Sudetendeutschen im NS-Staat 329–334.
102 Vgl. FIEDLER: Volks- und Bürgerschule – Sonderschulen 129.

Schule zu erreichen, um ihnen eine möglichst gute Zukunft zu ermöglichen. Diese Annahme bestätigt sich im Geheimen Lagebericht des Regierungspräsidiums Troppau an das Reichsinnenministerium vom November 1943, in dem davon die Rede ist, dass im Jahr 1938 tschechische Eltern versucht hätten, ihre Kinder an deutschen Schulen einzuschulen.[103]

Dass auf der anderen Seite die zuständigen Schulräte und Schuldirektoren solche Einschulungen in größerer Zahl zuließen als vorgegeben, mag in ihrer Zuversicht begründet gewesen sein, dadurch auch eine Assimilierung ermöglichen zu können. Zudem waren viele Schulen klein – gewichtige Infrastrukturmaßnahmen standen ja noch in Aussicht[104] – und wären durch eine höhere Schülerzahl mutmaßlich bedeutsamer geworden. Schließlich waren viele der tschechischen Familien den deutschen Schuldirektoren wahrscheinlich auch persönlich bekannt, wodurch sich eine strenge Auswahl eher schwierig gestaltet haben dürfte. Ein Ziel könnte ebenso gewesen sein, durch die Beschulung tschechischer Kinder an deutschen Schulen eine Eindeutschung der jeweiligen Orte zu erreichen – und somit letztlich die tschechische Bevölkerung zu schwächen. Auch ist die vom Troppauer Schulrat Fritscher 1940 im Rahmen seiner Untersuchung getroffene Aussage, dass „der tschechische Anteil der Bevölkerung äußerst stark mit deutschem Blut und deutschem Erbe durchsetzt ist, daß die Verdeutschung oder besser gesagt Rückdeutschung berechtigt" sei,[105] ein Indiz dafür, dass es zumindest vereinzelt Befürworter einer „Eindeutschung" gegeben haben muss. Fraglich bleibt, warum der eigentliche Dienstherr Zippelius sich bei seinen Schulräten nicht durchzusetzen wusste; wahrscheinlich scheiterte er schon aus praktischen Gründen, denn für eine Besichtigung der Schulen und eine damit verbundene Erfassung der fraglichen Schüler/-innen fehlte der stark zusammengeschrumpften Schulbehörde das Personal wie auch die Zeit.

Im benachbarten Protektorat Böhmen und Mähren stellte sich die Lage im Jahr 1939 ähnlich dar: Die Einschulungszahlen tschechischer Kinder an

---

103 Lagebericht des Regierungspräsidiums von Troppau (Berichterstatter Dr. Truhetz) über die tschechische Volksgruppe an das Reichsinnenministerium. Troppau, 2. November 1943. ZA Opava, Fond RP Opava, inv. č. 1435, fol. 159–162, hier: fol. 161.
104 Vgl. Kapitel 5.6 „Gescheiterte Neubauplanungen – die infrastrukturelle Förderung des Schulwesens".
105 Konzeptpapier: „Die rassische und völkische Zusammensetzung der Bevölkerung im Kreise Troppau". Erstellt vom Troppauer Schulrat Eduard Fritscher, 16. Mai 1940. SokA Opava, Bestand Landrát Opava, Karton 227, složka inv. č. 397, fol. 542–557, hier fol. 544.

deutschen Schulen waren hoch. So durften im Juni 1939 Kinder nichtdeutscher Eltern auf deutsche Schulen gehen, wenn sie ausreichend Deutsch sprachen, lasen und schrieben. Wenn sie nur wenig Deutsch verstanden, sollten sie nur bis zu einem Schüleranteil von 25 Prozent in deutsche Volksschul- bzw. von bis zu 33 Prozent in deutsche Bürgerschulklassen aufgenommen werden können.[106] Zum 1. September 1941 sprach etwa die Hälfte der Schüler/-innen an den deutschen Schulen des Bezirks Budweis ungenügend Deutsch, und in fast allen Monatsberichten klagte der SD-Leitabschnitt Prag über die geringen oder völlig fehlenden Deutschkenntnisse der Kinder und Jugendlichen, überdies monierte er, dass in vielen deutschen Schulen die tschechisch sprechenden Schüler/-innen in der Überzahl seien.[107] Wie es um die Lage im Regierungsbezirk Aussig bestellt war, kann aufgrund des Mangels an entsprechenden Quellen nicht nachvollzogen werden, jedoch war durch die im nordwestböhmischen Industriegebiet erfolgende Einrichtung tschechischer Sonderklassen an deutschen Schulen der Wunsch Reichenbergs und Troppaus, zwischen Deutschen und Tschechen eine räumliche Trennung herbeizuführen, schon im Grundsatz konterkariert worden.[108]

Hinsichtlich der Frage, wie mit tschechischen Kindern an deutschen Schulen verfahren werden sollte, entwickelten die Behörden keine schlüssige Politik. Während die Schulverwaltung im März 1940 noch anordnete, dass tschechische Schüler/-innen an deutschen Schulen den deutschen Gruß so zu leisten hätten wie die deutschen Kinder,[109] beschloss sie nur wenige Monate später, im Juli 1940, tschechischen Schüler/-innen anstelle der mit dem Geleitwort „Ihr seid die Zukunft des deutschen Volkes" versehenen Entlassungsurkunden deutscher Volks- und Bürgerschulen nur ein Jahreszeugnis auszuhändigen.[110] Zudem ersuchte Konrad Henlein das Reichserziehungsministerium, in allen Zeugnissen die „Volkszugehörigkeit" angeben zu dürfen, da sonst tschechische Schüler „sich mit dem deutschen Schulzeugnis als Deutsche tarnen und später

---

106 Vgl. BRANDES: „Umvolkung, Umsiedlung, rassische Bestandsaufnahme" 54.
107 EBENDA 55.
108 Siehe das Kapitel „Unterordnung als Unterrichtsziel. Das tschechische Schulwesen im Reichsgau Sudetenland".
109 Schreiben von Schönfeldt (Regierungspräsidium Troppau) an die Kreisschulämter und Stadtschulämter des Bezirks. Troppau, 1. März 1940. ZA Opava, RP Opava, Signatur IIA, Karton 3547, nicht foliiert.
110 Schnellbrief der Reichsstatthalterei, vermutlich an den Regierungspräsidenten in Karlsbad. Autor unbekannt. Ohne Ort, 22. Juli 1940. SokA Karlovy Vary, Landrát Žlutice 1938–1945, Karton 13, nicht foliiert.

in Arbeitsplätze einrücken, in denen sie unerwünscht wären".[111] Vom Reichserziehungsministerium wurde diesem Ersuchen stattgegeben,[112] um zumindest so eine Unterscheidung zwischen Deutschen und Tschechen aufrechterhalten zu können. Von der Kennzeichnung als Tschechen blieben Kinder deutschtschechischer Eltern ausgenommen, da bei ihnen durch die bisherigen Einschulungsmodalitäten „ein Aufgehen im deutschen Volkstum anzunehmen"[113] sei.

Unterdessen wurden im April 1941 die Einschulungsvorgaben im Regierungsbezirk Troppau von Zippelius neu modifiziert. Um die Einschulungszahlen tschechischer Kinder an deutschen Schulen zu senken, wurden die NSDAP-Ortsgruppenleiter mit weitreichenden Kompetenzen ausgestattet und umgekehrt die Befugnisse der Schulleitung beschnitten. Nun hatte die Leitung der deutschen Schule dem Ortsgruppenleiter der NSDAP eine Liste der einzuschulenden Kinder vorzulegen und sollte gemeinsam mit diesem bestimmen, welche Schüler/-innen der deutschen und welche der tschechischen Schule zuzuweisen wären. Die Einwilligung des Erziehungsberechtigten war dabei nicht zwingend erforderlich. Abschließend ließ Zippelius über den Leiter seiner Schulabteilung, Paul Kieseler, noch mitteilen, nur so viele Tschechen aufzunehmen, dass der Erziehungserfolg bei den deutschen Kindern nicht infrage gestellt sei – „volkstumsmässig bedeutet die Aufnahme von zu vielen tschechischen Kindern in die deutsche Schule eine bedenkliche Gefahr".[114] Die Schulleitungen sollten über die neue Regelung ausschließlich mündlich unterrichtet werden.[115]

Dennoch blieb die Zahl der tschechischen Schüler/-innen im Regierungsbezirk Troppau weiter hoch.[116] Die im Archivbestand punktuell berichteten

---

111 Schreiben (Berichterstatter: Theo Keil, Unterschrift vermutlich Konrad Henlein) an das Reichserziehungsministerium. Reichenberg, 13. Juni 1940. BArch, R 4901/4638, fol. 20.
112 Vertrauliches Schreiben Henleins an den Regierungspräsidenten von Troppau. Reichenberg, 13. Juni 1940. SOkA Opava, Bestand Landrát Opava, Karton 227, složka inv. č. 397, fol. 185.
113 EBENDA.
114 Schreiben des Regierungspräsidenten von Troppau (Berichterstatter für Friedrich Zippelius: Paul Kieseler) an die Kreisschulämter im Regierungsbezirk und das Schulamt in Troppau. Troppau, 21. August 1941. SOkA Opava, Bestand Landrát Opava, Karton 227, složka inv. č. 397, fol. 208.
115 EBENDA.
116 Schreiben des Kreisschulamtes an den Kreisleiter der NSDAP in Troppau. Troppau, 3. Juni 1942. SOkA Opava, Bestand Landrát Opava, Karton 227, složka inv. č. 397, fol. 55; Schreiben des Kreisschulrates von Mährisch Schönberg (Unterschrift nicht

Wiederausschulungen tschechischer Schüler/-innen könnten darauf eine Reaktion gewesen sein. So wurden in Kreuzendorf (Holasovice) 21 Schüler/-innen von der deutschen zur tschechischen Schule überwiesen, da sie die tschechische Volkszugehörigkeit besäßen und nur mangelhaft dem Unterricht folgen könnten.[117]

Zugleich brachte das Gaugrenzlandamt Maßnahmen zur sogenannten Umvolkung vor, deren Zielsetzung es war, gauweit einheitliche Regeln einzuführen. Im Kontext des vorangegangenen Kompetenzgerangels kann dies auch als letzter Versuch Künzels gesehen werden, den Handlungsspielraum seiner Behörde aufrechtzuerhalten.[118] Unverkennbar brachte das Gaugrenzlandamt seine Auswahlprinzipien „Umvolkungsfähigkeit" (rassische Kriterien) und „Umvolkungswürdigkeit" (politische Kriterien) in die Statuten dieser „Umvolkungsmaßnahmen" ein.[119]

Begonnen wurde im April 1941 mit der „Umvolkungsaktion A", die die tschechischen Absolvent/-innen deutscher Schulen im Reichsgau Sudetenland erfassen sollte, um ihre „Umvolkungsfähigkeit" und „Umvolkungswürdigkeit" feststellen zu können[120] und ihre Einsatzmöglichkeiten für die deutsche Wirtschaft zu prüfen. Erfasst wurden alle Schüler/-innen, die tschechische Eltern hatten, und alle aus nationalen Mischehen, in denen „tschechischer Einfluß offensichtlich vorherrschend ist". Die Lehrkräfte, aber auch die NSDAP-Ortsgruppen- und -Blockleiter beurteilten die Heranwachsenden anhand von Fragebögen nach „rassischen" und „erbgesundheitlichen" Kriterien. Auf der Basis dieser Angaben bestimmte sodann ein Prüfungsausschuss, ob eine „Umvolkung" möglich sei. Der Berufsberater des Arbeitsamtes hatte anschließend festzulegen, welchen Beruf der Jugendliche zu ergreifen hatte und wo er eingesetzt werden sollte.[121] Während die germanisierungskritische Troppauer Schulverwaltung diesem Vorgehen bedenkenlos zustimmte und dem Gaugrenzlandamt versicherte, dass sich der Prüfungsausschuss in den Schulen einen persönlichen Eindruck von den „umzuvolkenden Jugendlichen"

---

leserlich) an den Regierungspräsidenten von Troppau. Mährisch Schönberg, 2. Juli 1942. ZA Opava, RP Opava, Signatur IIA, Karton 3549, nicht foliiert.
117 Schreiben des Kreisschulamtes von Troppau an den Leiter der Volksschule in Kreuzendorf. Troppau, 14. Juli 1942. SOkA Opava, Bestand Landrát Opava, Karton 227, složka inv. č. 397, fol. 52.
118 Vgl. ZIMMERMANN: Die Sudetendeutschen im NS-Staat 305.
119 EBENDA 305–306
120 EBENDA 306.
121 EBENDA.

verschaffen dürfe,[122] sahen dies manche Schulleitungen anders und übermittelten den Arbeitsämtern die Schulabgängerlisten, ohne die tschechischen Schüler/-innen dort separat als solche aufzulisten. Dass diese Schulleitungen den tschechischen Schulabsolvent/-innen somit eine deutsche Identität bei der Berufswahl zuwiesen, legt nahe, dass die Vermutung, die Schulleitungen hätten eine Eindeutschung durch die Einschulung an deutschen Schulen für möglich gehalten, zutreffend sein könnte. Allerdings wurden Schulleitungen, die so handelten, gerügt und gezwungen, die „Volkszugehörigkeit der Mutter und des Vaters" aller Schulabgänger in listenmäßiger Form den Arbeitsämtern nachzureichen.[123] Formell umfasste der von der Klassenlehrkraft, der Schulleitung, dem NSDAP-Ortsgruppenleiter und dem Ortsbeauftragten des NSDAP-Grenzlandamtes auszufüllende Erhebungsbogen sechs Seiten, denen eine gemeinsame Beurteilung beizufügen war.[124] Die Fragen bestätigen den Vorsatz des Gaugrenzlandamts, sowohl politische als auch rassische Kategorien prüfen zu wollen. So heißt es auszugsweise:[125]

> Wie ist der Fortgang des Kindes im Unterricht? gut – ausreichend – ungenügend
> Wie wird das Kind charakterlich beurteilt? ehrlich – unehrlich – offen – verstockt – träge – gleichgültig – pflichtbewusst
> Gehört das Kind der HJ oder dem BDM an?
> Wie ist sein Verhalten *deutschen* Mitschülern gegenüber? ablehnend – zurückhaltend – gleichgültig – freundschaftlich
> In welchen Kreisen verkehrt das Kind ausserhalb der Schule? in deutschen – in tschechischen – in beiden
> Hängt das Kind trotz Besuches der deutschen Schule noch sehr am tschechischen Volkstum? ja – nein
> Hat es ein ausgeprägtes Volksbewusstsein? ja – nein
> Befindet es sich in einem Zwischenstadium? ja – nein
> Wird das Kind von den Schülern der tschechischen Schule (falls vorhanden) nach wie vor als zu ihnen gehörig betrachtet oder rücken diese von ihm wegen des Besuches der deutschen Schule ab? ja – nein

---

122 Schreiben der Schulabteilung im Regierungspräsidium Troppau an die Kreisschulämter im Regierungsbezirk Troppau. Troppau, 17. April 1941. SOkA Opava, Bestand Landrát Opava, Karton 227, složka inv. č. 397, fol. 191.
123 Vertrauliches Schreiben des Kreisschulrates von Troppau, Fritscher, an die Leiter der deutschen Volks- und Hauptschulen. Troppau, 25. März 1943. SOkA Opava, Bestand Landrát Opava, Karton 221, složka inv. č. 388, nicht foliiert.
124 U-Erhebungsbogen (vertrauliches Erhebungsblatt) des Prüfungsausschusses der Kreisleitung. Autor, Datum und Ort unbekannt. SOkA Opava, Bestand Landrát Opava, Karton 227, složka inv. č. 397, fol. 192–194.
125 EBENDA, Hervorhebung im Original.

Wie beurteilt der Lehrer das Kind in rassischer Hinsicht? wertvoll – nicht wertvoll
Ist die Familie erbgesund? Welche Erbkrankheiten wurden festgestellt? (Falls schulärztliche Befunde vorliegen, sind diese auszuwerten!)
Ist bei dem Schüler (der Schülerin) anzunehmen, dass er (sie) eine Lehrstelle in einem deutschen Kreis annehmen würde? Wären auch die Eltern hierfür zu gewinnen?
Einstellung der Eltern zum nationalsozialistischen deutschen Volk und Reich?
Verhalten vor der Befreiung des Sudetenlandes?
Zugehörigkeit zu früheren tschechischen politischen Parteien.
Zugehörigkeit zu früheren tschechischen Vereinen und Kampfverbänden.
War der Vater oder ein Familienmitglied Legionär?
Zugehörigkeit zu deutschen Organisationen.
Heutige Ämter in der Öffentlichkeit?
Ist anzunehmen, dass das eben schulaustretende Kind bei einem mehrjährigen Aufenthalt im deutschen Gebiet in das deutsche Volkstum hineinwächst?

Während der politische Hintergrund – vor allem bezogen auf den Zeitraum vor 1938 – detailliert abgefragt wurde, blieben die rassischen Kategorisierungen oberflächlich formuliert. Ob die tschechischen Jugendlichen nach ihrer Erfassung auch tatsächlich als Lehrlinge im Reichsgebiet unterkamen, kann anhand der Akten- und der Forschungslage[126] nicht unmittelbar nachvollzogen werden. Jedoch wurden vonseiten des SS-Gauamts für Volkstumsfragen in Gablonz noch im Februar 1944 die schwäbischen Gebiete (Gau Schwaben sowie Württemberg/Hohenzollern) und der Gau Niederschlesien für den Lehrlingseinsatz im Kontext der „Wiedereindeutschungsmaßnahmen" gelobt.[127] In dem entsprechenden Aktenvermerk ist zwar nicht explizit von tschechischen Lehrlingen die Rede, doch aufgrund der Ortsangabe auf dem Vermerk kann plausibel angenommen werden, dass sich der Autor tatsächlich auf tschechische Jugendliche bezog.

Die Ende April 1941 angesetzte „Umvolkungsaktion B" bezog sich indes auf die deutsch-tschechischen Ehen im Reichsgau, deren Zahl die deutschen Behörden auf 35 000 bis 40 000 schätzten. Die betreffenden Familien sollten „aus national gemischten Gebieten" in tschechische Gebiete umgesiedelt werden, weil sie nach Auffassung des Grenzlandamtes „in ihrer volkspolitischen Wirkung gefährlicher sind als Familien rein tschechischer Herkunft". Für diejenigen Kinder, die „in rassischer und charakterlicher Hinsicht [als] besonders

---

126 Siehe BECKER: Von der Werbung zum „Totaleinsatz".
127 Aktenvermerk des Gauamtes für Volkstumsfragen (vermutlich, keine Behördenangabe, aber Ortsangabe Gablonz). Gablonz, 16. Februar 1944. SOAL, ŘM, Signatur unklar, Karton 343, nicht foliiert.

wertvoll" galten, sollte zudem eine Umvolkung mit Isolation vom Elternhaus unter Einbezug der HJ oder des BDM in die Wege geleitet werden.[128] Ob diese Maßnahme tatsächlich durchgeführt wurde, kann aufgrund fehlender Archivmaterialien nicht festgestellt werden.

Kontroversen um die Vereinheitlichung der Einschulungspraxis

Gaben die ersten beiden Umvolkungsaktionen der Schulverwaltung noch kaum Anlass zur Diskussion, löste die „Umvolkungsaktion C" große Kontroversen aus. Denn Ziel dieser Aktion war es, die bisher ambivalente Einschulungspraxis tschechischer Kinder an deutschen Schulen einheitlich zu regeln. Am 1. Juli 1941 traten die erneut unter Federführung des Gaugrenzlandamts entworfenen „Richtlinien und Unterlagen II/3", parteiintern als „Umvolkungsaktion C" bezeichnet, in Kraft.[129] Unzweifelhaft standen hierbei die wenige Monate zuvor erlassenen Troppauer Richtlinien Pate, ja das Konzept von Zippelius wurde geradezu kopiert. Das Verfahren sah vor, dass die Leitung der deutschen Schule die neu einzuschreibenden tschechischen Schüler/-innen, deren „Umvolkung" erwünscht schien, erst nach Einholung eines Gutachtens durch den NSDAP-Ortsgruppenleiter einschulen durfte. Die Ortgruppenleiter bekamen für ihre Gutachten wiederum Richtlinien vonseiten des Gaugrenzlandamtes ausgehändigt. Stand der örtlichen tschechischen Schule zudem eine deutsche Schulleitung vor, musste diese hinzugezogen werden.[130]

Den Schulräten wurde hierbei keinerlei Einfluss zugebilligt. Ihre damit erfolgte Entmachtung wurde von Franz Künzel in aller Deutlichkeit bekräftigt: „Es ist selbstverständlich, dass die Weisungsbefugnis des Gaugrenzlandamtes nicht auf die Kreisschulräte ausgedehnt wurde."[131] Diese neue Entscheidungsfülle der NSDAP-Stellen brachte den Regierungspräsidenten Krebs allerdings gehörig auf. Er wandte sich im Juli 1941 an Künzel und beanstandete, dass „der vom Gaugrenzlandamt eingeschlagene Weg einen Eingriff in die schulische Verwaltung des Regierungspräsidenten bedeutet".[132] Auch dass bei Schüler/-innen, deren baldige Eindeutschung erwartet wurde, der Vermerk der Volkszugehörigkeit nun unterbleiben sollte, stieß bei Krebs auf

---

128 Weisung des Gaugrenzlandamtes Nr. 6/41 g. vom 30. April 1941. SOAL, Župní vedení NSDAP, Inv.-Nr. 71, Karton 128, nicht foliiert.
129 Schreiben Künzels an Hans Krebs. Ort unbekannt (vermutlich Gablonz), 7. August 1941. SOAL, ŘM, Signatur unklar, Karton 343, nicht foliiert.
130 EBENDA.
131 EBENDA, Unterstreichung im Original.
132 EBENDA.

Widerspruch.[133] Künzel entgegnete gegenüber Krebs nur, dass er eben die Vorgaben der Reichsstatthalterei in die Praxis umsetze.[134] Der Grund für Krebs' Klage mag seine prinzipielle Verteidigungshaltung gegen jegliche Einflussnahme von außen gewesen sein, doch seine Kritik bewirkte nichts – die Richtlinien blieben gültig, was Zippelius in einem Schreiben an seine Kreisschulämter bestätigte.[135] Das heißt, fortan trafen weder die Eltern noch die Kreisschulräte die Entscheidung über den Schulbesuch der Kinder, vielmehr oblag sie in allen Gemeinden, in denen tschechische und deutsche Schulen existierten, den NSDAP-Ortsgruppenleitern.[136]

Die für die deutschen Schulen bestimmten Kinder wurden zuerst in sogenannte Umvolkungsklassen eingeschult. Erfüllten sie zudem die Kriterien des NSDAP-Rassenamtes, wurden sie schließlich deutschen Volksschulen zugewiesen.[137] Jedoch war aus der Sicht von Zippelius auch unter der neuen Maßgabe die Zahl der tschechischen Kinder an den deutschen Schulen im Regierungsbezirk Troppau zu hoch, weshalb er die Schuldirektoren aufforderte, stets darauf zu achten, dass die Erziehung und der Unterricht durch das „tschechische Element" nicht gestört werde.[138] Die Untersuchungsergebnisse der Umvolkungsaktion C selbst haben sich nicht erhalten; daher kann auch nicht nachvollzogen werden, ob sie im Regierungsbezirk Aussig in abweichender Form durchgeführt wurden. Dies liegt darin begründet, dass die Schulleitungen von den Außenstellen des Gaugrenzlandamtes über die Ergebnisse mündlich unterrichtet wurden.[139]

---

133 EBENDA.
134 EBENDA.
135 Schreiben von Zippelius an die Kreisschulämter seines Regierungsbezirks bezüglich der Einschreibung tschechischer Schüler in Orten, in denen es sowohl eine deutsche als auch eine Volksschule mit tschechischer Unterrichtssprache gibt. Troppau, 21. August 1941. SOkA Opava, Bestand Landrát Opava, Karton 227, složka inv. č. 397, fol. 208.
136 Vgl. ZIMMERMANN: Die Sudetendeutschen im NS-Staat 307.
137 EBENDA.
138 Vertrauliches Schreiben des Regierungspräsidenten von Troppau, Friedrich Zippelius, an die Schulämter des Regierungsbezirks. Troppau, 24. Oktober 1941. SOkA Opava, Bestand Landrát Opava, Karton 227, složka inv. č. 397, fol. 209.
139 Schreiben von Kieseler (Regierungspräsidium Troppau) an die Kreisschulämter des Regierungsbezirks. Troppau, 21. August 1941. SOkA Opava, Bestand Landrát Opava, Karton 227, složka inv. č. 397, fol. 208.

Eindeutschung nach „rassischen" Kriterien?

Hatten die bisherigen Aktivitäten der sudetendeutschen Schulverwaltung wie auch des Gaugrenzlandamts eine Trennung zwischen Deutschen und Tschechen intendiert, wurde zeitgleich in Kreisen der SS und in der benachbarten Protektoratsverwaltung ein anderes Konzept immer populärer: die Eindeutschung tschechischer Kinder nach Kriterien der „Rassenpolitik".[140] Dieser in der Forschung als „Eindeutschungsfähigkeit"[141] bezeichnete Ansatz geht auf Konstantin von Neurath und Karl Hermann Frank zurück, die Hitler vorschlugen, den größten Teil der tschechischen Bevölkerung unter dem Terminus „Umvolkung" zu assimilieren, ein Begriff, der im Reichsgau Sudetenland bereits verwendet wurde, jedoch nur für jene, deren „rassische Qualität" außer Zweifel stand.[142] Hitler befürwortete diesen Vorschlag und wies am 12. Oktober 1940 an, die „Verdeutschung des Raumes und der Menschen" vorzubereiten.[143] Bereits im Herbst 1940 wurden Planungen begonnen, mittels getarnter Fragebögen für tschechische Schulärzte rassenbiologische Merkmale zu erheben, um ein „möglichst wahres Bild über die tatsächliche Zusammensetzung des tschechischen Volkes zu bekommen".[144]

Im Gegensatz zu Heydrich, der annahm, dass 40 bis 60 Prozent der Tschechen eindeutschbar seien,[145] ging Künzel nur bei einem sehr kleinen Teil der Tschechen von einer möglichen Eindeutschung aus.[146] Dass sich die SS von

---

140 Vgl. ZIMMERMANN: Die Sudetendeutschen im NS-Staat 290.
141 Vgl. BRANDES: „Umvolkung, Umsiedlung, rassische Bestandsaufnahme" 184; ZIMMERMANN: Die Sudetendeutschen im NS-Staat 293; GEBEL: „Heim ins Reich!" 303.
142 Vgl. ZIMMERMANN: Die Sudetendeutschen im NS-Staat 291; zudem: LÜDICKE, Lars: Constantin von Neurath. Eine politische Biographie. Paderborn 2014, 534–538.
143 Vgl. BRANDES: „Umvolkung, Umsiedlung, rassische Bestandsaufnahme" 130; ZIMMERMANN: Die Sudetendeutschen im NS-Staat 291.
144 Schreiben des Chefs des Rasse- und Siedlungshauptamtes-SS Hoffmann an den Reichsführer SS. Berlin, 24. Oktober 1940. BArch, NS 19/604, fol. 2.
145 Vgl. ZIMMERMANN: Die Sudetendeutschen im NS-Staat 293. Die von Heydrich am 4. Februar 1941 vor führenden Mitgliedern des Amtes des Reichsprotektors getätigte Äußerung findet sich in: KÁRNÝ, Miroslav (Hg.): Protektorátní politika Reinharda Heydricha [Die Protektoratspolitik Reinhard Heydrichs]. Praha 1991, 218 (Dok. 61).
146 Vgl. ZIMMERMANN: Die Sudetendeutschen im NS-Staat 292.

einer solchen Eindeutschung Vorteile versprach, macht eine Aussage des Leiters der Gruppe Gesundheitswesen im Amt des Reichsprotektors, Fritz Plato, deutlich: Ihm zufolge hatten „gewaltige Ströme deutschen Ahnenerbes [...] den Tschechen nordisches Rassegut geschenkt", weshalb es im deutschen Interesse liege, „diese Ströme guten deutschen Blutes dem deutschen Volke wiederzugewinnen".[147] Hinsichtlich der Polen und Russen wurde hingegen erwartet, dass nur drei Prozent der Bevölkerung eindeutschbar seien.[148] Somit sollte nicht nur der Raum germanisiert werden, sondern auch – soweit möglich – die in ihm lebenden Menschen.[149] Dabei war das Rasse- und Siedlungshauptamt mit der rassischen Zusammensetzung der Sudetendeutschen selbst alles andere als zufrieden. So heißt es in einer im Oktober 1940 angefertigten Denkschrift über die „rassenpolitischen Verhältnisse" im böhmisch-mährischen Raum, dass die Sudetenländer zu den „rassisch am meisten geschwächten" Landstrichen Deutschlands gehörten – bei „grober Schätzung der Rassenzusammenfassung des Sudetengebietes [...] ist schon rein zahlenmäßig das Rassenbild des tschechischen Volkes heute wesentlich günstiger als das der sudetendeutschen Bevölkerung".[150]

Die Grundüberzeugungen der SS, die sich bis Kriegsende nicht mehr ändern sollten,[151] legte Karl Hermann Frank im März 1944 in einer Rede in Bad Karlsbrunn (Karlova Studánka) dar: Zunächst gelte es, „umzuvolken", dann die „rassisch unverdaulichen Tschechen" auszusiedeln und den freigewordenen Raum schließlich mit „frischem deutschem Blut" neu zu besiedeln.[152] Wie dies geschehen sollte, präzisierte die Gruppe I 1 im Amt des Reichsprotektors in Prag. Eine „gelenkte natürliche Auslese" sei ihrer Ansicht nach anzustreben,

---

147 Vgl. ŠIMŮNEK, Michal: Ein neues Fach. Die Erb- und Rassenhygiene an der Medizinischen Fakultät der Deutschen Karls-Universität in Prag 1939–1945. In: KOSTLÁN, Antonín (Hg.): Wissenschaft in den böhmischen Ländern 1939–1945. (Práce z dějin vědy 9) Praha 2004, 190–316, hier 196, zitiert nach BRANDES: „Umvolkung, Umsiedlung, rassische Bestandsaufnahme" 194.
148 Vgl. ZAHRA: Kidnapped Souls 181.
149 EBENDA 172.
150 Vgl. Denkschrift des SS-Oberscharführers W. König-Beyer, abgedruckt in: KRÁL, Václav (Hg.): Die Vergangenheit warnt. Dokumente über die Germanisierungs- und Austilgungspolitik der Naziokkupanten in der Tschechoslowakei. 2. Aufl. Prag 1962, 75–76.
151 Vgl. ZIMMERMANN: Die Sudetendeutschen im NS-Staat 291.
152 Rede Franks in Bad Karlsbrunn zur Reichspolitik in Böhmen und Mähren, Ende März 1944. Abgedruckt in: KRÁL, Václav: Die Deutschen in der Tschechoslowakei. 1933–1947. Dokumentensammlung. Praha 1964, 519–524, hier 521 (Dok. 426).

für die eine Bestandsaufnahme inklusive einer Rangordnung angefertigt werden sollte; Zwang sollte hierbei auszuschließen sein. Auf diese Weise sollte die tschechische Bevölkerung in Gruppen eingeteilt werden, von denen wiederum die „volkstumspolitische" Behandlung des Einzelnen abhing. Jemand war nur dann „rassisch wertvoll", wenn bei ihm und in seiner Familie keine „slawischen Rassenmerkmale" dominierten. Eine Aussonderung bzw. Sonderbehandlung sollte bei den „rassisch unbrauchbaren Fremdvölkischen" und den „reichsfeindlich rassisch wertvollen Fremdvölkischen" vorgenommen werden.[153] Das Konzept sollte auf die gesamte tschechische Bevölkerung abzielen, also auch auf die tschechische Minderheit im Reichsgau Sudetenland.[154] Was dabei unter einer Sonderbehandlung zu verstehen war, wurde auf einer Tagung der Kreisbeauftragten des Rassenpolitischen Amtes und des Gaugrenzlandamtes Nieder-Donau in Prag im Juni 1942 unzweifelhaft ausgesprochen:

> Wir werden jedoch [sic] Karten nicht vorzeitig aufdecken: in 2–3 Jahren vielleicht werden wir schon schärfste und offenste Brutalität den Tschechen gegenüber anwenden: Im übrigen sind es gerade die Schlechtesten, die sagen, „wir wollen Deutsch werden." Während die rassisch Besseren auf ihrem slawischen Volkstums [sic] beharren. Deshalb ist eine engste Zusammenarbeit zwischen den Rassenpolitiker [sic] und Volkstums-Politikern notwendig. In 100 Jahren müssen es bereits 150 000 000 Deutsche sein.[155]

Der Initiator dieser Tagung, das Rasse- und Siedlungshauptamt SS (RuSHA) im Protektorat Böhmen und Mähren, stand fachlich hinter den Vorstellungen der Protektoratsbehörde. So hatte das RuSHA

> festzustellen, wie die rassische Struktur des tschechischen Volkes beschaffen sein und wie groß der Hundertsatz der zu evakuierenden bzw. der einzudeutschenden tschechischen Bevölkerung in Zukunft seien [sic] würde. Im Übrigen sei es durchaus noch nicht feststehend, wie sich diese Zukunft des tschechischen Volkes gestalten würde und ob man überhaupt einen großen Teil des tschechischen Volkes nach dem Osten evakuieren könne ohne das Wirtschaftsleben des Reiches und des böhmisch-mährischen Raumes zu gefährden.[156]

---

153 Vgl. ZIMMERMANN: Die Sudetendeutschen im NS-Staat 291.
154 EBENDA.
155 Rasse- und Siedlungshauptamt SS, Außenstelle Böhmen – Mähren. Bericht über die Tagung der Kreisbeauftragten des Rassenpolitischen Amtes und des Gaugrenzlandamtes Nieder-Donau vom 19. bis 21. Mai 1942 auf der Schulungsburg Wasserburg bei St. Pölten. Prag, 29. Juni 1942. BArch, NS 12/1025, S. 7.
156 EBENDA S. 4.

Wichtigster Vertreter dieser Auffassung im Reichsgau Sudetenland war der SS-Funktionär Ernst Müller, der zum Gegenspieler von Franz Künzel, dem eindeutschungskritischen Leiter des Gaugrenzlandamts, werden sollte. Als Henlein 1940 Beauftragter für die „Festigung deutschen Volkstums" geworden war, hatte er die Aufgaben dieses Amts an Müller als Stabsführer delegiert.[157] Qua Amt oblag Müller, der ebenfalls Sudetendeutscher war und der bereits in den 1930er Jahren im Deutschen Reich Karriere gemacht hatte,[158] damit die Umsiedlung von Volksdeutschen in den Reichsgau Sudetenland.[159]

Als sich schließlich in den Jahren 1941/1942 mit Heydrichs Machtübernahme erhebliche politische Veränderungen im Protektorat abzeichneten und sich die dortige Besatzungspolitik verschärfte, erreichte Heydrich, dass das SS-Konzept nun tatsächlich zur Anwendung kam. Formell war dies möglich geworden, nachdem Hitler auf Heydrichs Vorschlag hin den Geltungsbereich des „Erlasses zur Festigung deutschen Volkstums" auf das Protektorat ausgedehnt hatte.[160] Sogleich kündigte Heydrich bei seiner Antrittsrede Anfang Oktober 1941 eine „Bestandsaufnahme [...] in rassisch-völkischer Beziehung" an.[161] So wurde im März 1942 die reichsdeutsche Kennkartenverordnung im Protektorat Böhmen und Mähren eingeführt, die Fragen zu rassischen Merkmalen enthielt, und acht Jahrgänge der dortigen Bevölkerung wurden aufgefordert, entsprechende Kennkarten zu beantragen.[162] Diese Verschärfung der Besatzungspolitik durch SS-Obergruppenführer Heydrich war deutlicher Ausdruck des Machtgewinns der SS im Protektorat – und in diesem Kontext gewann auch die von der SS favorisierte Rassenpolitik an Bedeutung, sodass Künzel mit seiner Position zunehmend ins Abseits geriet. Seine Äußerungen auf einer Tagung des Rassenpolitischen Amtes des Gaues Sudetenland in der Prager NSDAP-Kreisleitung im Februar 1942 wurden in SS-Kreisen als derart problematisch angesehen, dass seine Absetzung schließlich proaktiv vorangetrieben wurde. Laut einer Stellungnahme des SS-Obersturmbannführers Ermin Künzel (nicht zu verwechseln mit Franz Künzel), der ebenso an der Tagung teilgenommen hatte, hätte Franz Künzel dort Folgendes gesagt:

---

157 Vgl. ZIMMERMANN: Die Sudetendeutschen im NS-Staat 309.
158 Vgl. GEBEL: „Heim ins Reich!" 287.
159 Vgl. ZIMMERMANN: Die Sudetendeutschen im NS-Staat 318.
160 Vgl. BRANDES: „Umvolkung, Umsiedlung, rassische Bestandsaufnahme" 184.
161 Antrittsrede Reinhard Heydrichs am 2. Oktober 1941 in Prag, abgedruckt in: KRÁL (Hg.): Die Vergangenheit warnt 131 (Dok. 19).
162 BRANDES: „Umvolkung, Umsiedlung, rassische Bestandsaufnahme" 198.

Gauamtsleiter Künzel erklärte die rassische Beurteilung zwar als eine der Voraussetzungen für die Umvolkung, legte aber das Schwergewicht auf das politische Verhalten vor dem Anschluss an das Reich. Unter ausdrücklichem Hinweis auf die Arbeit der *Prager Stellen* betonte Pg. [Parteigenosse; Anm. S. J. S] Künzel dass deren Arbeit nur wissenschaftliche Feststellungen seien, die Entscheidung aber, als politischer Akt, bei den Kreisleitern bzw. Kreisamtsleitern läge. [...] Mit der Feststellung der Volkszugehörigkeit sei Schindluderei getrieben worden. Als Deutsche seien solche Personen angenommen worden, die nur einen deutschen Großelternteil aufzuweisen hatten. Auf die Bewährung in der sudetendeutschen Kampfzeit ist großer Wert zu legen. Die in der Kampfzeit gemachten Erfahrungen und die dabei gewonnene genaue Kenntnis des Personenkreises, der dem Deutschtum zuneigte, befähigten die Sudetendeutschen zur Lösung dieser Probleme. Die rassische Beurteilung komme erst in zweiter Linie.[163]

Franz Künzel hätte somit seine gegenüber den SS-Plänen divergente Position mehr als deutlich gemacht – eine Haltung, die ihm nun sehr gefährlich wurde. So beurteilte Ermin Künzel dessen Äußerungen nach der Tagung als irrig:

Die in der Betrachtung des Gauamtsleiters [Franz; Anm. S. J. S.] Künzel vorhandene Zwischensicht entfällt bei der klaren Endlösung, da nach erfolgter Bestandsaufnahme und räumlicher Trennung der Wiedereindeutschungsfähigen von den Nichtwiedereindeutschungsfähigen die tschechische Nation nicht mehr vorhanden ist. Bei der vom Reichsprotektor Böhmen und Mähren, SS-Obergruppenführer Heydrich, vorgesehenen Endlösung bedeutet die Einstellung des Gauamtsleiters Künzel daher eine Beschränkung und Gefährdung. [...] Über die Notwendigkeit, im Raume Böhmen u. Mähren die einheitliche Behandlung dieses Problems sicher zu stellen, muss darauf hingewiesen werden, dass die Lösung der Tschechenfrage über zufällige territoriale Grenzen hinweg grundsätzlich die gleiche Behandlung verlangt. Eine nach den Gesichtspunkten des Gauamtsleiters Künzel durchgeführte Arbeit im Sudetengau würde sich infolge der verwandtschaftlichen Beziehungen des tschechischen Volkskörpers im Protektorat ungünstig auswirken. Es würden [sic] im Gegenteil bei der zu erwartenden Behandlung im Sinne des Gauamtsleiters Künzel ehrbewusster [sic], sich zu ihrem Volk bekennender [sic] Tschechen erreicht werden, dass diese in einem noch schärferen Gegensatz zum Deutschen Volk treten und damit zwar im Sudetengau zunächst ausgeschieden werden, im Protektorat aber bei den Wiedereindeutschungsmaßnahmen größeren Widerstand zeigen. Es könnte der Fall eintreten, dass ein rassisch wertvoller, politisch bewusster Tscheche im Sudetengau abgelehnt,

---

163 Stellungnahme von SS-Obersturmbannführer Ermin [nicht Erwin] Künzel zum Bericht des Leiters der Hauptstelle XIII der Parteiverbindungsstelle beim Reichsprotektor in Böhmen und Mähren, über die Tagung des Gauamtes für Rassenpolitik des Gaues Sudetenland der NSDAP vom 7. bis zum 9. Februar 1942. BArch, NS 19/2875, fol. 3–9, fol. hier unklar, S. 2. Hervorhebung im Original.

im Protektorat jedoch als wiedereindeutschungsfähig befunden würde. Damit wäre die Autorität der Partei und des Staates gemindert.[164]

Auch Gustav Adolf Schulte-Schomburg, Leiter der Parteiverbindungsstelle, war über Franz Künzel erbost. Dieser sei ein Mann des Kameradschaftsbundes und seine „volkspolitische Auffassung" stehe der hiesigen vollkommen entgegen.[165] Was diese hiesige Auffassung meinte, machte er ebenfalls deutlich: Ihm seien die Kinder der „fanatischsten" Tschechen der letzten 20 Jahre lieber „als diejenigen jenes charakterlosen Lumpen, der seine Ansicht von heute auf morgen gewechselt hat".[166] Nun kündigte sich das Ende des dienstlichen Wirkens Franz Künzels an. Wenige Monate später, im Herbst 1942, reiste SS-Obersturmbannführer Rudolf Brandt nach Reichenberg, um mit Henlein Künzels Absetzung zu besprechen. Künzel sei als einer der aktivsten Männer des ehemaligen Kameradschaftsbundes ohnehin nicht tragbar und müsse schon deswegen – abgesehen von seiner fehlenden Linie – abgelehnt werden.

Henlein, der machtpolitisch schon deutlich geschwächt war, stimmte Brandt zu und führte aus, dass er „von Anbeginn mit jeder vom Reichsführer-SS gewünschten Besetzung dieser neuen Gaudienststelle einverstanden" sei.[167] Jedoch wolle er Künzel einen ehrenvollen Abgang sichern. Um dies zu ermöglichen und dabei einen Gesichtsverlust Henleins wie auch Künzels zu vermeiden,

---

164 Stellungnahme von SS-Obersturmbannführer Ermin [nicht Erwin] Künzel zum Bericht des Leiters der Hauptstelle XIII der Parteiverbindungsstelle beim Reichsprotektor in Böhmen und Mähren, über die Tagung des Gauamtes für Rassenpolitik des Gaues Sudetenland der NSDAP vom 7. bis zum 9. Februar 1942. BArch, NS 19/2875, fol. 3–9, hier fol. 7–8.

165 Geheimes Schreiben Schulte-Schomburgs an Heydrich am 11. März 1942. Abgedruckt in: KRÁL (Hg.): Die Vergangenheit warnt 149–150. Vgl. auch ZIMMERMANN: Die Sudetendeutschen im NS-Staat 293.

166 Veronika Arndtová schrieb diese Formulierungen, wie Zimmermann festgestellt hat, aufgrund einer tschechoslowakischen Quellenedition fälschlicherweise Heydrich zu. Vgl. ARNDTOVÁ, Veronika: Stavovská koncepce F. Künzela a fašistická agrární a národnostní politika v tzv. východních Sudetech [Die landständische Konzeption F. Künzels und die faschistische Agrar- und Nationalitätenpolitik im sog. Ostsudetenland]. In: Slezský sborník 73 (1975) 182–96, hier 191; ZIMMERMANN: Die Sudetendeutschen im NS-Staat 293.

167 Schreiben des Hauptamts für Volkstumsfragen an die Reichsführung SS – Persönlicher Stab – z. Hd. SS-Obersturmbannführer Dr. Rudolf Brandt (Unterschrift unleserlich). München, 1. Oktober 1942. BArch, NS 19/904, Rundreise durch die Volkstumsämter, fol. 2–3.

ließ der SS-Mann Cassel ein Schreiben aufsetzen, das Henlein in die Lage versetzen sollte, Künzel „aus sachlichen Gründen" absetzen zu können.[168]
„Zur Vermeidung eines aufgeblähten Apparates", heißt es darin, sollten „alle Zuständigkeiten" für die „Volkstumsarbeit" in der Hand des zukünftigen Gauamtsleiter für Volkstumsfragen vereinigt werden, SS-Standartenführer Ernst Müller solle diese neu zu errichtende Gaudienststelle übernehmen.[169] Die darauffolgenden beruflichen Veränderungen für Künzel waren erwartungsgemäß ungünstig: Von 1944 bis zum Kriegsende amtierte er nur noch als Präsident des Zentralverbands der landwirtschaftlichen Genossenschaften im Protektorat Böhmen und Mähren; 1943 legte er zudem sein Reichstagsmandat nieder. In den Quellen trat er nicht mehr in Erscheinung. Nach Kriegsende wurde er Lehrer an einer Raiffeisenschule in Kassel; er starb 1986 im nahegelegenen Alsfeld.[170]

Obwohl beide Konzepte, das der SS und das des Gaugrenzlandamts, letztendlich auf die „Auslöschung des gesamten tschechischen Volkes"[171] zielten, hätte es, wie Gebel richtig konstatiert hat, für den einzelnen Tschechen einen Unterschied ums Ganze – Leben oder Tod – bedeuten können, ob er nach den Maßgaben Künzels oder nach denen der SS behandelt worden wäre. Gebel vertritt diesbezüglich die Meinung, dass Künzel in gewisser Weise den Kern des Nationalsozialismus, den Rassismus und den Antisemitismus, entweder verkannt oder zumindest die Anwendung entsprechender Maßnahmen auf die Tschechen abgelehnt bzw. nur sehr eingeschränkt befürwortet habe.[172] Künzels Politik wäre nach Gebel,

> sofern eine Eindeutschung in Frage kam, einer radikalen Benachteiligung der Tschechen, ihrer Degradierung zu ungebildeten „zweitklassigen Arbeitsmenschen" gleichgekommen. Auch dies hätte das Ende jeder tschechischen Kultur, das Ende des tschechischen Volkes bedeutet.[173]

Damit war die Zeit der sudetendeutschen Selbstbehauptung in Fragen der Eindeutschung beendet. Das der NSDAP zugeordnete Gaugrenzlandamt wurde in

---

168 EBENDA fol. 3. Der Vorname von Cassel geht aus der Archivalie leider nicht hervor.
169 Textentwurf, dessen tatsächlicher Urheber Cassel war. Datum und Ort unbekannt, aber Anhang eines Schreibens Cassels an den Reichsführer. München, 1. Oktober 1942. BArch, NS 19/904, Rundreise durch die Volkstumsämter, fol. 7.
170 Vgl. LILLA: Die Vertretung des ‚Reichsgaus Sudetenland' und des ‚Protektorats Böhmen und Mähren' im Grossdeutschen Reichstag 462–463.
171 Vgl. GEBEL: „Heim ins Reich!" 300.
172 EBENDA 300–305.
173 EBENDA 301.

der Folge aufgelöst und in ein von der SS kontrolliertes Gauhauptamt für Volkstumsfragen umgewandelt.[174] Im Dezember 1942 wurde Ernst Müller offiziell mit der Leitung der neu eingerichteten Behörde betraut.[175] Beinahe zeitgleich ergab sich zudem ein Wechsel an der Spitze der Schulverwaltung: Ludwig Eichholz übernahm am 26. Oktober 1942 die Leitung der Hauptabteilung Wissenschaft und Unterricht im Generalgouvernement.[176] Des Weiteren war Friedrich Zippelius abgesetzt worden[177] – und insbesondere seine Amtsenthebung führte ähnlich wie bei der Diskussion über die Fortführung des Tschechischunterrichts an deutschen Schulen dazu, dass die Regierungsbehörde in Troppau nun weniger aufbegehrend auftrat und der SS kaum Widerstand entgegensetzte. Ernst Müller war jedenfalls der Auffassung, dass man die von Künzel eingeleiteten Maßnahmen nun stoppen müsse. Er habe sich die Geheimerlasse des Gaugrenzlandamtes angesehen, die alle aufeinander aufbauten: „Man wird daher wohl oder übel in irgendeiner Form das ganze Gebäude einreißen müssen."[178] Dieser Abriss ging schnell vonstatten: Zuerst begann das SS-Gauamt für Volkstumsfragen die vor 1942 ergangenen Verfügungen Künzels durchzugehen und gegebenenfalls rückgängig zu machen. Hier war Müller mit Heydrich auf einer Linie, der den Standpunkt vertrat, dass alle bereits „eingedeutschten" Tschechen erneut überprüft werden und bei Nichtbestehen der zu erfüllenden Prüfung ihre deutsche Staatsangehörigkeit wieder verlieren sollten.[179]

Infolgedessen ordnete das SS-Gauamt für Volkstumsfragen „im Sinne unserer Vereinbarungen" mit der Reichsstatthalterei eine nachträgliche Erhebung der Volkszugehörigkeit der Eltern der Schulabsolventen des Jahrgangs 1929 an. Die Schulleitungen wurden aufgefordert, diese nachzureichen – dabei waren „jene Entlaßschüler *nicht* anzuführen, deren Eltern offensichtlich Deutsche sind, und auch jene, die gemischtvölkischen Ehen entstammen, deren tschechischer Eheteil als dem Deutschtum zuneigend oder eingedeutscht betrachtet werden

---

174 Vgl. HEINEMANN, Isabel: „Rasse, Siedlung, deutsches Blut". Das Rasse- und Siedlungshauptamt der SS und die rassenpolitische Neuordnung Europas. Göttingen 2003, 177.
175 Vgl. KURAL/RADVANOVSKÝ (Hg.): „Sudety" pod hákovým křížem 536.
176 Vgl. PRÄG/JACOBMEYER (Hg.): Das Diensttagebuch des deutschen Generalgouverneurs in Polen 570.
177 BArch, SS-Führerpersonalakten, 24-C, nicht foliiert.
178 Müller an SS-Brigadeführer Cassel (Hauptamt für Volkstumsfragen) am 9. Januar 1943, vertraulich und persönlich. ZA Opava, Fond ZŘKUN, Inv.-Nr. 3, Karton 3, nicht foliiert.
179 Vgl. BRANDES: „Umvolkung, Umsiedlung, rassische Bestandsaufnahme" 184.

kann".[180] Die Schulen selbst besaßen keinerlei Entscheidungsspielräume, da sie die Liste der Schulabsolvent/-innen den jeweiligen NSDAP-Ortsgruppenleitern vorlegen mussten und diese erst auf „Grund ihres Entscheides" offiziell wurde. Auch 1943 wurde nochmals bestätigt, dass alle Kinder, die vor dem 6. November 1941 an deutschen Schulen aufgenommen wurden, im Bedarfsfall nachträglich geprüft werden können.[181] Neu und von entscheidender Bedeutung war, dass mit Beginn des Schuljahres 1942/1943 die Eindeutschungsfähigkeit zum Kriterium für die Aufnahme tschechischer Schüler/-innen an deutschen Schulen wurde.[182]

Das Vorgehen war nun wie folgt geregelt: Den Schulräten blieb nur die Aufgabe, von allen Bürgermeistern von Orten mit einer deutschen und tschechischen Volksschule ein Verzeichnis aller neu eingeschriebenen tschechischen Schüler/-innen in dreifacher Ausfertigung anzufordern. Im nächsten Schritt hatten die Schulräte die Exemplare an den NSDAP-Kreisleiter weiterzugeben, der zwei Exemplare an das Rasse- und Siedlungshauptamt weiterzuleiten hatte, das das Gutachten letztlich erstellen sollte; das dritte Exemplar diente zur gemeinsamen Anfertigung eines zweiten Gutachtens durch das Gauamt für Volkstumsfragen, das NS-Amt für Rassenpolitik und das NS-Kreisamt für Erzieher. Die abschließende Entscheidung traf das Gauamt für Volkstumsfragen.[183]

---

180 Vertrauliches Schreiben des Gauamts für Volkstumsfragen (Wittek) an die Schulabteilung in der Reichsstatthalterei. Gablonz, 8. Februar 1943. Hierzu Aktenvermerk vom 6. Februar 1943. SOAL, ŘM, Signatur unklar, Karton 357, nicht foliiert. Hervorhebung im Original.

181 Abschrift eines Schreibens der Reichsleitung der NSDAP in München (Hauptamt für Volkstumsfragen) an das Gauamt für Volkstumsfragen in Gablonz und an die Gauleitung Sudetenland der NSDAP in Reichenberg. Weiterleitung des Erlasses des Reichsprotektors in Böhmen und Mähren Nr. F I Sch - 1 220/43 vom 21. August 1943. München, 15. Oktober 1943. SOAL, ŘM, Signatur 1076/0, Karton 341, nicht foliiert.

182 Schreiben SS-Obersturmführers Walter an den Reichskommissar für die Festigung deutschen Volkstums, Stabshauptamt in Berlin-Halensee. Ort unbekannt, 29. Mai 1942. ZA Opava, Fond ZŘKUN, inv. č. 118, Signatur A-3001, Karton 16, nicht foliiert. Vertrauliches Schreiben der Reichsstatthalterei (Vogeler) an die Regierungspräsidenten von Aussig und Troppau. Reichenberg, 22. Mai 1942. ZA Opava, RP Opava, Signatur IIA, Karton 3549, nicht foliiert.

183 Vertrauliches Schreiben der Reichsstatthalterei (Vogeler) an die Regierungspräsidenten von Aussig und Troppau. Reichenberg, 22. Mai 1942. ZA Opava, RP Opava, Signatur IIA, Karton 3549, nicht foliiert.

Der Untersuchungsbogen bestand aus klar definierten Rubriken, die den neuen Zuständigkeiten Rechnung trugen. Rubrik 1 betraf den rassischen Wert, den die Landesstelle Sudeten des Rasse- und Siedungshauptamts feststellte. Rubrik 2 erhob den erbgesundheitlichen Wert, sollte aber vorerst noch unausgefüllt bleiben; die Rubriken 3 und 4 erfragten den volkspolitischen (VW) und charakterlichen (CHW) Wert, den das Gauamt für Volkstumsfragen auszufüllen hatte. Auf der Basis dieser Rubriken war abschließend zu entscheiden, ob tschechische Schüler/-innen wiedereindeutschungswürdig (w) oder wiedereindeutschungsunwürdig (u) seien.[184]

Schüler/-innen, die den Vermerk „wiedereindeutschungsunwürdig" erhielten, waren in der Folge von einer großen Zahl an Berufen wie Schmied, Schlosser oder Bäcker ausgeschlossen, was in der örtlichen Wirtschaft auf Kritik stieß.[185] Das neue Verfahren wurde als derart verlässlich eingestuft, dass ab dem Jahr 1944 sogar eine Aufnahme von „wiedereindeutschungsfähigen" tschechischen Schüler/-innen an weiterführenden Schulen vorgesehen war; jedoch lehnte das Reichserziehungsministerium dieses Ansinnen ab.[186]

Besonderer Wert wurde darauf gelegt, dass alle Kinder aus sogenannten Mischehen dieser Untersuchung unterzogen werden. Die „gemischtvölkischen Ehen" wurden in die Klassen I, II, III und IV eingeordnet, deren Bewertungsunterlagen sich nicht enthielten; Kinder aus „gemischtvölkischen Ehen" der Klassen I, II und III waren vom „Vermerk der Volkszugehörigkeit" ausgenommen,[187] Angaben wie „Die Eltern sind tschechischen Volkstums" oder „Der Vater ist tschechischen Volkstums" waren in ihren Zeugnissen folglich nicht mehr aufzuführen. Stattdessen wurden die entsprechenden Vermerke von nun an „gewissenhaft" in den Klassenausweisen und Schülerbögen geführt.[188]

---

184 Streng vertrauliches Schreiben der Reichsstatthalterei (Regierungspräsident Dr. Vogeler) an die Regierungspräsidenten von Aussig, Karlsbad und Troppau. Reichenberg, 19. Juni 1944. SOkA Opava, Bestand Landrát Opava, Karton 227, složka inv. č. 397, fol. 381.
185 Vgl. BRANDES: „Umvolkung, Umsiedlung, rassische Bestandsaufnahme" 80–81.
186 Schreiben der Reichsstatthalterei an das Gauamt für Volkstumsfragen. Reichenberg, 3. Januar 1944. SOAL, ŘM, Signatur unklar, Karton 343, nicht foliiert.
187 Vermerk zur Volkszugehörigkeit auf Schulzeugnissen von Kindern aus gemischtvölkischen Ehen (in Bezug zur Verfügung des NS-Lehrerbundes Sudetenland, R-B-8-41 vom 16. Juli 1941). Autor und Behörde unbekannt, wahrscheinlich Gaugrenzlandamt. Gablonz, 6. März 1943. SOAL, ŘM, Signatur 1076/0, Karton 341, nicht foliiert.
188 Erlass des Reichsstatthalters im Sudetengau vom 12. Juni 1944, I c 2–112/12. Troppau, 1. Juli 1944. SOkA Opava, Bestand Landrát Opava Karton 221, složka 388, nicht foliiert.

Nun entschieden die von der SS geführten Behörden des Rasse- und Siedlungshauptamts und des Gauamts für Volkstumsfragen über die „Wiedereindeutschungsfähigkeit", die jetzt Maßgabe für den Besuch deutscher Schulen war: Noch 1942 wurden gauweit 8 530 „Sippen" untersucht, von denen 29 Prozent für „wiedereindeutschungsfähig" erklärt wurden. Bis zum Oktober 1943 wurden weitere Verfahren durchgeführt, 72 Prozent der tschechischen Schüler/-innen mit ihren „Sippen" wurden dabei als „wiedereindeutschungsfähig" eingestuft (8 553 von 11 804 Schüler/-innen). Bei weiteren Erhebungen im Juli 1944 galt dies nur noch für 20,5 Prozent (300 von 1 456 Schüler/-innen), im August 1944 für 36 Prozent (145 von 399 Schüler/-innen) der Untersuchten.[189] Darüber hinaus können nur sehr wenige Quellen Auskunft zu den Auswahlverfahren geben. Dass zu den Untersuchungen kaum Quellen existieren, liegt mutmaßlich daran, dass sämtliche damit in Verbindung stehenden Schriftstücke unter Verschluss zu halten waren.[190]

Insgesamt blieb die Zahl tschechischer Schüler/-innen an deutschen Schulen hoch, was auch die wenigen vorliegenden Zahlenangaben belegen. So waren im November 1942 unter den 2 217 Schüler/-innen deutscher Schulen im Landkreis Troppau 509 tschechisch, von denen 192 aus „Mischehen" stammten. Zudem waren von diesen 509 tschechischen Schüler/-innen 67 zu Beginn des Schuljahres 1942/1943 neu in die 1. Klasse aufgenommen worden.[191] Im Landkreis Grulich wurden hingegen im Herbst 1942 von 87 tschechischen Schüler/-innen 28 für „eindeutschungsfähig" erklärt, die größtenteils „Mischehen" entstammten. Den Lehrkräften wurde aufgetragen, diese Schüler/-innen durch Lernmittel und Nachhilfestunden besonders zu unterstützen. Der Schulrat von Grulich prognostizierte jedoch, dass trotz der hierdurch erzielten Fortschritte nur wenige Schüler den Anschluss an eine Normalklasse schaffen dürften.[192] Im Mai 1944 wurden im Landkreis Troppau 244 Jugendliche des Geburtsjahrgangs

---

189 Vgl. BRANDES: „Umvolkung, Umsiedlung, rassische Bestandsaufnahme" 216–218.
190 Vertrauliches Schreiben des Kreisamts für Volkstumsfragen Troppau (Berger) an das Kreisschulamt Troppau. Troppau, 27. Oktober 1942. SOkA Opava, Bestand Landrát Opava, Karton 227, složka inv. č. 397, fol. 301–309.
191 Liste der Zahl der Schüler/-innen tschechischen Volkstums im Landkreis Troppau nach dem Stande vom 1. November 1942. Troppau, 12. November 1942. Autor unbekannt, vermutlich das Kreisschulamt in Troppau. SOkA Opava, Bestand Landrát Opava, Karton 227, složka inv. č. 397, fol. 71–74.
192 Schreiben des Kreisschulrates von Grulich an den Regierungspräsidenten von Troppau. Grulich, 15. September 1942. ZA Opava, RP Opava, Signatur IIA, Karton 3549, nicht foliiert.

1934 auf ihre „Eindeutschungsfähigkeit" untersucht. Von diesen wurden 185 als nicht „wiedereindeutschungsfähig", 5 als „wiedereindeutschungsunwürdig" und 54 als „wiedereindeutschungswürdig" eingeschätzt.[193] Anders als noch 1938/1939 reagierten tschechische Eltern auf die „Umvolkungsaktionen" im November 1943 aber mit starker Ablehnung. Nun hätten sogar Eltern, die noch 1938 ihre Kinder an deutschen Schulen einschulen wollten, ihren Nachwuchs wieder an die tschechischen Schulen schicken wollen.[194]

Dass die Einschulungszahlen unverändert hoch blieben, überrascht angesichts der eindeutschungsfreundlichen Haltung der SS zumindest nicht; dennoch erhob die Schulverwaltung weiterhin Einspruch gegen diese Zahlen. So monierte die Schulabteilung im Regierungspräsidium Troppau in einem Schreiben an den NSDAP-Kreisleiter in Troppau – und eben nicht an den Schulrat, was die Machtverschiebung deutlich bezeugt –, dass die Zahl tschechischer Kinder an manchen deutschen Schulen noch immer so hoch sei, dass im Hinblick auf die deutschen Kinder die Erziehungs- und Unterrichtsarbeit in ärgster Weise beeinträchtigt sei. Auch lägen ihr neuerliche Beschwerden deutscher Eltern vor, „die aus begreiflichen Gründen ihre Kinder nicht in eine deutsche Schule schicken wollen, in der ihre Kinder gefährdet sind".[195] Mit deutlichen Worten wandte sich auch der Troppauer Schulrat Fritscher im Mai 1943 an die Leiter einiger Volksschulen in seinem Zuständigkeitsbereich: „Der Herr Regierungspräsident hat beanstandet und mißbilligt, daß Ihre Schule einen so hohen Prozentsatz rein tschechischer Schüler aufweist."[196] In der Tat wiesen viele Schulen im November 1942 eine hohe Zahl tschechischer Schüler/-innen auf, welche die der deutschen Kinder zum Teil deutlich überstieg.[197] Daher ersuchte er um die umgehende Vorlage einer Namensliste aller tschechischen Schüler/-innen, die in den Schulen vermutlich vor 1942 aufgenommen worden waren.

---

193 Mitteilung des Gauamtes für Volkstumsfragen (Gablonz a. N.). Gablonz, 13. Mai 1944. SOkA Opava, Bestand Landrát Opava, Karton 227, složka inv. č. 397, fol. 398.

194 Lagebericht des Regierungspräsidenten von Troppau (Berichterstatter: Truhetz) über die tschechische Volksgruppe an das Reichsinnenministerium. Troppau, 2. November 1943. ZA Opava, Fond RP Opava, inv. č. 1435, fol. 161.

195 Schreiben Kieselers (Regierungspräsidium Troppau) an den Kreisleiter der NSDAP in Troppau (Name unbekannt). Troppau, 7. Juni 1943. SOkA Opava, Bestand Landrát Opava, Karton 227, složka inv. č. 397, fol. 77R.

196 Vertrauliches Schreiben Fritschers an die Leiter der gegen die Vorgabe verstoßenden Volksschulen. Troppau, 22. Mai 1943. SOkA Opava, Bestand Landrát Opava, Karton 227, složka inv. č. 397, fol. 79.

197 Vertrauliches Schreiben Fritschers an die Leiter von Volksschulen. Troppau, 22. Mai 1943. SOkA Opava, Bestand Landrát Opava, Karton 227, složka inv. č. 397, fol. 80.

Für jedes einzelne Kind musste in einer besonderen Spalte eine Begründung für das weitere Verbleiben angegeben werden.[198] Ob und wie dies umgesetzt wurde, verraten die erhaltenen Quellen nicht.

In der Konsequenz bedeuteten die neuen Verhältnisse die beinahe völlige Entmachtung der Schulbehörden auf allen Ebenen. War ihre Entscheidungsgewalt über die Aufnahme tschechischer Schüler/-innen bis 1942 schon schrittweise zurückgedrängt worden, hatte nun die SS, unterstützt auf lokaler Ebene von den NSDAP-Kreisleitern, die Verantwortung inne. Diese Machtverschiebung spiegelt sich besonders in einem vertraulichen Schreiben des Troppauer Regierungsvizepräsidenten Jost von Schönfeldt an die Kreisleiter der NSDAP im Bezirk Troppau vom 7. November 1942 wider. In diesem bezog der aus dem „Altreich" stammende von Schönfeldt[199] deutlich Position gegen die Schulbehörden. Er bat die NSDAP-Kreisleiter, die Schulräte dabei zu unterstützen, „pädagogische Gesichtspunkte walten zu lassen und die entsprechenden Richtlinien" zu beachten.[200]

Welcher pädagogischen Intention die NSDAP-Kreisleiter folgen sollten, gab er sogleich zu verstehen: Es gebe, so von Schönfeldt, weniger einsichtige Stellen, die „die Schule mit zu vielen Tschechen"[201] füllen wollten. Er konkretisiert diese Stellen hierbei zwar nicht, es ist aber offensichtlich, dass die bislang zuständigen Schulräte und die Schulleitungen gemeint waren. Die Aufnahme der tschechischen Kinder habe dazu geführt, dass sich Eltern von Schüler/-innen, die Schulen mit mehrheitlich tschechischen Kindern besuchten, beschweren würden, dass diese dem Erziehungs- und Unterrichtserfolg entgegenstünden. Diesbezüglich merkte von Schönfeldt an, dass von maßgebenden Stellen bereits gewarnt worden sei, ungeeignete wie auch zu viele Tschechen an deutschen Schulen einzuschulen, und dass die Aufnahme von tschechischen Kindern in deutschen Schulen unter keinen Umständen zulasten der deutschen Kinder gehen dürfe.[202] Man könne durch die Aufnahme zu vieler Tschechen an deutschen Schulen weder den deutschen Kindern die bestmögliche Schulbildung zuteilwerden lassen noch erreiche man auf diese Weise eine wirkliche „innere

---

198 EBENDA.
199 Vgl. ZIMMERMANN: Die Sudetendeutschen im NS-Staat 151.
200 Vertrauliches Schreiben des Regierungsvizepräsidenten Jost von Schönfeldt an die Kreisleiter der NSDAP im Bezirk Troppau. Troppau, 7. November 1942. SOkA Opava, Bestand Landrát Opava, Karton 227, složka inv. č. 397, fol. 314R–315.
201 EBENDA.
202 EBENDA.

Umvolkung des fremden Volksteiles". So sah auch von Schönfeldt die Eindeutschung kritisch:

> Der Umvolkungsprozess, der u. a. durch Aufnahme tschechischen Volkstums in deutsche Schulen in Erscheinung tritt, dürfe sich nicht ins Gegenteil zum Nachteil des Deutschtums verkehren. Jeder Kenner der Geschichte des Minderheitenschulwesens, der Volkstumskämpfe und der psychologischen und zweckmäßigen Maßnahmen für eine aussichtsreiche Durchführung solcher Kämpfe weiß, dass eine Überstürzung von Umvolkungsmaßnahmen mit höchster Wahrscheinlichkeit zur Heranziehung von besonders unzuverlässigen und unter bestimmten Voraussetzungen gefährlichen zweisprachigen Elementen führt, und zwar zum Nachteil des Deutschtums.[203]

Auch wurde vonseiten der Reichsstatthalterei versucht, die Vorgehensweise ab Juni 1944 insoweit einzuschränken, als nur so viele „wiedereindeutschungswürdige" Kinder an den deutschen Schulen aufgenommen werden durften, dass der Unterricht nicht beeinträchtigt sei. Zudem sollte die Aufnahme grundsätzlich nur unter Zustimmung der Erziehungsberechtigten geschehen.[204] Somit hatte sich zwar das Verfahren etwas geändert – rassische standen jetzt vor politischen Auswahlkriterien –, doch die kritische Haltung vieler Funktionäre zur „Eindeutschung" wandelte sich nicht grundlegend.

Grundlegende Auskünfte wurden der Schulverwaltung nun nicht mehr erteilt. Selbst die Schulabteilung im Regierungspräsidium Troppau wusste 1944 zu einem großen Teil nicht, welche Ergebnisse das Auswahlverfahren durch das Gauamt für Volkstumsfragen erbracht hatte.[205] In Reichenberg wandten sich Anfang 1943 Kreisschulrat Tugemann und der Vertreter der Kreisberufsschule Altmann an das örtliche Kreisamt für Volkstumsfragen, dass es keinerlei Weisungen gebe, wie die Lehrkräfte nun mit tschechischen Schüler/-innen umgehen sollten.[206] Das Kreisamt schrieb daraufhin an das übergeordnete Gauamt:

---

203 EBENDA.
204 Streng vertrauliches Schreiben der Reichsstatthalterei (Regierungspräsident Dr. Vogeler) an die Regierungspräsidenten von Aussig, Karlsbad und Troppau. Reichenberg, 19. Juni 1944. SOkA Opava, Landrát Opava, Karton 227, složka inv. č. 397, fol. 381.
205 Streng vertrauliches Schreiben des Regierungspräsidiums Troppau (Kieseler) an die Kreisschulämter des Bezirks. Troppau, 29. Juni 1944. SOkA Opava, Bestand Landrát Opava, Karton 227, složka inv. č. 397, fol. 382.
206 Schreiben des Kreisamtes für Volkstumsfragen Reichenberg an das Gauamt für Volkstumsfragen in Gablonz. Reichenberg, 6. März 1943. SOAL, ŘM, Signatur 1076/0, Karton 341, nicht foliiert.

„Eindeutschungs"-Kontroversen um tschechische Schüler/-innen   335

Unzweifelhaft ist es von großer Tragweite, gerade dem Volksschullehrer Richtlinien zu geben, nach denen er den Umvolkungsprozeß einleiten könnte, und weiters wäre es wichtig, dem Lehrer in der Berufsschule Richtlinien zu geben, wie er sich in Fortsetzung der Tätigkeit des Volksschullehrers, in punkto der volkspolitischen Erziehung der in Frage Stehenden, zu verhalten hat. Die Lehrerschaft wäre gerade in diesen Punkten einer Meinung, daß mit allen Mitteln auf die Umdeutschung bezw. Rückdeutschung hingearbeitet werden müßte, doch fehlte es ihnen an der Weisung der übergeordneten Amtsstellen, ohne der [sic] sie sich nicht getrauen, die Eindeutschung bereits in der Schule vorzubereiten, bezw. in der Berufsschule fortzusetzen.[207]

Das SS-Gauamt für Volkstumsfragen nahm die Beschwerde zum Anlass, ein grundsätzliches gauweites Verfahren vorzuschlagen: Alle deutschen Lehrkräfte, die in ihrer Schulklasse tschechische Kinder oder Kinder aus „ungefestigten gemischtvölkischen Familien" zu betreuen hätten, sollten eine Kreisarbeitsgemeinschaft unter Leitung des Schulrates bilden, zu der unter anderem der Kreisamtsleiter für Volkstumsfragen, die Kreiskindergruppenleiterinnen der Frauenschaft und der HJ-Bann hinzugezogen werden sollten, damit die „Eindeutschungsarbeit" einheitlich ausgerichtet werden könne.[208] Somit wäre der Schulrat institutionell geradezu von NS-Organisationen umstellt gewesen. Die Reichsstatthalterei begrüßte diesen Vorschlag zwar prompt, konnte ihn aufgrund fehlender Haushaltsmittel letztlich jedoch nicht umsetzen.[209]

Im Februar 1944 versuchte das SS-Gauamt für Volkstumsfragen zudem noch, die „Wiedereindeutschungsmaßnahmen" der Schulen dadurch zu „erleichtern und erfolgreicher zu gestalten", dass mithilfe des VDA-Patenschaftswerks Kinder „wiedereindeutschungsfähiger Familien" im schulpflichtigen Alter bei ausgewählten Familien in binnendeutschen Gebieten zunächst für ein Schuljahr untergebracht werden und die deutsche Schule im Ort besuchen sollten.[210] Die VDA (Volksbund für das Deutschtum im Ausland) war 1938 gleichgeschaltet worden und dem von der SS geführten Hauptamt Volksdeutsche Mittelstelle untergeordnet; so war SS-Standartenführer Müller zugleich VDA-Gauverbandsleiter für den Reichsgau Sudetenland. Für das geplante Programm

---

207 Ebenda.
208 Schreiben des Gauhauptamtes für Volkstumsfragen (Wittek) an Theo Keil. Gablonz, 2. September 1943. SOAL, ŘM, Signatur 1076/0, Karton 341, nicht foliiert.
209 Schreiben der Reichsstatthalterei an das Gauamt für Volkstumsfragen. Autor unbekannt (Unterschrift vermutlich Keil). Reichenberg, 22. November 1943. SOAL, ŘM, Signatur 1076/0, Karton 341, nicht foliiert.
210 Aktenvermerk des Gauamtes für Volkstumsfragen (vermutlich, keine Behördenangabe, aber Ortsangabe Gablonz). Gablonz, 16. Februar 1944. SOAL, ŘM, Signatur unklar, Karton 343, nicht foliiert.

sollten von den Kreisamtsleitern für Volkstumsfragen Schulkinder im Alter von etwa 9 bis 13 Jahren aus wiedereindeutschungsfähigen Familien ausgewählt werden. Dabei sollten deutsch-tschechische Familien zum Zuge kommen, „die mehr oder weniger zum Deutschtum neigen" und kinderreich waren oder bei denen der deutsche Vater im Felde stand oder ein Ehegatte die deutsche Staatsangehörigkeit erhalten hatte. „Es geht also zunächst weniger um eine totale Eindeutschung tschechischer Kinder, die wiedereindeutschungsfähig sind, sondern um die völkische Festigung haltungsmässig und sprachlich ungefestigter bzw. gefährdeter Kinder."[211]

Als Aufnahmegebiet sollten nur Gaue infrage kommen, die einerseits „keinen wesentlichen fremdvölkischen Bevölkerungsanteil" hätten, andererseits aber auch relativ bombensicher seien. Für geeignet befunden wurden die schwäbischen Gebiete (Gau Schwaben, Württemberg/Hohenzollern) und der Gau Niederschlesien.[212] Beginnen sollte die Überführung der Kinder zum Start des Schuljahres 1944/1945.[213] Anhand der Quellenlage wie auch aufgrund der Kriegssituation kann jedoch vermutet werden, dass diese Pläne nicht mehr in die Tat umgesetzt wurden.

Kontroverse um die „sudetische Rasse"

Die Berücksichtigung rassischer Theorien bei der Begründung der (sudeten-) deutschen Herrschaft in den böhmischen Ländern erwies sich allerdings in einer Hinsicht als Bumerang: Denn während solche Theorien aufgegriffen wurden, um die Überlegenheit der Sudetendeutschen gegenüber den Tschechen zu begründen, wurde ihnen selbst von außen eine untergeordnete Position zugewiesen – und zwar in unerwarteter Form durch ein im Deutschen Reich weitverbreitetes Schulbuch.

Als 1942 in den Schulen des Sudetenlandes die bereits seit 1933 in verschiedenen Auflagen erschienene „Rassenhygienische Fibel" von Emil Jörns und Julius Schwab eingeführt wurde, hatte man es offenbar versäumt, vorher einen Blick in das Buch zu werfen. Dies überrascht, da vonseiten der Schulverwaltung durchaus Gutachten für Schulbücher erstellt wurden, die sich aber bis auf wenige Ausnahmen nicht erhalten haben. Jedenfalls waren dem Anschein nach Schülerinnen, Schüler und Lehrkräfte überrascht, als sie in Jörns' und Schwabs Buch im Kapitel zur „Blut- und Rassenlehre" folgende Formulierung lasen:

---

211 EBENDA.
212 EBENDA.
213 EBENDA.

> Sudetische Rasse. Ihr Anteil im Deutschen Volk ist noch unbestimmt, wahrscheinlich aber sehr klein. Die Menschen dieser Rasse sind klein, haben Kurzkopf, mittelbreites Gesicht, dunkle Haut, dunkle Haare, dunkle Augen.[214]

Nach der Entdeckung der betreffenden Stelle wurden alle Schulleitungen von der Schulverwaltung verpflichtet, das Buch erst nach Entfernung der entsprechenden Stellen im Unterricht einzusetzen.[215]

Doch mit der an Berufsschulen eingeführten „Staatsbürgerkunde" von Karl Alexander Sinn erwies sich noch ein zweites Buch als problematisch. Es löste ebenfalls entsetzte Reaktionen aus, da in ihm zur „Blut- und Rassenlehre" Folgendes zu lesen war:

> Rassenmerkmale: Sudetisch. Gestalt: kurz, gedrungen; durchschn. männliche Körpergröße: 1,60 m; Körperform: kurz- bis mittelgroß; Gesichtsform: mittelbreit; Stirn: steil, niedrig; Nase: flach mit nach außen aufgeblähten Seitenwänden; Kinn: unbetont, schwach; Haare: schlicht, dunkel; Augen: dunkel, oft ohne Glanz; Haut: dunkel. Seelische Merkmale: ruhig, geduldig, arbeitsam. Anmerkung: Nach Dr. Günther ist das seelische Leben dieser Rasse noch nicht erforscht; doch beobachte [sic] ihre starke Disziplin und Haltung in ihrem Befreiungskampf 1938.[216]

Der NSDAP-Kreisleiter von Asch war darüber derart erbost, dass er einen wütenden Brief an Henlein schrieb:

> Die Menschen des Sudetenlandes und der an Polen und Ostdeutschland angrenzenden Gebiete werden folgendermaßen als hässliche kleine Zwerge geschildert. [...] Mit umso mehr Recht darf aber dafür von uns gefordert werden, dass nicht jeder Trottel ungestraft und unzensiert Schulbücher loslässt, die dem Gesamtdeutschtum zugänglich sind und in denen der Sudetendeutsche als ein gutmütiger Kretin dargestellt wird. Diese „Staatsbürgerkunde" ist eine empörende Beleidigung des Sudetendeutschtums.[217]

---

214 JÖRNS, Emil/SCHWAB, Julius: Rassenhygienische Fibel. Berlin 1942, 129 (zudem: 1. Auflage 1933, S. 100; Nachauflage 1936, S. 100).
215 Schreiben Keils an den Regierungspräsidenten von Troppau. Reichenberg, 8. Juli 1944. SOkA Opava, Landrát Opava, Karton 243, složka inv. č. 404, Signatur Kult – 103/4, fol. 265.
216 SINN, Karl Alexander: Kurzer Abriß einer Reichskunde, bearbeitet von Alfred Tews-Prag mit 17 Übersichten und Schaubildern. 3. Aufl. Unveränderter Nachdruck der 11. Aufl. von Sinns Staatsbürgerkunde. Leipzig, Berlin 1941, 58. Auch: SINN, Karl Alexander/TEWS, Alexander: Kurzer Abriß einer Staatsbürgerkunde. 14. Aufl. Unveränderter Nachdruck der 11. ergänzten Aufl. Leipzig, Berlin 1940, 53.
217 Schreiben des NSDAP-Kreisleiters von Asch (Unterschrift nicht leserlich) an Konrad Henlein bezüglich der „sudetischen Rasse" in der Staatsbürgerkunde. Asch, 27. März 1942. SOAL, Župní vedení NSDAP, Signatur 1000 142, Karton 91, nicht foliiert.

Beide Lehrbuchauszüge, die sich offensichtlich stark ähneln, gehen auf den gleichen Übertragungsfehler zurück. Ausgangspunkt war die Konstruktion des „Homo sudeticus" von Otto Reche, der 1926 eine gleichnamige „Rasse" im Neolithikum in Böhmen und Schlesien verortete, der er spezifische körperliche Eigenschaften zuschrieb:

> Der Kopf (Tf. 127) ist ausgesprochen mesokephal mit einem durchschnittlichen L.-Br.-Index von etwa 77,6 und einer Schwankungsbreite von 75,5–81; die Kopfform neigt also ganz entschieden eher zur Dolichokephalie als zur Brachykephalie und unterscheidet sich dadurch schon recht deutlich vom Homo brachycephalus […].
> Die Körpergröße der Rasse ist sehr gering: sie betrug bei den untersuchten Skeletten durchschnittlich nur 1,54 m, einige erreichten sogar nur 1,40 m, waren also pygmäenhaft klein.[218]

Sie sei noch heute in Böhmen verbreitet, jedoch „mit echten kurzköpfigen Mongoloiden" durchsetzt, und stamme wahrscheinlich aus Asien.[219] Der nationalsozialistische Rassenideologe Hans Friedrich Karl Günther übernahm schließlich diese Konstruktion, nahm aber an, dass der „Homo sudeticus" noch in Polen, Schlesien und Böhmen verbreitet sei und auf „verschiedene Kreuzungsformen mit innerasiatischer Rasse" zurückgehe.[220] Die „sudetische Rasse" würde man dabei ziemlich unmittelbar an die „innerasiatische Rasse" anschließen dürfen,[221] aber:

> Die seelischen Eigenschaften der sudetischen Rasse sind bisher nicht beschrieben worden. Da diese Rasse anscheinend recht selten in rassenreinen Vertretern auftritt, meist nur als mehr oder minder deutliche Beimischung, so wird ihr seelisches Verhalten nicht leicht zu erforschen sein.[222]

Die Schulbuchautoren Emil Jörns und Julius Schwab wie auch Karl Alexander Sinn begingen nun den Fehler, diese „sudetische Rasse" mit den Sudetendeutschen zu identifizieren, was auch die zeitgeschichtliche Verortung der sogenannten sudetischen Rasse im „Befreiungskampf 1938" erklärt. Wenige Monate später erreichte die Beschwerde schließlich den Urheber selbst, Otto

---

218 RECHE, Otto: Homo sudeticus. In: EBERT, Max (Hg.): Reallexikon der Vorgeschichte. Fünfter Band: Haag–Hyskos. Berlin 1926, 377–378 sowie Tafel 127.
219 EBENDA.
220 GÜNTHER, Hans F. K.: Rassenkunde des deutschen Volkes. Nachdruck der 16. Aufl. München, Berlin 1938, 165–169.
221 EBENDA 169.
222 GÜNTHER, Hans F. K.: Kleine Rassenkunde des deutschen Volkes. Nachdruck der 3. Aufl. München, Berlin 1940, 69–70.

Reche: Am 4. Juni 1942 teilte er auf Anfrage der Reichsleitung der NSDAP mit, dass er den Begriff „sudetische Rasse" zurückziehe. Daraufhin informierte das Reichserziehungsministerium die betroffenen Schulbuchverlage, den Begriff nicht mehr zu verwenden bzw. ihn in Neuauflagen zu streichen.[223] Allerdings erschienen nach 1942 keine weiteren Auflagen.

Zwischenüberlegungen

Gegenüber Vertretern des Reichserziehungsministeriums konnte die Reichenberger Schulverwaltung im Mai 1944 ein selbstzufriedenes Fazit ziehen: Die Masse der tschechischen Kinder werde an tschechischen Schulen unterrichtet, während eine beschränkte Anzahl von eindeutschungswürdigen tschechischen Kindern an deutschen Volksschulen aufgenommen worden sei. Eine Aufnahme von tschechischen Kindern an weiterführenden Schulen erfolge nicht.[224] In Wahrheit blendete diese Stellungnahme aber die im Jahr 1944 bestehende völlige Machtlosigkeit der Schulverwaltung aus. Mit Elan hatten ihre zentralen Akteure – insbesondere Eichholz in Reichenberg, aber auch Regierungspräsident Zippelius in Troppau – nach 1938 versucht, sich als besonders aktive Volkstumskämpfer zu positionieren. Sie legten eigene Pläne vor, wie mittels einer bestimmten Schulpolitik die tschechisch-deutsche Sprachgrenze verschoben werden könne. Mit dieser Absicht waren sie nicht allein, wie die zweifelhaften Anstrengungen der Schulräte Fritscher und Itermann bezeugen. Sie alle intendierten eine Scheidung zwischen Deutschen und Tschechen zum Nachteil Letzterer, durch die eine alte Verheißung des Volkstumskampfes eingelöst werden sollte: die tschechische Bevölkerung so weit wie möglich vom „deutschen Boden" zu vertreiben. Aus dieser Perspektive ist es nachvollziehbar, dass sie „Eindeutschungsabsichten" tschechischer Kinder ausnehmend kritisch entgegenstanden. Konnten sich Eichholz und Keil noch mit einer geringen Zahl tschechischer Kinder abfinden, die nach den politischen Maßgaben Künzels eingeschult werden sollten, lehnten Wasgestian und die Troppauer Schulverwaltung das Eindeutschungskonzept in Gänze ab.

---

223 Abschrift eines Schreibens des Rassenpolitischen Amtes der NSDAP an das Reichserziehungsministerium (Berlin, 16. Juni 1942) zur Weiterleitung an die Reichsstelle für das Schul- und Unterrichtsschrifttum. Berlin, 31. Juli 1942. BArch, R 4901/6775, fol. 261–261R.
224 Reisebericht von Pax (Reichserziehungsministerium). Abschrift zu E II A a (C 28 II b Sud) 5/44. Berlin, 15. Juni 1944. BArch, R 4901/12836, nicht foliiert.

Die schließlich eintretende große Inkohärenz der Einschulungspraxis tschechischer Kinder an deutschen Volksschulen im Regierungsbezirk Troppau bezeugt jedoch den in der Forschung vielfach formulierten Befund, dass nie ein einheitliches Konzept für die Volkstumsarbeit entwickelt worden ist. Dass deutlich mehr tschechische Schüler/-innen an deutschen Schulen eingeschult werden konnten, als von den Erlassgebern aus Gablonz, Reichenberg und Troppau gewünscht wurde, war überhaupt erst möglich, weil die Aufnahme nicht auf konkreten rassischen wie nationalen Kategorien beruhte und den Schuldirektoren und NSDAP-Ortsgruppenleitern eigene Handlungsspielräume offenstanden. Die großzügige Einschulungspraxis mancher Schuldirektoren mutet im Kontext der zeitgenössischen repressiven Maßnahmen gegen die tschechische Bevölkerung zwar abwegig an, denn eigentlich war die Grundhaltung weiter Teile der deutschen Bevölkerung im Sudetenland ihr gegenüber laut allen Lageberichten eine negative, ja geradezu feindliche.[225] Doch diese Einschulungspraxis war vornehmlich im ländlich geprägten Regierungsbezirk Troppau anzutreffen, wo eine persönliche Bekanntschaft der in einem Ort lebenden Menschen glaubhaft vermutet werden kann. Dabei kann angenommen werden, dass viele tschechische Eltern den Niedergang des tschechischen Schulwesens wahrnahmen und sie ihre Kinder aus Sorge um deren berufliche Zukunft nicht auf eine tschechische Schule schicken wollten. Angesichts dessen dürften viele versucht haben, eine Einschulung ihrer Kinder an einer deutschen Schule zu erreichen. Auch die Größe der Schulen hat wohl eine Rolle gespielt: So waren die meisten Schulen in Troppau klein und hätten mit Blick auf die von den Schuldirektoren noch bis 1941 erwarteten Infrastrukturmaßnahmen[226] sicherlich von höheren Schülerzahlen profitiert. Und schließlich ist anzunehmen, dass die deutschen Schuldirektoren die betreffenden tschechischen Familien persönlich kannten.

Der wichtigste Grund, warum die Schulbehörden die große Zahl tschechischer Kinder an deutschen Schulen kritisch sahen, war ihre Sorge um die schulische Bildung der dort eingeschulten deutschen Kinder; das Fortkommen der tschechischen Kinder selbst hingegen war für sie ohne Belang. Zippelius versuchte noch 1941, den Handlungsspielraum der Schuldirektoren beim Einschulungsverfahren durch die Beistellung von NSDAP-Ortsgruppenleitern zu beschneiden. Und das von ihm angedachte Verfahren wurde dann zum

---

225 Vgl. GEBEL: „Heim ins Reich!" 284.
226 Vgl. das Kapitel „Gescheiterte Neubauplanungen – die infrastrukturelle Förderung des Schulwesens".

Vorbild für die „Umvolkungsaktion C". Doch mit der Absetzung von Franz Künzel im Jahr 1942 wurde die Schulverwaltung in allen Angelegenheiten, die die Beschulung nichtdeutscher Kinder an deutschen Schulen betrafen, schließlich vollständig entmachtet. Ihr Kompetenzentzug war auch deshalb so leicht möglich gewesen, weil zeitgleich mit Künzel die beiden wichtigsten Akteure der „völkischen" Schulpolitik, Friedrich Zippelius und Ludwig Eichholz, die sudetendeutsche Schulverwaltung verließen – Zippelius unfreiwillig, Eichholz aufgrund eines Postenwechsels.

Ob die Troppauer Einschulungspraxis dem neu eingerichteten SS-Hauptamt für Volkstumsfragen unter dem Sudetendeutschen Ernst Müller bekannt war, kann nicht nachgewiesen werden. Klar ist aber, dass Müller der Ansicht war, die vormalige Einschulungspolitik im Reichsgau Sudetenland müsse rückgängig gemacht werden,[227] was er in bemerkenswerter Geschwindigkeit auch tat, indem er mit sofortiger Wirkung die rassische Eindeutschungsfähigkeit als alleiniges Kriterium für eine Einschulung tschechischer Kinder an deutschen Schulen festlegte. Auch die wiederholten Beschwerden der Schulräte darüber, dass ihnen Informationen nun völlig vorenthalten würden, konnten nichts an ihrem Machtverlust ändern. Stattdessen erlegte die SS der Schulverwaltung ihre Regularien auf. Dass die Zahl tschechischer Kinder an deutschen Schulen im Regierungsbezirk Troppau trotzdem hoch blieb, erstaunt nicht, da die SS einen höheren Prozentsatz eindeutschbarer Kinder ansetzte als die sudetendeutschen Behörden, weshalb glaubhaft vermutet werden kann, dass die SS die Praxis der Schulleitungen zumindest tolerierte, wenn nicht gar guthieß. Andererseits hatte die rassentheoretische Begründung einer Überlegenheit der Deutschen über die tschechische Bevölkerung beinahe auch die Sudetendeutschen selbst betroffen, deren rassische Abqualifizierung die Schulverwaltung durch die Herauslösung der entsprechenden Textstellen aus den Lehrbüchern zu vermeiden suchte.

Unterordnung als Unterrichtsziel. Das tschechische Schulwesen im Reichsgau Sudetenland

Die große Mehrheit der tschechischen Schüler/-innen im Reichsgau Sudetenland besuchte tschechische Schulen, über deren Existenzberechtigung in der

---

227 Vertrauliches Schreiben Müllers an SS-Brigadeführer Cassel (Hauptamt für Volkstumsfragen). Ohne Ortsangabe, 9. Januar 1943. ZA Opava, Fond ZŘKUN, Inv.-Nr. 3, Karton 3, nicht foliiert.

sudetendeutschen Schulverwaltung intensive Diskussionen geführt wurden. Bereits vor 1938 war die Beschulung der Schüler/-innen in ihrer jeweiligen Muttersprache einer der wichtigsten Schauplätze nationaler Diskurse in den Gebieten der ehemaligen Habsburgermonarchie gewesen. Unabhängig von ihrer tatsächlichen pädagogischen Relevanz war sie ein zentrales Symbol für die Behauptung einer nationalen Identität und somit ein Fixpunkt der Volkstumskämpfe seit dem 19. Jahrhundert. Der aufkommende Nationalitätenkonflikt im 19. Jahrhundert führte in den böhmischen Ländern zu einem Wettbewerb um die beste Bildung, der sich – bis heute deutlich sichtbar – in den architektonisch dominanten Schulgebäuden aus österreichisch-ungarischer Zeit widerspiegelte. Des Weiteren machte die Industrialisierung – die böhmischen Länder waren das am stärksten industrialisierte Gebiet Österreich-Ungarns – mit ihrem spezialisierten Arbeitskräftebedarf den Aufbau eines leistungsfähigen Schulsystems erforderlich.[228] Wie Andreas Reich zutreffend konstatiert hat, war der Ausbau des Schulwesens kein bewusstes Instrument zur Verhinderung einer Entnationalisierung – das Anliegen der österreichischen Schulverwaltung war vielmehr, die Nationalitäten in ihrem Reichsteil an der Schulpolitik zu beteiligen. Hierfür bildeten sich Minderheitenschulvereine, die den Schulbau jeweils finanzierten. Warum es in den böhmischen Ländern nun tatsächlich mehr Schulen für deutsche als für tschechische Schüler/-innen gab, lag nach Andreas Reich darin begründet, dass die Deutschen zum einen in weit verstreuten kleinen Siedlungen lebten; zum anderen habe das deutsche Siedlungsgebiet einen höheren Industrialisierungsgrad aufgewiesen.[229] Nach der Gründung der Tschechoslowakei, die vielen Nationalitäten Heimat war, wurde Schulen mit ihrer jeweiligen Unterrichtssprache schließlich eine nationale Bedeutung beigemessen. Es wurde ein Minderheitsschulgesetz[230] verabschiedet, in dessen Folge zahlreiche deutsche Volksschulen geschlossen wurden.[231] Von Repression zu sprechen, wäre aber weit gefehlt (siehe hierzu Tabelle 2). So wuchs die Zahl der deutschsprachigen Bürgerschulen tatsächlich von 382 im Jahr 1918 auf 441 im Jahr 1937.[232] Der florierenden Legitimations- und Volkstumsliteratur zwischen 1918 und 1938 tat dies indes keinen Abbruch, zudem sahen sich selbsternannte

---

228 Vgl. REICH: Das tschechoslowakische Bildungswesen vor dem Hintergrund des deutsch-tschechischen Nationalitätenproblems 19.
229 EBENDA.
230 Siehe das Kapitel „Das deutschsprachige Schulwesen in der Tschechoslowakei".
231 Vgl. REICH: Das tschechoslowakische Bildungswesen vor dem Hintergrund des deutsch-tschechischen Nationalitätenproblems 23.
232 EBENDA 25.

Volkstumsverbände berufen, die Verteidigung des als eigen begriffenen Schulwesens zu organisieren.[233]

Tabelle 2: Zahl der Volksschulen, Bürgerschulen und Höheren Schulen inklusive ihrer Schülerzahl in der Tschechoslowakei in den Schuljahren 1921/1922 und 1929/1930.[a]

Schulen	Volksschulen		Bürgerschulen		Höhere Schulen	
	1921/1922	1929/1930	1921/1922	1929/1930	1921/1922	1929/1930
Tschechisch	6 359	6 997	1 016	1 270	204	209
Deutsch	3 404	3 299	423	434	120	96
Schüler/ -innen in Tausend	Volksschulen		Bürgerschulen		Höhere Schulen	
	1921/1922	1929/1930	1921/1922	1929/1930	1921/1922	1929/1930
Tschechisch	943	794	183	150	62	48
Deutsch	434	352	65	48	25	20

[a] Vgl. KURAL/RADVANOVSKÝ (Hg.): „Sudety" pod hákovým křížem 381.

Unter deutscher Schulaufsicht

Nach dem Münchner Abkommen 1938 endete das bisherige Nebeneinander deutsch- und tschechischsprachiger Schulen auf dem Gebiet des nunmehrigen Reichsgaus Sudetenland schlagartig.[234] Sogleich mit der Errichtung des Reichsgaus wurde der Unterricht an den tschechischen Schulen eingestellt. Der überwiegende Teil der tschechischen Lehrerschaft floh; von denen, die blieben, trugen sich viele mit der Absicht, in die damals noch bestehende Tschechoslowakei zu flüchten.[235] Ab 10. Oktober 1938 wurden die tschechischen Volks- und Bürgerschulen dann allmählich wiedereröffnet,[236] allerdings mussten einklassige Volksschulen

---

233 Siehe Kapitel „Entstehung und Emergenz des sudetendeutschen ‚Grenzland'-Konzepts".
234 Die Adjektive tschechischsprachig bzw. tschechisch sowie deutschsprachig bzw. deutsch werden im Text mit Blick auf die Schulen jeweils synonym genutzt. Zeitgenössisch wurden tschechische Schulen im Reichsgau Sudetenland als Schulen mit tschechischer Unterrichtssprache bezeichnet. Vgl. Schreiben von Zippelius (Regierungspräsident Troppau) an die Kreisschulämter und Landräte im Bezirk. Troppau, 4. Juni 1940. ZA Opava, RP Opava, Signatur IIA, Karton 3547, nicht foliiert.
235 Schreiben von Eichholz an das Auswärtige Amt bezüglich tschechischer Schulen in den sudetendeutschen Gebieten. Reichenberg, 13. Februar 1939. BArch, R 8043/970, fol. 85.
236 Schreiben Fritschers an den Schulleiter in Wawrowitz [Vávrovice]. Troppau, 8. Februar 1939. SOkA Opava, Bestand Landrát Opava, Karton 225, nicht foliiert.

nun mindestens 15 schulpflichtige Kinder aufweisen können und bei einer Bürgerschule waren gar mindestens 90 Kinder notwendig. Die Schulämter sollten entscheiden, in welchen Gemeinden mit „bodenständiger tschechischer Bevölkerung" der Unterricht an den tschechischen Schulen wieder aufgenommen werden durfte. Die bisherigen tschechischen Minderheitenschulen wurden allesamt geschlossen. Ihren Schüler/-innen, „die im sonst deutschen Gebiet verstreut lebten und daher die deutsche Sprache beherrschen", wurde vorerst noch erlaubt, stattdessen die deutschen Pflichtschulen (Volks- oder Berufsschulen) zu besuchen.[237] Für den Regierungsbezirk Troppau kam Eichholz zu der Überzeugung, dass die dortigen Schulbehörden das tschechische Schulwesen nicht allein verwalten könnten, da die Frage der tschechischen Schulen dort einen so breiten Raum einnehme, dass es unbedingt notwendig sei, damit einen eigenen Referenten zu betrauen, der im Regierungsbezirk Troppau beheimatet ist „und die Frage der Minderheiten aus eigener Erfahrung kennt". Die Wahl fiel auf Max Kudera, der als in charakterlicher Hinsicht geeignete Persönlichkeit genannt wurde.[238] Kudera war einer der Angeklagten im Patscheider-Prozess 1935/1936 gewesen.[239]

Die tschechischen Höheren Schulen wurden nach Errichtung des Reichsgaus Sudetenland ebenso geschlossen und im Gegensatz zu den Volks- und Bürgerschulen bis Kriegsende 1945 nicht wieder geöffnet. Tschechischen Schüler/-innen Höherer Schulen war es Ende 1938 noch erlaubt, tschechische Höhere Schulen auf dem Gebiet der Tschechoslowakei zu besuchen, sofern sie dort eine Wohnstätte hatten.[240] Die Zulassung von Tschechen an deutschen Höheren Schulen und an Hochschulen im Reichsgau Sudetenland blieb vorerst weiter möglich, wenn auch nur im Ausnahmefall. Vor einer Aufnahme, für die ein besonders strenger Maßstab anzuwenden war, musste der NSDAP-Kreisleiter angehört werden.[241] Somit blieb ihre Zahl gering: 138 tschechische Schüler/-innen besuchten im Schuljahr 1939/1940 Höhere Schulen im

---

237 Abschrift eines Schreibens Vogelers an den Reichserziehungsminister (Berichterstatter: Hugo Wasgestian). Reichenberg, 20. August 1940. ZA Opava, Fond RP Opava, inv. č. 1437, fol. 38–41.
238 Schreiben von Eichholz an das Auswärtige Amt bezüglich tschechischer Schulen in den sudetendeutschen Gebieten. Reichenberg, 13. Februar 1939. BArch, R 8043/970, fol. 85.
239 Siehe das Kapitel „‚Grenzlanddeutsche' und Interessen des Deutschen Reiches".
240 Schreiben Henleins an Zippelius. Reichenberg, 12. Dezember 1938. ZA Opava, Fond RP Opava, inv. č. 1437, nicht foliiert.
241 Schreiben Henleins an die Regierungspräsidenten in Aussig, Karlsbad und Troppau. Reichenberg, 13. Juni 1940. BArch, R 4901/4638, fol. 18.

Reichsgau, davon waren 116 deutsche Reichsangehörige und 22 Protektoratsangehörige.[242]

Die Schulaufsicht über die verbliebenen tschechischen Schulen (siehe Tabelle 3) hatte nun die deutsche Verwaltung inne. Im Mai 1939 mussten die tschechischen Lehrkräfte dann einen Amtseid vor dem zuständigen Landrat ablegen: „Ich schwöre: Ich werde dem Führer des Deutschen Reiches und Volkes, Adolf Hitler, treu und gehorsam sein, die Gesetze beachten und meine Amtspflichten erfüllen. So wahr mir Gott helfe."[243]

Tabelle 3: Zahl der tschechischen Volks- und Bürgerschulen im Februar 1939 inklusive der Anzahl der Schulklassen pro Landkreis.[a]

Regierungsbezirk Troppau	Volksschulen	Klassen	Bürgerschulen	Klassen
Landkreis Hohenstadt	47	108	3	16
Landkreis Landskron	8	26	2	6
Landkreis Mährisch Schönberg	14	87	2	9
Landkreis Mährisch Trübau	6	8	–	–
Landkreis Neutitschein	20	90	4	29
Landkreis Sternberg	3	9	1	3
Landkreis Troppau-Land	54	147	4	12
Landkreis Wagstadt	37	128	5	33
Insgesamt	189	603	21	108

Regierungsbezirk Aussig	Volksschulen	Klassen	Bürgerschulen	Klassen
Landkreis Gablonz	9	21	2	7
Braunau	1	1	–	–
Reichenberg	10	18	1	3
Insgesamt	20	40	3	10

[a] Schreiben von Eichholz an das Auswärtige Amt bezüglich tschechischer Schulen in den sudetendeutschen Gebieten. Reichenberg, 13. Februar 1939. BArch, R 8043/970, fol. 84.

---

242 Übersicht über die Anzahl der Schüler tschechischer Volkszugehörigkeit an den Höheren Schulen des Sudetengaues 1939/40. Ort und Datum unbekannt. BArch, R 4901/4638, fol. 19.

243 Zitiert nach CIHLÁŘ, Jiří: České školy na Lanškrounsku (Landrat Landskron) v letech nacistické okupace 1938–1945 [Tschechische Schulen im Landskroner Kreis (Landrat Landskron) in den Jahren der nazistischen Okkupation 1938–1945]. Ústí nad Orlicí 2009, 34.

Der Leiter der Schulverwaltung in Reichenberg, Ludwig Eichholz, war sichtlich zufrieden, dass die meisten tschechischen Lehrer/-innen 1938 ihre Stellen aufgegeben und sich somit manche Schulen von selbst aufgelöst hatten. Seiner Meinung nach könne dieser Umstand genutzt werden, um die Stellung der Deutschen dort, „wo sie stark bedroht war, oder uns in den letzten Jahrzehnten ganz verloren ging, wieder neu zu festigen bezw. wieder zu erobern".[244] Dass er den Umgang mit den tschechischen Schulen als entscheidendes Mittel im fortgeführten Volkstumskampf erachtete, legte er im Februar 1939 in einem Schreiben gegenüber dem Auswärtigen Amt dar, als er der Behörde seine Beweggründe für die Schließung der tschechischen Schulen erklärte: Seine Zielsetzung sei es gewesen, innerhalb des deutschen Siedlungsgebiets keine tschechischen Enklaven mehr zu belassen, sondern sie „bei dieser Gelegenheit" zu beseitigen. Um das zu erreichen, schlug er zwei Leitlinien vor: Einerseits sollten im Brüx-Duxer Industriegebiet tschechische Kinder in tschechischen Sonderklassen an deutschen Schulen unterrichtet werden;[245] andererseits hielt Eichholz es in den „bäuerlichen Gebieten", die sich vor allem im Regierungsbezirk Troppau befanden, für notwendig, dass der tschechischen Minderheit ihre Schulen erhalten blieben. Dies sollten hauptsächlich Volksschulen sein; bei Bürgerschulen, Fachschulen oder Höheren Schulen sollte hingegen ein strengerer Maßstab angelegt werden. Er gestand den Tschechinnen und Tschechen dort eigene Schulen zu, da sie nach seiner Auffassung die deutsche Sprache nur zum Verkehrsgebrauch lernen würden. In den Gesellschafts- und Bildungskreis der Deutschen würden sie somit ebenso wenig eindringen wie in die nationalsozialistische Partei – dadurch stünden sie außerhalb der „Volksgemeinschaft". Ihre volle Entwicklung hingegen wäre ihnen nur im Rahmen ihres „Stammvolkes" möglich. Dieser Umstand würde nach seiner Auffassung beständig zur Abwanderung oder zum Besuch der deutschen Schule beitragen.[246] In diesem Sinne überschrieb Eichholz seine Vorstellungen mit: „Die öffentliche tschechische Schule ist ein Bildungsmittel in der Muttersprache, keine nationalsozialistische Erziehungsstätte. Die Interessen des Reiches sind im Unterrichte gebührend zu berücksichtigen."[247]

Die Schulleitungen und Lehrkräfte der tschechischen Schulen wurden nun vom jeweiligen Regierungspräsidenten eingesetzt.[248] Sie sollten möglichst Deutsche sein, deren Dienst „als Pionierarbeit auf dem Gebiete des deutschen

---

244 EBENDA fol. 88.
245 EBENDA.
246 EBENDA.
247 EBENDA fol. 89.
248 EBENDA.

Grenzlandkampfes im Hinblick auf ihre spätere Laufbahn besonders bewertet werden" sollte.²⁴⁹ Da dies aufgrund des sich verstärkenden Lehrermangels jedoch personell nicht annähernd zu realisieren war, konnten auch tschechische Lehrkräfte, die im Sudetengau verblieben und an einer öffentlichen Volks- oder Bürgerschule angestellt waren, weiterhin als solche arbeiten, sofern sie sich „nicht politisch gegen das deutsche Volk hervorgetan haben". Eingestellt werden durften auch „[j]unge Lehrkräfte aus der Rest-Tschechei", aber nur dann, wenn keine anderen Lehrkräfte vorhanden waren.²⁵⁰ Die Ausbildung der tschechischen Lehrkräfte für tschechische Minderheitenschulen sollte an deutschen Lehrerbildungsanstalten erfolgen, an denen tschechische Abteilungen eingerichtet werden sollten.²⁵¹ Im Oktober 1939 wurde zudem festgelegt, dass tschechische Lehramtskandidat/-innen eine Lehramtsprüfung für tschechische Volksschulen ablegen können.²⁵² Doch bereits wenige Monate später, im Februar 1940, wurde die Übernahme neu ausgebildeter tschechischer Lehrkräfte abgelehnt.²⁵³ Somit wurde auch ihre Ausbildung hinfällig. Neueinstellungen an tschechischen Schulen gab es keine mehr; stattdessen waren im Mai 1942 80 tschechische Lehramtsanwärter im Regierungsbezirk Troppau arbeitslos.²⁵⁴ Manche tschechische Lehrkräfte zogen daher in das Protektorat Böhmen und Mähren, da sie dort Stellen bekommen hatten.²⁵⁵ Doch die Anstellung im Protektorat war für die Lehrkräfte mit finanziellen Einbußen verbunden – das dortige Gehalt war Anfang 1940 um etwa ein Drittel geringer als im Reichsgau Sudetenland.²⁵⁶

---

249 Ebenda fol. 88–89.
250 Ebenda fol. 88.
251 Ebenda fol. 89.
252 Zweite Prüfung für das Lehramt der tschechischen Schulamtsbewerber. Reichenberg, 26. Oktober 1939. Aktenzeichen I K 1, Nr. 3984/39. In: Amtliches Schulblatt für den Reichsgau Sudetenland 23 (1939) 346.
253 Schreiben des Regierungspräsidiums Aussig (Kalies) an die Kreisschulämter des Regierungsbezirks. Aussig, 28. Februar 1940. SOkA Lovosice, Landrát Litoměřice, Signatur unklar, Karton 674, nicht foliiert.
254 Lagebericht des Regierungspräsidiums Troppau (Berichterstatter Dr. Feike) über die tschechische Volksgruppe an das Reichsinnenministerium. Troppau, 6. Mai 1942. ZA Opava, Fond RP Opava, inv. č. 1435, fol. 58.
255 OstDok 21/I-E, Nr. 2; Keil Theo, Tschechische Schulen im ehem. Reichsgau Sudetenland, S. 3, fol. 5.
256 Schreiben des Chefs der Sicherheitspolizei und des SD, Amt III, an SS-Oberführer Ministerialdirektor Holfelder im Reichsministerium für Wissenschaft und Volksbildung. BArch, R/4901/13121, Meldungen aus den kulturellen Lebensgebieten, 17. Januar 1940, S. 8–9.

Wichtiger als die Einsetzung der Lehrkräfte war für die Reichsstatthalterei aber ohnehin, die Schulleitungen an tschechischen Schulen mit deutschem Personal zu besetzen.[257] Allerdings war dies aufgrund des kriegsbedingten Lehrermangels ebenso wenig möglich. Deshalb entschloss sich die Reichsstatthalterei, deutsche und tschechische Volksschulen unter dieselbe Leitung zu stellen.[258] Doch anscheinend ließ das für die Leitung an tschechischen Schulen zur Verfügung stehende deutsche Personal erheblich zu wünschen übrig, was die Schulabteilung der Reichsstatthalterei gegenüber Vertretern des Reichserziehungsministeriums auch nachdrücklich bedauerte. Viele tschechische Volksschulen würden zwar im Mai 1944 von einer deutschen Leitung geführt,[259] doch „läßt sich während des Krieges wegen des Personalmangels offenbar der Grundsatz nicht befolgen, daß der deutsche Leiter dieser Schule die tschechischen Lehrkräfte überragt, ihnen zu mindestens der ganzen Persönlichkeit und seiner Befähigung nach ebenbürtig ist".[260] Die Berechtigung dieses Lamentos wird in den erhaltenen Lageberichten über politische Ereignisse und die Lage an der Schule bestätigt, die deutsche Schuldirektoren an tschechischen Schulen im Regierungsbezirk Troppau monatlich auszuarbeiten hatten.[261] Im Duktus von Heldenberichten formuliert, dokumentieren die Berichte das Ansinnen der Schulleitungen, für ihre Tätigkeit von der Schulverwaltung besonders gewürdigt zu werden. Bemerkenswert ist dabei nicht nur die dürftige Aussagekraft vieler Berichte, die in der Selbstherrlichkeit ihrer Verfasser begründet liegt. So heißt es etwa: „Die beste Devise ist auskehren mit eisernem Besen gründlich, schnell und bald"[262], oder auch: „[D]ie Kinder können nichts dafür, dass sie vertschecht" worden seien.[263] Auch der dem Berufsbild nicht gemäße

---

257 Schreiben des Regierungspräsidiums Aussig (Kalies) an die Landräte und Kreisschulämter des Bezirks und an die Oberbürgermeister von Aussig und Reichenberg. Aussig, 10. Oktober 1939. SOA Trutnov, Landrát Vrchlabí, Signatur inv. č. 64, Karton 555, nicht foliiert.
258 Schreiben Fiedlers und Keils an das Reichserziehungsministerium. Reichenberg, 19. Februar 1941. SOAL, ŘM, Signatur unklar, Karton 348, nicht foliiert.
259 Reisebericht von Pax (Reichserziehungsministerium). Berlin, 15. Juni 1944. BArch, R 4901/12836, nicht foliiert.
260 EBENDA.
261 Zu den Lageberichten siehe: SOkA Opava, Bestand Landrát Opava, Karton 225, nicht foliiert.
262 Lagebericht der Schulleitung von Illeschowitz [Jilešovice]. Illeschowitz, 28. Dezember 1938. SOkA Opava, Bestand Landrát Opava, Karton 225, fol. 15.
263 Schreiben der Schulleitung von Jaktar [Jaktař]. Jaktar, 4. Februar 1939. SOkA Opava, Bestand Landrát Opava, Karton 225, fol. 16a.

sprachliche Ausdruck samt zum Teil zahlreicher Rechtschreibfehler verdeutlichte die Probleme der Schulverwaltung; so wurde der Mangel an deutschen Lehrkräften wie auch an Unterrichtsmaterialien eingehend beklagt. Sonst aber vermittelten die Lageberichte der Schulleitungen ein positives Bild der eigenen Arbeit: Problemlos und störungsfrei sei dank ihnen der Unterricht.

Der Bedarf an deutschen Lehrkräften für tschechische Schulen sollte bis Kriegsende nicht gedeckt werden.[264] Auch das Regierungspräsidium Troppau beklagte im Mai 1942, dass die Zahl der deutschen Lehrkräfte an tschechischen Schulen aufgrund neuer Einziehungen zur Wehrmacht weiter zurückgehe.[265] Gab es im Oktober 1939 im Regierungsbezirk Troppau noch 178 deutsche Lehrkräfte an tschechischen Schulen,[266] waren es im Mai 1943 nur noch 37, zumeist waren es Frauen.[267] Im Regierungsbezirk Aussig gab es im Schuljahr 1940/1941 gar nur acht deutsche Lehrkräfte, die an tschechischen Schulen tätig waren.[268]

Der Schulverwaltung war es ein wichtiges Anliegen, für die tschechischen Schulen neue NS-konforme Unterrichtsmaterialien bereitzustellen. Die bisherigen tschechischen Lesebücher und Geschichtslehrbücher durften im Unterricht nicht mehr verwendet werden,[269] sie wurden eingesammelt und als Altpapier entsorgt. Unter Mithilfe deutscher Slawisten sollten stattdessen neue Materialien entwickelt werden.[270] Tatsächlich fehlte es bis Kriegsende durchgängig an den nötigsten Lehr- und Lernmitteln. Ab November 1940 behalf man

---

264 Schreiben des Regierungspräsidiums von Aussig (Unterschrift unleserlich) an Schulrat Hocke in der Reichsstatthalterei. Aussig, 19. Januar 1941. SOAL, ŘM, Signatur 1076/0, Karton 341, nicht foliiert.
265 Geheimer Lagebericht des Regierungspräsidiums Troppau an die Reichsstatthalterei. Troppau, 8. Mai 1942. ZA Opava, Fond RP Opava, inv. č. 1435, fol. 58.
266 Schreiben des Regierungspräsidiums Aussig (Kalies) an die Landräte und Kreisschulämter seines Bezirks und an die Oberbürgermeister von Aussig und Reichenberg. Aussig, 10. Oktober 1939. SOA Trutnov, Landrát Vrchlabí, Signatur inv. č. 64, Karton 555, nicht foliiert.
267 Lagebericht des Regierungspräsidiums von Troppau (Berichterstatter Dr. Truhetz) über die tschechische Volksgruppe an das Reichsinnenministerium. Troppau, 5. Mai 1943. ZA Opava, Fond RP Opava, inv. č. 1435, fol. 103R.
268 Vgl. PALLAS: České školství v severozápadních Čechách 188.
269 Schreiben von Eichholz an das Auswärtige Amt bezüglich tschechischer Schulen in den sudetendeutschen Gebieten. Reichenberg, 13. Februar 1939. BArch, R 8043/970, Tschechische Schulen im Sudetenland, fol. 89.
270 EBENDA.

sich mit der Schülerzeitschrift „Domov",²⁷¹ die in zwei Ausgaben eingeführt wurde: Ausgabe A für das 3. bis 5. und Ausgabe B für das 6. bis 8. Schuljahr; ihr Bezug war für die Schüler verpflichtend. Doch die Zeitschrift vermochte die bisherigen Lehrbücher inhaltlich nicht zu ersetzen. Stattdessen war sie nach dem Urteil eines tschechischen Lehrers zu wenig an Kindern orientiert und hätte einen zu hohen Anspruch verfolgt.²⁷²

Die Gründung der Reichsstelle für das Schul- und Unterrichtsschrifttum in Berlin²⁷³ hatte auch unmittelbare Auswirkungen auf die Organisation tschechischer Lehrbücher. Die Reichsstelle unterstützte die Einführung neuer tschechischer Lehrbücher offensichtlich nicht; stattdessen versuchte die Schulverwaltung im August 1944 verzweifelt, eigenständig Lehrbücher für den Tschechischunterricht an tschechischen Schulen zu beschaffen. Rudolf Fiedler empfahl seinem Troppauer Kollegen Paul Kieseler, „selbst zu handeln", damit die Anschaffung gewünschter Bücher für die tschechischen Schulen nicht „durch unerfüllbare Wünsche von irgend welchen Stellen gefährdet wird". Denn eine „amtliche Zustimmung zur Einführung aller genannten Bücher kann der Reichsstatthalter nicht geben. Wir müßten den Minister befassen, dieser die Reichsstelle und damit gerieten wir wieder unter den Schlitten. Kläger wird sich keiner finden, wenn die Bücher beschafft werden." Bei Einbezug der Reichsstelle in die Lehrbuchbeschaffung „müßten wir den bitteren Weg bis zum Ende" gehen.²⁷⁴ Diesen zu beschreiben weigerte sich die Troppauer Schulverwaltung und wies kurzerhand ihre Schulleitungen an, die in der Prager Schulverlagsanstalt erschienene Fibel „Poupata" (Knospen)²⁷⁵ für den Tschechischunterricht und Lehrbücher für den Deutschunterricht beim Roland-Verlag Trausel

---

271 Deutsche Übersetzung: Zuhause/Heimat. Die Zeitschrift ließ sich weder in deutschen noch in tschechischen Bibliotheken und Archiven finden. Herausgegeben wurde sie vom Roland-Verlag Trausel & Co. in Reichenberg. Vgl. hierzu: Domov. Zeitschrift für Volksschulen mit tschechischer Unterrichtssprache. Reichenberg, 23. November 1940. Aktenzeichen I c 2, Nr. 112-02/40. In: Amtliches Schulblatt für den Reichsgau Sudetenland 23 (1940) 308.
272 Reisebericht von Pax (Reichserziehungsministerium). Berlin, 15. Juni 1944. BArch, R 4901/12836, Tschechische Schulen, nicht foliiert.
273 Siehe das Kapitel „Grenzlanddeutscher Literaturunterricht".
274 Schreiben Fiedlers an Kieseler. Troppau, 19. August 1944. ZA Opava, Fond RP Opava, inv. č. 3550, nicht foliiert.
275 Dabei ging es um die 1942 in der Staatlichen Verlagsanstalt Prag erschienene sechste Auflage der von Josef Kožíšek erstellten und erstmals 1913 veröffentlichten Fibel. Siehe: Kožíšek, Josef: Poupata, čítanka malých [Knospen, Lesebuch für die Kleinen]. 6. Aufl. Praha 1942. Erstausgabe: Ders.: Poupata, čítanka malých. Praha 1913.

in Reichenberg entweder selbst zu bestellen oder die Kreisschulämter um eine Sammelbestellung zu bitten.[276] Im Jahr 1944 entschloss man sich zudem, die im Protektorat Böhmen und Mähren autorisierten Lehrbücher auch an den tschechischen Schulen im Reichsgau Sudetenland zu verwenden.[277]

1940 wurde ein neuer Lehrplan für die verbliebenen tschechischen Volksschulen freigegeben. Bei ihm handelt es sich insofern um eine Schlüsselquelle, als er die curriculare Positionierung des tschechischen Schulwesens im nationalsozialistischen Deutschland verdeutlicht. Der Lehrplan machte gleich zu Beginn deutlich, dass „die Lehrpläne für Volksschulen mit tschechischer Unterrichtssprache [...] sich in den Grundsätzen und Zielen von den Lehrplänen für deutsche Schulen zu unterscheiden haben".[278] Er intendierte hingegen eine strikte Erziehung zur Loyalität sowie eine klare Unterordnung der tschechischen Kinder und Jugendlichen unter die deutsche Herrschaft:

> Die Aufgabe der Schule mit tschechischer Unterrichtssprache ist es, die Jugend tschechischer Volkszugehörigkeit zu körperlich, geistig und seelisch gesunden Männern und Frauen zu erziehen, die aus Liebe zu ihrem Volkstum und der klaren Erkenntnis der schicksalhaften Verbundenheit des tschechischen Volkes mit dem deutschen Volke sich bewusst *für* das Deutsche Reich entscheiden und einstellen. Alle Kräfte des Kindes sind darum in den Dienst der Aneignung jener Kenntnisse und Fertigkeiten zu stellen, die es zur Erfüllung seiner Pflichten als Angehöriger des Deutschen Reiches im praktischen Leben brauchen wird. Dabei ist weniger Wert auf eine systematische Erwerbung von vielerlei Einzelkenntnissen zu legen, als auf grundlegendes Wissen. Der Stoff muß auf das beschränkt bleiben, was sicher erworben werden kann.[279]

Diese Hierarchisierung beschrieb nicht nur die Bestimmung des tschechischen Schulwesens, sie zeigt auch, warum die deutschen Behörden überhaupt eine Existenz tschechischer Schulen befürworteten. Denn im Gegensatz zur „einheitlichen Ausrichtung der Erziehung des deutschen Kindes in den drei wichtigsten Erziehungsbereichen, Elternhaus – Schule – und HJ",[280] würde beim tschechischen Kind die Erziehung in einer Jugendorganisation ganz

---

276 Schreiben des Regierungspräsidiums Troppau (Kieseler) an die Kreisschulämter des Regierungsbezirks. Troppau, 23. September 1944. SOkA Opava, Bestand Landrát Opava, Karton 243, inv. č. 404, Signatur Kult 103/4, nicht foliiert.
277 Reisebericht von Ministerialrat Pax (Reichserziehungsministerium). Berlin, 15. Juni 1944. BArch, R 4901/12836, nicht foliiert.
278 Lehrplan und Lehrstoffverteilung für Volksschulen mit tschechischer Unterrichtssprache. Ort, Datum und Autor unbekannt. SOAL, ŘM, Signatur 1076/0, Karton 341, nicht foliiert.
279 EBENDA 1, Kursiva im Original Unterstreichung.
280 EBENDA Deckblatt des Lehrplans.

entfallen. In der Konsequenz würden sich deutsche Lehrkräfte an tschechischen Schulen oft in bewusstem Gegensatz zum Elternhaus und zur Umgebung des Kindes befinden und deren Einwirkung ausgleichen wie auch überwinden müssen.[281] Der Lehrplan konstatierte zugleich, dass eine „innere Umstellung" der tschechischen Lehrkräfte noch nicht als gegeben angesehen werden könne. Angesichts dessen wurde versucht, jegliche Eigeninitiative der tschechischen Lehrkräfte einzuschränken. „Deshalb sind die Lehrpläne durch so umfangreiche Stoffpläne zu ergänzen, daß der Lehrer aus dem vorgeschriebenen Stoff nur auszuwählen hat." Diese Stoffpläne mussten anschließend den Schulräten zur Genehmigung vorgelegt werden.[282]

Im Vergleich zu den Richtlinien für die deutschen Volksschulen bestanden für die tschechischen Volksschulen vor allem offenkundige Unterschiede in der Unterrichtssprache, nämlich Tschechisch statt Deutsch, sowie in Heimatkunde, Geschichte und Musik, „die sich aus den anderen Voraussetzungen des fremden Volkstums ergeben".[283] Die übrigen Unterrichtsgegenstände hingegen hätten sich laut Angabe des Lehrplans im Rahmen der allgemeinen Richtlinien bewegt. Dabei wurden Stunden in der Leibeserziehung, der Unterrichtssprache, in Erdkunde und Naturkunde gekürzt, um mehr Unterrichtsstunden für den Deutschunterricht anbieten zu können.[284] Doch der curriculare Anspruch an den Deutschunterricht war tatsächlich niedrig: Die Absicht, der Fremdsprache Deutsch den Wert einer einfachen Verkehrssprache zuzuweisen, bildete sich auch im Lehrplan unmissverständlich ab. So sollte der Deutschunterricht die Schüler/-innen nur dazu befähigen, sich mündlich und schriftlich in deutscher Sprache zu verständigen bzw. einfache Gedanken und Sätze in deutscher Sprache zu erfassen sowie mündlich und schriftlich wiederzugeben. Das Hauptgewicht sollte auf der gehörten und gesprochenen Sprache liegen. Dabei vermied der Lehrplan jeglichen politischen Inhalt; erst im 8. und damit letzten Schuljahr sollte der „Lesestoff unter anderem für das deutsche Volk kennzeichnende Ausschnitte aus größeren Schriftganzen" behandeln.[285]

War der Deutschunterricht laut Lehrplan folglich derart ausgerichtet, dass die beruflichen Möglichkeiten der tschechischen Kinder begrenzt bleiben mussten und damit ihre gesellschaftliche Integration in die deutsche Mehrheitsgesellschaft erschwert wurde, vermittelte der Geschichtsunterricht den

---

281 EBENDA.
282 EBENDA Deckblatt und Rückseite des Deckblattes.
283 EBENDA Rückseite des Deckblattes.
284 EBENDA.
285 EBENDA S. 3–5. Zitat auf S. 5.

tschechischen Schüler/-innen Gehorsamkeit gegenüber ebenjener deutschen Mehrheitsgesellschaft. So sollte dieser von Heimat und Volk ausgehen und durch eine „lebendige Darstellung der Männer und der treibenden Kräfte im deutschen Raum zur Erkenntnis" führen, dass das „Schicksal des tschechischen Volkes mit dem deutschen unlöslich verbunden und der tschechische Lebensraum mit seiner Kultur von Anbeginn der böhmisch-mährischen Geschichte durch den ihn umschließenden deutschen Lebensraum bestimmt" sei. Es müsse aufgezeigt werden, dass der Wohlstand und die „Kulturhöhe" des tschechischen Volkes nur durch die Eingliederung des böhmischen Raumes in das Deutsche Reich gesichert werden könne. Methodisch habe der Geschichtsunterricht in kindgerechten Einzelbildern die Ereignisse und Persönlichkeiten zu behandeln, die das „Schicksal des deutschen Raumes" bestimmten. Die neueste Geschichte müsse hierbei einen breiten Raum einnehmen. Der wirklichkeitsnahe Geschichtsunterricht habe auch die bedeutsamen Ereignisse des Tages auszuwerten, wobei Rundfunk, Presse, Zeitschriften und dergleichen in geeigneter Weise heranzuziehen seien. Auf Aneignung eines lebendigen, sicheren Wissens sei unbedingt Wert zu legen.[286]

Der Erdkundeunterricht schloss sich in seiner inhaltlichen Ausrichtung dem Geschichtsunterricht nahezu bruchlos an. Er sollte die Schüler/-innen „vom Erleben der Heimat zur gründlichen Kenntnis des Deutschen Reiches" führen. Ferner sollte er „die rassische Einheit seiner Bewohner, die Nutzung, Gestaltung und Verteidigung des völkischen Raumes sowie die Beziehungen zwischen dem deutschen Volke und den Lebensräumen anderer Völker" bezeugen.[287] Daraus folgerte als Lernziel:

> Aus der Liebe zum eigenen Volke und der vertieften Erkenntnis des Deutschen Reiches und seiner Stellung in der Welt soll die schicksalhafte Verbundenheit von Volk und Lebensraum und der Wille zur freudigen Mitarbeit im Deutschen Reiche hervorgehen.[288]

Deutsch wurde in der 1. Klasse im Verbund mit anderen Fächern eingeführt und in der 2. Klasse dreistündig, anschließend von der 4. bis zur 8. Klasse fünfstündig unterrichtet. Tschechisch, Erdkunde und Geschichte wurden bis zur 4. Klasse nicht extra ausgewiesen (Tschechisch, Heimatkunde, Geschichte, Erdkunde und Naturkunde wurden im Fächerverbund vermittelt). Tschechisch wurde von der 5. bis zur 8. Klasse fünfstündig, Geschichte in der 5. und

---

286 EBENDA S. 12.
287 EBENDA S. 15.
288 EBENDA.

6. Klasse zweistündig sowie in der 7. und 8. Klasse dreistündig unterrichtet. Der Erdkundeunterricht umfasste in der 5. und 6. Klasse eine Wochenstunde, in der 7. und 8. Klasse hingegen zwei Wochenstunden.[289]

Doch der Ansatz, tschechische Schulen bestehen zu lassen, um in ihnen Unterordnung unter die deutsche Herrschaft lehren zu können, wurde nicht unumschränkt gutgeheißen. In der Behörde des Regierungspräsidenten in Aussig stießen schon die grundsätzliche Existenz und der Fortbestand der verbliebenen tschechischen Schulen auf deutliche Kritik. Im Januar 1941 wandte sich ein wahrscheinlich hochrangiger Vertreter der Aussiger Schulverwaltung – um wen es sich konkret handelte, ist aufgrund der unleserlichen Unterschrift nicht klar – an die Schulabteilung der Reichsstatthalterei: Seines Erachtens sei es nicht die Pflicht der deutschen Schulbehörden, nichtdeutschen Staatsangehörigen eigene muttersprachliche Schulen zu errichten. Falls die tschechischen Eltern für ihre Kinder eine tschechische Erziehung wünschten, stehe es ihnen offen, sie in Schulen des Protektorats zu schicken. Denn wenn die Tschechen des nordwestböhmischen Kohlegebiets die Forderung nach Errichtung eigener Schulen erheben würden, dann könnten mit demselben Recht auch die im nordwestböhmischen Kohlegebiet arbeitenden Ukrainer diesen Anspruch aufstellen. Um die Zahl der tschechischen Bevölkerung herunterrechnen zu können, unterschied er zwischen protektoratsangehörigen Tschechen (das heißt denjenigen, die bei der Optierung 1938 für die Tschechoslowakei gestimmt hatten) und reichsangehörigen Tschechen (das heißt denjenigen, die bei der Optierung für das Reich gestimmt hatten) – das Schreiben war somit einer der wenigen Fälle, wo tatsächlich diese beiden Staatsangehörigkeiten als Argument angeführt wurden. So hielt er es für die im nordwestböhmischen Kohlegebiet lebenden 15 884 reichsangehörigen Tschechinnen und Tschechen, die nur 3,9 Prozent der Bevölkerung dieser sechs Kreise stellen würden, „volkspolitisch" für nicht gerechtfertigt, eigene tschechische Schulen zu errichten.[290] Nach seiner Auffassung komme hinzu, dass die dortige tschechische Bevölkerung nicht bodenständig sei – der seiner Meinung nach rein deutsche Charakter des nordwestböhmischen Kohlegebiets sei durch die einwandernden tschechischen

---

289 Lehrplan für Schulen für Knaben, ohne Seitenangabe. In: EBENDA. Siehe auch: Richtlinien für die Unterrichtsgegenstände und deren Wochenstundenzahl an den Volks- und Bürgerschulen mit tschechischer Unterrichtssprache. Aktenzeichen I K – I 1429/39. In: Amtliches Schulblatt für den Reichsgau Sudetenland 7 (1939) 96.
290 Schreiben des Regierungspräsidiums Aussig (Unterschrift unleserlich) an Schulrat Hocke an der Reichsstatthalterei. Aussig, 19. Januar 1941. SOAL, ŘM, Signatur 1076/0, Karton 341, nicht foliiert.

Arbeiter nur „übertüncht" worden –, sodass es das „volkspolitisch Verkehrteste" sei, sie durch tschechische Schulen im nordwestböhmischen Gebiet heimisch zu machen.[291] Damit vertrat er die Linie seines Vorgesetzten, Gauleiter Hans Krebs, der festlegte, dass „jeder Tscheche, der aus dem nordwestböhmischen Kohlengebiet verschwindet, als volkspolitisches Plus zu werten" sei.[292] Abschließend gestand der Autor des Schreibens noch zu, dass er sich zwar gegen die Errichtung neuer tschechischer Schulen im nordwestböhmischen Kohlegebiet ausspreche, er jedoch keine Bedenken gegen die vorübergehende Einrichtung von sogenannten Übergangsklassen für tschechische Schüler/-innen an deutschen Schulen habe.[293]

Obgleich sich der Leiter der Reichenberger Schulverwaltung Ludwig Eichholz noch 1939 gegenüber dem Auswärtigen Amt als Gegner eigenständiger tschechischer Schulen im nordwestböhmischen Industriegebiet positioniert hatte, stand er nun für eigene tschechische Schulen ein, da von deutscher Seite, sowohl von Parteistellen als auch in Monatsberichten der Polizei, öfters Klage geführt worden sei, dass durch den Zusammenschluss tschechischer und deutscher Kinder an deutschen Schulen die deutschen Schüler/-innen nicht mehr entsprechend hätten gefördert werden können.[294] In Aussig wurde diese Haltung nicht geteilt und die tschechischen Schulen im dortigen Regierungsbezirk wurden – auch gegen den Widerstand Reichenbergs – größtenteils abgeschafft. Im Brüxer Braunkohlerevier wurden bis zum Juli 1939 bis auf eine Ausnahme alle 225 tschechischen Schulen geschlossen.[295] In der Konsequenz wurde der Unterricht für die tschechischen Schüler/-innen in den Landkreisen Bilin, Dux und Brüx in eigenen Sonderklassen innerhalb der deutschen Schulen erteilt.[296] Dass damit die von Reichenberg geforderte Trennung tschechischer von

---

291 Ebenda.
292 Bericht über die Lage der tschechischen Volksgruppe vom 1. November 1940. SOAL, RPA, Signatur unbekannt, Karton 30, nicht foliiert.
293 Schreiben des Regierungspräsidiums Aussig (Unterschrift unleserlich) an Schulrat Hocke an der Reichsstatthalterei. Aussig, 19. Januar 1941. SOAL, ŘM, Signatur 1076/0, Karton 341, nicht foliiert.
294 Schreiben der Reichsstatthalterei an das Regierungspräsidium Aussig. Autor und Adressat nicht erkennbar. Reichenberg, 31. Januar 1941. SOAL, ŘM, Signatur 1076/0, Karton 341, nicht foliiert.
295 Bericht über die Lage der tschechischen Minderheit vom 31. Juli 1939 (Regierungspräsidium Aussig). SOAL, ÚVP Ústi, Karton 30, nicht foliiert.
296 Schreiben der Reichsstatthalterei an den Regierungspräsidenten von Aussig. Autor und Adressat nicht erkennbar. Reichenberg, 31. Januar 1941. SOAL, ŘM, Signatur 1076/0, Karton 341, nicht foliiert.

deutschen Kindern unterlaufen wurde, beanstandete die Reichenberger Schulverwaltung noch im Jahr 1944 gegenüber dem Reichserziehungsministerium, als ein Mitarbeiter des Ministeriums das Sudetenland bereiste. Die Existenz tschechischer Schulen im Regierungsbezirk Troppau habe dazu geführt, dass „die Leistungen in den deutschen Schulen durch die Entlastung von fremdvölkischen Elementen wesentlich besser als früher"[297] seien. Die „Trennung in der Schule [habe] sich auch für das Leben in den Gemeinden insofern segensreich ausgewirkt",[298] als die „Abgrenzung gegenüber dem fremden Volkstum"[299] nun eindeutiger verlaufe.[300] Hingegen sei es zu „dieser Lösung [...] leider im Regierungsbezirk Aussig nicht gekommen. Doch wird auch dort wenigstens darauf gehalten, daß durch Einrichtung von Sonderklassen für tschechische Schüler die deutschen Klassen entlastet werden."[301]

Die pädagogische Intention der sudetendeutschen Behörden, eine Scheidung der Tschechen von den Deutschen sowie Unterordnung und Loyalität bewirken zu wollen, sollte auch in den weiteren Einschränkungen des tschechischen Schulwesens in den darauffolgenden Jahren spürbar bleiben, die auf eine Schlechterstellung tschechischer Schulabsolvent/-innen auf dem Arbeitsmarkt zielten. Nach Einstellung der tschechischen Höheren Schulen sollten tschechischen Schüler/-innen 1940 alle anderen Qualifizierungsoptionen genommen werden, da die eigentliche Zielsetzung, „die Tschechen nur in ungelernte Berufe unterzubringen",[302] bislang als nicht erreicht angesehen wurde. Die Verantwortlichen in der Schulverwaltung wollten, dass einzig und allein Deutsche „Facharbeiter, Gehilfe, Meister" werden durften, den Tschechen sollten hingegen nur ungelernte Berufen offenstehen.[303] Besonders der Leiter der Abteilung des beruflichen Schulwesens in der Reichsstatthalterei, Hugo Wasgestian, beklagte, dass bei den Lehrlingsprüfungen häufig Tschechen besser abschnitten

---

297 Emil Pax reiste vom 23. bis zum 26. Mai 1944 durch den Reichsgau Sudetenland. Vgl. Reisebericht von Pax (Reichserziehungsministerium). Berlin, 15. Juni 1944. BArch, R 4901/12836, nicht foliiert.
298 EBENDA.
299 EBENDA.
300 EBENDA.
301 EBENDA.
302 Wasgestian, Hugo: Die Berufsausbildung des deutschen und nichtdeutschen Nachwuchses auf wirtschaftlichem Gebiet. Eine nationalpolitische Studie aus dem Sudetengau. Ort und Datum unbekannt, vermutlich Herbst 1940. ZA Opava, Fond RP Opava, inv. č. 1437, fol. 55–58.
303 EBENDA.

als Deutsche. Für Wasgestian war diese Entwicklung eine direkte Folge der Schließung der weiterführenden tschechischen Schulen. Er bedauerte, dass der deutsche Nachwuchs für die Wirtschaft durch die Schulen „ausgekämmt" sei, die einen sozialen Aufstieg erhoffen lassen, der junge Tscheche aber, dem der Besuch weiterführender Schulen versperrt sei, sich nun solchen Berufen zuwende, die eine bestimmte Begabung erforderten, beispielsweise Elektriker oder Mechaniker, und dann oft erfolgreicher sei als der junge Deutsche, der wegen mangelnden Talents nicht an weiterführenden Schulen aufgenommen wurde. Aber selbst dann, „wenn Deutsche und Tschechen gleiche Berufsbegabung aufweisen, sogar dann, wenn der Deutsche wesentlich begabter ist als der Tscheche, ist der Tscheche im Konkurrenzkampf überlegen".[304] Einen Grund für diese Entwicklung sah Wasgestian in der Beanspruchung der deutschen Lehrlinge durch die HJ. Wasgestian tat sich offenkundig schwer, diese Sicht als nicht allzu negativ darzustellen:

> Es geht weniger um die Zeit, die von der HJ in Anspruch genommen wird, bedeutsam ist schon der Umstand, daß die neue Gedankenwelt der HJ, die den Jungen stark erfüllt, den deutschen Lehrling z. T. von seiner Berufsausbildung stark ablenkt, während es beim Tschechen nicht der Fall ist. Doch fällt dies alles noch weniger ins Gewicht, entscheidend aber ist oft der Vorsprung, den die Tschechen in der Berufsausbildung in *der* Zeit erlangen, während die jungen Deutschen im Arbeitsdienst stehen und bei der Wehrmacht sind. Mit 24 Jahren kann der Tscheche, der dann 10 Jahre ununterbrochen in der Berufsausbildung steht, ein Handwerk vollständig beherrschen, während sich der Deutsche nach einer mehrjährigen Unterbrechung erst als Geselle oder Gehilfe einem Fachberuf zuwenden kann.[305]

Wohl um keinen negativen Eindruck zu erwecken, stellte Wasgestian abschließend nochmals klar, dass er die Erziehung in der HJ oder in der Wehrmacht keinesfalls missen wolle. So wirke sich diese Erziehung später sicherlich günstig auf das Berufsleben aus. Was er habe zeigen wollen, sei einzig, dass bei gleichem Recht zur Berufsausübung Tschechen eben einen besseren Start hätten als Deutsche.[306]

Mit seiner Sorge, dass tschechische Jugendliche zu gut ausgebildet seien, war Wasgestian bei Weitem nicht allein. Auch die Arbeitsämter, die Wirtschaftsverbände und die „Bauernschaftsführung" unterstützten nachdrücklich das Vorhaben, die tschechischen Jugendlichen vorwiegend als Hilfsarbeiter

---

304 EBENDA.
305 EBENDA, Hervorhebung im Original.
306 EBENDA.

einzusetzen und ihnen keine Lehre zuzugestehen.[307] Unterstützung bekam Wasgestian ebenso von Zippelius. Mit Entstehung des Reichsgaus wurde die Berufsschulpflicht eingeführt. Daher waren auch tschechische Jugendliche formell berufsschulpflichtig, sofern sie Staatsangehörige des Deutschen Reiches waren.[308] Trotzdem war Zippelius strikt dagegen, dass tschechische Schüler/-innen nun an deutschen Berufsschulen eingeschult werden könnten. „Es hat sich ergeben, dass tschechische Schüler in der Regel Fremdkörper in einer Klasse darstellen und dass die Klassengemeinschaft darunter leidet." Durch den Besuch einer deutschen Schule würde bei ihnen keineswegs eine „Verdeutschung" eintreten. Stattdessen werde „der wirkliche Tscheche [...] immer unzuverlässig bleiben und wird auch später versuchen, nach Möglichkeit Zersetzungsherde zu bilden". So hätte seiner Auffassung nach das deutsche Volk kein Interesse daran, Tschechen zum Nachteil der deutschen Volksgenossen in gehobene Stellungen zu bringen.[309] Allerdings gab es auch eine gewichtige Stimme, die vor der allgemeinen Abqualifizierung der tschechischen Schulabsolvent/-innen warnte. So wandte sich der stellvertretende Gauleiter Friedrich Vogeler in einem Schreiben an das Reichserziehungsministerium, um auf die „Gefahr" aufmerksam zu machen, die entstehen könnte, wenn Berufe, die keine Lehr- oder Anlernzeit brauchen, vollständig in nichtdeutschen Händen liegen würden. Er warnte:

> Sollte das Deutschtum nur eine soziale Oberschicht bilden, die auf einem volksfremden Proletariat aufgebaut ist, dann kann jede soziale Bewegung schwerste nationale Folgen haben, abgesehen davon, daß eine Verteilung der nichtdeutschen Bevölkerung über das Reich die Gefahr der Vermischung weitgehend begünstigt.[310]

Doch trotz dieser Gegenrede setzte ein breiter Abbau sämtlicher schulischen Qualifizierungsmöglichkeiten für tschechische Kinder und Jugendliche ein. Zuerst traf es die noch bestehenden tschechischen Bürgerschulen. Im Mai 1940 wurde bestimmt, dass eine „Neuaufnahme von Volksschülern an

---

307 Abschrift eines Schreibens Vogelers an den Reichserziehungsminister Rust. Berichterstatter: Hugo Wasgestian. Reichenberg, 20. August 1940. ZA Opava, Fond RP Opava, inv. č. 1437, fol. 38–41.
308 EBENDA.
309 Streng vertrauliches Schreiben von Zippelius an die Fachschulen seines Regierungsbezirkes. Troppau, 21. Juni 1940. ZA Opava, Fond RP Opava, inv. č. 1437, nicht foliiert.
310 Abschrift eines Schreibens Vogelers an den Reichserziehungsminister. Berichterstatter: Hugo Wasgestian. Reichenberg, 20. August 1940. ZA Opava, Fond RP Opava, inv. č. 1437, fol. 38–41.

Bürgerschulen mit tschechischer Unterrichtssprache im Schuljahr 1940/1941 nicht mehr statt[finden]" dürfe und die Bürger- in Volksschulen umzuwandeln seien. Dadurch durften an den tschechischen Bürgerschulen keine Einstiegsklassen mehr gebildet werden; die dort bereits beschulten Schüler/-innen in den weiteren Jahrgangsstufen durften die Bürgerschule noch bis zum Abschluss der 8. Jahrgangsstufe weiter besuchen,[311] die 9. Jahrgangsstufe wurde ab dem Schuljahr 1940/1941 aufgehoben.[312]

Wie von Wasgestian gefordert, wurden auch die tschechischen Höheren Fach- und Berufsfachschulen sowie die Berufsschulen aufgelöst.[313] Anders als bei den Höheren Schulen und den Bürgerschulen wurde ihre Aufhebung jedoch nicht offiziell verfügt, vielmehr wurden sie nach Errichtung des Reichsgaus schlicht nicht mehr eröffnet, was wie folgt begründet wurde:

> [N]achdem einmal der tschechische Unterricht aus den Berufsschulen entfernt wurde, würde bei der bekannten Denkungsart der Tschechen diese Maßnahme [die Wiedereröffnung der Berufsschulen; Anm. S. J. S.] als Zeichen von Schwäche oder Unsicherheit der Staatsführung aufgefaßt werden. Das könnte sehr bedenkliche Folgen haben.[314]

Die damit verbundene Zielsetzung bestätigte auch der Aussiger Regierungspräsident Hans Krebs: „Die Tschechen, die bestimmte gehobene Berufe ergreifen wollen, werden damit zwangsläufig in das Protektorat abgedrängt."[315] Daraufhin wurde ab Mitte Juni 1940 die Aufnahme tschechischer Schüler/-innen an deutschen Berufsschulen verboten. Freie Plätze im Gau sollten nur „politisch, rassisch, gesundheitlich und sozial einwandfreie[n] Schüler[n]" gewährt werden.[316]

---

311 Schreiben von Zippelius an die Kreisschulämter und Landräte im Bezirk. Troppau, 4. Juni 1940. ZA Opava, RP Opava, Signatur IIA, Karton 3547, nicht foliiert.
312 Schreiben Vogelers an den Regierungspräsidenten von Troppau. Reichenberg, 9. Mai 1940. ZA Opava, Fond RP Opava, inv. č. 1437, nicht foliiert.
313 Abschrift eines Schreibens Vogelers an den Reichserziehungsminister. Berichterstatter: Hugo Wasgestian. Reichenberg, 20. August 1940. ZA Opava, Fond RP Opava, inv. č. 1437, fol. 38–41.
314 EBENDA.
315 Vgl. Lagebericht für den Regierungsbezirk Aussig vom 8. Januar 1941. SOAL, ÚVP Usti, Karton 30, nicht foliiert.
316 Seit dem 17. August 1939 hatte im Regierungsbezirk Troppau für Fachschulen gegolten, daß der Anteil der tschechischer Schüler/-innen in den einzelnen Klassen 20 Prozent nicht überschreiten dürfe. In: Schreiben von Zippelius an die Leiter der Fachschulen des Bezirkes am 21. Juni 1940. ZA Opava, Fond RP Opava, inv. č. 1437, fol. 27.

Folglich zielten die angeführten Maßnahmen nicht nur auf die Minderung der sozialen Aufstiegschancen tschechischer Jugendlicher, sondern zugleich auch darauf, die tschechische Minderheit langfristig aus dem Gau zu verdrängen – worüber die Behörde des Reichsprotektors in Prag begreiflicherweise alles andere als erfreut war. Denn es blieb den Schüler/-innen weiterhin gestattet, die im Protektorat bestehenden tschechischen Bürgerschulen zu besuchen.[317] In der Folge begannen tschechische Schüler/-innen, die entlang der Protektoratsgrenze wohnten, Bürgerschulen im Protektorat zu besuchen. Über die Bewertung dieses Anstiegs waren sich Henlein und Reichsprotektor Neurath jedoch alles andere als einig: Während Henlein keine Bedenken gegen den Grenzübertritt hatte, war Neurath gänzlich anderer Meinung. Noch in seinen letzten Amtswochen ersuchte er Henlein, einen Zustrom „tschechischer Intelligenz aus dem Sudetengau" zu verhindern. Henlein fügte sich: Auf seine persönliche Weisung durften tschechische Kinder aus dem Reichsgau Sudetenland fortan nur dann an einer weiterführenden Schule im Protektorat lernen, wenn sie auch im Protektorat wohnten.[318] Dabei wurde es den Eltern freigestellt, ebenfalls ins Protektorat umzuziehen.[319]

Die weitere Sorge, dass die wenigen tschechischen Jugendlichen an den deutschen Höheren Schulen nach ihrem Schulabschluss „einerseits zu den Hochschulen und andererseits zur Wehrmacht, Polizei und anderen lebenswichtigen Einrichtungen des Deutschen Reiches Zutritt finden könnten"[320] und ihnen folglich ein „Aufstieg in vom volkspolitischen Gesichtspunkt aus unerwünschte Berufsgruppen" gelingen könnte, veranlasste Henlein dazu,[321] in den Schulzeugnissen einen Vermerk über die Volkszugehörigkeit der Eltern einzuführen, um auf ihre tschechische Herkunft hinzuweisen.[322] Zudem wurde ab Juni 1940

---

317 Schreiben von Zippelius an die Kreisschulämter und Landräte im Bezirk. Troppau, 4. Juni 1940. ZA Opava, RP Opava, Signatur IIA, Karton 3547, nicht foliiert.
318 Vertrauliches Schreiben des Regierungspräsidiums Aussig (Dr. Kopf) an die Schulämter und Polizeiämter des Bezirks. Aussig, 25. August 1941. SOAL, ÚVP Usti, Signatur 202/00, Karton 92, nicht foliiert.
319 EBENDA.
320 Schreiben Vogelers an das Reichserziehungsministerium (Berichterstatter Eichholz). Reichenberg, 5. Juli 1940. BArch, R 4901/4638, fol. 17.
321 Schreiben Henleins an das Reichserziehungsministerium zu tschechischen Schülern an deutschen Anstalten (Berichterstatter Theodor Keil). Reichenberg, 13. Juni 1940. SOAL, ŘM, Signatur unklar, Karton 343, nicht foliiert.
322 Schreiben Vogelers an das Reichserziehungsministerium (Berichterstatter Eichholz). Reichenberg, 5. Juli 1940. BArch, R 4901/4638, fol. 17.

die Aufnahme tschechischer Schüler/-innen an den Höheren Schulen sowie an den Fachschulen im Reichsgau Sudetenland noch weiter eingeschränkt.[323]

Die ab Frühjahr 1940 erfolgten weiteren Beschränkungen standen in einem direkten zeitlichen Zusammenhang mit der Zunahme der Repression gegenüber der tschechischen Bevölkerung nach dem Sieg über Frankreich im Juni 1940. Ab 1940 gab es im tschechischen Schulwesen im Reichsgau Sudetenland somit nur noch Volksschulen,[324] während die Bürgerschulen ausliefen; tschechischsprachige Kindergärten gab es ebenfalls nur noch sehr wenige.[325] Die massive Einschränkung des tschechischen Schulwesens hatte eine breite Schließungswelle tschechischer Schulen – allein im Regierungsbezirk Troppau waren es 113 – zur Folge, deren leerstehende Gebäude nun unterschiedlichen Nutzungen zugeführt wurden: Neben Finanz- und Arbeitsämtern sowie Polizeidirektionen wurden in ihnen 24 deutsche Schulen, 10 Kindergärten und 16 HJ-Heime eingerichtet; 8 Bauten standen weiterhin leer.[326]

Territorial waren die nun noch bestehenden tschechischen Volksschulen ungleich verteilt. Durch ihre fast vollständige Schließung im nordwestböhmischen Industriegebiet existierten im Regierungsbezirk Aussig nur noch in den ländlichen Gebieten tschechische Schulen. Dort gab es im Schuljahr 1940/1941 44 tschechische Volksschulen – mit insgesamt 3 403 Schüler/-innen sowie

---

323 EBENDA.
324 Auch im benachbarten Bayern gab es in den Gebieten, die dem NS-Gau Bayerische Ostmark als sogenanntes Sudetenbayern zugeschlagen wurden, noch tschechische Schulen. Der erhaltene Archivbestand ist allerdings sehr dünn. Nachgewiesen kann für den April 1939, dass im Landkreis Bergreichenstein (Kašperské Hory) 16 tschechische Schulen mit insgesamt 50 Lehrkräften und 593 Schülerinnen und Schülern existierten. Daneben besuchten einzelne tschechische Schüler deutsche Schulen; die deutschen Schüler, die bisher in tschechischen Schulen gelernt hatten, gingen nun auf deutsche Schulen. Siehe: Schreiben des Schulamtes von Bergreichenstein an die Regierung von Niederbayern und der Oberpfalz. Bergreichenstein, 6. April 1939. SOAL, ŘM, Signatur 1099/0, Karton 348, nicht foliiert. Ob für die zuständige Regierung von Niederbayern und der Oberpfalz hier Handlungsbedarf bestand und welche Haltung sie hinsichtlich des Umgangs mit dem tschechischen Schulwesen hatte, lässt sich aus den vorliegenden Akten nicht klären.
325 Lagebericht des Regierungspräsidenten von Troppau (Edler von der Planitz) über die tschechische Volksgruppe an das Reichsinnenministerium. Troppau, 2. November 1943. ZA Opava, Fond RP Opava, inv. č. 1435, fol. 160R.
326 Verzeichnis über die ehemaligen tschechischen Schulgebäude im Regierungsbezirk Troppau. Troppau, Datum unbekannt, vermutlich 1939. ZA Opava, Fond RP Opava, inv. č. 3572, fol. 886.

107 Lehrkräften, darunter 8 deutsche.[327] Im Regierungsbezirk Troppau hingegen waren es im selben Schuljahr insgesamt 188 tschechische Volksschulen mit rund 20 000 Schüler/-innen;[328] daneben besuchten 150 tschechische Kinder deutsche Bürgerschulen sowie rund 2 000 tschechische Kinder deutsche Volksschulen.[329] Im Mai 1943 hatte sich die Zahl nur geringfügig reduziert: auf 176 tschechische Schulen mit insgesamt 508 Klassen, an denen noch insgesamt 37, meist weibliche, deutsche[330] sowie 469 tschechische Lehrkräfte beschäftigt waren.[331] Für den Regierungsbezirk Karlsbad haben sich dahingehend keine Angaben erhalten. Jedoch kann aufgrund der nur sehr kleinen tschechischen Minderheit von rund 15 000 Personen[332] wie auch angesichts dessen, dass sich das Regierungspräsidium in Karlsbad grundsätzlich aus allen Erörterungen heraushielt, die die Beschulung tschechischer Kinder zum Inhalt hatten, vermutet werden, dass tschechische Schulen dort nicht mehr oder nur in kleinem Umfang existierten. Für den gesamten Reichsgau Sudetenland vermutet Josef Bartoš, dass 1941 exakt 32 885 Schüler/-innen tschechische Volksschulen sowie 1 860 die auslaufenden tschechischen Bürgerschulen besuchten.[333] Nach den vorliegenden Quellen sind diese Zahlen aber wahrscheinlich zu hoch angesetzt.

Daneben gab es noch eine geringe Zahl tschechischer Schüler/-innen an deutschen Höheren Schulen. Nach welchen Voraussetzungen sie dort aufgenommen wurden, muss aufgrund des Fehlens entsprechender Dokumente unbelichtet bleiben.

---

327 PALLAS: České školství v severozápadních Čechách 188.
328 Ausführungen über das Schulwesen des Regierungspräsidenten von Troppau (Kieseler) vor Staatssekretär Pfundtner bei seinem Besuch in Troppau, Troppau, 15. Mai 1941. ZA Opava, Fond RP Opava, inv. č. 3572, fol. 1250–1252.
329 EBENDA.
330 Lagebericht des Regierungspräsidenten von Troppau (Berichterstatter Truhetz) über die tschechische Volksgruppe an das Reichsinnenministerium. Troppau, 5. Mai 1943. ZA Opava, Fond RP Opava, inv. č. 1435, fol. 103R.
331 EBENDA fol. 1034.
332 Vgl. Ergebnisse der Volkszählung, Angabe nach BOHMANN: Das Sudetendeutschtum in Zahlen 125, 134; GEBEL: „Heim ins Reich!" 275–276; ZIMMERMANN: Die Sudetendeutschen im NS-Staat 281.
333 Vgl. BARTOŠ: Okupované pohraničí a české obyvatelstvo 113.

Tabelle 4: Die Zahl tschechischer Schüler/-innen an Höheren Schulen im Regierungsbezirk Aussig.[a]

Schuljahr	1939/1940	1940/1941	1941/1942	1942/1943	1943/1944
Zahl der Schüler/-innen	24	20 oder 26	15	16	9

[a] Vgl. PALLAS: České školství v severozápadních Čechách 189–190. Siehe auch: Übersicht über die Anzahl der Schüler/-innen zu Beginn des Schuljahres 1940/41 an den Höheren Schulen des Regierungsbezirkes Aussig. Datum, Autor und Ort unbekannt. BArch, R 4901/4638, fol. 69.

Während die Zahl tschechischer Schüler/-innen an Höheren Schulen im Regierungsbezirk Aussig (siehe Tabelle 4) relativ gering war, lag sie im Regierungsbezirk Troppau mit 102 im Schuljahr 1940/1941 weitaus höher.[334] Die „verhältnismäßig hohe Zahl tschechischer Schüler an einzelnen Schulen des Regierungsbezirkes Troppau" begründete Regierungspräsident Vogeler gegenüber dem Reichserziehungsministerium als durch „deren Lage und durch die Auflösung der ehemaligen tschechischen Schulen" bedingt.[335] Im Schuljahr 1941/1942 reduzierte sich die Zahl aber deutlich, nur noch 33 tschechische Schüler/-innen besuchten dort deutsche Höhere Schulen.[336] Im Februar 1942 kam es zu zahlreichen Ausschulungen der tschechischen Kinder, die an deutschen Höheren Schulen aufgenommen worden waren. Bei den Eltern sorgte dies offenbar für Verärgerung, da sie sich nun dem schadenfrohen Spott ihrer tschechischen Mitbürger/-innen ausgesetzt sahen.[337] Im Mai 1942 wurde die Aufnahme tschechischer Kinder an Höheren Schulen letztlich völlig verboten,[338] die Reichsstatthalterei gestand aber denjenigen, die bereits eingeschult waren,

---

334 Übersicht über die Anzahl der Schüler/-innen zu Beginn des Schuljahres 1940/41 an den Höheren Schulen des Regierungsbezirkes Karlsbad. Datum, Autor und Ort unbekannt. BArch, R 4901/4638, fol. 67.
335 Schreiben Vogelers an das Reichserziehungsministerium (Berichterstatter Dr. Eichholz). Reichenberg, 5. Juli 1940. BArch, R 4901/4638, fol. 17.
336 Vgl. PALLAS: České školství v severozápadních Čechách 190.
337 Lagebericht des Regierungspräsidiums von Troppau (Berichterstatter Feike) über die tschechische Volksgruppe an das Reichsinnenministerium, Troppau, 4. Februar 1942. ZA Opava, Fond RP Opava, inv. č. 1435, fol. 7.
338 Streng vertrauliches Schreiben des Reichserziehungsministeriums (Holfelder) an die Reichsstatthalterei. Berlin, 1. Mai 1942. ZA Opava, Fond RP Opava, inv. č. 1437, nicht foliiert.

noch zu, die Höhere Schule zu beenden.[339] Im Regierungsbezirk Karlsbad war die Zahl der tschechischen Kinder an Höheren Schulen hingegen vernachlässigbar: Im Schuljahr 1940/1941 war es nur eine Person,[340] 1941/1942 waren es drei Personen.[341]

Der durch die Beschränkung des tschechischen Schulwesens intendierten geringeren Qualifizierung der tschechischen Bevölkerung stand aber bald der zunehmende Arbeitskräftebedarf im Sudetenland entgegen. Bereits Anfang 1940 begann die deutsche Wirtschaft, auch verstärkt Tschechen einzustellen, um die zur Wehrmacht eingezogenen Sudetendeutschen zu ersetzen.[342] Der Mangel an Arbeitskräften war allerdings so groß, dass im Juni 1940 zudem Lehrlinge aus dem benachbarten Protektorat angeworben werden mussten.[343] So schätzte der Inspekteur für Statistik im Jahr 1942, dass im gesamten Deutschen Reich etwa 140 000 Protektoratsangehörige arbeiten würden.[344] Vermutlich lag die Gesamtzahl der während des Zweiten Weltkriegs im Deutschen Reich eingesetzten tschechischen Arbeiter/-innen einschließlich der Häftlinge aus den Konzentrationslagern und der Protektoratsangehörigen, die als Zwangsarbeiter ins Deutsche Reich verbracht wurden, bei 400 000 bis 600 000 Personen.[345]

---

339 Anmerkung Vogelers zum streng vertraulichen Schreiben des Reichserziehungsministeriums (Holfelder) an die Reichsstatthalterei. Berlin, 1. Mai 1942. ZA Opava, Fond RP Opava, inv. č. 1437, nicht foliiert.

340 Übersicht über die Anzahl der Schüler/-innen zu Beginn des Schuljahres 1940/41 an den Höheren Schulen des Regierungsbezirkes Karlsbad. Datum, Autor und Ort unbekannt. BArch, R 4901/4638, fol. 67.

341 Vgl. PALLAS: České školství v severozápadních Čechách 190.

342 BRANDES, Detlef: Die Zerstörung der deutsch-tschechischen Konfliktgemeinschaft 1938–1947. In: STORCH, Dietmar/Niedersächsische Landeszentrale für politische Bildung (Hg.): Tschechen, Slowaken und Deutsche. Nachbarn in Europa. Hannover 1995, 50–66, hier 58.

343 Abschrift eines Schreibens Vogelers an den Reichserziehungsminister (Berichterstatter: Wasgestian). Reichenberg, 20. August 1940. ZA Opava, Fond RP Opava, inv. č. 1437, fol. 38–41.

344 Der Inspekteur für Statistik: Die natürliche Bevölkerungsbewegung der Tschechen im Deutschen Reich. BArch, NS19/2136, Tschechen im Deutschen Reich, fol. 11. undatiert, wahrscheinlich 1942.

345 KOKOŠKA, Stanislav: Zwangsarbeit der tschechischen Bevölkerung in den Jahren des Zweiten Weltkriegs (historische Einleitung). In: KOKOŠKOVÁ, Zdenka (Hg.): Pracovali pro Třetí říši. Nucené pracovní nasazení českého obyvatelstva Protektorátu Čechy a Morava pro válečné hospodářství Třetí říše (1939–1945): edice dokumentů [Sie arbeiteten für das Dritte Reich. Zwangsarbeitereinsatz der tschechischen Bevölkerung des Protektorats Böhmen und Mähren für die Kriegswirtschaft des Dritten Reiches

Bereits im Juni 1940 wurden die Lehrkräfte im Landkreis Troppau aufgefordert, die tschechischen Jugendlichen auf eine Arbeit im „Altreich" vorzubereiten.[346] Die sudetendeutsche Schulbehörde sah sich also gezwungen, die Dezimierung der Berufsmöglichkeiten für Tschechen wieder aufzugeben, da aufgrund des „Mangels an Nachwuchs und deshalb, weil für einige Lehr- oder Anlernberufe Deutsche nicht zu gewinnen sind, diese Absicht nicht vollkommen durchgeführt werden" kann, „teilweise durch den Krieg bedingt".[347]

In der Folge wurde es tschechischen Schulabsolvent/-innen wieder gestattet, deutsche Berufsschulen zu besuchen – tschechische gab es ja nicht mehr. Soweit es möglich war, wurden Deutsche und Tschechen in separaten Klassen beschult. Einzig an den landwirtschaftlichen Schulen, wo durchweg nur eine Lehrkraft pro Schule zur Verfügung stand, wurden tschechische Jugendliche in größerer Zahl mit deutschen gemeinsam unterrichtet.[348] Zudem mussten ledige Tschechinnen bis zum Alter von 25 Jahren ein sogenanntes Pflichtjahr nach deutschem Vorbild im Altreich absolvieren.[349] Tatsächlich wurde aber nur ein Teil dieser Frauen hierfür herangezogen.[350]

Von März 1939 bis Oktober 1944 waren schließlich rund 405 000 Tschechinnen und Tschechen im Reichsgebiet tätig. Im Reichsgau Sudetenland arbeiteten

---

(1939–1945). Eine Dokumentensammlung]. Praha 2011, 25–33, hier 32–33, mit Verweis auf: JELÍNEK, Tomáš: Nucená práce v nacionálním socialismu [Zwangsarbeit im Nationalsozialismus]. In: Kolektiv pracovníků Kanceláře pro oběti nacismu [Mitarbeiterkollektiv des Büros für Opfer des Nationalsozialismus] (Hg.): „Nepřichází-li práce k Tobě ...": různé podoby nucené práce ve studiích a dokumentech [„Kommt die Arbeit nicht zu Dir ..." Verschiedene Formen der Zwangsarbeit in Studien und Dokumenten]. Praha 2003, 16–32, hier 30–32.

346 Vertrauliches Schreiben des Kreisschulrates des Kreises Troppau Fritscher an die Leiter der Volksschulen. Troppau, 1. Juni 1940. SOkA Opava Landrát Opava Karton 221, složka 387, nicht foliiert.

347 Abschrift eines Schreibens Vogelers an den Reichserziehungsminister (Berichterstatter: Wasgestian). Reichenberg, 20. August 1940. ZA Opava, Fond RP Opava, inv. č. 1437, fol. 38–41.

348 Ausführungen über das Schulwesen des Regierungsbezirks Troppau (Kieseler) vor Staatssekretär Pfundtner bei seinem Besuch in Troppau. Troppau, 15. Mai 1941. ZA Opava, Fond RP Opava, inv. č. 3572, fol. 1250.

349 Siehe BECKER: Von der Werbung zum „Totaleinsatz" 47, mit Verweis auf MAINUŠ, František: Totální nasazení: Češi na pracích v Německu 1939–1945 [Der totale Arbeitseinsatz: Die Tschechen im Arbeitseinsatz in Deutschland 1939–1945]. Brno 1970, 32.

350 Lagebericht des Regierungspräsidenten von Troppau (Berichterstatter Feike) über die tschechische Volksgruppe an das Reichsinnenministerium. Troppau, 4. März 1942. ZA Opava, Fond RP Opava, inv. č. 1435, fol. 17R.

im April 1944 insgesamt 102 358 Protektoratsangehörige, viele von ihnen als Grenzgänger aus dem Protektorat.[351]

Im weiteren Kriegsverlauf verschärfte sich nichtsdestotrotz die Repression gegenüber dem tschechischen Schulwesen deutlich; zahlreiche Einzelbestimmungen sollten den tschechischen Schulalltag weiter einengen. So mussten in den tschechischen Schulen sämtliche Bezeichnungen – soweit noch keine einsprachig deutschen eingeführt worden waren – zweisprachig aufgeführt werden, und zwar zuerst deutsch und dann tschechisch, und bei der deutschen Beschriftung war die Frakturschrift zu verwenden.[352] Tschechische Schulen hatten sich auf allen Zeugnissen als „Schule mit tschechischer Unterrichtssprache" zu bezeichnen.[353] Nachdem sich die SS im Jahr 1942 in der Volkstumspolitik durchgesetzt hatte,[354] war es mit der zwischenzeitlichen Zweisprachigkeit vorbei. SS-Führer Ernst Müller forderte die Schulverwaltung im Juli 1943 auf, die Schulzeugnisse der tschechischen Schulen ab sofort nur noch in deutscher Sprache auszugeben,[355] was die Schulverwaltung umstandslos befolgte.[356]

Außerdem wurde das Singen deutscher und tschechischer Lieder nur in den Unterrichtsräumen und während des Turnunterrichts auf dem Turnplatz der Schule gestattet, da Gesang tschechischer Schüler bei Lehrausgängen und Turnwanderungen provozierend wirken würde.[357]

Eine Kehrtwende vollzog die Schulverwaltung 1942 bei der Bestimmung des Stundenumfangs für den Deutschunterricht. Grund hierfür war, dass sich ab 1942 zunehmend Wirtschaftsvertreter bei der Schulverwaltung beschwerten, dass jugendliche tschechische Hilfsarbeiter und Lehrlinge die deutsche Sprache

---

351 Vgl. ZIMMERMANN: Die Sudetendeutschen im NS-Staat 319–320.
352 Schreiben von Kalies (Regierungspräsidium Aussig) an die Kreisschulämter seines Bezirks und an die Kreisberufsschule in Gablonz. Aussig, 21. Oktober 1940. SOA Trutnov, Landrát Vrchlabí, Signatur inv. č. 64, Karton 555, nicht foliiert.
353 Schreiben von Zippelius (Regierungspräsident Troppau) an die Kreisschulämter und Landräte im Bezirk. Troppau, 4. Juni 1940. ZA Opava, RP Opava, Signatur IIA, Karton 3547, nicht foliiert.
354 Siehe das Kapitel „‚Eindeutschungs'-Kontroversen um tschechische Schüler/-innen".
355 Schreiben von SS-Standartenführers Müller (Gauhauptamt für Volkstumsfragen) an Keil. Gablonz, 6. Juli 1943. SOAL, ŘM, Signatur unklar, Karton 344, nicht foliiert.
356 Schreiben Keils an Müller. Reichenberg, 15. Juli 1943. SOAL, ŘM, Signatur unklar, Karton 344, nicht foliiert.
357 Schreiben des Regierungspräsidiums Troppau (Autor nicht lesbar) an die Kreisschulämter des Bezirks. Troppau, 4. März 1942. ZA Opava, Fond RP Opava, inv. č. 1437, nicht foliiert.

gar nicht oder nur sehr mangelhaft beherrschen würden, was sich negativ auf ihre berufliche Tätigkeit auswirken würde.[358]

Aufgrund der Klagen wurde die Anzahl der Deutschstunden mit Beginn des Schuljahres 1942/1943 signifikant erhöht. Bereits im ersten Schuljahr sollte Deutsch nach Möglichkeit bis zu drei Wochenstunden unterrichtet werden. In den weiteren Jahrgangsstufen (2.–8. Jahrgang) wurde Deutsch in folgendem wöchentlichen Stundenumfang erteilt: 3, 5, 7, 7, 7, 8 und 8. Der Deutschunterricht sollte nun dem Wunsch nach berufspraktischen Sprachkenntnissen Rechnung tragen. Es wurde Wert darauf gelegt, dass das Rechnen in deutscher Sprache in allen Jahrgangsstufen zu üben war. Ziel war nun die „Erreichung einer angemessenen Sprachfähigkeit". Schriftliche Übungen und sprachkundliche Belehrungen sollten hingegen zurücktreten.[359]

Ab 1942 wurden alle tschechischen Lehrkräfte, die nicht älter als 45 Jahre waren, zu einer Prüfung in der deutschen Sprache verpflichtet. Ohne bestandene Prüfung sollten sie die Lehrberechtigung verlieren. Die Prüfung bestand aus zwei Teilen: Zuerst war eine dreistündige schriftliche Prüfung abzulegen, die aus einer Nachschrift von 10 bis 15 Minuten Dauer und der freien Bearbeitung eines Themas (Nacherzählung, Beschreibung, Schilderung und Betrachtung) bestand. Anschließend mussten die Lehrkräfte ein Prüfungsgespräch von bis zu 30 Minuten Dauer absolvieren. Hierbei konnten mehrere Lehrkräfte gleichzeitig geprüft werden. Der Gegenstand des Gesprächs war aus dem „Erlebnisbereiche des Prüflings unter Beachtung des Prüfungszweckes" zu wählen.[360] Der Aufruf zur Prüfung sorgte, wie ein unbekannter Berichterstatter meldete, bei den tschechischen Lehrkräften für ziemliche Aufregung – nicht zuletzt aufgrund der Tatsache, dass die Prüfungen schon von Juni bis Dezember 1943 durchgeführt werden sollten.[361]

---

358 Schreiben Fiedlers (Reichsstatthalterei) an das Reichserziehungsministerium. Von Henlein als vorgetragen abgezeichnet. Reichenberg, 25. Mai 1942. SOAL, ŘM, Signatur 1076/0, Karton 341, nicht foliiert.

359 Änderung des Lehrplanes für Schulen mit tschechischer Unterrichtssprache. Schreiben Fiedlers (Reichsstatthalterei) an das Reichserziehungsministerium. Von Henlein als vorgetragen abgezeichnet. Reichenberg, 25. Mai 1942. SOAL, ŘM, Signatur 1076/0, Karton 341, nicht foliiert.

360 Abschrift des Erlasses des Reichserziehungsministeriums in der Behörde der Reichsstatthalterei. Reichenberg, 10. November 1942. ZA Opava, RP Opava, Signatur IIA, Karton 3548, nicht foliiert.

361 Aktennotiz (Autor, Ort und Datum unbekannt), angehängt an die Abschrift eines Erlasses des Reichserziehungsministeriums. Reichenberg, 10. November 1942. ZA Opava, RP Opava, Signatur IIA, Karton 3548, nicht foliiert.

So wurden die tschechischen Lehrkräfte des Regierungsbezirks Troppau am 10. Juni 1943 tatsächlich auch zur schriftlichen Prüfung einberufen. Eine besondere namentliche Aufforderung, zur schriftlichen Prüfung zu erscheinen, erging nicht. Vonseiten der Schulverwaltung wurde angenommen, dass diejenigen Lehrpersonen, die nicht zur schriftlichen Prüfung erschienen, aus dem Schuldienst ausscheiden wollten.[362] Mit den Prüfungsergebnissen war die Schulverwaltung sehr zufrieden: „Das Verhalten der tschechischen Lehrerschaft in der Prüfung war einwandfrei."[363] Trotzdem wurden im Herbst 1943 im Regierungsbezirk Troppau 13 Lehrkräfte wegen zu geringer Deutschkenntnisse entlassen; 19 verheirateten Lehrerinnen wurde gekündigt und 9 weitere Lehrkräfte wurden in den Ruhestand versetzt.[364] Insgesamt unterrichteten im Regierungsbezirk Troppau im November 1943 etwas mehr als 400 tschechische Lehrkräfte, wobei die Schulverwaltung erwog, einige von ihnen in den Regierungsbezirk Aussig zu versetzen.[365] In diesem hatte es an den tschechischen Schulen im Schuljahr 1940/1941 99 tschechische und 8 deutsche Lehrkräfte gegeben.[366]

Zudem sah die Schulverwaltung beim Geschichtsunterricht an tschechischen Schulen Handlungsbedarf. Die tschechischen Lehrkräfte waren zwar zu Fortbildungen nach Rankenheim bei Berlin, wo sich ein sogenanntes Lehrerlager des Reichserziehungsministeriums befand, eingeladen worden, um sie auf die Linie des nationalsozialistischen Geschichtsunterrichts zu bringen.[367] Fiedler allerdings bemängelte im Mai 1942 beim Reichserziehungsministerium, dass der Geschichtsunterricht derzeit noch keineswegs so erteilt würde, dass die Schüler/-innen Kenntnis von der „unlösbaren Verbundenheit des tschechischen Volkes mit den Schicksalen des deutschen Volkes und seines Lebensraumes" erlangen würden. Vielmehr würde das im Lehrplan gestellte

---

362 Schreiben des Schulrates des Kreises Troppau, Fritscher, an die Lehrkräfte tschechischen Volkstums im Landkreis Troppau. Troppau, 25. Mai 1943. SOkA Opava, Landrát Opava, Karton 221, složka 388, nicht foliiert. Siehe auch: Prüfung der Lehrkräfte tschechischen Volkstums aus der deutschen Sprache. Reichenberg, 10. November 1942. Aktenzeichen I c 3, Nr. 115/04. In: Amtliches Schulblatt für den Reichsgau Sudetenland 22 (1942) 234–235.
363 Lagebericht des Regierungspräsidiums von Troppau (Berichterstatter Truhetz) über die tschechische Volksgruppe an das Reichsinnenministerium. Troppau, 2. November 1943. ZA Opava, Fond RP Opava, inv. č. 1435, fol. 161.
364 EBENDA fol. 160R.
365 EBENDA.
366 Vgl. BARTOŠ: Okupované pohraničí a české obyvatelstvo 115.
367 OstDok 21/30; Habermann Franz, 7.

Ziel vollkommen verfehlt. Zwar könnte eine Umschulung der tschechischen Lehrerschaft helfen, doch würden die dafür notwendigen deutschen Fachkräfte fehlen. Bei den tschechischen Lehrkräften würden vielfach auch die notwendigen sprachlichen Voraussetzungen nicht vorhanden sein. Fiedler erklärte dahingehend, dass ihm ein zeitweiliger Entfall des Geschichtsunterrichts „das kleinere Übel" zu sein schiene, wie er aus ähnlichen Erwägungen im Protektorat entschieden wurde.[368] Eine Anregung Henleins vom Mai 1941, Geschichte und Erdkunde an tschechischen Schulen in deutscher Sprache zu unterrichten,[369] blieb dagegen ungehört. Im Mai 1942 wurde der Geschichtsunterricht an den tschechischen Schulen im Reichsgau Sudetenland abgeschafft.[370]

Obwohl in den sudetendeutschen Behörden erregte Diskussionen hinsichtlich der tschechischen Schulen geführt wurden, fanden diese unter Ausschluss der Öffentlichkeit bzw. nur verwaltungsintern statt. Im „Amtlichen Schulblatt" wie auch in den NS-Organen „NSLB-Gauamtsblatt" und „Der Sudetendeutsche Erzieher" war von der Existenz tschechischer Schulen so gut wie nichts zu vernehmen.[371] Den Anschein, dass tschechische Kinder Verwaltungsarbeit

---

368 Schreiben Fiedlers (Reichsstatthalterei) an das Reichserziehungsministerium. Von Henlein als vorgetragen abgezeichnet. Reichenberg, 25. Mai 1942. SOAL, ŘM, Signatur 1076/0, Karton 341, nicht foliiert.
369 Schreiben der Reichsstatthalterei an das Gaugrenzlandamt der NSDAP. Ort und Autor unbekannt, 21. Mai 1941. SOAL, ŘM, Signatur 1076/0, Karton 341, nicht foliiert.
370 Änderung des Lehrplanes für Schulen mit tschechischer Unterrichtssprache. Schreiben Fiedlers (Reichsstatthalterei) an das Reichserziehungsministerium. Von Henlein als vorgetragen abgezeichnet. Reichenberg, 25. Mai 1942. SOAL, ŘM, Signatur 1076/0, Karton 341, nicht foliiert.
371 Nur im „Amtlichen Schulblatt" finden sich vereinzelt Bekanntmachungen zu tschechischen Schulen: Zeugnisformulare für Volks- und Bürgerschulen mit tschechischer Unterrichtssprache. Aktenzeichen I K 1, Nr. 1428/39 vom 8. Februar 1939. In: Amtliches Schulblatt für den Reichsgau Sudetenland 7 (1939) 96; Wochenstundenzahl Volks- und Bürgerschulen mit tschechischer Unterrichtssprache. Aktenzeichen I K 1, Nr. 1429/39 vom 7. Februar 1939. In: Amtliches Schulblatt für den Reichsgau Sudetenland 7 (1939) 96; Zweite Prüfung für das Lehramt der tschechischen Schulamtsbewerber. Aktenzeichen I K 1, Nr. 3984/39 vom 26. Oktober 1939. In: Amtliches Schulblatt für den Reichsgau Sudetenland 23 (1939) 346–347; Einbeziehung tschechischer Schulen des Sudetengaues in die Arbeit der Reichsstelle für den Unterrichtsfilm. Aktenzeichen I c 8, Nr. 172/40 vom 8. Februar 1940. In: Amtliches Schulblatt für den Reichsgau Sudetenland 4 (1940) 30; Bezug der Zeitschrift Domov. Aktenzeichen I c 2, Nr. 112-02/40 vom 23. November 1940. In: Amtliches Schulblatt für den Reichsgau Sudetenland 23 (1940) 308; Sprachprüfung in

verursachen würden, wollte man mutmaßlich schon durch die Vermeidung der Erwähnung tschechischer Schulen vermeiden. Zudem spiegelt dies den Umgang der deutschen Schulverwaltung mit der tschechischen Minderheit wider: War die tatsächliche Unterrichtsgestaltung von der Schulverwaltung stiefmütterlich betreut und behandelt worden, sorgte sie sich umso mehr um die Beschränkung der Bildungsmöglichkeiten wie auch um die Loyalität der tschechischen Schüler/-innen und Lehrkräfte. So gingen die Schulverwaltungsbeamten weder in der dienstlichen Korrespondenz noch in den Berichten der Direktoren oder auch bei Schulbesuchen auf den Unterricht selbst ein: „Der Unterricht bewegte sich im Rahmen des Üblichen, zum Teil war die Methode – besonders in der Naturkunde – veraltet."[372] Eine Ausnahme bildete nur die Regelung des Deutsch- und Geschichtsunterrichts.

Nach 1942 brach die administrative Beschäftigung der sudetendeutschen Schulbehörden mit den tschechischen Schulen schroff ab. Woran dies gelegen haben mag, kann nur gemutmaßt werden. Gewiss gab es nun andere Aufgaben, die die ohnehin überlastete Schulverwaltung beschäftigten. „Die zahlreichen Einberufungen von Lehrern zur Wehrmacht haben die Überwachung der Schulen mit tschechischer Unterrichtssprache fast völlig unmöglich gemacht."[373] Es ist offensichtlich, dass mit dem Weggang von Eichholz nach Krakau, der Entmachtung Künzels im Jahr 1942[374] und dem zeitgleichen Kompetenzverlust der Schulräte das Ausmaß der Direktiven gegenüber dem tschechischen Schulwesen spürbar abnahm. Doch es wäre ein Irrtum, nun von einer Ruhephase an den tschechischen Schulen auszugehen – ganz im Gegenteil: Lehrer/-innen wurden zunehmend von der Gestapo verhaftet, was dazu führte, dass sie während der Besichtigungen der tschechischen Schulen im Jahr 1944 „zum Teil größte Befangenheit"[375] zeigten. Die SS machte sich zudem Sorgen über

---

deutscher Sprache für tschechische Lehrkräfte. Aktenzeichen I c 3, Nr. 115/04 vom 10. November 1942. In: Amtliches Schulblatt für den Reichsgau Sudetenland 22 (1942) 234.

372 Reisebericht von Ministerialrat Pax (Reichserziehungsministerium). Berlin, 15. Juni 1944. BArch, R 4901/12836, nicht foliiert.

373 Lagebericht des Regierungspräsidiums Troppau (Berichterstatter Truhetz) über die tschechische Volksgruppe an das Reichsinnenministerium. Troppau, 5. Mai 1943. ZA Opava, Fond RP Opava, inv. č. 1435, fol. 103R.

374 Siehe die Kapitel „Akteure der Schulverwaltung" und „,Eindeutschungs'-Kontroversen um tschechische Schüler/-innen".

375 Reisebericht von Ministerialrat Pax (Reichserziehungsministerium). Abschrift zu E II A a (C 28 II b Sud) 5/44. Berlin, 15. Juni 1944. BArch, R 4901/12836, nicht foliiert.

das ihrer Ansicht nach zu hohe Niveau an tschechischen Schulen. SS-Führer Ernst Müller beschwerte sich im November 1943 beim Stellvertretenden Gauleiter Friedrich Vogeler darüber, dass sich die tschechischen Lehrkräfte die allergrößte Mühe geben würden, den tschechischen Kindern mehr Wissen zu vermitteln als der durch den Krieg geschrumpfte deutsche Lehrkörper den deutschen Schüler/-innen.

> Die Tatsache, dass die Kinder in tschechischen Schulen heute mehr lernen als in unseren deutschen Schulen hat leider sogar dazu geführt, dass in mehreren Fällen Eltern, denen wir nahgelegt haben, ihre Kinder doch in deutsche Schulen zu schicken, darauf hingewiesen haben, dass man dort eben nichts lernt, währenddessen die tschechischen Schulen den Kindern erheblich mehr Kenntnisse vermitteln.[376]

Im Jahr 1944 zeigten sich mit Blick auf das tschechische Schulwesen Tendenzen eines Entgegenkommens. Die Schulabteilung in der Reichsstatthalterei erwog, neue Lehrpläne für tschechische Schulen herauszugeben, um „die den heutigen Verhältnissen nicht mehr entsprechenden Lehrpläne"[377] zu ersetzen. Hierfür wurden die tschechischen Lehrkräfte im Landkreis Troppau im Mai 1944 aufgefordert, Änderungsvorschläge und Berichte einzusenden, damit diese in den neuen Lehrplänen verwertet werden könnten.[378] Zum anderen beklagten sich 1944 tschechische Lehrkräfte bei einem Besuch von Vertretern des Reichserziehungsministeriums, dass sie nicht Beamte werden könnten und keinerlei Aufstiegsmöglichkeiten haben würden. Die Schulverwaltung zeigte für diese Klage Verständnis. Es könne zwar nicht vom Angestelltenverhältnis abgerückt werden, doch solle geprüft werden, ob für tschechische Lehrkräfte mit deutscher Staatsangehörigkeit – nicht aber für Protektoratsangehörige – bei besonderer Bewährung gewisse Aufstiegsmöglichkeiten geschaffen werden könnten.[379] Dieses Entgegenkommen war sicherlich auf die veränderte militärische und außenpolitische Lage NS-Deutschlands zurückzuführen, denn die deutsche Besatzung tat das nicht aus später Einsicht oder aus Rücksichtnahme, sondern vermutlich aus einer gewissen Furchtsamkeit heraus.

---

376 Vertrauliches Schreiben des Gauamtes für Volkstumsfragen (vermutlich Müller) an Vogeler in der Reichsstatthalterei. Gablonz, 20. November 1943. SOAL, ŘM, Signatur unklar, Karton 343, nicht foliiert.
377 Schreiben Fritschers an die tschechischen Lehrkräfte. Troppau, 11. Mai 1944. SOkA Opava, Landrát Opava, Karton 221, složka 388, nicht foliiert.
378 EBENDA.
379 Reisebericht Ministerialrat Pax (Reichserziehungsministerium). Berlin, 15. Juni 1944. BArch, R 4901/12836, nicht foliiert.

Der im April 1944 ausgebrochene slowakische Nationalaufstand war geografisch bedrohlich nahe, sodass Henlein schon im September 1944 warnte, dass es „zu Partisanenbildung" im Beskidengebiet des Regierungsbezirks Troppau gekommen sei.[380] Diese Angst vor Machtverlust mag auch der Grund gewesen sein, weshalb im Juni 1944 in Erwägung gezogen wurde, eine neue tschechische Zeitung für den Reichsgau aufzulegen, um den Tschechen das „ganze Problem der europäischen Neuordnung" nahebringen zu können.[381] Im benachbarten Protektorat wurden im Jahr 1944 zuvor geschlossene tschechische Theater wiedereröffnet.[382] Im Jahr 1945 unterrichteten letzten Endes nur noch wenige deutsche Lehrkräfte an den tschechischen Schulen – wegen des Lehrermangels waren die meisten von ihnen an deutsche Schulen versetzt worden.[383]

Zwischenüberlegungen

Gegenüber Vertretern des Reichserziehungsministeriums stellte die sudetendeutsche Schulverwaltung im Juni 1944 die Beschulung tschechischer Schüler/-innen in tschechischen Volksschulen als große Erfolgsgeschichte dar. Es sei dadurch gelungen, eine Scheidung zwischen Tschechen und Deutschen herbeizuführen. Zwar hätten sich in den Regierungsbezirken Troppau und Aussig „in der Bevölkerung und auch in Lehrerkreisen" zunächst „innere Widerstände bemerkbar" gemacht, besondere Schulen für tschechische Kinder einzurichten, was die Schulverwaltung aufgrund der „Erfahrungen aus der Zeit des verschärften Volkstumskampfes" aber als verständlich erachtete, doch habe sich recht schnell die Überzeugung verbreitet, dass sich „diese Schulen für das Deutschtum segensreich ausgewirkt haben".[384] Dieses Narrativ beruhte gänzlich auf der Begünstigung des Wohlbefindens deutscher Schüler/-innen – nicht aber der tschechischen Kinder. Die Absichten der sudetendeutschen Behörden, in der Schule Tschechen von Deutschen zu trennen und tschechische Kinder zu Unterordnung wie auch Loyalität zu erziehen, kommen im Lehrplan für tschechische Volksschulen zum Ausdruck. Dass es muttersprachlicher Schulen bedurfte, um diese Intentionen umsetzen zu können, war der entscheidende

---

380 Vgl. GEBEL: „Heim ins Reich!" 353.
381 EBENDA 313–314.
382 Vgl. BRANDES: „Umvolkung, Umsiedlung, rassische Bestandsaufnahme" 78.
383 KUDERA, Max: Dokumentation über das tschechische Schulwesen im Regierungsbezirk Troppau für die Ost-Dok. OstDok 21/3, nicht foliiert.
384 Reisebericht von Ministerialrat Pax (Reichserziehungsministerium). Berlin, 15. Juni 1944. BArch, R 4901/12836, nicht foliiert.

Grund für die Existenz tschechischer Volksschulen. Hinzu kam der breit bezeugte, explizite Wunsch der Schulverwaltung, dass tschechische Schulabsolvent/-innen auf dem Arbeitsmarkt schlechter gestellt würden als deutsche, sodass sie nur ungelernte Berufe hätten ergreifen können.[385] Nach Schließung der Höheren Schulen wurden daher auch alle berufsvorbereitenden Schularten abgeschafft, um tschechischen Schüler/-innen die damit verbundenen Qualifizierungsoptionen zu nehmen. So zielte das Handeln der Schulverwaltung insbesondere darauf, möglichst nützliche Arbeiter auszubilden, wie es auch in der Begründung der Erhöhung der Anzahl an Deutschstunden im Jahr 1942 deutlich zum Ausdruck kommt.

Ein weiteres zentrales Ziel der Schulverwaltung, nämlich die Unterstellung aller tschechischen Volksschulen unter deutsche Leitung, konnte aufgrund des kriegsbedingten Lehrermangels nicht einmal ansatzweise verwirklicht werden. Die gegenüber dem Reichserziehungsministerium geäußerte Klage der Schulverwaltung, dass die deutschen Schulleitungen an tschechischen Schulen nicht die fachliche Höhe der dort unterrichtenden tschechischen Lehrkräfte erreichen würden, ist aufgrund der erhaltenen Lageberichte der deutschen Schuldirektoren nachvollziehbar. Aus ihnen spricht nicht nur ein despektierlicher Tonfall in Bezug auf tschechische Kinder, sondern sie offenbaren oftmals auch einen unzureichenden sprachlichen Ausdruck. Doch hatte die institutionelle Durchschlagskraft der Schulverwaltung in Reichenberg auch ihre Grenzen: Die eigenmächtige Schließung sämtlicher tschechischen Volksschulen im Regierungsbezirk Aussig konnte sie nicht verhindern. Es scheint unverständlich, dass es ebendiese Schulverwaltung in Reichenberg war, die sich so stark für die Trennung zwischen Deutschen und Tschechen einsetzte, zeitgleich aber den Tschechischunterricht an den sudetendeutschen Schulen befürwortete.[386] Doch dies war nur vermeintlich ein Paradoxon, ging es der sudetendeutschen Schulverwaltung dabei doch einzig darum, den Tschechischunterricht als Karrierebeschleuniger für sudetendeutsche Schüler/-innen zu fördern, während die tschechischen Kindern selbst nur eine untergeordnete Rolle spielten.

---

385 WASGESTIAN, Hugo: Die Berufsausbildung des deutschen und nichtdeutschen Nachwuchses auf wirtschaftlichem Gebiet. Eine nationalpolitische Studie aus dem Sudetengau. Ort und Datum unbekannt, vermutlich Herbst 1940. ZA Opava, Fond RP Opava, inv. č. 1437, fol. 55–58.
386 Siehe das Kapitel „Grenzlanddeutsche Kompetenz. Das Schulfach Tschechisch".

Zwischen Ausgrenzung und Beschulung. Die Diskussion über die Beschulung von Zwangsarbeiterkindern im Reichsgau Sudetenland

Im Kriegsverlauf erhöhte sich die Zahl ausländischer Kinder im Reichsgau Sudetenland. Begründet wurde dies anfänglich mit dem Arbeitskräftebedarf, der dazu führte, dass viele (Zwangs-)Arbeiter/-innen sowie Kriegsgefangene ihren Weg ins Sudetenland antreten mussten. Hinzu kamen ab 1944 Flüchtlinge, sowohl deutsche als auch Angehörige anderer Nationen aus Ostmittel- und Osteuropa. Die Frage, wie diese zunehmende Zahl an Schüler/-innen beschult werden sollte, sorgte in der Schulverwaltung und der SS für vielerlei Diskussionen und Auseinandersetzungen.

Kinder von Eltern aus sogenannten befreundeten Staaten – im Reichsgau Sudetenland handelte es sich dabei insbesondere um slowakische Kinder – wurden an deutschen Schulen mit der Begründung aufgenommen, dass das Auswärtige Amt dies aus kulturpolitischen Gründen befürworten würde;[387] die Schulabteilung in der Reichsstatthalterei stimmte dieser Regelung kommentarlos zu.[388]

Eine der ersten großen Gruppen, die es nach Kriegsbeginn 1939 unfreiwillig in den Reichsgau Sudetenland verschlug, waren polnische Kinder, die zunächst auch an deutschen Schulen eingeschult wurden. Im Regierungspräsidium von Troppau blieb das nicht ohne Widerspruch, denn nach Auffassung der Behörde würden diese Kinder den Unterricht stören. Ihre Beschulung im Regierungsbezirk Troppau entfiel sodann ab dem Schuljahr 1940/1941.[389]

Als schließlich im Februar 1942 ukrainische Zwangsarbeiter/-innen mit ihren Kindern in den Reichsgau kamen, stand erneut zur Debatte, ob und wie diese Kinder zu beschulen wären.[390] Zwischenzeitlich hatte im Hinblick auf die Beschulungsmodalitäten von Zwangsarbeiterkindern aber die SS die

---

387 Schreiben des Auswärtigen Amtes (Aeldert) an das Reichserziehungsministerium. Berlin, 5. August 1941. SOAL, ŘM, Signatur unklar, Karton 344, nicht foliiert.
388 Schreiben Keils und Fiedlers an das Reichserziehungsministerium. Reichenberg, 9. Juni 1941. SOAL, ŘM, Signatur unklar, Karton 344, nicht foliiert.
389 Schreiben des Regierungspräsidiums Troppau (Jost von Schönfeldt) an die Schulämter des Regierungsbezirks. Troppau, 15. August 1940. SOkA Opava, Bestand Landrát Opava, Karton 227, složka inv. č. 397, fol. 445.
390 Schreiben des Kreisbeauftragten der Volksdeutschen Mittelstelle Troppau (Unterschrift unleserlich) an Fritscher. Troppau, 2. Dezember 1942. SOkA Opava, Bestand Landrát Opava, Karton 227, složka inv. č. 397, fol. 484.

Federführung übernommen. Der Reichsführer-SS Heinrich Himmler lehnte eigene ukrainische Volksschulen zwar ab, war aber der Meinung, dass den ukrainischen Kindern die Möglichkeit des Schulbesuchs gegeben werden müsse. An deutschen Schulen sollten sie aber nur in Ausnahmefällen aufgenommen werden.[391]

So stand die Frage im Raum, wo die Kinder einzuschulen seien. Für die Schulverwaltung in der Reichsstatthalterei war klar, dass dafür nicht die tschechischen Schulen infrage kämen, da „wir alles daransetzen müssen, um eine Annäherung der Ukrainer an die Tschechen zu verhindern oder wenigstens einzuschränken".[392] Deren Zusammentreffen im Blick, hatte sie indessen keine Bedenken gegen eine Beschulung ukrainischer Kinder an deutschen Schulen.[393] Wie dies dann in der schulischen Praxis umgesetzt werden sollte, erklärte der Kreisbeauftragte der Volksdeutschen Mittelstelle Troppau dem dortigen Schulrat. Den Lehrkräften solle die Anweisung gegeben werden, „sich nicht besonders um die ukrainischen Kinder zu bemühen, sondern sich ausschließlich nach dem Leistungsstand der deutschen Kinder zu richten".[394]

Mit fortschreitendem Kriegsverlauf erhöhte sich die Zahl von Zwangsarbeiter/-innen im nationalsozialistischen Deutschland erheblich. Das Reichserziehungsministerium reagierte darauf im Februar 1943 mit einem neuen Erlass: Soweit die Kinder ausländischer Arbeiter/-innen im schulpflichtigen Alter nicht selbst im Arbeitseinsatz arbeiten mussten, waren sie für den Besuch deutscher Volksschulen zuzulassen. Für die Kinder „germanischer" Abstammung, das heißt aus „stammesgleichen, dem deutschen Volke abstammungsmässig verwandten Familien" (Flamen, Niederländer, Norweger, Schweden, Finnen und, soweit sie „stammesgleich" seien, Wallonen), galt dies ohne Einschränkung. Die nicht „stammesgleichen fremdvölkischen" Kinder waren im Gegensatz zu den „stammesgleichen" Kindern von den deutschen Kindern zu separieren. Sofern sie jedoch bei Arbeiten eingesetzt werden konnten, wurde ihr Schulbesuch unterbrochen. War in den Städten eine größere Anzahl von Kindern im schulpflichtigen Alter vorhanden, mussten die Betreffenden in

---

391 EBENDA.
392 Schreiben des NSDAP-Kreisgrenzlandamtes von Troppau (Schmiedl) an Fritscher. Troppau, 10. April 1942. SOkA Opava, Bestand Landrát Opava, Karton 227, složka inv. č. 397, fol. 458.
393 EBENDA.
394 Schreiben des Kreisbeauftragten der Volksdeutschen Mittelstelle Troppau (Unterschrift unleserlich) an Fritscher. Troppau, 2. Dezember 1942. SOkA Opava, Bestand Landrát Opava, Karton 227, složka inv. č. 397, fol. 484.

eigenen Sonderklassen untergebracht werden. Zusätzlich sollten diese Kinder gegebenenfalls durch Laien in die Grundbegriffe der deutschen Sprache und des Rechts eingeführt werden. Bei ukrainischen, weißruthenischen, litauischen und estnischen Kindern war gleichfalls auf diese Weise zu verfahren. Die Regelung galt aber nicht für polnische Kinder und ebenso wenig für die von sogenannten Ostarbeiter/-innen.[395]

Stattdessen wurde 1942 das Mindestarbeitsalter in gewerblichen Betrieben auf zwölf Jahre herabgesetzt, was aber manche Unternehmen nicht davon abhielt, sogar Sechsjährige einzusetzen. Die nicht schulpflichtigen Kinder wurden teilweise gezwungen, zwischen zehn und zwölf Stunden zu arbeiten; sie sahen sich harten Schikanen und Strafen ausgesetzt.[396] Analog zu den Bestimmungen im Reich durften im Reichsgau Sudetenland Kinder von Sinti und Roma nichtdeutscher Nationalität nicht beschult werden; Sinti und Roma deutscher Herkunft waren hingegen zum Schulbesuch berechtigt, aber nur dann, wenn sie für ihre Mitschüler/-innen keine „Gefahr" bilden würden.[397]

Für den Herbst 1943 erhielten sich konkrete Angaben zur Zahl der „fremdvölkischen" Kinder im Reichsgau Sudetenland: Im Regierungsbezirk Karlsbad hätten sich in neun Kreisen überhaupt keine Kinder ausländischer Arbeiter/-innen zum Besuch von Volksschulen gemeldet. In den übrigen Kreisen sei die Zahl der „fremdvölkischen Kinder" nur sehr gering gewesen.[398] Im Regierungsbezirk Troppau besuchten vereinzelt „fremdvölkische Kinder" deutsche Schulen. Die Einrichtung besonderer Abteilungen oder Klassen war nirgends für

---

395 Sofortiger Erlass E II a (029) 1/43 (b) des Reichserziehungsministeriums. Berlin, 4. Februar 1943. SOkA Opava, Bestand Landrát Opava, Karton 227, složka inv. č. 397, fol. 488R. Als Ostarbeiter/-innen wurden Zwangsarbeiter/-innen aus den deutsch besetzten Gebieten der Sowjetunion bezeichnet. Vgl. hierzu HERBERT, Ulrich: Fremdarbeiter. Politik und Praxis des „Ausländer-Einsatzes" in der Kriegswirtschaft des Dritten Reiches. Bonn 1999; LINNE, Karsten/DIERL, Florian (Hg.): Arbeitskräfte als Kriegsbeute: Der Fall Ost- und Südosteuropa 1939–1945. Berlin 2011.
396 Vgl. SPOERER, Mark: Zwangsarbeit unter dem Hakenkreuz. Ausländische Zivilarbeiter, Kriegsgefangene und Häftlinge im Deutschen Reich und im besetzten Europa 1939–1945. Stuttgart, München 2001, 146–147.
397 Schreiben Keils an an die Schulabteilung des Regierungspräsidiums Troppau. Reichenberg, 26. Februar 1940. SOkA Opava, Bestand Landrát Opava, Karton 227, složka inv. č. 397, fol. 444.
398 Schreiben des Regierungspräsidiums Karlsbad (Ingrisch) an die Reichsstatthalterei. Karlsbad, 27. September 1943. SOAL, ŘM, Signatur unklar, Karton 343, nicht foliiert.

notwendig erachtet worden. In den meisten Fällen handelte es sich um Ukrainer und Slowaken, die in den Klassen von den deutschen Schüler/-innen getrennt wurden. Die Schüler/-innen würden meist willig mitarbeiten oder bemühten sich, soweit Deutsch zu lernen, dass sie dem Unterricht einigermaßen folgen konnten. Sofern sie für landwirtschaftliche Arbeiten eingesetzt werden mussten, erhielten sie „großzügig Befreiung" vom Schulbesuch. Der Unterricht wurde nicht gestört, sodass die Unterrichtserfolge in keiner Weise beeinträchtigt schienen;[399] was auch bedeutete, dass dem Schulbesuch kein besonderer Wert beigemessen wurde, da die Schüler/-innen bei Arbeitsbedarf kurzerhand vom Schulunterricht ausgeschlossen wurden.

Im Regierungsbezirk Aussig hingegen waren aufgrund des dortigen nordwestböhmischen Industriegebiets deutlich mehr Zwangsarbeiter/-innen im Einsatz. An deutschen Volksschulen im Regierungsbezirk waren 276 „fremdvölkische" Kinder eingeschult worden, darunter ein Bulgare, zwei Flamen, dreißig Franzosen, neun Holländer, ein Italiener, drei Kroaten, ein Montenegriner, zwei Russen, einhundertfünfundachtzig Slowaken, ein Schweizer, sechsunddreißig Ukrainer, ein Karpato-Ukrainer, ein Ungar und ein „Zigeuner". Dazu kamen noch fünf Kinder aus „Mischehen" (je ein Kind aus einer deutsch-kroatischen, einer deutsch-polnischen und einer deutsch-ukrainischen Ehe sowie zwei Kinder aus deutsch-slowakischen Ehen). Alle Kinder wurden auf die Klassen der deutschen Volksschulen aufgeteilt, die Errichtung sogenannter Sonderklassen für sie war ebenfalls nicht in Betracht gezogen worden. Doch die Schulabteilung von Aussig bedauerte, dass der Schulbesuch durch die „volksfremden" Kinder sehr ungleich sei. Während in einem Fall darauf verwiesen wurde, dass die Eltern sorgfältig auf einen regelmäßigen Schulbesuch achten, führten in anderen Fällen die Schulräte darüber Klage, dass „volksfremde" Kinder durch willkürlichen Schulbesuch „unseren Kindern" ein schlechtes Beispiel geben würden. Allgemein hätten die Schulräte beobachtet, dass sich die „volksfremden" Kinder sehr schwer in die Klassengemeinschaft einfügen würden, der Unterricht selbst sei aber nicht beeinträchtigt.[400] Soweit die Kinder der deutschen Sprache mächtig seien, würden sie mehr oder minder am Unterricht teilnehmen. In einzelnen Fällen hätten die „fremdvölkischen" Kinder die

---

399 Schreiben des Regierungspräsidiums Troppau (Berichterstatter: Kudera) an das Reichserziehungsministerium und an die Reichsstatthalterei. Troppau, 28. September 1943. SOAL, ŘM, Signatur unklar, Karton 343, nicht foliiert.
400 Schreiben des Regierungspräsidiums Aussig (Berichterstatter Sagaster, Unterschrift vermutlich von Kalies) an die Reichsstatthalterei. Aussig, 18. September 1943. SOAL, ŘM, Signatur unklar, Karton 343, nicht foliiert.

deutsche Sprache in nicht allzu langer Zeit so weit erlernt, dass sie dem Unterricht folgen konnten. Andere hingegen, die die deutsche Sprache nicht verstünden, würden nicht am Unterricht teilhaben. Auffallend sei des Weiteren, dass die „fremdvölkischen" Kinder mit Ausnahme der slowakischen besser rechnen könnten als die deutschen. Eine Änderung der bestehenden Beschulungsregeln von „volksfremden" Kindern hielten die Mitarbeiter der Schulabteilung im Regierungspräsidium Aussig aber nicht für notwendig.[401]

Aus Sicht der Reichsstatthalterei blieb aber „nach wie vor die Behandlung der Kinder polnischen Volkstums und der Kinder der Ostarbeiter", die allesamt nicht beschult werden durften, unbefriedigend. Rudolf Fiedler, Mitarbeiter in der Schulabteilung in der Reichsstatthalterei, sah sogleich mit Zippelius' Absetzung im Herbst 1942 die Möglichkeit gekommen, die Angelegenheit neu anzugehen, und bat die Gablonzer Dienststelle des Gauhauptamtes für Volkstumsfragen um eine Stellungnahme. Hierfür wandte er sich an den dortigen Mitarbeiter Wittek. Dieser sprach sich sogleich für eine Beschulung der polnischen Kinder an tschechischen Volksschulen aus, da die Verwehrung jedes Schulbesuchs mit gewisser Wahrscheinlichkeit das Heranwachsen „asozialer Elemente" befördere und die tschechischen Volksschulen nach seiner Auffassung ohnehin nur Elementarwissen vermitteln würden, sodass keine Gefahr für einen unerwünschten sozialen Aufstieg bestünde.[402] Fiedler schloss sich diesem Standpunkt an und fragte schließlich im August 1943 beim Reichserziehungsministerium an, ob polnische Kinder nun doch an tschechischen Volksschulen aufgenommen werden könnten. Seiner Ansicht nach bestünden dagegen keine Bedenken, auch wenn er sich bewusst wäre, dass auf diese Weise die Schülerzahl an den tschechischen Volksschulen gestärkt würde und „panslawistische" Ideen gefördert werden könnten. Da das Reichserziehungsministerium Fiedler zustimmte, gestattete er polnischen Schüler/-innen unverzüglich den Besuch tschechischer Volksschulen, nach einer Einzelfallentscheidung vor Ort.[403]

Jedoch hatte er seine Absprache nur mit Wittek getroffen, nicht aber mit dessen Vorgesetzten Ernst Müller. Als dieser von der neuen Regelung erfuhr, beschwerte er sich beim Vorgesetzten Fiedlers, Regierungsvizepräsident Friedrich Vogeler. Bisher sei es polnischen Kindern verboten gewesen, deutsche

---

401 EBENDA.
402 Schreiben Witteks an die Reichsstatthalterei. Gablonz, 20. September 1943. SOAL, ŘM, Signatur unklar, Karton 343, nicht foliiert.
403 Schreiben Fiedlers an das Reichserziehungsministerium. Reichenberg, 5. Oktober 1943. Henlein am 11. Oktober 1943 vorgetragen. SOAL, ŘM, Signatur unklar, Karton 343, nicht foliiert.

Schulen zu besuchen. Man versuche daher, die Kinder vom 9. und 10. Lebensjahr an zu Arbeiten heranzuziehen, denn wenn sie unbeschäftigt zu Hause herumsäßen, bedeuteten „sie in mehr als einer Beziehung eine Gefahr und werden leicht zur Landplage. Einmal besteht die Gefahr, dass sie mit Streichhölzern herumhantieren und ein Gebäude in Brand stecken, was ja auch schon vorgekommen sein soll. Zum anderen stehlen sie in der Zeit, wo die deutschen Besitzer mit ihren Familien auf dem Feld oder anderswo beschäftigt sind, im Hof Eier, Milch und dergleichen, von Obst gar nicht zu reden." Somit könne er es verstehen, dass nicht nur die Eltern, sondern auch die Arbeitgeber den Schulbesuch wünschten, „um diese Kinder von der Gasse zu bekommen".[404] Allerdings sei, so Müller, der Hinweis auf die Schulverhältnisse im Generalgouvernement bzw. in den eingegliederten Ostgebieten fehl am Platze. „Die polnischen Schulen sowohl des Generalgouvernements als auch der eingegliederten Ostgebiete sind derart organisiert, dass dort tatsächlich nur Elementarkenntnisse vermittelt werden."[405] Im Sudetenland habe man es hingegen mit gut organisierten tschechischen Volksschulen zu tun, die sehr gute Lehrkräfte hätten, die bis auf wenige Ausnahmen alles Tschechen und Feinde des „Deutschtums" seien. „Zu meinem Bedauern muss ich mitteilen, dass ich die Ansicht des Gauhauptstellenleiters Wittek, in den tschechischen Schulen des Sudetengaues würden nur Elementarkenntnisse vermittelt, nur als dessen Privatansicht ansehen kann."[406]

Die so kritisierte Reichsstatthalterei konterte. Der Leiter der Schulabteilung, Theo Keil, legte seinem Vorgesetzten Friedrich Vogeler kurzerhand einen Entwurf für ein Antwortschreiben vor,[407] dessen Argumentation dieser in einem Schreiben an Ernst Müller aufnahm. Dabei bedauerte Friedrich Vogeler zwar das Missverständnis, nahm aber seine Schulabteilung ausdrücklich in Schutz und konstatierte:

Ich teile Ihre Ansicht, dass die Zuteilung von Kindern polnischen Volkstums an die tschechischen Schulen keine glückliche Maßnahme war. Ich würde die Massnahme am liebsten wieder aufgehoben haben. Aber andererseits sind ja auch Sie der Meinung, dass diese Kinder polnischen Volkstums irgendwie eingeschult werden müssen, will man sie nicht sich selbst und der Verwahrlosung überlassen. Wie soll man

---

404 Vertrauliches Schreiben des Gauamts für Volkstumsfragen (vermutlich Ernst Müller) an Vogeler. Gablonz, 20. November 1943. SOAL, ŘM, Signatur unklar, Karton 343, nicht foliiert.
405 EBENDA.
406 EBENDA.
407 Schreiben Keils an Vogeler. Reichenberg, 14. Dezember 1943. SOAL, ŘM, Signatur unklar, Karton 343, nicht foliiert.

das aber machen? Denn den deutschen Schulen dürfen die Kinder doch erst recht nicht zugeteilt werden. [...] Ich habe mir gemeinsam mit dem Leiter meiner Schulabteilung den Kopf zerbrochen, wie man hier eine Lösung findet. Auch der Leiter der Schulabteilung, Pg. Oberregierungs- und Schulrat Keil hat durchaus keine Freude an der Zuteilung der Kinder polnischen Volkstums an tschechische Schulen, aber auch er sieht noch keine Brücke zwischen den beiden Forderungen: Beschulung – aber nicht in tschechischen Schulen. Also bitten wir um einen Vorschlag, wie die Frage Ihrer Meinung nach zu lösen wäre.[408]

Doch damit war die Kontroverse nicht beendet. Eine gemeinsame Autofahrt von Hochstadt an der Iser (Vysoké nad Jizerou) nach Gablonz und Reichenberg ein paar Wochen später nutzten Vogeler und Müller zu einer Aussprache. „Einen Rat, wie man bei dem jetzigen Stand der Dinge die polnischen Kinder schulen könnte, ohne sie weder in die deutschen Volksschulen zu geben noch in die tschechischen, wusste SS-Standartenführer auch nicht."[409] Doch Müller meinte, dass sich die Sache von selbst erledigen würde, und zwar durch die Zuteilung von Schwarzmeerdeutschen, von denen mehrere Tausend in den Regierungsbezirk Troppau kommen würden. Durch diese Deutschen, die im Wesentlichen „bäuerlichen Standes" seien, sollten die polnischen Arbeitskräfte ersetzt werden, sodass sich das Problem lösen lasse. Nachdem Vogeler Henlein dies vorgetragen hatte, bat er Keil, zu prüfen, ob die Polinnen und Polen von den Höfen abgezogen worden seien.[410] Sein Kollege Fiedler wandte sich daraufhin an die Regierungspräsidenten, um zu erfahren, wann mit der Ablösung der polnischen Arbeitskräfte durch Schwarzmeerdeutsche gerechnet werden könne,[411] doch diese reagierten überrascht, denn von einem solchen Austausch wüssten sie gar nichts. Vielmehr befanden sich im Gaugebiet weiterhin zahlreiche Kinder von Polen wie auch von „Ostarbeitern" im schulpflichtigen Alter.[412] Nun kam Vogeler wieder auf Müller zurück und bat ihn um eine Besprechung. Dieser aber sagte eine mögliche Besprechung ab und teilte Vogeler schriftlich mit, dass die „zurückgeführten" Schwarzmeerdeutschen nun

---

408 Schreiben Vogelers an SS-Standartenführer Müller. Reichenberg, 23. Dezember 1943. SOAL, ŘM, Signatur unklar, Karton 343, nicht foliiert.
409 Vermerk Vogelers. Reichenberg, 31. Januar 1944. SOAL, ŘM, Signatur unklar, Karton 343, nicht foliiert.
410 EBENDA.
411 Fernschreiben Fiedlers an die Regierungspräsidenten von Aussig, Karlsbad und Troppau. Reichenberg, 7. Februar 1944. SOAL, ŘM, Signatur unklar, Karton 343, nicht foliiert.
412 Vermerk Fiedlers. Reichenberg, 21. April 1944. SOAL, ŘM, Signatur unklar, Karton 343, nicht foliiert.

doch nicht im Sudetengau untergebracht würden.[413] Zugleich stellte das Gauamt für Volkstumsfragen erneut klar, dass eine Einschulung „fremdvölkischer Kinder" – also auch polnischer Kinder – an deutschen Schulen nicht infrage kommen dürfe.[414]

Im Frühjahr 1944 arbeiteten 48 808 Russinnen/Russen und Polinnen/Polen, 43 686 Ukrainer/-innen und Weißrussinnen/Weißrussen sowie 19 346 Französinnen und Franzosen als Arbeitskräfte im Reichsgau Sudetenland. Unter den zudem im Sudetenland untergebrachten Kriegsgefangenen waren 26 918 Russinnen/Russen, 1 557 Polinnen/Polen, Ukrainer/-innen und Weißrussinnen/Weißrussen sowie 20 041 Französinnen und Franzosen.[415] Im Herbst 1944 erreichten die Auswirkungen des Krieges unmittelbar auch das Sudetenland. Der Zusammenbruch der deutschen Ostfront im Sommer 1944 und der rasche Vormarsch der sowjetischen Armee lösten eine enorme Flüchtlingsbewegung aus. „Es handelte sich hierbei vereinzelt um ehemalige Angestellte bei Wehrmachtsdienststellen, die entweder in geschlossenen Transporten oder auch einzeln in den Sudetengau gekommen sind."[416] Die Reichsstatthalterei versuchte, zumindest eine teilweise Beschulung geflüchteter Kinder aus dem östlichen Europa zu erreichen. So bat sie das Reichserziehungsministerium, für ausländische Kinder „aus den geräumten Gebieten" besondere muttersprachliche Schuleinrichtungen gründen zu dürfen. Vor allem sollten die polnischen Kinder, deren Eltern früher für die Verwaltung des Generalgouvernements gearbeitet haben, Unterricht erhalten. Die anderen polnischen Kinder und die Kinder der sogenannten Ostarbeiter/-innen sollten demgegenüber weiterhin ungeschult bleiben.[417]

Das Reichserziehungsministerium erlaubte daraufhin die Einrichtung von Sonderklassen mit Unterricht in der Muttersprache der Kinder. Sollte dies nicht möglich sein, sollten die Kinder an deutschen Schulen unterrichtet werden.

---

413 Vermerk Fiedlers. Reichenberg, 5. September 1944. SOAL, ŘM, Signatur unklar, Karton 343, nicht foliiert.
414 Weisungen des Gauamtes für Volkstumsfragen, die mit Erlass vom 6. September 1944 – 1c12-112/10 – von der Reichsstatthalterei an den Regierungspräsidenten von Troppau übermittelt wurden. SOkA Opava Landrát Opava Karton 221 složka 387, nicht foliiert.
415 ZIMMERMANN: Die Sudetendeutschen im NS-Staat 395.
416 Schreiben von Edler von der Planitz an die Schulämter des Regierungsbezirks Troppau. Troppau, 25. September 1944. SOkA Opava, Bestand Landrát Opava, Karton 227, složka inv. č. 397, fol. 473.
417 Schreiben Keils an das Reichserziehungsministerium. Reichenberg, 1. November 1944. SOAL, ŘM, Signatur unklar, Karton 343, nicht foliiert.

Bei ukrainischen, weißrussischen und polnischen Kindern sollte überprüft werden, ob die Eltern im Dienst der deutschen Verwaltung gestanden hatten. Dabei bewertete das Reichserziehungsministerium die Entscheidung des Gauhauptamts für Volkstumsfragen, grundsätzlich keine geflüchteten Kinder aus Osteuropa zu beschulen, sehr kritisch, da sie dazu führe, „viele positiv eingestellte Familien zurückzustoßen".[418] Schwierig sei hingegen die Beschulung von Kindern, die bisher Höhere Schulen besucht hatten. Eigene Höhere Schulen für ausländische Kinder könnten im Reichsgau Sudetenland nicht eröffnet werden, eine Aufnahme an deutschen Höheren Schulen sollte jedoch im Einzelfall möglich sein.[419] Schließlich genehmigte das Reichserziehungsministerium noch im Dezember 1944 die Errichtung einer ukrainischen Höheren Schule für aus dem Generalgouvernement geflüchtete Schüler/-innen im Regierungsbezirk Troppau, deren Kosten die Regierung des Generalgouvernements tragen sollte.[420] Doch die Realisierung misslang. Zumindest versuchte die Reichenberger Schulverwaltung noch, einige Kinder am Ukrainischen Gymnasium in Prag unterzubringen, was jedoch dort abgelehnt wurde.[421]

Letztendlich hatte sich also die Schulverwaltung mit ihrer Auffassung durchgesetzt: Auch „fremdvölkische" Kinder mit Ausnahme der polnischen Kinder und der Kinder sogenannter Ostarbeiter wurden nun an deutschen Schulen aufgenommen, wenngleich nicht ohne Schwierigkeiten. Als im Oktober 1944 eine große Zahl umquartierter estnischer, lettischer und litauischer Familien – allesamt Angehörige von SS-Divisionen – den Reichsgau Sudetenland erreichte, wurden ihre Kinder sogleich in deutschen Schulen eingeschult.[422] Dem Hohenelber Kreisschulrat Alfons Urban bereitete es aber Kopfzerbrechen, dass diese Schüler/-innen kaum Deutsch konnten und ihnen somit das „Mitkommen in einer deutschen Schule nicht möglich" sei.[423] Zudem waren die Familien in Orten mit überwiegend tschechischer Bevölkerung untergebracht

---

418 Vermerk über eine Besprechung im Reichserziehungsministerium. Autor unbekannt. Ohne Ort und Datum. SOAL, ŘM, Signatur unklar, Karton 343, nicht foliiert.
419 EBENDA.
420 Schreiben des Reichserziehungsministeriums (Holfelder) an den Regierungspräsidenten von Troppau. Berlin, 19. Dezember 1944. SOkA Opava, Landrát Opava, Karton 221, složka 387, nicht foliiert.
421 Vermerk (Kohlbach) des Reichserziehungsministeriums. Berlin, 27. September 1944. BArch, R 4901/4638, fol. 194.
422 Schreiben Alfons Urbans (Kreisschulamt Hohenelbe) an Keil. Hohenelbe, 20. Oktober 1944. SOAL, ŘM, Signatur unklar, Karton 343, nicht foliiert.
423 EBENDA.

worden, und die dort bestehenden deutschen Schulen waren durch die große Zahl von Kindern, die im Rahmen der Kinderlandverschickung zeitweilig im Sudetenland lebten,[424] bereits derart überfüllt, dass eine Aufnahme dieser Kinder an deutschen Schulen allein schon räumlich als nicht möglich erachtet wurde. Auch das Kreisschulamt in Billin verweigerte die Aufnahme lettischer Kinder an deutschen Schulen, im Kreis Böhmisch Leipa wurden „die Letten darauf hingewiesen, dass sie die deutschen Schulen wieder verlassen müssten, und in Rumburg (Rumburk) mussten sich die Kinder in den Klassen besonders setzen".[425] Unter den Esten befanden sich allerdings auch Lehrkräfte, die zwar ebenfalls nur mangelhaft Deutsch beherrschten, aber fähig waren, eigenen Unterricht zu erteilen.[426] Ab November 1944 durften die lettischen, litauischen und estnischen Kinder schließlich in „hortähnlichen Einrichtungen" von ihren eigenen Lehrkräften unterrichtet werden, die nach den Tarifsätzen der NSV bezahlt wurden.[427] Indessen blieben polnische Kinder und Kinder sogenannter Ostarbeiter bis Kriegsende wahrscheinlich weiterhin ungeschult, so, wie es die SS gefordert hatte.

Beschulung Volksdeutscher im Reichsgau Sudetenland

Anders als die Sudetendeutschen, denen per Sammeleinbürgerung die deutsche Staatsangehörigkeit zugeteilt wurde,[428] implizierte der Begriff Volksdeutsche eine Zugehörigkeit zur deutschen Nation über die Staatsgrenzen hinaus.[429] Ein Erlass des Reichsinnenministeriums legitimierte diesen Anspruch auch rechtlich:

> Deutscher Volkszugehöriger ist, wer sich als Angehöriger des deutschen Volkes bekennt, sofern dieses Bekenntnis durch bestimmte Tatsachen, wie Sprache, Erziehung, Kultur usw. bestätigt wird. Personen artfremden Blutes, insbesondere Juden,

---

424 EBENDA.
425 Vermerk (vermutlich Keil). Reichenberg, 6. Dezember 1944. SOAL, ŘM, Signatur unklar, Karton 343, nicht foliiert.
426 Schreiben Alfons Urbans (Kreisschulamt Hohenelbe) an Keil. Hohenelbe, 20. Oktober 1944. SOAL, ŘM, Signatur unklar, Karton 343, nicht foliiert.
427 Schreiben Fiedlers an das Reichserziehungsministerium. Reichenberg, 29. November 1944. SOAL, ŘM, Signatur unklar, Karton 343, nicht foliiert.
428 Vgl. Erlaß des Führers und Reichskanzlers über die Verwaltung der sudetendeutschen Gebiete. 1. Oktober 1938. RGBl I, 157 (1938) 1331–1332.
429 Vgl. HANSEN, Georg: Die Ethnisierung des deutschen Staatsbürgerrechts und seine Tauglichkeit in der EU. In: Juristische Zeitgeschichte 6 (2005) 502–523, hier 509–510.

sind niemals deutsche Volkszugehörige, auch wenn sie sich bisher als solche bezeichnet haben.[430] Somit war die Sprache zwar ein Kriterium für Volksdeutsche, jedoch blieb der Begriff des Volksdeutschen an eine rassische Definition gebunden. Michael Mann konstatierte hierzu: „Eine Sprache kann man lernen, doch die Blutsverwandtschaft ist vorgegeben. Deshalb kam es auf die genauen Bedeutungen dieser Kriterien an, die dann festlegten, wie exklusiv der deutsche Nationalismus wirkte."[431] Die schließlich ab 1939 begonnene Massenumsiedlung der Volksdeutschen steht im historischen Kontext der vor allem von der SS betriebenen Pläne, Deutsche aus Galizien, Wolhynien, Bessarabien sowie Südtirol im Deutschen Reich anzusiedeln und zugleich die dort ansässige nicht deutschsprachige Bevölkerung zu vertreiben.[432] Hintergrund war der 1939 von Hitler an Heinrich Himmler erteilte Befehl, die als Volksdeutsche bezeichneten Auslandsdeutschen bei der Besiedlung der neu eroberten Gebiete einzusetzen. Die Umsiedlungspläne der Nationalsozialisten waren hierbei von einem raschen Wechsel widersprüchlicher Maßnahmen gekennzeichnet, die jedoch stets als langfristige Konzepte gedacht waren.[433] Das Ziel der Umsiedlungsstrategen war die Herstellung einer neuen europäischen Ordnung.[434] Zuständig für die zeitgenössisch unter dem Motto „Heim ins Reich" stehende Massenumsiedlung war die SS-Organisation Volksdeutsche Mittelstelle. Bis 1940 wurden unter ihrer Führung Volksdeutsche vor allem in den vormals polnischen Territorien der neu errichteten Reichsgaue Danzig-Westpreußen und Wartheland angesiedelt.

---

430 Runderlaß des Reichsministeriums des Innern vom 29.3.1939 bezüglich Volksdeutsche. In: Reichsministerialblatt der inneren Verwaltung (RMBliV), 29. März 1939, 783. Siehe auch: HANSEN: Die Ethnisierung des deutschen Staatsbürgerrechts und seine Tauglichkeit in der EU 513–515.
431 Vgl. MANN, Michael: Die dunkle Seite der Demokratie. Eine Theorie der ethnischen Säuberung. Hamburg 2007, 264.
432 Vgl. BARTOŠ: Okupované pohraničí a české obyvatelstvo 104; ANTOŠ, Zdeněk: Jihotyrolská otázka za druhé světové války a naše země [Die Südtiroler Frage während des Zweiten Weltkrieges und unser Land]. In: Slezský sborník 64 (1966) 390–98.
433 Vgl. HÜSKEN, Dieter/HEINEMANN, Isabel/DFG (Hg.): Wissenschaft, Planung, Vertreibung. Der Generalplan Ost der Nationalsozialisten [Katalog zur Ausstellung Wissenschaft, Planung, Vertreibung. Der Generalplan Ost der Nationalsozialisten]. Bonn 2006, 32.
434 Vgl. ALY, Götz/HEIM, Susanne: Vordenker der Vernichtung. Auschwitz und die deutschen Pläne für eine neue europäische Ordnung. Überarb. Neuaufl. der Erstausg. von 1991. Frankfurt am Main 2013, 125.

Die konkreten Auslöser für die einzelnen Umsiedlungsbewegungen variierten dabei erheblich. Bei den Südtiroler/-innen sowie der deutschen Bevölkerung der Gottschee (einem Gebiet im heutigen Slowenien) waren es bündnispolitische Erwägungen gegenüber dem verbündeten Italien. Die Umsiedlungen der Deutschen aus dem Baltikum, Wolhynien und Galizien, Bessarabien und der Nordbukowina waren hingegen eine direkte Folge des Hitler-Stalin-Paktes und mithin Ergebnis der temporären Abgrenzung der Interessensphären zwischen dem Deutschen Reich und der Sowjetunion. Die späteren, ab 1943 durchgeführten Umsiedlungen hingegen standen deutlich unter dem Einfluss des militärischen Rückzugs der Deutschen und waren – deklariert als Rückführung – von chaotischer Flucht und Evakuierungsmaßnahmen gekennzeichnet.[435] Gemessen an den Umsiedlungen aus Osteuropa hatte die „Westumsiedlung" – aus dem Elsass, aus Lothringen und aus Luxemburg – im Gesamtkontext der von den Nationalsozialisten angedachten ethnischen Neuordnung Europas nur eine geringe Bedeutung.[436]

Wie Markus Leniger beschrieben hat, wurden für die Umgesiedelten an den Zielorten durch zahlreiche Beschlagnahmungen Lagerplätze geschaffen. Vor allem Klöster, Heime und Schulen wurden als Gemeinschaftsunterkünfte genutzt.[437] Im Reichsgau Sudetenland wurde für die Ansiedlung der Volksdeutschen auch eine hohe Zahl an Tschechinnen und Tschechen enteignet.[438] Vonseiten sudetendeutscher Funktionäre wurde eine mögliche Eindeutschung des Sudetenlandes durch die Ansiedlung Volksdeutscher überaus begrüßt; so boten sie 1940 an, 130 000 Umsiedler/-innen aufzunehmen.[439] Im Januar 1940 verkündete Eichholz, dass 50 000 Volksdeutsche aus Wolhynien schon „in den nächsten Tagen im Sudetengau" untergebracht werden müssten, wofür größere Schulgebäude, die jeweils mindestens 100 Volksdeutsche aufnehmen könnten,

---

435 Vgl. FIEBRANDT, Maria: Auslese für die Siedlergesellschaft. Die Einbeziehung Volksdeutscher in die NS-Erbgesundheitspolitik im Kontext der Umsiedlungen 1939–1945. (Schriften des Hannah-Arendt-Instituts für Totalitarismusforschung 55) Göttingen 2014, 219.
436 EBENDA 218.
437 Vgl. LENIGER, Markus: Nationalsozialistische „Volkstumsarbeit" und Umsiedlungspolitik 1933–1945. Von der Minderheitenbetreuung zur Siedlerauslese. Berlin 2006, 106.
438 Vgl. ZIMMERMANN: Die Sudetendeutschen im NS-Staat 319.
439 Vgl. BARTOŠ: Okupované pohraničí a české obyvatelstvo 104.

freizumachen seien.⁴⁴⁰ So sollten allein im Landkreis Troppau 1 200–1 500 Menschen aus dem Buchenland (Bukowina)⁴⁴¹ aufgenommen werden, doch dem hierfür zuständigen Schulrat gelang es nicht, geeignete „Lagerobjekte" zu finden, die eine Unterbringung so vieler Menschen ermöglichen würde.⁴⁴² Zeitgleich veröffentlichte Rudolf Weinmann im „Mitteilungsblatt des NSLB" einen euphorischen Artikel, der die Lehrkräfte auf die ankommenden Volksdeutschen einstimmen sollte:

> Seit Wochen haben wir in unserem Gau deutsche Brüder aus dem Osten zu Gast. [...] Es stieg wohl brennendheiß in uns auf, wenn wir von ihrer hingebenden Treue und kindlichen Gläubigkeit hörten. [...] Sie fühlen sich wohl bei uns und wir wollen ihnen mit Liebe begegnen, damit ihr Glaube an Deutschland durch die wirtschaftliche Volksgemeinschaft, die sie unter uns erleben sollen, nur gestärkt werde.⁴⁴³

Tatsächlich aber kam eine weitaus geringere Zahl an Personen, als Eichholz vermutet hatte.⁴⁴⁴ Bis zum 15. November 1942 wurden im Reichsgau

---

440 Schreiben von Eichholz an die Schulabteilungen der Regierungspräsidien in Aussig, Troppau und Karlsbad. Reichenberg, 12. Januar 1940. SOkA Opava, Bestand Landrát Opava, Karton 226, složka inv. č. 396, nicht foliiert.

441 Die Buchenland- oder auch Bukowinadeutschen lebten von etwa 1780 bis 1940 in der rumänisch-ukrainischen Grenzregion der Bukowina. Vgl. BADE, Wilfrid/LORENZ, Werner: Der Treck der Volksdeutschen aus Wolhynien, Galizien und dem Narew-Gebiet. Berlin 1941, 11.

442 Schreiben des Troppauer Kreisbeauftragten für die Volksdeutschen Lager der NSDAP (Name nicht genannt) an den Troppauer Kreisschulrat Fritscher. Troppau, 31. August 1940. SOkA Opava, Bestand Landrát Opava, Karton 227, složka inv. č. 397, nicht foliiert.

443 WEINMANN, Rudolf: Zur Heimkehr der Wolhyniendeutschen. In: Mitteilungsblatt des NSLB der Gauwaltung Sudetenland 3 (1940) 33.

444 Dem steht ein erhalten gebliebenes Verzeichnis der Insassen der Beobachtungslager der Volksdeutschen Mittelstelle im Gau Sudetenland entgegen, das auf über 350 Seiten kontextlos in kleiner Schrift eine große Anzahl von Personen aufzählt, die im Reichsgau Sudetenland untergebracht worden seien. Nach Schätzung des Autors der vorliegenden Arbeit umfasst das Verzeichnis mindestens 20 000 Einträge von in Beobachtungslagern untergebrachten Menschen. Da die Angaben im Verzeichnis aber allen anderen Quellen widersprechen, vermutet der Autor, dass die Liste aus der Planungsphase stammt und angibt, wer wo aufgenommen werden sollte. Das Buch findet sich in der Staatsbibliothek zu Berlin, siehe: NSDAP Gauleitung Sudetenland (Hg.): Verzeichnis der Lagerinsassen der Beobachtungslager im Gau Sudetenland. Reichenberg 1940.

Sudetenland 2 003 Bessarabien-,[445] Buchenland- und Dobrudschadeutsche,[446] 480 Wolhynien-,[447] Galizien-[448] und Narewdeutsche[449] sowie 423 sogenannte Binnendeutsche untergebracht.[450] Ein Jahr später blieb die Zahl mit insgesamt 2 807 Menschen in etwa unverändert.[451] Im Jahr 1943 kamen noch 620 schulpflichtige Kinder aus umgesiedelten Lothringer Familien[452]

---

[445] Die Bessarabiendeutschen lebten zwischen 1914 und 1940 in der historischen Region Bessarabien, die heute zwischen der Republik Moldau und der Ukraine aufgeteilt ist. Vgl. hierzu JACHOMOWSKI, Dirk: Die Umsiedlung der Bessarabien-, Bukowina- und Dobrudschadeutschen. Von der Volksgruppe in Rumänien zur ‚Siedlungsbrücke' an der Reichsgrenze. (Buchreihe der Südostdeutschen Historischen Kommission 32) München 1984.

[446] Die Dobrudschadeutschen lebten zwischen 1840 und 1940 auf dem historischen Gebiet der nördlichen Dobrudscha in der Küstenregion des heutigen Rumäniens. Vgl. hierzu EBENDA.

[447] Die Wolhyniendeutschen lebten in der historischen Region Wolhynien, die heute im Südosten Weißrusslands und im Nordwesten der Ukraine liegt. Vgl. ARNDT, Nikolaus: Die Deutschen in Wolhynien. Ein kulturhistorischer Überblick. Würzburg 1994.

[448] Die Galiziendeutschen lebten in der historischen Region Galizien, die sich in der heutigen Westukraine und im Süden des heutigen Polens befindet. Vgl. RÖSKAU-RYDEL, Isabel: Galizien, Bukowina, Moldau. (Deutsche Geschichte im Osten Europas) Berlin 1999, 22–38.

[449] Die Narewdeutschen lebten in dem zwischen den Flüssen Bug und Narew gelegenen Gebiet im Osten des heutigen Polens. Siehe: Vgl. BADE/LORENZ: Der Treck der Volksdeutschen aus Wolhynien, Galizien und dem Narew-Gebiet 11.

[450] Vgl. GEBEL: „Heim ins Reich!" 297.

[451] EBENDA 298.

[452] Die Umsiedlung der Lothringer, die richtigerweise als Deportation bezeichnet werden müsste, war das Ergebnis gezielter Vertreibungsaktionen, die bis 1942 vom dortigen Befehlshaber der Sicherheitspolizei im Gau, Anton Dunckern, auf der Grundlage von Josef Bürckels stark linguistischen, über die rassenbiologischen der SS deutlich hinausgehenden Auslesekriterien durchgeführt wurde. Während Bürckel eine Vertreibung aller französischsprachigen Lothringer forcierte, ging die SS davon aus, dass die Deportierten überwiegend Nachfahren des „fränkischen und alemannischen Stammes" seien und somit wiedereingedeutscht werden könnten. Ab 1942 setzte sich in Lothringen ebenso wie im Reichsgau Sudetenland die SS durch, daraufhin wurden Lothringer und Elsässer zur Wehrmacht eingezogen, als politisch unzuverlässig geltende Lothringer und Elsässer wie auch die Familien von Wehrmachtsdeserteuren wurden hingegen zwangsweise ins sogenannte Altreich, in das besetzte Polen (besonders in den Distrikt Lublin) oder in die neuen „Ostgaue" (darunter auch in den Reichsgau Sudetenland) umgesiedelt. Siehe hierzu: FREUND, Wolfgang: Rassen- und Bevölkerungspolitik in einem expandierenden Gau: Rheinpfalz – Saarpfalz – Westmark. In: JOHN, Jürgen/MÖLLER, Horst/SCHAARSCHMIDT,

hinzu,[453] für die im Regierungsbezirk Troppau 35 Lager errichtet wurden.[454] Bis Mai 1944 wurden zudem 719 Südtiroler im Reichsgau angesiedelt.[455] Auch ins benachbarte Protektorat Böhmen und Mähren kam nur eine geringe Zahl von Volksdeutschen: Bis Januar 1944 waren es 5 797 Personen, darunter 5 075 Dobrudscha-Deutsche.[456] Grundsätzlich wurden die durch die Umsiedlung in den Gemeinden entstandenen Kosten in den meisten Fällen von der Volksdeutschen Mittelstelle, Gaueinsatzführung Sudetenland, gedeckt.[457] Die nicht gedeckten Kosten konnten vom Regierungspräsidenten beglichen werden.[458]

Das Reichserziehungsministerium erlegte den örtlichen Schulräten die Verantwortung für die Beschulung der Kinder der umgesiedelten Familien auf. Sie sollten entscheiden, ob die betroffenen Schüler/-innen in Sonderklassen zu unterrichten oder in regulären Volksschulen einzuschulen seien. Darüber hinaus wurden sie aufgefordert, sich der Kinder, „von denen ein großer Teil der deutschen Sprache nicht oder nur unvollkommen mächtig wäre und nur unzulässige Schulkenntnisse" besäße, besonders anzunehmen.[459] Eine Beschulung von Kindern nach Erreichen des 14. Lebensjahres galt dagegen als unnötig. Stattdessen „steht zu hoffen, daß die Jugendlichen sich die notwendigen Kenntnisse der deutschen Sprache im Berufsleben aneignen werden".[460] Im

---

Thomas (Hg.): Die NS-Gaue. Regionale Mittelinstanzen im zentralistischen „Führerstaat". (Schriftenreihe der Vierteljahrshefte für Zeitgeschichte: Sondernummer) München 2007, 334–347, hier 345–347.
453 Übersicht über die schulpflichtigen Kinder der Lothringer in den Lagern des Gaues Sudetenland. Autor unbekannt. Ohne Ort und Datum. SOAL, ŘM, Signatur unklar, Karton 344, nicht foliiert.
454 Schreiben der Schulabteilung im Regierungspräsidium Troppau (Kieseler) an die Schulabteilung der Reichsstatthalterei. Troppau, 30. Juni 1941. SOAL, ŘM, Signatur unklar, Karton 343, nicht foliiert.
455 Vgl. ZIMMERMANN: Die Sudetendeutschen im NS-Staat 319.
456 BRANDES: Die Tschechen unter deutschem Protektorat. Teil I 169. Laut Petr Lozoviuk handelte es sich größtenteils um Dobrudschadeutsche, vgl. LOZOVIUK: Interethnik im Wissenschaftsprozess 293.
457 Schreiben der Reichsstatthalterei (Fiedler) an das Reichserziehungsministerium. Reichenberg, 9. Juli 1941. SOAL, ŘM, Signatur unklar, Karton 343, nicht foliiert.
458 Schreiben des Reichserziehungsministeriums an die Reichsstatthalterei. Berlin, 4. August 1941. SOAL, ŘM, Signatur unklar, Karton 343, nicht foliiert.
459 Schreiben des Reichserziehungsministeriums an alle Schulverwaltungen im Reich. Berlin, 29. April 1941. SOAL, ŘM, Signatur unklar, Karton 343, nicht foliiert.
460 Schreiben Fiedlers an den Regierungspräsidenten in Karlsbad. Reichenberg, 9. August 1944. SOkA Karlovy Vary, Landrát Žlutice 1938–1945, Karton 13, nicht foliiert.

Regierungsbezirk Troppau wurde die Mehrheit dieser Schüler/-innen daraufhin in öffentliche Schulen aufgenommen.[461] Im Regierungsbezirk Karlsbad hingegen wurden an 15 Standorten 23 Sonderklassen eingerichtet, die von volksdeutschen Lehrkräften geführt wurden.[462] Im Regierungsbezirk Aussig wurden 1 300 Kinder deutscher „Rückwanderer" in regulären Schulklassen unterrichtet, für 800 weitere Kinder wurden in 23 Schulen Sonderklassen eingerichtet.[463]

Je nach Herkunftsregion der Kinder war das Urteil der Schulverwaltung über die schulischen Erfolge sehr differenziert. So würden die Kinder aus Bessarabien gut Deutsch beherrschen, sie würden „fast durchwegs als begabt, willig und fleißig bezeichnet – ihre mitgebrachten Kenntnisse aus Deutsch, Rechnen und Schreiben wären ausreichend".[464] Ihre Lehrkräfte wurden als so gut eingestuft, dass man sich im Regierungsbezirk Karlsbad entschied, vier bessarabiendeutsche Lehrkräfte an allgemeinen Volksschulen einzustellen.[465] Für die Lothringer hingegen,[466] die ab 1943 den Reichsgau Sudetenland erreichten, wurde eine Einschulung in örtlichen Schulen aufgrund ihrer schlechten Deutschkenntnisse zunächst nicht erwogen.[467] Trotz dieser Sprachschwierigkeiten waren sie aber in einzelnen Kreisen im Regierungsbezirk Aussig in öffentliche Schulen eingeschult worden.[468] Allerdings würden sich im Niederlandkreis die meisten der lothringischen Kinder nur schwer in die Klassengemeinschaft einfügen, fast ausschließlich untereinander verkehren und den deutschen Mitschülern

---

461 Schreiben des Regierungspräsidiums Troppau (Kieseler) an die Reichsstatthalterei. Troppau, 30. Juni 1941. SOAL, ŘM, Signatur unklar, Karton 343, nicht foliiert.
462 EBENDA.
463 Schreiben Sagasters (Regierungspräsidium Aussig) an die Reichsstatthalterei. Aussig, 18. Januar 1941. SOAL, ŘM, Signatur unklar, Karton 355, nicht foliiert.
464 EBENDA.
465 Vermerk am Regierungspräsidium Karlsbad. Autor unbekannt. Karlsbad, März 1941 (genaues Datum nicht angegeben). SOAL, ŘM, Signatur unklar, Karton 355, nicht foliiert.
466 Vor einer Ansiedlung der Luxemburger und Lothringer im Reichsgau Sudetenland warnte Hans Krebs, da sie seiner Auffassung nach politisch unzuverlässig seien. Vgl. ZIMMERMANN: Die Sudetendeutschen im NS-Staat 318.
467 Vermerk Keils. Er bittet Fiedler, einen Hinweis für die Dienstbesprechung in Prag mitzunehmen. Reichenberg, 28. Januar 1943. SOAL, ŘM, Signatur unklar, Karton 344, nicht foliiert.
468 Schreiben des Regierungspräsidiums Aussig (vermutlich Kalies) an die Schulabteilung an der Reichsstatthalterei. Aussig, 22. Juni 1943. SOAL, ŘM, Signatur unklar, Karton 344, nicht foliiert.

und Mitschülerinnen gegenüber größte Zurückhaltung zeigen. Die deutschen Sprachkenntnisse wären, sofern überhaupt vorhanden, äußerst gering, was sich merklich unangenehm auf den Unterricht auswirke: „Viele der Kinder sitzen einfach dort und langweilen sich."[469] Die Schulverwaltung in Aussig erwog daher, den Kindern kein ordentliches Entlassungszeugnis, sondern nur eine Bestätigung über die eingehaltene Schulpflicht auszustellen.[470]

Auch hinsichtlich der Kinder der Wolhyniendeutschen wurden in den Regierungsbezirken Karlsbad[471] und Aussig[472] mangelnde Sprachkenntnisse im Deutschen festgestellt. Die Eltern hätten keine deutschen Schulen besucht und die Kinder würden mit ihren Eltern, die die Bestrebungen der Lehrkräfte nur selten unterstützten, Russisch oder Polnisch sprechen. So seien besonders bei den Schüler/-innen bis zum 4. Schuljahr nur ganz geringe Unterrichtserfolge erzielt worden.[473] In Mährisch Chrostau (Moravská Chrastová) und Brüsau (Březová nad Svitavou), beides Orte im Landkreis Zwittau, wurden Russlanddeutsche „überwiegend in stillgelegten Fabrikräumen" mit „übergroßen Räumen, die notdürftig durch Decken in kleinere Abteilungen für die einzelnen Familien abgetrennt werden", untergebracht. In den beiden Lagern wurden eigene Lagerschulen eingerichtet. Der Unterricht wurde von russlanddeutschen Lehrkräften erteilt, jedoch konnten die Kinder kaum Deutsch sprechen.[474] Die Kinder der Buchenlanddeutschen und der Deutschen aus Rumänien hingegen hätten zwar deutsche Schulen besucht und es waren auch eigene Klassen für sie errichtet worden, jedoch würde sich bei den Schüler/-innen nur mangelhafter Erfolg einstellen;[475] zudem fehle es selbst an den nötigsten Lehrmitteln.[476]

---

469 Schreiben Schlegels (Kreisschulamt Schluckenau) an das Regierungspräsidium Aussig. Schluckenau, 3. August 1943. SOAL, ŘM, Signatur unklar, Karton 344, nicht foliiert.
470 Schreiben des Regierungspräsidiums Aussig (vermutlich Kalies) an die Schulabteilung an der Reichsstatthalterei. Aussig, 22. Juni 1943. SOAL, ŘM, Signatur unklar, Karton 344, nicht foliiert.
471 Schreiben des Regierungspräsidiums Karlsbad (Matthäus) an die Reichsstatthalterei. Reichenberg, 17. Mai 1941. SOAL, ŘM, Signatur unklar, Karton 343, nicht foliiert.
472 EBENDA.
473 EBENDA.
474 Reisebericht von Ministerialrat Pax (Reichserziehungsministerium). Berlin, 15. Juni 1944. BArch, R 4901/12836, nicht foliiert, S. 4.
475 Schreiben der Schulabteilung beim Regierungspräsidium Troppau (Kieseler) an die Schulabteilung an der Reichsstatthalterei. Troppau, 30. Juni 1941. SOAL, ŘM, Signatur unklar, Karton 343, nicht foliiert.
476 Reisebericht von Ministerialrat Pax (Reichserziehungsministerium). Berlin, 15. Juni 1944. BArch, R 4901/12836, nicht foliiert, S. 4.

Auch die Kinder aus dem Buchenland wiesen mangelhafte Sprachkenntnisse auf, jedoch hatte die Schulverwaltung bei ihnen größere Hoffnungen, da sie im Elternhaus Deutsch sprächen und gut Deutsch lesen wie auch schreiben gelernt hätten.[477] Die darüber hinaus vorgesehene Ansiedlung von Schwarzmeerdeutschen[478] sowie bosniendeutschen Umsiedler/-innen[479] im Sudetengau fand hingegen nicht statt.

In den letzten beiden Kriegsjahren kam es infolge des Rückzugs der Wehrmacht zu weiteren Umsiedlungen von Volksdeutschen. In diesem Zusammenhang erfolgte die Ansiedlung von Volksdeutschen im Sudetenland weitaus chaotischer als in den Jahren zuvor. Im Sommer 1944 sollten 8 000 polonisierte „Deutschstämmige" aus dem Lemberger (Lwów/Lviv) Raum im Reichsgau Sudetenland angesiedelt werden, um der deutschen Wirtschaft, vor allem der Landwirtschaft und der Rüstungsindustrie, zusätzliche Arbeitskräfte „zu[zu]führ[en]".[480] Zudem erreichten im Herbst 1944 volksdeutsche Kinder aus dem Donauraum mit ihren Eltern das Sudetenland; sie wurden vorrangig in sudetendeutschen Schulgebäuden untergebracht und an öffentlichen Schulen unterrichtet.[481]

Zwischenergebnisse

Welche Rolle war von der obersten Partei- und Staatsführung dem tschechischen Volke zugedacht, wie sollte sich nach ihrem Willen sein Schicksal, sein Verhältnis zum deutschen Volke gestalten? Wie sah man überhaupt dieses Volk, welche Werte erkannte man ihm zu? Wer für die Zeit der sieben Jahre nach einer Antwort auf eine

---

477 Schreiben des Regierungspräsidiums Aussig (Kalies) an die Schulabteilung an der Reichsstatthalterei. Aussig, 2. Juli 1941. SOAL, ŘM, Signatur unklar, Karton 343, nicht foliiert.
478 Vermerk Fiedlers. Reichenberg, 5. September 1944. SOAL, ŘM, Signatur unklar, Karton 343, nicht foliiert.
479 Schreiben aus Fulnek an den Reichskommissar für die Festigung deutschen Volkstums (Stabshauptamt) in Schweiklberg. Fulnek/Schloss, 7. Mai 1944. ZA Opava, Fond ZŘKUN, inv. č. 118, Signatur A-3001, Karton 16, nicht foliiert.
480 Schreiben der Reichsstatthalterei (Autor unbekannt) an die Regierungspräsidien von Aussig, Karlsbad und Troppau. Reichenberg, 30. August 1944. SOAL, ŘM, Signatur unklar, Karton 344, nicht foliiert.
481 Schreiben der Reichsstatthalterei an die Regierungspräsidien von Aussig, Karlsbad und Troppau. Reichenberg, 5. Januar 1945 (in der Quelle ist 1944 angegeben, jedoch bezeugt der Abgangsstempel das Jahr 1945). SOAL, ŘM, Signatur unklar, Karton 343, nicht foliiert.

dieser Fragen sucht, die auch nur in zwei aufeinanderfolgenden Jahren uneingeschränkt Geltung besessen hätte, wird es vergeblich tun.[482]

So behauptete es zumindest der einstige leitende Schulbeamte Rudolf Fiedler 1967, der auch von einer „Ohnmacht der Schulverwaltung gegenüber Männern von starker politischer Durchschlagskraft" schrieb.[483] Doch zeigt sich anhand der vorliegenden Analyse, dass die Suche nach Antworten alles andere als vergeblich ist. Die einheimischen Funktionäre beanspruchten für sich durchaus Entscheidungsgewalt in der sogenannten Volkstumsarbeit. Ihr Postulat war ein spezifisch sudetendeutscher Grenzlandkampf, der nicht nur die Trennung von Tschechen und Deutschen, sondern unmissverständlich auch eine Eindeutschung des Raumes unter territorialer Zurückdrängung der tschechischen Bevölkerung zum Ziel hatte. Der verbliebenen tschechischen Bevölkerung billigten sie zwar ein eigenes Schulwesen zu, doch eben nur Volksschulen. Damit gestanden sie der Minderheit lediglich eine Schulbildung zu, die sie für deren wirtschaftliche Verwertung als unbedingt notwendig erachteten.

Die tschechischen Volksschulen sollten, wie die Lehrpläne für sie belegen, die Unterordnung unter die deutsche Herrschaft vermitteln. Zugleich sollten der tschechischen Bevölkerung nur ungelernte Berufe offenstehen. Oberstes Ziel der Schulverwaltung in Reichenberg war die Trennung von deutschen und tschechischen Schüler/-innen. Doch dieses Ziel konnte nicht erreicht werden – zum einen wegen der Weigerung des Aussiger Regierungspräsidenten, überhaupt eigene Schulen für die tschechische Minderheit zu ermöglichen, zum anderen wegen des kriegsbedingten Zwangs, doch Tschechinnen und Tschechen an deutschen Berufsschulen zuzulassen. Auch wenn im Kriegsverlauf das Bemühen der Behörden um die Verwaltung der tschechischen Schulen spürbar abnahm, verstärkten sie dennoch die Repressionen. Die nach 1944 erwogene Umkehr änderte daran nichts.

Eine spezifische sudetendeutsche Haltung wurde auch bei der Diskussion über die Einschulung tschechischer Schüler/-innen an deutschen Schulen und bei der entsprechenden Praxis an den Schulen manifest. Die von Sudetendeutschen geführte Schulverwaltung und das ebenfalls sudetendeutsch besetzte Gaugrenzlandamt positionierten sich überaus kritisch zur angedachten Eindeutschung tschechischer Kinder, die durch deren Beschulung an deutschen Bildungseinrichtungen erreicht werden sollte. Sofern überhaupt, sollte sie auf einen engen Kreis beschränkt werden, der den sudetendeutschen

---

482 Vgl. FIEDLER: Volks- und Bürgerschule – Sonderschulen 127.
483 EBENDA 129.

volkstumspolitischen und erst in zweiter Linie rassischen Auswahlkriterien genügte. Die nur vage formulierten Auswahlkriterien wie auch die Delegation der Verantwortung für die Auswahl an Funktionsträger vor Ort waren wohl ausschlaggebend dafür, dass es im Regierungsbezirk Troppau zu deutlich mehr Einschulungen tschechischer Schüler/-innen kam, als die Schulverwaltung in Reichenberg eigentlich wollte. Gründe dafür mögen die persönliche Bekanntschaft der Auswahlkommissionen mit den eingeschulten tschechischen Kindern, aber wohl auch das Ansinnen gewesen sein, durch deren Einschulung die tschechische Bevölkerung vor Ort zu schwächen. Die dienstliche Absetzung von Franz Künzel und Friedrich Zippelius wie auch der Weggang von Ludwig Eichholz nach Krakau bereiteten schließlich dem eigenständigen Agieren der Schulverwaltung in der Eindeutschungsfrage ein Ende. In der Folge war die Schulverwaltung zur entmachteten Behörde geworden, deren Beschwerden sich nun die SS annahm. Dass sich diese wiederum der großzügigen Einschulungspraxis im Regierungsbezirk Troppau nicht merklich entgegenstellte, erstaunt nicht, da sie eine Eindeutschung von Tschechen für aussichtsreicher hielt, als es die sudetendeutschen Funktionäre taten.

Als nach dem Kriegsbeginn 1939 zudem Zwangsarbeiterkinder in den Reichsgau Sudetenland kamen, wurde auch deren Beschulung zum Thema für die Schulverwaltung. Während sie sich grundsätzlich dafür aussprach, äußerte sich die SS ablehnend. Die Schulverwaltung verfolgte dabei allerdings keine pädagogischen Ziele, sondern befürchtete bei einer ausbleibenden Beschulung eine Vielzahl von unbeaufsichtigten Kindern. Dem standen die Bedenken der SS diametral entgegen, die nach der Entmachtung des Gaugrenzlandamtes 1942 ebenso die Federführung beim Umgang mit Zwangsarbeiter/-innen übernahm. Ein Versuch der Reichenberger Schulverwaltung, eine Beschulung polnischer Kinder zu erreichen, scheiterte an SS-Führer Ernst Müller, was auch die hierarchische Unterordnung der Schulfunktionäre unter die SS aufzeigt. Bemerkenswerterweise stand der ehemalige Leiter der Reichenberger Schulverwaltung Ludwig Eichholz seit 1942 der Hauptabteilung Wissenschaft und Unterricht in der Regierung des Generalgouvernements vor – ob er sich in dieser Zeit noch im fachlichen Austausch mit der Schulabteilung in Reichenberg befand, ist unbekannt; jedenfalls deutet keine erhaltene Quelle in den Archivakten der Reichenberger Schulverwaltung darauf hin.

In auffallender Weise befürworteten sudetendeutsche Funktionäre, die ja in der Volkstumspolitik vehement eine eigene Position gegenüber Berlin und Prag vertraten, die Ansiedlung einer hohen Zahl sogenannter Volksdeutscher. Doch so eigenständig die Diskussion über dieses Thema auch erscheinen mag, sie stand in einem direkten Zusammenhang mit den übergeordneten nationalsozialistischen

Plänen, eine sogenannte neue europäische Ordnung zu schaffen,[484] die langfristig eine Germanisierung Ostmitteleuropas zum Ziel hatte. War die Ankunft der Volksdeutschen noch euphorisch im „Mitteilungsblatt des NSLB" begrüßt worden, ebbte das Interesse in den schulbezogenen Publikationen sogleich wieder ab. Weder im „Amtlichen Schulblatt" oder im „Sudetendeutschen Erzieher" noch in den Aktenbeständen der Schulverwaltungen der Reichsstatthalterei oder der Regierungspräsidenten waren die Volksdeutschen Gegenstand von Diskussionen bzw. von umfangreichen Bekanntmachungen. Da das Reichserziehungsministerium den lokalen Schulräten die schulische Betreuung der „volksdeutschen" Kinder auferlegte, fielen sie vielmehr in deren dienstlichen Zuständigkeitsbereich. Nicht zuletzt waren die „volksdeutschen" Kinder Teil einer veränderten Diversität sudetendeutscher Schulen nach 1938, die nach der weitgehenden Ausschulung tschechischer Kinder von deutschen Schulen und dem Ausschluss jüdischer Kinder vom Unterricht[485] nun auch von eindeutschungsfähigen tschechischen Kindern, volksdeutschen Kindern und nichtdeutschen Zwangsarbeiterkindern besucht wurden. Hinzu kam, dass sich viele Kinder im Rahmen der sogenannten Kinderlandverschickung im Reichsgau Sudetenland aufhielten.[486]

Der Versuch der sudetendeutschen Schulverwaltung, ihre volkstumspolitischen Vorstellungen durchzusetzen, scheiterte somit auf ganzer Linie. So konnte durch die Schulpolitik die tschechische Minderheit nicht verkleinert werden: Volker Zimmermann vermutet vielmehr, dass die tschechische Bevölkerung im Reichsgau Sudetenland durch den Arbeitskräftezuzug bis 1944 sogar auf mindestens 400 000 Personen angewachsen war.[487] Entschlossen hatten die einheimischen Schulfunktionäre Maßnahmen eingeleitet, um der Minderheit alle höheren schulischen Qualifizierungsoptionen zu nehmen, doch kriegsbedingt konnten sie weder den beruflichen Aufstieg tschechischer Schulabsolvent/-innen verhindern noch ließ sich angesichts der SS-Rassenpolitik ihre Forderung nach einer Isolierung der Tschechen von den Deutschen realisieren. Somit scheiterten sie mit ihrem Anspruch auf eine

---

484 Vgl. ALY/HEIM: Vordenker der Vernichtung 111–171, besonders 141–147.
485 Siehe das Kapitel „Verfolgung und Ausgrenzung der jüdischen Bevölkerung – Shoa".
486 Siehe hierzu auch das Kapitel „Sudetendeutscher ‚Freiheitskampf' im Rahmen der Kinderlandverschickung".
487 Vgl. ZIMMERMANN: Die Sudetendeutschen im NS-Staat 321.

Führungsrolle im Grenzlandkampf, die sie aus ihren im deutsch-tschechischen Nationalitätenkonflikt gewonnenen Erfahrungen ableiteten. Ihre machtpolitische Zurückstufung in der Volkstumspolitik ist letztlich auch als Ausdruck des Misstrauens der SS gegenüber diesem sudetendeutschen Selbstbild zu interpretieren.

Verwaltung des Mangels. Die Schulverwaltung im Totalen Krieg

Die Jugend des deutschen Volkes als des Volkes der Mitte, das aus dem Osten ständig der Gefahr einer Überflutung durch ungemein anspruchslose und naturnahe Völkerschaften ausgesetzt ist, muß planmäßig zu äußerster *körperlicher Widerstandsfähigkeit und Härte* erzogen werden. Der Verweichlichung, Entwurzelung und allen Giften westlerischer Zivilisation haben wir *Einfachheit und echt bäuerliche Grundhaltung* entgegenzusetzen. Das deutsche Volk kann, wenn es Bestand haben will, in seinem erzieherischen Leitbild weder das Soldatische noch das Bäuerliche missen. Mehr noch als bisher muß sich ferner die Schule auf die *Leistung* besinnen. Wer als Außenstehender den Leistungen der alten Lernschule nachtrauert, übersieht freilich, daß die nationalsozialistische Schule von Grund aus eben den ganzen Menschen beansprucht und daher die Leistung von einst mit der von heute nicht mehr ohne weiteres verglichen werden kann.[1]

Dies schrieb Theo Keil in seinem Weihnachtsbrief 1944 an die zur Wehrmacht eingezogenen Lehrer. Er forderte sie also zu einem Zeitpunkt, als kaum noch von einem geregelten Unterricht im Reichsgau Sudetenland gesprochen werden konnte, zur Abwehr der die deutsche Kultur vermeintlich bedrohenden Völker auf. Unter Bezugnahme auf die Blut-und-Boden-Ideologie[2] stellte er deswegen auf Härte, Leistung, Einfachheit und Bäuerlichkeit im Unterricht ab, was insoweit bemerkenswert ist, als das Sudetenland zu den weniger agrarisch geprägten Gebieten des Deutschen Reiches gehörte.[3]

Nicht einmal zwölf Monate lebten die Menschen des Sudetenlandes, die sich nicht Verfolgung und Repression ausgesetzt sahen, nach dem Münchner Abkommen 1938 im Frieden. Mit dem Ausbruch des Zweiten Weltkrieges im September 1939 wurden die Auswirkungen des Kriegsalltags schrittweise auch in der Schule bemerkbar. Bereits vor Kriegsbeginn wurde im Juni 1939 festgelegt, dass Schüler/-innen zur landwirtschaftlichen Hilfsarbeit in den Ferien herangezogen werden konnten.[4] In den Winterferien 1939/1940 mussten an

---

1 Amtliches Schulblatt, Sonderfolge zur Weihnacht 1944 für die Lehrersoldaten, S. 7, undatiert. ZA Opava, RP Opava, Signatur IIA, Karton 3582, nicht foliiert. Hervorhebung im Original.
2 JENSEN, Uffa: Blut und Boden. In: BENZ, Wolfgang/GRAML, Hermann/WEISS, Hermann (Hg.): Enzyklopädie des Nationalsozialismus. 5. Aufl. München 2007, 442.
3 Vgl. GEBEL: „Heim ins Reich!" 236–237.
4 Einsatz der Schuljugend für die landwirtschaftliche Hilfsarbeit. Erlaß des Reichserziehungsministeriums vom 8.6.1939 – E III a 1140, E II a (b). In: Sudetendeutscher Gemeindetag 13 (1939) 390.

einigen Schulen im Reichsgau Sudetenland die Weihnachtsferien um acht bis zehn Tage verlängert werden, da es bei der Beschaffung von Heizmaterialien zu Transportschwierigkeiten kam.[5] Angehörige der Wehrmacht statteten den Schulen Besuche ab, erzählten Heldengeschichten und warben für die Offizierslaufbahn.[6] Zudem wurden die Schüler/-innen angehalten, Heilkräuter, Altpapier, Knochen und Lumpen zu sammeln. Die Anforderungen dafür stiegen im Verlauf des Krieges deutlich an. So wurden im Reichsgau Sudetenland 1939 rund 20 Tonnen, im Jahr 1940 rund 60 Tonnen und im Jahr 1941 rund 90 Tonnen Heilkräuter gesammelt.[7] Beispielsweise mussten im Mai 1942 alle Schülerinnen der Frauenberufsfachschule in Freiwaldau monatlich eine Mindestmenge von 3 Kilogramm Altpapier, 500 Gramm Knochen und 250 Gramm Lumpen abliefern.[8] Dass die Schulverwaltung diese Sammlungen für wichtig erachtete, zeigte sich, als sie einer Schülerin, die in Freiwaldau nicht die erforderliche Menge an Heilkräutern sammelte, trotz elterlichen Protests eine entsprechende Bemerkung ins Zeugnis schrieb.[9]

Trotzdem war es für die Schüler/-innen zunächst noch möglich gewesen, ihren Schulalltag relativ unbehelligt vom Krieg zu erleben. Doch ab 1943, nach der Niederlage in der Schlacht um Stalingrad und der Propagierung des Totalen Krieges, waren die Kriegsauswirkungen auch stärker in der Schule spürbar.[10] Am 22. Februar 1943 wurden die NS-Ämter für Erzieher und der NSLB im Reichsgau Sudetenland stillgelegt. Die Schülerzeitschriften „Hilf mit!" und die „Deutsche Jugendburg" sowie die Zeitschriften „Der Deutsche Erzieher", „Die Deutsche Hauptschule" und „Die deutsche Berufserziehung" erschienen in gekürzter Seitenzahl aber vorerst weiter, da sie zur „weltanschaulich-politischen

---

5 Schreiben des Chefs der Sicherheitspolizei und des SD, Amt III, an Holfelder. BArch, R/4901/13121, Meldungen aus den kulturellen Lebensgebieten, 10. Januar 1940, Seite 6.
6 Schreiben des Chefs der Sicherheitspolizei und des SD, Amt III, an Holfelder BArch, R/4901/13121, Meldungen aus den kulturellen Lebensgebieten, Datum unbekannt, vermutlich Anfang August 1940, Seite 7.
7 Lenz, Josef: Die Heilkräutersammlung in den Schulen des Sudetenlandes. In: Mitteilungsblatt des NSLB der Gauwaltung Sudetenland 7 (1942) 54–55.
8 Schreiben der Schulleitung der Frauenberufsfachschule in Freiwaldau an Max Michaelis. Freiwaldau, 5. Mai 1942. ZA Opava, RP Opava, Signatur inv. č. 3549, Karton 3549, nicht foliiert.
9 Ebenda.
10 Preissler: Geschichte meines Lebens aus der Sicht des 85. Geburtstags 54.

und beruflichen Ausrichtung der Erzieherschaft" beitragen sollten.[11] Ab 1942 wurden die Schulverwaltungen zudem personell stark verkleinert; in der Schulabteilung der Reichsstatthalterei arbeiteten nur noch Theo Keil, Rudolf Fiedler, Gottfried Preißler und ein älterer Jurist namens Wilhelm Pompe, die jeweils von Sachbearbeitern unterstützt wurden.[12] Im Dezember 1943 wurde dann auch die Schulaufsicht der Höheren Schulen von den Regierungspräsidien auf die Reichsstatthalterei übertragen;[13] zudem wurden Schulämter zusammengelegt.[14] Infolgedessen nahm die Arbeitsbelastung in der Schulverwaltung deutlich zu: Im Herbst 1944 arbeitete sie in der Reichsstatthalterei von Montag bis Freitag mindestens von 7:00 bis 19:00 Uhr und am Samstag von 7:30 bis 12:30 Uhr.[15] Hinzu kam, dass sie nun auch für Schulverlegungen, die Kinderlandverschickung, die Heranziehung von Schulräumen für „schulfremde Zwecke" und für die Beschulung Volksdeutscher zuständig war.[16]

Die von den Schulverwaltungen herausgegebenen Erlasse wurden deutlich kürzer, wenngleich ihre Zahl zunahm. Ein Indiz für die starke Überlastung mögen auch die vielen Beschwerden über die Unbedachtheit mancher Erlasse sein. So beklagte Schulrat Eduard Fritscher in Troppau ein Durcheinander an Verordnungen: „Wiederholte Abänderungen von Verfügungen tragen nicht zur Besserung der Geschäftsgebarung bei (Schulung der Berufsschullehrerinnen

---

11 Schreiben Keils an die NS-Kreisamtsleiter für Erzieher. Reichenberg, 22. Februar 1943. SOAL, Župní vedení NSDAP, Signatur I 916, Karton 28, nicht foliiert.
12 PREISSLER: Geschichte meines Lebens aus der Sicht des 85. Geburtstags 54.
13 Schreiben Keils an Henlein und an die Regierungsdirektoren Krause (Karlsbad) und Kümmel (Troppau). Reichenberg, 16. November 1943. SOAL, Župní vedení NSDAP, Signatur 1000 142, Karton 91, nicht foliiert.
14 Der Landkreis Bilin war nun von Dux aus, die Landkreise Schluckenau (Šluknov) und Warnsdorf (Varnsdorf) von Rumburg (Rumburk) aus zu betreuen. Der Landkreis Elbogen wurde nun von Falkenau, St. Joachimsthal von Karlsbad und Preßnitz von Kaaden aus mitbetreut. Zudem war der Landkreis Römerstadt (Rýmařov) von Freudenthal aus zu betreuen. Vgl. Schreiben Vogelers an die Abteilungs- und Unterabteilungsleiter im Hause. Reichenberg, 5. Juni 1943. SOAL, Župní vedení NSDAP, Signatur 1000 142, Karton 7, nicht foliiert
15 Entwurf über die Dienststundeneinteilung in der Unterabteilung Ic in der Reichsstatthalterei, zur Vorlage an den Reichsstatthalter, Autor unbekannt. Reichenberg, 11. September 1944. SOAL, ŘM, Signatur 1035/0, Karton 319, nicht foliiert.
16 Schreiben Henleins an den Reichsinnenminister. Reichenberg, 27. September 1944. SOAL, Župní vedení NSDAP, Signatur 1000/42, Karton 91, fol. 23a.

mit *vier* verschiedenen Angaben!)."[17] Dass die Erlasswut der Schulverwaltung trotz der angespannten Personalsituation paradoxerweise nicht ab-, sondern deutlich zunahm, war wahrscheinlich auch dem Bestreben der Verantwortlichen geschuldet, einer drohenden Einberufung an die Front zu entgehen. Um einerseits das zunehmende Durcheinander in den Griff zu bekommen und andererseits stärker unterstützend wirken zu können, forderte die Schulabteilung am Regierungspräsidium in Troppau die Schulräte im Frühjahr 1944 auf, ihr über die „wirklichen Verhältnisse an den Schulen [...] treffend und ungeschminkt [...] innerhalb Eures Amtsbereiches privat" zu berichten, damit sie „stets das Notwendigste und Richtigste in der Besetzung, Auswahl der Lehrkräfte, Stunden- und Stoffverteilung, Beschränkungen udgl. tun" könne.[18]

Die diesbezüglichen Eingaben des Troppauer Schulrats Fritscher sind in großer Zahl erhalten geblieben. Sie alle zeichnen das Bild niedergeschlagener und desinteressierter Lehrkräfte: Die „Lehrerschaft ist im allgemeinen der Schulungen *überdrüssig*",[19] wenn die Teilnahme freiwillig sei, „kommt fast niemand, auch wenn unterrichtsfrei gegeben wird".[20] Im Februar 1944 monierte er: „Gleichgültigkeit gegen Schulungen, Nichtbeachtung neuer Lehrpläne, Unempfindlichkeit gegen Verweise und Verwarnungen, Überhandnehmen des Überschreitens von Terminen."[21] „Jeder Bericht muß mehrfach eingemahnt werden."[22] Auch die Entleihung von Schulbüchern habe aufgehört: „Nicht einmal die Anwärter leihen Bücher aus, ältere überhaupt nicht."[23]

Der wesentliche Grund für die Gleichgültigkeit vieler Lehrkräfte gegenüber der Schulverwaltung dürfte die stark angespannte Arbeitssituation in der

---

17 Schreiben Fritschers an Sadowski. Troppau, 14. Februar 1944. SOkA Opava, Bestand Landrát Opava, Karton 226, složka inv. č. 395, nicht foliiert. Kursiva im Original Unterstreichung.
18 Schreiben Jessers, Kuderas und Tannerts an die Schulräte des Regierungsbezirks Troppau. Troppau, 7. Januar 1944. SOkA Opava, Bestand Landrát Opava, Karton 226, složka inv. č. 395, nicht foliiert.
19 Schreiben Fritschers an Sadowski. Troppau, 14. Februar 1944. SOkA Opava, Bestand Landrát Opava, Karton 226, složka inv. č. 395, nicht foliiert. Hervorhebung im Original.
20 EBENDA.
21 Lagebericht des Kreisschulamts Troppau für Januar und Februar 1944. Troppau, 28. Februar 1944. SOkA Opava, Bestand Landrát Opava, Karton 226, složka inv. č. 395, nicht foliiert.
22 Schreiben Fritschers an Sadowski. Troppau, 14. Februar 1944. SOkA Opava, Bestand Landrát Opava, Karton 226, složka inv. č. 395, nicht foliiert.
23 EBENDA.

zweiten Kriegshälfte gewesen sein. Im Mai 1944 hatte sich der Lehrermangel so zugespitzt, dass im Reichsgau Sudetenland über 2 000 Stellen an den Volksschulen unbesetzt waren. In der Konsequenz lag die Zahl der Schüler/-innen pro Klasse oftmals bei 70 und mehr, viele Lehrkräfte mussten im wechselnden Halbtagsunterricht gleich zwei einklassige Volksschulen unterrichten. Dazu kamen noch Tausende Kinder, die im Rahmen der Kinderlandverschickung in den Klassen untergebracht worden waren, für die jedoch nur sehr wenige aus den Entsendegebieten mitgereiste Lehrkräfte zur Verfügung standen.[24] Auch die immer schwierigere Versorgung mit Lebensmitteln wirkte sich nun deutlich aus. So verstummte der bisher von jungen Lehrkräften, die in „kleinen und kleinsten Gemeinden" unterrichteten, erhobene Wunsch, in größere Orte versetzt zu werden; stattdessen wollten sie aufgrund der besseren Verpflegung oftmals gar nicht mehr fort.[25]

In der zweiten Kriegshälfte wurden aber nicht nur die Lehrkräfte von den Schulen abgezogen, sondern auch die Schüler/-innen selbst. So wurden ab den Sommerferien 1942 die meisten Schüler nach Abschluss der 11. Jahrgangsstufe zum Reichsarbeitsdienst oder Wehrdienst einberufen. In der Folge sank die Schülerzahl der 12. Jahrgangsklassen meist auf nur drei bis fünf Schüler.[26] Daraufhin wurde bestimmt, dass die nun vorzeitig von den Höheren Schulen abgehenden Schüler zumindest noch über sichere Kenntnisse und Fertigkeiten in den „Kernfächern" verfügen sollten. Dies waren laut Erlass die sogenannten deutschkundlichen Fächer (Deutsch, Geschichte und Erdkunde) sowie die naturwissenschaftlich-mathematischen Fächer (Biologie, Chemie, Physik und Mathematik). Dem Fremdsprachenunterricht wurde hingegen weitaus weniger Bedeutung beigemessen. Dieser konnte vorübergehend oder auch für längere Zeit gekürzt bzw. sogar eingestellt werden.[27]

Im September 1944 wurden schließlich alle 11. und 12. Jahrgangsklassen der Oberschulen aufgelöst. Die Oberschülerinnen wurden, soweit noch nicht

---

24 Schreiben der Schulabteilung der Reichsstatthalterei an das Reichspropagandaamt Sudetenland in Reichenberg. Reichenberg, 5. Mai 1944. SOAL, ŘM, Signatur 1117/0, Karton 353, nicht foliiert.
25 Schreiben Fritschers an Sadowski. Troppau, 14. Februar 1944. SOkA Opava, Bestand Landrát Opava, Karton 226, složka inv. č. 395, nicht foliiert.
26 Schreiben Vogelers an das Reichserziehungsministerium. Reichenberg, 25. August 1942. BArch, R 4901/4636, nicht foliiert.
27 Anlage zu einem Schreiben des Regierungspräsidiums Aussig (Wagner) an die Leiter der Höheren Schulen im Regierungsbezirk Aussig. Aussig, 19. November 1943. BArch, R/4901 3409, Schulwesen Reg. Aussig Unterschiedliches, fol. 145–152.

geschehen, in den Dienst der NSV, KLV oder ähnlicher Organisationen eingegliedert, die Oberschüler hingegen alle zum Volkssturm einberufen.[28] Berufsschulen sollten nur dann weiterbesucht werden können, wenn die Ausbildung als militärisch nützlich angesehen wurde.[29] Daraufhin versuchte die Schulverwaltung noch, möglichst viele Berufsschulen in Rüstungsproduktionsstätten umzuwidmen.[30] Im Januar 1944 wurden insgesamt 1 680 Schüler aus dem Sudetenland als Luftwaffenhelfer eingesetzt, davon 450 in Berlin, 270 im Gebiet Halle-Leuna und 545 in Oberschlesien. Doch die zumindest auf dem Papier vorgesehene unterrichtliche Betreuung der Schüler im Umfang von 18 Wochenstunden konnte weder von der sudetendeutschen Schulverwaltung noch von den Verwaltungen der jeweiligen Einsatzgebiete sichergestellt werden.[31]

Überdies mussten ab 1944 Schulgebäude geräumt werden: im Frühjahr zunächst für Reservelazarette[32] und ab Dezember 1944 auch für sogenannte Wehrertüchtigungslager[33] der Hitler-Jugend. Dennoch blieb das Schulwesen des Reichsgaus Sudetenland bis Mitte 1944 von direkten Kriegsauswirkungen weitgehend verschont. War der Reichsgau bis dahin nur Ziel weniger Luftangriffe gewesen, nahmen diese ab 1944 zu, insbesondere das nordböhmische Industriegebiet wurde nun vermehrt bombardiert.[34] Daraufhin wurden im Juni 1944 aus Brüx und Umgebung 1 250 Schüler/-innen, darunter 286 tschechische, in andere Gebiete des Reichsgaus evakuiert.[35] Währenddessen hatten die

---

28 Schreiben des Gauarbeitsamtes Sudetenland (Ulrich) an die Außenämter des Gauarbeitsamts. Reichenberg, 4. September 1944. SOAL, Bestand ŘM, Signatur 1047/21, Karton 324, nicht foliiert.
29 EBENDA.
30 Schreiben Keils an Ministerialdirigent Carl Frank am Reichserziehungsministerium. Reichenberg, 20. September 1944. BArch, R/9361/II/200354, nicht foliiert.
31 Schreiben Henleins an Bormann. 6. Januar 1944. SOAL, Župní vedení NSDAP, Signatur 1000 142, Karton 91, nicht foliiert.
32 Schreiben des NSDAP-Kreisleiters Richter (Jägerndorf) an Keil. Jägerndorf, 2. März 1944. SOAL, ŘM, inv. č. 1037, Signatur Ic 10/100/2, Karton 320, nicht foliiert.
33 Bereits im Mai 1942 waren im Sudetenland die ersten drei Wehrertüchtigungslager eingerichtet worden. Hunderte 17-jährige Jungen besuchten dort dreiwöchige Kurse, die „vor allem mit Schieß- und Geländedienst" zu tun hatten und den Abschluss der vormilitärischen Ausbildung der Hitler-Jugend bilden sollten. Vgl. PRAGER, Günther: Die Hitler Jugend. In: HENLEIN, Konrad (Hg.): Sudetenland im Reich. Ein Querschnitt durch die Aufbauarbeit und Leistung des Reichsgaus Sudetenland. Reichenberg 1943, 62.
34 Vgl. ZIMMERMANN: Die Sudetendeutschen im NS-Staat 365.
35 Schreiben Jessers an die Reichsstatthalterei. Troppau, 21. Dezember 1944. SOAL, ŘM, Inventarnummer 1037, Signatur Ic 10/100/2, Karton 320, nicht foliiert.

Lehrer im Regierungsbezirk Troppau in den Sommerferien 1944 Schanzarbeiten zu leisten, zu denen auch tschechische Lehrer verpflichtet wurden.[36] Zudem führte der Mangel an Kraftstoff dazu, dass spätestens im Herbst 1944 sämtliche Schülerautobusse eingestellt wurden. Die Reichsstatthalterei stellte diesbezüglich nur fest, dass „wieder für einige Zeit Schulwege zugemutet werden [müssen], wie es für die Generation der Väter noch selbstverständlich" war.[37]

Ab Herbst 1944 war es schließlich nicht mehr möglich, flächendeckend Schulunterricht zu gewährleisten. Ein wesentlicher Grund war der sich dramatisch verschärfende Lehrermangel, da fast alle männlichen Lehrkräfte bis zum 70. Lebensjahr einberufen worden waren.[38] So waren im November 1944 560 Planstellen an den Hauptschulen im Reichsgau Sudetenland unbesetzt.[39]

Unverkennbar änderte sich im Herbst 1944 auch der Tonfall der Schulverwaltung. Theo Keil erklärte Mitte September 1944 den NSDAP-Kreisbeauftragten für Schul- und Erzieherfragen, was die Schule nun leisten müsse: „Härte, schlichte und einfache und bäuerliche Grundhaltung; Leistung im Unterricht; weitere nationalsozialistische (weltanschaulich und politisch) Durchdringung des gesamten Schulbetriebes."[40] Auch im Regierungsbezirk Troppau, wo noch im Frühjahr 1944 der Austausch mit den Schulräten gesucht worden war, wurden im Oktober 1944 martialische Töne laut. Es sei alles daran zu setzen, die Leistung auf dem Gebiet der Erziehung – gerade der politischen Erziehung – zu steigern:

> Es kann in der jetzigen Kriegslage auf keine Möglichkeit verzichtet werden, die Schüler zu gläubigen, zuversichtlichen und zu allem bereiten nationalsozialistischen Menschen zu formen, und über die Schüler auf breite Schichten der Bevölkerung im Sinne der nationalsozialistischen Bewegung einen stärkeren Einfluß auszuüben. [...] Die

---

36 Lagebericht des Kreisschulamts Troppau für Juli bis September 1944. Troppau, 3. Oktober 1944. SOkA Opava, Bestand Landrát Opava, Karton 226, složka inv. č. 395, nicht foliiert.
37 Schreiben Keils an alle Schulämter im Reichsgau Sudetenland. Reichenberg, 31. Oktober 1944. SOkA Opava, Bestand Landrát Opava, Karton 237, složka inv. č. 394, nicht foliiert.
38 Amtliches Schulblatt, Sonderfolge zur Weihnacht 1944 für die Lehrersoldaten, S. 11, undatiert. ZA Opava, RP Opava, Signatur IIA, Karton 3582, nicht foliiert.
39 Schreiben der Reichsstatthalterei (Fiedler) an das Reichserziehungsministerium. Reichenberg, 10. November 1944. SOAL, ŘM, Signatur unklar, Karton 338, nicht foliiert.
40 Vertrauliches Schreiben Keils an die Kreisbeauftragten für Schul- und Erzieherfragen im Sudetengau. Reichenberg, 14. September 1944. BArch, R/9361/II/200354, nicht foliiert.

Schule hat noch mehr als bisher im Leben zu stehen, für das Leben zu arbeiten und zu erziehen.[41]

Hierfür ließ Regierungspräsident Karl Ferdinand Edler von der Planitz anordnen, den Schultag täglich mit einer „Viertelstunde der Tagesereignisse" zu beginnen. Nach dem Singen eines Lieds (vor allem des „Kampfliedes") und der Verkündung eines Tagesspruchs sollten aktuelle Tagesfragen und Kriegsereignisse besprochen werden. Tagesereignisse, die besonders stark auf die Schüler/-innen einwirken würden, konnten auch in den Mittelpunkt eines ganzen Unterrichtstages gestellt werden. Zudem sollte für die Schüler/-innen ab der 5. Jahrgangsstufe ein monatlicher Appell organisiert werden, der die wichtigsten Ereignisse des jeweiligen Monats aufgreifen sollte.[42]

Es handelte sich um das letzte rhetorische Aufbäumen der Schulverwaltung. Bemerkenswert ist die Anspruchslosigkeit im Hinblick auf ein Mindestmaß an Schulbildung, die beschwichtigend damit begründet wurde, dass die Situation eine reguläre Schulbildung eben weithin nicht zulasse. Stattdessen sollte ein Ideal der Schlichtheit und Einfachheit vermittelt werden. Die explizite Bezugnahme auf „Bäuerlichkeit" mag eine Reminiszenz an die Forderung Wilhelm Pleyers sein, den „Boden der bedrohten Grenzlandheimat"[43] zu halten, kann aber auch als Hinweis auf die nationalsozialistische Blut-und-Boden-Ideologie verstanden werden, die die Einheit eines rassisch definierten Volkskörpers und seines Siedlungsgebietes propagierte. Einem „jüdischen Nomadentum" sollte das Bauerntum der „germanisch-nordische[n] Rasse" entgegenstehen.[44] Nun fand die ein paar Jahre zuvor formulierte Erwartungshaltung, im zu erobernden Osten als Wehrbauern siedeln zu können,[45] ihre Umkehr: Es ging nicht mehr um die Erschließung eines eroberten Raums, sondern um die wehrbäuerliche Verteidigung der eigenen Wohnorte. Waren die Sudetendeutschen in Schulbüchern wie Schulfeiern noch als tapfere, der Unterdrückung durch die Tschechoslowakei widerstehende Freiheitskämpfer völkisch verklärt worden, wurde eine Bezugnahme auf dieses Selbstbild in der Endphase des Zweiten

---

41 Der Regierungspräsident Edler von der Planitz – II 6, 7, 8, 10, 4/5, 11 – IV a 1020. Troppau, 4. Oktober 1944. Politische Aktivierung der Schulen. In: Amtliches Schulblatt für den Regierungsbezirk Troppau 20 (1944) 72–73, hier 72. ZA Opava, Fond RP Opava, inv. č. 3620, Karton 3582, nicht foliiert.
42 EBENDA.
43 PLEYER: Bleibt dem Grenzland treu! 505. Siehe auch das Kapitel „Grenzlanddeutsche und Interessen des Deutschen Reiches".
44 JENSEN: Blut und Boden 442.
45 Siehe das Kapitel „Grenzlanddeutsche Kompetenz. Das Schulfach Tschechisch".

Weltkrieges unterlassen. Eine argumentative Analogie wäre mit dem Wagnis verbunden gewesen, damit die Unterschiede zwischen der Situation 1944/1945 und der vor 1938 aufzuzeigen: Stand der deutschsprachigen Bevölkerung in der Tschechoslowakei ein hervorragend ausgebautes Schulwesen zur Verfügung, war dieses 1944/1945 nur noch rudimentär als solches zu erkennen. Die Schulbehörde wurde dabei immer mehr zum Verwalterin des Mangels – und war in erster Linie zuständig für die Freigabe der Schulgebäude für Flüchtlingsunterkünfte und Lazarette.

Ab Herbst 1944 trafen die ersten Menschen im Sudetenland ein, die vor der vorrückenden Roten Armee geflüchtet waren und für die Schulräume als Unterkünfte zur Verfügung gestellt werden sollten.[46] Im November 1944 ermächtigte der stellvertretende Gauleiter Hermann Neuburg die NSDAP-Kreisleiter, in Abstimmung mit den Kreisschulräten Schulen für die Unterbringung von Flüchtlingen zur Verfügung zu stellen.[47] Mit dem Beginn der sowjetischen Großoffensive Mitte Januar 1945 in Schlesien flüchteten zudem viele Schlesier in das Sudetenland, insbesondere in den Regierungsbezirk Troppau.[48] Am 17. Januar 1945 wurde bestimmt, dass alle Gebäude der Volks-, Haupt- und berufsbildenden Schulen für die Unterbringung der Flüchtlinge freigegeben werden konnten.[49]

Die Zahl der Geflüchteten stieg in den kommenden Wochen drastisch an: Im Frühjahr 1945 hielten sich im Reichsgau Sudetenland zwischen 400 000 und 500 000 Flüchtlinge aus den Ostgebieten auf.[50] Infolgedessen waren die Schulverwaltungsstellen vor allem damit beschäftigt, diese Anweisung verwaltungsrechtlich umzusetzen und jede Schule einzeln als Flüchtlingsunterkunft freizugeben. Die Schüler/-innen hingegen wurden nun in Fabrik- und

---

46 Schreiben Vogelers an alle Schulräte, Landräte und Oberbürgermeister im Reichsgau Sudetenland. Reichenberg, 17. Oktober 1944. SOAL, ŘM, Inventarnummer 1037, Signatur Ic 10/100/2, Karton 320, nicht foliiert.
47 Anordnung Hermann Neuburgs K-41/44. Reichenberg, 14. November 1944. SOAL, ŘM, Inventarnummer 1037, Signatur Ic 10/100/2, Karton 320, nicht foliiert.
48 Vgl. ZIMMERMANN: Die Sudetendeutschen im NS-Staat 364.
49 Fernschreiben von Vogeler an den Regierungspräsidenten von Troppau. Reichenberg, 17. Januar 1945. SOAL, ŘM, Inventarnummer 1037, Signatur Ic 10/100/2, Karton 320, nicht foliiert.
50 STANĚK, Tomáš: Verfolgung 1945. Die Stellung der Deutschen in Böhmen, Mähren und Schlesien (außerhalb der Lager und Gefängnisse). Übertragung ins Deutsche von Otfrid Pustejovsky. Bearbeitung und teilweise Übersetzung durch Walter Reichel. (Buchreihe des Institutes für den Donauraum und Mitteleuropa 8) Wien, Köln, Weimar 2002, 28.

Gasträumen unterrichtet.[51] Die Flüchtlingsunterbringung erfolgte hierbei unter äußerst beengten Verhältnissen: In Kaaden waren Ende Januar 1945 etwa 700, in Klösterle an der Eger (Klášterec nad Ohří) circa 400 und in Duppau rund 200 Menschen jeweils in einer Schule untergebracht.[52] Unter welchem Handlungsdruck die Schulverwaltung stand, zeigt das Beispiel des Landkreises Tachau. Dort kamen am 30. Januar 1945 allein 1 300 Flüchtlinge an,[53] für die nun schnellstmöglich die Schulen freigegeben werden mussten. In Chabitschau (Chabičov) im Landkreis Troppau hingegen herrschte „größte Erbitterung" darüber,[54] dass dort im November 1944 die örtliche Schule für russische Familien aus Belgrad, deren Väter zur Wehrmacht eingezogen waren, geräumt werden musste.[55]

Weihnachten 1944 standen schließlich – von wenigen Ausnahmen abgesehen – alle Lehrkräfte, die 1897 oder später geboren waren, an der Front.[56] Mitte Januar 1945 wurden auch die Schüler des Geburtsjahrgangs 1928, soweit es sie noch an den Schulen gab, ausgeschult und zum Volkssturm herangezogen.[57] Der Lehrermangel, die Freigabe der Schulen für Flüchtlingsunterkünfte und Lazarette wie auch die fehlenden Heizmaterialien führten schließlich dazu, dass im Januar 1945 an keiner Schule im gesamten Regierungsbezirk Karlsbad

---

51 Lagebericht des Kreisschulamts Troppau für den November 1944. Troppau, 7. Dezember 1944. SOkA Opava, Bestand Landrát Opava, Karton 226, složka inv. č. 395, nicht foliiert.
52 Schreiben des Schulrats von Kaaden an den Regierungspräsidenten von Karlsbad. Kaaden, 30. Januar 1945. SOAL, ŘM, Inventarnummer 1037, Signatur Ic 10/100/2, Karton 320, nicht foliiert.
53 Vermerk der Schulabteilung an der Reichsstatthalterei. Reichenberg, 31. Januar 1945. SOAL, ŘM, Signatur 1117/0, Karton 353, nicht foliiert.
54 Lagebericht des Kreisschulamts Troppau für den November 1944. Troppau, 7. Dezember 1944. SOkA Opava, Bestand Landrát Opava, Karton 226, složka inv. č. 395, nicht foliiert.
55 Nach Angaben des Lageberichts des Kreisschulamts Troppau handelte es sich um 62 „Russenkinder", deren Väter 1928 aus Russland nach Belgrad geflogen waren und die sich nun mit ihren Müttern in der geräumten Schule von Chabitschau aufhielten. Vgl. Lagebericht des Kreisschulamts Troppau für den Dezember 1944. Troppau, 22. Dezember 1944. SOkA Opava, Bestand Landrát Opava, Karton 226, složka inv. č. 395, nicht foliiert.
56 Amtliches Schulblatt, Sonderfolge zur Weihnacht 1944 für die Lehrersoldaten, S. 11. undatiert. ZA Opava, RP Opava, Signatur IIA, Karton 3582, nicht foliiert.
57 Schreiben der Reichsstatthalterei (Keil) an die Direktoren der Höheren Schulen für Jungen im Reichsgau Sudetenland. Reichenberg, 13. Januar 1945. SOAL, ŘM, Inventarnummer 1037, Signatur 1377/078, Karton 412, nicht foliiert.

Die Schulverwaltung im Totalen Krieg

mehr regulär unterrichtet wurde.[58] Stattdessen wurde den Lehrkräften im gesamten Reichsgau ein sogenannter Notunterricht aufgetragen, der, sofern er nicht in den Schulgebäuden stattfinden konnte, in Privat- oder Gasthäusern[59] täglich zumindest ein- bis zweistündig durchgeführt werden sollte.[60] Dieser Notunterricht wurde vonseiten der Schulverwaltungen in Reichenberg und bei den Regierungspräsidien nicht organisiert, er sollte vor Ort zu Wege gebracht und geregelt werden. Der NSDAP-Kreispresseamtsleiter von Bischofteinitz, Schrimpf, sah in diesem Notunterricht gar „eine nationalsozialistische Errungenschaft", die es verdiene, „auch im Drucke festgehalten zu werden", und bat um die Veröffentlichung eines Presseberichts; allerdings erschien der Bericht letztlich doch nicht.[61] Am 23. Februar 1945 ordnete Gaustabsamtsleiter Richard Lammel an, auch den Notunterricht einzustellen, um sich völlig der Unterbringung und Versorgung der Flüchtlinge annehmen zu können.[62] Jedoch stellte sich Henlein dieser Weisung entgegen und ließ über die Schulverwaltung mitteilen, dass es sein Wunsch sei, dass der Notunterricht so lange wie möglich aufrechterhalten werde.[63] Unterdessen wurde auch die Schulverwaltung immer handlungsunfähiger: Als am 13. Februar 1945 der Egerer Schulrat Alfred Iro, inzwischen auch für den Kreis Tachau zuständig, das dortige Schulamt aufsuchte, fand er es verwaist vor. Der Schlüssel steckte im Türschloss, seine beiden Mitarbeiter waren beim Volkssturm eingesetzt und die Sekretärin war abwesend, da sie ihre eigene Hochzeit feierte.[64]

---

58 Vermerk der Schulabteilung an der Reichsstatthalterei. Reichenberg, 31. Januar 1945. SOAL, ŘM, Signatur 1117/0, Karton 353, nicht foliiert.
59 Schulrat von Kaaden an den Regierungspräsidenten von Karlsbad. Kaaden, 30. Januar 1945. SOAL, ŘM, Inventarnummer 1037, Signatur Ic 10/100/2, Karton 320, nicht foliiert.
60 Schreiben Fritschers an alle Leiter der Volks- und Hauptschulen im Kreis Troppau. Troppau, 17. Februar 1945. SOkA Opava, Landrát Opava, Signatur Kult-100, Karton 221, nicht foliiert.
61 Schreiben des NSDAP-Kreispresseamtsleiters von Bischofteinitz, Schrimpf, an Theodor Keil. Bischofteinitz, 2. März 1945. SOAL, ŘM, Inventarnummer 1041, Signatur Ic 10/100/9, Karton 321, nicht foliiert. Der Vorname Schrimpfs konnte den Archivalien leider nicht entnommen werden.
62 Schreiben des NSDAP-Kreisleiters von Bischofteinitz, Adolf Jobst, an Konrad Henlein. Bischofteinitz, 12. März 1945. SOAL, Župní vedení NSDAP, Signatur 1000/42, Karton 91, fol. 23a.
63 Entwurf eines Schreibens Fiedlers an Kieseler. Reichenberg, 21. Februar 1945. SOAL, ŘM, Signatur 1117/0, Karton 353, nicht foliiert.
64 Schreiben des Kreisschulrats von Tachau, Iro, an das Regierungspräsidium Karlsbad. Tachau, 13. Februar 1945. SOAL, ŘM, ohne Signatur, Karton 325, nicht foliiert.

Anfang 1945 kam Ludwig Eichholz, der noch am 14. Dezember 1944 zum Präsidenten der Hauptabteilung Wissenschaft und Unterricht in der Regierung des Generalgouvernements ernannt worden war,[65] zurück nach Reichenberg, nachdem die Regierung des Generalgouvernements am 24. Januar 1945 aufgelöst worden war.[66] Obgleich das Reichsinnenministerium das Reichserziehungsministerium ersuchte, eine adäquate Position für ihn zu finden,[67] wurde er von der Reichenberger Schulverwaltung nicht mehr eingestellt. Stattdessen wurde er am 5. März 1945 zur Wehrmacht eingezogen.[68] Wieso Eichholz nicht wieder eingestellt wurde, bleibt im Dunkeln. Während seiner Dienstzeit in Reichenberg gab es gemäß den vorliegenden Akten keinerlei Differenzen zwischen ihm und den Mitarbeitern. Womöglich konnte sich die Verwaltung seine Einstellung, die mit Blick auf seine bisherigen beruflichen Positionen in einer höherrangigen Stellung hätte erfolgen müssen, organisatorisch nicht mehr leisten. Ob ferner persönliche Gründe seiner Einstellung entgegenstanden, kann nicht mehr rekonstruiert werden. Auch nach 1945 trat Eichholz nicht mehr in Erscheinung: So war er nicht in der von Theo Keil geführten Arbeitsgemeinschaft Sudetendeutscher Erzieher und fand in dem Periodikum der Arbeitsgemeinschaft nur in kurzen, im Vergleich mit anderen Anzeigen zurückhaltend formulierten Würdigungen Erwähnung, etwa in einem Geburtstagsglückwunsch und in einem Nachruf.[69]

Im Februar 1945 rückte die Frontlinie bereits unmittelbar an Troppau heran. Am 17. Februar 1945 verbat man trotzdem allen Lehrkräften das Reisen.[70]

---

65 Schreiben der Kanzlei des Führers an den Generalgouverneur in Krakau. Berlin, 19. Dezember 1944. BArch, R/9361/VI/560, nicht foliiert.
66 Schreiben des Staatssekretärs Dr. Poepple (Regierung des Generalgouvernements) über die beschleunigte Abwicklung der Zivilverwaltung des Generalgouvernements und den Einsatz der für die Verwaltung nicht mehr benötigten Kräfte. Warmbrunn, 24. Januar 1945. BArch, R/9361/VI/560, nicht foliiert.
67 Schreiben des Reichsinnenministeriums (Dr. Faust) an das Reichserziehungsministerium. Berlin, 10. März 1945. BArch, R/9361/VI/560, Akte Eichholz, nicht foliiert.
68 Schreiben von Eichholz an das Reichserziehungsministerium. Reichenberg, 2. März 1945. BArch, R/9361/VI/560, Akte Eichholz, nicht foliiert.
69 KEIL, Theo: Dr. Ludwig Eichholz 60 Jahre. In: Sudetendeutscher Erzieherbrief 1 (1963) 11; DERS.: Dr. Ludwig Eichholz †. Ein Leben für Jugend und Kultur des Sudetenlandes. In: Sudetendeutscher Erzieherbrief 3 (1964) 19–20.
70 Schreiben Fritschers an alle Leiter der Volks- und Hauptschulen im Kreis Troppau. Troppau, 17. Februar 1945. SOkA Opava, Landrát Opava, Signatur Kult-100, Karton 221, nicht foliiert.

Doch manche von ihnen dachten nicht daran, an ihrem Schulort zu bleiben, und verließen ihn eigenmächtig. Der Troppauer Regierungspräsident wollte sie hierfür noch zur Verantwortung ziehen, doch dem Regierungspräsidium war unklar, wie viele Personen geflüchtet waren und wer sich überhaupt wo aufhielt. Deshalb forderte es alle Lehrkräfte, die vom Verbleib der Geflüchteten wüssten, unverzüglich auf, deren Aufenthaltsort zu melden.[71] Um der fliehenden Lehrkräfte habhaft werden zu können, bat auch Keil in Reichenberg das Reichserziehungsministerium um eine entsprechende Anweisung. Doch dieses musste Mitte März 1945 in einem Schreiben an Reichenberg konstatieren: „Wir sind uns bewußt, daß von einer Verwaltung heute keine Rede mehr sein kann. Zum mindesten werden die Anordnungen der Obersten Reichsbehörden nicht mehr durchgeführt."[72] So verweigerte Holfelder aus Berlin eine entsprechende Anweisung, stattdessen sollte Reichenberg das Problem selbst regeln. Er sprach sich für eine Gehaltssperre für geflüchtete Lehrkräfte und disziplinarische Verfahren aus.[73] Sodann war es den Lehrkräften im Landkreis Troppau nur noch dann erlaubt, den Schulort zu verlassen, wenn sie „im Zuge einer *allgemein* für die Bevölkerung eingeleiteten Aktion" dazu aufgefordert worden waren.[74] Aber schon wenige Wochen später, Mitte März 1945, wurden im Landkreis alle Schulen geschlossen,[75] sofern sie denn zuvor überhaupt noch geöffnet gewesen waren. Die entsprechende Anweisung ist auch das letzte Schreiben, das vom örtlichen Schulrat Eduard Fritscher im Archiv gefunden werden kann. Gleichwohl wurde noch am 14. März 1945 unter Anwesenheit Kieselers die letzte Reifeprüfung an der Höheren Landwirtschaftsschule in Troppau unter Geschützdonner durchgeführt.[76] Schließlich endete auch die Korrespondenz zwischen Reichenberg und dem Regierungspräsidium in Troppau, da die Nachrichtenverbindung zwischen den beiden Behörden nicht mehr aufrechterhalten

---

71 EBENDA.
72 Abschrift eines Schreibens von Dr. Döring (Reichserziehungsministerium) an die Schulabteilung in der Reichsstatthalterei. Berlin, 14. März 1945. SOAL, ŘM, Signatur 1035/0, Karton 319, nicht foliiert.
73 EBENDA.
74 Schreiben Fritschers an alle Leiter der Volks- und Hauptschulen im Kreis Troppau. Troppau, 17. Februar 1945. SOkA Opava, Landrát Opava, Signatur Kult-100, Karton 221, nicht foliiert. Hervorhebung im Original.
75 Schreiben Fritschers an alle Leiter der Volks- und Hauptschulen im Kreis Troppau. Troppau, 12. März 1945. SOkA Opava, Landrát Opava, Signatur Kult-100, Karton 221, nicht foliiert.
76 KARL (Hg.): Bauern, Förster, Gärtner schufen ein blühendes Land 75.

werden konnte. Am 21. Februar 1945 schrieb Rudolf Fiedler noch an Paul Kieseler in Troppau: „Ich wünsche Ihnen und den Kameraden in der nächsten Zeit recht viel Glück und bin mit bestem Gruß [sic] und *Heil Hitler!*"[77] Kurz darauf flohen Teile der Verwaltung des Regierungspräsidiums Troppau nach Mährisch Schönberg. In der zweiten Aprilhälfte 1945 wurde Troppau von der Roten Armee nach schweren Kämpfen eingenommen.[78]

Ab April 1945 kam es schließlich auch im westlichen Sudetenland zu direkten Kampfhandlungen. Noch wenige Tage bevor die US-amerikanische Armee die Grenze zum Reichsgau Sudetenland erreichte, wurden in der Zeit vom 12. bis 16. April 1945 im Regierungsbezirk Karlsbad zahlreiche Schulen für die Unterbringung von insgesamt 10 000 Lazarettbetten umgenutzt. Schüler/innen musste man keine mehr aus den Schulen ausquartieren, da man bei der Übergabe der Schulen feststellte, dass „der Schulunterricht entweder gänzlich eingestellt ist oder auf ein untragbares Minimum eingeschränkt wird".[79] Stattdessen waren dort Flüchtlinge untergebracht worden, die man jetzt aufforderte, die Schulen zu verlassen.[80] Am 10. April 1945 wurde auch die Lehrerinnenbildungsanstalt in Eger geschlossen. Der Direktor versicherte, die Schülerinnen aber noch per Fernunterricht zu betreuen.[81] 160 Kilometer weiter östlich in Lukawetz (Lukavec) veranstaltete währenddessen das Leitmeritzer Schulamt noch Mitte April 1945 eine Arbeitstagung für Lehramtsanwärterinnen. Doch viele Anwärterinnen erschienen nicht; der örtliche Schulrat Adolf Schlegel war insbesondere darüber enttäuscht, dass es einige für nicht erforderlich gehalten

---

77 Entwurf eines Schreibens Fiedlers an Kieseler am Regierungspräsidium Troppau. Reichenberg, 21. Februar 1945. SOAL, ŘM, Signatur 1117/0, Karton 353, nicht foliiert, Hervorhebung im Original.
78 Vgl. ZIMMERMANN: Die Sudetendeutschen im NS-Staat 370.
79 Vermerk der Reichsstatthalterei (Autor unbekannt). Reichenberg, 20. April 1945. SOAL, ŘM, Inventarnummer 1041, Signatur Ic 10/100/9, Karton 321, nicht foliiert.
80 Schreiben der Reichsstatthalterei (Vogeler) an die Regierungspräsidenten in Aussig und Karlsbad. Reichenberg, 18. April 1945. SOAL, ŘM, Inventarnummer 1041, Signatur Ic 10/100/9, Karton 321, nicht foliiert.
81 Schreiben der Schulleitung der Lehrerbildungsanstalt in Eger an die Schulabteilung der Reichsstatthalterei. Eger, 10. April 1945. SOAL, ŘM, ohne Signatur, Karton 402, nicht foliiert. Am 28. April 1945 ordnete Vogeler gauweit die Schließung aller Lehrerbildungsanstalten an. Vgl. Entwurf eines Schreibens Vogelers über die Richtlinien für den Fall der teilweisen oder vollständigen Stilllegung von Lehrerbildungsanstalten an die Direktoren der Lehrerbildungsanstalten im Sudetengau. Das Schreiben wurde nicht mehr abgeschickt. Reichenberg, 28. April 1945. SOAL, ŘM, ohne Signatur, Karton 402, nicht foliiert.

hatten, „der selbstverständlichen Anstandspflicht nachzukommen, nämlich ihr Fernbleiben zu begründen".[82]

Letztendlich befasste sich die erhaltene Korrespondenz der Schulverwaltung der Reichsstatthalterei vom April 1945 fast nur noch mit der Belegung von Schulen als Lazaretten und Flüchtlingsunterkünften,[83] wobei sie auch dabei die Kontrolle verlor, da sie oftmals nicht mehr um die entsprechende Genehmigung gebeten wurde.[84] Kurz vor Ende des Zweiten Weltkrieges, am 27. April 1945, setzte die Schulverwaltung noch eine Verfügung für das „Amtliche Schulblatt" auf, nach der die Schulgebäude erst wieder für den Schulunterricht in Anspruch genommen werden dürften, wenn es keinen „schulfremden Bedarf" mehr gebe.[85] Die Ausgabe wurde aber nicht mehr veröffentlicht. Wenige Tage später marschierte im Mai 1945 die Rote Armee in Reichenberg ein. Kurz zuvor, am 7. Mai 1945, ließ Henlein noch die verbliebenen Leitungspersonen in der Reichsstatthalterei antreten, um ihnen mitzuteilen, dass ihre dienstliche Tätigkeit nun beendet sei und sie künftig Herr ihrer eigenen Entschlüsse seien. Er selbst fuhr nach Westen, im Glauben, mit den US-Amerikanern verhandeln zu können.[86] Kurz darauf beging er Suizid.[87] Etwa zwei Wochen später, am 23. Mai 1945, überließen Rudolf Fiedler und Franz Tschuschner, der ebenfalls in der Reichsstatthalterei tätig gewesen war, das Gebäude der Reichsstatthalterei dem Bevollmächtigten des Tschechoslowakischen Ministeriums für Schulwesen und Volksbildung.[88]

Mit dem Ende des Zweiten Weltkrieges kam auch die wieder neu konstituierte tschechoslowakische Verwaltung in den nun nicht mehr bestehenden Reichsgau Sudetenland zurück. Mit dem Stempel „Okresní národní výbor" (Landeskreisnationalausschuss) versehen, endet die archivalische Überlieferung

---

82 Schreiben des Leitmeritzer Schulrats Schlegel an alle Schulleiter im Landkreis Leitmeritz. Leitmeritz, 23. April 1945. SOkA Lovosice, Landrát Litoměřice, Signatur unklar, Karton 672, fol. 40.
83 Vgl. hierzu die Aktenvorgänge in: SOAL, ŘM, Inventarnummer 1037, Signatur Ic 10/100/2, Karton 320, nicht foliiert.
84 Schreiben an Bachmann (Reichsstatthalterei). Autor unbekannt. Reichenberg, 29. März 1945. SOAL, ŘM, Inventarnummer 1037, Signatur Ic 10/100/2, Karton 320, nicht foliiert.
85 Entwurf für das Amtliche Schulblatt. Autor unbekannt. Reichenberg, 27. April 1945. SOAL, ŘM, Inventarnummer 1041, Signatur Ic 10/100/9, Karton 321, nicht foliiert.
86 Bericht Hermann Neuburgs in tschechoslowakischer Haft 1945/46, S. 762–763, Archiv bezpečnostních složek, 301-139-4, Hermann Neuburg, fol. 189–190.
87 Vgl. GEBEL: „Heim ins Reich!" 359.
88 Vgl. FIEDLER: Volks- und Bürgerschule – Sonderschulen 124–125.

der Schulverwaltung.[89] Am 7. Mai 1945 wandte sich der Leitmeritzer Schulrat Schlegel an die Lehrkräfte seines Kreises und teilte ihnen mit, dass weder Oberregierungs- und Schulrat Rudolf Sagaster am Regierungspräsidium Aussig noch das örtliche Landratsamt mehr Weisungen empfangen würden, er daher nichts Offizielles mitteilen könne. Aufgrund dessen forderte er die Lehrkräfte auf, nun weiterhin „unsere Pflicht nach bestem Wissen, Gewissen und Können" zu erfüllen und auf Ordnung zu achten, da Lehrkräfte und Schule schon immer ein „Ordnungselement" gewesen seien. Weiter schreibt er:

> Wie Sie die anderen Fragen, die an mich schon gerichtet wurden, lösen wollen (Vernichtung von Bildern, Schriften, Büchern u. dgl. [sic!] dafür kann ich Ihnen nach dem schon Gesagten keinerlei Weisungen geben, handeln Sie so, dass Sie es vor sich, aber auch vor der Zukunft verantworten und Ihnen keinerlei Vorwürfe erwachsen können. Jetzt etwa so zu tun, als hätte es in den Schulen keine Führerbilder gegeben oder in der Chronik keine Eintragungen, die sich auf die jeweiligen Verhältnisse bezogen, wäre Unsinn, würde ja doch niemand glauben. Die Chronik gibt eben die damalige Stimmung wieder; nun plötzlich z. B. alles zu vernichten, könnte auch seine Deutung finden. Hoffen wir, dass unsere Schule durch das Kommende keinen Schaden erleide und dem deutschen Kinde seine Schule erhalten bleibe.[90]

Einen Tag später erschien eine tschechische Delegation im Landratsamt von Leitmeritz. Auf ihre Aufforderung hin wurde ihr die Verwaltung der Stadt übergeben.[91]

Der Reichsgau Sudetenland mitsamt seiner Schulverwaltung hatte zu existieren aufgehört.

---

89 Ein dem Schulrat von Hohenelbe zugesandtes Schreiben (Angabe über die Eltern als Beilage für eine Bewerbung an einer Lehrerbildungsanstalt) wurde mit einem Poststempel des „Okresní národní výbor Vrchlabí" [Landeskreisnationalausschuss Hohenelbe] vom 31. Mai 1945 als eingegangen vermerkt. Siehe SOA Trutnov, Landrát Vrchlabí, Signatur inv. č. 64, Karton 542, nicht foliiert.
90 Schreiben des Leitmeritzer Schulrats Schlegel an alle Schulleiter im Landkreis Leitmeritz. Leitmeritz, 7. Mai 1945. SOkA Lovosice, Landrát Litoměřice, Signatur unklar, Karton 672, fol. 44. Die schließende Klammer fehlt im Text.
91 ZIMMERMANN, Volker: Der „Reichsgau Sudetenland" im letzten Kriegsjahr. In: HOENSCH, Jörg K./LEMBERG, Hans (Hg.): Begegnung und Konflikt. Schlaglichter auf das Verhältnis von Tschechen, Slowaken und Deutschen 1815–1989. Essen 2001, 173–190, hier 187; zitiert wird dort folgendes Dokument: Bericht „Die Stadt Leitmeritz 1918–45" von Dr. Erich Sch., 1959. BA Bayreuth, OstDok 20/12, Kennziffer I/15.

Fazit. Die ungehörten „Grenzlanddeutschen"

Infolge des Münchner Abkommens waren Anfang Oktober 1938 Einheiten der deutschen Wehrmacht in die mehrheitlich deutschsprachigen Gebiete der Tschechoslowakei einmarschiert. Der größte Teil dieses Gebietes wurde als Reichsgau Sudetenland administrativ zusammengefasst und als eigene Verwaltungseinheit in das Deutsche Reich eingegliedert. Sofort setzte die Verfolgung der dem tschechoslowakischen Staat treu gebliebenen Sozialdemokraten und Kommunisten ein; die jüdische Bevölkerung, soweit sie nicht geflohen war, wurde ausgegrenzt und in den kommenden Jahren zu einem großen Teil in der Shoa ermordet.

Dass der neue Reichsgau seinen Namen der Bezeichnung „sudetendeutsch" verdankte und somit letztlich deren geografische Realisierung darstellte, war Folge der vorangegangenen Förderung des Begriffs durch völkische Verbände. Diese setzten nach 1918 beiderseits der deutsch-tschechoslowakischen Grenze schrittweise die politisch ausgerichtete Sammelbezeichnung „Sudetendeutsche" für die deutschsprachige Bevölkerung der böhmischen Länder durch. Als Wortschöpfung ohne überlieferte geografische Verortung war sie normativen Zuschreibungen zugänglich, und eine davon sollte bis 1938 besondere Bedeutung erlangen: die der Sudetendeutschen als Grenzlanddeutsche. Dieser Zuschreibung lag eine Forderung sudetendeutscher Akteure zugrunde: Die Sudetendeutschen sollten sich der Aufgabe bewusst sein, das Deutsche Reich vor den angeblichen tschechischen Gegnern zu schützen. Sie sollten dabei aber auch wissen, dass das Deutsche Reich diesen Schutz von den Sudetendeutschen erwarten und sie dafür schätzen würde.

Dieses Selbstbild prägte auch die Erwartungshaltung, mit der die sudetendeutsche Schulverwaltung 1938 ihr Amt antrat. Doch sie sah sich schnell mit der einschneidenden Gleichschaltung des bis dahin sehr vielfältigen Vereins- wie Organisationswesens konfrontiert. Die Hoffnungen der Bevölkerung auf einen schnellen Wirtschaftsaufschwung erfüllten sich trotz eines relativ deutlichen Rückgangs der Arbeitslosigkeit nicht, auch blieb die erwartete Modernisierung der Schulgebäude aus. Die Deutsche Universität Prag, nach 1939 als Deutsche Karls-Universität in Prag bezeichnet, wurde entgegen den Wünschen der Sudetendeutschen nicht in den Reichsgau verlegt. Die institutionelle Überführung der bisherigen Reichenberger Anstalt für sudetendeutsche Heimatforschung in die sogenannte Sudetendeutsche Anstalt für Landes- und Volksforschung hatte die daraus folgende Enttäuschung kaum kompensieren können. Sudetendeutsche Funktionäre verloren also entgegen allen vor dem Anschluss gehegten Hoffnungen im Deutschen Reich an Einfluss. Diese unerwartete Zurücksetzung war Konsequenz der für sie ausersehenen Bestimmung als frühere sogenannte Auslandsdeutsche unter NS-Herrschaft: Waren sie vor 1933 noch als heldenhafte Kämpfer für das „Deutschtum" verklärt worden, verlangte die NS-Führung nun ihre bedingungslose Anpassung an das Deutsche Reich.

Doch die sudetendeutsche Schulverwaltung beharrte darauf, dass die Sudetendeutschen als wehrhafte Grenzlanddeutsche zu betrachten seien. Dies wurde sogar zum Ausgangspunkt, um eine Sonderrolle des Reichsgaus Sudetenland im nationalsozialistischen Deutschland zu verlangen. Damit war die Vorstellung verbunden, selbst für spezifische Grenzlandaufgaben zuständig zu sein. Auf diese Weise sollte im Deutschen Reich die Anerkennung der angeblichen sudetendeutschen Verdienste im „Volkstumskampf" sowie einer zukünftigen besonderen Mission erreicht werden. Dass dies vom nationalsozialistischen Deutschland ebenfalls so gesehen und honoriert werden sollte, war also ein zentrales Anliegen nicht nur der politischen Führung des Gaus, sondern auch der Schulverwaltung.

Diese Deutung knüpfte an das schon in der Tschechoslowakei von völkischen Autoren entwickelte Narrativ eines sudetendeutschen Grenzlanddeutschtums an, änderte aber den Bezugspunkt: Die argumentative Zielrichtung drehte sich buchstäblich wie geografisch um 180 Grad. Nun wurde das Grenzlanddeutschtum nicht mehr als Abgrenzung gegenüber der tschechischen Bevölkerung Böhmens und Mährens verstanden, sondern als Argument gegenüber den sogenannten Altreichsdeutschen artikuliert und zugleich mit dem Anspruch einer sudetendeutschen Vorherrschaft über den böhmisch-mährischen Raum verknüpft. Dabei wurde die bisher und auch weiterhin als nationaler Gegner dargestellte tschechische Bevölkerung als Argument ins Feld geführt, um eine besondere Mission des sudetendeutschen Grenzlanddeutschtums zu begründen.

Die Selbstbeschreibung als Grenzlanddeutsche diente somit als Argument gegenüber dem Reichserziehungsministerium, fungierte aber zugleich auch gegenüber den Sudetendeutschen und vor allem gegenüber den sudetendeutschen Lehrkräften als ein Mittel des ‚group buildings'. Dass gerade die Schulverwaltung dieses Narrativ so engagiert vertrat, überrascht nicht. Denn in der Schulabteilung der obersten sudetendeutschen Behörde, der Reichsstatthalterei in Reichenberg, waren ausgewiesene Persönlichkeiten aus der Schulpolitik und den Schulfachverbänden der Tschechoslowakei ins Amt gekommen, die nach 1938 ihre schon lange vertretenen Positionen durchzusetzen versuchten;

Fazit. Die ungehörten „Grenzlanddeutschen"

in deren Umfeld agierten zudem einflussreiche völkische Agitatoren (Emil Lehmann, Rudolf Lochner, Eugen Lemberg). Die Funktionäre der sudetendeutschen NS-Verwaltung, die sich in die Schulpolitik einbrachten, wiesen generationell wie räumlich bedingte Gemeinsamkeiten auf. Sozialisiert im Umfeld völkisch ausgerichteter Verbände in der Tschechoslowakei der Zwischenkriegszeit, kann ihre Bekanntschaft untereinander nachgewiesen werden, so etwa bei Ludwig Eichholz und Friedrich Zippelius, die beide vor 1938 als SdP-Abgeordnete im Prager Parlament tätig waren. Bei allen anderen kann eine persönliche Bekanntschaft zumindest angenommen werden, da auch Akteure wie Gottfried Preißler oder Rudolf Fiedler schon vor 1938 bedeutende Posten in den Lehrerverbänden besetzten.

Daher brachen die bereits in der Tschechoslowakei geführten deutschnationalen schulpolitischen Diskussionen nach 1938 nicht ab, sondern wurden nur unter neuen Vorzeichen weitergeführt. Es ist davon auszugehen, dass diese Schulverwaltungsbeamten dem Nationalsozialismus keineswegs fernstanden, denn bei allem Bemühen um Abgrenzung arbeiteten sie stets regimetreu und ideologiekonform dem Reichserziehungsministerium in Berlin zu. Dass sie den Sudetendeutschen eine eigenständige Identität als Grenzlanddeutsche zuschrieben, stand aus ihrer Sicht den Interessen des Reiches nicht entgegen – schließlich ließ sich dieses Konzept mit den angeblichen Verheißungen der NS-Volksgemeinschaft verbinden. Diese schien ihnen nun neue Räume zu eröffnen.[1]

Doch das Reichserziehungsministerium verweigerte sich den Forderungen aus Reichenberg, den Sudetendeutschen als Grenzlanddeutschen eigene Aufgaben zu übertragen. Wenngleich es die Ansicht, es existiere ein sudetendeutsches Grenzlanddeutschtum mit spezifischen, im deutsch-tschechischen Nationalitätenkonflikt gewonnenen Erfahrungen, teilte, vermied es in seinem Schriftwechsel mit sudetendeutschen Behörden jegliche Bezugnahme darauf. Nur dann, wenn der Anspruch auf Selbstbehauptung auch den Zielen des Reichserziehungsministeriums entsprach, kam es der sudetendeutschen Schulverwaltung entgegen. Dies geschah jedoch nur aus sachlichen Erwägungen heraus und ist nicht als Zugeständnis an einen grenzlanddeutschen Eigensinn zu interpretieren. Die Möglichkeit zur Durchsetzung sudetendeutscher

---

1 BAJOHR, Frank/WILDT, Michael: Einleitung. In: BAJOHR, Frank/WILDT, Michael (Hg.): Volksgemeinschaft. Neue Forschungen zur Gesellschaft des Nationalsozialismus. Frankfurt am Main 2009, 7–23, hier 9–10.

Vorstellungen war somit in erster Linie davon abhängig, inwieweit sie mit den Interessen Berlins im Einklang standen.

Besonders deutlich zeigte sich dies in der Diskussion über die Weiterführung des Tschechischunterrichts an sudetendeutschen Bürgerschulen. Hatte die sudetendeutsche Schulverwaltung – unterstützt durch zahlreiche befürwortende Schreiben von NS-Funktionären, die im Rahmen einer Umfrage eingeholt worden waren – herausgestellt, dass der sudetendeutschen Bevölkerung die Aufgabe zukomme, den böhmisch-mährischen Raum zu beherrschen, und ihren Kindern daher Tschechischkenntnisse vermittelt werden müssten, so fand dieses Ansinnen im Reichserziehungsministerium nicht wegen der grenzlanddeutschen Argumentation Unterstützung, sondern wegen der Begründung, durch entsprechende Sprachkenntnisse die besetzten Gebiete im Osten Europas besser verwalten zu können.

Weder die eine noch die andere Sicht teilten allerdings Eltern und Schüler/-innen, die zumindest in dieser Sache zum großen Teil für sich keine besondere Bestimmung als Grenzlanddeutsche zu erkennen schienen. Dies hat auch an der Politik gegenüber der tschechischen Minderheit im Reichsgau gelegen. Diese war starken Repressionen ausgesetzt, ein tschechisches gesellschaftliches Leben existierte nicht mehr, die tschechische Sprache wurde systematisch aus der Öffentlichkeit entfernt. In der Praxis konnte dieser Widerspruch zwischen der Zurückdrängung der tschechischen Sprache und der Repression gegenüber der tschechischen Minderheit auf der einen Seite und dem Ziel des Erlernens der tschechischen Sprache durch sudetendeutsche Schüler/-innen auf der anderen Seite nicht aufgelöst werden. Der Tschechischunterricht blieb äußerst unbeliebt, was sich nicht zuletzt auf die schulischen Leistungen auswirkte. Seine rein volkstumspolitische Zielsetzung schlug sich auch im Unterricht selbst nieder: Tschechisch wurde nicht als Begegnungs- oder Verständigungssprache verstanden, sondern das Fach zielte darauf ab, ausschließlich sprachpraktische Kenntnisse unter Ausblendung einer tschechischen Umwelt bzw. Nachbarschaft zu vermitteln.

Diese Ausblendung des deutsch-tschechischen Zusammenlebens bezog sich aber nicht nur auf den Tschechischunterricht, sondern auch auf den Umgang mit der tschechischen Bevölkerung, der unter dem Vorzeichen einer absoluten deutschen Vorherrschaft im Reichsgau Sudetenland bzw. in Böhmen und Mähren insgesamt stand. Die sudetendeutschen Schulfunktionäre sahen sich hier im besonderen Maße berufen, als Experten aufzutreten. Sie hatten dabei weit mehr im Sinn als die Trennung der Deutschen von den Tschechen, vielmehr wollten sie durch mehrere, teilweise miteinander konkurrierende Maßnahmen eine Eindeutschung des Territoriums erreichen.

Zuvorderst betraf dies die Beschränkung der Beschulungsmöglichkeiten tschechischer Schüler/-innen, wobei die Schulverwaltung als Hardliner agierte. Dabei entschieden die sudetendeutschen Funktionäre eigenständig und ohne Absprache mit dem Reichserziehungsministerium. Die beschlossenen massiven Einschränkungen des tschechischen Schulwesens entsprachen aber offensichtlich den Vorstellungen Berlins. Alle tschechischen Schularten mit Ausnahme der Volksschulen wurden abgeschafft. Man gestand der tschechischen Minderheit nur eine Schulbildung zu, die für sie als gerade noch notwendig erachtet wurde und die die Unterordnung unter die deutsche Herrschaft vermittelte. Dies belegt auch der herausgegebene Lehrplan für tschechische Volksschulen unmissverständlich.

Dabei ist unverkennbar, dass es der Schulverwaltung nicht um das Wohl der tschechischen Schüler/-innen ging. Ihr Ziel war vielmehr stets, dass diese später möglichst nützlich für die deutsche Herrschaft eingesetzt werden könnten, und zwar bestmöglich separiert von der deutschsprachigen Gesellschaft. Zudem bewirkte die schulische Abqualifizierung der tschechischen Bevölkerung, dass sich die beruflichen Möglichkeiten der Sudetendeutschen verbesserten. Hatte die Schulverwaltung keinerlei Skrupel, der tschechischen Minderheit eine schlechtere gesellschaftliche Position im Reichsgau wie generell gegenüber den Deutschen zuzuweisen, wurden die Sudetendeutschen indessen selbst Gegenstand einer rassisch begründeten negativen Fremdzuschreibung. Besonders markant war dies im Fall der in Schulbüchern aufgeführten und als minderwertig dargestellten „sudetischen Rasse". Das Reichserziehungsministerium entschied nach sudetendeutschen Protesten, die entsprechenden Passagen aus zukünftigen Schulbuchauflagen zu entfernen – doch zu neuen Ausgaben kam es kriegsbedingt nicht mehr.

Während die Schulverwaltung bei der Zerschlagung des tschechischen Schulwesens selbstständig agieren konnte, scheiterte sie zusammen mit dem NS-Gaugrenzlandamt auf einem anderen für sie zentralen Feld. Mit Verweis auf ihre Grenzlanderfahrung, sprach sie sich für „Eindeutschungen" durch die Beschulung ausgewählter tschechischer Kinder an deutschen Schulen aus. Ihr Anspruch war zwar die Trennung von Tschechen und Deutschen unter territorialer Zurückdrängung der tschechischen Bevölkerung, doch zumindest einigen wenigen Tschechen wollte sie das „Deutschtum" zuerkennen. Die Auswahl sollte allerdings weniger auf rassischen Kriterien, sondern eher auf deutschen Sprachkenntnissen und dem politischen Wohlverhalten der Eltern beruhen. Die SS hingegen verfolgte das Konzept einer Germanisierung des Raumes durch die partielle Eindeutschung der tschechischen Bevölkerung gemäß rassischen Kriterien – die Vertreibung und Ermordung derer, die diesen Kategorien nicht entsprachen, eingeschlossen. Hatte die sudetendeutsche Seite erst vehement versucht, sich diesem Konzept zu verweigern, da sie ihrer Ansicht nach besser einschätzen konnte, wer zur Eindeutschung geeignet sei und wer nicht, stieß ihre Argumentation bei der SS auf schroffen Widerspruch. In der Folge wurde das sudetendeutsch geführte NS-Gaugrenzlandamt aufgelöst und die Schulverwaltung musste die Vorstellungen der SS akzeptieren. Ihrer „Grenzlanderfahrung" war keine Bedeutung beigemessen worden.

Trotz solcher Rückschläge war es für die Schulverwaltung von großer Bedeutung, an sudetendeutschen Schulen eine „grenzlanddeutsche Identität" als Lehrinhalt zu vermitteln. Nicht nur in der Gegenwart, auch in der Zukunft sollten die Sudetendeutschen ihre spezifische Rolle im Deutschen Reich verinnerlichen. So fand die Grenzlanderfahrung an den sudetendeutschen Schulen nach 1938 tatsächlich Eingang. Dort hatte sich die Zusammensetzung der Schülerschaft nach 1938 allerdings stark verändert, da sie nach der weitgehenden Ausschulung tschechischer Kinder aus deutschen Schulen und dem Ausschluss jüdischer Kinder vom Unterricht fortan auch von „eindeutschungsfähigen" tschechischen Kindern, volksdeutschen Kindern, nichtdeutschen Zwangsarbeiterkindern und zum Kriegsende hin auch von Flüchtlingskindern besucht wurden. Hinzu kam, dass sich viele Schüler/-innen im Rahmen der Kinderlandverschickung im Reichsgau Sudetenland aufhielten.

Dessen ungeachtet fand sich das Grenzlanddeutschtum in den Unterrichtsvorgaben und im Lehrplan wieder; selbst an den Bürgerschulen war die Geschichte des Grenz- und Auslandsdeutschtums ein eigener Unterrichtsgegenstand geworden – als einer der wenigen Unterschiede zwischen der sudetendeutschen Bürgerschule und der reichsdeutschen Mittelschule überhaupt. Im neu herausgegebenen Sudetendeutschen Atlas erschienen die böhmischen Länder als „Sudetenraum", sodass die völkisch-politische Sammelbezeichnung sudetendeutsch einen speziellen territorialen Bezug erhielt: Auf diese Weise konnte den Sudetendeutschen nicht nur eine Heimat gegeben werden, auch ihr Herrschaftsanspruch über den böhmisch-mährischen Raum mitsamt der dort lebenden tschechischen Bevölkerung war so kartografisch legitimiert worden.

Für den Deutschunterricht an Volksschulen wurden zeitgleich neue reichsweite Volksschullesebücher herausgegeben, die, ergänzt um einen eigenen Teil zum Sudetenland, die spezifische Erfahrung an der Grenze erzählerisch abbilden sollten. Die Texte des Gauteils fußten auf der seit Ende des 19. Jahrhunderts verbreiteten Grenzlandliteratur, womit diese sonst nach 1938 reichsweit an Bedeutung verlierende Literaturgattung neue Relevanz erhielt. In ihnen war das Narrativ der tapferen Grenzlanddeutschen besonders wirkmächtig, jedoch in einer spezifischen Konstellation: Die Texte zielten darauf ab, die

Sudetendeutschen als „verlorene Gruppe" darzustellen, die sich gegen eine tschechische und jüdische Übermacht habe durchsetzen müssen. Erst Adolf Hitler habe ihre Befreiung aus der behaupteten Unrechtsherrschaft vollbracht. Dass dies in Berlin nicht auf Widerstand stieß, lag an einer weiteren Botschaft, die in diesen Lesebüchern vermittelt wurde. Denn das Narrativ der wehrhaften Grenzlanddeutschen war dort mit der Forderung nach einer immerwährenden Dankbarkeit der Sudetendeutschen gegenüber Adolf Hitler verbunden. Diese Verknüpfung des grenzlanddeutschen Heldentums mit dem Nationalsozialismus zeigte sich in besonderer Weise in einem neu eingeführten Gedenktag für Peter Donnhäuser, einem 1933 zu Tode gekommenen Lehrer und überzeugten Nationalsozialisten. Sein Tod wurde nicht nur als für den sudetendeutschen „Freiheitskampf" erbrachtes Opfer herausgestellt, sondern Donnhäuser wurde auch zum Kämpfer für den Nationalsozialismus verklärt, der letztlich die Rettung der Sudetendeutschen gebracht habe. All diese Unterrichtsinhalte stellten die NS-Herrschaft wie auch deren Struktur nicht infrage, sie unterstützten sie vielmehr. Dies zeigt, dass die Ausbildung von regionalen Identitäten im Schulunterricht zugelassen wurde, wenn diese mit der nationalsozialistischen Ideologie im Einklang standen.

Doch so positiv solche Inhalte auch gesehen worden sein mochten, weitergehende Spielräume gewährte das Reichserziehungsministerium der sudetendeutschen Schulverwaltung nicht. Dies sollte sich in besonderer Weise im Kernbereich der Schulverwaltung abbilden, nämlich in der Frage, wie das sudetendeutsche Schulwesen, das sich erheblich von dem des Deutschen Reiches unterschied, zukünftig strukturiert sein sollte. Die Ablehnung des reichsdeutschen Schulwesens war dabei nicht – so sehr sie die Vorzüge ihrer Bürgerschule, die es ermöglicht habe, den Grenzlandkampf so erfolgreich auszufechten, auch pries – auf die Vorstellung eines überlegenen eigenen Schulwesens zurückzuführen, sondern war Folge einer anderen Sicht auf Schulbildung. Die sudetendeutsche Schulverwaltung vertrat den Vorrang breiter Allgemeinbildung vor fachlicher Bildung, während die von Berlin betriebene reichsweite Unifizierung das Gegenteil erreichen wollte: ein separiertes Schulwesen, in welchem praktische Bildung gegenüber dem Allgemeinwissen den Vorrang hatte.

Der Schulverwaltung gelang es aber nicht, die Angleichung des Schulwesens an Reichsvorgaben abzuwehren. Das Reichserziehungsministerium berücksichtigte bei der curricularen Vereinheitlichung des Schulwesens keine regionalen Interessen. Doch das Grenzlandargument sollte auch hier Gewicht erhalten – in der öffentlichen Kommunikation, vor allem der gegenüber den Lehrkräften. Denn der Schulverwaltung gelang es, in der Öffentlichkeit die Botschaft eines erfolgreich fortbestehenden sudetendeutschen Schulwesens zu verbreiten: So behauptete sie, dass es ihr gelungen sei, die Bürgerschule als eine von Berlin besonders anerkannte grenzlanddeutsche Schulform erhalten zu können. In Wirklichkeit hatte sie jedoch nur erreicht, dass die Bezeichnung beibehalten wurde, denn der neu herausgegebene Lehrplan für die Bürgerschule war beinahe deckungsgleich mit dem für die reichsdeutsche Mittelschule, auch gab es für die Bürgerschule nun erstmals Aufnahmebedingungen, wie sie für die Mittelschule kennzeichnend waren.

Berlin gestattete somit zwar keine Sonderregelungen für den Reichsgau Sudetenland, aber eine regimefreundliche eigenständige Darstellung der Veränderungen. Dass die Schulverwaltung so sehr auf der Forterzählung eines erfolgreichen sudetendeutschen Schulwesens bestand, war der Tatsache geschuldet, dass vor 1938 in völkischen Kreisen insbesondere das Schulwesen als Bollwerk gegen die Tschechen gesehen worden war. Das Eingeständnis seiner Missachtung durch Berlin bei gleichzeitiger Einführung eines als fremd empfundenen reichsdeutschen Schulwesens hätte folglich nicht nur das Gefühl der Zurückweisung verstärkt, sondern auch das Bild von einem angeblich vorbildlichen eigenen Schulwesen empfindlich beschädigt.

Das Grenzlandnarrativ blieb in der Außendarstellung der Schulverwaltung gegenüber den Lehrkräften also relevant, um trotz dieser Misserfolge die besondere Rolle der Sudetendeutschen im Reich herausstellen und ihre Leistungen würdigen zu können. Dies änderte sich erst im letzten Kriegsjahr 1944/1945 einschneidend. Nun hatte es jegliche Bedeutung verloren: Hätte die Schulverwaltung versucht, das identitätsstiftende Argument der grenzlanddeutschen Bevölkerung des Reichsgaus unter Bezugnahme auf die Situation vor 1938 weiter zu verbreiten, wäre dies ein Zerrbild der tatsächlichen Verhältnisse gewesen. Denn die Lage in der Zeit vor 1938, als der deutschsprachigen Bevölkerung in der Tschechoslowakei ein hervorragend ausgebautes Schulwesen zur Verfügung gestanden hatte, unterschied sich extrem von der Situation der Jahre 1944/1945, denn das Schulwesen war nur noch rudimentär als solches zu erkennen.

War der Schulverwaltung somit die Konstruktion eines grenzlanddeutschen Schulwesens gelungen? Müsste abschließend eine knappe Antwort auf diese Frage gegeben werden, würde diese lauten: Sie war dort erfolgreich, wo die sudetendeutsche Grenzlandbehauptung reichsdeutschen Ansprüchen nicht zuwiderlief. Sobald Berliner Positionen sudetendeutschen widersprachen, scheiterte die Reichenberger Schulverwaltung, doch wenn es Berlin nützlich erschien, taten sich für die regionalen Funktionäre Spielräume auf. Gerade hinsichtlich der Unterdrückung der tschechischen Bevölkerung war die Schulverwaltung nicht nur ein ausführendes Organ, sondern trat als maßgeblicher

Akteur der Volkstumspolitik auf und verlor nur aufgrund des Widerspruchs der SS an Bedeutung. Das Ausnutzen eigener Handlungsspielräume durch eine Mittelbehörde im NS-Staat – wie eben der Reichenberger Reichsstatthalterei – war an sich nichts Ungewöhnliches: Wie bereits Jürgen Finger konstatiert hat, konnten regionale und lokale Verwaltungen im zentralisierten NS-System die Umsetzung von Normen verzögern, beschleunigen oder auch verhindern bzw. Programme verkürzen, erweitern, anpassen oder mit einer neuen Zielrichtung versehen.[2] Doch in Reichenberg wies der Wunsch nach eigenem Handeln eine besondere Brisanz auf, da die Reichsstatthalterei eigentlich nur die Reichspolitik umsetzen sollte. Das entsprach allerdings keinesfalls dem Selbstverständnis ihrer Akteure: Sie warteten nicht auf neue Richtlinien aus Berlin, sondern traten selbst, in Reaktion auf Reichsvorgaben wie auch aus eigenem Antrieb, mit eigenen Entwürfen hervor. Die personelle Homogenität wie auch der administrative Aufbau des Reichsgaus Sudetenland, in dem anders als im sogenannten Altreich die konkurrierenden Doppelstrukturen der Landesministerialbürokratie und der NSDAP-Gauleitung qua Verfügung nicht existierten, hatten die Herausbildung des Grenzlandparadigmas begünstigt. Nationalsozialistischer Lehrerbund und Schulverwaltung traten in Personalunion auf, zwischen den beiden Bereichen gab es gemäß den Quellen keine Differenzen.

Zugleich zeigt das Beispiel der Schulpolitik im Reichsgau Sudetenland, dass Forderungen von regionalen Funktionären tatsächlich formuliert werden konnten, ohne aus Berlin große Konsequenzen fürchten zu müssen. Damit wird deutlich, dass die angestrebte Reichsreform, für die der Reichsgau Sudetenland ein Muster sein sollte, nicht zwangsläufig das Ende eines regionalen Eigensinns hätte bedeuten müssen – und dass möglicherweise auch weiterhin je eigene regionale Vorstellungen von der nationalsozialistischen Volksgemeinschaft sich hätten entwickeln können. An der sudetendeutschen Schulpolitik lässt sich jedenfalls exemplarisch in den Blick nehmen, wie das propagandistische Versprechen der Volksgemeinschaft – einschließlich der Inklusion und Exklusion von Bevölkerungsteilen – durchaus eigenwillig interpretiert und partiell ausgestaltet werden konnte. Zudem trug die Schulpolitik maßgeblich zur Radikalisierung der Sichtweisen auf das deutsch-tschechische Verhältnis bei – denn gerade an den Schulen des Reichsgaus, bei Lehrkräften wie Schüler/-innen, wurde das Bild vom „Grenzlandkampf" der Sudetendeutschen verbreitet.

---

2 FINGER: Eigensinn im Einheitsstaat 477.

Appendix

Karrieren nach 1945

Ludwig Eichholz kam gegen Kriegsende in russische Kriegsgefangenschaft, wurde aber bereits im August 1945 entlassen. Anschließend arbeitete er bis 1947 als Lehrer für slawische Sprachen in einem Sprach- und Übersetzungsinstitut in Halle an der Saale.[1] Ab Januar 1948 war er dann als privater Sprachlehrer in Höxter tätig; zum 1. Juni 1951 wurde er Leiter des städtischen Schul- und Kulturamts in Höxter. Zudem wurde er heimatkundlicher Mitarbeiter verschiedener westfälischer Zeitschriften und Zeitungen sowie Mitarbeiter des „Schulverwaltungsblatts für Niedersachsen", der „Geographischen Rundschau", der „Neueren Sprachen" und Außenlektor des Verlags Westermann in Braunschweig. Dabei spielte er nach dem Krieg seine herausragende Position in der SdP herunter. Er selbst schrieb über seine Tätigkeit vor 1945: „In der Heimat gelegentlicher Mitarbeiter an Zeitschriften der Volkstumsorganisationen (Bund der Deutschen und Deutscher Turnverband)."[2] Für Eichholz war seine berufliche Stellung in Höxter dem Anschein nach aber unbefriedigend, da er abermals versuchte, eine bessere berufliche Position zu erlangen. Doch auch Empfehlungsschreiben von Lodgman von Auen[3] und Eugen Lemberg[4] halfen nicht. Eichholz bewarb sich beim Verband der Landsmannschaften (VDL), bei der Kulturstelle der Sudetendeutschen Landsmannschaft, hier als Beirat für Erziehungswesen, beim Ministerium für gesamtdeutsche Fragen, beim Adalbert-Stifter-Verein München, beim Institut für Auslandsbeziehungen Stuttgart sowie beim Osteuropa-Institut in München. Seine Bewerbungen blieben jedoch allesamt erfolglos.[5] Zumindest gelang es Eichholz noch, in die

---

1 Ob er aus der Kriegsgefangenschaft entlassen wurde, um als Sprachlehrer tätig werden zu können, kann aus den Quellen nicht entnommen werden.
2 Lebenslauf von Ludwig Eichholz, von ihm verfasst, ohne Angabe, zu welcher Bewerbung er verfasst wurde. Höxter, 16. Januar 1952. BayHStA, SdA: Sprecherregistratur Lodgman v. Auen, 223.
3 Schreiben von Rudolf Lodgman von Auen an den Bundesminister für gesamtdeutsche Fragen, Jakob Kaiser. Freising, 17. März 1952. BayHStA, SdA: Sprecherregistratur Lodgman v. Auen, 223.
4 Dr. Eugen Lemberg, Kassel am 19. April 1951. Beglaubigte Abschrift vom 29. Mai 1952 in Höxter. BayHStA, SdA: Kanzlei des Sprechers, 220.
5 Bewerbungen in: BayHStA, SdA, Kanzlei des Sprechers, 220.

sogenannte Landsmannschaftskurie des Sudetendeutschen Rats entsandt zu werden.[6] Am 3. Mai 1964 starb Ludwig Eichholz an einem Herzinfarkt.[7]

Theo Keil gelangte nach Kriegsende nach Bayern, wo er bis 1949 als Landarbeiter auf einem Gut in Unterhaching tätig war. Anfang der 1950er Jahre gelang ihm schließlich der Wiedereinstieg in den Lehrerberuf. Nach verschiedenen Stationen fand er ab 1953 in der Vertriebenensiedlung Waldkraiburg in Oberbayern eine Anstellung und wurde 1956 zum Direktor der dort neu eröffneten Mittelschule ernannt, die er bis zu seiner Pensionierung 1964 leitete. Zudem war er engagierter Geschäftsführer der 1952 gegründeten Arbeitsgemeinschaft Sudetendeutscher Erzieher. In dieser Funktion gab er 1967 den Sammelband „Die deutsche Schule in den Sudetenländern – Form und Inhalt des Bildungswesens" heraus. Darüber hinaus engagierte er sich im Witikobund, der am rechten Rand der Sudetendeutschen Landsmannschaft agierte, und in der Arbeitsgemeinschaft Sudetendeutscher Turner und Turnerinnen.[8] Theo Keil starb am 24. Oktober 1983 in Waldkraiburg.[9] Auch er verkehrte nach 1945 den Umgang der Schulverwaltung mit der tschechischen Bevölkerung im Reichsgau Sudetenland geradezu ins Positive:

> Dieser passive Widerstand der ehemaligen sudetendeutschen Schulräte beweist, daß die Schulaufsicht an ihren 1938 beschlossenen Grundsätzen festhielt und infolgedessen nicht damit einverstanden war, daß den Tschechen im Sudetenland keine Bürgerschulen zugestanden werden sollten. *Da es aber gegen den Willen vieler Parteistellen doch gelungen war, den Tschechen im Sudetenland den Volksschulunterricht in ihrer Muttersprache zu erhalten und die Tschechen damit vor der Entnationalisierung zu sichern* (was leider bei den heute in der ČSSR befindlichen Hunderttausenden Deutschen nicht der Fall ist), konnte sich begreiflicherweise die sudetendeutsche Lehrerschaft und Schulaufsicht nicht dazu entschließen, durch einen Protest gegen die Sperrung weiterführender Schulen ihre Existenz aufs Spiel zu setzen. Sie konnten im

---

6 Autor und Anlass unbekannt. Schreiben an Lodgman v. Auen. München, 1. Dezember 1952. BayHStA, SdA, Sprecherregistratur Lodgman v. Auen, 223.
7 KEIL: Dr. Ludwig Eichholz † 19–20.
8 Zu den biografischen Angaben zu Keil vgl. LÖNEKE, Regina: ‚Unser Weg aus der alten in die neue Heimat'. Waldkraiburger Schüleraufsätze der Nachkriegszeit und ihre Entstehungsbedingungen. In: KALINKE, Heinke M. (Hg.): Zeitzeugenberichte zur Kultur und Geschichte der Deutschen im östlichen Europa im 20. Jahrhundert. Neue Forschungen. Oldenburg 2011. Link: https://www.bkge.de/Downloads/Zeitzeugenberichte/Loeneke_Schueleraufsaetze.pdf?m=1427270921& [1. März 2022].
9 HEINRICH, Josef: Unser Ehrenvorsitzender Oberreg.- u. SchRat Theo Keil Realschuldirektor i. R. gestorben. In: Sudetendeutscher Erzieherbrief 5 (1983) 158–160.

Gegenteil durch ihre stille Arbeit an der pädagogischen Front in Zusammenarbeit mit den tschechischen Lehrern Schlimmeres verhindern.[10]

Für eine solche Verdrehung der historischen Tatsachen steht auch *Gottfried Preissler* (nach 1945 legte er die Schreibweise seines Namens mit ß endgültig ab), der Ende der 1970er Jahre behauptete, dass die tschechische Bevölkerung erfahren sollte, „daß die sudetendeutsche Schulverwaltung mit ihr human umging".[11] Er war ab 1946 als Dozent für Allgemeine Pädagogik am Pädagogischen Institut in Kassel tätig geworden[12] und hatte dann ab 1951 die Leitung des Studienseminars für das Lehramt in Kassel inne. Zudem verantwortete er ab 1952 die pädagogische Ausbildung angehender Kunstlehrkräfte an der Hochschule für bildende Künste Kassel.[13] Im Jahr 1963 beendete er seine Lehrtätigkeit,[14] 1977 wurde er Ehrenmitglied der Deutschen Gesellschaft für Erziehungswissenschaft (DGfE).[15]

Friedrich Zippelius wurde bei einer tschechisch-amerikanischen Patrouille am 18. Juli 1945 bei Marienbad verhaftet. Obwohl der tschechischen Seite die Vernehmung zugesprochen wurde, unterließ das US-amerikanische Counter Intelligence Corps (CIC) seine Überstellung. Später arbeitete er wieder als Rechtsanwalt sowie von 1956 bis 1960 als Angestellter bei der Bezirksregierung. Er starb am 28. Mai 1980 in Ruhpolding.[16]

Rudolf Fiedler wurde 1960 zum Ministerialrat im Niedersächsischen Kultusministerium ernannt,[17] wo er unter anderem den Aufbau des 9. Volksschuljahres verantwortete.[18]

Rudolf Sagaster arbeitete nach 1945 in der DDR als Tischler und Hilfsarbeiter in einer Gärtnerei. Ab 1952 war er Lehrer an der Landwirtschaftsschule in

---

10 OstDok 21/I-E; Keil Theo, Tschechische Schulen im ehem. Reichsgau Sudetenland, 6, Hervorhebung im Original.
11 PREISSLER: Geschichte meines Lebens aus der Sicht des 85. Geburtstags 55.
12 EBENDA 63.
13 EBENDA 74–77.
14 EBENDA 71.
15 BERG, Christa/HERRLITZ, Hans-Georg/HORN, Klaus-Peter: Kleine Geschichte der Deutschen Gesellschaft für Erziehungswissenschaft. Eine Fachgesellschaft zwischen Wissenschaft und Politik. Wiesbaden 2004, 28.
16 ŠIMŮNEK: Improvisierung, Anpassung, Zentralisierung 29.
17 KEIL, Theo: Rudolf Fiedler zum Ministerialrat ernannt. In: Sudetendeutscher Erzieherbrief 1 (1961) 18.
18 KEIL, Theo: Ministerialrat Rudolf Fiedler 65 Jahre alt. In: Sudetendeutscher Erzieherbrief 1 (1965) 17.

Cottbus; später zog er ins Rheinland, wo er am 15. September 1988 in Königswinter bei Bonn verstarb.[19]

Gerhard Matthäus arbeitete nach 1945 erst als Realschullehrer und Realschuldirektor; 1958 wurde er Regierungs- und Schulrat in Münster, später Oberregierungsrat und Regierungsdirektor in Düsseldorf. Bis 1973 leitete er zudem das Staatliche Prüfungsamt an den Pädagogischen Hochschulen in Wuppertal und Düsseldorf; er starb am 3. Oktober 1975.[20]

Rudolf Lochner war von 1946 bis 1951 Professor für Pädagogik an der Adolf-Reichwein-Hochschule in Celle und dann von 1951 bis 1963 an der Pädagogischen Hochschule in Lüneburg. Im Jahr 1963 wurde er in den Ruhestand versetzt,[21] 1977 wurde er Ehrenmitglied der DGfE.[22] 1978 starb er 82-jährig in Lüneburg.[23]

---

19 HOFFMANN, Roland: Oberregierungs- und Schulrat a. D. Rudolf Sagaster 93jährig gestorben. In: Sudetendeutscher Erzieherbrief 5 (1988) 146.
20 HEINRICH, Josef: Regierungsdirektor Dr. Gerhard Matthäus gestorben. In: Sudetendeutscher Erzieherbrief 6 (1975) 175–176.
21 HESSE: Die Professoren und Dozenten der preußischen Pädagogischen Akademien (1926–1933) und Hochschulen für Lehrerbildung (1933–1941) 479.
22 BERG/HERRLITZ/HORN: Kleine Geschichte der Deutschen Gesellschaft für Erziehungswissenschaft 28.
23 HESSE: Die Professoren und Dozenten der preußischen Pädagogischen Akademien (1926–1933) und Hochschulen für Lehrerbildung (1933–1941) 479.

Statistische Angaben über das Schulwesen

Tabelle 5: Überblick über die Schulen im Reichsgau Sudetenland

Gebiet	Zahl der Schulen	Klassen	Zahl der festangestellten Lehrkräfte	Zahl der Schülerinnen und Schüler
Höhere Lehranstalten (1938/1939)[a]				
Reg. Aussig	29	–	327	9 502
Reg. Eger	19	–	197	5 160
Reg. Troppau	22	–	197	6 581
Insgesamt	70	–	721	21 243
Höhere Lehranstalten im Reichsgau Sudetenland (1941)				
Jungenschulen[b]	49 Oberschulen, 5 Gymnasien	578	17 Lehrerinnen, 733 Lehrer	15 243 Schüler, darunter 2 142 Schülerinnen
Mädchenschulen[c]	16 Oberschulen	185	57 Lehrerinnen, 103 Lehrer	4 314 Schülerinnen
Öffentliche Bürgerschulen (1938/1939)[d]				
Reg. Aussig	168	978	1 386	37 447
Reg. Eger	103	562	810	20 817
Reg. Troppau	110	541	754	20 456
Insgesamt	381	2 081	2 950 (1 039 Lehrerinnen, 1 911 Lehrer)[e]	78 720
Öffentliche Volksschulen (1938/1939)[f]				
Reg. Aussig	1 044	3 073	3 642	105 014
Reg. Eger	988	2 474	3 047	83 938
Reg. Troppau	925	2 423	2 883	84 832

(wird auf nächster Seite fortgeführt)

Tabelle 5: Fortsetzung

Gebiet	Zahl der Schulen	Klassen	Zahl der festangestellten Lehrkräfte	Zahl der Schülerinnen und Schüler
Insgesamt	2 957	7 970	9 572 (4 332 Lehrerinnen, 5 240 Lehrer)[g]	273 784
Hilfsschulen (Stand Mai 1939)[h]	50	109	121	1 709
Kindergärten (Stand Juni 1943)[i]	1 445		974 Fachkräfte, 500 Laienkräfte, 1 917 Hilfskräfte	

[a] Die Volksschulen und Bürgerschulen im Reichsgau Sudetenland (Erhebung am 25. Mai 1939). In: Wirtschaft und Statistik 15 (1940) 310.
[b] Reichsstelle für Schulwesen (Hg.): Wegweiser durch das höhere Schulwesen des Deutschen Reichs. Schuljahr 1941. Berlin 1943, 84–87.
[c] EBENDA 144–145.
[d] Die Volksschulen und Bürgerschulen im Reichsgau Sudetenland (Erhebung am 25. Mai 1939). In: Wirtschaft und Statistik 15 (1940) 310.
[e] EBENDA.
[f] EBENDA.
[g] EBENDA.
[h] Die Sonderschulen im Jahre 1939 (Erhebung am 25. Mai 1939). In: Wirtschaft und Statistik 13 (1941) 266–268, hier 268.
[i] Fernmündliche Meldung der NSV-Gauverwaltung bei der Schulabteilung der Reichsstatthalterei vom 13. September 1943. Autor unbekannt. SOAL, ŘM, Signatur 205/9 210, Karton 369, nicht foliiert.

Berufsbildendes Schulwesen im Reichsgau Sudetenland (Stand 1944)[24]

10 Lehrerbildungsanstalten,
3 Bildungsanstalten für Hauswirtschaftslehrerinnen,
4 Kindergärtnerinnenschulen,
6 Sozialpädagogische Anstalten,
24 Frauenberufsfachschulen,

---

24 Vgl. OstDok 21/I-E, Ackermanngemeinde 1959, 4.

10 Handelsakademien,
12 Handelsschulen,
2 Höhere Textilschulen,
8 Textilschulen,
6 Höhere Staatsgewerbeschulen,
2 Fachschulen für Musikinstrumentenbau,
10 Berufsfachschulen für Glas, Holz, Porzellan, Metall und Stein, eine Fachschule für das Hotel- und Gaststättengewerbe,
2 Höhere Landwirtschaftsschulen, eine Bauschule für Wasserwirtschaft und Kulturtechnik,
33 Landwirtschaftsschulen,
33 Berufsfachschulen für gewerbliche Werkarbeit (Klöppel- und Nähspitze, Hand- und Maschinenstickerei, Drechslerei, Spielwaren, Schnitzerei, Posamenterie und kunstgewerbliche Textilverarbeitung, Handschuherzeugung, Tülldurchzug, Kleinkunst, Kleintischlerei und Holzmalerei).

Übersicht über die Personen in der Schulverwaltung

Die deutsche Schulverwaltung in Böhmen und Mähren-Schlesien (1935/1936)

Böhmen

- 1936, zum Zeitpunkt des letzten gedruckten „Standesausweises der deutschen Volks- und Bürgerschulen in Böhmen", waren als Landesschulinspektoren John Albin, Hans Eschler, Franz Peter, Richard Schroubek, Wilhelm Spachovský und Friedrich Goldmann tätig.[25]

Bezirksschulinspektoren in Böhmen (Stand 1936)[26]

Asch	Anton Tschipper
Aussig	Rudolf Dießl
Bischofteinitz und Taus	Johann Ivo Richter
Böhmisch Krumau	Wilhelm Eben
Böhmisch Leipa	Rudolf Fleischer

---

25 Deutscher Landes-Lehrerverein in Böhmen (Hg.): Standesausweis der Lehrerschaft an den Deutschen Volks- und Bürgerschulen Böhmens. 11. Folge: 1936. Zusammengestellt von Ferd. Altmann, Lehrer in Reichenberg. Reichenberg 1937, 7.
26 EBENDA 9–10.

Braunau	Emil Feischer
Dauba	Josef Raaz
Deutsch Gabel und Warnsdorf	Eduard Reich
Dux und Bilin	Josef Weigt
Eger	Emil Rohm
Falkenau und Elbogen	Franz Knauschner
Friedland in Böhmen	Florian Rieger
Gablonz	Adolf Preißler
Graslitz	Anton Sladek
Hohenelbe und Königinhof	Rudolf Föhst
Kaaden	Franz Slapnička
Kaplitz und Böhmisch Budweis	Franz Oppelt
Komotau	Rudolf Fritsch
Landskron und Leitomischl	Florian Hein
Leitmeritz	Adolf Schlegel
Luditz und Kralowitz	Ignaz Stepanek
Marienbad und Tepl	Ernst Rudolf Weitzdörfer
Mies	Hans Lutz
Neudek und Karlsbad	Heinrich Hirschmann
Neuhaus, Deutschbrod und Wittingau	Viktor König
Plan	Karl Kolařík
Podersam	Anton Reymann
Prachatitz	Ferdinand Autherid
Prag	Josef Schmidt
Reichenberg Stadt und Land	Emil Benatzky
Saaz	Anton Heller
Schluckenau und Rumburg	Karl Sünderhauf
Schüttenhofen und Klattau	Franz Mirschitzka
Senftenberg	Josef Erben
St. Joachimsthal	Anton Herbinger
Tachau	Franz Präger
Teplitz-Schönau	Hans Bečwař
Tetschen	Josef Černy
Trautenau	Josef Soffner

Mähren-Schlesien

1935, zum Zeitpunkt des letzten gedruckten „Standesausweises des deutschen Schulwesens in Mähren-Schlesien", waren als Landesschulinspektoren Franz Ingrisch und Arthur Meyer eingesetzt.[27]

Bezirksschulinspektoren in Mähren (Stand 1. Januar 1935)[28]

Bärn/Römerstadt	Karl Seidler
Brünn-Land	Emil Swoboda
Groß-Brünn	Julius Nakel/Emil Swoboda
Hohenstadt	Franz Elgner
Iglau	Franz Wißgott
Mährisch Schönberg	Franz Peter
Mährisch Trübau	Anton Nowotny
Neutitschein	Julius Kolb
Nikolsburg	Emil Kulka
Olmütz-Stadt	Leopold Beigl
Sternberg	Leopold Nahler
Znaim	August Gläßner

Bezirksschulinspektoren in Schlesien (Stand 1. Januar 1935)[29]

Freistadt, Friedek, Tschechisch Teschen	Rudolf Krumpholz
Freiwaldau	Otto Woldan
Freudenthal	Rudolf Patzelt
Jägerndorf/Hotzenplotz	Maximilian Czapka
Troppau-Land/Wagstadt	Richard Dorniak
Troppau-Stadt	Ludwig Hauptmann

---

27 Deutscher Volksschulverband in Mähren und Deutscher Landeslehrerverein in Schlesien (Hg.): Standesausweis des deutschen Schulwesens in Mähren-Schlesien 1935. Brünn 1935, 7.
28 EBENDA 9. Die Personalveränderung in Brünn (Emil Swoboda als Nachfolger von Julius Nakel) ergab sich während des Drucks und ist im Anhang aufgeführt, siehe 278.
29 EBENDA 9.

Schulverwaltung und Nationalsozialistischer Lehrerbund (NSLB) im Reichsgau Sudetenland

Schulverwaltung im Reichsgau Sudetenland. Stand: Juli 1940[30]

Reichsstatthalterei – Unterabteilung Erziehung und Volksbildung (Ic)
Leiter: Regierungsdirektor Dr. Eichholz.
Referenten:
Volks- und Bürgerschulen: Regierungs- und Schulrat Keil (gleichzeitig Vertreter des Leiters der Unterabteilung Ic); Regierungs- und Schulrat Fiedler.
Berufs- und Fachschulen: Oberregierungs- und -Gewerbeschulrat Dipl.-Ing. Wasgestian.
Höhere Schulen: Oberschulrat Dr. Preißler.
Leibeserziehung: Oberregierungs- und -Schulrat Funek.
Allgemeine Verwaltungsangelegenheiten: Regierungsrat von Waldeyer-Hartz.
Hilfsreferenten: Schulrat Hocke (für das tschechische Schulwesen); Oberregierungs- und Landwirtschaftsschulrat Kunz (für landwirtschaftliche Berufs- und Fachschulen); Studiendirektorin Drab (für Frauenfach- und Berufsfachschulen); Oberstudiendirektorin Dr. Klätte (für Mädchenoberschulen).

Regierungspräsidium Aussig

Abteilung Volks-, Bürger-, Berufs- und Fachschulen (Abt. II a)
Leiter: Regierungsdirektor Kalies.
Dezernenten:
Volks- und Bürgerschulen: Regierungs- und Schulrat Rasche; Regierungs- und Schulrat Sagaster; Regierungs- und Schulrat Wollmann; Regierungs- und Schulrat Zintl.
Berufs- und Fachschulen: Regierungs- und Gewerbeschulrat Tosch; Oberregierungs- und Landwirtschaftsschulrat Kunz; Berufsschuldirektor Gruber.
Allgemeine Verwaltungsangelegenheiten: Oberregierungsrat Held; Regierungsrat Dr. Köchling; Regierungsrat Haßmann; Regierungsrat Rothmayer.
Abteilung Höhere Schulen (Abt. II b)
Leiter: Regierungsdirektor Dr. Patzner.

---

30 Die Schulverwaltung im Sudetengau. In: Mitteilungsblatt des NSLB der Gauwaltung Sudetenland 8 (1940) 104–105.

Dezernenten: Oberschulrat Wagner; Studienrat Reiprich.
Allgemeine Verwaltungsangelegenheiten: Oberregierungsrat Held.
Leibeserziehung (II a b L): Studienrat Diewock.

Regierungspräsidium Karlsbad

Abteilung Volks-, Bürger-, Berufs- und Fachschulen (Abt. II a)
Leiter: Regierungsdirektor Dr. Matthäus.
Dezernenten:
Volks- und Bürgerschulen: Regierungs- und Schulrat Brich; Regierungs- und Schulrat Ingrisch; Regierungs- und Schulrat Langhans.
Berufs- und Fachschulen: Regierungs- und Gewerbeschulrat Prof. Bierhoff; Regierungs- und Landwirtschaftsschulrat Dr. Kraemer; Fachschuldirektor Plail.
Allgemeine Verwaltungsangelegenheiten: Oberregierungsrat Dr. Liedl; Oberregierungsrat Dr. Pecher.
Abteilung Höhere Schulen (Abt. II b)
Leiter: Regierungsdirektor Dr. Krause.
Dezernenten: Oberschulrat Turba; Oberstudienrat Dr. Haßmann.
Allgemeine Verwaltungsangelegenheiten: Oberregierungsrat Dr. Stiebitz.
Leibeserziehung (II a b L): Studiendirektor Vinzel.

Regierungspräsidium Troppau

Abteilung Volks-, Bürger-, Berufs- und Fachschulen (Abt. II a)
Leiter: Oberregierungs- und -Schulrat Kieseler.
Dezernenten:
Volks- und Bürgerschulen: Regierungs- und Schulrat Jesser; Regierungs- und Schulrat Kudera; Schulrat Jedlitschka.
Berufs- und Fachschulen: Regierungs- und Gewerbeschulrat Otruba; Regierungs- und Landwirtschaftsschulrat Dr. Kramer.
Allgemeine Verwaltungsangelegenheiten: Oberregierungsrat Dr. Schiepel; Regierungsrat Slivka.
Abteilung Höhere Schulen (Abt. II b)
Leiter: Regierungsdirektor Dr. Kümmel.
Dezernent: Oberschulrat Dr. Peschel.
Allgemeine Verwaltungsangelegenheiten: Regierungsrat Slivka.
Leibeserziehung (II A B L): Studienrat Köhler.

Reichsstatthalterei Reichenberg – Unterabteilung Erziehung und Volksbildung. Stand: November 1942[31]

Sachgebiet 1: Leitung und Allgemeine Angelegenheiten der Unterabteilung
- 1A Leitung der Unterabteilung:
  Oberschulrat Dr. Preißler
- Volksbildungswesen außer Büchereiwesen:
  Sachbearbeiter ROI. Zechiel
- 1B Gemeinsame schulfachliche Angelegenheiten aller Schularten:
  Reg. u. Schulrat Fiedler, Sachbearbeiter ROI. Ermold
- 1C Gemeinsame verwaltungsrechtliche Angelegenheiten aller Schularten:
  Oberreg.-Rat. Dr. Pompe, Sachbearbeiter ROI. Zechiel
- 1D Amtliches Schulblatt:
  Reg. und Schulrat Fiedler, Sachbearbeiter Hauptschullehrer Feest
- 1E Altmaterialsammlung:
  Studienrat Dipl.-Kaufmann Trimbuch, Sachbearbeiter Angestellter Hermann

Sachgebiet 2: Volks- und Hauptschulen
- Schulfachliche Angelegenheiten:
  Reg. und Schulrat Fiedler, Sachbearbeiter ROI. Ermold und Hauptschullehrer Feest
- Verwaltungsrechtliche Angelegenheiten:
  Oberreg.-Rat. Dr. Pompe, Sachbearbeiter RI. Heide

Sachgebiet 3: Höhere Schulen
- Schulfachliche Angelegenheiten:
  Oberstudiendirektor Dr. Rother, Sachbearbeiter Angestellter Elger
- Fachberatung bei Fragen der Oberschulen für Mädchen:
  Oberstudiendirektorin Frau Dr. Klätte
- Verwaltungsrechtliche Angelegenheiten:
  Oberreg.-Rat. Dr. Pompe, Sachbearbeiter RI. Heide

---

31 Schreiben Preisslers an alle Gefolgschaftsmitglieder der Unterabteilung Ic über die neue Geschäftsverteilung. Reichenberg, 28. November 1942. SOAL, ŘM, Signatur 1035/0, Karton 319, nicht foliiert.

Sachgebiet 4: Berufliches Ausbildungswesen
- Schulfachliche Angelegenheiten:
  Oberregierungs- und -gewerbeschulrat Dipl.-Ing. Wasgestian, Sachbearbeiter Angestellter Hermann
- Angelegenheiten des kaufmännischen Schulwesens:
  Studienrat Dipl.-Kaufmann Trimbuch, Sachbearbeiter Angestellter Hermann
- Angelegenheiten des Frauenfachschulwesens:
  Fachschuldirektorin Fräulein Drab
- Verwaltungsrechtliche Angelegenheiten:
  Oberreg.-Rat. Dr. Pompe, Sachbearbeiter RI. Heide

Sachgebiet 5: Landwirtschaftliches Ausbildungswesen
- Schulfachliche Angelegenheiten:
  Oberregierungs- und Landwirtschaftsschulrat Dipl.-Ing. Kunz, Sachbearbeiter Hermann
- Verwaltungsrechtliche Angelegenheiten:
  Oberreg.-Rat. Dr. Pompe, Sachbearbeiter RI. Heide

Sachgebiet 6: Lehrerbildungsanstalten
- Schulfachliche Angelegenheiten:
  Oberschulrat Dr. Preißler, Studienrat Dr. Gromes (Hilfsreferent), Sachbearbeiter Heide
- Verwaltungsrechtliche Angelegenheiten:
  Reg.-Rat. Dr. Liebscher, Sachbearbeiter ROI. Broßmann

Sachgebiet 7: Leibeserziehung
- Schulfachliche Angelegenheiten:
  Oberreg.-Rat Diewock, Sachbearbeiter Angestellter Elger
- Allgemeine Rechtsfragen:
  Oberreg.-Rat. Dr. Pompe, Sachbearbeiter RI. Heide

Sachgebiet 8: Volksbildungswesen
- Büchereiwesen:
  Gauverwaltungsrat Streit, Sachbearbeiter ROI. Zechiel

Sachgebiet 9: Landjahr
- Landjahrbezirksführer Bartels, Oberreg.-Rat. Dr. Pompe, Sachbearbeiter Fräulein Bretschneider

Schulräte im Reichsgau Sudetenland

Stand: 1. Januar 1940.[32]
Die in der rechten Spalte stehenden Angaben zu den Tätigkeiten vor 1938 sind folgenden Quellen entnommen:

- „Standesausweis des Deutschen Landes-Lehrervereins in Böhmen" aus dem Jahr 1936[33] (Standesausweis Böhmen),
- „Standesausweis des deutschen Schulwesens in Mähren-Schlesien" aus dem Jahr 1935[34] (Standesausweis Mähren-Schlesien),
- Biographische Sammlung des Collegium Carolinums (Biogr. Slg.),
- Kdo byl kdo v Říšské župě Sudety. Biografická příručka A–Z [Wer war wer im Reichsgau Sudetenland. Ein biographisches Handbuch A–Z] (Kdo byl kdo v Říšské župě Sudety A–Z).[35]

---

32 Gauorganisationsamt der NSDAP/Amt des Reichsstatthalters im Reichsgau Sudetenland (Hg.): Das Sudetenbuch 71.
33 Deutscher Landes-Lehrerverein in Böhmen (Hg.): Standesausweis der Lehrerschaft an den Deutschen Volks- und Bürgerschulen Böhmens.
34 Deutscher Volksschulverband in Mähren und Deutscher Landeslehrerverein in Schlesien (Hg.): Standesausweis des deutschen Schulwesens in Mähren-Schlesien 1935 7.
35 Státní oblastí archiv v Litoměřicic (Hg.): Kdo byl kdo v Říšské župě Sudety. Biografická příručka A–Z [Wer war wer im Reichsgau Sudetenland. Ein biographisches Handbuch A–Z]. Autorenkollektiv unter der Leitung von Stanislav Biman. CD-ROM. Litoměřice 2008.

Übersicht über die Personen in der Schulverwaltung

Tabelle 6: Schulräte im Regierungsbezirk Aussig

Name	Landkreis	Soweit bekannt, Tätigkeit vor 1938
Ernst Füssel	Stadt und Landkreis Aussig	Geburtsjahr 1899, Volksschullehrer in Jechnitz (Standesausweis Böhmen 368).
Josef Jakowetz	Landkreise Bilin und Dux	Geburtsjahr 1896, Lehrer an einer Mädchenvolksschule in Bilin (Standesausweis Böhmen 66).
Wilhelm Göbel	Landkreis Böhmisch Leipa	Geburtsjahr 1900, Lehrer an einer Mädchenvolksschule in Böhmisch Leipa (Standesausweis Böhmen 103).
Gustav Menzel	Landkreis Braunau	Geburtsjahr 1898, Volksschullehrer in Schönau (Standesausweis Böhmen 113).
Otto Sedlaček	Landkreis Brüx	Geburtsjahr 1884, Volksschullehrer in Obergeorgenthal (Standesausweis Böhmen 124).
Heinrich Dreßler	Landkreis Dauba	Geburtsjahr 1898, Volksschullehrer an der einklassigen Volksschule in Kurschin (Standesausweis Böhmen 361).
Reinhold Stiller	Landkreis Deutsch Gabel	Geburtsjahr 1900, Volksschullehrer in Zwickau (Standesausweis Böhmen 144).
Franz Krause	Landkreis Friedland	Geburtsjahr unklar, Volksschullehrer in Friedland in Böhmen (Standesausweis Böhmen 186).
Alfons Urban	Landkreis Gablonz	Geburtsjahr 1904, Volksschullehrer in Morchenstern (Standesausweis Böhmen 200).
Rudolf Föhst	Landkreis Hohenelbe	Geburtsjahr 1883, Bezirksschulinspektor in Hohenelbe und in Königinhof an der Elbe (Standesausweis Böhmen 10, 214).
Rudolf Fritsch	Landkreis Komotau	Geburtsjahr 1882 (Biogr. Slg. des CC).
Adolf Schlegel	Landkreis Leitmeritz	Geburtsjahr 1891, Bezirksschulinspektor in Leitmeritz (Standesausweis Böhmen 294).
Rudolf Tugemann	Stadtkreis Reichenberg	Geburtsjahr 1891, Bürgerschullehrer in Ober Rosenthal (Standesausweis Böhmen 415).

(wird auf nächster Seite fortgeführt)

Tabelle 6: Fortsetzung

Name	Landkreis	Soweit bekannt, Tätigkeit vor 1938
Oskar Hocke	Landkreis Reichenberg	Geburtsjahr 1897, Volksschullehrer in Schönlinde (Standesausweis Böhmen 421).
Otto Schlegel	Landkreise Rumburg und Warnsdorf	Geburtsjahr 1901, Volksschullehrer in Nieder-Rochlitz (Standesausweis Böhmen 223).
Karl Sünderhauf	Landkreis Schluckenau	Geburtsjahr 1882, Bezirksschulinspektor in Schluckenau und Rumburg (Standesausweis Böhmen 418, 437).
Gustav Broche	Landkreis Teplitz-Schönau	Geburtsjahr 1889, Volksschullehrer in Saaz (Standesausweis Böhmen 427).
Josef Illing	Landkreis Tetschen	Geburtsjahr 1895, Volksschullehrer in Podersam (Standesausweis Böhmen 372).
Josef Siegel	Landkreis Trautenau	Geburtsjahr 1908, Volksschullehrer in Parschnitz (Standesausweis Böhmen 521).

Übersicht über die Personen in der Schulverwaltung

Tabelle 7: Schulräte im Regierungsbezirk Karlsbad

Name	Landkreis	Soweit bekannt, Tätigkeit vor 1938
Max Martin	Landkreis Asch	Geburtsjahr 1893, Volksschullehrer in Nassengrub (Standesausweis Böhmen 42).
Emil Reimer	Landkreis Bischofteinitz	Geburtsjahr 1893, Volksschullehrer in Weißensulz (Standesausweis Böhmen, 79).
Alfred Iro	Stadt- und Landkreis Eger	Geburtsjahr 1894, Volksschullehrer in Luditz (Standesausweis Böhmen 318).
Franz Jahnel	Landkreis Elbogen	Geburtsjahr 1892, Fachlehrer in Schönbach (Standesausweis Böhmen 162).
Hans (Johann) Zuber	Landkreis Falkenau	Geburtsjahr 1900, Bürgerschullehrer in Falkenau (Standesausweis Böhmen 176).
Karl Zoubek	Landkreis Graslitz	Geburtsjahr 1891, Volksschullehrer in Graslitz (Standesausweis Böhmen 207).
Ernst Dengler	Landkreis St. Joachimsthal	Geburtsjahr 1904, Volksschullehrer in Wickwitz an der Eger (Standesausweis Böhmen 434).
Friedrich Schusser	Landkreis Kaaden	Geburtsjahr 1891, Bürgerschullehrer in Ossegg (Standesausweis Böhmen 149).
Franz Lehanka	Stadt- und Landkreis Karlsbad	Geburtsjahr 1895, Volksschullehrer in Alt Rohlau (Standesausweis Böhmen 248).
Walter Mattusch	Landkreis Luditz	Geburtsjahr 1909, Volksschullehrer in Protiwitz (Standesausweis Böhmen 320).
Klemens Fekl	Landkreis Marienbad	Geburtsjahr 1890, Volksschullehrer in Groß Sichdichfür (Standesausweis Böhmen 324).
August Prade	Landkreis Mies	unklar
Gustav Riedel	Landkreis Neudek	Geburtsjahr 1877, Volksschullehrer in Asch (Standesausweis Böhmen 39).
Josef Rotter	Landkreis Podersam	Geburtsjahr 1892, Volksschullehrer in Tetschen (Standesausweis Böhmen 503).

(wird auf nächster Seite fortgeführt)

Tabelle 7: Fortsetzung

Name	Landkreis	Soweit bekannt, Tätigkeit vor 1938
Robert Träger	Landkreis Saaz	Geburtsjahr 1894, Volksschullehrer in Saaz (Standesausweis Böhmen 427).
Friedrich Bartl	Preßnitz	Geburtsjahr 1887, Volksschullehrer in Weipert (Standesausweis Böhmen 396).
Franz Präger	Landkreis Tepl	Geburtsjahr 1891, Bezirksschulinspektor in Tachau (Standesausweis Böhmen 459).
Anton Brich	Landkreis Tachau	Geburtsjahr 1893, Volks- oder Bürgerschullehrer in Tachau, Angabe unklar (Standesausweis Böhmen 467).

Tabelle 8: Schulräte im Regierungsbezirk Troppau

Name	Landkreis	Soweit bekannt, Tätigkeit vor 1938
Rudolf Knoblich	Landkreis Bärn	Geburtsjahr 1890, Volksschullehrer in Gießhübel im Adlergebirge (Standesausweis Böhmen 455).
Heinrich Skazel	Landkreis Freiwaldau	Geburtsjahr 1889, Bürgerschullehrer in Jauernig-Stadt (Standesausweis Mähren-Schlesien 174).
Herbert Bartusch	Landkreis Freudenthal	Geburtsjahr 1896, Volksschullehrer in Markersdorf (Standesausweis Mähren-Schlesien 106).
Ferdinand Küssel	Landkreis Grulich	Geburtsjahr 1894, Volksschullehrer in Theusing (Standesausweis Böhmen 478).
Hans Itermann	Landkreis Hohenstadt	Geburtsjahr 1900 (Biogr. Slg. des CC).
Franz Ertel	Landkreis Jägerndorf	Geburtsjahr 1897, Lehrer in Jägerndorf (Kdo byl kdo v Říšské župě Sudety A–Z).
Friedrich Möchel	Landkreis Landskron	Geburtsjahr 1895, Volksschullehrer in Landskron (Standesausweis Böhmen 290).

Übersicht über die Personen in der Schulverwaltung 441

Tabelle 8: Fortsetzung

Name	Landkreis	Soweit bekannt, Tätigkeit vor 1938
Robert Hirnich	Landkreis Mährisch Schönberg	Geburtsjahr 1890, Volksschullehrer in Petersdorf (Standesausweis Mähren-Schlesien 95).
Adolf Jenisch	Landkreis Mährisch Trübau	Geburtsjahr 1905, Volksschullehrer in Dittersdorf (Standesausweis Mähren-Schlesien 115).
Leopold Leicher[a]	Landkreis Neutitschein	Geburtsjahr 1897, Volksschullehrer in Groß Tajax (Standesausweis Mähren-Schlesien 134).
Franz Elgner[b]	Landkreis Römerstadt	Geburtsjahr 1884, Lehrer, Bezirksschulinspektor in Hohenstadt (Biogr. Slg. des CC).
Karl Seidler	Landkreis Sternberg	Geburtsjahr 1896, Volksschullehrer in Benke (Standesausweis Mähren-Schlesien 89).
Hans Morawek	Stadtkreis Troppau	Geburtsjahr 1895, Bürgerschullehrer in Müglitz (Standesausweis Mähren-Schlesien 43).
Eduard Fritscher	Landkreis Troppau	Geburtsjahr 1894, Lehrer an der Knabenbürgerschule in der Badenfeldgasse in Troppau. Am 1. Januar 1935 wurde er für zwei Jahre in den zeitlichen Ruhestand versetzt (Standesausweis Mähren-Schlesien 217).
Heinrich Jedlitschka	Landkreis Wagstadt	Geburtsjahr 1893, Bürgerschullehrer in Wagstadt (Standesausweis Mähren-Schlesien 229).
Karl Dokoupil	Landkreis Zwittau	Geburtsjahr 1898 (Kdo byl kdo v Říšské župě Sudety A–Z).

[a] 1941 wurde Adolf Sadowski Schulrat in Neutitschein. Vgl. Personalnachrichten aus der Schulaufsichtsbehörde In: Amtliches Schulblatt für den Regierungsbezirk Troppau 7 (1941) 45. ZA Opava, Fond RP Opava, inv. č. 3620, Karton 3582, nicht foliiert.
[b] 1941 wurde Erich Zeppezauer Schulrat in Römerstadt. Vgl. EBENDA.

NSLB-Gauwaltung Sudetenland in Reichenberg

Stand: Juli 1939[36]

Leiter:	Theo Keil
Gaufachschaft I (Hochschulen):	unbesetzt
Gaufachschaft II (Höhere Schulen):	Dr. Gottfried Preißler
Gaufachschaft III (Bürgerschulen):	Rudolf Fiedler
Gaufachschaft IV (Volksschulen):	Ernst Zintl
Hilfsabteilung Landschulfragen:	Kurt Jesser
5. Gaufachschaft V (Sonderschulen):	Josef Syrowatka
1. Fachgruppe Taubstummenwesen:	Robert Krumei
2. Fachgruppe Anstaltswesen:	Hans Dieckhoff
3. Fachgruppe Hilfsschulwesen:	Josef Syrowatka
4. Fachgruppe Blindenwesen:	Anton Reiter
6. Gaufachschaft VI (Berufs- und Fachschulen):	Richard Gruber
1. Fachgruppe Kaufmännische Schulen:	Adolf Tosch
2. Fachgruppe Gewerbliche Schulen:	Richard Gruber
3. Fachgruppe Technische Lehranstalten:	Hugo Wasgestian
4. Fachgruppe Landwirtschaftliche Schulen:	Dr. Alois Schlesinger
5. Fachgruppe Hauswirtschaftliche Schulen:	Marie Drap[37]
7. Gaufachschaft VII (Sozialpädagogische Berufe):	Meta Grünes
8. Unterabteilung Jungerzieherfragen:	Siegfried Fischer
9. Unterabteilung Weibliche Erziehung:	Marie Kleinwächter
1. Hilfsabteilung Hauswirtschaftsschulen:	Trude Morche
2. Hilfsabteilung Nadelarbeit:	Marie Altrichter
10. Unterabteilung Volkstumspädagogik:	Hermann Posselt

---

36 Die Gauwaltung des NSLB berichtet. Abteilung „Erziehung und Unterricht". In: Der Sudetendeutsche Erzieher 13 (1939) 315–316.
37 Vermutlich ein Schreibfehler zu Drab.

Hilfsabteilung Pädagogische Volkstumsforschung:	Dr. Josef Hanika
11. Unterabteilung Erziehungswissenschaften:	Hermann Posselt
12. Unterabteilung Lebens- und Rassenkunde:	Dr. Hans Menzel
1. Hilfsabteilung Biologie:	Rudolf Steppan
2. Hilfsabteilung Rassenkunde:	Dr. Hans Menzel
13. Unterabteilung Schulfunk:	Erich Sedlatschek (Gaupropagandaamt)
14. Unterabteilung Lichtbild und Film:	Alfred Czernay
15. Unterabteilung Sachgebiete:	Ernst Zintl
1. Hilfsabteilung Leibeserziehung:	Emil Funek
2. Hilfsabteilung Wehrerziehung:	Franz Lehnhart
3. Hilfsabteilung Luftfahrt und Luftschutz:	Gustav Scholze
4. Hilfsabteilung Deutschkunde:	Prof. Dr. Herbert Peukert
5. Hilfsabteilung Erstunterricht:	Ludwig Träger
6. Hilfsabteilung Geschichte:	Dr. Heinz Prokert
7. Hilfsabteilung Vorgeschichte:	Josef Glott
8. Hilfsabteilung Erdkunde:	Gustav Süssemilch
9. Hilfsabteilung Geopolitik:	Gustav Süssemilch
10. Hilfsabteilung Mathematik und Naturwissenschaft:	Dr. Alfred Grimm
11. Hilfsabteilung Werkunterricht:	Gustav Plischke
12. Hilfsabteilung Kunstunterricht:	Prof. Waldemar Fritsch
13. Hilfsabteilung Musikunterricht:	Walter Sturm
14. Hilfsabteilung Fremdsprachen:	Dr. Karl Jäger
Alte Sprachen:	Dr. Friedrich Repp
15. Hilfsabteilung Kurzschrift und Maschinenschreiben:	Gustav Swarowsky
16. Hilfsabteilung Heimerziehung:	Heinrich Wiehl
17. Hilfsabteilung Heilpflanzenkunde:	Dr. Ernst Wild

NSDAP-Kreisbeauftragte für Schul- und Erzieherfragen
Stand: 1941/1942[38]

1.	Asch	Friedrich Wunderlich
2.	Aussig	Robert Ulbricht
3.	Bärn	Rudolf Knoblich
4.	Bischofteinitz	Josef Drachsler
5.	Böhmisch Leipa	Karl Stroh
6.	Braunau	Gustav Menzel
7.	Brüx	Otto Sedlatschek
8.	Deutsch Gabel	Franz Patzelt
9.	Dux	Anton Kohlert
10.	Eger	Ignaz Klier
11.	Falkenau/Eger	Rudolf Breitfelder
12.	Freiwaldau	Heinrich Skazel
13.	Freudenthal	Edmund Gebauer
14.	Friedland	Franz Krause
15.	Gablonz	Alfons Urban
16.	Graslitz	Karl Zubeck
17.	Grulich	Karl Koch
18.	Hohenelbe	Franz Stransky
19.	Hohenstadt	Hans Heger
20.	Jägerndorf	Erwin Ott
21.	Kaaden	Karl Rößler
22.	Karlsbad	Georg Lehanka
23.	Komotau	Karl Belohlawek
24.	Leitmeritz	Karl Thöner

---

38 NSDAP-Gauleitung Sudetenland, Gaustabsamt. Der Beauftragte des Gauleiters für Schul- und Erzieherfragen. Verzeichnis der Kreisbeauftragten für Schul- und Erzieherfragen. Kein Ort, kein Autor, keine Datierung (vermutlich 1941/1942). SOAL, ŘM, Signatur unklar, Karton 331, nicht foliiert.

25. Luditz	Wendelin Heinzmann
26. Marienbad	Emil Haberer
27. Mährisch Schönberg	Robert Hirnich
28. Mährisch Trübau	Josef Kriwanek
29. Mies	Alfred Czernay
30. Neutitschein	Josef Güntner
31. Reichenberg	Rudolf Tugemann
32. Rumburg	Gustav Hübner
33. Saaz	Alois Schlesinger
34. Sternberg	Karl Seidler
35. Tachau	Gustav Weigand
36. Teplitz	Dr. Ferdinand Gaudek
37. Tetschen	Franz Krahl
38. Trautenau	Anton Krippner
39. Troppau	Dr. Eduard Schimeczek
40. Zwittau	Ferdinand Appel
41. Königgrätz	Dr. Josef Schön
42. Mährisch Ostrau	Hugo Matura
43. Olmütz	Josef Grohs
44. Prag	NSDAP-Kreisleitung Prag
45. Pilsen	Heinrich Sedlak

NSLB-Kreiswalter

Stand: Februar 1939:[39]

1. Asch — Dr. Ferdinand Swoboda
2. Aussig — Herbert Teufel
3. Bärn — Bruno Stanzel
4. Bilin — Bruno Wolf
5. Bischofteinitz — Erich Wokurka
6. Braunau — Gustav Menzel
7. Brüx — Eduard Knahl
8. Deutsch Gabel — Wilhelm Göbel
9. Eger — Ignaz Klier
10. Falkenau an der Eger — Otto Dellner
11. Freiwaldau — Adolf Seidel
12. Freudenthal — Adolf Pech
13. Friedland — Franz Krause
14. Gablonz — Alfons Urban
15. Graslitz — Karl Zubeck
16. Grulich — Rudolf Huschka
17. Hohenelbe — Hans Hlawath
18. Hohenstadt — Hans Morawek
19. Jägerndorf — Adolf Schubert
20. Kaaden — Karl Rößler
21. Karlsbad — Franz Langhans
22. Komotau — Karl Bělohlavek
23. Leipa — Franz Gürtler
24. Leitmeritz — Dr. Rudolf Fischer
25. Luditz — Adolf Prasse
26. Marienbad — Josef Frank

---

39 Die Kreiswalter des NSLB. In: Der Sudetendeutsche Erzieher 2 (1939) 44.

Übersicht über die Personen in der Schulverwaltung 447

27. Mährisch Schönberg	Ernst Vogt
28. Mährisch Trübau	Dr. Hans Nowak
29. Mies	Michael Dusik
30. Neutitschein	Friedrich Miksch
31. Reichenberg	Rudolf Tugemann
32. Rumburg	Gustav Hübner
33. Saaz	Rudolf Smetana
34. Sternberg	Herbert Bartusch
35. Tachau	Karl Gruber
36. Teplitz	Rudolf Gallerach
37. Tetschen	Franz Krahl
38. Trautenau	Anton Krippner
39. Troppau	Dr. Eduard Schimeczek

Stand: September 1942:[40]

1. Asch	Max Martin (bei der Wehrmacht)
2. Aussig	Robert Ulbricht
3. Bärn	Bruno Stanzel
4. Bilin	wurde nicht mehr besetzt
5. Bischofteinitz	Josef Drachsler
6. Böhmisch Leipa	Karl Stroh
7. Braunau	Gustav Menzel
8. Brüx	Josef Kriegler
9. Deutsch Gabel	Franz Patzelt
10. Dux	Leopold Lees
11. Eger	Ignaz Klier

---

40 Kreiswaltungen des NS-Lehrerbundes. Gauwaltung Sudetenland. Dienstanschriften. Stand: 30. September 1942. SOAL, ŘM, Signatur 1035/0, Karton 317, nicht foliiert.

12. Falkenau an der Eger	Rudolf Breitfelder
13. Freiwaldau	Heinrich Skazel
14. Freudenthal	Edmund Gebauer
15. Friedland	Franz Krause
16. Gablonz	Alfons Urban
17. Graslitz	Karl Zubeck
18. Grulich	Gottfried Lüftner
19. Hohenelbe	Franz Skransky
20. Hohenstadt	Hans Heger
21. Jägerndorf	Erwin Ott
22. Kaaden	Karl Rößler
23. Karlsbad	Georg Lehanka
24. Komotau	Karl Belohlawek
25. Leipa	nicht mehr besetzt
26. Leitmeritz	Karl Thöner
27. Luditz	Wendelin Heinzmann
28. Marienbad	Franz Seemann (bei der Wehrmacht)
29. Mährisch Schönberg	Josef Kern
30. Mährisch Trübau	Josef Kriwanek
31. Mies	Ernst Buchwald
32. Neutitschein	Josef Güntner
33. Reichenberg	Rudolf Tugemann
34. Rumburg	Gustav Hübner
35. Saaz	Friedrich Watzke
36. Sternberg	[nicht leserlich]
37. Tachau	Karl Stelzner
38. Teplitz	Dr. Otto Stonjek
39. Tetschen	Franz Krahl
40. Trautenau	Anton Krippner
41. Troppau	Dr. Eduard Schimeczek

42. Zwittau	Ferdinand Appel
43. Königgrätz	Dr. Josef Schön
44. Mährisch Ostrau	Hugo Matura
45. Olmütz	Otwin Krause
46. Pilsen	Dr. Bruno Korten
47. Prag	Dr. Leopold Leicher

Karte des Reichsgaus Sudetenland (1938–1945)

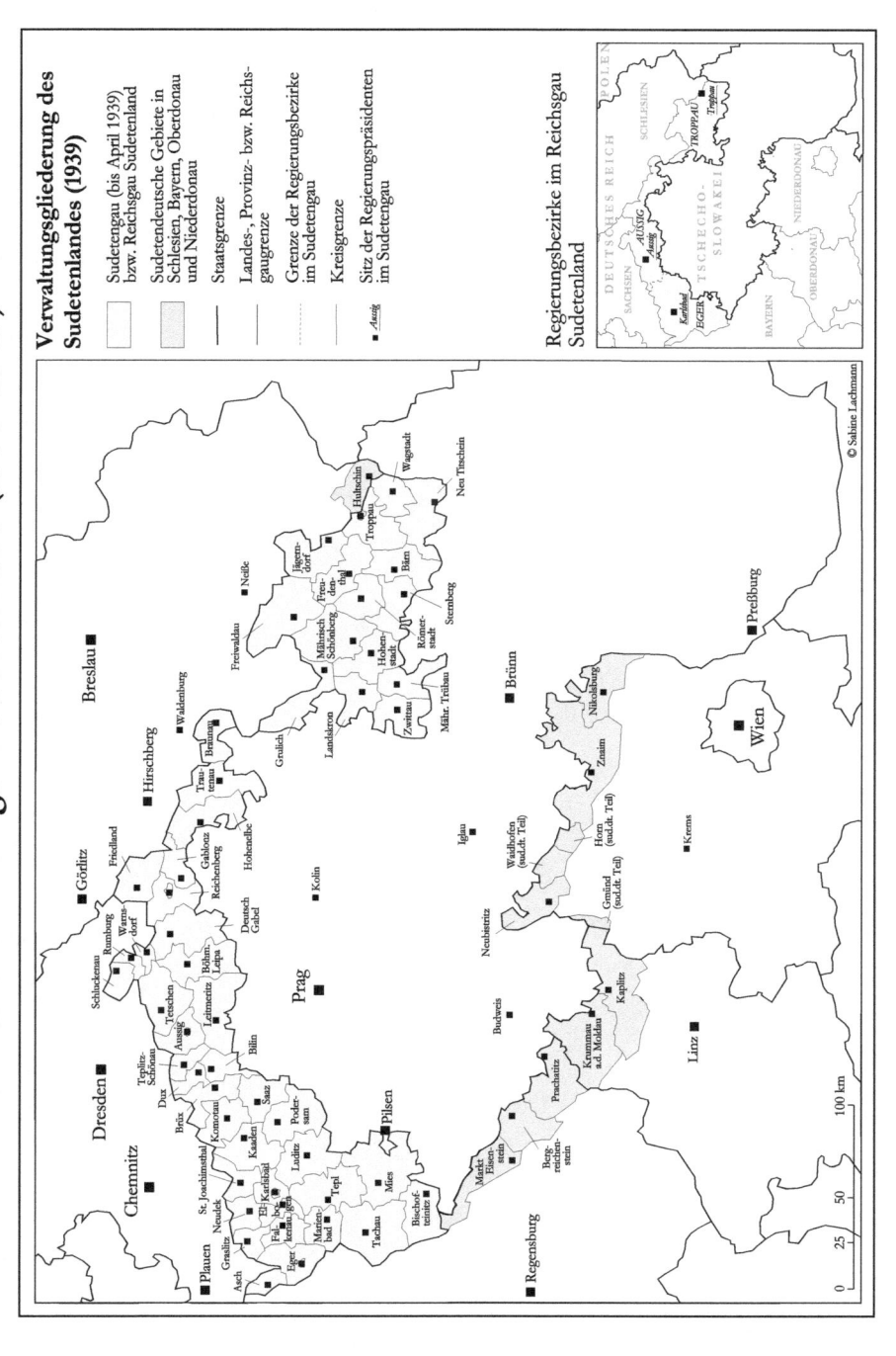

Verwaltungsgliederung des Sudetenlandes (1939)

- ☐ Sudetengau (bis April 1939) bzw. Reichsgau Sudetenland
- ▨ Sudetendeutsche Gebiete in Schlesien, Bayern, Oberdonau und Niederdonau
- — Staatsgrenze
- — Landes-, Provinz- bzw. Reichsgaugrenze
- ⋯ Grenze der Regierungsbezirke im Sudetengau
- ⋯ Kreisgrenze
- ■ *Aussig* Sitz der Regierungspräsidenten im Sudetengau

Regierungsbezirke im Reichsgau Sudetenland

© Sabine Lachmann

Quellen und Literatur

Archivalien

Staatsarchiv Amberg
- Regierung der Oberpfalz

Bundesarchiv, Standort Bayreuth/Lastenausgleichsarchiv (OstDok)
- OstDok 8: Zeitgeschehen in den ostdeutschen Vertreibungsgebieten von 1939 bis 1945 (Intelligenzberichte)
- OstDok 21: Deutsche Verwaltung des Sudetenlandes und des Protektorats Böhmen und Mähren 1938–1945

Bundesarchiv, Standort Berlin (BArch)
- NS 12 Hauptamt für Erzieher/Reichswaltung des Nationalsozialistischen Lehrerbundes
- NS 19 Persönlicher Stab Reichsführer-SS
- R 49 Reichskommissar für die Festigung des deutschen Volkstums
- R 4901 Reichsministerium für Erziehung, Wissenschaft und Volksbildung
- R 30 Reichsprotektor in Böhmen und Mähren
- R 31 Kurator der deutschen wissenschaftlichen Hochschulen in Prag und Kommissar der geschlossenen tschechischen Hochschulen
- R/9361 Sammlung Berlin Document Center (BDC): Personenbezogene Unterlagen der NSDAP
- R 8043 Deutsche Stiftung
- R43 II Reichskanzlei

DIPF | Leibniz-Institut für Bildungsforschung und Bildungsinformation, BBF | Bibliothek für Bildungsgeschichtliche Forschung – Archiv, Berlin
- Sammlungsgut (GUT SAMML)

Státní okresní archiv Cheb (SOkA Cheb)
[Staatliches Bezirksarchiv Cheb]
- Landrát Cheb 1938–1945 [Landrat Eger 1938–1945]

Státní okresní archiv Děčín (SOkA Děčín)
[Staatliches Bezirksarchiv Děčín]
- Landrát Děčín [Landrat Tetschen-Bodenbach]

Státní okresní archiv Karlovy Vary (SOkA Karlovy Vary)
[Staatliches Bezirksarchiv Karlovy Vary]
- Landrát Žlutice 1938–1945 [Landrat Luditz 1938–1945]

Státní oblastní archiv v Plzni, pracoviště Klášter (SOA Plzeň/Klášter)
[Staatliches Gebietsarchiv Pilsen, Außenstelle Klášter]
- Úřad vládního prezidenta Karlovy Vary (ÚVP Karlovy Vary)
[Amt des Regierungspräsidenten in Karlsbad]

Státní oblastní archiv v Litoměřicích (SOAL)
[Staatliches Gebietsarchiv in Litoměřice]
- Bestand Župní vedeni NSDAP [Gauleitung der NSDAP]
- Úřad vládního prezidenta Ústí nad Labem (ÚVP Ústí) [Amt des Regierungspräsidenten in Aussig]
- Říšské místodržitelství Liberec (ŘM) [Reichsstatthalter Reichenberg]

Státní okresní archiv Litoměřice se sídlem v Lovosicích (SOkA Lovosice)
[Staatliches Bezirksarchiv in Litoměřice mit Sitz in Lovosice]
- Landrát Litoměřice [Landrat Leitmeritz]
- NSDAP Litoměřice 1938–1945 [NSDAP Leitmeritz 1938–1945]

Bayerisches Hauptstaatsarchiv München (BayHStA)
- Sudetendeutsches Archiv (SdA): Kanzlei des Sprechers
- Sudetendeutsches Archiv (SdA): Sprecherregistratur Lodgman v. Auen

Collegium Carolinum, München (CC)
- Biographische Sammlung (Biogr. Slg.)

Archiv bezpečnostních složek v Praze, Ústav Ministerstva vnitra (Archiv bezpečnostních složek)
[Archiv der Sicherheitseinheiten in Prag, Studieninstitut des Innenministeriums]
- 301 Vyšetřovací komise pro národní a lidový soud při MV

Národní archiv v Praze (NA Praha)
[Nationalarchiv in Prag]
- Úřad říšského protektora (ÚŘP) [Behörde des Reichsprotektors]

- Úřad říšského protektora – archiv ministerstva vnitra 114 (ÚŘP AMV 114)
  [Behörde des Reichsprotektors – Bestand des Archivs des Innenministeriums 114]

Státní okresní archiv Opava (SOkA Opava)
[Staatliches Bezirksarchiv Opava]
- Landrát Opava [Landrat Troppau]

Zemský archiv v Opavě (ZA Opava)
[Landesarchiv Opava]
- Zmocněnec říšského vedoucího SS jako říšský komisař pro upevnění němectví, pracovní štáb východ, Fulnek (ZŘKUN)
  [Der Beauftragte des Reichsführers-SS als Reichskommissar für die Festigung deutschen Volkstums – Arbeitsstab Ost in Fulnek]
- Úřad vládního prezidenta Opava (RP Opava)
  [Amt des Regierungspräsidenten in Karlsbad]

Státní okresní archiv Trutnov (SOkA Trutnov)
[Staatliches Bezirksarchiv Trutnov]
- Landrát Vrchlabí [Landrat Hohenelbe]

Publikationen bis 1945

Unter Angabe einer Autoren- oder Herausgeberschaft

ALTMANN, Ferdinand (Hg.): Standesausweis der Lehrerschaft an den Deutschen Volks- und Bürgerschulen Böhmens. 11. Folge. Reichenberg 1937.

ARENT, Benno von: Ein sudetendeutsches Tagebuch. 13. August bis 19. Oktober 1938. Berlin 1939.

BADE, Wilfrid/LORENZ, Werner: Der Treck der Volksdeutschen aus Wolhynien, Galizien und dem Narew-Gebiet. Berlin 1941.

BERGMANN, K. [Vorname unbekannt]: Geschäftsleitungssitzung des Deutschen Lehrerbundes und des Deutschen Landeslehrervereines i. B. In: Freie Schulzeitung 35 (1938) 545.

BARON, Karl: Der Kindergarten im Sudetengau – erfüllte Grenzlandarbeit. In: Mitteilungsblatt des NSLB der Gauwaltung Sudetenland 6 (1940) 74–75.

BERNDT, Alfred Ingemar: Der Marsch ins Großdeutsche Reich. Meilensteine des Dritten Reiches. Band 2. München 1939.

BRETHOLZ, Berthold: Geschichte Böhmens und Mährens. Band 1. Reichenberg 1921.

BORESCH, Karl: Das Werden der Hochschulstätte der sudetendeutschen Landwirtschaft. In: BRASS, Kurt (Hg.): Unsere alma mater. Die sudetendeutschen Hochschulen. Böhmisch-Leipa 1938, 122–130.

BÜRGER, Erhard Gottfried (Hg.): Das erste Jahr Bauernvolkshochschule Bad Ullersdorf (Grundlagen, Aufgaben, Berichte). Groß-Ullersdorf 1925.

BUZEK, Kamil (Hg.): Die wichtigsten Volksschulgesetze und -verordnungen für das Land Böhmen. Prag 1937.

———. Einführung in die Organisation des Volksschulwesens in der Čechoslovakischen Republik. Für Lehramtskandidaten und zur Vorbereitung für die Lehrbefähigungsprüfung. 3. Aufl. Prag 1937.

Chef der Zivilverwaltung im Elsaß; Abteilung Erziehung, Unterricht und Volksbildung (Hg.): Erziehung und Unterricht in der Höheren Schule im Elsaß 1940. Karlsruhe 1940.

Deutscher Lehrerbund: Eine Klarstellung. Der sudetendeutsche Erzieherverband. In: Freie Schulzeitung 19 (1938) 303.

———. Die Übertrittszulage. In: Freie Schulzeitung 28 (1938) 455.

———. Vortrag von Ludwig Eichholz zur Gründung der „Sudetendeutschen Erzieherschaft", Hauptvortrag des Lehrertages in Trautenau. In: Freie Schulzeitung 27 (1938) 430, 438.

Deutscher Volksschulverband in Mähren und Deutscher Landeslehrerverein in Schlesien (Hg.): Standesausweis des deutschen Schulwesens in Mähren-Schlesien 1935. Brünn 1935.

DONNEVERT, Richard: Partei und Menschentum. Unsere nationalsozialistischen Aufgaben im Sudetengau. Wortlaut der Rede Donneverts vom 25. Oktober 1940. Reichenberg 1940.

DUVE, Marie: „New Guide" und direkte Methode. In: Die Mittelschule. Zeitschrift der Reichsfachschaft Mittelschule im Nationalsozialistischen Lehrerbund 18 (1935) 213–215.

EICHHOLZ, Ludwig: Deutsche und tschechische Hochschulen – ein Vergleich. In: BRASS, Kurt (Hg.): Unsere alma mater. Die sudetendeutschen Hochschulen. Böhmisch-Leipa 1938, 34–49.

———. Sudetendeutsche Erzieher! In: Der Sudetendeutsche Erzieher 1 (1939) 3.

———. Die Neugestaltung des sudetendeutschen Schulwesens. Reichenberg 1940.

EIS, Gerhard: Die Sendung der Deutschen Kultur im Sudetenraum. (Aus dem Sudetengau 1) Reichenberg 1940.

ENDT, Alfred: Erziehung zu Rassen- und Sippenpflege als Kernaufgabe der nationalsozialistischen Schule. In: Der Sudetendeutsche Erzieher 3 (1939) 50–54.

Ergänzungsamt der Waffen-SS: Die Waffen-SS ruft die sudetendeutsche Jugend 1942. Waldheim in Sachsen 1942.

FIEDLER, Rudolf: Die Bürgerschule – eine mittlere Schulanstalt. In: Sudetendeutsche Schule. Monatsblatt für zeitgemäße Schulgestaltung 3 (1938) 58.

———. Die Bürgerschule am Scheidewege. In: Der Sudetendeutsche Erzieher 1 (1939) 13–16.

———. Zur Überführung der Volks- und Bürgerschullehrer des Sudetengaues in die Reichsbesoldungsordnung. In: Mitteilungsblatt des NSLB der Gauwaltung Sudetenland 11 (1940) 134–136.

———. Bürgerschule – Hauptschule. In: Mitteilungsblatt des NSLB der Gauwaltung Sudetenland 2 (1941) 14–15.

FISCHER, Fritz: Die Peter-Donnhäuser-Bücherei des NSLB in Reichenberg. In: Mitteilungsblatt des NSLB der Gauwaltung Sudetenland 3 (1942) 22–23.

FISCHER, Rudolf: Zur Namenskunde des Egerlandes. Die slawischen Ortsnamen des Egerlandes und ihre Auswertung für die Lautlehre und Siedlungsgeschichte. (Allgemeine Reihe 9) Reichenberg, Leipzig 1940.

FISCHER, Siegfried: Die innere Einheit der Erzieherschaft. In: Mitteilungsblatt des NSLB der Gauwaltung Sudetenland 5 (1940) 66–67.

FRANK [ohne Angabe eines Vornamens]: Die feierliche Eröffnung der „Sudetendeutschen Anstalt für Landes- und Volksforschung". In: Front und Heimat. Kriegsmitteilungen der Gauselbstverwaltung des Reichsgaues Sudetenland 4 (1940) 16.

FRANK, Ernst: Sudetenland – Deutsches Land. Erzählte Geschichte des sudetendeutschen Freiheitskampfes. 4. Aufl. Görlitz 1942.

FRANK, Karl Hermann: Böhmen und Mähren im Reich. (Böhmen und Mähren 2) 4. Aufl. Prag 1943.

Oberstammführer Fröhner: Die Hauptabteilung II im Gebiet Sudetenland (35). In: Die NS-Turngemeinde. Amtliches Organ der Gauturnführung Sudetenland 12 (1940) 605–606.

Gauleitung der NSDAP Koblenz-Trier (Hg.): Der Grenzgau Koblenz-Trier. 3 Bände. Koblenz, Trier 1937–1939.

Gauorganisationsamt der NSDAP/Amt des Reichsstatthalters im Reichsgau Sudetenland (Hg.): Das Sudetenbuch. Handbuch für d. Reichsgau Sudetenland, mit ausführl. Ortsverz. Teplitz-Schönau 1940.

GOERING, Richard: Der Kreisschulrat im neuen Reich. In: Weltanschauung und Schule 2 (1939) 90–92.

GÜNTHER, Adolf: Der sudetendeutsche Volkstumskampf im Spiegel des Grenzlandromans. Würzburg-Aumühle 1940.

GÜNTHER, Hans F. K.: Rassenkunde des deutschen Volkes. Nachdruck der 16. Aufl. München, Berlin 1938.

———. Kleine Rassenkunde des deutschen Volkes. Nachdruck der 3. Aufl. München, Berlin 1940.

HANIKA, Josef: Emil Lehmann als Volkskundler. In: Sudetendeutsche Anstalt für Landes- und Volksforschung (Hg.): Emil Lehmann, der Volksforscher und Volksbildner. Zu seinem 60. Geburtstag gewidmet von Freunden und Mitarbeitern. Reichenberg 1940, 37–44.

HAUDEK, Josef: Sudetendeutsche Schicksalswende. 30. September 1938. In: Sudetendeutsche Schule. Monatsblatt für zeitgemäße Schulgestaltung 2 (1938) 37.

———. Unsere Zeit ist erfüllt. In: Sudetendeutsche Schule. Monatsblatt für zeitgemäße Schulgestaltung 10 (1941) 283.

HELBOCK, Adolf/LEHMANN, Emil/RANZI, Friedrich (Hg.): Heimgekehrte Grenzlande im Südosten. Ostmark, Sudetengau, Reichsprotektorat Böhmen und Mähren. Leipzig 1939.

HENLEIN, Konrad: Von der Bürgerschule zur Hauptschule. In: Die Deutsche Hauptschule 1 (1941) 3.

HERR, Arthur: Sudetendeutsches Erbe und großdeutsche Schule. (Schriften zu Erziehung und Unterricht 1) Reichenberg 1940.

HERZOG, Robert: Die Stellung der sudetendeutschen Lehrerschaft im Volke. In: Der Sudetendeutsche Erzieher 2 (1939) 34–36.

———. Peter Donnhäuser – ein Grenzlandkämpfer. In: Der Sudetendeutsche Erzieher 5 (1939) 102–104.

———. Bericht über die Tagung des NSLB. Sudetenland in Prag (19.–21. April 1941). In: Mitteilungsblatt des NSLB der Gauwaltung Sudetenland 6 (1941) 66–68.

HLAWITSCHKA, Eduard: Der Einfluss des Deutschtums auf die Gestaltung des Sonderschulwesens im böhmisch-mährischen Raume. In: Die deutsche Sonderschule 4 (1939) 241–243.

HÖLLER, Franz: Schill. Ein Schauspiel. Karlsbad-Drahowitz 1939.

HÜBLER, Bruno: Unser Acker ist Deutschland. Eine sudetendeutsche Bauernerzählung. Berlin 1938.

HULÍK, Vojtěch: Tschechisch-Deutsches Wörterbuch der Umgangssprache. 2. Aufl. Prag 1944.

HUYER, Erich: Artgemäße Feiergestaltung in unserer nat.-soz. Schule. In: Der Sudetendeutsche Erzieher 13 (1939) 305–306.

JAHN, Rudolf: Konrad Henlein. Leben und Werk des Turnführers. Karlsbad-Drahowitz 1938.

JÖRNS, Emil/SCHWAB, Julius: Rassenhygienische Fibel. 1. Aufl. Berlin 1933.

———. Rassenhygienische Fibel. Nachaufl. Berlin 1936.

———. Rassenhygienische Fibel. Nachaufl. Berlin 1942.

KEIL, Theo: Die Bürgerschule im neuen Schuljahre. In: Der Sudetendeutsche Erzieher 17 (1939) 378–380.

———. Die neuen Lehrpläne der Mittelschule und der Bürgerschule. In: Mitteilungsblatt des NSLB der Gauwaltung Sudetenland 4 (1940) 50–52.

———. Die Hauptschule im Schulaufbau des Großdeutschen Reiches. In: PAX, Emil/ZEHLER, Friedrich/RAFFAUF, Josef (Hg.): Die Deutsche Hauptschule. Sammlung der Bestimmungen über die Hauptschule. Heft 1: Bestimmungen über Erziehung und Unterricht in der Hauptschule – Allgemeine schulorganisatorische und schulfachliche Anordnungen. Halle a. d. Saale 1942, 5–12.

KIENAST, Ernst: Der Großdeutsche Reichstag 1938 (Nachtrag). Berlin 1939.

KLÄTTE, Erna: Aufgaben und Ziele der nationalsozialistischen Oberschule für Mädchen. In: Der Sudetendeutsche Erzieher 15/16 (1939) 350–352.

Kožíšek, Josef: Poupata, čítanka malých [Knospen, Lesebuch für die Kleinen]. Praha 1913.

———. Poupata, čítanka malých. 6. Aufl. Praha 1942.

Kraemer [ohne Angabe eines Vornamens]: Das landwirtschaftliche Schulwesen im Regierungsbezirk Karlsbad. Jahresbericht 1939/40 beim Regierungspräsidenten, Dezernat IIa 8. Karlsbad 1940.

Krebs, Hans/Lehmann, Emil: Wir Sudetendeutsche! Berlin 1937.

Künzel, Franz: Führer und Führung in der landständischen Gesellschaft. In: Hodina, Franz/Bürger, Erhard Gottfried (Hg.): Fünf Jahre Deutsche Bauernschule. (Schriften der Deutschen Bauernschule zu Bad Groß-Ullersdorf 9) Groß-Ullersdorf 1929, 35-46.

Lehmann, Emil: Der Sudetendeutsche. Eine Gesamtbetrachtung. Potsdam 1925.

———. Sudetendeutsche Stammeserziehung. Eger, Leipzig 1923.

———. Sudetendeutsches Grenzlandvolk. Das Sudetendeutschtum in seiner stammlich-landschaftlichen Entfaltung. Dresden 1937.

Lemberg, Eugen: Erzieher und Grenzlandaufgabe. In: Der Sudetendeutsche Erzieher 5 (1939) 105-106.

Lenz, Josef: Die Heilkräutersammlung in den Schulen des Sudetenlandes. In: Mitteilungsblatt des NSLB der Gauwaltung Sudetenland 7 (1942) 54-55.

Ley, Robert: Organisationsbuch der NSDAP. 5. Aufl. München 1938.

Liewehr, Ferdinand/Preissler, Gottfried/Rippl, Eugen: Zeitschrift für den Tschechischunterricht. 1937.

Lochner, Rudolf: Rückblick und Ausblick. In: Lochner, Rudolf (Hg.): Zur Neugestaltung der Lehrerbildung. Sudetendeutsche Anstalt für Erziehungswissenschaft der Deutschen wissenschaftlichen Gesellschaft in Reichenberg. Berichte, Leitsätze, Entwürfe. Reichenberg 1930, 51-60.

———. Sudetendeutschland. Ein Beitrag zur Grenzlanderziehung im ostmitteldeutschen Raum. Langensalza 1937.

———. Lebensnahe Volksbildung. Zum Werk des Volkserziehers Emil Lehmann. In: Sudetendeutsche Anstalt für Landes- und Volksforschung (Hg.): Emil Lehmann, der Volksforscher und Volksbildner. Zu seinem 60. Geburtstag gewidmet von Freunden und Mitarbeitern. Reichenberg 1940, 10-24.

Matthäus, Gerhard: Die Hauptschule und ihr nationalsozialistischer Auftrag. Reichenberg 1941.

Meier-Benneckenstein, Paul (Hg.): Dokumente der Deutschen Politik. Bd. 6: Großdeutschland 1938. Teil 1. Berlin 1939.

NITSCHKE, Richard: Das Auslandsdeutschtum. I. Teil: Bilder aus dem Leben der Auslandsdeutschen. Schriften zu Deutschlands Erneuerung. 11. Aufl. Breslau 1938.

NSDAP Gauleitung Sudetenland (Hg.): Verzeichnis der Lagerinsassen der Beobachtungslager im Gau Sudetenland. Reichenberg 1940.

NSLB Gau Sudetenland (Hg.): Endlich befreit! Sudetendeutsche Jugend erzählt von der Befreiung ihrer Heimat. Reichenberg 1939.

OPPENBERG, Ferdinand: Gottfried Rothacker – sein Leben und Werk. In: NOWAK-ROTHACKER, Martha (Hg.): Vermächtnis. Aus dem Nachlaß des Dichters. Bayreuth 1942, 309–317.

PAX, Emil/RAFFAUF, Josef (Hg.): Die deutsche Mittelschule. Handbuch für Mittelschulen. Halle a. d. Saale 1940.

———: Bestimmungen über Erziehung und Unterricht in der Mittelschule. Halle a. d. Saale 1940.

PAX, Emil/ZEHLER, Friedrich/RAFFAUF, Josef (Hg.) Die Deutsche Hauptschule. Sammlung der Bestimmungen über die Hauptschule. Heft 1: Bestimmungen über Erziehung und Unterricht in der Hauptschule – Allgemeine schulorganisatorische und schulfachliche Anordnungen. Halle a. d. Saale 1942.

PFITZNER, Josef: Nationales Erwachen und Reifen der Sudetendeutschen. In: PIRCHAN, Gustav/ZATSCHEK, Heinz/WEIZSÄCKER, Wilhelm (Hg.): Das Sudetendeutschtum. Sein Wesen und Werden im Wandel der Jahrhunderte. 2. Aufl. Brünn [u. a.] 1939, 437–471.

PLEYER, Wilhelm: Bleibt dem Grenzland treu! In: Sudetendeutsche Monatshefte. Zeitschrift des Bundes der Deutschen. Weinmond [Oktober] (1938) 505–510.

PRAGER, Günther: Die Hitler Jugend. In: HENLEIN, Konrad (Hg.): Sudetenland im Reich. Ein Querschnitt durch die Aufbauarbeit und Leistung des Reichsgaus Sudetenland. Reichenberg 1943, 62.

PREISSLER, Gottfried: Die zukünftige Vorbildung der Mittelschullehrer. In: LOCHNER, Rudolf (Hg.): Zur Neugestaltung der Lehrerbildung. Sudetendeutsche Anstalt für Erziehungswissenschaft der Deutschen wissenschaftlichen Gesellschaft in Reichenberg. Berichte, Leitsätze, Entwürfe. Reichenberg 1930, 25–37.

———. Zur gegenwärtigen Lage der deutschen Mittelschule. In: Mitteilungen aus dem höheren Schulwesen. Zeitschrift des Reichsverbandes Deutscher Mittelschullehrer in der Tschechoslowakischen Republik 3–4 (1932), Festschrift zum zehnjährigen Bestande des Reichsverbandes Deutscher Mittelschullehrer in der tschechoslowakischen Republik. VI. Hauptversammlung in Leitmeritz am 27. und 28. Feber 1932, 40–41.

Preissler, Gottfried: Unser sudetendeutsches Schulwesen. In: Brosche, Wilfried/Nagl, Fritz (Hg.): Sudetendeutsches Jahrbuch 1938. Nach der Beschlagnahme. 2. Aufl. Böhmisch-Leipa, Zwickau 1938, 138–150.

———. Der Kampf um unsere Schule. In: Brosche, Wilfried/Nagl, Fritz (Hg.): Sudetendeutsches Jahrbuch 1938. Nach der Beschlagnahme. 2. Aufl. Böhmisch-Leipa, Zwickau 1938, 45–48.

———. Die Höhere Schule und ihre Lehrerschaft im Sudetengau. In: Der Sudetendeutsche Erzieher 1 (1939) 16–19.

Preußler, Josef: Richtlinien für Erziehung und Unterricht in der Hilfsschule. In: Mitteilungsblatt des NSLB der Gauwaltung Sudetenland 5 (1942) 37.

Rainer, Friedrich: Grenzgau Kärnten – Träger einer stolzen Reichstradition. In: Mitteilungen des Gaurings für nationalsozialistische Propaganda und Aufklärung/NSDAP – Gau Kärnten (Dezember 1942) 2.

Reche, Otto: Homo sudeticus. In: Ebert, Max (Hg.): Reallexikon der Vorgeschichte. Fünfter Band: Haag–Hyskos. Berlin 1926, 377–378.

Reichsstatthalter im Sudetengau (Hg.): Bestimmungen über Erziehung und Unterricht in der Bürgerschule. Reichenberg 1940.

———. Erziehung und Unterricht in der Volksschule. (Amtliches Schulblatt für den Reichsgau Sudetenland: Sonderfolge). Reichenberg 1940.

———. Gauselbstverwaltung. Ein Handbuch. Reichenberg 1940.

Reichsstelle für Schulwesen (Hg.): Wegweiser durch das höhere Schulwesen des Deutschen Reichs. Schuljahr 1941. Berlin 1943.

———. Wegweiser durch das höhere Schulwesen des Deutschen Reichs. Schuljahr 1942. Berlin 1944.

Reichswaltung des NS-Lehrerbundes: Die Schulentlassungsfeier. Denkschrift der Reichswaltung des NS-Lehrerbundes. In: Reichswaltung des NS-Lehrerbundes (Hg.): Die deutsche Schulfeier. Berater für die Spiel-, Feier- und Freizeitgestaltung der deutschen Schulen und Schulgemeinden. Band 1. Berlin 1939, 2–5.

Rothacker, Gottfried: Das Dorf an der Grenze. Aufl. 151.-260.000. München 1938.

———. Bleib stet! 14 Volksgeschichten. München 1938.

———. Die Kinder von Kirwang. Berlin 1939.

———. Über mich selbst. In: Nowak-Rothacker, Martha (Hg.): Vermächtnis. Aus dem Nachlaß des Dichters. Bayreuth 1942, 305–308.

SCHAUSBERGER, Dominik: Der industrielle Mensch und seine Erziehung. (Schriften der Sudetendeutschen Anstalt für Erziehungswissenschaft) Reichenberg 1931.

SCHORK, Kurt: Peter Donnhäuser. Ein sudetendeutsches Schicksal. München 1937.

SCHWARZ, Sepp: Volk und Boden. In: Sudetendeutsche Monatshefte. Zeitschrift des Bundes der Deutschen 7 (1938) 344-346.

SINN, Karl Alexander: Kurzer Abriß einer Reichskunde, bearbeitet von Alfred Tews-Prag mit 17 Übersichten und Schaubildern. 3. Aufl. Unveränderter Nachdruck der 11. Auflage von Sinns Staatsbürgerkunde. Leipzig, Berlin 1941.

SINN, Karl Alexander/TEWS, Alexander: Kurzer Abriß einer Staatsbürgerkunde. 14. Aufl. Unveränderter Nachdruck der 11. ergänzten Auflage. Leipzig, Berlin 1940.

STEGEMANN, Hermann: Der Aufbau des Volksschulwesens im Warthegau. In: NSLB-Jungziehergemeinschaft in den befreiten Ostgebieten (Hg.): Der deutsche Osten ruft den Jungerzieher. Posen 1941, 11.

STEINER, Josef: Der „Hilf-mit!"-Wettbewerb. „Volksgemeinschaft – Schicksalsgemeinschaft" in unseren Landschulen. In: Sudetendeutsche Schule. Monatsblatt für zeitgemäße Schulgestaltung 5 (1939) 159-162.

SÜSSEMILCH, Gustav: Sudetendeutscher Grenzkampf und die geopolitische Volkserziehung. In: Der Sudetendeutsche Erzieher 2 (1939) 36-38.

SÜSSEMILCH, Gustav/ZEPNICK, Karl: Erläuterungen zum neu erschienenen Sudetendeutschen Schulatlas. Von den Bearbeitern des Heimatteils. In: Mitteilungsblatt des NSLB der Gauwaltung Sudetenland 9 (1941) 89-93.

TRÁVNÍČEK, František: Stručná mluvnice česká [Kurzgefasste tschechische Grammatik]. 2. Aufl. Praha 1943.

TESKE, Hermann: Wir marschierten für Großdeutschland. Erlebtes und Erlauschtes aus dem großen Jahr 1938. Berlin 1939.

URBAHN, Anneliese: Peter Donnhäuser: Heimatabend. Reichenberg 1943.

VORBACH, Kurt: Böhmens Heimkehr. Der Reichsgedanke in den Sudetenländern. Berlin, Leipzig 1944.

WÄCHTLER, Fritz (Hg.): Bayerische Ostmark. Vier Jahre nationalsozialistische Aufbauarbeit in einem deutschen Grenzgau. Bayreuth 1937.

WASGESTIAN, Hugo: Die Berufs- und Fachschulen in den Sudetenländern. In: Der Sudetendeutsche Erzieher 1 (1939) 20-22.

–––. Die berufsbildenden Schulen im Sudetengau seit der Befreiung. In: Der Sudetendeutsche Erzieher 15/16 (1939) 346-350.

WEINMANN, Rudolf: Zur Heimkehr der Wolhyniendeutschen. In: Mitteilungsblatt des NSLB der Gauwaltung Sudetenland 3 (1940) 33.

WELWARSKY, Wilhelm: Stand und Ausblick der Leibeserziehung im Sudetengau. In: Die NS-Turngemeinde. Amtliches Organ der Gauturnführung Sudetenland 5 (1940) 218–222.

WILLSCHER, Gustav (Hg.): Schulführer. Ein Ratgeber für alle Erzieher über die Bildungsmöglichkeiten für die Deutschen in der tschechoslowakischen Republik. Prag 1928.

ZASCHE, Rudolf: 30 Stunden Tschechisch für Anfänger. Berlin-Schöneberg 1942.

Veröffentlichungen/Mitteilungen/Verordnungen ohne Angabe einer Autorenschaft

An unsere Leser! In: Freie Schulzeitung 36 (1938) 551.

Aufnahme von Schülern in die höhere Schule. Erlaß des Reichserziehungsministers vom 5. April 1939 (RMin AmtsblDtschWiss S. 232/233) In: Sudetendeutscher Gemeindetag 9 (1939) 273.

Aus der Arbeit des NS-Lehrerbundes. Ernennung von Theo Keil zum Regierungs- und Schulrat am 17.1.1940. In: Mitteilungsblatt des NSLB der Gauwaltung Sudetenland 5 (1940) 65.

Berliner Kinder in unserem Gau. In: Mitteilungsblatt des NSLB der Gauwaltung Sudetenland 12 (1940) 153.

Bestimmungen über Erziehung und Unterricht in der Hauptschule. In: Die Deutsche Hauptschule 5/6 (1942) 97–144.

Der 1. Hauptschulerlaß (Erlass des Reichserziehungsministeriums (E II d 139 a)) vom 28.4.1941. In: Die Deutsche Hauptschule 3 (1944) 20–22.

Der Aufbau des NS-Lehrerbundes im Sudetengau. In: Der Sudetendeutsche Erzieher 1 (1939) 24–26.

Der Aufbau des NS-Lehrerbundes im Sudetengau. In: Der Sudetendeutsche Erzieher 2 (1939) 43.

Der neue Schulaufbau. In: Die deutsche Familie 8 (1939) 254.

Der NSLB berichtet. Gauwaltung Sudetenland. In: Mitteilungsblatt des NSLB der Gauwaltung Sudetenland 11 (1942) 87.

Der sudetendeutsche Erzieherverband. In: Freie Schulzeitung 17 (1938) 266.

Die Gauwaltung des NSLB berichtet. Abteilung „Erziehung und Unterricht". In: Der Sudetendeutsche Erzieher 13 (1939) 315–316.

Die Kreiswalter des NSLB. In: Der Sudetendeutsche Erzieher 2 (1939) 44.

Die Regelung der Frage der Lehrerbildungsanstalten im Reichsgau. In: Mitteilungsblatt des NSLB der Gauwaltung Sudetenland 6 (1940) 82.

Die Schulverwaltung im Sudetengau. In: Mitteilungsblatt des NSLB der Gauwaltung Sudetenland 8 (1940) 104–105.

Die Sonderschulen im Jahre 1939 (Erhebung am 25. Mai 1939). In: Wirtschaft und Statistik 13 (1941) 266–268.

Die sudetendeutschen Erzieher vor neuen Aufgaben – sie wollen sie mit der bisherigen Hingabe lösen. In: Der Sudetendeutsche Erzieher 6 (1939) 136–139.

Die Volksschulen und Bürgerschulen im Reichsgau Sudetenland (Erhebung am 25. Mai 1939). In: Wirtschaft und Statistik 15 (1940) 310.

Einsatz der Schuljugend für die landwirtschaftliche Hilfsarbeit. Erlaß des Reichserziehungsministeriums vom 8.6.1939 – E III a 1140, E II a (b). In: Sudetendeutscher Gemeindetag 13 (1939) 390.

Erlaß des Führers und Reichskanzlers über die Verwaltung der sudetendeutschen Gebiete. 1. Oktober 1938. RGBl I, 157 (1938) 1331–1332.

Lehrer im Kirchendienst. In: Der Sudetendeutsche Erzieher 11 (1939) 271–272.

Lehrplanrichtlinien für Bürgerschulen. In: Beiträge zu Erziehung und Unterricht 2 (1932). Beilage zur Heft Nr. 10 der „Freien Schulzeitung" vom 10. März 1932.

Mährisch Schöneberg. Meldung. In: Die Deutsche Sonderschule V/VII (1943) 201.

Mitteilung über den Ausschluß der Juden von deutschen Schulen. In: Der Sudetendeutsche Erzieher 1 (1939) 24.

Mitteilung über den Schulunterricht an Juden. In: Der Sudetendeutsche Erzieher 12 (1939) 292.

Rede Ludwig Eichholz am 8.3.1939 in Reichenberg. In: Der Sudetendeutsche Erzieher 6 (1939) 134.

Reichsminister Rust im Sudetengau. In: Weltanschauung und Schule 11 (1938) 517–526.

Runderlaß des Reichsministeriums des Innern vom 29.3.1939 bezüglich Volksdeutsche. In: Reichsministerialblatt der inneren Verwaltung (RMBliV), 29. März 1939, 783.

Sudetendeutsche Zeitfragen: Der Ascher Bezirk judenfrei. In: Der Sudetendeutsche 12 (1938) 290.

Sudetenland soll das Schulland des ganzen Deutschen Reiches werden. In: Sudetendeutsche Schule. Monatsblatt für zeitgemäße Schulgestaltung 3 (1938) 73.

Unser Gauwalter Dr. Ludwig Eichholz zum Regierungsdirektor ernannt. In: Mitteilungsblatt des NSLB der Gauwaltung Sudetenland 4 (1940) 49.

Werde hart! In: Sudetendeutsche Schule. Monatsblatt für zeitgemäße Schulgestaltung 4 (1938) 109.

Wozu deutsche Sonderschulen? In: Die deutsche Familie 8 (1939) 250.

Veröffentlichungen im Amtlichen Schulblatt für den Reichsgau Sudetenland

Benotung der Schüler in den Fächern tschechoslowakische Vaterlandskunde und tschechische Sprache an den höheren Schulen. Reichenberg, 21. November 1938. Aktenzeichen I K – II – 787/38 vom 21. November 1938. In: Amtliches Schulblatt für den Reichsgau Sudetenland 2 (1938) 23.

Bestimmungen über Erziehung und Unterricht in der Hauptschule. Reichenberg, 4. Juni 1942. Aktenzeichen I c 3, Nr. 112/00. In: Amtliches Schulblatt für den Reichsgau Sudetenland 12 (1942) 118.

Der Geburtstag des Führers. Aktenzeichen I c 12 Nr. 100/31 vom 8. April 1944. In: Amtliches Schulblatt für den Reichsgau Sudetenland 8 (1944) 58.

Domov. Zeitschrift für Volksschulen mit tschechischer Unterrichtssprache. Reichenberg, 23. November 1940. Aktenzeichen I c 2, Nr. 112-02/40. In: Amtliches Schulblatt für den Reichsgau Sudetenland 23 (1940) 308.

Einbeziehung tschechischer Schulen des Sudetengaues in die Arbeit der Reichsstelle für den Unterrichtsfilm. Aktenzeichen I c 8, Nr. 172/40 vom 8. Februar 1940. In: Amtliches Schulblatt für den Reichsgau Sudetenland 4 (1940) 30.

Englisches Unterrichtswerk zur Verwendung an Bürgerschulen. Reichenberg, 26. August 1939. Aktenzeichen I K 1, 3691/39. In: Amtliches Schulblatt für den Reichsgau Sudetenland 19 (1939) 276.

Erwerbung der Lehrbefähigung für Bürgerschulen aus der englischen Sprache. Reichenberg, 1. Juli 1940. Aktenzeichen I c 3, Nr. 114/00. In: Amtliches Schulblatt für den Reichsgau Sudetenland 14 (1940) 170.

Gewinnung von Lehrern der englischen Sprache. Reichenberg, 24. Februar 1939. Aktenzeichen 1 K I 1707/39. In: Amtliches Schulblatt im Reichsgau Sudetenland 8 (1939) 108–109.

Kommissionsprüfungen an den sechsklassigen Bürgerschulen. Reichenberg, 27. Februar 1940. Aktenzeichen I c 3 Nr. 4327/40. In: Amtliches Schulblatt für den Reichsgau Sudetenland 5 (1940) 50–51.

Körperliche Eignung der Hauptschüler. Reichenberg, 30. Juni 1942. Aktenzeichen 1 c 3, Nr. 118/01. In: Amtliches Schulblatt für den Reichsgau Sudetenland 12 (1942) 120.

Lehrbuch für Tschechisch an Höheren Schulen. Aktenzeichen I c 3, Nr. 129/13/1. Reichenberg, 15. Oktober 1943. In: Amtliches Schulblatt für den Reichsgau Sudetenland 21 (1943) 200.

Lehrgang für Englisch. Reichenberg, 1. Juni 1939. Aktenzeichen I K 1 3210/39. In: Amtliches Schulblatt für den Reichsgau Sudetenland 14 (1939) 195.

Lehrgang für Englisch. Reichenberg, 26. August 1939. Aktenzeichen I K 1 3694/39. In: Amtliches Schulblatt für den Reichsgau Sudetenland 19 (1939) 274.

Lehrplan für die 5. bis 8. Klasse der Volksschule für das Schuljahr 1939/40. Reichenberg, 27. September 1939. Aktenzeichen I K 1 Nr. 3828/39. In: Amtliches Schulblatt für den Reichsgau Sudetenland 21 (1939) 318–322.

Lehrpläne für Berufsschulen. Reichenberg, 24. Januar 1944. Aktenzeichen I c 4, Nr. 131 – 04/1/0. In: Amtliches Schulblatt für den Reichsgau Sudetenland 3 (1944) 14.

Lernbuch der tschechischen Sprache für Hauptschulen. Reichenberg, 4. April 1944. Aktenzeichen I c 2, Nr. 112/02/11 In: Amtliches Schulblatt für den Reichsgau Sudetenland 8 (1944) 62.

Lesebücher an Volks- und Bürgerschulen. Reichenberg, 23. November 1938. Aktenzeichen I K I – 2610/38. In: Amtliches Schulblatt für den Reichsgau Sudetenland 2 (1938) 14–15.

Lesestoff für den Tschechischunterricht. Aktenzeichen I c 3, Nr. 112-02 vom 23. Dezember 1940. In: Amtliches Schulblatt für den Reichsgau Sudetenland 1 (1941) 11.

Musterwörter im Unterrichte der tschechischen Sprache. Reichenberg, 4. November 1944. Aktenzeichen I c 12, Nr. 112/00. In: Amtliches Schulblatt für den Reichsgau Sudetenland 22 (1944) 183.

Prüfung der Lehrkräfte tschechischen Volkstums aus der deutschen Sprache. Reichenberg, 10. November 1942. Aktenzeichen I c 3, Nr. 115/04. In: Amtliches Schulblatt für den Reichsgau Sudetenland 22 (1942) 234–235.

Regelung des Unterrichtes an den Höheren Schulen im Schuljahre 1940/41. Reichenberg, 2. Juli 1940. Aktenzeichen I c 4, Nr. 129/09. In: Amtliches Schulblatt für den Reichsgau Sudetenland 14 (1940) 171–176.

Regelung des Unterrichtes in der ersten Fremdsprache. Reichenberg, 11. September 1939. Aktenzeichen 1 K 1, 3760/39. In: Amtliches Schulblatt für den Reichsgau Sudetenland 20 (1939) 295.

Richtlinien für die Unterrichtsgegenstände und deren Wochenstundenzahl an den Volks- und Bürgerschulen mit tschechischer Unterrichtssprache. Aktenzeichen I K – I 1429/39. In: Amtliches Schulblatt für den Reichsgau Sudetenland 7 (1939) 96.

Sprachprüfung in deutscher Sprache für tschechische Lehrkräfte. Aktenzeichen I c 3, Nr. 115/04 vom 10. November 1942. In: Amtliches Schulblatt für den Reichsgau Sudetenland 22 (1942) 234.

Stundentafel und Lehrplan für die 1. Klasse (5. aufsteigender Jahrgang) der Bürgerschule. Reichenberg, 26. Oktober 1939. Aktenzeichen I K 1 Nr. 3994/39. In: Amtliches Schulblatt für den Reichsgau Sudetenland 23 (1939) 347–349.

Tschechisch-Unterricht. Reichenberg, 14. November 1938. Aktenzeichen I K – VIII 50/38. In: Amtliches Schulblatt für den Sudetengau 1 (1938) 4–5.

Tschechischunterricht an deutschen Volksschulen. Reichenberg, 31. Januar 1942. Aktenzeichen I c 3, Nr. 112-00/42. In: Amtliches Schulblatt für den Reichsgau Sudetenland 3 (1942) 18.

Veranstaltung von Schulfeiern. Aktenzeichen I c 1 Nr. 100/31 vom 26. Oktober 1943. In: Amtliches Schulblatt für den Reichsgau Sudetenland 22 (1943) 204.

Verbindliche Fremdsprache an Hauptschulen. Reichenberg, 18. März 1942. Aktenzeichen I c 3 – 112-00/42. In: Amtliches Schulblatt im Reichsgau Sudetenland 7 (1942) 56.

Wertschätzung der Volksschule. Reichenberg, 26. August 1941. Aktenzeichen I c 2, Nr. 115/00. In: Amtliches Schulblatt für den Reichsgau Sudetenland 17 (1941) 206.

Wochenstundenzahl Volks- und Bürgerschulen mit tschechischer Unterrichtssprache. Aktenzeichen I K 1, Nr. 1429/39 vom 7. Februar 1939. In: Amtliches Schulblatt für den Reichsgau Sudetenland 7 (1939) 96.

Zeugnisformulare für Volks- und Bürgerschulen mit tschechischer Unterrichtssprache. Aktenzeichen I K 1, Nr. 1428/39 vom 8. Februar 1939. In: Amtliches Schulblatt für den Reichsgau Sudetenland 7 (1939) 96.

Zweite Prüfung für das Lehramt der tschechischen Schulamtsbewerber. Aktenzeichen I K 1, Nr. 3984/39 vom 26. Oktober 1939. In: Amtliches Schulblatt für den Reichsgau Sudetenland 23 (1939) 346–347.

Schulchroniken

Frauenberufsfachschule Troppau. Jahresbericht für das Schuljahr 1939/40 der Frauenberufsfachschule Troppau. Troppau 1940.

HELM, Josef: Handelsakademie in Eger. 1. Jahresbericht über das Schuljahr 1938/39. Eger 1939.

Jahresbericht der öffentlichen deutschen Fachschule für Frauenberufe in Jägerndorf 1938/39. Jägerndorf 1939.

Jahresbericht des Deutschen Staatsrealgymnasiums in Eger über das Schuljahr 1937/38. Eger 1938.

Jahresbericht des Deutschen Staatsrealgymnasiums in Saaz über das Schuljahr 1937/38. Saaz 1938.

Jahresbericht über das Schuljahr 1938/39 der Staatsfachschule für Weberei in Jägerndorf. Jägerndorf 1939.

Lehrbücher/Texte aus Lehrbüchern

ALTRICHTER, Anton: Geschichtsatlas für die deutschen Schulen in der Čechoslovakischen Republik. Brünn 1937.

ARENT, Benno von: Einmarsch ins Sudetenland. In: Deutsches Lesebuch für Volksschulen. Dritter Band. 1. Aufl. Reichenberg 1942, 366–370. Aus: ARENT, Benno von: Ein sudetendeutsches Tagebuch. 13. August bis 19. Oktober 1938. Berlin 1939, 47–53.

Aus Hitlers Jugendzeit [Verfasser unbekannt]. In: Deutsches Lesebuch für Volksschulen. Zweiter Band (3. und 4. Schuljahr). 2. Aufl. Reichenberg 1941, 242–243. Aus: Dürrs Ergänzungshefte zu deutschen Volksschullesebüchern (3. und 4. Schuljahr). Leipzig o. J.

BALCAR, Antonín/KAMENÍČEK, František/HORÁK, Bohuslav: Historicko-zeměpisný atlas školní starého, středního a nového věku: pro české školy střední [Historisch-geografischer Schulatlas zur alten, mittleren und neueren Geschichte für tschechische Mittelschulen]. Praha 1923.

BERNDT, Alfred Ingemar: Sudetendeutsche Husarenstücke. In: Deutsches Lesebuch für Volksschulen. Zweiter Band (3. und 4. Schuljahr). 2. Aufl. Reichenberg 1941, 250–251. Aus: BERNDT, Alfred Ingemar: Der Marsch ins Großdeutsche Reich. Meilensteine des Dritten Reiches. Band 2. München 1939, 121–122.

———. Der Führer in Prag am 15. März 1939. In: Deutsches Lesebuch für Volksschulen. Dritter Band. 1. Aufl. Reichenberg 1942, 370. Aus: BERNDT, Alfred Ingemar: Der Marsch ins Großdeutsche Reich. Meilensteine des Dritten Reiches. Band 2. München 1939, 453–454.

Deutsches Lesebuch für Volksschulen. 3 Bände. Reichenberg 1941–1942.

JAHN, Rudolf: Aus der Jugendzeit Konrad Henleins. In: Deutsches Lesebuch für Volksschulen. Zweiter Band (3. und 4. Schuljahr). 2. Aufl. Reichenberg 1941, 243–245. Aus: JAHN, Rudolf: Konrad Henlein. Leben und Werk des Turnführers. Karlsbad-Drahowitz 1938.

JELINEK, Franz/STREINZ, Franz/PESCHEL, Franz: Heimat und Welt. Lesebuch für die unteren Klassen der Mittelschulen. Bd. I. Brünn 1933.

KUBELKA, Viktor/BERGMANN, Edmund: Unterrichtslehre der tschechischen Sprache. Mit besonderer Berücksichtigung der Untermittel- und Bürgerschulen. Bd. 2. Handbuch für die deutschen Schulen in der Tschechoslowakei. Reichenberg 1936.

LAMEŠ, Jaroslav: Historický atlas pro střední a odborné školy [Historischer Atlas für Mittelschulen und Berufsschulen]. Praha 1938.

LAURICH, O. H./PIRKHEIM, G. (Hg.): Dichtung und Leben. Lesebuch für deutsche Bürgerschulen in der Tschechoslowakischen Republik. 3 Bände. Prag 1937.

PROSCHWITZER, Erhart: Staatsbürgerkunde: Lehrbuch für praktisches Studium und Handbuch für Schulpraxis. Leipzig [u. a.] 1925.

RAUCHBERG, Heinrich: Die Anfänge der Čechoslovakischen Republik. In: WEPS, Karl/ESSL, Karl/PREISSLER, Gottfried (Hg.): Von deutscher Art und Kunst. Deutsches Lesebuch für deutsche Mittelschulen. Vierter Band. Für die vierte Klasse der Mittelschulen. Reichenberg 1936, 172.

ROTHACKER, Gottfried: Die Brüder Gorenz. In: Deutsches Lesebuch für Volksschulen. Dritter Band. 1. Aufl. Reichenberg 1942, 291–295. Aus: ROTHACKER, Gottfried: Bleib stet! 14 Volksgeschichten. München 1938, 144–151.

———. Der letzte Schultag in Kirwang. In: Deutsches Lesebuch für Volksschulen. Zweiter Band (3. und 4. Schuljahr). 2. Aufl. Reichenberg 1941, 249–250. Aus: ROTHACKER, Gottfried: Die Kinder von Kirwang. Berlin 1939.

SCHIER, Wilhelm: Atlas zur allgemeinen und oesterreichischen Geschichte. Wien 1935.

Sudetendeutsche Kinder erzählen. In: Deutsches Lesebuch für Volksschulen. Erster Band (1. und 2. Schuljahr). 3. Aufl. Reichenberg 1942, 160–163. Aus: NSLB Gau Sudetenland (Hg.): Endlich befreit! Sudetendeutsche Jugend erzählt von der Befreiung ihrer Heimat. Reichenberg 1939.

Sudetendeutschland. Anhang zu KAHNMEYER, Ludwig/SCHULZE, Hermann: Reallienbuch. Bielefeld, Leipzig 1939.

SÜSSEMILCH, Gustav/ZEPNICK, Karl/EGGERS, W. (Hg.): Sudetendeutscher Schulatlas. Harms einheitliches Unterrichtswerk. Reichenberg, Leipzig 1941.

TALLER, Josef: Unser Staatswappen. In: WEPS, Karl/ESSL, Karl/PREISSLER, Gottfried (Hg.): Von deutscher Art und Kunst. Deutsches Lesebuch für deutsche Mittelschulen. Vierter Band. Für die vierte Klasse der Mittelschulen. Reichenberg 1936, 181.

TESKE, Hermann: Freikorpskampf. In: Deutsches Lesebuch für Volksschulen. Dritter Band. 1. Aufl. Reichenberg 1942, 364–366. Aus: TESKE, Hermann: Wir marschierten für Großdeutschland. Erlebtes und Erlauschtes aus dem großen Jahr 1938. Berlin 1939, 70–73.

WAGNER, Eduard et al. (Hg.): Heimat: Deutsches Lesebuch für allgemeine Volksschulen. Bände (Teile) A–F. 3. Aufl. Prag 1937.

WATZLIK, Hans: Der Väter Land. In: Deutsches Lesebuch für Volksschulen. Zweiter Band (3. und 4. Schuljahr). 2. Aufl. Reichenberg 1941, 272.

———. Sudetenland an den Führer. In: Deutsches Lesebuch für Volksschulen. Zweiter Band (3. und 4. Schuljahr). 2. Aufl. Reichenberg 1941, 251–252. Aus: Tageszeitung Die Zeit. Reichenberg Oktober 1938 [ohne genauere Angabe].

WEPS, Karl/ESSL, Karl/PREISSLER, Gottfried (Hg.): Von deutscher Art und Kunst. Deutsches Lesebuch für deutsche Mittelschulen. 6 Bände. Reichenberg 1934–1936.

WILLINGER, Josef: Was gibts Neues? Sprachzeitschrift = Co je nového? Malé noviny. Eger. Erscheinungszeitraum: 1931–1935.

WILLINGER, Josef/WILLINGER, Hans/BERGMANN, Edmund: Tschechisch für Hauptschulen (Band 1). Reichenberg 1943.

Publikationen nach 1945

ADAM, Alfons: ‚Slawisches Prag' versus ‚deutsches Prag' – zwei konkurrierende Stadtmythen in der Zwischenkriegszeit. In: IVANIČKOVÁ, Edita/LANGEWIESCHE, Dieter/MÍŠKOVÁ, Alena (Hg.): Mythen und Politik im 20. Jahrhundert. Deutsche – Slowaken – Tschechen. (Veröffentlichungen zur Kultur und Geschichte im östlichen Europa 42) Essen 2013, 101–121.

———. Unsichtbare Mauern. Die Deutschen in der Prager Gesellschaft zwischen Abkapselung und Interaktion (1918–1938/39). (Veröffentlichungen zur Kultur und Geschichte im östlichen Europa 41) Essen 2013.

ADAM, Uwe Dietrich: Judenpolitik im Dritten Reich. Düsseldorf 2003.

ALEXANDER, Manfred: Kleine Geschichte der böhmischen Länder. Stuttgart 2008.

ALY, Götz/HEIM, Susanne: Vordenker der Vernichtung. Auschwitz und die deutschen Pläne für eine neue europäische Ordnung. Überarb. Neuaufl. der Erstausg. von 1991. Frankfurt am Main 2013.

ANDERS, Freia Anders: Strafjustiz im Sudetengau 1938–1945. (Veröffentlichungen des Collegium Carolinum 112) München 2008.

ANDERSON, Benedict: Imagined Communities: Reflections on the Origin and Spread of Nationalism. London, New York 2016.

ANTOŠ, Zdeněk: Jihotyrolská otázka za druhé světové války a naše země [Die Südtiroler Frage während des Zweiten Weltkrieges und unser Land]. In: Slezský sborník 64 (1966) 390-398.

ARNDT, Nikolaus: Die Deutschen in Wolhynien. Ein kulturhistorischer Überblick. Würzburg 1994.

ARNDTOVÁ, Veronika: Stavovská koncepce F. Künzela a fašistická agrární a národnostní politika v tzv. východních Sudetech [Die landständische Konzeption F. Künzels und die faschistische Agrar- und Nationalitätenpolitik im sog. Ostsudetenland]. In: Slezský sborník 73 (1975) 182-96.

Autorský kolektiv: Čeští spisovatelé 19. a počátku 20. století [Tschechische Schriftsteller des 19. und frühen 20. Jahrhunderts]. Praha 1973.

BACHMANN-MEDICK, Doris: Cultural turns. Neuorientierungen in den Kulturwissenschaften. 3. Aufl. Reinbek bei Hamburg 2009.

BACHSTEIN, Martin K.: Wenzel Jaksch und die sudetendeutsche Sozialdemokratie. München 1974.

BAIER, Herwig: Schulen für Behinderte im Sudetenland. In: HLAWITSCHKA, Eduard (Hg.): Forschungsbeiträge der Geisteswissenschaftlichen Klasse. (Schriften der Sudetendeutschen Akademie der Wissenschaften und Künste 8) München 1988, 85-122.

——. Zur schulpolitischen Geschichte des sudetendeutschen Schulwesens. In: ELLGER-RÜTTGARDT, Sieglind (Hg.): Bildungs- und Sozialpolitik für Behinderte. München, Basel 1990, 247-256.

——. Die deutsche Hilfsschule in den böhmischen Ländern: Ein exemplarisches Kapitel der Schulpolitik. In: Bohemia - Zeitschrift für Geschichte und Kultur der böhmischen Länder 37/2 (1996) 391-401.

——. Deutsche Lehrerbildung in der Ersten Tschechoslowakischen Republik. Eine kommentierte Dokumentation der Verhältnisse im Land Böhmen im Jahr 1936. In: HLAWITSCHKA, Eduard (Hg.): Forschungsbeiträge der Geisteswissenschaftlichen Klasse. (Schriften der Sudetendeutschen Akademie der Wissenschaften und Künste 32) München 2012, 169-196.

BAIER, Herwig/KORNHERR, Heidi: Der Verband ‚Deutsche Hilfsschule in der tschecho-slowakischen Republik'. In: Forschungsbeiträge der Geisteswissenschaftlichen Klasse. (Schriften der Sudetendeutschen Akademie der Wissenschaften und Künste 26) München 2005, 157-202.

BAJOHR, Frank/WILDT, Michael: Einleitung. In: BAJOHR, Frank/WILDT, Michael (Hg.): Volksgemeinschaft. Neue Forschungen zur Gesellschaft des Nationalsozialismus. Frankfurt am Main 2009, 7-23.

BALCAROVÁ, Jitka; „Jeden za všechny, všichni za jednoho!": Bund der Deutschen a jeho předchůdci v procesu utváření „sudetoněmecké identity [„Einer für alle, alle für einen!" Der Bund der Deutschen und seine Vorgänger im Prozess der Konstruktion „sudetendeutscher Identität"]. Praha 2013.

BALD, Albrecht: „Braun schimmert die Grenze und treu steht die Mark!" Der NS-Gau Bayerische Ostmark/Bayreuth 1933-1945: Grenzgau, Grenzlandideologie und wirtschaftliche Problemregion. Bayreuth 2014.

BARTOŠ, Josef: Okupované pohraničí a české obyvatelstvo 1938-1945 [Das okkupierte Grenzgebiet und die tschechische Bevölkerung 1938-1945]. Praha 1978.

BAUR, Uwe: Die institutionellen Einbindungen Hans Watzliks während der Zeit des Nationalsozialismus. In: KOSCHMAL, Walter/MAIDL, Václav (Hg.): Hans Watzlik – Ein Nazidichter? Wuppertal 2006, 21-37.

BECHER, Peter: Hans Watzlik 1933-1945. Zur Rezeption eines sudetendeutschen Schriftstellers. In: KOSCHMAL, Walter/MAIDL, Václav (Hg.): Hans Watzlik – Ein Nazidichter? Wuppertal 2006, 57-74.

BECKER, Peter: Sprachvollzug: Kommunikation und Verwaltung. In: BECKER, Peter (Hg.): Sprachvollzug im Amt. Kommunikation und Verwaltung im Europa des 19. und 20. Jahrhunderts. Bielefeld 2011, 9-42.

BECKER, Steffen: Von der Werbung zum „Totaleinsatz". Die Politik der Rekrutierung von Arbeitskräften im „Protektorat Böhmen und Mähren" für die deutsche Kriegswirtschaft und der Aufenthalt tschechischer Zwangsarbeiter und -arbeiterinnen im Dritten Reich 1939-1945. Berlin 2005.

BEER, Lukáš: Hitlers Tschechen. Leipzig 2017.

BENDA, Jan: Rückführungsaspekte als eine Antwort auf die Einwanderung aus den abgetretenen Grenzgebieten. In: BRANDES, Detlef/IVANIČKOVÁ, Edita/PEŠEK, Jiří (Hg.): Flüchtlinge und Asyl im Nachbarland. Die Tschechoslowakei und Deutschland 1933 bis 1989. (Veröffentlichungen der Deutsch-Tschechischen und Deutsch-Slowakischen Historikerkommission 22) Essen 2018, 149-159.

———. Útěky a vyhánění z pohraničí českých zemí 1938-1939 [Flucht und Vertreibung aus dem Grenzgebiet der böhmischen Länder 1938-1939]. Praha 2013.

BENEŠ, Zdeněk: Die tschechoslowakische Bildungspolitik. In: MAREK, Michaela et al. (Hg.): Kultur als Vehikel und als Opponent politischer Absichten. Kulturkontakte zwischen Deutschen, Tschechen und Slowaken von der Mitte des 19. Jahrhunderts bis in die 1980er Jahre. (Veröffentlichungen zur Kultur und Geschichte im östlichen Europa 37) Essen 2010, 177-188.

BENEŠ, Zdeněk/KURAL, Václav (Hg.): Geschichte verstehen. Die Entwicklung der deutsch-tschechischen Beziehungen in den böhmischen Ländern; 1848-1948. Praha 2002.

BERG, Christa/HERRLITZ, Hans-Georg/HORN, Klaus-Peter: Kleine Geschichte der Deutschen Gesellschaft für Erziehungswissenschaft. Eine Fachgesellschaft zwischen Wissenschaft und Politik. Wiesbaden 2004.

BERNDT, Emil Karl: Die deutschen Lehrerorganisationen im Tschechoslowakischen Staate. In: KEIL, Theo (Hg.): Die deutsche Schule in den Sudetenländern. Form und Inhalt des Bildungswesens. München 1967, 522–529.

BERNETT, Hajo: Sport und Schulsport in der NS-Diktatur. Paderborn 2017.

BIMAN, Stanislav: Verführt und machtlos? Der Anteil der Sudetendeutschen an der Verwaltung des Reichsgaus Sudetenland. In: GLETTLER, Monika/LIPTÁK, Ľubomír/MÍŠKOVÁ, Alena (Hg.): Geteilt, besetzt, beherrscht: Die Tschechoslowakei 1938–1945: Reichsgau Sudetenland, Protektorat Böhmen und Mähren, Slowakei. (Veröffentlichungen der Deutsch-Tschechischen und Deutsch-Slowakischen Historikerkommission 11) Essen 2004, 155–183.

BÖHM, Boris/SCHULZE, Dietmar: Erfassung, Selektion und Abtransport der Patienten aus dem Regierungsbezirk Troppau 1939–1941. In: BÖHM, Boris/Kuratorium Gedenkstätte Sonnenstein (Hg.): Transporte in den Tod. Die Ermordung von Patienten aus dem Regierungsbezirk Troppau (Reichsgau Sudetenland) in der „Euthanasie"-Anstalt Pirna-Sonnenstein 1940/41. Pirna 2010, 54–78.

BOHMANN, Alfred: Das Sudetendeutschtum in Zahlen. München 1959.

BOHMANN, Hans: Das Jahr 1945 als personeller und institutioneller Wendepunkt von der Zeitungs- zur Publizistikwissenschaft. In: EBERWEIN, Tobias/MÜLLER, Daniel (Hg.): Journalismus und Öffentlichkeit. Eine Profession und ihr gesellschaftlicher Auftrag. Festschrift für Horst Pöttker. Wiesbaden 2010, 483–506.

BOSÁK, František: Česká škola v době nacistického útlaku. Příspěvek k dějinám českého školství od Mnichova do osvobození [Die tschechische Schule in der Zeit der NS-Unterdrückung. Ein Beitrag zur Geschichte des tschechischen Schulwesens von München bis zur Befreiung]. Praha 1969.

BÖSCH, Frank/WIRSCHING, Andreas (Hg.): Hüter der Ordnung. Die Innenministerien in Bonn und Ost-Berlin nach dem Nationalsozialismus. Göttingen 2018.

BRANDES, Detlef: Die Tschechen unter deutschem Protektorat. Teil I. Besatzungspolitik, Kollaboration und Widerstand im Protektorat Böhmen und Mähren bis Heydrichs Tod (1939–1942). München, Wien 1969.

———. Die Tschechen unter deutschem Protektorat. Teil II. Besatzungspolitik, Kollaboration und Widerstand im Protektorat Böhmen und Mähren von Heydrichs Tod bis zum Prager Aufstand (1942–1945). München, Wien 1975.

Brandes, Detlef: Die Zerstörung der deutsch-tschechischen Konfliktgemeinschaft 1938-1947. In: STORCH, Dietmar/Niedersächsische Landeszentrale für politische Bildung (Hg.): Tschechen, Slowaken und Deutsche. Nachbarn in Europa. Hannover 1995, 50-66.

———. Die Sudetendeutschen im Krisenjahr 1938. (Veröffentlichungen des Collegium Carolinum 107) München 2008.

———. „Umvolkung, Umsiedlung, rassische Bestandsaufnahme". NS-‚Volkstumspolitik' in den böhmischen Ländern. (Veröffentlichungen des Collegium Carolinum 125) München 2012.

———. Deutsch gegen Tschechisch: NS-Sprachenpolitik als Teil der geplanten Germanisierung und ‚Umvolkung'. In: EHLERS, Klaas-Hinrich et al. (Hg.): Sprache, Gesellschaft und Nation in Ostmitteleuropa. Institutionalisierung und Alltagspraxis. Göttingen 2014, 221-246.

BRANDES, Detlef/MÍŠKOVÁ, Alena: Vom Osteuropa-Lehrstuhl ins Prager Rathaus. Josef Pfitzner 1901-1945. Essen 2013.

BRANDES, Detlef/KURAL, Václav (Hg.): Der Weg in die Katastrophe. Deutsch-tschechoslowakische Beziehungen 1938-1947. (Veröffentlichungen des Instituts für Kultur und Geschichte der Deutschen im östlichen Europa 3) Essen 1994.

BRAUMANDL, Wolfgang: Die Wirtschafts- und Sozialpolitik des Deutschen Reiches im Sudetenland. (Veröffentlichung des Sudetendeutschen Archivs in München 20) Nürnberg 1985.

BRAUNMÜLLER, Robert: Von der Komödie zum Staatstheater und wieder zurück. Zur Aufführungsgeschichte der Meistersinger von Nürnberg in München. In: BOLZ, Sebastian/SCHICK, Hartmut (Hg.): Richard Wagner in München. Bericht über das interdisziplinäre Symposium zum 200. Geburtstag des Komponisten. München 2015, 259-287.

BREITFELDER, Miroslav: Poslední rok Štábu a Říšská župa Sudety [Das letzte Jahr des Stabes und der Reichsgau Sudetenland]. In: RADVANOVSKÝ, Zdeněk (Hg.): Historie okupovaného pohraničí 1938-1945 [Die Geschichte des besetzten Grenzlandes 1938-1945]. Band 8. Ústí nad Labem 2004, 101-129.

BROSZAT, Martin: dtv-Weltgeschichte des 20. Jahrhunderts. Bd. 9: Der Staat Hitlers. Grundlegung und Entwicklung seiner inneren Verfassung. München 1969.

BRUBAKER, Rogers: Nationalism Reframed. Nationhood and the National Question in the New Europe. New York 1996.

BUDDRUS, Michael: Totale Erziehung für den totalen Krieg. Hitlerjugend und nationalsozialistische Jugendpolitik. Teil 2. (Texte und Materialien zur Zeitgeschichte 13) München 2003.

BUDŇÁK, Jan: Das Bild der Tschechen. In: BECHER, Peter et al. (Hg.): Handbuch der deutschen Literatur Prags und der Böhmischen Länder. Stuttgart 2017, 264–273.

———. Eigen- und Fremdbilder. Grundlegung. In: BECHER, Peter et al. (Hg.): Handbuch der deutschen Literatur Prags und der Böhmischen Länder. Stuttgart 2017, 262–264.

BUDŇÁK, Jan/HORŇÁČEK, Milan: Das Bild der Deutschen. In: BECHER, Peter et al. (Hg.): Handbuch der deutschen Literatur Prags und der Böhmischen Länder. Stuttgart 2017, 273–283.

BUSSMANN, Walter (Hg.): Akten zur deutschen auswärtigen Politik. Die Nachwirkungen von München. Oktober 1938–März 1939. Göttingen 1951.

ČAPKOVÁ, Dagmar: Einige ökonomische, soziale und ideologische Probleme der Bildung und Erziehung in den tschechischen Ländern im Zeitabschnitt von 1620 bis 1918, auch unter Bezugnahme auf das Werk J. A. Komenskýs. In: LECHNER, Elmar/RUMPLER, Helmut/ZDARZIL, Herbert (Hg.): Zur Geschichte des österreichischen Bildungswesens. Probleme und Perspektiven der Forschung. Wien 1992, 341–362.

ČAPKOVÁ, Kateřina: Češi, Němci, Židé? Národní identita Židů v Čechách 1918 až 1938 [Tschechen, Deutsche, Juden. Nationale Identität von Juden in Böhmen 1918–1938]. 2. Aufl. Praha, Litomyšl 2013.

CHLÁDKOVÁ, Ludmila: Terezínské děti – bilance [Theresienstädter Kinder – eine Bilanz]. In: KÁRNÝ, Miroslav/BLODIG, Vojtěch (Hg:): Terezin v konečném řešení židovské otázky. Mezinárodní konference historiků k 50. výročí vzniku Terezínského ghetta, 1941–1945 [Theresienstadt in der Endlösung der Judenfrage: Internationale Historikerkonferenz zum 50. Jahrestag des Ghettos Theresienstadt, 1941–1945]. Praha 1992, 144–148.

CIHLÁŘ, Jiří: České školy na Lanškrounsku (Landrat Landskron) v letech nacistické okupace 1938–1945 [Tschechische Schulen im Landskroner Kreis (Landrat Landskron) in den Jahren der nazistischen Okkupation 1938–1945]. Ústí nad Orlicí 2009.

CONZE, Eckart et al. (Hg.): Das Amt und die Vergangenheit. Deutsche Diplomaten im Dritten Reich und in der Bundesrepublik. München 2012.

CORTINA, Kai S. et al. (Hg.): Das Bildungswesen in der Bundesrepublik Deutschland. Strukturen und Entwicklungen im Überblick. Reinbek bei Hamburg 2008.

DACHS, Herbert: Schule in der ‚Ostmark'. In: TÁLOS, Emmerich et al. (Hg.): NS-Herrschaft in Österreich: Ein Handbuch. Wien 2000, 446–466.

DITT, Thomas: „Stoßtruppfakultät Breslau". Rechtswissenschaft im „Grenzland Schlesien" 1933–1945. Tübingen 2011.

DOLEŽAL, Jiří: Česká kultura za protektorátu. Školství, písemnictví, kinematografie [Tschechische Kultur während des Protektorats: Bildung, Literatur, Kinematografie]. Praha 1996.

DÖLLING, Stefan: Flüchtlinge, ‚Flüchtlinge' und das Sudetendeutsche Freikorps im September 1938. In: BRANDES, Detlef/IVANIČKOVÁ, Edita/PEŠEK, Jiří (Hg.): Flüchtlinge und Asyl im Nachbarland. Die Tschechoslowakei und Deutschland 1933 bis 1989. (Veröffentlichungen der Deutsch-Tschechischen und Deutsch-Slowakischen Historikerkommission 22) Essen 2018, 179–190.

DREWEK, Peter: Bildungssysteme und Bildungsexpansion in Deutschland. Zur Entwicklung ihres Verhältnisses im historischen Vergleich. In: Zeitschrift für Pädagogik 47/6 (2001) 811–818.

———. Das dreigliedrige Schulsystem im Kontext der politischen Umbrüche und des demographischen Wandels im 20. Jahrhundert. In: Zeitschrift für Pädagogik 59/4 (2013) 508–525

———. Das gegliederte Schulwesen in Deutschland im historischen Prozess. Ansätze, Quellen und Desiderate der historischen Bildungsforschung. In: Archivpflege in Westfalen-Lippe 83 (2015) 5–10.

EDEN, Sören/MARX, Henry/SCHULZ, Ulrike: Ganz normale Verwaltungen? Methodische Überlegungen zum Verhältnis von Individuum und Organisation am Beispiel des Reichsarbeitsministeriums 1919 bis 1945. In: Vierteljahreshefte für Zeitgeschichte 3 (2018) 487–520.

EICHHOLZ, Ludwig: Was wir Sudetendeutschen mitbrachten. In: KÖNIGSWALD, Harald von (Hg.): Was wir mitbrachten. Eine Rückschau über Kräfte und Leistungen der Heimatvertriebenen und Flüchtlinge 1945–1955. (Schriftenreihe für das Vertriebenenwesen 21) Troisdorf/Rheinland 1955, 109.

EILERS, Rolf: Die nationalsozialistische Schulpolitik. Eine Studie zur Funktion der Erziehung im totalitären Staat. Köln, Opladen 1963.

ENGELBRECHT, Helmut: Geschichte des österreichischen Bildungswesens. Erziehung und Unterricht auf dem Boden Österreichs. Bd. 5. Von 1918 bis zur Gegenwart. Wien 1988, 304–350.

ESER, Ingo: „Volk, Staat, Gott!". Die deutsche Minderheit in Polen und ihr Schulwesen 1918–1939. Wiesbaden 2010.

ESSNER, Cornelia: Die ‚Nürnberger Gesetze' oder Die Verwaltung des Rassenwahns 1933–1945. Paderborn [u. a.] 2002.

FAHLBUSCH, Michael/HAAR, Ingo/PINWINKLER, Alexander (Hg.): Handbuch der völkischen Wissenschaften. Akteure, Netzwerke, Forschungsprogramme, Teilband 2. 2. Aufl. Berlin 2017.

FEND, Helmut: Geschichte des Bildungswesens. Der Sonderweg im europäischen Kulturraum. Wiesbaden 2006.

Fiebrandt, Maria: Auslese für die Siedlergesellschaft. Die Einbeziehung Volksdeutscher in die NS-Erbgesundheitspolitik im Kontext der Umsiedlungen 1939–1945. (Schriften des Hannah-Arendt-Instituts für Totalitarismusforschung 55) Göttingen 2014.

Fiedler, Rudolf: Volks- und Bürgerschule – Sonderschulen. In: Keil, Theo (Hg.): Die deutsche Schule in den Sudetenländern. Form und Inhalt des Bildungswesens. München 1967, 23–132.

Finger, Jürgen: Eigensinn im Einheitsstaat. NS-Schulpolitik in Württemberg, Baden und im Elsass 1933–1945. Baden-Baden 2016.

―――― Reich und Region im Nationalsozialismus. Deutsche Schulpolitik im Elsass aus badischer Hand. In: Engehausen, Frank/Muschalek, Marie/Zimmermann, Wolfgang (Hg.): Deutsch-französische Besatzungsbeziehungen im 20. Jahrhundert. (Werkhefte der Staatlichen Archivverwaltung Baden-Württemberg A 27). Stuttgart 2018, 91–117.

Franzen, Erik K./Peřinová, Helena: Biogramme der Mitglieder der Historischen Kommission der Sudetenländer im Gründungsjahr 1954. In: Albrecht, Stefan/Malíř, Jiří/Melville, Ralph (Hg.): Die „sudetendeutsche Geschichtsschreibung" 1918–1960. Zur Vorgeschichte und Gründung der Historischen Kommission der Sudetenländer. (Veröffentlichungen des Collegium Carolinum 114) München 2008, 219–276.

Freund, Wolfgang: Rassen- und Bevölkerungspolitik in einem expandierenden Gau: Rheinpfalz – Saarpfalz – Westmark. In: John, Jürgen/Möller, Horst/Schaarschmidt, Thomas (Hg.): Die NS-Gaue. Regionale Mittelinstanzen im zentralistischen „Führerstaat". (Schriftenreihe der Vierteljahrshefte für Zeitgeschichte: Sondernummer) München 2007, 334–347.

Friedeburg, Ludwig von: Bildungsreform in Deutschland. Geschichte und gesellschaftlicher Widerspruch. Frankfurt am Main 1992.

Gabert, Volkmar: Der Kampf der deutschen Sozialdemokraten gegen Hitler und Henlein. In: Gabert, Volkmar/Werner, Emil (Hg.): Wir wollten nicht mit den Massen irren. Die sudetendeutschen Sozialdemokraten von der Verteidigung der Republik bis zu ihrer Vertreibung. München 1995, 4–23.

Gebel, Ralf: „Heim ins Reich!": Konrad Henlein und der Reichsgau Sudetenland (1938–1945). (Veröffentlichungen des Collegium Carolinum 83) München 1999.

Geiss, Michael: Der Pädagogenstaat. Behördenkommunikation und Organisationspraxis in der badischen Unterrichtsverwaltung, 1860–1912. Bielefeld 2014.

Geissler, Gerd: Schulgeschichte in Deutschland. Von den Anfängen bis in die Gegenwart. Frankfurt am Main [u. a] 2011.

Gellner, Ernest: Nations and Nationalism. 2. Aufl. Malden, MA 2006.

GESTRICH, Andreas/HERMLE, Siegfried/PÖPPING, Dagmar (Hg.): Evangelisch und deutsch? Auslandsgemeinden im 20. Jahrhundert zwischen Nationalprotestantismus, Volkstumspolitik und Ökumene. Göttingen 2020.

GÖTZ, Margarete: Die Grundschule in der Zeit des Nationalsozialismus. Eine Untersuchung der inneren Ausgestaltung der vier unteren Jahrgänge der Volksschule auf der Grundlage amtlicher Maßnahmen. Bad Heilbrunn 1997.

GRUNDMANN, Günther: Hermann Aubin – Denkmal einer Freundschaft. In: Zeitschrift für Ostforschung 18/4 (1969) 622–629.

GRUNER, Wolf: Die Judenverfolgung im Protektorat Böhmen und Mähren. Lokale Initiativen, zentrale Entscheidungen, jüdische Antworten 1939–1945. Göttingen 2016.

GRUNER, Wolf/NOLZEN Armin (Hg.): Bürokratien. Initiative und Effizienz. Berlin 2001.

GUTZMANN, Ulrike: Von der Hochschule für Lehrerbildung zur Lehrerbildungsanstalt. Die Neuregelung der Volksschullehrerausbildung in der Zeit des Nationalsozialismus und ihre Umsetzung in Schleswig-Holstein und Hamburg. (Schriften des Bundesarchivs 55) Düsseldorf 2000.

HABEL, Fritz Peter: Eine politische Legende – Die Massenvertreibung von Tschechen aus dem Sudetengebiet 1938/39. München 1996.

HAHN, Eva: Verdrängung und Verharmlosung. Das Ende der jüdischen Bevölkerungsgruppe in den böhmischen Ländern nach ausgewählten tschechischen und sudetendeutschen Publikationen. In: BRANDES, Detlef/KURAL, Václav (Hg.): Der Weg in die Katastrophe. Deutsch-tschechoslowakische Beziehungen 1938–1947. (Veröffentlichungen des Instituts für Kultur und Geschichte der Deutschen im östlichen Europa 3) Essen 1994, 135–150.

HAHN, Hans Henning: Einleitung. In: HAHN, Hans Henning (Hg.): Hundert Jahre sudetendeutsche Geschichte. Eine völkische Bewegung in drei Staaten. (Die Deutschen und das östliche Europa. Studien und Quellen 1) Frankfurt am Main, New York 2007, 7–13.

HANKE, Emil: Die Landwirtschaftliche Hochschule Tetschen-Liebwerd. In: KEIL, Theo (Hg.): Die deutsche Schule in den Sudetenländern. Form und Inhalt des Bildungswesens. München 1967, 309–312.

HÄNSEL, Dagmar: Die NS-Zeit als Gewinn für Hilfsschullehrer. Bad Heilbrunn 2006.

HANSEN, Georg: Ethnische Schulpolitik im besetzten Polen. Der Mustergau Wartheland. Münster, New York 1995.

———. Die Ethnisierung des deutschen Staatsbürgerrechts und seine Tauglichkeit in der EU. In: Juristische Zeitgeschichte 6 (2005) 502–523.

———. Schulpolitik im besetzten Polen 1939–1945. Bad Reichenhall 2006.

HANSEN, Georg (Hg.): Schulpolitik als Volkstumspolitik. Quellen zur Schulpolitik der Besatzer in Polen 1939–1945. Münster 1994.

HASLINGER, Peter: Nation und Territorium im tschechischen politischen Diskurs 1880–1938. (Veröffentlichungen des Collegium Carolinum 117) München 2010.

HASLINGER, Peter/PUTTKAMER, Joachim von: Staatsmacht, Minderheit, Loyalität – konzeptionelle Grundlagen am Beispiel Ostmittel- und Südosteuropas in der Zwischenkriegszeit. In: HASLINGER, Peter/PUTTKAMER, Joachim von (Hg.): Staat, Loyalität und Minderheiten in Ostmittel- und Südosteuropa 1918–1941. (Buchreihe der Kommission für Geschichte und Kultur der Deutschen in Südosteuropa 39) München 2007, 1–16.

HAUSER, Wolfram: Das Elsass als ‚Erziehungsproblem'. Zur Umgestaltung des Schulwesens und der Lehrerbildung jenseits des Rheins nach badischem Vorbild (1940–1945). In: KRIMM, Konrad (Hg.): Kulturpolitik und Gesellschaft am Oberrhein 1940–1945. (Oberrheinische Studien 27) Ostfildern 2013, 161–260.

HECKMANN, Markus: NS-Täter und Bürger der Bundesrepublik. Das Beispiel des Dr. Gerhard Klopfer. Münster, Ulm 2010.

HEINEMANN, Isabel: „Rasse, Siedlung, deutsches Blut". Das Rasse- und Siedlungshauptamt der SS und die rassenpolitische Neuordnung Europas. Göttingen 2003.

HEINRICH, Josef: Regierungsdirektor Dr. Gerhard Matthäus gestorben. In: Sudetendeutscher Erzieherbrief 6 (1975) 175–176.

———. Unser Ehrenvorsitzender Oberreg.- u. SchRat Theo Keil Realschuldirektor i. R. gestorben. In: Sudetendeutscher Erzieherbrief 5 (1983) 158–160.

HEINZE, Carsten: Das Schulbuch im Innovationsprozess. Bildungspolitische Steuerung – pädagogischer Anspruch – unterrichtspraktische Wirkungserwartungen. Bad Heilbrunn 2011.

HENSLE, Michael: Eindeutschung. In: BENZ, Wolfgang/GRAML, Hermann/WEISS, Hermann (Hg.): Enzyklopädie des Nationalsozialismus. 5. Aufl. München 2007, 484.

HERBERT, Ulrich: Fremdarbeiter. Politik und Praxis des „Ausländer-Einsatzes" in der Kriegswirtschaft des Dritten Reiches. Bonn 1999.

HERTLEIN, Benjamin: Die sudetendeutschen und österreichischen NSDAP-Mitglieder. Ein Vergleich mit den Mitgliedern aus dem Altreich. In: FALTER, Jürgen W. (Hg.): Junge Kämpfer, alte Opportunisten. Die Mitglieder der NSDAP 1919–1945. Frankfurt am Main 2016, 319–334.

HESSE, Alexander: Die Professoren und Dozenten der preußischen Pädagogischen Akademien (1926-1933) und Hochschulen für Lehrerbildung (1933-1941). Weinheim 1995.

HEUMOS, Peter: Soziale Aspekte der Flucht aus den Grenzgebieten der böhmischen Länder. In: BRANDES, Detlef/IVANIČKOVÁ, Edita/PEŠEK, Jiří (Hg.): Flüchtlinge und Asyl im Nachbarland. Die Tschechoslowakei und Deutschland 1933 bis 1989. (Veröffentlichungen der Deutsch-Tschechischen und Deutsch-Slowakischen Historikerkommission 22) Essen 2018, 133-147.

HOBSBAWN, Eric: Nationen und Nationalismus. Mythos und Realität seit 1780. 3. Aufl. Frankfurt am Main 2005.

HOENSCH, Jörg K.: Geschichte der Tschechoslowakei. Stuttgart 1992.

HOFFMANN, Roland: Oberregierungs- und Schulrat a. D. Rudolf Sagaster 93jährig gestorben. In: Sudetendeutscher Erzieherbrief 5 (1988) 146.

HOPFER, Ines: Geraubte Identität. Die gewaltsame „Eindeutschung" von polnischen Kindern in der NS-Zeit. Wien [u. a.] 2010.

HORN, Klaus-Peter/LINK, Jörg-W.: Einleitung/Vorwort. In: HORN, Klaus-Peter/ LINK, Jörg-W. (Hg.): Erziehungsverhältnisse im Nationalsozialismus. Totaler Anspruch und Erziehungswirklichkeit. Bad Heilbrunn 2011, 7-12.

HOTH, Christiane/RASCH, Markus: Einleitung. In: HOTH, Christiane/RASCH, Markus (Hg.): Eichstätt im Nationalsozialismus. Katholisches Milieu und Volksgemeinschaft. Münster 2017, 5-18.

HÜRTER, Johannes: Schlageter, Albert Leo. In: Neuere Deutsche Biographie (NDB). Band 23. Berlin 2007, 23.

HÜSKEN, Dieter/HEINEMANN, Isabel/DFG (Hg.): Wissenschaft, Planung, Vertreibung. Der Generalplan Ost der Nationalsozialisten [Katalog zur Ausstellung Wissenschaft, Planung, Vertreibung. Der Generalplan Ost der Nationalsozialisten]. Bonn 2006.

INSTITUT FÜR LANDESKUNDE IN DER BUNDESANSTALT FÜR LANDESKUNDE UND RAUMFORSCHUNG (Hg.): Sudetendeutsches Ortsnamenverzeichnis. Amtliches Gemeinde- und Ortsnamenverzeichis der nach dem Münchener Abkommen vom 29.9.1938 (Grenzfestlegung vom 20.11.1938) zum Deutschen Reich gekommenen Sudetendeutschen Gebiete. Bearbeitet vom Sudetendeutschen Archiv und dem Institut für Landeskunde unter Unterstützung des Collegium Carolinum. 2. Aufl. München 1987.

IRGANG, Norbert: Die deutschen Lehrerverbände in der Tschechoslowakei 1918-1938. In: HEINEMANN, Manfred/BALLAUFF, Theodor/Deutsche Gesellschaft für Erziehungswissenschaft (Hg.): Der Lehrer und seine Organisation.

(Veröffentlichungen der Historischen Kommission der Deutschen Gesellschaft für Erziehungswissenschaft 2) Stuttgart 1977, 273–287.

IVANIČKOVÁ, Edita/LANGEWIESCHE, Dieter/MÍŠKOVÁ, Alena (Hg.): Mythen und Politik im 20. Jahrhundert. Deutsche – Slowaken – Tschechen. (Veröffentlichungen zur Kultur und Geschichte im östlichen Europa 42) Essen 2013.

JACHOMOWSKI, Dirk: Die Umsiedlung der Bessarabien-, Bukowina- und Dobrudschadeutschen. Von der Volksgruppe in Rumänien zur ‚Siedlungsbrücke' an der Reichsgrenze. (Buchreihe der Südostdeutschen Historischen Kommission 32) München 1984

JACQUES, Christian: Über die Erfindung des Sudetendeutschtums: Johannes Stauda, ein sudetendeutscher Verleger. In: HAHN, Hans Henning (Hg.): Hundert Jahre sudetendeutsche Geschichte. Eine völkische Bewegung in drei Staaten. (Die Deutschen und das östliche Europa. Studien und Quellen 1) Frankfurt am Main, New York 2007, 193–205.

JAKSCH, Wenzel: Der Freiheitskampf der sudetendeutschen Arbeiterbewegung. In: Seliger-Gemeinde (Hg.): Wenzel Jaksch. Patriot und Europäer. München 1967, 23–47.

JAWORSKI, Rudolf: Vorposten oder Minderheit? Der sudetendeutsche Volkstumskampf in den Beziehungen zwischen der Weimarer Republik und der ČSR. Stuttgart 1977.

———. Die ‚Kunde vom Grenz- und Auslandsdeutschtum' im Schulunterricht der Weimarer Republik. In: EISLER, Cornelia/GÖTTSCH-ELTEN, Silke (Hg.): Minderheiten im Europa der Zwischenkriegszeit. (Kieler Studien zur Volkskunde und Kulturgeschichte 12) Münster 2017, 117–132.

JELÍNEK, Tomáš: Nucená práce v nacionálním socialismu [Zwangsarbeit im Nationalsozialismus]. In: Kolektiv pracovníků Kanceláře pro oběti nacismu (Hg.): „Nepřichází-li práce k Tobě ...": různé podoby nucené práce ve studiích a dokumentech [„Kommt die Arbeit nicht zu Dir ..." Verschiedene Formen der Zwangsarbeit in Studien und Dokumenten]. Praha 2003, 16–32.

JENSEN, Uffa: Blut und Boden. In: BENZ, Wolfgang/GRAML, Hermann/WEISS, Hermann (Hg.): Enzyklopädie des Nationalsozialismus. 5. Aufl. München 2007, 442.

JERABEK, Blanka: Das Schulwesen und die Schulpolitik im Reichskommissariat Ukraine 1941–1944: Im Lichte deutscher Dokumente. München 1991.

JILEK, Heinrich: Das Lebenswerk Eugen Lembergs. In: SEIBT, Ferdinand (Hg.): Lebensbilder zur Geschichte der böhmischen Länder. Bd. 5: Eugen Lemberg 1903–1976. München 1986.

JOHN, Jürgen: Die Gaue im NS-System. In: JOHN, Jürgen/MÖLLER, Horst/SCHAARSCHMIDT, Thomas (Hg.): Die NS-Gaue. Regionale Mittelinstanzen im zentralistischen „Führerstaat". (Schriftenreihe der Vierteljahrshefte für Zeitgeschichte: Sondernummer) München 2007, 22–55.

Josefovičová, Milena: Deutsche wissenschaftliche Anstalten in Reichenberg 1923–1945. Von der Heimatforschung zur nationalsozialistischen Landes- und Volksforschung. (Quellen und Studien zur Geschichte und Kultur der Sudetendeutschen 6) Prag, München 2015.

Joza, Jaroslav: Česká menšina v severních Čechách v letech 1938–1941 ve světle nacistických pramenů [Die tschechische Minderheit in Nordböhmen in den Jahren 1938–1941 im Lichte nationalsozialistischer Quellen]. In: Pedagogická fakulta v Ústí nad Labem (Hg.): Severní Čechy a Mnichov. Sborník statí k 30. výročí Mnichova [Nordböhmen und München. Sammelband zum 30. Jahrestag von München]. Liberec 1969, 176–213.

Kaiserová, Kristina/Kunštát, Miroslav (Hg.): Die Suche nach dem Zentrum. Wissenschaftliche Institute und Bildungseinrichtungen der Deutschen in Böhmen (1800–1945). (Schriftenreihe der Kommission für Deutsche und Osteuropäische Volkskunde in der Deutschen Gesellschaft für Volkskunde e. V. 96) Münster 2014.

Kalinke, Heinke M. (Hg.): Zeitzeugenberichte zur Kultur und Geschichte der Deutschen im östlichen Europa im 20. Jahrhundert. Neue Forschungen. Oldenburg 2011. Link: https://www.bkge.de/Projekte/Zeitzeugenberichte/Forschungsbeitraege.php. [1. März 2022].

Karl, Josef (Hg.): Bauern, Förster, Gärtner schufen ein blühendes Land. Das sudetendeutsche Landvolk und seine Schulen. Eine Dokumentation. München 1988.

Karls-Universität Prag/Univerzita Jana Evangelisty Purkyně v Ústí nad Labem/Universität Regensburg/Universität Passau/Adalbert-Stifter-Verein: Interdisziplinärer Forschungsverbund Grenze/n in nationalen und transnationalen Erinnerungskulturen zwischen Tschechien und Bayern. Link: https://www.uni-regensburg.de/bohemicum/forschung/forschungsverbund-grenzen-n-in-erinnerungskulturen/ [1. März 2022].

Karner, Stefan: Die Steiermark im Dritten Reich: 1938–1945. Aspekte ihrer politischen, wirtschaftlich-sozialen und kulturellen Entwicklung. Graz, Wien 1986.

Kárný, Miroslav (Hg.): Protektorátní politika Reinharda Heydricha [Die Protektoratspolitik Reinhard Heydrichs]. Praha 1991.

Kárný, Miroslav/Kárná, Margita: Terezínští dětští vězňové [Die gefangenen Kinder von Theresienstadt]. In: Památník Terezín (Hg.): Terezínské listy. Sborník Památníku Terezín [Theresienstädter Blätter: Anthologie der Gedenkstätte Theresienstadt]. Praha 1994, 25–40.

KASPER, Tomáš: Německý pedagogický seminář v Praze v letech 1876–1945 [Das Deutsche Pädagogische Seminar in Prag in den Jahren 1876–1945]. In: Pedagogika 4 (2003) 375–395.

——. Výchova či politika? Úskalí německého reformně pedagogického hnutí v Československu v letech 1918–1933 [Erziehung oder Politik? Die Klippen der deutschen reformpädagogischen Bewegung in der Tschechoslowakei in den Jahren 1918–1933]. Praha 2007.

——. (Hg.): Německé a české reformě pedagogické vzdělávací a výchovné koncepty – analýza, komparace [Deutsche und tschechische reformpädogische Bildungs- und Erziehungskonzepte – Analyse, Vergleich]. Liberec 2008.

——. Die deutsche und tschechische Pädagogik in Prag. In: HÖHNE, Steffen/UDOLPH, Ludger (Hg.): Deutsche – Tschechen – Böhmen. Kulturelle Integration und Desintegration im 20. Jahrhundert. Köln [u. a.] 2010, 231–243.

——. Lebenserneuerung – Karl Metzners Erziehungsprogramm für den Deutschböhmischen Wandervogel und die Freie Schulgemeinde Leitmeritz. In: CONZE, Eckart/RAPPE-WEBER, Susanne (Hg.): Ludwigstein. Annäherungen an die Geschichte der Burg. Göttingen 2015, 337–360.

KASPER, Tomáš/KASPEROVÁ, Dana: Německé mládežnické hnutí a spolky mládeže v ČSR v letech 1918–1933 [Deutsche Jugendbewegung und Jugendverbände in der Tschechoslowakei in den Jahren 1918–1938]. Praha 2016.

KASPEROVÁ, Dana: Výchova a vzdělávání židovských dětí v protektorátu a v ghettu Terezín [Erziehung und Bildung jüdischer Kinder im Protektorat und im Ghetto Theresienstadt]. Praha 2010.

——. Erziehung und Bildung der jüdischen Kinder im Protektorat und im Ghetto Theresienstadt. Bad Heilbrunn 2014.

——. „Und wir streben höher". Die Bemühungen der tschechischen und deutschen Lehrerschaft um die Hochschulbildung in der Zwischenkriegszeit in der Tschechoslowakei. In: HOFFMANN-OCON, Andreas/HORLACHER, Rebekka (Hg.): Pädagogik und pädagogisches Wissen. Ambitionen in und Erwartungen an die Ausbildung von Lehrpersonen/Pedagogy and Educational Knowledge. Ambitions and Imaginations in Teacher Education. Bad Heilbrunn 2016, 171–190.

——. Československá obec učitelská v kontextu reformy vzdělávání učitelů (ŠVSP) a reformy školy [Der Tschechoslowakische Lehrerverband im Kontext der Lehrerbildungsreform in Brünn und Prag und der Schulreform]. Praha 2018.

KEIL, Theo: Beispielhafte Schulpolitik: Die österreichisch-sudetendeutsche Schultradition und die Schulnot der Gegenwart. (Kleine Schriftenreihe des Witikobundes 1) Frankfurt am Main 1957.

———. Rudolf Fiedler zum Ministerialrat ernannt. In: Sudetendeutscher Erzieherbrief 1 (1961) 18.

———. Dr. Ludwig Eichholz 60 Jahre. In: Sudetendeutscher Erzieherbrief 1 (1963) 11.

———. Dr. Ludwig Eichholz †. Ein Leben für Jugend und Kultur des Sudetenlandes. In: Sudetendeutscher Erzieherbrief 3 (1964) 19–20.

———. Ministerialrat Rudolf Fiedler 65 Jahre alt. In: Sudetendeutscher Erzieherbrief 1 (1965) 17.

———. (Hg.): Die deutsche Schule in den Sudetenländern. Form und Inhalt des Bildungswesens. München 1967.

KEPPLINGER, Brigitte: Die Ermordung von psychisch kranken und behinderten Menschen in der ‚Euthanasie'-Vernichtungsanstalt Hartheim in Oberösterreich (1940–1941). In: ŠIMŮNEK, Michal/SCHULZE, Dietmar (Hg.): Die nationalsozialistische „Euthanasie" im Reichsgau Sudetenland und Protektorat Böhmen und Mähren 1939–1945/Nacistická „eutanázie" v rísské zupe Sudety a protektorátu Cechy a Morava 1939. Praha 2008, 57–77.

KLATTENHOF, Klaus/WISSMANN, Friedrich: Die Zerstörung der polnischen Schule durch die deutsche Besatzung 1939–1945/Straty polskiej szkoly w czasie okupacji niemieckiej w latach 1939–1945. Oldenburg 2006.

KLOPFFLEISCH, Richard: Lieder der Hitlerjugend. Eine psychologische Studie an ausgewählten Beispielen. Frankfurt am Main [u. a.] 1997.

KOCK, Gerhard: „Der Führer sorgt für unsere Kinder ..." Die Kinderlandverschickung im Zweiten Weltkrieg. Paderborn [u. a.] 1997.

KOKOŠKA, Stanislav: Zwangsarbeit der tschechischen Bevölkerung in den Jahren des Zweiten Weltkriegs (historische Einleitung). In: KOKOŠKOVÁ, Zdenka (Hg.): Pracovali pro Třetí říši. Nucené pracovní nasazení českého obyvatelstva Protektorátu Čechy a Morava pro válečné hospodářství Třetí říše (1939–1945): edice dokumentů [Sie arbeiteten für das Dritte Reich. Zwangsarbeitereinsatz der tschechischen Bevölkerung des Protektorats Böhmen und Mähren für die Kriegswirtschaft des Dritten Reiches (1939–1945). Eine Dokumentensammlung]. Praha 2011, 25–33.

KONRÁD, Ota: Die Sudetendeutsche Anstalt für Landes- und Volksforschung 1940–1945. In: ALBRECHT, Stefan/MALÍŘ, Jiří/MELVILLE, Ralph (Hg.): Die „sudetendeutsche Geschichtsschreibung" 1918–1960. Zur Vorgeschichte und Gründung der Historischen Kommission der Sudetenländer. (Veröffentlichungen des Collegium Carolinum 114) München 2008, 71–95.

KONRÁD, Ota. ‚Denn die Uneignung der slawischen Völkergruppe bedarf keines Beweises mehr'. Die ‚sudetendeutsche Wissenschaft' und ihre Einbindung in die zeitgenössischen Diskurse 1918–1945. In: SCHACHTMANN, Judith/STROBEL, Michael/WIDERA, Thomas (Hg.): Politik und Wissenschaft in der prähistorischen Archäologie. Perspektiven aus Sachsen, Böhmen und Schlesien. Göttingen 2009, 69–97.

———. Dějepisectví, germanistika a slavistika na Německé univerzitě v Praze 1918–1945 [Geschichtsschreibung, Germanistik und Slawistik an der Deutschen Universität in Prag 1918–1945]. Praha 2011.

———. Geisteswissenschaften im Umbruch. Die Fächer Geschichte, Germanistik und Slawistik an der Deutschen Universität in Prag 1918–1945. (Forschungen zu Geschichte und Kultur der böhmischen Länder 4) Berlin 2020.

KONSTANTINOW, Sergej: Konzept und Wirklichkeit. Die Schulpolitik des Dritten Reichs in den besetzten Gebieten. In: EIERMACHER, Karl (Hg.): Verführungen der Gewalt. Russen und Deutsche im Ersten und Zweiten Weltkrieg. München 2005, 887–913.

KOSSERT, Andreas: ‚Grenzlandpolitik' und Ostforschung an der Peripherie des Reiches. Das ostpreußische Masuren 1919–1945. In: Vierteljahrshefte für Zeitgeschichte 51/2 (2003) 117–146.. Ostpreussen: Geschichte einer historischen Landschaft. München 2014.

KOTZIAN, Ortfried: Das Schulwesen der Deutschen in Rumänien im Spannungsfeld zwischen Volksgruppe und Staat. Augsburg 1984.

KRÁL, Václav (Hg.): Die Vergangenheit warnt. Dokumente über die Germanisierungs- und Austilgungspolitik der Naziokkupanten in der Tschechoslowakei. 2. Aufl. Prag 1962.

———. Die Deutschen in der Tschechoslowakei. 1933–1947. Dokumentensammlung. Praha 1964.

KRAPPMANN, Jörg/LAHL, Kristina: Erste Republik. In: BECHER, Peter et al. (Hg.): Handbuch der deutschen Literatur Prags und der Böhmischen Länder. Stuttgart 2017, 223–234.

KRAUSE-VILMAR, Dietfrid: Götz, Margarete: Die Grundschule in der Zeit des Nationalsozialismus. Eine Untersuchung der inneren Ausgestaltung der vier unteren Jahrgänge der Volksschule auf der Grundlage amtlicher Maßnahmen. Bad Heilbrunn 1997 [Rezension]. In: Zeitschrift für Pädagogik 44/3 (1998) 435–439.

KRYWALSKI, Diether: Die Darstellung der Protektoratszeit der böhmischen Länder im Jugendbuch. In: BECHER, Peter/FIALA-FÜRST, Ingeborg (Hg.): Literatur unter dem Hakenkreuz. Böhmen und Mähren 1938–1945. (Vitalis scientia 6) Prag 2005, 55–87.

KŘEN, Jan: Die Konfliktgemeinschaft. Tschechen und Deutsche 1780-1918. (Veröffentlichungen des Collegium Carolinum 71) München 1996.

KUČERA, Jaroslav: Minderheit im Nationalstaat. Die Sprachenfrage in den tschechisch-deutschen Beziehungen 1918-1938. (Quellen und Darstellungen zur Zeitgeschichte 43) München 1999.

KÜPPER, René: Nationalsozialistische Religions- und Kirchenpolitik im Reichsgau Sudetenland. In: SCHULZE WESSEL, Martin/ZÜCKERT, Martin (Hg.): Handbuch der Religions- und Kirchengeschichte der böhmischen Länder und Tschechiens im 20. Jahrhundert. München 2009, 317-357.

KURAL, Václav/RADVANOVSKÝ, Zdeněk (Hg.): Sudety pod hákovým křížem [Die Sudeten unter dem Hakenkreuz]. Ústí nad Labem 2002.

KURTH, Karl (Hg.): Sudetenland. Ein Hand- und Nachschlagebuch über alle Siedlungsgebiete der Sudetendeutschen in Böhmen und Mähren/Schlesien. Kitzingen am Main 1954.

LANGEWIESCHE, Dieter/TENORTH, Heinz-Elmar (Hg.): Handbuch der deutschen Bildungsgeschichte. Bd. 5: 1918-1945: Die Weimarer Republik und die nationalsozialistische Diktatur. München 1989.

LANGHANS, Daniel: Der Reichsbund der deutschen katholischen Jugend in der Tschechoslowakei (1918-1938). Bonn 1990.

LEHBERGER, Reiner: Englischunterricht im Nationalsozialismus. Tübingen 1986.

LEMBERG, Eugen: Ein Leben in Grenzzonen und Ambivalenzen. In: SEIBT, Ferdinand (Hg.): Lebensbilder zur Geschichte der böhmischen Länder. Bd. 5: Eugen Lemberg 1903-1976. München 1986, 131-278.

LENIGER, Markus: Nationalsozialistische „Volkstumsarbeit" und Umsiedlungspolitik 1933-1945. Von der Minderheitenbetreuung zur Siedlerauslese. Berlin 2006.

LILLA, Joachim: Die Vertretung des ‚Reichsgaus Sudetenland' und des ‚Protektorats Böhmen und Mähren' im Grossdeutschen Reichstag. In: Bohemia – Zeitschrift für Geschichte und Kultur der böhmischen Länder 40/2 (1999) 462-463.

LINK, Jörg-W./BREYVOGEL, Wilfried: Die Volksschullehrer und ihr Verhältnis zur nationalsozialistischen ‚Volksgemeinschaft'. In: RECKEN, Dietmar von/ THIESSEN, Malte (Hg.): „Volksgemeinschaft" als soziale Praxis. Neue Forschungen zur NS-Gesellschaft vor Ort. Paderborn 2013, 241-253.

LINNE, Karsten/DIERL, Florian (Hg.): Arbeitskräfte als Kriegsbeute: Der Fall Ost- und Südosteuropa 1939-1945. Berlin 2011.

LOCHNER, Rudolf: Planungen zur Akademisierung der sudetendeutschen Volksschullehrerausbildung zwischen 1918 und 1945. In: KEIL, Theo

(Hg.): Die deutsche Schule in den Sudetenländern. Form und Inhalt des Bildungswesens. München 1967, 235-243.

LÖNEKE, Regina: ‚Unser Weg aus der alten in die neue Heimat'. Waldkraiburger Schüleraufsätze der Nachkriegszeit und ihre Entstehungsbedingungen. In: KALINKE, Heinke M. (Hg.): Zeitzeugenberichte zur Kultur und Geschichte der Deutschen im östlichen Europa im 20. Jahrhundert. Neue Forschungen. Oldenburg 2011. Link: https://www.bkge.de/Downlo ads/Zeitzeugenberichte/Loeneke_Schueleraufsaetze.pdf?m=1427270921& [1. März 2022].

LOZOVIUK, Petr: Interethnik im Wissenschaftsprozess. Deutschsprachige Volkskunde in Böhmen und ihre gesellschaftlichen Auswirkungen. (Schriften zur sächsischen Geschichte und Volkskunde 26) Leipzig 2008.

———. (Hg.): Grenzgebiet als Forschungsfeld. Aspekte der enthnografischen und kulturhistorischen Erforschung des Grenzlandes. Leipzig 2009.

———. Grenzland als Lebenswelt. Grenzkonstruktionen, Grenzwahrnehmungen und Grenzdiskurse in sächsisch-tschechischer Perspektive. Leipzig 2012.

LÜDICKE, Lars: Constantin von Neurath. Eine politische Biographie. Paderborn 2014.

LÜDTKE, Alf: „Gemeinwohl", Polizei und „Festungspraxis". Staatliche Gewaltsamkeit und innere Verwaltung in Preußen, 1815-1850. Göttingen 1982.

———. (Hg.) Herrschaft als soziale Praxis. Historische und sozialanthropologische Studien. (Max-Planck-Institut für Geschichte 91) Göttingen 1991.

———. Eigen-Sinn. Fabrikalltag, Arbeitererfahrungen und Politik vom Kaiserreich bis in den Faschismus. Münster 2015.

MAINUŠ, František: České školství v pohraničí za nacistické okupace se zvláštním zřetelem k severní Moravě a Slezsku [Das tschechische Schulwesen im Grenzgebiet unter der nazistischen Okkupation unter besonderer Berücksichtigung von Nordmähren und Schlesien]. In: Slezský sborník 57 (1959) 277-312.

———. Totální nasazení: Češi na pracích v Německu 1939-1945 [Der totale Arbeitseinsatz: Die Tschechen im Arbeitseinsatz in Deutschland 1939-1945]. Brno 1970.

MAJEWSKI, Piotr M.: Sudetští Němci: 1848-1948 - dějiny jednoho nacionalismu [Die Sudetendeutschen 1848-1948 - Die Geschichte eines Nationalismus]. Brno 2014.

MANN, Michael: Die dunkle Seite der Demokratie. Eine Theorie der ethnischen Säuberung. Hamburg 2007.

Maršálek, Pavel: Pod ochranou hákového kříže. Nacistický okupační režim v českých zemích 1939–1945 [Unter dem Schutz des Hakenkreuzes. Das nazistische Okkupationsregime in den böhmischen Ländern 1939–1945]. Praha 2012.

Matějka, Ondřej/Občanské Sdružení Antikomplex (Hg.): Tragická místa paměti. Průvodce po historii jednoho regionu 1938–1945. [Tragische Erinnerungsorte: Ein Führer durch die Geschichte einer Region 1938–1945]. Praha 2010.

Matzer, Lisbeth: Herrschaftssicherung im „Grenzland". Nationalsozialistische Jugendmobilisierung im besetzten Slowenien. (Nationalsozialistische ‚Volksgemeinschaft' 11) Paderborn 2021.

Mayring, Philipp: Qualitative Inhaltsanalyse. Grundlagen und Techniken. 12. Aufl. Weinheim, Basel 2015.

Mecking, Sabine/Wirsching, Andreas (Hg.): Stadtverwaltung im Nationalsozialismus. Systemstabilisierende Dimensionen kommunaler Herrschaft. Paderborn 2005.

Míšková, Alena: Die Deutsche (Karls-)Universität vom Münchener Abkommen bis zum Ende des Zweiten Weltkrieges. Universitätsleitung und Wandel des Professorenkollegiums. Prag 2007.

———. „Heraus aus Prag!" – Pläne für den Aufbau und Umzüge von deutschen Hochschulen in Böhmen. In: Kaiserová, Kristina/Kunštát, Miroslav (Hg.): Die Suche nach dem Zentrum. Wissenschaftliche Institute und Bildungseinrichtungen der Deutschen in Böhmen (1800–1945). (Schriftenreihe der Kommission für deutsche und osteuropäische Volkskunde 96) Münster, New York 2014, 119–143.

Mitter, Wolfgang: Deutsch-tschechische Nachbarschaft in Vergangenheit und Gegenwart: Herausforderung an die politische Bildung. In: Korte, Petra (Hg.): Kontinuität, Krise und Zukunft der Bildung. Analysen und Perspektiven. (Texte zur Theorie und Geschichte der Bildung 21) Münster 2004, 195–206.

Moll, Martin: Der Reichsgau Steiermark 1938–1945. In: John, Jürgen/Möller, Horst/Schaarschmidt, Thomas (Hg.): Die NS-Gaue. Regionale Mittelinstanzen im zentralistischen „Führerstaat". (Schriftenreihe der Vierteljahrshefte für Zeitgeschichte: Sondernummer) München 2007, 364–377.

Mommsen, Hans: Beamtentum im Dritten Reich. Stuttgart 1966.

Morgen, Daniel: Umgestaltung des Schulsystems und Zwangsumerziehung der elsässischen Lehrkräfte. In: Engehausen, Frank/Muschalek, Marie/Zimmermann, Wolfgang (Hg.): Deutsch-französische Besatzungsbeziehungen im 20. Jahrhundert. (Werkhefte der Staatlichen Archivverwaltung Baden-Württemberg A 27) Stuttgart 2018, 119–151.

Morkes, František: Československé školy v letech 2. světové války [Die tschechoslowakischen Schulen in den Jahren des Zweiten Weltkriegs]. Praha 2005.

Müller, Saskia/Ortmeyer, Benjamin: Die ideologische Ausrichtung der Lehrkräfte 1933-1945. Herrenmenschentum, Rassismus und Judenfeindschaft des Nationalsozialistischen Lehrerbundes. Weinheim, Basel 2016.

Müller, Thomas: Der Gau Köln-Aachen und Grenzlandpolitik im Nordwesten des Deutschen Reiches. In: John, Jürgen/Möller, Horst/Schaarschmidt, Thomas (Hg.): Die NS-Gaue. Regionale Mittelinstanzen im zentralistischen „Führerstaat". (Schriftenreihe der Vierteljahrshefte für Zeitgeschichte: Sondernummer) München 2007, 318-333.

Nachum, Iris: Nationalbesitzstand und „Wiedergutmachung". Zur historischen Semantik sudetendeutscher Kampfbegriffe. (Veröffentlichungen des Collegium Carolinum 142) München 2021.

Nagel, Anne Christine: Hitlers Bildungsreformer. Das Reichsministerium für Wissenschaft, Erziehung und Volksbildung 1934-1945. Frankfurt am Main 2012.

Němec, Jiří: Pokus o konstrukci obrazu ‚sudetoněmeckého' válečného hrdiny z dějin první světové války? K činnosti Sudetoněmeckého ústavu pro zemský a národnostní výzkum v Liberci v letech 1940-1945 [Der Versuch, ein sudetendeutsches Kriegsheldentum des Ersten Weltkrieges während des Zweiten Weltkrieges zu konstruieren. Zu den Aktivitäten der Sudetendeutschen Anstalt für Landes- und Volksforschung in Reichenberg in den Jahren 1940-1945]. In: Zemanová, Marcela/Zeman, Václav (Hg.): První světová válka a role Němců v českých zemích [Der Erste Weltkrieg und die Rolle der Deutschen in den böhmischen Ländern]. Ústí nad Labem 2015, 234-250.

Němec, Mirek: Emil Lehmann und Anton Altrichter. In: Albrecht, Stefan/Malíř, Jiří/Melville, Ralph (Hg.): Die „sudetendeutsche Geschichtsschreibung" 1918-1960. Zur Vorgeschichte und Gründung der Historischen Kommission der Sudetenländer. (Veröffentlichungen des Collegium Carolinum 114) München 2008, 151-166.

———. Kulturtransfer oder Abschottung? In: Marek, Michaela et al. (Hg.): Kultur als Vehikel und als Opponent politischer Absichten. Kulturkontakte zwischen Deutschen, Tschechen und Slowaken von der Mitte des 19. Jahrhunderts bis in die 1980er Jahre. (Veröffentlichungen zur Kultur und Geschichte im östlichen Europa 37). Essen 2010, 165-175.

———. Erziehung zum Staatsbürger? Deutsche Sekundarschulen in der Tschechoslowakei 1918-1938. (Veröffentlichungen zur Kultur und Geschichte im östlichen Europa 33) Essen 2010.

———. Sudeten/Sudety als deutsch-tschechisches Palimpsest. In: Bohemia – Zeitschrift für Geschichte und Kultur der böhmischen Länder 53/1 (2013) 94-111.

———. Verpönte Landessprache? Deutsch in der Ersten Tschechoslowakischen Republik. In: EHLERS, Klaas-Hinrich et al. (Hg.): Sprache, Gesellschaft und Nation in Ostmitteleuropa. Institutionalisierung und Alltagspraxis. (Bad Wiesseer Tagungen des Collegium Carolinum 35) Göttingen 2014, 93-113.

———. Ve státním zájmu? Národnostní problematika ve středním školství meziválečného Československa [Im Interesse des Staates? Ethnische Problemstellungen im Mittelschulwesen der Tschechoslowakei in der Zwischenkriegszeit]. Červený Kostelec, Ústí nad Labem 2020.

———. Die Zeitschrift für den Tschechischunterricht als Indikator der deutsch-tschechischen Konfliktgemeinschaft. In: Brücken. Zeitschrift für Sprach-, Literatur- und Kulturwissenschaft 28/1 (2021) 65-82.

NĚMEC, Petr: Úloha školství při germanizaci českého národa v období okupace [Die Rolle des Schulwesens bei der Germanisierung der tschechischen Nation während der Besatzungszeit]. In: Sborník k dějinám 19. a 20. století 12 (1991) 67-90.

NĚMEC, Richard: Die Ökonomisierung des Raums. Planen und Bauen in Mittel- und Osteuropa unter den Nationalsozialisten 1938 bis 1945. Berlin 2020.

NETT, Johannes: „Lazarus vor seiner Tür". Die kirchlichen Netzwerke der sudetendeutschen Protestanten auf ihrem Weg von der tschechischen Diaspora in die deutschen Landeskirchen. In: GESTRICH, Andreas/HERMLE, Siegfried/PÖPPING, Dagmar (Hg.): Evangelisch und deutsch? Auslandsgemeinden im 20. Jahrhundert zwischen Nationalprotestantismus, Volkstumspolitik und Ökumene. Göttingen 2020, 167-186.

NEUNER, Gerhard: Lehrwerke. In: BAUSCH, Karl-Richard et al. (Hg.): Handbuch Fremdsprachenunterricht. 4. Aufl. Tübingen, Stuttgart 2003, 399-402.

NOAKES, Jeremy: Viceroys of the Reich? Gauleiters 1925-45. In: MC ELLIGOTT, Anthony/KIRK, Tim (Hg.): Working towards the Führer. Essays in honour of Sir Ian Kershaw. Manchester 2003, 118-152.

PÁNKOVÁ, Markéta/PLITZOVÁ, Helena (Hg.): Odraz 1. světové války ve škole a ve společnosti [Die Widerspiegelung des Ersten Weltkrieges in Schule und Gesellschaft]. Středokluky 2015.

ORŁOWSKI, Hubert: Grenzlandliteratur. In: ORŁOWSKI, Hubert (Hg.): Heimat und Heimatliteratur in Vergangenheit und Gegenwart. Poznań 1993, 9-18.

ORTMEYER, Benjamin: Rassismus und Judenfeindschaft in der Zeitschrift „Weltanschauung und Schule" 1936-1944 (Alfred Baeumler). (NS-Ideologie im Wissenschaftsjargon 3) Frankfurt am Main 2016.

Osterloh, Jörg: Nationalsozialistische Judenverfolgung im Reichsgau Sudetenland. (Veröffentlichungen des Collegium Carolinum 105) München 2006.

–––. Der Rassenmythos im Sudetenland 1918-1938. In: Ivaničková, Edita/Langewiesche, Dieter/Míšková, Alena (Hg.): Mythen und Politik im 20. Jahrhundert. Deutsche – Slowaken – Tschechen. (Veröffentlichungen zur Kultur und Geschichte im östlichen Europa 42) Essen 2013, 163-191.

–––. „Arisierungen" und „Germanisierungen" im Reichsgau Sudetenland. In: Gosewinkel, Dieter/Holec, Roman/Řezník, Miloš (Hg.): Eigentumsregime und Eigentumskonflikte im 20. Jahrhundert. Deutschland und die Tschechoslowakei im internationalen Kontext. (Veröffentlichungen zur Kultur und Geschichte im östlichen Europa 53) Essen 2018, 183-198.

Pallas, Ladislav: České školství v severozápadních Čechách 1938-1945 [Tschechisches Schulwesen in Nordwestböhmen 1938-1945]. In: Slezský sborník 3/4 (1991) 181-190.

Pánková, Markéta/Kasperová, Dana/Kasper, Tomáš: Meziválečná školská reforma v Československu [Die tschechoslowakische Schulreform in der Zwischenkriegszeit]. Praha 2015.

Pešek, Jiří: Die Prager Universitäten im ersten Drittel des 20. Jahrhunderts – Versuch eines Vergleichs. In: Lemberg, Hans (Hg.): Universitäten in nationaler Konkurrenz. Zur Geschichte der Prager Universitäten im 19. und 20. Jahrhundert. (Veröffentlichungen des Collegium Carolinum 86) München 2003, 145-166.

Podlahová, Libuše: Das Schulwesen als Raum zur nationalen Ausgrenzung. In: Mezinárodní konference Všeobecné vzdělání pro všechny [Internationale Konferenz: Allgemeine Bildung für alle]. Praha 2004, 93-106.

Pohl, Dieter: Die Reichsgaue Danzig-Westpreußen und Wartheland: Koloniale Verwaltung oder Modell für die zukünftige Gauverwaltung? In: John, Jürgen/Möller, Horst/Schaarschmidt, Thomas (Hg.): Die NS-Gaue. Regionale Mittelinstanzen im zentralistischen „Führerstaat". (Schriftenreihe der Vierteljahrshefte für Zeitgeschichte: Sondernummer) München 2007, 395-405.

Pontz, Peter: Die Entwicklung und das Wesen der beruflichen Schulen in den Ländern der heutigen Tschechoslowakei. In: Bohemia – Zeitschrift für Geschichte und Kultur der böhmischen Länder 5/1 (1964) 242-284.

Präg, Werner/Jacobmeyer, Wolfgang (Hg.): Das Diensttagebuch des deutschen Generalgouverneurs in Polen: 1939-1945. Stuttgart 1975.

Preissler, Gottfried: Der Reichsverband Deutscher Mittelschullehrer und seine Schulpolitische Arbeitsstelle. In: Keil, Theo (Hg.): Die deutsche Schule in den Sudetenländern. Form und Inhalt des Bildungswesens. München 1967, 530-541.

———. Geschichte meines Lebens aus der Sicht des 85. Geburtstags. Frankfurt am Main 1979.

PRINZ, Friedrich: Böhmen und Mähren. (Deutsche Geschichte im Osten Europas) Berlin 1993.

———. Nation und Heimat. Beiträge zur böhmischen und sudetendeutschen Geschichte. (Quellen und Studien zur Geschichte und Kultur der Sudetendeutschen 1) München 2003.

PROCHÁZKA, Theodore: The Second Republic: The disintegration of post-Munich Czechoslovakia (Oct. 1938–March 1939). New York 1981.

PUSTEJOVSKY, Otfrid: Christlicher Widerstand gegen die NS-Herrschaft in den Böhmischen Ländern. Münster 2009.

RADTKE, Frank-Olaf: Die Illusion der meritokratischen Schule. Lokale Konstellationen der Produktion von Ungleichheit im Erziehungssystem. In: IMIS Beiträge 23. Themenheft Migration – Integration – Bildung. Grundfragen und Problembereiche. Osnabrück 2004, 143–178.

RADVANOVSKÝ, Zdeněk/KURAL, Václav (Hg.): Historie okupovaného pohraničí 1938–1945 [Die Geschichte des besetzten Grenzlandes 1938–1945]. 12 Bände. Ústí nad Labem 1998–2006.

REBENTISCH, Dieter: Führerstaat und Verwaltung im Zweiten Weltkrieg: Verfassungsentwicklung und Verwaltungspolitik, 1939–1945. Stuttgart 1989.

REICH, Andreas: Das tschechoslowakische Bildungswesen vor dem Hintergrund des deutsch-tschechischen Nationalitätenproblems. In: Bohemia – Zeitschrift für Geschichte und Kultur der böhmischen Länder 36/1 (1995) 19–38.

REINFRIED, Marcus: Die romanischen Schulsprachen im deutschen Schulwesen des Dritten Reichs. Sprachenpolitische Maßnahmen und bildungsideologische Diskurse. In: KLIPPEL, Friederike/KOLB, Elisabeth/SHARP, Felicitas (Hg.): Schulsprachenpolitik und fremdsprachliche Unterrichtspraxis. Historische Schlaglichter zwischen 1800 und 1989. Münster 2013, 29–48.

RINAS, Karsten: Grenzland. In: BECHER, Peter et al. (Hg.): Handbuch der deutschen Literatur Prags und der Böhmischen Länder. Stuttgart 2017, 307–318.

ROBINSOHN, Hans: Justiz als politische Verfolgung. Die Rechtsprechung in „Rasseschandefällen" beim Landgericht Hamburg 1936–1943. (Schriftenreihe der Vierteljahrshefte für Zeitgeschichte 35) Stuttgart 1977.

RÖHR, Werner: Das Sudetendeutsche Freikorps – Diversionsinstrument der Hitler-Regierung bei der Zerschlagung der Tschechoslowakei. In: Militärgeschichtliche Mitteilungen 52 (1993) 35–66.

Röskau-Rydel, Isabel: Galizien, Bukowina, Moldau. (Deutsche Geschichte im Osten Europas) Berlin 1999.

Ruck, Michael: Partikularismus und Mobilisierung – traditionelle und totalitäre Regionalgewalten im Herrschaftsgefüge des NS-Regimes. In: Reichardt, Sven/Seibel, Wolfgang (Hg.): Der prekäre Staat. Herrschen und Verwalten im Nationalsozialismus. Frankfurt am Main [u. a.] 2011, 75–120.

Ruttner, Florian: Pangermanismus. Edvard Beneš und die Kritik des Nationalsozialismus. Freiburg, Wien 2019.

Sandner, Peter: Verwaltung des Krankenmordes. Der Bezirksverband Nassau im Nationalsozialismus. Gießen 2003.

———. NS-Euthanasie im Überblick. In: Kostlán, Antonín (Hg.): Wissenschaft in den böhmischen Ländern 1939–1945. (Práce z dějin vědy 9) Praha 2004, 178–189.

Schamschula, Walter: Geschichte der tschechischen Literatur. Band II: Von der Romantik bis zum Ersten Weltkrieg. Köln, Weimar, Wien 1996.

Schier, Bruno: Erich Gierach zum Gedenken 29.11.1881–16.12.1943. In: Bohemia – Zeitschrift für Geschichte und Kultur der böhmischen Länder 3/1 (1962) 571–581.

Schmiechen-Ackermann, Detlef: Das Potential der Komparatistik für die NS-Regionalforschung – Vorüberlegungen zu einer Typologie von NS-Gauen und ihren Gauleitern anhand der Fallbeispiele Süd-Hannover-Braunschweig, Osthannover und Weser-Ems. In: John, Jürgen/Möller, Horst/Schaarschmidt, Thomas (Hg.): Die NS-Gaue. Regionale Mittelinstanzen im zentralistischen „Führerstaat". (Schriftenreihe der Vierteljahrshefte für Zeitgeschichte: Sondernummer) München 2007, 234–253.

Schmitt, Stephanie et al.: Die „Aktion T4" im Reichsgau Sudetenland am Beispiel der Gau-Heil- und Pflegeanstalten in Sternberg (Šternberk na Moravě), Troppau (Opava) und Wiesengrund bei Pilsen (Dobřany u Plzně) auf Basis des Bestandes R179 (1939–1941). In: Šimůnek, Michal/Schulze, Dietmar (Hg.): Die nationalsozialistische „Euthanasie" im Reichsgau Sudetenland und Protektorat Böhmen und Mähren 1939–1945/Nacistická „eutanázie" v rísské zupe Sudety a protektorátu Cechy a Morava 1939–1945. Praha 2008, 79–116.

Scholten, Dirk: Sprachverbreitungspolitik des nationalsozialistischen Deutschlands. (Duisburger Arbeiten zur Sprach- und Kulturwissenschaft 42) Frankfurt am Main [u. a.] 2001.

Scholtz, Harald: Nationalsozialistische Ausleseschulen. Internatsschulen als Herrschaftsmittel des Führerstaates. Göttingen 1973.

SCHULZE WESSEL, Martin: ‚Loyalität' als geschichtlicher Grundbegriff und Forschungskonzept: Zur Einleitung. In: SCHULZE WESSEL, Martin (Hg.): Loyalitäten in der Tschechoslowakischen Republik 1918–1938. Politische, nationale und kulturelle Zugehörigkeiten. (Veröffentlichungen des Collegium Carolinum 101) München 2004, 1–22.

SCHUSTER, Franz: Tachau – Pfraumberger Heimat. Weiden 1962.

———. Dr. Karl Lanzendörfer. In: HAMPERL, Wolf Dieter (Hg.): Vertreibung und Flucht aus dem Kreis Tachau im Egerland. Schicksale in Berichten, Dokumenten und Bildern. Kienberg 1997, 83–84.

SCHYGA, Peter: Über die Volksgemeinschaft der Deutschen. Begriff und historische Wirklichkeit jenseits historiographischer Gegenwartsmoden. Baden-Baden 2015.

SEIBT, Ferdinand (Hg.): Lebensbilder zur Geschichte der böhmischen Länder. Bd. 5: Eugen Lemberg 1903–1976. München 1986.

Seliger-Gemeinde (Hg.): Wenzel Jaksch. Patriot und Europäer. München 1967

———. Weg – Leistung – Schicksal. Geschichte der sudetendeutschen Arbeiterbewegung in Wort und Bild. München 1972

———. Vom Rad der Geschichte erfasst 1938 [ohne Autorenangabe]. In: Seliger-Gemeinde (Hg.): Sudeten-Jahrbuch der Seliger Gemeinde 2003. München 2003, 16–17.

SIMON-PELANDA, Hans: Landeskundlicher Ansatz. In: HELBIG, Gerhard/ UNGEHEUER, Gerold/BURKHARDT, Armin (Hg.): Deutsch als Fremdsprache. Ein internationales Handbuch. (Handbücher zur Sprach- und Kommunikationswissenschaft, HSK 19.1) Berlin, Boston 2000, 41–55.

ŠIMŮNEK, Michal: Ein neues Fach. Die Erb- und Rassenhygiene an der Medizinischen Fakultät der Deutschen Karls-Universität in Prag 1939–1945. In: KOSTLÁN, Antonín (Hg.): Wissenschaft in den böhmischen Ländern 1939–1945. (Práce z dějin vědy 9) Praha 2004, 190–316.

———. Improvisierung, Anpassung, Zentralisierung: Die nationalsozialistische „Anstaltsführung" im Reichsgau Sudetenland, 1938–1941. In: Böhm, Boris/Kuratorium Gedenkstätte Sonnenstein (Hg.): Transporte in den Tod. Die Ermordung von Patienten aus dem Regierungsbezirk Troppau (Reichsgau Sudetenland) in der ‚Euthanasie'-Anstalt Pirna-Sonnenstein 1940/41. Pirna 2010, 11–30.

SLÁDEK, Zdeněk: Das tschechoslowakische Grund- und Mittelschulwesen nach 1918: Kontinuität oder Diskontinuität? In: KARÁDY, Viktor/MITTER, Wolfgang (Hg.): Bildungswesen und Sozialstruktur in Mitteleuropa im 19. und 20. Jahrhundert. (Studien und Dokumentationen zur vergleichenden Bildungsforschung 42) Köln, Wien 1990, 27–40.

Smelser, Roland M.: Das Sudetenproblem und das Dritte Reich 1933-1938. Von der Volkstumspolitik zur nationalsozialistischen Außenpolitik. (Veröffentlichungen des Collegium Carolinum 36) München, Wien 1980.

Spoerer, Mark: Zwangsarbeit unter dem Hakenkreuz. Ausländische Zivilarbeiter, Kriegsgefangene und Häftlinge im Deutschen Reich und im besetzten Europa 1939-1945. Stuttgart, München 2001.

Šrámek, Pavel: Československá armáda v roce 1938 [Die tschechoslowakische Armee im Jahr 1938]. 2. Aufl. Brno, Náchod 1996.

Staněk, Tomáš: Verfolgung 1945. Die Stellung der Deutschen in Böhmen, Mähren und Schlesien (außerhalb der Lager und Gefängnisse). Übertragung ins Deutsche von Otfrid Pustejovsky. Bearbeitung und teilweise Übersetzung durch Walter Reichel. (Buchreihe des Institutes für den Donauraum und Mitteleuropa 8) Wien, Köln, Weimar 2002.

Státní oblastí archiv v Litoměřicic (Hg.): Kdo byl kdo v Říšské župě Sudety. Biografická příručka A-Z [Wer war wer im Reichsgau Sudetenland. Ein biographisches Handbuch A-Z]. Autorenkollektiv unter der Leitung von Stanislav Biman. CD-ROM. Litoměřice 2008.

Steber, Martina: Die Eigenkraft des Regionalen. Die ungeschöpften Potenziale einer Geschichte des Nationalsozialismus im kleinen Raum. In: Schmiechen-Ackermann, Detlef et al. (Hg.): Der Ort der „Volksgemeinschaft" in der deutschen Gesellschaftsgeschichte. (Nationalsozialistische Volksgemeinschaft 7) Paderborn 2018, 50-70.

Steber, Martina/Gotto, Bernhard: Volksgemeinschaft: Ein analytischer Schlüssel zur Gesellschaftsgeschichte des NS-Regimes. In: Danker, Uwe/Schwabe, Astrid (Hg.): Die NS-Volksgemeinschaft. Zeitgenössische Verheißung, analytisches Konzept und ein Schlüssel zum historischen Lernen? (Beihefte zur Zeitschrift für Geschichtsdidaktik 13) Göttingen 2017, 37-47.

Stern, Kathrin: Erziehung zur „Volksgemeinschaft". Volksschullehrkräfte im „Dritten Reich". Paderborn 2021.

Steuwer, Janosch: Was meint und nützt das Sprechen von der ‚Volksgemeinschaft'? Neuere Literatur zur Gesellschaftsgeschichte des Nationalsozialismus. In: Archiv für Sozialgeschichte 53 (2013) 487-534.

Stöhr, Ingrid: Zweisprachigkeit in Böhmen. Deutsche Volksschulen und Gymnasien im Prag der Kafka-Zeit. (Reihe A: Slavistische Forschungen 70) Köln, Wien 2010.

Stoklásková, Zdeňka: Schizophrenie des Schicksals. Der mährische Historiker Bertold Bretholz. In: Kordiovský, Emil (Hg.): Moravští Židé v rakousko-uherské monarchii (1780-1918) [Die mährischen Juden in der österreichisch-ungarischen Monarchie (1780–1918)]. Mikulov 2003, 319–332.

Svoboda, Jaroslav: Školství v období protektorátu [Schulwesen in der Zeit des Protektorats]. České Budějovice 2010.

Šustrová, Radka: Pod ochranou protektorátu. Kinderlandverschickung v Čechách a na Moravě: politika, každodennost a paměť 1940–1945 [Unter dem Schutz des Protektorats. Die Kinderlandverschickung in Böhmen und Mähren: Politik, Alltag und Erinnerung 1940–1945]. Praha 2012.

Templin, David: Wasser für die Volksgemeinschaft. Wasserwerke und Stadtentwässerung in Hamburg im „Dritten Reich". (Forum Zeitgeschichte 26) München 2016.

Thamer, Hans-Ulrich: ‚Volksgemeinschaft' in der Debatte. Interpretationen, Operationalisierungen, Potenziale und Kritik. In: Schmiechen-Ackermann, Detlef et al. (Hg.): Der Ort der „Volksgemeinschaft" in der deutschen Gesellschaftsgeschichte. (Nationalsozialistische Volksgemeinschaft 7) Paderborn 2018, 27–36.

Tillmann, Klaus-Jürgen: Neue Argumente auf einem alten Kampffeld? Schulstruktur-Diskussion vor und nach PISA. In: Pädagogik 7-8 (2006) 38–42.

Tinkl, Walter: Die Deutsche Pestalozzi-Gesellschaft. In: Keil, Theo (Hg.): Die deutsche Schule in den Sudetenländern. Form und Inhalt des Bildungswesens. München 1967, 439–441.

Traba, Robert: Ostpreußen – die Konstruktion einer deutschen Provinz: Eine Studie zur regionalen und nationalen Identität 1914–1933. Osnabrück 2010.

Troillet, Bernard: Das Elsass – Grenzland in Europa: Sprachen und Identitäten im Wandel. (Studien und Dokumentationen zur vergleichenden Bildungsforschung 74) Köln 1997.

Uhlíř, Jan Boris: Ve stínu říšské orlice. Protektorát Čechy a Morava, odboj a kolaborace [Im Schatten des Reichsadlers. Das Protektorat Böhmen und Mähren. Widerstand und Kollaboration]. Praha 2002.

———. Protektorát Čechy a Morava 1939–1942. Srdce Třetí říše [Böhmen und Mähren 1939–1942. Das Herz des Dritten Reiches]. Praha 2017.

Valasek, Emil: Der Kampf gegen die Priester im Sudetenland 1938 bis 1945. Eine Dokumentation. (Archiv für Kirchengeschichte von Böhmen, Mähren, Schlesien 16) Königstein 2003.

Van der Steen, Paul: Keurkinderen. Hitlers elitescholen in Nederland. Amsterdam 2009.

Velčovský, Václav: Čeština pod hákovým křížem [Tschechisch unter dem Hakenkreuz]. Praha 2016.

VENKEN, Machteld: Peripheries at the Centre. Borderland Schooling in Interwar Europe. (Contemporary European History 27). New York 2021.

VERGNON, Bastian: Die sudetendeutschen Sozialdemokraten und die bayerische SPD 1945 bis 1978. Frankfurt am Main 2017.

VIERLING, Birgit: Kommunikation als Mittel politischer Mobilisierung. Die Sudetendeutsche Partei (SdP) auf ihrem Weg zur Einheitsbewegung in der Ersten Tschechoslowakischen Republik (1933–1938). (Studien zur Ostmitteleuropaforschung 27) Marburg 2014.

WEGER, Tobias: Die ‚Volksgruppe im Exil'? Sudetendeutsche Politik nach 1945. In: HAHN, Hans Henning (Hg.): Hundert Jahre sudetendeutsche Geschichte. Eine völkische Bewegung in drei Staaten. (Die Deutschen und das östliche Europa. Studien und Quellen 1) Frankfurt am Main, New York 2007, 277–301.

———. „Volkstumskampf" ohne Ende? Sudetendeutsche Organisationen, 1945–1955. (Die Deutschen und das östliche Europa. Studien und Quellen 2) Frankfurt am Main 2008.

———. Zwischen alldeutschen Phantasien und sudetendeutschen Anschlussplänen – die ‚gesamtschlesische' Idee der 1920er und 1930er Jahre. In: ADAMSKI, Marek/KUNICKI, Wojciech (Hg.): Schlesien als literarische Provinz. Literatur zwischen Regionalismus und Universalismus. Leipzig 2008, 91–101.

———. Jan Amos Komenský – die „Karriere" einer religiösen Leitfigur in den Beziehungen zwischen Deutschen, Tschechen und Slowaken im 20. Jahrhundert. In: KAISEROVÁ, Kristina/NIŽŇANSKÝ, Eduard/SCHULZE WESSEL, Martin (Hg.): Religion und Nation: Tschechen, Deutsche und Slowaken im 20. Jahrhundert. (Veröffentlichungen der Deutsch-Tschechischen und Deutsch-Slowakischen Historikerkommission 20) Essen 2015, 151–168.

———. Das Konzept der ‚Volksbildung' – völkische Bildung für die deutschen Minderheiten. In: EISLER, Cornelia/GÖTTSCH-ELTEN, Silke (Hg.): Minderheiten im Europa der Zwischenkriegszeit. (Kieler Studien zur Volkskunde und Kulturgeschichte 12) Münster 2017, 99–116.

———. Sudetendeutsche Anstalt für Landes- und Volksforschung Reichenberg. In: FAHLBUSCH, Michael/HAAR, Ingo/PINWINKLER, Alexander (Hg.): Handbuch der völkischen Wissenschaften. Akteure, Netzwerke, Forschungsprogramme, Teilband 2. 2. Aufl. Berlin 2017, 1660–1666.

———. Großschlesisch? Großfriesisch? Großdeutsch! Ethnonationalismus in Schlesien und in Friesland 1918–1945. (Schriften des Bundesinstituts für Kultur und Geschichte der Deutschen im östlichen Europa 63) Berlin, Boston 2017.

WEHLER, Hans-Ulrich: Deutsche Gesellschaftsgeschichte. Bd. 4: Vom Beginn des Ersten Weltkrieges bis zur Gründung der beiden deutschen Staaten 1914–1949. 3. Aufl. München 2008.

WEICHSELBAUMER, Ludwig: Walter Brand (1907–1980): Ein sudetendeutscher Politiker im Spannungsfeld zwischen Autonomie und Anschluss. (Quellen und Studien zur Geschichte und Kultur der Sudetendeutschen 3) München 2008.

WELTZER, Wigant: Wege, Irrwege, Heimwege. Schulen, Erziehungsheime und Erziehungsanstalten des Volksbundes der Deutschen in Ungarn 1940–1944. Rothenburg ob der Tauber 2005.

WERNER, Oliver (Hg.): Mobilisierung im Nationalsozialismus. Institutionen und Regionen in der Kriegswirtschaft und der Verwaltung des „Dritten Reiches" 1936 bis 1945. (Nationalsozialistische Volksgemeinschaft 3) Paderborn [u. a.] 2013.

WIEMANN-STÖHR, Ingeborg: Die pädagogische Mobilmachung. Schule in Baden im Zeichen des Nationalsozialismus. Bad Heilbrunn 2018.

WILDT, Michael: Generation des Unbedingten. Das Führungskorps des Reichssicherheitshauptamtes. Hamburg 2002.

———. Volksgemeinschaft als Selbstermächtigung. Gewalt gegen Juden in der deutschen Provinz 1919 bis 1939. Hamburg 2007.

———. Geschichte des Nationalsozialismus. Göttingen 2008.

———. Die Ambivalenz des Volkes. Der Nationalsozialismus als Gesellschaftsgeschichte. Berlin 2019.

WIRTH, Alfred: Die deutsche Bauernschule Bad Ullersdorf. In: KARL, Josef (Hg.): Bauern, Förster, Gärtner schufen ein blühendes Land. Das sudetendeutsche Landvolk und seine Schulen: Eine Dokumentation. München 1988, 195–197.

ZAHRA, Tara: Kidnapped Souls: National Indifference and the Battle for Children in the Bohemian Lands, 1900–1948. Ithaca [u. a.] 2008.

ZIMMERMANN, Volker: Die Sudetendeutschen im NS-Staat. Politik und Stimmung der Bevölkerung im Reichsgau Sudetenland (1938–1945). (Veröffentlichungen des Instituts für Kultur und Geschichte der Deutschen im östlichen Europa 16) Essen 1999.

———. Der „Reichsgau Sudetenland" im letzten Kriegsjahr. In: HOENSCH, Jörg K./LEMBERG, Hans (Hg.): Begegnung und Konflikt. Schlaglichter auf das Verhältnis von Tschechen, Slowaken und Deutschen 1815–1989. Essen 2001, 173–190.

ZÜCKERT, Martin: Vom Aktivismus zur Staatsnegation? Die Sudetendeutschen zwischen Staatsakzeptanz, regional-nationalistischer Bewegung und dem nationalsozialistischen Deutschland. In: HASLINGER, Peter/PUTTKAMER, Joachim von (Hg.): Staat, Loyalität und Minderheiten in Ostmittel- und Südosteuropa 1918–1941. (Buchreihe der Kommission für Geschichte und Kultur der Deutschen in Südosteuropa 39) München 2007, 69–98.

ZVÁNOVEC, Mikuláš: Die SdP im Parlament. Eine Kollektivbiographie der Mitglieder des parlamentarischen Klubs der Sudetendeutschen und der Karpatendeutschen Partei. Praha 2014.

———. Der nationale Schulkampf in Böhmen. Deutsche und tschechische nationale Schutzarbeit im Schulwesen vor dem Hintergrund der Demokratisierungsprozesse in Cisleithanien (1880–1918). Berlin 2021.

ZYMEK, Bernd: Die Zukunft des zweigliedrigen Schulsystems in Deutschland. Was man von der historischen Schulentwicklung dazu wissen kann. In: Zeitschrift für Pädagogik 59/4 (2013) 469–481.

Stefan Johann Schatz

Výuka pro „Grenzlanddeutsche". Německojazyčné školství v Říšské župě Sudety 1938–1945

Abstrakt: Vpád wehrmachtu po Mnichovské dohodě v roce 1938 do pohraničí osídleného převážně Němci a vytvoření Říšské župy Sudety trvale změnily život místních obyvatel. Reorganizováno bylo i školství. Nově zřízená školská správa vedená sudetoněmeckými funkcionáři požadovala po říšském ministerstvu školství v Berlíně samostatnost v rozhodování. To bylo zdůvodněno tím, že sudetští Němci jako tzv. Grenzlanddeutsche (etničtí Němci žijící z pohledu z Říše v blízkém zahraničí a úzkých kulturních vazbách k Říši) získali zvláštní schopnosti na základě česko-německého národnostního konfliktu trvajícího nepřetržitě od 19. století, které jim dávají právo převzít vedoucí úlohu v českých zemích. Následující text se zabývá otázkou, zda a do jaké míry bylo vyhověno tomuto přání po vlastním manévrovacím prostoru za současného přizpůsobení školské struktury říšským předpisům. Analyzována bude výuka češtiny, němčiny a dějepisu, jakož i zacházení s českou menšinou na území Sudetské župy. Prokáže se, že požadované sudetoněmecké rozhodování mohlo být v jednotlivých oblastech uplatněno pouze tehdy, pokud odpovídalo cílům říšského ministerstva školství. Jen v těchto případech vyšel Berlín sudetoněmecké školské správě vstříc, ve většině ostatních požadavků však nikoli.

Klíčová slova: Sudetští Němci, české země, Československo, dějiny školství, učebnice, německý národní socialismus, druhá světová válka.

Nejdůležitější výsledky německy publikované disertační práce o činnosti školské správy v Říšské župě Sudety 1938–1945 jsou shrnuty v následující stati v českém jazyce.[1]

---

1 Disertační práce byla předložena na Humboldtově univerzitě v Berlíně koncem října 2019 v oboru pedagogických věd a obhájena v únoru 2020. Práci vedli prof. Marcelo Caruso (Berlín) a prof. Dr. Volker Zimmermann (Düsseldorf/Mnichov). Zvláštní podpory se mi dostalo také od Prof. PhDr. Tomáše Kaspera, Ph.D. (Liberec/Praha) a doc. Dr. phil. Mirka Němce (Ústí nad Labem), který navíc následující text přeložil z němčiny. Všem jmenovaným za jejich podporu srdečně děkuji.

Úvod

Vpád wehrmachtu po Mnichovské dohodě v roce 1938 do pohraničí osídleného převážně Němci a vytvoření Říšské župy Sudety trvale změnily život místních obyvatel. Události se projevily i ve školství. Školská správa Říšské župy Sudety (1938–1945) vedená sudetoněmeckými funkcionáři byla ihned konfrontována s požadavky berlínského vedení, které požadovalo přeměnit školský systém podle pokynů a směrnic Německé říše. Avšak sudetoněmecká školská správa sledovala vlastní cíl: požadovala autonomní prostor s odůvodněním, že sudetští Němci jako tzv. „Grenzlanddeutsche" (tedy Němci žijící za hranicemi Říše, ale přesto v jejím sepětí) disponují specifickými znalostmi o českojazyčném obyvatelstvu. Své schopnosti osvědčili v národnostním boji odehrávajícím se v českých zemích od 19. století, za což měli v Německé říši dosáhnout uznání.

Zda se školské správě podařilo tuto argumentaci prosadit, bude tematizováno na základě výzkumu problematiky přizpůsobení školských struktur říšským normám, otázek k výuce češtiny, němčiny a dějepisu, jakož i za pomoci analýzy zacházení s českou menšinou. Aby celková problematika mohla být pochopena, bude nejprve potřeba vysvětlit historické souvislosti. Tento text proto začíná přehledem česko-německých vztahů v 19. století a za první Československé republiky. Následně budou představeny výzkumné otázky a pramenná základna, dále budou analyzovány jednotlivé výše uvedené tematické oblasti. Text je zakončen popisem situace v posledních měsících války a závěrečným shrnutím.

Historický kontext

V sebepojetí aktérů školské správy v Sudetské župě by Němci v českých zemích měli být předurčeni k vládě na tomto teritoriu. Tento názor se postupně utvářel v německých národoveckých kruzích a byl radikálně formulován po roce 1918. Po skončení první světové války se výrazně změnily politické, sociální a hospodářské podmínky, v nichž žilo německy mluvící obyvatelstvo v českých zemích: v Československu založeném v roce 1918 žilo kolem 3,1 milionu německy mluvícího obyvatelstva, což představovalo asi 23 % z celkového počtu obyvatel státu.[2] Žilo v převážně uzavřených sídelních oblastech v českém a moravském

---

[2] Srov. PROSCHWITZER, Erhart: Staatsbürgerkunde: Lehrbuch für praktisches Studium und Handbuch für Schulpraxis. Leipzig, 1925, 10. Citováno podle: NĚMEC, Mirek: Erziehung zum Staatsbürger? Deutsche Sekundarschulen in der Tschechoslowakei 1918–1938 (Veröffentlichungen zur Kultur und Geschichte im östlichen Europa 33). Essen, 2010, 15; MAJEWSKI, Piotr. M.: Sudetští Němci: 1848–1948 – dějiny jednoho nacionalismu. Brno, 2014, 216.

pohraničí. Přestože německy mluvící obyvatelstvo vnímalo nový stát zpočátku kriticky, ve 20. letech minulého století se začala většina německy mluvících politických stran v Československu zasazovat o porozumění s českými stranami.³ Současně se však mezi Němci v Československu rozmáhaly národovecké myšlenky a koncepce směřující k tzv. novému rozvoji němectví (Neuentwicklung des Deutschtums) v českých zemích. Zejména mladí učitelé byli v tomto procesu důležitými zprostředkovateli a podporovateli takovýchto národoveckých idejí. Sdružovali se ve spolcích, příkladem budiž hnutí „Böhmerlandbewegung".⁴ Přitom sílila snaha sjednotit německy mluvící obyvatelstvo v českých zemích, pro které dosud neexistovalo obecně používané společné kolektivní označení.⁵ Nakonec se prosadil termín „sudetští Němci" (Sudetendeutsche), který se před rokem 1918 téměř nepoužíval,⁶ ale nyní získával na popularitě. Současně s tím se v těchto kruzích české země stále častěji označovaly jako „sudetské země" (Sudetenländer).⁷ Sebeoznačení sudetských Němců bylo uměle vytvořeným pojmem a nevztahovalo se k žádné tradiční, geopoliticky podložené identitě.⁸ Sudetští Němci se měli prostřednictvím vlastního kolektivního

---

3 Srov. HOENSCH, Jörg K.: Geschichte der Tschechoslowakei. Stuttgart, 1992, 42; ZÜCKERT, Martin: Vom Aktivismus zur Staatsnegation?: Die Sudetendeutschen zwischen Staatsakzeptanz, regional-nationalistischer Bewegung und dem nationalsozialistischen Deutschland. In: HASLINGER, Peter/VON PUTTKAMER, Joachim (Hg.): Staat, Loyalität und Minderheiten in Ostmittel- und Südosteuropa 1918–1941 (Buchreihe der Kommission für Geschichte und Kultur der Deutschen in Südosteuropa 39). München, 2007, 69–98, zde 74.

4 WEGER, Tobias: Das Konzept der ‚Volksbildung' – völkische Bildung für die deutschen Minderheiten. In: EISLER, Cornelia/GÖTTSCH-ELTEN, Silke (Hg.): Minderheiten im Europa der Zwischenkriegszeit (Kieler Studien zur Volkskunde und Kulturgeschichte 12). Münster, 2017, 99–116, zde 109.

5 VIERLING, Birgit: Kommunikation als Mittel politischer Mobilisierung: die Sudetendeutsche Partei (SdP) auf ihrem Weg zur Einheitsbewegung in der Ersten Tschechoslowakischen Republik (1933–1938). (Studien zur Ostmitteleuropaforschung 27). Marburg, 2014, 29.

6 WEGER, Tobias: Großschlesisch? Großfriesisch? Großdeutsch! Ethnonationalismus in Schlesien und in Friesland 1918–1945 (Schriften des Bundesinstituts für Kultur und Geschichte der Deutschen im östlichen Europa 63). Berlin, Boston, 2017, 72–73.

7 NĚMEC, Mirek: Sudeten/Sudety als deutsch-tschechisches Palimpsest. In: Bohemia – Zeitschrift für Geschichte der böhmischen Länder 53/1 (2013) 94–111, zde 99–102.

8 HAHN, Hans Henning: Einleitung. In: HAHN, Hans Henning (Hg.): Hundert Jahre sudetendeutsche Geschichte: Eine völkische Bewegung in drei Staaten (Die

označení stmelit v obranné společenství proti českému obyvatelstvu.⁹ Právě ve školním prostředí, především v učitelských časopisech a na sjezdech učitelů, se navzdory všem snahám československého státu o integraci německy mluvící menšiny v Československu toto nové kolektivní sebeoznačení německy mluvícího obyvatelstva českých zemí začalo prosazovat.¹⁰ Nejpozději se vznikem „Sudetoněmecké vlastenecké fronty" (Sudetendeutsche Heimatfront), později přetvořené v „Sudetoněmeckou stranu" (Sudetendeutsche Partei) se pojem „sudetoněmecký" dominantně prosadil jako vlastní označení německého obyvatelstva v českých zemích.¹¹

Současně s tím se Německá říše začala po roce 1918 zajímat o německy hovořící obyvatelstvo žijící za hranicemi státu.¹² Tento zájem, který lze snad chápat i jako kompenzaci za své ztracené kolonie, se týkal též německy hovořící menšiny v Československu: byly jí věnovány publikace, její političtí představitelé byli zváni na přednášky do Německa a bylo podporováno užívání pojmu „sudetoněmecký". Ze strany Německa se německy hovořícím menšinám dostalo ještě zvláštního uznání: v zahraničí žijícím Němcům, tedy i Němcům sudetským, byly připisovány mimořádné vlastnosti: statečnost, přirozenost,

---

Deutschen und das östliche Europa. Studien und Quellen 1). Frankfurt, New York, 2007, 7–13, zde 10.

9 VIERLING: Kommunikation als Mittel politischer Mobilisierung: die Sudetendeutsche Partei (SdP) auf ihrem Weg zur Einheitsbewegung in der Ersten Tschechoslowakischen Republik (1933–1938) 101–102, 114; LEHMANN, Emil: Der Sudetendeutsche. Eine Gesamtbetrachtung. Potsdam, 1925, 11; BRANDES, Detlef/ MÍŠKOVÁ, Alena: Vom Osteuropa-Lehrstuhl ins Prager Rathaus: Josef Pfitzner 1901–1945. Essen, 2013, 169.

10 NĚMEC, Mirek: Kulturtransfer oder Abschottung? In: MAREK, Michaela et al. (Hg.): Kultur als Vehikel und als Opponent politischer Absichten: Kulturkontakte zwischen Deutschen, Tschechen und Slowaken von der Mitte des 19. Jahrhunderts bis in die 1980er Jahre (Veröffentlichungen zur Kultur und Geschichte im östlichen Europa 37). Essen, 2010, 165–175, zde 175; NĚMEC, Mirek: Verpönte Landessprache? Deutsch in der Ersten Tschechoslowakischen Republik. In: EHLERS, Klaas-Hinrich et al. (Hg.): Sprache, Gesellschaft und Nation in Ostmitteleuropa: Institutionalisierung und Alltagspraxis (Bad Wiesseer Tagungen des Collegium Carolinum 35). Göttingen, 2014, 93–113, zde 112.

11 VIERLING: Kommunikation als Mittel politischer Mobilisierung, 29.

12 JAWORSKI, Rudolf: Die ‚Kunde vom Grenz- und Auslandsdeutschtum' im Schulunterricht der Weimarer Republik. In: EISLER, Cornelia/GÖTTSCH-ELTEN, Silke (Hg.): Minderheiten im Europa der Zwischenkriegszeit (Kieler Studien zur Volkskunde und Kulturgeschichte 12). Münster, 2017, 117–132, zde 117–119; 120–131.

ale také uznání za obranu „německé půdy" před českým obyvatelstvem.¹³ Sudetoněmečtí představitelé takové komplimenty vítali s povděkem a přebírali je do vlastních sudetoněmeckých publikací.¹⁴

Prosazování pojmu „sudetoněmecký" bylo doprovázeno postupnou politickou radikalizací sudetských Němců prostřednictvím Sudetoněmecké strany (SdP). Světová hospodářská krize, zdánlivý hospodářský vzestup nacistického Německa a nacistická propaganda v druhé polovině 30. let 20. století činnost německých spolků v Československu dále radikalizovaly.

Tento mentální posun byl stále více ovlivňován prosazováním tzv. sudetoněmeckého národnostního boje (Volkstumskampf).¹⁵ Taková perspektiva se ujala především v řadách učitelstva. Nacionalizaci a následné zničení českoněmeckého soužití rozhodně prosazovali národovečtí učitelé. Významně tak přispěli k radikalizaci názorů na česko-německé vztahy s ohledem na údajný existenční boj německojazyčného obyvatelstva v Československu. To souviselo s kritikou údajného útlaku sudetských Němců v Československu po roce 1918. Tato tvrzení se rovněž vztahovala na německojazyčné školství, ačkoliv neodpovídala skutečnému stavu: německojazyčná menšina v Československu profitovala z velmi dobře rozvinutého školského systému.¹⁶

Hitlerova válečná hrozba a násilné konflikty s československou státní mocí vyprovokované Sudetoněmeckou stranou nakonec vyústily v Mnichovskou dohodu z roku 1938, ve které bylo Československo přinuceno podstoupit Velkoněmecké říši svá pohraniční území s většinovým podílem německo-

---

13 TAMTÉŽ, 120–131.
14 SCHWARZ, Sepp: Volk und Boden. In: Sudetendeutsche Monatshefte. Zeitschrift des Bundes der Deutschen 7 (1938) 344–346, zde 344; PLEYER, Wilhelm: Bleibt dem Grenzland treu! In: Sudetendeutsche Monatshefte. Zeitschrift des Bundes der Deutschen. Říjen [dle autora měl být článek vydán v srpnu] 1938, 505–510, zde 505; KREBS, Hans/LEHMANN, Emil: Wir Sudetendeutsche! Berlin, 1937, 7. LOCHNER, Rudolf: Sudetendeutschland. Ein Beitrag zur Grenzlanderziehung im ostmitteldeutschen Raum. Langensalza, 1937, 153.
15 ALEXANDER, Manfred: Kleine Geschichte der böhmischen Länder. Stuttgart, 2008, 422–423, 440–441; GEBEL, Ralf: „Heim ins Reich!": Konrad Henlein und der Reichsgau Sudetenland (1938–1945). (Veröffentlichungen des Collegium Carolinum 83). München, 1999, 25–60, zejm. 58; ZÜCKERT: Vom Aktivismus zur Staatsnegation?, 72; VIERLING: Kommunikation als Mittel politischer Mobilisierung, 29.
16 Srov. REICH, Andreas: Das tschechoslowakische Bildungswesen vor dem Hintergrund des deutsch-tschechischen Nationalitätenproblems. In: Bohemia – Zeitschrift für Geschichte und Kultur der böhmischen Länder 36/1 (1995) 19–38, zde 25.

jazyčného obyvatelstva. Následně se odstoupeným územím přehnala vlna násilí, ze škol byli vyhnáni židovští, komunističtí a sociálnědemokratičtí učitelé, mnozí z nich se pokusili uprchnout do stále existujícího, i když zmenšeného Československa.[17] Židovští občané byli v následujících letech, pokud neutekli, ze společnosti vyloučeni a velká většina z nich byla během šoa vyvražděna.[18]

Největší část bývalého československého území byla spojena do samostatné správní jednotky, „Říšské župy Sudety" (Reichsgau Sudetenland), a začleněna do Německé říše. Hlavním městem oblasti se stal Liberec (Reichenberg). Rozlohou okolo 29 000 km² zaujímala nová župa území velké zhruba jako dnešní Belgie. Župa měla asi 3,0 milionu obyvatel, početná česká menšina čítala oficiálně asi 300 000, ale pravděpodobně zde žilo kolem 400 000 Čechů.[19] Zvolený název vycházel vstříc požadavku německých národoveckých spolků, které se na politické mapě snažily prosadit název Sudetenland/Sudety.

Euforie z připojení k národněsocialistickému Německu a s tím spojená očekávání byla na straně sudetoněmeckých pedagogů vysoká. Tedy alespoň těch, jejichž život nebyl ohrožen a kteří nemuseli uprchnout. Sborově se ozývaly názory, že se jim a jejich školám konečně dostane podpory, kterou

---

17 BACHSTEIN, Martin K.: Wenzel Jaksch und die sudetendeutsche Sozialdemokratie. München, 1974, 180; BENDA, Jan: Rückführungsaspekte als eine Antwort auf die Einwanderung aus den abgetretenen Grenzgebieten. In: BRANDES, Detlef/IVANÍČKOVÁ, Edita/PEŠEK, Jiří (Hg.): Flüchtlinge und Asyl im Nachbarland: die Tschechoslowakei und Deutschland 1933 bis 1989 (Veröffentlichungen der Deutsch-Tschechischen und Deutsch-Slowakischen Historikerkommission 22). Essen, 2018, 149–159, zde 158; BENDA, Jan: Útěky a vyhánění z pohraničí českých zemí 1938–1939. Praha, 2013, 96, 471; HEUMOS, Peter: Soziale Aspekte der Flucht aus den Grenzgebieten der böhmischen Länder. In: BRANDES, Detlef/IVANÍČKOVÁ, Edita/PEŠEK, Jiří (Hg.): Flüchtlinge und Asyl im Nachbarland: die Tschechoslowakei und Deutschland 1933 bis 1989 (Veröffentlichungen der Deutsch-Tschechischen und Deutsch-Slowakischen Historikerkommission 22). Essen, 2018, 133–147, zde 136–137.

18 OSTERLOH, Jörg: Nationalsozialistische Judenverfolgung im Reichsgau Sudetenland (Veröffentlichungen des Collegium Carolinum 105). München, 2006, 214; GRUNER, Wolf: Die Judenverfolgung im Protektorat Böhmen und Mähren: lokale Initiativen, zentrale Entscheidungen, jüdische Antworten 1939–1945. Göttingen, 2016, 35, 289.

19 Srov. GEBEL, Ralf: „Heim ins Reich!" Konrad Henlein und der Reichsgau Sudetenland 1938–1945; 278; BARTOŠ, Josef: Okupované pohraničí a české obyvatelstvo 1938–1945. Praha, 1978, 71.

si zasluhují.[20] Nadšení podněcovali též nacističtí pohlaváři. Především cesta říšského ministra školství Rusta, kterou vykonal v týdnu od 17. do 25. října 1938 a která vedla od východu na západ Sudetskou župou,[21] upoutala pozornost tehdejšího tisku a zejména odborných časopisů sudetoněmeckých učitelů. Pravděpodobně k tomu přispěly i četné sliby, které během své cesty učinil. V České Lípě například ujišťoval posluchače, že „říšští ministři neslibují nic, co nelze splnit".[22]

„Proto by se také mělo sudetské Německo – to je moje vůle – stát vzorovou zemí celé Německé říši. Peníze investované do sudetoněmeckých škol budou tou nejlepší investicí, kterou může německý národ učinit"[23] a dále „Sudety se stanou školou pro celou Německou říši".[24]

Do nově zřízené školské správy byli povoláni převážně sudetští Němci, což ve srovnání s ostatními administrativními oblastmi v Říšské župě Sudety představovalo výjimku.[25] Nejvyšší školský inspektorát v Říšské župě Sudety byl podřízen jejímu vrchnímu úřadu „Říšskému místodržitelství" (Reichsstatthalterei)

---

20 Sudetenland soll das Schulland des ganzen Deutschen Reiches werden (bez uvedení autora). In: Sudetendeutsche Schule. Monatsblatt für zeitgemäße Schulgestaltung 3 (1938) [15. listopadu 1938], 73; HAUDEK, Josef: Sudetendeutsche Schicksalswende. 30. September 1938. In: Sudetendeutsche Schule. Monatsblatt für zeitgemäße Schulgestaltung 2 (1938) 37.

21 Zpráva vedení Říšské ochranné policie oddělení IV „Slezsko-Severní Morava", Opava, 17. 10. 1938. SOkA Opava, Fond Landrát Opava, kart. 243, inv. č. 404, sign. 103/4, fol. 36.

22 V německém originále: „daß die Minister des Reiches nichts versprechen, was nicht gehalten werden kann." Sudetenland soll das Schulland des ganzen Deutschen Reiches werden (bez uvedení autora). In: Sudetendeutsche Schule. Monatsblatt für zeitgemäße Schulgestaltung 3 (1938) [15. listopadu 1938], 73.

23 V německém originále: „Daher soll dieses Sudetendeutschland auch – das ist mein Wille – das Musterland des ganzen Deutschen Reiches werden. Das Geld, das in den sudetendeutschen Schulen angelegt sein wird, ist die beste Anlage, die das deutsche Volk machen kann." Völkischer Beobachter, č. 296 z 23. října 1938 (bez paginace). BArch, NS5/5/VI 2012 Zeitungsberichte, fol. B 345.

24 V německém originále: „Sudetenland soll das Schulland des ganzen Deutschen Reiches werden." Sudetenland soll das Schulland des ganzen Deutschen Reiches werden (bez uvedení autora). In: Sudetendeutsche Schule. Monatsblatt für zeitgemäße Schulgestaltung 3 (1938) [15. listopadu 1938], 73.

25 ZIMMERMANN, Volker: Die Sudetendeutschen im NS-Staat: Politik und Stimmung der Bevölkerung im Reichsgau Sudetenland (1938–1945). (Veröffentlichungen des Instituts für Kultur und Geschichte der Deutschen im Östlichen Europa 16). Essen, 1999, 150–158.

v Liberci, v jehož čele stál Konrad Henlein jako „vedoucí župy" (Gauleiter). Vedoucím školského oddělení v Říšském místodržitelství byl Ludwig Eichholz, který byl před rokem 1938 zodpovědný za školské záležitosti v SdP[26] a v roce 1942 byl přeložen do Krakova.[27] K dispozici měl osoby, které již před rokem 1938 zastávaly důležité posty v pedagogických spolcích, a byly tedy obeznámeny se sudetoněmeckou školní politikou: Gottfried Preissler (před rokem 1938 předseda kulturního výboru sudetoněmeckých učitelských spolků[28] a jednatel zvláštního výboru pro školské a vzdělávací otázky Říšského svazu německých středoškolských učitelů[29]), Theo Keil (od roku 1943 Eichholzův nástupce; před rokem 1938 člen hlavní rady SdP[30]), Rudolf Fiedler (před rokem 1938 předseda učitelského spolku středoškolských učitelů[31]) a Otto Wasgestian (před rokem 1938 předseda spolku učitelů na státních průmyslových školách[32]).

Říšskému místodržitelství v Liberci byly podřízeny školské kontrolní úřady vládních obvodů krajských rad v Ústí nad Labem (Aussig), Karlových Varech (Karlsbad) a Opavě (Troppau), které byly do roku 1943 zodpovědné také za dohled nad středními školami (poté jejich agendu převzalo Říšské

---

26 Unser Gauwalter Dr. Ludwig Eichholz zum Regierungsdirektor ernannt. In: Mitteilungsblatt des NSLB. Gauwaltung Sudetenland 4 (1940) 49.
27 Srov. PRÄG, Werner/JACOBMEYER, Wolfgang (Hg.): Das Diensttagebuch des deutschen Generalgouverneurs in Polen: 1939-1945. Stuttgart, 1975, 570.
28 PREISSLER, Gottfried: Der Reichsverband Deutscher Mittelschullehrer und seine Schulpolitische Arbeitsstelle. In: KEIL, Theo (Hg.): Die deutsche Schule in den Sudetenländern: Form und Inhalt des Bildungswesens. München, 1967, 530-541, zde 530-532.
29 PREISSLER, Gottfried: Zur gegenwärtigen Lage der deutschen Mittelschule. In: Mitteilungen aus dem höheren Schulwesen. Zeitschrift des Reichsverbandes Deutscher Mittelschullehrer in der Tschechoslowakischen Republik 3-4 (1932): Festschrift zum zehnjährigen Bestande des Reichsverbandes deutscher Mittelschullehrer in der tschechoslowakischen Republik. VI. Hauptversammlung in Leitmeritz am 27. und 28. Feber 1932, 40-41. BArch, R/57/8180, nefoliováno.
30 Aus der Arbeit des NS-Lehrerbundes. Ernennung von Theo Keil zum Regierungs- und Schulrat am 17. 1. 1940. In: Mitteilungsblatt des NSLB. Gauwaltung Sudetenland 5 (1940) 65.
31 PREISSLER, Gottfried: Geschichte meines Lebens: aus der Sicht des 85. Geburtstags. Frankfurt am Main, 1979, 51.
32 Die Schulverwaltung im Sudetengau. In: Mitteilungsblatt des NSLB. Gauwaltung Sudetenland 8 (1940) 104-105.

místodržitelství).³³ Pod ní se nacházel nejnižší stupeň školské správy, který na počátku roku 1940 tvořilo 53 školních rad, jež měly na starosti dohled nad základními školami při „okresních úřadech" (Landratsamt).³⁴ Ve srovnání s obdobím před rokem 1938 došlo k jasnému personálnímu přeskupení na všech úrovních; do vedoucích funkcí byli jmenováni lidé, kteří sice byli sami aktivní ve školské politice, ale dříve nezastávali vedoucí funkce ve školské správě. Kromě toho žádný z 53 nově jmenovaných vedoucích úředníků školních rad v Říšské župě Sudety tuto funkci nevykonával před školním rokem 1935/1936. Většinou se jednalo o relativně mladé učitele kolem 40 let, kteří dříve působili především v malých obcích.³⁵

Vymezení problematiky a prameny

Úředníci školské správy, kteří do funkcí nastoupili po vzniku Říšské župy Sudety, očekávali uznání za své zásluhy, kterých podle svého názoru dosáhli v obranném boji proti Čechům, který trval desítky let.³⁶ Místo toho však zakusili odlišnou skutečnost: spolková činnost a organizace byly „zglajchšaltovány", což sudetští Němci kritizovali a mnoho z nich se s násilným ukončením činnosti nesmířilo.³⁷ Nedošlo k očekávanému rychlému hospodářskému vzestupu, přestože se relativně úspěšně podařilo odstranit nezaměstnanost.³⁸ Německá

---

33 Zpráva Keila Henleinovi a vládním ředitelům Dr. Krausovi, Karlovy Vary a Dr. Kümmelovi, Opava. Liberec, 16. listopad 1943. SOAL, Župní vedení NSDAP, sign. 1000 142, kart. 91, nefoliováno.
34 Gauorganisationsamt der NSDAP/Amt des Reichsstatthalters im Reichsgau Sudetenland (Hg.): Das Sudetenbuch: Handbuch für d. Reichsgau Sudetenland, mit ausführl. Ortsverz. Teplitz-Schönau, 1940, 71.
35 Deutscher Landes-lehrerverein in Böhmen (Hg.): Standesausweis der Lehrerschaft an den Deutschen Volks- und Bürgerschulen Böhmens. 11. Folge: 1936. Zusammengestellt von Ferd. Altmann, Lehrer in Reichenberg. Reichenberg, 1937, 9; Deutscher Volksschulverband in Mähren und deutscher Landeslehrerverein in Schlesien (Hg.): Standesausweis des deutschen Schulwesens in Mähren-Schlesien 1935. Brünn, 1935, 7; Gauorganisationsamt der NSDAP/Amt des Reichsstatthalters im Reichsgau Sudetenland (Hg.): Das Sudetenbuch: Handbuch für d. Reichsgau Sudetenland, mit ausführl. Ortsverz. Teplitz-Schönau, 1940, 71.
36 PREISSLER, Gottfried: Die Höhere Schule und ihre Lehrerschaft im Sudetengau. In: Der Sudetendeutsche Erzieher 1 (1939) 16–19, zde 19; WASGESTIAN, Hugo: Die Berufs- und Fachschulen in den Sudetenländern. In: Der Sudetendeutsche Erzieher 1 (1939) 20–22, zde 21.
37 Srov. ZIMMERMANN: Die Sudetendeutschen im NS-Staat, 210–225.
38 Tamtéž.

univerzita v Praze, po roce 1939 přejmenovaná na Německou Karlovu univerzitu v Praze,[39] nebyla navzdory všem nadějím přemístěna do Sudetské župy.[40] Naplněna nebyla rovněž velká očekávání spjatá s renovací všech škol a s výstavbou nových budov.[41] Stručně řečeno: sudetoněmečtí úředníci školské správy ztratili vytouženou naději na zisk většího vlivu v rámci Říše. Nacistický režim v nich totiž viděl něco jiného, než to, v co sami doufali: zatímco před rokem 1933 byli oslavováni jako Němci odsouzení žít v zahraničí, tedy jako tzv. hrdinní „Auslandsdeutsche" bojující za němectví, nacistické vedení po nich požadovalo bezpodmínečné přizpůsobení říšskoněmeckým směrnicím.[42]

Převážně sudetskými Němci obsazené vrchní vedení školské správy při Říšském místodržitelství v Liberci však vidělo v okamžiku vytváření správy župy vhodný moment pro prosazení vlastní představy o školské politice. Ti i nadále chtěli obhajovat svou identitu jako „Grenzlanddeutsche", což mělo přispět k udržení jejich zvláštního statusu. Aby však toto označení mohli i nadále využívat pro své ospravedlnění před říšským ministerstvem školství, redefinovali svou dosavadní pozici o pověstných 180°: jestliže se před rokem 1938 chtěli prosadit vůči československým spolkům a československému státu, nacházel se ten, proti komu se nyní chtěli vymezovat, politicky i doslovně geograficky na zcela protilehlého pólu. Požadavek vlastního vymezení – a s tím spojená touha po větší samostatnosti – tentokrát nebyl namířen proti českému obyvatelstvu Čech a Moravy, ale byl zaměřen na Němce v Německé říši. Jako

---

39 KONRÁD, Ota: ‚Denn die Uneignung der slawischen Völkergruppe bedarf keines Beweises mehr'. Die ‚sudetendeutsche Wissenschaft' und ihre Einbindung in die zeitgenössischen Diskurse 1918–1945. In: SCHACHTMANN, Judith/STROBEL, Michael/WIDERA, Thomas (Hg.): Politik und Wissenschaft in der prähistorischen Archäologie. Perspektiven aus Sachsen, Böhmen und Schlesien. Göttingen, 2009, 69–97, zde 82.
40 MÍŠKOVÁ, Alena: Die Deutsche (Karls-)Universität vom Münchener Abkommen bis zum Ende des Zweiten Weltkrieges: Universitätsleitung und Wandel des Professorenkollegiums. Prag, 2007, 110–113; KONRÁD, Ota: ‚Denn die Uneignung der slawischen Völkergruppe bedarf keines Beweises mehr'. Die ‚sudetendeutsche Wissenschaft' und ihre Einbindung in die zeitgenössischen Diskurse 1918–1945, 82.
41 EICHHOLZ, Ludwig: Die Neugestaltung des sudetendeutschen Schulwesens. Reichenberg 1940, 17; Auszug aus dem Monatsbericht des Kreisamtsleiters für Kommunalpolitik in Kaaden für Mai 1940. Weiterleitung des Gauamtes für Kommunalpolitik (G. Wünsch) an Eichholz. Reichenberg, 13. Juni 1940. SOAL, ŘM, sign. 1065/3, kart. 338, nefoliováno.
42 JAWORSKI: Die ‚Kunde vom Grenz- und Auslandsdeutschtum' im Schulunterricht der Weimarer Republik, 120–131.

argument byl zvolen tradiční národní protivník: české obyvatelstvo mělo v rámci zvláštního úkolu sudetských Němců (chápajících sebe sama nadále jako „Grenzlanddeutsche") podléhat jejich kontrole.[43] Zároveň se sudetoněmecká školská správa obávala, že by sudetští Němci mohli zapomenout na své jedinečné historické poslání a přizpůsobit se říšskoněmecké kultuře.[44] Argument národnímu protivníkovi vzdorujícího německého pohraničí chtěli sudetoněmečtí školští funkcionáři ve školách použít jako prostředek pro budování soudržnosti komunity (group building), čímž se mělo posílit sudetoněmecké vnímání sebe sama jako „Grenzlanddeutsche" (tedy jako Němců chránících německé hranice). Současně se tímto způsobem měli odlišit od tzv. Altreichsdeutsche neboli obyvatel Německé říše v rámci hranic uznávaných v roce 1937. S tím souviselo poslání sudetoněmeckých pedagogů a žáků, kteří ze své specifické pozice na česko-německé kulturní hranici měli i v budoucnu profitovat. Vytyčili si vlastní úkoly: zajištění nadvlády v českých zemích a ochrana Němců před Čechy. Zároveň se jim mělo dostat ujištění, že Německá říše tuto ochrannou funkci od sudetských Němců očekává a bude si jich za to vážit.

Tvrzení o zvláštní roli sudetských Němců jako „Grenzlanddeutsche" mělo sloužit jednak jako záštita proti unifikačním snahám Berlína a současně se

---

43 PFITZNER, Josef: Nationales Erwachen und Reifen der Sudetendeutschen. In: PIRCHAN, Gustav/ZATSCHEK, Heinz/WEIZSÄCKER, Wilhelm: Das Sudetendeutschtum: Sein Wesen und Werden im Wandel der Jahrhunderte. 2. Aufl. Brünn, Prag, Leipzig und Wien, 1939, 437–471, zde 470; Prolog zur ersten Ausgabe der NSLB-Zeitschrift Der Sudetendeutsche Erzieher, ohne Angabe eines Autors. In: Der Sudetendeutsche Erzieher 1 (1939) 4; STEINER, Josef: Der „Hilf-mit!"-Wettbewerb. „Volksgemeinschaft – Schicksalsgemeinschaft" in unseren Landschulen. In: Sudetendeutsche Schule. Monatsblatt für zeitgemäße Schulgestaltung 5 (1939) 159–162, zde 159; SÜSSEMILCH, Gustav: Sudetendeutscher Grenzkampf und die geopolitische Volkserziehung. In: Der Sudetendeutsche Erzieher 2 (1939) 36–38, zde 37.

44 Die sudetendeutschen Erzieher vor neuen Aufgaben – sie wollen sie mit der bisherigen Hingabe lösen. In: Der Sudetendeutsche Erzieher 6 (1939) 136; Prolog zur ersten Ausgabe der NSLB-Zeitschrift Der Sudetendeutsche Erzieher, ohne Angabe eines Autors. In: Der Sudetendeutsche Erzieher 1 (1939) 4; STEINER, Josef: Der „Hilf-mit!"-Wettbewerb. „Volksgemeinschaft – Schicksalsgemeinschaft" in unseren Landschulen, 159; SÜSSEMILCH, Gustav: Sudetendeutscher Grenzkampf und die geopolitische Volkserziehung, 37; HERR, Arthur: Sudetendeutsches Erbe und großdeutsche Schule (Schriften zu Erziehung und Unterricht 1). Reichenberg, 1940, 8; LEMBERG, Eugen: Erzieher und Grenzlandaufgabe. In: Der Sudetendeutsche Erzieher 5 (1939) 105–106; HERZOG, Robert: Die Stellung der sudetendeutschen Lehrerschaft im Volke. In: Der Sudetendeutsche Erzieher 2 (1939) 34–36, zde 35.

mělo stát argumentem pro budování soudržnosti komunity. Tyto dva póly jsou výchozími body předkládané analýzy. V návaznosti na ně bych si rád položil následující otázky:

- Zda byl školský systém přizpůsoben říšským požadavkům a do jaké míry byly tyto úpravy v rozporu se sudetoněmeckými představami a požadavky?
- Podařilo se školské správě prosadit do výuky němčiny a dějepisu deklarovaný narativ o zvláštní roli sudetských Němců na česko-německé kulturní hranici (tzv. Grenzlanddeutsche)? Měli pro plnění této role žáci ve škole získat speciální kompetence jako např. znalost češtiny?
- Jak školská správa v Říšské župě Sudety zacházela s českou menšinou a jejími školami? Účastnila se diskusí směřujících ke germanizaci českých dětí? Zastávala rozdílný postoj oproti Berlínu?

V těchto otázkách se zároveň nejzřetelněji projevovalo přání sudetoněmecké autonomie ve školské politice.

Výzkum se v této práci v zásadě opírá o pramenný materiál z českých archivů: dokumenty vrchní školní správy v Liberci se dochovaly v dobrém stavu.[45] Rozsáhlé jsou především dokumenty opavského školského odboru,[46] oproti tomu jsou dokumenty z dalších dvou vládních obvodů – karlovarského[47] a ústeckého[48] – dochovány jen fragmentárně. Na úrovni školních rad jsou dokumenty zachovány v různé míře. Jako zvlášť informativní lze označit ty, které se týkají Litoměřic (Leitmeritz),[49] Chebu (Eger),[50] Žlutic (Luditz),[51] Vrchlabí (Hohenelbe)[52] a Opavy (Troppau).[53] Dále byly do výzkumu zahrnuty fondy Archivu bezpečnostních složek v Praze,[54] Národního archivu

---

45 Státní oblastní archiv v Litoměřicích (SOAL): Župní vedeni NSDAP; Říšské místodržitelství Liberec (ŘM).
46 Zemský archiv v Opavě (ZA Opava): Úřad vládního prezidenta Opava (RP Opava).
47 Státní oblastní archiv v Plzni, pracoviště Klášter (SOA Plzeň/Klášter): Úřad vládního prezidenta Karlovy Vary (ÚVP Karlovy Vary).
48 Státní oblastní archiv v Litoměřicích (SOAL): Úřad vládního prezidenta Ústí nad Labem (ÚVP Ústí).
49 Státní okresní archiv Litoměřice se sídlem v Lovosicích (SOkA Lovosice): Landrát Litoměřice.
50 Státní okresní archiv Cheb (SOkA Cheb): Landrát Cheb 1938–1945.
51 Státní okresní archiv Karlovy Vary (SOkA Karlovy Vary): Landrát Žlutice 1938–1945.
52 Státní okresní archiv Trutnov (SOkA Trutnov): Landrát Vrchlabí.
53 Státní okresní archiv Opava (SOkA Opava): Landrát Opava.
54 Archiv bezpečnostních složek v Praze, Ústav Ministerstva vnitra: 301 Vyšetřovací komise pro národní a lidový soud při MV.

v Praze,⁵⁵ Spolkového archivu (Bundesarchiv, sídlo v Berlíně⁵⁶ a v Bayreuthu⁵⁷), archivu knihovny Bibliothek für Bildungsgeschichtliche Forschung v Berlíně [Knihovna pro výzkum historie vzdělávání],⁵⁸ Státního okresního archivu v Děčíně⁵⁹ a Bavorského státního archivu v Mnichově.⁶⁰

Bádání o činnosti nacistické školské správy v Říšské župě Sudety není v současnosti příliš rozvinuto. K dispozici jsou práce o odlišných oblastech nacistické administrativy v Říšské župě Sudety⁶¹ (zde zejména průkopnické

---

55 Národní archiv v Praze (NA Praha): Úřad Říšského protektora (ÚŘP); Úřad Říšského protektora – archiv ministerstva vnitra 114 (ÚŘP AMV 114).

56 Bundesarchiv, Standort Berlin (BArch): NS 12 Hauptamt für Erzieher/Reichswaltung des Nationalsozialistischen Lehrerbundes; NS 19 Persönlicher Stab Reichsführer-SS; R 49 Reichskommissar für die Festigung des deutschen Volkstums; R 4901 Reichsministerium für Erziehung, Wissenschaft und Volksbildung: R 30 Reichsprotektor in Böhmen und Mähren; R 31 Kurator der deutschen wissenschaftlichen Hochschulen in Prag und Kommissar der geschlossenen tschechischen Hochschulen; R/9361 Sammlung Berlin Document Center (BDC): Personenbezogene Unterlagen der NSDAP; R 8043 Deutsche Stiftung; R43 II Reichskanzlei.

57 Bundesarchiv, Standort Bayreuth/Lastenausgleichsarchiv (OstDok): OstDok 8: Zeitgeschehen in den ostdeutschen Vertreibungsgebieten von 1939 bis 1945 (Intelligenzberichte); OstDok 21: Deutsche Verwaltung des Sudetenlandes und des Protektorats Böhmen und Mähren 1938–1945.

58 DIPF | Leibniz-Institut für Bildungsforschung und Bildungsinformation, BBF | Bibliothek für Bildungsgeschichtliche Forschung – Archiv, Berlin: Sammlungsgut (GUT SAMML).

59 Státní okresní archiv Děčín (SOkA Děčín): Landrát Děčín 1938–1945.

60 Bayerisches Hauptstaatsarchiv München (BayHStA): Sudetendeutsches Archiv (SdA): Kanzlei des Sprechers; Sudetendeutsches Archiv (SdA): Sprecherregistratur Lodgman v. Auen.

61 ANDERS, Freia Anders: Strafjustiz im Sudetengau 1938–1945 (Veröffentlichungen des Collegium Carolinum 112). München, 2008; BRAUMANDL, Wolfgang: Die Wirtschafts- und Sozialpolitik des Deutschen Reiches im Sudetenland (Veröffentlichung des Sudetendeutschen Archivs in München 20). Nürnberg, 1985; BIMAN, Stanislav: Verführt und machtlos? Der Anteil der Sudetendeutschen an der Verwaltung des Reichsgaus Sudetenland. In: GLETTLER, Monika/LIPTÁK, Ľubomír/MÍŠKOVÁ, Alena: Geteilt, besetzt, beherrscht: die Tschechoslowakei 1938–1945: Reichsgau Sudetenland, Protektorat Böhmen und Mähren, Slowakei, 1945 (Veröffentlichungen der Deutsch-Tschechischen und Deutsch-Slowakischen Historikerkommission 11). Essen, 2004, 155–83; OSTERLOH, Jörg: Nationalsozialistische Judenverfolgung im Reichsgau Sudetenland (Veröffentlichungen des Collegium Carolinum 105). München, 2006; ŠIMŮNEK, Michal/SCHULZE, Dietmar (Hg.): Die nationalsozialistische „Euthanasie" im Reichsgau Sudetenland und Protektorat Böhmen und

studie z pera Volkera Zimmermanna[62] a Ralfa Gebela[63]) nebo v Protektorátu Čechy a Morava (příkladné práce Detlefa Brandese[64] a Aleny Míškové[65]). Existuje řada prací k dějinám školství v první Československé republice (jako příklad lze uvést práce Mirka Němce,[66] Dany Kasperové[67] a Tomáše

---

Mähren 1939–1945. Červený Kostelec, 2008; RADVANOVSKÝ, Zdeněk/KURAL, Václav (Hg.): Historie okupovaného pohraničí 1938–1945. 12 svazků. Ústí nad Labem, 1998–2006; DIES.: „Sudety" pod hákovým křížem. Ústí nad Labem, 2002. PALLAS, Ladislav: České školství v severozápadních Čechách 1938–1945. In: Slezský sborník, 3/4 (1991) 181–190.

62 ZIMMERMANN, Volker: Die Sudetendeutschen im NS-Staat: Politik und Stimmung der Bevölkerung im Reichsgau Sudetenland (1938–1945). (Veröffentlichungen des Instituts für Kultur und Geschichte der Deutschen im Östlichen Europa 16). Essen, 1999. Publikace vyšla i česky: Sudetští Němci v nacistickém státě. Politika a nálada obyvatelstva v Říšské župě Sudety (1938–1945). Praha, 2001.

63 GEBEL, Ralf: „Heim ins Reich!": Konrad Henlein und der Reichsgau Sudetenland (1938–1945). (Veröffentlichungen des Collegium Carolinum 83). München, 1999. Publikace vyšla i česky: „Domů do říše": Konrád Henlein a Říšská župa Sudety (1938–1945). Praha, 2018.

64 BRANDES, Detlef: Die Tschechen unter deutschem Protektorat. Teil I. Besatzungspolitik, Kollaboration und Widerstand im Protektorat Böhmen und Mähren bis Heydrichs Tod (1939–1942). München, Wien, 1969; DERS.: Die Tschechen unter deutschem Protektorat. Teil II. Besatzungspolitik, Kollaboration und Widerstand im Protektorat Böhmen und Mähren von Heydrichs Tod bis zum Prager Aufstand (1942–1945). München und Wien 1975; DERS.: Deutsch gegen Tschechisch: NS-Sprachenpolitik als Teil der geplanten Germanisierung und ‚Umvolkung'. In: EHLERS, Klaas-Hinrich et al. (Hg.): Sprache, Gesellschaft und Nation in Ostmitteleuropa. Institutionalisierung und Alltagspraxis. Göttingen 2014, 221–246; DERS.: Die Sudetendeutschen im Krisenjahr 1938 (Veröffentlichungen des Collegium Carolinum 107). München, 2008; DERS.: „Umvolkung, Umsiedlung, rassische Bestandsaufnahme": NS-‚Volkstumspolitik' in den böhmischen Ländern (Veröffentlichungen des Collegium Carolinum 125). München, 2012. BRANDES, Detlef/MÍŠKOVÁ, Alena: Vom Osteuropa-Lehrstuhl ins Prager Rathaus: Josef Pfitzner 1901–1945. Essen, 2013.

65 MÍŠKOVÁ, Alena: Die Deutsche (Karls-)Universität vom Münchener Abkommen bis zum Ende des Zweiten Weltkrieges: Universitätsleitung und Wandel des Professorenkollegiums. Prag, 2007.

66 K tomu především: Erziehung zum Staatsbürger? Deutsche Sekundarschulen in der Tschechoslowakei 1918–1938 (Veröffentlichungen zur Kultur und Geschichte im östlichen Europa 33). Essen, 2010; Tentýž: Ve státním zájmu? Národnostní problematika ve středním školství meziválečného Československa. Červený Kostelec, Ústí nad Labem, 2020.

67 K tomu především její habilitace: Československá obec učitelská v kontextu reformy vzdělávání učitelů (ŠVSP) a reformy školy. Praha 2018. – Tatáž: Výchova a vzdělávání

Kaspera⁶⁸). Tyto práce se však školské politice v Říšské župě Sudety věnují jen okrajově. Dějinami školství v říšskoněmecké župě Sudety se jako jediná publikace zabývá sborník vydaný Theo Keilem, který obsahuje značné množství pramenného materiálu. Dále existuje monografie Josefa Karla o zemědělských školách. Vzhledem k jejich jednostrannému pohledu je třeba číst obě posledně jmenované publikace jako historické dokumenty k bádání vysídlených sudetských Němců.⁶⁹

Oblast 1: Změny ve struktuře školství

Sudetoněmecká školská správa se při zavádění říšských standardů do vlastního školského systému potýkala s problémy, které souvisely se značnou rozdílností obou systémů. Sudetoněmecký školský systém, který byl zformován ještě v habsburské monarchii a do značné míry si zachoval kontinuitu i v Československu, se od říšskoněmeckého lišil zejména dvěma typy škol: měšťanskými (Bürgerschule) a profesně zaměřenými odbornými školami (Berufsschule). Měšťanské školy, které v Německé říši vůbec neexistovaly, poskytovaly vzdělání nad rámec základních škol, jejich návštěva byla bezplatná a docházela do nich naprostá většina žákyň a žáků, mnozí z nich prošli dobrovolným devátým ročníkem.⁷⁰

židovských dětí v Protektorátu a v ghettu Terezín. Praha 2010. – Poslední kniha vyšla i německy: Erziehung und Bildung der jüdischen Kinder im Protektorat und im Ghetto Theresienstadt. Bad Heilbrunn, 2013.

68 Srov. zejm.: Výchova či politika? Úskalí německého reformně pedagogického hnutí v Československu v letech 1918–1933. Praha 2007. – A spolu s KASPEROVÁ, Dana: Německé mládežnické hnutí a spolky mládeže v ČSR v letech 1918–1933. Praha, 2016. – A jako editor: Německé a české reformě pedagogické vzdělávací a výchovné koncepty – analýza, komparace. Liberec, 2008.

69 Srov. KEIL, Theo (Hg.): Die deutsche Schule in den Sudetenländern: Form u. Inhalt d. Bildungswesens. München 1967; KARL, Josef (Hg.): Bauern, Förster, Gärtner schufen ein blühendes Land: Das sudetendeutsche Landvolk und seine Schulen: eine Dokumentation. München, 1988.

70 Eichholz vládním prezidentům v Ústí n. L., Karlových Varech a Opavě z 16. Juni 1941. SOkA Opava, Landrát Opava, kart. 237, inv. č. 394, nefoliováno; EICHHOLZ, Ludwig: Was wir Sudetendeutschen mitbrachten. In: VON KÖNIGSWALD, Harald (Hg.): Was wir mitbrachten. Eine Rückschau über Kräfte und Leistungen der Heimatvertriebenen und Flüchtlinge 1945–1955 (Schriftenreihe für d. Vertriebenenwesen 21). Troisdorf/Rheinland, 1955, 109.

Profesně zaměřené odborné školy v Československu naopak sledovaly ve větší míře odlišnou koncepci než učňovské školství v Německé říši. Profesní vzdělávání v Československu probíhalo především na odborných školách, kde se vyučovaly i všeobecné vzdělávací předměty,[71] zatímco v Německé říši se prosadilo převážně tzv. duální odborné vzdělávání se silným důrazem na praktické zaměření.[72] Říšské ministerstvo školství v Berlíně požadovalo, aby byl celý školský systém, včetně těchto dvou typů škol, reorganizován podle říšských směrnic: měšťanské školy se měly stát školami sekundárního vzdělávání, které by byly přístupné pouze vybrané skupině žákyň či žáků. Profesní odborné vzdělávání mělo být poskytováno na principu duálního vzdělávání. Sudetoněmecká školská správa však chtěla zachovat stávající školský systém. Odmítání říšskoněmeckého modelu školství nesouviselo s představou, že by sudetoněmecké školství bylo lepší než říšské, nýbrž bylo důsledkem odlišného pohledu na cíle školního vzdělávání. Sudetoněmecká školská správa upřednostňovala široké všeobecné vzdělání namísto odborného,[73] zatímco říšské ministerstvo školství chtělo dosáhnout pravého opaku: praktické vzdělání mělo mít přednost před všeobecným. Berlín nechtěl připustit žádné odchylky. A tak byla měšťanská škola, kterou do té doby navštěvovaly téměř všechny děti, i přes odpor sudetoněmecké školské správy přeměněna na elitnější školu.[74] Po složení přijímací zkoušky se na ni dostala jen asi třetina žákyň a žáků. Ostatní žačky a žáci pokračovali v docházce na základní škole.[75]

Sudetoněmecké školské správě se alespoň podařilo zajistit, aby se tato elitní škola v Říšské župě Sudety nadále nazývala „měšťanská škola" (Bürgerschule)[76] a aby také na rozdíl od zbytku Říše zůstala osvobozena od školních poplatků.[77] Nově zveřejněné osnovy této elitní školy[78] však víceméně odpovídaly

---

71 EICHHOLZ: Was wir Sudetendeutschen mitbrachten, 109.
72 NAGEL, Anne Christine: Hitlers Bildungsreformer. Das Reichsministerium für Wissenschaft, Erziehung und Volksbildung 1934–1945. Frankfurt am Main, 2012, 207–211.
73 FIEDLER, Rudolf: Bürgerschule – Hauptschule. In: Mitteilungsblatt des NSLB. Gauwaltung Sudetenland 2 (1941) 14–15.
74 Telegram Keila vládním prezidentům v Ústí nad Labem, Karlových Varech a Opavě. Liberec, 9. září 1939. SOAL, ŘM, sign. nejasná, kart. 350, fol. 1.
75 FIEDLER, Rudolf: Bürgerschule – Hauptschule. In: Mitteilungsblatt des NSLB. Gauwaltung Sudetenland 2 (1941) 14–15.
76 KEIL, Theo: Die Bürgerschule im neuen Schuljahre. In: Der Sudetendeutsche Erzieher 17 (1939) 378–380.
77 Tamtéž, 378.
78 Reichsstatthalter im Sudetengau (Hg.): Bestimmungen über Erziehung und Unterricht in der Bürgerschule. Reichenberg, 1940.

říšskoněmecké „střední škole" (Mittelschule).[79] Sudetoněmecké školské správě se ovšem dařilo v komunikaci s veřejností, zejména směrem k učitelskému sboru, šířit představu o kontinuitě úspěšného sudetoněmeckého školství. Pod tradičním názvem se ovšem skrýval nový obsah: ve skutečnosti byl zaveden říšskoněmecký typ střední školy. Ačkoli školní správa prohlašovala, že se jí podařilo udržet měšťanskou školu jako zvláštní formu německé školy,[80] neboť její tradiční roli v česko-německém konfliktu uznal i Berlín. Nicméně i název byl zachován jen dočasně, protože od roku 1941 byl na Hitlerův pokyn tento typ středních škol přeměněn na tzv. hlavní školy (Hauptschule).[81]

Zabránit nešlo ani restrukturalizaci profesního školství. Školská správa u říšského ministerstva školství marně argumentovala tím, že sudetští Němci jako „Grenzlanddeutsche" budou i nadále potřebovat profesní odborné školy, aby mohli plnit svůj tradiční úkol v celých českých zemích. Samozřejmě počítali i s tím, že budou zodpovědní za chod profesního školství v Protektorátu Čechy a Morava, kde stále existovaly nejen české, ale i německé odborné profesní školy.[82] Ani v tomto případě se však říšské ministerstvo školství nenechalo ovlivnit sudetoněmeckou argumentací. Ačkoli se kvůli válce zamýšlená reorganizace této oblasti školství téměř neuskutečnila,[83] vyučovalo se na stávajících školách stále více podle říšských předpisů a na všech profesních školách došlo k výraznému navýšení praktické části výuky.[84]

Zdali docházelo ke kontroverzím i při přizpůsobování středního školství, které bylo upraveno zcela v souladu s říšskými požadavky, nelze vzhledem k nedostatku pramenů s jistotou říci. Protože jsem však na jiných místech

---

79 PAX, Emil/RAFFAUF, Josef (Hg.): Bestimmungen über Erziehung und Unterricht in der Mittelschule. Halle, 1940.
80 KEIL, Theo: Die Bürgerschule im neuen Schuljahre. In: Der Sudetendeutsche Erzieher 17 (1939) 378-380, zde 378.
81 FIEDLER, Rudolf: Bürgerschule – Hauptschule. In: Mitteilungsblatt des NSLB. Gauwaltung Sudetenland 2 (1941) 14-15.
82 Hugo Wasgestian (polní pošta 43050) Říšskému místodržitelství o „Textilschulfrage im Sudetengau" [Otázka textilních škol v Sudetské župě]. St Q, 30. Juli 1943. SOAL, ŘM, sign. 530/1 4978, kart. 365, nefoliováno.
83 PONTZ, Peter: Die Entwicklung und das Wesen der beruflichen Schulen in den Ländern der heutigen Tschechoslowakei. In: Bohemia – Zeitschrift für Geschichte und Kultur der böhmischen Länder 5/1 (1964) 242-284, zde 269; EICHHOLZ, Ludwig: Die Neugestaltung des sudetendeutschen Schulwesens, 33-35.
84 WASGESTIAN, Hugo: Die berufsbildenden Schulen im Sudetengau seit der Befreiung. In: Der Sudetendeutsche Erzieher 15/16 (1939) 346-350.

nenalezl žádné další zmínky k této problematice, mohu předpokládat, že proces přizpůsobení probíhal spíše bez konfliktů.

Další neúspěch zaznamenala sudetoněmecká školská správa v otázce přípravy učitelů pro obecné a měšťanské školy na tradičních „učitelských ústavech" (Lehrerbildungsanstalt).[85] Ještě v Československé republice, tedy před vznikem Říšské župy Sudety, se v německých i českých učitelských spolcích vedla intenzivní diskuse o akademizaci přípravy učitelů.[86] Ta částečně probíhala i v souvislosti se zaváděním vysokých škol pro pedagogické vzdělávání, které nahrazovaly pedagogické akademie v nacistickém Německu.[87] V roce 1938 vůdčí představitelé sudetoněmeckého školství doufali, že se jim podaří implementovat akademizované vzdělávání učitelů také do Sudetské župy, k čemuž vypracovali vlastní koncepci, kterou chtěli předložit na konferenci ve Vídni v roce 1940.[88] K jejich překvapení jim však bylo oznámeno, že učitelské ústavy rakouského modelu, které dříve existovaly i v Československu, mají být zavedeny po celé Říši.[89] Ale i tento neúspěch prezentovala rozčarovaná školská správa na veřejnosti jako sudetoněmecký úspěch: Hitler prý uznal rakouskou formu vzdělávání učitelů jako nejlepší možnou, protože ta sudetoněmecká

---

85 BAIER, Herwig: Deutsche Lehrerbildung in der Ersten Tschechoslowakischen Republik: eine kommentierte Dokumentation der Verhältnisse im Land Böhmen im Jahr 1936. In: HLAWITSCHKA, Eduard (Hg.): Forschungsbeiträge der Geisteswissenschaftlichen Klasse (Schriften der Sudetendeutschen Akademie der Wissenschaften und Künste 32). München, 2012, 169–96.
86 TINKL, Walter: Die Deutsche Pestalozzi-Gesellschaft. In: KEIL, Theo (Hg.): Die deutsche Schule in den Sudetenländern: Form u. Inhalt d. Bildungswesens. München, 1967, 439–41, zde 440; KASPEROVÁ, Dana: „Und wir streben höher". Die Bemühungen der tschechischen und deutschen Lehrerschaft um die Hochschulbildung in der Zwischenkriegszeit in der Tschechoslowakei. In: HOFFMANN-OCON, Andreas/ HORLACHER, Rebekka (Hg.): Pädagogik und pädagogisches Wissen. Pedagogy and Educational Knowledge. Ambitionen in und Erwartungen an die Ausbildung von Lehrpersonen. Ambitions and Imaginations in Teacher Education. Bad Heilbrunn, 2016, 171–190; Československá obec učitelská v kontextu reformy vzdělávání učitelů (ŠVSP) a reformy školy. Praha, 2018.
87 NAGEL, Anne Christine: Hitlers Bildungsreformer. Das Reichsministerium für Wissenschaft, Erziehung und Volksbildung 1934–1945, 162–163.
88 Poznámka o rozhovoru s vedoucím župy (Gauleiter) a říšským místodržícím z 1. listopadu 1940 (pravděpodobně Preißler). SOAL, ŘM, sign. 1073/1, kart. 331, nefoliováno.
89 Štábní zpráva zástupce vůdce (podpis nečitelný), Mnichov, 19. listopad 1940. SOAL, ŘM, sign. 1073/1, kart. 361, nefoliováno.

se jí podobala. V tomto smyslu se prý mělo opět jednat o Hitlerovo uznání sudetských Němců.⁹⁰

Sudetoněmecké školské správě se tedy nepodařilo zamezit tomu, aby školství nakonec nebylo přizpůsobeno říšským směrnicím. Říšské ministerstvo školství chtělo sjednotit školský systém v celé Říši, aniž by bralo ohledy na regionální zájmy.

Ačkoli Berlín pro Říšskou župu Sudety nepovolil žádnou výjimku ze stanovených předpisů, ponechal jí možnost svébytné – avšak k režimu loajální – prezentace změn. Tvrdošíjné trvání školské správy na příběhu o úspěšném sudetoněmeckém školství bylo způsobeno tím, že v národoveckých kruzích před rokem 1938 v Československu bylo zejména školství vnímáno jako záštita německé identity při obraně proti Čechům.⁹¹

Přiznáním, že Berlín dostatečně nerespektuje sudetoněmecký národněpolitický boj o vlastní školství, by se jednak posílilo odmítání nově zavedeného typu školství a zároveň by toto školství bylo vnímáno jako cizí. Současně by takové prozření vážně poškodilo narativ údajně příkladného sudetoněmeckého školského systému. Navzdory neúspěchům při jednáních s říšskými úřady musel sudetoněmecký příběh o neustálém – ale úspěšném – boji s Čechy zůstat i nadále relevantním při prezentaci školské správy mezi pedagogy. Jednak jako pomník jejich úspěchů a dále jako možnost, jak akcentovat jejich zvláštní roli v Říši.

Oblast 2: Vyučování na sudetoněmeckých školách

I když školská správa nemohla zabránit přizpůsobení školské struktury říšským směrnicím, měli být sudetoněmecké žákyně a sudetoněmečtí žáci vychováváni ve škole alespoň tak, aby se z nich stali „Grenzlanddeutsche", tedy Němci žijící v kulturně smíšeném prostředí. Školská správa byla skutečně

---

90 Pokyn od štábního župního vedoucího (Gaustabsamtsleiter) Richarda Lammela a vedoucí župního úřadu (Gauamtsleitera) Theo Keila (NS župní úřad pro učitele [NS-Gauamt für Erzieher]) všem školním radám, vládním prezidiím a NS krajskému vedení pro učitele, Liberec, 14. prosinec 1942. SOAL, Župní vedení NSDAP, sign. I 915, kart. 28, fol. 19.

91 EICHHOLZ, Ludwig: Der Kampf um unsere Schule. In: BROSCHE, Wilfried/NAGL, Fritz (Hg.): Sudetendeutsches Jahrbuch 1938. Nach der Beschlagnahme 2. Auflage. Böhmisch-Leipa, Zwickau, 1938, 45–48, zde 47; Deutscher Lehrerbund: Vortrag von Ludwig Eichholz zur Gründung der „Sudetendeutschen Erzieherschaft", Hauptvortrag des Lehrertages in Trautenau. In: Freie Schulzeitung 27 (1938) 430; 438.

úspěšná ve své snaze vykreslit ve školách sudetoněmecký obraz nutné obrany vlastních pozic a převzetí hegemonie v jazykově smíšených oblastech. Tento sudetoněmecký hraničářský narativ se silně projevoval v učebním plánu pro měšťanské školy vydaném v roce 1940, v němž byly dějiny Němců žijících mimo bývalé hranice Říše samostatným vyučovacím předmětem. Jednalo se o jeden z mála rozdílů mezi téměř totožnými učebními plány sudetoněmeckých měšťanských škol a říšskoněmeckými středními školami.[92] Ale podobná témata se sudetoněmeckým úředníkům podařilo úspěšně prosadit i do hodin dějepisu či němčiny.

V hodinách němčiny školská správa věnovala zvláštní pozornost literárnímu žánru tzv. hraničářské literatury (Grenzlandliteratur). Nejednalo se o novinku reagující na geopolitické změny z roku 1938; historie tohoto typu literatury sahá až do druhé poloviny 19. století. Před rokem 1918 byla sudetoněmecká identita v českých zemích formována především pocitem ohrožení Němců ze strany českojazyčného obyvatelstva. Literární díla „Grenzlandliteratur" měla tento pocit mezi obyvatelstvem významně posilovat. Po roce 1918 pak hraničářská literatura svůj apel rozšířila i na Německou říši s výčitkou, že se dostatečně nestará o osud Němců za svými hranicemi.[93] Germanista Karsten Rinas v tomto kontextu tvrdí, že tato hraničářská literatura své politické poslání naplnila po anexi československého pohraničí.[94] V následujícím období měl proto zájem o tyto tituly značně opadnout a po roce 1939 tato literatura prý vycházela už jen sporadicky.

Tento literární žánr sice v celé Říši ztratil vliv, sudetoněmecká školská správa však tuto skutečnost vnímala odlišně. „Grenzlandliteratur" tematizovala zásadní motiv jejích aktivit: neboť pouze ten, jenž národnostní boj „protrpěl, může skutečně docenit, co znamená být Němcem."[95] Proto se v nově vydávaných antologiích četně objevují texty tohoto literárního žánru. Ve třech říšskoněmeckých čítankách vydávaných od roku 1940 pro obecné školy převažovaly v oddílu o Říšské župě Sudety texty, které popisovaly českoněmecké soužití v Československu jako obranný boj sudetských Němců proti

---

92 Reichsstatthalter im Sudetengau (Hg.): Bestimmungen über Erziehung und Unterricht in der Bürgerschule, 32–33.
93 RINAS, Karsten: Grenzland. In: BECHER, Peter et al. (Hg.): Handbuch der deutschen Literatur Prags und der Böhmischen Länder. Stuttgart, 2017, 307–318, zde 311.
94 Tamtéž, 311–312.
95 Tamtéž, 311. V německém originále: „durchlitten habe, könne wirklich ermessen, was es heiße, ein Deutscher zu sein."

Čechům, z něhož je měl nakonec osvobodit Adolf Hitler.[96] Nápadnou homogenitu vykazují knihy při popírání jakéhokoli pozitivního kontaktu s českou společností při poukazování na široké panorama údajného českého útlaku. Zvláštního prostoru se dostalo sudetské krizi z roku 1938, která byla v rozporu s historickou realitou líčena jako zoufalý boj sudetských Němců s Čechy. Popis překonání nadvlády bezpráví v česko-německém konfliktním společenství měl budovat kolektivní sudetoněmeckou sounáležitost. Autoři nových děl této „Grenzlandliteratur" současně propojili toto téma s ideologií nacismu, explicitně pak s osobou vůdce Adolfa Hitlera. Ten měl sudetské Němce z tohoto domnělého bezpráví osvobodit. Za to mu měla patřit vděčnost a loajalita. Přestože na středních školách nebyly zavedeny žádné nové vlastní antologie, ale pouze říšskoněmecká licenční vydání, podařilo se školské správě zařadit i sem texty hraničářské literatury: využívána byla nadále nacionalisticky orientovaná čítanka „Von deutscher Art und Kunst",[97] která vznikla ještě v Československu.[98] Do výuky němčiny na středních školách tak byla úspěšně zařazena i literatura zdůrazňující česko-německý konflikt.

Pro výuku dějepisu nestihly být ve válečném období po roce 1938 vydány téměř žádné nové učebnice. Místo toho se ve školách používala říšskoněmecká licenční vydání bez specificky sudetoněmeckých obsahů.[99] Přesto se školské správě podařilo v roce 1941 vydat sudetoněmecký školní atlas.[100] Sudetské župě bylo věnováno osm stran, včetně historických map „Germáni v Čechách a na Moravě" (Germanen in Böhmen und Mähren) a „Osídlenci na východě vytváří nový prostor" (Ostlandfahrer schaffen neuen Siedlungsraum), které byly pod titulem „Němci utvářejí sudetský prostor" (Deutsche gestalten den

---

[96] Deutsches Lesebuch für Volksschulen. Erster Band (1. und 2. Schuljahr), 3. Aufl. Reichenberg, 1942; Deutsches Lesebuch für Volksschulen. Zweiter Band (3. und 4. Schuljahr), 2. Aufl. Reichenberg, 1941; Deutsches Lesebuch für Volksschulen. Dritter Band, 1. Aufl. Reichenberg, 1942.
[97] WEPS, Karl/ESSL, Karl/PREISSLER, Gottfried (Hg.): Von deutscher Art und Kunst. Deutsches Lesebuch für deutsche Mittelschulen. 6 Bände. Reichenberg, 1934–1936; NĚMEC: Ve státním zájmu? Národnostní problematika ve středním školství meziválečného Československa. Červený Kostelec, Ústí nad Labem, 2020, 203–204.
[98] Zpráva říšského ministerstva školství (Huhnhäuser) Říšskému místodržitelství. Berlín, 22. prosince 1939. BArch, R/4901 4635, fol. 57.
[99] Posudek učebnic pro dějepis. Posuzovatel: Vládní a školní rada Sagaster. Zpráva vládního prezidia v Ústí nad Labem Říšskému místodržitelství. Ústí nad Labem, v září 1940. SOAL, ŘM, sign. 1077/2, kart. 342, nefoliováno.
[100] SÜSSEMILCH, Gustav/ZEPNICK, Karl/EGGERS, W. (Hg.): Sudetendeutscher Schulatlas. Harms einheitliches Unterrichtswerk. Reichenberg, Leipzig, 1941.

Sudetenraum) úvodní částí atlasu. Úspěšně zprostředkovávaly obraz dějin reprezentovaný národoveckými historiky, které do značné míry svým pojetím dějin ovlivnil Berthold Bretholz. Jeho (neudržitelná) hypotéza z roku 1921 předpokládala kontinuální osídlení Čech a Moravy Germány[101] a byla již v meziválečném období mezi sudetskými Němci populární.[102] Původní germánské osídlení se mělo kontinuálně udržet i po „vpádu Čechů" (Eindringen der Tschechen) až do doby německé kolonizace během středověku, takže kolonisté mohli stavět na „základech z doby markomanské" (Grundstock von der Markomannenzeit).[103] Německy mluvící obyvatelstvo tak bylo považováno za skutečné autochtonní obyvatelstvo českých zemí a Češi byli charakterizováni jako vetřelci. Tento názor byl rovněž vyjádřen v tomto sudetoněmeckém atlasu používaném na německých školách v Říšské župě Sudety.

Autorem map byl člen sudetoněmecké školské správy Gustav Süssemilch, který byl mimo jiné zodpovědný za didaktiku zeměpisu. V tiskovém orgánu nacistických pedagogů „Mitteilungsblatt des NS-Lehrerbundes" Süssemilch podrobně vysvětlil, proč byly české země v tomto atlase nazvány jako „sudetský prostor" (Sudetenraum). Ten měl zahrnovat celé Čechy a Moravu jako oblast: „s níž se musíme i nadále osudově vypořádat. Náš prvořadý civilizační úkol musí být každému dítěti opakovaně jasně vysvětlován a vtlučen do hlavy." Tento civilizační úkol vysvětlil Süssemilch tím, že Slované, pokud chtějí dosáhnout spojení s evropskou kulturou, budou potřebovat pomoc německé civilizační síly.[104] Přejmenování historických zemí Čech a Moravy na „sudetský prostor" bylo příznačné, protože k národovecké sebeidentifikaci „sudetských Němců" přibyl i specifický teritoriální termín, který legitimizoval jejich nadvládu. Přitom jim tato terminologie přiznávala faktickou územní nadřazenost i v Protektorátu Čechy a Morava.

Podobné sudetoněmecké dodatky u říšského ministerstva školství nevyvolávaly nesouhlas, neboť tyto učební obsahy byly výrazem loajality a věčných díků Adolfu Hitlerovi. Sudetoněmecké učební obsahy tedy nezpochybňovaly

---

101 BRETHOLZ, Berthold: Geschichte Böhmens und Mährens. Sv. 1. Reichenberg, 1921, 29–33.
102 BUDŇÁK, Jan/HORŇÁČEK, Milan: Das Bild der Deutschen. In: BECHER, Peter et al. (Hg.): Handbuch der deutschen Literatur Prags und der Böhmischen Länder. Stuttgart, 2017, 273–283, zde 282.
103 Tamtéž.
104 SÜSSEMILCH, Gustav/ZEPNICK, Karl: Erläuterungen zum neu erschienenen Sudetendeutschen Schulatlas. Von den Bearbeitern des Heimatteils. In: Mitteilungsblatt der NSLB. Gauwaltung Sudetenland 9 (1941) 89–93, zde 90.

nacistickou nadvládu ani její struktury, ale dokonce ji podporovaly. To jasně dokazuje, že Berlín zprostředkování regionálních identit ve vyučování připouštěl jen tehdy, pokud se tak dělo v souladu s nacistickou ideologií.

Sepětí hrdinství sudetských Němců v národnostním boji a nacismu se promítlo i do nově zavedeného památného dnu. Každoročně se mělo na školách 22. dubna slavnostně vzpomínat na učitele a přesvědčeného nacistu Petera Donnhäusera, který přišel za nevyjasněných okolností v roce 1933 o život.[105] Jeho smrt byla prezentována jako oběť sudetoněmeckého boje za svobodu, ale Donnhäuser byl oslavován i jako bojovník za nacistickou ideologii, která zachránila sudetské Němce.[106]

Jestliže se žákyně a žáci měli v hodinách němčiny a dějepisu seznámit se svým zvláštním postavením v Německé říši, v hodinách češtiny pak měli získat takové jazykové kompetence, díky kterým mohli přidělenou roli splnit. Čeština nemusela být po roce 1938 zaváděna jako nový školní předmět, neboť tradice její výuky na německojazyčných školách Československa sahala až na počátek 20. let (zejména od roku 1923).[107] Avšak po vzniku Říšské župy Sudety v roce 1938 byla výuka češtiny okamžitě masivně omezena.[108] Místo toho se měla začít vyučovat angličtina.[109] Rozvoj výuky angličtiny spolu se souběžným útlumem výuky češtiny však školské správě připravil personální problémy plynoucí z velkého nedostatku učitelů angličtiny.[110] Ještě během plánování této úpravy, nejpozději však se vznikem Protektorátu Čechy a Morava, změnila školská správa názor. Nyní vehementně požadovala, aby se ve výuce češtiny pokračovalo, neboť jen s dostatečnou znalostí češtiny budou sudetští Němci moci plnit svůj úkol a ovládnout celý prostor českých zemí (tedy i Protektorát).[111] V důsledku toho

---

105 HERZOG, Robert: Peter Donnhäuser – ein Grenzlandkämpfer. In: Der Sudetendeutsche Erzieher 5 (1939) 102–104.
106 URBAHN, Anneliese: Peter Donnhäuser: Heimatabend. Reichenberg, 1943, 4–7.
107 Srov. NĚMEC: Erziehung zum Staatsbürger?, 222–224.
108 Tschechisch-Unterricht. Reichenberg, 14. November 1938. Aktenzeichen I K – VIII 50/38. In: Amtliches Schulblatt für den Sudetengau 1 (1938) 4–5; Zpráva Říšského místodržitelství (Preissler) říšskému ministerstvu školství. Liberec, 2. června 1939. BArch, R 4901/4634, fol. 22.
109 Lehrplan für die 5. bis 8. Klasse der Volksschule für das Schuljahr 1939/40. Reichenberg, 27. September 1939. Aktenzeichen I K 1 Nr. 3828/39. In: Amtliches Schulblatt für den Reichsgau Sudetenland 21 (1939) 318–322, zde 321–322.
110 Srov. KEIL, Theo: Die Bürgerschule im neuen Schuljahre. In: Der Sudetendeutsche Erzieher 17 (1939) 378–380, zde 380.
111 Opis zprávy Říšského místodržícího v Sudetské župě z 11. prosince 1939. č. akt. I c 1–1613/39 (Autor neznámý). Věc: Výuka češtiny na základních, měšťanských a na

byla od podzimu 1939 výuka čeština, především na měšťanských školách, opět povolena.[112] Touto změnou byl zaskočen vládní prezident v Opavě Friedrich Zippelius, který chtěl výuku češtiny za každou cenu zrušit.[113] Nicméně se klonil ke kompromisu: v oblastech, kde místní zodpovědné orgány by byly pro výuku češtiny, měl tento školní předmět na školách zůstat. Kvůli tomu mělo být provedeno hlasování mezi tamními nacistickými funkcionáři,[114] které se uskutečnilo na jaře 1942.[115] Výsledek Zippelia musel zklamat: drtivá většina dotázaných[116] se vyslovila pro pokračování výuky českého jazyka.[117] Převládajícím argumentem bylo, že sudetoněmecké obyvatelstvo je vzhledem ke svým zkušenostem z národnostního boje předurčeno k tomu, aby v budoucnosti ovládlo celý prostor Čech a Moravy. S ohledem na tento cíl se měly děti učit česky.[118] Čeština měla být navíc důležitým komunikačním jazykem ve styku s ostatními slovanskými národy. Sudetoněmečtí žáci díky této jazykové kompetenci měli získat kvalifikaci umožňující plnění dalších úkolů v okupované východní Evropě.[119] Zde se mohli například usadit jako „vojensky vycvičení a ozbrojení sedláci" (Wehrbauern).[120] Právě tato druhá část argumentace, akcentující osídlení a správu

---

odborných školách. Odkaz: Výnos z 13. listopadu 1939. BArch, R/4901 6779, fol. 7.; Zpráva Preisslera říšskému ministerstva školství, Liberec, 4. června 1940. BArch, R/4901 4635, 238–240.

112 Časová dotace a učební plán pro 1. třídu (5. postupný ročník) měšťanské školy. Reichenberg, 26. října 1939. č. spisu I K 1 Nr. 3994/39. In: Amtliches Schulblatt für den Reichsgau Sudetenland 23 (1939) 347–349; Zpráva Preisslera říšskému ministerstva školství. Reichenberg, 2. června 1939. BArch, R 4901/4634, fol. 22.

113 Poznámka vládnímu prezidiu Opava (Autor neznámý), Opava, 30. září 1941. ZA Opava, RP Opava, inv. č. 3549, kart. 3549, nefoliováno.

114 Tamtéž.

115 Zpráva Konrada Henleina redakci Amtliches Schulblatt, Liberec, 18. března 1942. ZA Opava, RP Opava, inv. č. 3549, kart. 3549, nefoliováno.

116 Přišlé hlasy možno nalézt: ZA Opava, RP Opava, inv. č. 3566, kart. 3566, nefoliováno.

117 Zpráva vládního prezidenta Opavy říšskému místodržiteli v Sudetské župě, Opava, 23. červen 1942. SOAL, ŘM, inv. č. 1076/0, kart. 341, nefoliováno.

118 Výsledky hlasování k nahlédnutí v: ZA Opava, RP Opava, inv. č. 3566, kart. 3566, nefoliováno.

119 Zpráva okresního vedoucího NSDAP v Jeseníku Jaroschka okresnímu školskému úřadu v Jeseníku. Freiwaldau, 18. květen 1942. ZA Opava, RP Opava, inv. č. 3566, kart. 3566, nefoliováno.

120 Zpráva okresního školského úřadu v Králíkách Dokoupila vládnímu prezidentovi v Opavě, Grulich, 19. května 1942. ZA Opava, RP Opava, inv. č. 3566, kart. 3566, nefoliováno.

okupovaných území na východě Evropy, přesvědčila i říšské ministerstvo školství. V Říšské župě Sudety tak bylo povoleno vyučování českého jazyka, zejména na měšťanských školách: ve vládním obvodu Opava se ve školním roce 1942/1943 vyučovalo česky na 59 hlavních školách z celkového počtu 92 (tyto školy se do svého přejmenování v roce 1941 nazývaly školami měšťanskými).[121]

Argumentace školské správy, aby se čeština učila jako nástroj umožňující nadvládu, ale ne jako jazyk umožňující vzájemné poznávání a setkávání, se odrážela i v jediné vydané učebnici češtiny pro začátečníky na nižším stupni hlavních škol.[122] Jejím cílem byla výuka výhradně praktických jazykových dovedností, zcela opomíjena byla tedy česká kultura a všední život sousedního národa. Rodiče a žáky však nepřesvědčil ani jeden z obou argumentů pro výuku češtiny – ať už čeština jako úkol pro „Grenzlanddeutsche" či jako nástroj umožňující nadvládu v českých zemích – a její výuku odmítali.[123] Zdá se tedy, že většina rodičů se neztotožnila se zvláštním posláním, které vyplývalo z jejich geostrategického postavení jako „Grenzlanddeutsche".

Nezájem rodičů byl pravděpodobně ovlivněn i politikou vůči české menšině v Sudetské župě. Ta byla vystavena tvrdým represím, český společenský život přestal existovat a čeština byla systematicky vytlačována z veřejného prostoru.[124] Potlačováním češtiny a represemi vůči české menšině na jedné straně a deklarovanými cíli výuky češtiny pro sudetoněmecké žáky na straně druhé vznikl argumentační rozpor, který se v praxi nepodařilo vyřešit. Výuka českého jazyka proto dosáhla jen velmi omezeného úspěchu a dostalo se jí označení problémového školního předmětu.[125] Aby žáci na těchto školách se

---

121 Zpráva školského odboru vládního prezidenta v Opavě (Tannert) Říšskému místodržitelství. Opava, 3. září 1942. SOAL, ŘM, inv. č. 1076/0, kart. 341, nefoliováno.
122 WILLINGER, Josef/WILLINGER, Hans/BERGMANN, Edmund: Tschechisch für Hauptschulen. (Band 1) Reichenberg, 1943.
123 Zpráva vládního prezidia (Tannert) v Opavě Říšskému místodržitelství, Opava, 24. května 1943. ZA Opava, RP Opava, inv. č. 848, kart. 3550, nefoliováno.; Návrh zprávy Říšského místodržitelství v Sudetské župě říšskému ministerstvu školství. (Keil, Fiedler), Liberec, v červenci 1943 (přesné datum nečitelné). SOAL, ŘM, inv. č. 1076/0, kart. 341, nefoliováno.
124 ZIMMERMANN: Die Sudetendeutschen im NS-Staat, 279–338; GEBEL: „Heim ins Reich!" 275–352; BRANDES: „Umvolkung, Umsiedlung, rassische Bestandsaufnahme", 39–40.
125 Zpráva vládní a školské rady (Tannert) vládní prezidium v Opavě Říšskému místodržitelství, Opava, 18. července 1942. ZA Opava, RP Opava, inv. č. 3532, kart. 3532, nefoliováno.

svou slabou znalostí češtiny u závěrečných zkoušek vůbec uspěli, musely být reálné požadavky sníženy hluboko pod deklarované nároky učebních osnov.[126]

Oblast 3: Zacházení s českým obyvatelstvem

Podle sčítání obyvatel ze 17. května 1939 žilo v Říšské župě Sudety nerovnoměrně roztroušeno 291 198 Čechů: přibližně 160 000 z nich žilo ve vládním obvodu Opava na východě říšské župy, a tvořilo tak asi 20 % z celkového počtu obyvatel. Věnovali se převážně zemědělství. Dalších přibližně 110 000 Čechů žilo ve vládním obvodu Ústí nad Labem, kde byli z velké části zaměstnáni jako dělníci v průmyslových oblastech na severozápadě Čech. V nejzápadnějším vládním obvodu Karlovy Vary žila česká menšina v počtu asi 15 000 osob.[127] Celkově se předpokládá, že se v tomto sčítání přihlásilo k české národnosti přibližně 290 000 osob, avšak tento údaj nemusel zaznamenat všechny příslušníky české menšiny. Je velmi pravděpodobné, že jejich celkový počet byl vyšší. Českou menšinu tak mohlo tvořit až kolem 400 000 osob.[128]

Sudetoněmečtí úředníci v oblasti školství se považovali za obzvláště povolané pro jednání s českým obyvatelstvem. Své schopnosti odůvodňovali zkušenostmi nabytými společným soužitím před rokem 1938, což jim mělo umožnit poznat český národ obzvlášť dobře a mělo jim pomoci při ovládnutí celého území českých zemí.[129] Přitom jim nešlo o pouhé vytyčení hranic mezi Čechy a Němci, ale spíše chtěli dosáhnout úplné germanizace Říšské župy Sudety.

---

126 Vládní prezident Ústí nad Labem, Nařízení z 3. června 1941. SOkA Lovosice, sign. Kult I, kart. 671, nefoliováno; Vládní prezident pro vedení šestitřídní hlavní školy I v Opavě. Opava, 29. května 1942. ZA Opava, RP Opava, inv. č. 3565, kart. 3565, fol. 392.

127 Srov. Výsledky sčítání obyvatelstva, Cit. dle: BOHMANN, Alfred: Das Sudetendeutschtum in Zahlen. München, 1959, 125 a 134; též: GEBEL: „Heim ins Reich!" 275–277, a ZIMMERMANN: Die Sudetendeutschen im NS-Staat, 279–281.

128 Srov. GEBEL: „Heim ins Reich!" 278; HABEL, Fritz Peter: Eine politische Legende: Die Massenvertreibung von Tschechen aus dem Sudetengebiet 1938/39. München, 1996, 83; BARTOŠ, Josef: Okupované pohraničí a české obyvatelstvo 1938–1945, 71.

129 Zpráva Eichholze ministerstvu zahraničí ohledně českých škol v sudetoněmeckých oblastech. Liberec, 13. února 1939. BArch, R 8043/970 České školy v Sudetech, fol. 86–88.

Omezování českého školství

První aktivity německé školské správy vůči české menšině směřovaly k omezení českého školství. Školská správa přitom razila tvrdý postoj. Bezprostředně po vzniku Říšské župy Sudety na podzim 1938 byly uzavřeny všechny české střední[130] a profesní odborné školy.[131] V důsledku toho museli jejich žáci navštěvovat české měšťanské školy nebo přejít na německé střední školy či odborná učiliště. Když v roce 1940 mnozí čeští žáci dosáhli lepších výsledků u učňovských zkoušek než žáci němečtí,[132] začal vedoucí odboru pro profesní vzdělávání školské správy Otto Wasgestian bít na poplach. Podle něho se měli stát „kvalifikovanými dělníky, pomocníky, mistry" pouze Němci, zatímco Čechům měla být povolena pouze nekvalifikovaná povolání.[133] Tento názor zastávaly i úřady práce, hospodářská sdružení a další nacistické organizace.[134] V důsledku toho bylo od poloviny června 1940 téměř úplně zakázáno přijímání českých žáků na německé odborné školy a učiliště.[135] Ani zbývající české měšťanské školy nesměly od začátku školního roku 1940/1941 přijímat nové žáky. Tento typ škol měl být postupně zrušen.[136] Do té doby mohli jednotliví

---

130 Zpráva Henleina Zippeliovi, Liberec, 12. prosince 1938. ZA Opava, Fond RP Opava, inv. č. 1437, nefoliováno.
131 Nařízení o předběžném regulaci učňovského školství v Říšské župě Sudety a v říšských župách Východní marky (Ostmark) z 31. května 1940 a nařízení o zavedení říšského zákona o povinné školní docházce v Říšské župě Sudety z 24. června 1940. Opis jedné zprávy Vogelera říšskému ministerstvu školství. Zpravodaj: Oberregierungs- und –gewerbeschulrat Dipl. Ing. Wasgestian. Reichenberg, 20. srpna 1940. ZA Opava, Fond RP Opava, inv. č. 1437, fol. 38–41.
132 WASGESTIAN, Hugo: Profesní vzdělání německých a neněmeckých dětí v hospodářské oblasti. Národněpolitická studie ze Sudetské župy. Datum a místo neznáme, pravděpodobně podzim 1940. ZA Opava, Fond RP Opava, inv. č. 1437, fol. 55–58.
133 Tamtéž, fol. 55R.
134 Nařízení o předběžném regulaci učňovského školství v Říšské župě Sudety a v říšských župách Východní marky (Ostmark) z 31. května 1940 a nařízení o zavedení říšského zákona o povinné školní docházce v Říšské župě Sudety z 24. června 1940. Opis jedné zprávy Vogelera říšskému ministerstvu školství. Zpravodaj: Oberregierungs- und –gewerbeschulrat Dipl. Ing. Wasgestian. Reichenberg, 20. srpna 1940. ZA Opava, Fond RP Opava, inv. č. 1437, fol. 38–41.
135 Zpráva vládního prezidia Opava (Ref. II A) vedení odborných škol v okresu z 21. června. 1940. ZA, ÚVP Opava, inv. č. 1437.
136 Zpráva Vogelera vládnímu presidentovi z Opavy. Liberec, 9. května 1940. ZA Opava, Fond RP Opava, inv. č. 1437, nefoliováno.

čeští žáci navštěvovat německé střední školy, ale i přístup do nich jim byl ještě více omezen.[137] Od roku 1940 tak české školství v Říšské župě Sudety sestávalo pouze z obecných škol. Navíc ve vládním obvodu Ústí nad Labem byly i tyto z větší části uzavřeny, a to navzdory námitkám nadřízeného školského úřadu v Liberci. Tamní vládní prezident Hans Krebs je odmítal s poukazem na to, že by českému obyvatelstvu pomáhaly uchytit se v této oblasti. Místo toho se Češi museli vzdělávat ve zvláštních třídách německých škol. Mnohé budovy českých škol v župě tak zůstaly prázdné a hledalo se pro ně jiné využití. Ve vládním obvodu Opava bylo 113 školních budov využito pro činnost jiných organizací či státních institucí, z toho 24 německých škol.[138] Jedním z důvodů pro zachování českého elementárního školství, s výjimkou vládního obvodu Ústí nad Labem, byla snaha sudetoněmeckých úřadů oddělit české obyvatelstvo od německého. Další pohnutkou bylo úsilí vychovávat české žáky k podřízenosti a loajalitě vůči Německé říši, jak to stanovily nově vydané osnovy pro české elementární školy.[139] Navzdory vysokému počtu hodin němčiny nepanovaly příliš vysoké nároky na ovládnutí tohoto jazyka. To mělo znemožnit jak kariérní postup, tak i sociální integraci v rámci většinové německojazyčné společnosti. Hodiny dějepisu zprostředkovávaly pomocí historických argumentů ideologii nadřazenosti Němců nad Čechy. Aby bylo zajištěno, že se podle těchto osnov v českých obecných školách vyučuje, měly být řízeny německým vedením. Kvůli nedostatku učitelů ve válečném období však tento plán ztroskotal. Dokonce si školská správa stěžovala na některé německé ředitele českých škol pro jejich duševní nezpůsobilost při této činnosti.[140] Pokud možno měli být i učitelé Němci, avšak kvůli rostoucímu nedostatku učitelů nemohl být ani tento záměr uskutečněn. V případě, že byli čeští učitelé posouzeni jako politicky spolehliví, mohli být proto i nadále zaměstnáni.[141]

---

137 Zpráva Vogelera říšskému ministerstvu školství. (zpravodaj dr. Eichholz). Liberec, 5. července 1940. BArch, R 4901/4638, fol. 17.
138 Soupis bývalých českých školních budov ve vládním obvodu Opava. Autor: Oddělení II A 3 v úřadu vládního prezidenta z Opavy. Datum neznámé, pravděpodobně 1939. ZA Opava, Fond RP Opava, inv. č. 3572, fol. 886.
139 Učební plán a učební osnovy pro obecné školy s českým vyučovacím jazykem. Místo, datum a autor neznámé, titulní strana učebního plánu. SOAL, ŘM, sign. 1076/0, kart. 341, nefoliováno.
140 Cestovní zpráva ministeriální rada Pax (REM). Opis k E IIA a (C 28 II b Sud) 5/44. Berlín, 15. června 1944. BArch, R 4901/12836, České školy, nefoliováno.
141 Zpráva Eichholze ministerstvu zahraničních věcí ohledně českých škol v sudetoněmeckých oblastech. Liberec, 13. února 1939. BArch, R 8043/970 České školy v Sudetech, fol. 88–89.

Průběh války nakonec přiměl personálně zmenšenou školskou správu, aby upustila od další regulace českého školství. Situace ve školství se však neuklidnila, represe v průběhu války výrazně zesílily. Mnoho českých pedagogů bylo zatčeno gestapem. V hospitačních zprávách se uvádí, že se učitelé opravdu obávají školní inspekce.[142] V průběhu války se dramaticky prohluboval nedostatek kvalifikovaných dělníků, což přimělo školskou správu, aby na jaře 1941 přece jen umožnila českým žákům profesní vzdělávání. Jelikož již neexistovaly české odborné školy ani učiliště, museli navštěvovat školy německé, kde pro ně byly zřízeny paralelní třídy.[143] Mnozí z těchto žáků a žákyň pak byli nasazeni na nucené práce po celé Říši.[144]

Školská správa bez skrupulí přisuzovala Čechům podřadné postavení v Říšské župě i vůči Němcům obecně. Avšak i sami sudetští Němci se stali předmětem negativního rasově motivovaného hodnocení ze strany říšských Němců.[145] Německé učebnice uváděly tzv. sudetskou rasu (sudetische Rasse), která byla ztotožněna se sudetskými Němci a byla charakterizována jako podřadná. Po sudetoněmeckých protestech se říšské ministerstvo školství rozhodlo tyto pasáže z dalších vydání učebnic odstranit,[146] nicméně žádná opravená vydání už kvůli válce nevyšla.

---

142 Cestovní zpráva ministeriální rada Pax (REM). Opis k E IIA a (C 28 II b Sud) 5/44. Berlín, 15. června 1944. BArch, R 4901/12836 České školy v Sudetech, nefoliováno.
143 Jednání o školství vládního prezidenta v Opavě (odd. II A) před státním tajemníkem Pfundtnerem při jeho návštěvě v Opavě. Školská správa Opava (Kieseler), Opava, 15. května 1941. ZA Opava, Fond RP Opava, inv. č. 3572, fol. 1250.
144 Kokoška, Stanislav: Zwangsarbeit der tschechischen Bevölkerung in den Jahren des Zweiten Weltkriegs (historische Einleitung). In: Kokošková Zdenka (Hg.): Pracovali pro Třetí říši: nucené pracovní nasazení českého obyvatelstva Protektorátu Čechy a Morava pro válečné hospodářství Třetí říše (1939–1945): edice dokumentů. Praha, 2011, 25–33; zde 32–33. Odkaz v citátu na: Jelínek, Tomáš: Nucená práce v nacionálním socialismu. In: Kolektiv pracovníků Kanceláře pro oběti nacismu (Hg.): „Nepřichází-li práce k Tobě...": různé podoby nucené práce ve studiích a dokumentech. „Kommt die Arbeit nicht zu Dir..." Verschiedene Formen der Zwangsarbeit in Studien und Dokumenten. Praha, 2003, 16–32, zde 30–32.
145 Jörns, Emil/Schwab, Julius: Rassenhygienische Fibel. Berlin, 1942, 129; Sinn, Karl Alexander: Kurzer Abriß einer Reichskunde, bearbeitet von Alfred Tews-Prag mit 17 Übersichten und Schaubildern. 3. Aufl. Unveränderter Nachdruck der 11. Auflage von Sinns Staatsbürgerkunde. Leipzig, Berlin 1941, 58; Sinn, Karl Alexander/ Tews, Alexander: Kurzer Abriß einer Staatsbürgerkunde. 14. Aufl. Unveränderter Nachdruck der 11. ergänzten Auflage. Leipzig, Berlin, 1940, 53.
146 Opis zprávy úřadu Rassenpolitisches Amt der NSDAP říšskému ministerstvu školství (Berlín, 16. června 1942) k předání úřadu Reichsstelle für das Schul- und Unterrichtsschrifttum, Berlín, 31. července 1942. BArch, R 4901/6775, fol. 261–261R.

Je nepochybné, že školské správě nešlo o blaho českých žáků. Školská správa v souvislosti s nimi sledovala nepřetržitě dva cíle: zaprvé jak by mohli být později co nejužitečnější pro německou nadvládu, a zadruhé jak je nejlépe oddělit od sudetských Němců. Snižování úrovně školního vzdělávání pro českou populaci tyto cíle naplňovalo. Následkem bylo i zlepšení profesních možností sudetských Němců, například na trhu vzdělávání.

Sudetoněmečtí funkcionáři rozhodovali samostatně a bez konzultace s říšským ministerstvem školství. Masivní omezení českého školství, o němž rozhodla sudetoněmecká školská správa, zjevně odpovídalo představám Berlína.

Kontroverze spojené s „poněmčením" českého žactva

Zatímco redukci českého školství školská správa prováděla sice samostatně, avšak v souladu se zájmy říšského vedení, jako sporná se ukázala jiná oblast, která pro ni byla důležitá. Jednalo se o diskusi o „poněmčení" českých dětí: zda vůbec mohou být poněmčeny a o které děti by se mělo jednat. Školská správa si zakládala na segregaci Čechů a byla zásadně proti jakýmkoli pokusům o poněmčení českých dětí jejich zařazením do německých škol.[147] Školskou správu v tomto názoru podporoval Franz Künzel, sudetský Němec, který vedl speciálně pro něj zřízený úřad tzv. Župní pohraniční úřad („Gaugrenzlandamt", později přejmenován na „Župní úřad pro národnostní otázky"), jenž měl koordinovat zacházení s českou menšinou.[148]

Po kontroverzní diskusi se školská správa a Župní pohraniční úřad na sklonku roku 1939 konečně dohodly, že alespoň malý počet českých dětí bude zapsán do německých škol, aby mohl být následně poněmčen.[149] Mělo se to týkat dětí, které podle jejich názoru vykazovaly sklony k „němectví" (Deutschtum). Hlavní kritéria výběru byla stanovena následovně: jejich dosavadní

---

147 Zpráva Eichholze ministerstvu zahraičních věcí ohledně českých škol v sudetoněmeckých oblastech. Liberec, 13. února 1939. BArch, R 8043/970 České školy v Sudetech, fol. 86–88.

148 Zimmermann: Die Sudetendeutschen im NS-Staat 286, 291–292; Volkspolitische Terminologie. Geheime Weisung des Gaugrenzlandamtes Nr. 8/41g. Gablonz, 10. Juni 1941. Autoren: Gaustabsamtsleiter Richard Lammel sowie der Leiter des Gaugrenzlandamtes Franz Künzel. SOA Trutnov, Landrat Vrchlabí, inv. č. 64, kart. 555, nefoliováno.

149 Nařízení Friedricha Zippelia z 13. prosince 1939, II A 8/39. Zpráva Zippelia (vládní prezident v Opavě) okresním školním úřadům a zemským radám ve vládní oblasti. Opava, 4. června 1940. ZA Opava, RP Opava, sign. IIA, kart. 3547, nefoliováno.

Kontroverze spojené s "poněmčením" českého žactva 531

znalost němčiny, počet německých předků a zejména chování českých rodičů před rokem 1938. Rasová kritéria byla zmíněna jen okrajově.[150] Konečné rozhodnutí v této věci bylo přenecháno místním orgánům. O tom, které české děti budou přijaty do německých škol, měli rozhodovat ředitelé německých škol a vedoucí místních skupin NSDAP. Odpovědným osobám nebyla sdělena konkrétní rasová a národnostní kritéria, pouze jim bylo naznačeno, že přijímání má být přísně kontrolováno.[151] Skutečnost, že ředitelé škol a školní rady získali takovou rozhodovací pravomoc, lze chápat také jako projev důvěry ze stran školské správy v jejich místní znalosti.

Vše se však odehrálo jinak, než vedení škol zamýšlelo. Vzhledem k tomu, že byl samotný výběr přenesen na místní orgány, byl počet českých žáků zapsaných do německých škol vyšší, než si školská správa přála.[152] Důvodem byly pravděpodobně osobní známosti výběrových komisí s rodinami přihlášených českých dětí, možná ale i předpoklad, že zařazením českých dětí do německých škol se v konečném důsledku oslabí místní česká komunita. Skutečně tedy byl do německých škol zapsán poměrně vysoký počet českých žáků. V květnu 1941 navštěvovalo ve vládním obvodu Opava české obecné školy asi 20 000 českých žáků, ale dalších asi 2 000 českých žáků navštěvovalo německé obecné školy.[153]

Zatímco později se sudetoněmecká školská správa snažila dalšími restrikcemi[154] a také vyloučením[155] ze škol držet počet českých žáků na německých školách na co nejnižší úrovni, prosadil se v německé správě sousedního

---

150 Zpráva vládního prezidenta v Ústí n. L. ředitelům škol a školním radám, Aussig, 11. ledna 1940. SOAL, ŘM, sign. Ic 10/100/2, kart. 320, nefoliováno.
151 Návrh zprávy týkající se návštěvy škol dětmi z národnostně smíšených manželství. Příloha ke zprávě Úřadu Sudetské župy (Dr. Fischer) vedoucímu župního úřadu pro učitele (Eichholz). Reichenberg, 22. listopadu 1939. SOAL, ŘM, sign. nejasná, kart. 343, nefoliováno.
152 Zpráva Zippelia (vládní prezident v Opavě) okresním školním úřadům a zemským radám ve vládní oblasti. Opava, 4. června 1940. ZA Opava, RP Opava, sign. IIA, kart. 3547, nefoliováno.
153 Jednání o školství vládního prezidenta v Opavě (odd. II A) před státním tajemníkem Pfundtnerem při jeho návštěvě v Opavě. Školská správa v Opavě (Kieseler), Troppau, 15. května 1941. ZA Opava, Fond RP Opava, inv. č. 3572, fol. 1252.
154 Zpráva vládního prezidenta v Opavě (Kieseler) okresní školním úřadům ve vládním obvodu Opava a tamnímu školskému úřadu. Troppau, 21. srpna 1941. SOkA Opava, Landrát Opava, kart. 227, inv. č. 397, fol. 208.
155 Zpráva Zippelia (vládní prezident v Opavě) okresním školním úřadům a zemským radám ve vládní oblasti. Opava, 4. června 1940. ZA Opava, RP Opava, sign. IIA, kart. 3547, nefoliováno.

Protektorátu Čechy a Morava a v kruzích SS jiný koncept. V něm se počítalo s germanizací národa prostřednictvím „rasové" selekce.[156] Na rozdíl od sudetoněmeckých funkcionářů předpokládal například vedoucí skupiny pro zdravotnictví v Úřadu říšského protektora Fritz Plato, že „mohutné proudy německého genového dědictví [...] darovaly Čechům nordický „rasový základ" (Rassegut)", a proto by mělo být v německém zájmu, „tyto proudy dobré německé krve pro německý národ znovu získat".[157] Proto by se mělo velké množství Čechů poněmčit.[158] Prosazována tak byla koncepce germanizace prostoru prostřednictvím částečné germanizace českého obyvatelstva na základě rasových kritérií – včetně vyhánění a vyvražďování těch, kteří těmto kategoriím nevyhovovali.[159] Až do roku 1941 byl tento koncept v Říšské župě Sudety jen málo relevantní. Změna nastala v okamžiku, kdy se Reinhard Heydrich ujal v Praze vlády a u Hitlera prosadil, že „výnosem k upevnění německé národnosti" (Erlass zur Festigung deutschen Volkstums) byly kompetence v otázce germanizace v Protektorátu přeneseny na něj a jemu podřízené osoby.[160] Sudetoněmecká školská správa i Župní pohraniční úřad však zastávaly na možné poněmčení jiný názor a chtěly se proti tomuto posílení moci v Protektorátu postavit. Požadovaly, aby jen oni sami jako „Grenzlanddeutsche" mohli posoudit, kdo z Čechů by měl být poněmčen a kdo ne.[161] V roce 1942 však školská správa ztratila v procesu germanizace veškerý vliv. V důsledku toho byl Župní pohraniční úřad rozpuštěn[162] a školská správa musela přijmout představy SS. Jejich zkušenostem jako „Grenzlanddeutsche" nebyl přikládán

---

156 Srov. ZIMMERMANN: Die Sudetendeutschen im NS-Staat, 290.
157 Srov. ŠIMŮNEK, Michal: Ein neues Fach. Die Erb- und Rassenhygiene an der Medizinischen Fakultät der Deutschen Karls-Universität in Prag 1939–1945. In: KOSTLÁN, Antonín (Hg.): Wissenschaft in den böhmischen Ländern 1939–1945 (Práce z dějin vědy 9). Praha, 2004, 190–316, zde 196, cit dle: BRANDES, Detlef: „Umvolkung, Umsiedlung, rassische Bestandsaufnahme": NS-"Volkstumspolitik" in den böhmischen Ländern, 194.
158 Srov. ZIMMERMANN: Die Sudetendeutschen im NS-Staat, 293.
159 Srov. GEBEL: „Heim ins Reich!", 300–305.
160 Srov. BRANDES: „Umvolkung, Umsiedlung, rassische Bestandsaufnahme", 184.
161 Zpráva Spojovací úřadovny NSDAP při Úřadu říšského protektora, Hlavní pobočka III, vedení Spojovací úřadovny při Úřadu říšského protektora v Čechách a na Moravě. Autor neznámý, Praha, 13. února 1942. BArch, NS 19/2375 Künzel 1942, nefoliováno, s. 2 dokumentu.
162 Srov. HEINEMANN, Isabel: „Rasse, Siedlung, deutsches Blut": das Rasse- und Siedlungshauptamt der SS und die rassenpolitische Neuordnung Europas. Göttingen, 2003, 177.

žádný význam. Školská správa tak ztratila rozhodující moc v této otázce – dokonce nebyla dále informována o výběru dětí, které měly být poněmčeny.[163] Odpovědným úřadem v této otázce byl nyní „Hlavní úřad SS pro národnostní otázky" (SS-Hauptamt für Volkstumsfragen),[164] který byl podřízen „Hlavnímu úřadu SS pro rasové a osídlovací otázky" (Rasse- und Siedlungshauptamt der SS). Tím se „rasová" kritéria stala rozhodujícími kritérii výběru.[165] Hned na počátku školního roku 1942/1943 je jako novou kategorii pro přezkoušení tzv. potenciálu poněmčení (Prüfung der sogenannten Eindeutschungsfähigkeit) zavedla SS.[166] Jak toto přezkoušení doopravdy probíhalo, se lze pouze domnívat na základě neúplně dochovaných pramenů. Podle přezkoumání prováděných SS orgány mělo ve skutečnosti navštěvovat některé německé školy více českých než německých dětí.[167]

Školská správa tak neuspěla se svou představou, že sudetští Němci budou uznáni jako odborníci na zacházení s českým obyvatelstvem. Jejich myšlení bylo formováno myšlenkami národnostního boje, jehož prvořadým cílem bylo potlačení českého obyvatelstva na teritoriu českých zemí. Avšak jen velmi málo Čechů chtělo potvrdit svou blízkost s Němci a přiznat tak potencionální „německost" (Deutschsein). To se mělo dít na základě kritérií, která nebyla rasová, ale spíše zaměřená na znalost německého jazyka a chování rodičů. S rasovými kritérii prosazovanými SS nemohli nic dělat.

Závěrečná fáze 1944/1945

Teprve v posledním roce války 1944/1945 ztratila sudetoněmecká snaha o prosazení vlastní rozhodovací pravomoci v rámci nacistického Německa pro školskou

---

163 Zpráva SS-Obersturmführera Waltera říšskému komisaři pro upevnění němectví, Stabshauptamt Berlin-Halensee. Místo neznámé, 29. května 1942. ZA Opava, Fond ZŘKUN, inv. č 118, sign.: A-3001, kart. 16, nefoliované. Důvěrná zpráva Říšského místodržitelství (Vogeler) vládnímu prezidentovi v Ústí nad Labem a Opavě. Liberec, 22. května 1942. ZA Opava, RP Opava, sign. IIA, kart. 3549, nefoliováno.
164 HEINEMANN: „Rasse, Siedlung, deutsches Blut", 177.
165 Zpráva SS-Obersturmführera Waltera říšskému komisaři pro upevnění němectví, Stabshauptamt Berlin-Halensee. Místo neznámé, 29. května 1942. ZA Opava, Fond ZŘKUN, inv. č 118, sign.: A-3001, kart. 16, nefoliováno. Důvěrná zpráva Říšského místodržitelství (Vogeler) vládnímu prezidentovi v Ústí nad Labem a Opavě. Liberec, 22. května 1942. ZA Opava, RP Opava, sign. IIA, kart. 3549, nefoliováno.
166 Tamtéž.
167 Důvěrná zpráva Fritschera vedení obecných škol z 22. května 1943. SOkA Opava, Landrát Opava, kart. 227, inv. č. 397, fol. 80.

správu význam: pokud by se školská správa pokoušela šířit identitu statečného Němce utuženého národnostním bojem s odkazem k situaci před rokem 1938 (tedy v tradičním myšlení jako „Grenzlanddeutsche"), jednalo by se o pokřivený obraz skutečné situace. Neboť poměry z let před rokem 1938 se extrémně lišily od poměrů v letech 1944/1945. Ve školním roce 1944/1945 už nebylo možné zajistit pravidelnou školní docházku, kdežto v první Československé republice (označované za utlačovatelský stát) mělo německé obyvatelstvo k dispozici výborně rozvinuté a fungující školství. Na konci války školská správa opakovala jen hesla o vytrvalosti a snažila se čelit úpadku školní výuky za pomoci ideálu prostoty a jednoduchosti, Proti „židovskému kočovnictví" (jüdisches Nomadentum) se měla postavit „germánsko-severská rasa" (germanisch-nordische Rasse) v podobě obranyschopných sedláků.[168] Úplně jiný význam získala o několik let dříve mezi sudetskými Němci rozšiřovaná představa, že se budou podílet na osidlování východu a současně na něm vést národnostní boj.[169] Jako obranyschopné obyvatelstvo měli nyní chránit svou domovinu.[170]

Nedostatek učitelů, stále častější využívání školních budov jako ubytoven pro uprchlíky a vojenské lazarety a nedostatek topného materiálu způsobily, že se od ledna 1945 ve školách téměř nevyučovalo.[171] Místo toho měli všichni pedagogové zajistit alespoň jedno- nebo dvouhodinové nouzové vyučování,[172] které se mělo, pokud to nešlo ve školních budovách, konat v hospodách či jiných soukromých budovách.[173] Od února 1945 se postupně hroutila i školská správa, 7. května 1945 ukončil svou činnost i Říšský místodržitelský úřad v Liberci. Krátce nato vstoupila sovětská armáda do Liberce[174] – Říšská župa Sudety přestala existovat.

---

168 JENSEN, Uffa: Blut und Boden. In: BENZ, Wolfgang/GRAML, Hermann/WEISS, Hermann (Hg.): Enzyklopädie des Nationalsozialismus. 5. Aufl. München, 2007, 442.
169 Zpráva okresního školního úřadu v Králíkách (Dokoupil) vládnímu prezidentovi v Opavě. Grulich, 19. května 1942. ZA Opava, RP Opava, inv. č. 3566, kart. 3566, nefoliováno.
170 Důvěrná zpráva Keila okresnímu pověřenci pro školní a výchovné otázky v Sudetské župě. Liberec, 14. září 1944. BArch, R/9361/II/200354, Akta Eichholz, nefoliováno.
171 Poznámka školního oddělení Říšského místodržitelství. Liberec, 31. ledna 1945. SOAL, ŘM, sign. 1117/0, kart. 353, nefoliováno.
172 Zpráva opavského okresního školního rady Fritschera všem ředitelům obecných a hlavních škol v okrese Opava. Opava, 17. února 1945. SOkA Opava, Landrát Opava, sign. Kult-100, kart. 221, nefoliováno.
173 Školní rada Kadaň (beze jména) vládnímu prezidentovi Karlovy Vary. Kadaň. 30. ledna 1945. SOAL, ŘM, inv. č. 1037, sign. Ic 10/100/2, kart. 320, nefoliováno.
174 Zpráva Hermanna Neuburga z československé vazby 1945/46, 762–763, Archiv bezpečnostních složek, 301-139-4 Hermann Neuburg, fol. 189–190.

Shrnutí

Podařilo se tedy školské správě vybudovat specifický sudetoněmecký školský systém? Stručná odpověď na tuto otázku by zněla následovně: pouze v tom případě, pokud sudetoněmecký nárok na autonomii odpovídal cílům říšského ministerstva školství. Jen tehdy říšské ministerstvo vyšlo sudetoněmecké školské správě vstříc. Nikdy se však neměla taková vstřícnost interpretovat jako ústupek sudetoněmecké tvrdošíjnosti; důvody pro ni souvisely s věcným rozvažováním. Možnosti prosazení sudetoněmeckých představ tak závisely především na tom, do jaké míry byly v souladu se zájmy Berlína. I když cíle nebyly naplněny, lze přesto na příkladu politiky v Říšské župě Sudety ukázat, jaké požadavky mohli regionální funkcionáři formulovat, aniž by se museli obávat závažných následků. Sudetoněmečtí funkcionáři nečekali na nové směrnice z Berlína, ale v reakci na pokyny říšské správy – a mnohdy i z vlastní iniciativy – přicházeli s novými návrhy. Přitom snahy o prosazení sudetoněmecké identity směřovaly i dovnitř vlastní skupiny, v níž měly ovlivnit více než jen okruh funkcionářů.

V tomto smyslu měla být sudetoněmecká mládež vychovávána jako budoucí generace samostatného „hraničářského německého společenství" (Volksgemeinschaft der Grenzlanddeutschen). Tomuto prosazování sudetoněmeckého sebevědomí přála personální homogenita a administrativní struktura Říšské župy Sudety, v níž neexistovaly konkurenční dvojí struktury mezi zemskou ministerskou správou a „župním velením NSDAP" (NSDAP-Gauleitung) jako v oblastech původní Německé říše.[175]

Školská správa právě ve vztahu k českému obyvatelstvu – nebo spíše jeho utlačováním – nezastávala pasivní roli, ale vystupovala jako rozhodující aktér „národnostní politiky" (Volkstumspolitik). Dosáhnout úspěchu se jí však kvůli odporu SS nepodařilo.

Prameny a literatura

Archivní prameny

Staatsarchiv Amberg
- Regierung der Oberpfalz

---

175 Srov. GEBEL: „Heim ins Reich!", 102.

Bundesarchiv, Standort Bayreuth/Lastenausgleichsarchiv (OstDok)

- OstDok 8: Zeitgeschehen in den ostdeutschen Vertreibungsgebieten von 1939 bis 1945 (Intelligenzberichte)
- OstDok 21: Deutsche Verwaltung des Sudetenlandes und des Protektorats Böhmen und Mähren 1938–1945

Bundesarchiv, Standort Berlin (BArch)

- NS 12 Hauptamt für Erzieher/Reichswaltung des Nationalsozialistischen Lehrerbundes
- NS 19 Persönlicher Stab Reichsführer-SS
- R 49 Reichskommissar für die Festigung des deutschen Volkstums
- R 4901 Reichsministerium für Erziehung, Wissenschaft und Volksbildung
- R 30 Reichsprotektor in Böhmen und Mähren
- R 31 Kurator der deutschen wissenschaftlichen Hochschulen in Prag und Kommissar der geschlossenen tschechischen Hochschulen
- R/9361 Sammlung Berlin Document Center (BDC): Personenbezogene Unterlagen der NSDAP
- R 8043 Deutsche Stiftung
- R43 II Reichskanzlei

DIPF | Leibniz-Institut für Bildungsforschung und Bildungsinformation, BBF | Bibliothek für Bildungsgeschichtliche Forschung – Archiv, Berlin

- Sammlungsgut (GUT SAMML)

Státní okresní archiv Cheb (SOkA Cheb)

- Landrát Cheb 1938–1945

Státní okresní archiv Děčín (SOkA Děčín)

- Landrát Děčín

Státní okresní archiv Karlovy Vary (SOkA Karlovy Vary)

- Landrát Žlutice, 1938–1945

Státní oblastní archiv v Plzni, pracoviště Klášter (SOA Plzeň/Klášter)

- Úřad vládního prezidenta Karlovy Vary (ÚVP Karlovy Vary)

Státní oblastní archiv v Litoměřicích (SOAL)

- Bestand Župní vedení NSDAP
- Úřad vládního prezidenta Ústí nad Labem (ÚVP Ústí)
- Říšské místodržitelství Liberec (ŘM)

Státní okresní archiv Litoměřice se sídlem v Lovosicích (SOkA Lovosice)

- Landrát Litoměřice
- NSDAP Litoměřice 1938–1945

Bayerisches Hauptstaatsarchiv München (BayHStA)

- Sudetendeutsches Archiv (SdA): Kanzlei des Sprechers
- Sudetendeutsches Archiv (SdA): Sprecherregistratur Lodgman v. Auen

Collegium Carolinum, München (CC)

- Biographische Sammlung (Biogr. Slg.)

Státní okresní archiv Opava (SOkA Opava)

- Landrát Opava

Zemský archiv v Opavě (ZA Opava)

- Zmocněnec říšského vedoucího SS jako říšský komisař pro upevnění němectví, pracovní štáb východ, Fulnek (ZŘKUN)
- Úřad vládního prezidenta Opava (RP Opava)

Archiv bezpečnostních složek v Praze, Ústav Ministerstva vnitra

- 301 Vyšetřovací komise pro národní a lidový soud při MV

Národní archiv v Praze

- Úřad říšského protektora (ÚŘP)
- Úřad říšského protektora – archiv ministerstva vnitra 114 (ÚŘP AMV 114)

Státní okresní archiv Trutnov (SOkA Trutnov)

- Landrát Vrchlabí

Přehled sekundární literatury

Publikace vydané po roce 1945

ALEXANDER, Manfred: Kleine Geschichte der böhmischen Länder. Stuttgart 2008.

ANDERS, Freia Anders: Strafjustiz im Sudetengau 1938–1945. (Veröffentlichungen des Collegium Carolinum 112) München 2008;

BACHSTEIN, Martin K.: Wenzel Jaksch und die sudetendeutsche Sozialdemokratie. München 1974.

BAIER, Herwig: Deutsche Lehrerbildung in der Ersten Tschechoslowakischen Republik: eine kommentierte Dokumentation der Verhältnisse im Land Böhmen im Jahr 1936. In: HLAWITSCHKA, Eduard (Hg.): Forschungsbeiträge der Geisteswissenschaftlichen Klasse. (Schriften der Sudetendeutschen Akademie der Wissenschaften und Künste 32) München 2012, 169–96.

BARTOŠ, Josef: Okupované pohraničí a české obyvatelstvo 1938–1945. Praha 1978.

BECHER, Peter et al. (Hg.): Handbuch der deutschen Literatur Prags und der Böhmischen Länder. Stuttgart 2017.

BENDA, Jan: Rückführungsaspekte als eine Antwort auf die Einwanderung aus den abgetretenen Grenzgebieten. In: BRANDES, Detlef/ IVANÍČKOVÁ, Edita/ PEŠEK, Jiří (Hg.): Flüchtlinge und Asyl im Nachbarland: die Tschechoslowakei und Deutschland 1933 bis 1989. (Veröffentlichungen der Deutsch-Tschechischen und Deutsch-Slowakischen Historikerkommission 22) Essen 2018, 149–159.

———. Útěky a vyhánění z pohraničí českých zemí 1938–1939. Praha 2013.

BENZ, Wolfgang/GRAML, Hermann/WEISS, Hermann (Hg.): Enzyklopädie des Nationalsozialismus. 5. Aufl. München 2007.

BIMAN, Stanislav: Verführt und machtlos? Der Anteil der Sudetendeutschen an der Verwaltung des Reichsgaus Sudetenland. In: GLETTLER, Monika/ LIPTÁK, Ľubomír/MÍŠKOVÁ, Alena: Geteilt, besetzt, beherrscht: die Tschechoslowakei 1938–1945: Reichsgau Sudetenland, Protektorat Böhmen und Mähren, Slowakei, 1945. (Veröffentlichungen der Deutsch-Tschechischen und Deutsch-Slowakischen Historikerkommission 11) Essen 2004, 155–83.

BOHMANN, Alfred: Das Sudetendeutschtum in Zahlen. München 1959.

BRANDES, Detlef: Die Tschechen unter deutschem Protektorat. Teil I. Besatzungspolitik, Kollaboration und Widerstand im Protektorat Böhmen und Mähren bis Heydrichs Tod (1939–1942). München, Wien, 1969.

———. Die Tschechen unter deutschem Protektorat. Teil II. Besatzungspolitik, Kollaboration und Widerstand im Protektorat Böhmen und Mähren von Heydrichs Tod bis zum Prager Aufstand (1942–1945). München, Wien 1975.

———. Die Sudetendeutschen im Krisenjahr 1938. (Veröffentlichungen des Collegium Carolinum 107) München 2008.

———. „Umvolkung, Umsiedlung, rassische Bestandsaufnahme": NS-‚Volkstumspolitik' in den böhmischen Ländern. (Veröffentlichungen des Collegium Carolinum 125) München 2012.

———. Deutsch gegen Tschechisch: NS-Sprachenpolitik als Teil der geplanten Germanisierung und ‚Umvolkung'. In: EHLERS, Klaas-Hinrich et al. (Hg.): Sprache, Gesellschaft und Nation in Ostmitteleuropa. Institutionalisierung und Alltagspraxis. Göttingen 2014, 221–246.

BRANDES, Detlef/MÍŠKOVÁ, Alena: Vom Osteuropa-Lehrstuhl ins Prager Rathaus: Josef Pfitzner 1901–1945. Essen 2013.

BRANDES, Detlef/IVANIČKOVÁ, Edita/PEŠEK, Jiří (Hg.): Flüchtlinge und Asyl im Nachbarland: die Tschechoslowakei und Deutschland 1933 bis 1989. (Veröffentlichungen der Deutsch-Tschechischen und Deutsch-Slowakischen Historikerkommission 22) Essen 2018.

BRAUMANDL, Wolfgang: Die Wirtschafts- und Sozialpolitik des Deutschen Reiches im Sudetenland. (Veröffentlichung des Sudetendeutschen Archivs in München 20) Nürnberg 1985.

BUDŇÁK, Jan/HORŇÁČEK, Milan: Das Bild der Deutschen. In: BECHER, Peter et al. (Hg.): Handbuch der deutschen Literatur Prags und der Böhmischen Länder. Stuttgart 2017, 273–283.

EHLERS, Klaas-Hinrich et al. (Hg.): Sprache, Gesellschaft und Nation in Ostmitteleuropa: Institutionalisierung und Alltagspraxis. (Bad Wiesseer Tagungen des Collegium Carolinum 35) Göttingen 2014.

EICHHOLZ, Ludwig: Was wir Sudetendeutschen mitbrachten. In: VON KÖNIGSWALD, Harald (Hg.): Was wir mitbrachten. Eine Rückschau über Kräfte und Leistungen der Heimatvertriebenen und Flüchtlinge 1945–1955. (Schriftenreihe für d. Vertriebenenwesen 21) Troisdorf/Rheinland 1955, 109.

EISLER, Cornelia/GÖTSCH-ELTEN, Silke (Hg.): Minderheiten im Europa der Zwischenkriegszeit. (Kieler Studien zur Volkskunde und Kulturgeschichte 12) Münster 2017.

GEBEL, Ralf: „Heim ins Reich!": Konrad Henlein und der Reichsgau Sudetenland (1938–1945). (Veröffentlichungen des Collegium Carolinum 83) München 1999.

———. „Domů do říše": Konrád Henlein a Říšská župa Sudety (1938–1945). Prag 2018.

GLETTLER, Monika/LIPTÁK, Ľubomír/MÍŠKOVÁ, Alena: Geteilt, besetzt, beherrscht: die Tschechoslowakei 1938–1945: Reichsgau Sudetenland, Protektorat Böhmen und Mähren, Slowakei, 1945. (Veröffentlichungen der Deutsch-Tschechischen und Deutsch-Slowakischen Historikerkommission 11) Essen 2004.

GRUNER, Wolf: Die Judenverfolgung im Protektorat Böhmen und Mähren: lokale Initiativen, zentrale Entscheidungen, jüdische Antworten 1939–1945. Göttingen 2016.

HABEL, Fritz Peter: Eine politische Legende: Die Massenvertreibung von Tschechen aus dem Sudetengebiet 1938/39. München 1996.

HAHN, Hans Henning: Einleitung. In: HAHN, Hans Henning (Hg.): Hundert Jahre sudetendeutsche Geschichte: Eine völkische Bewegung in drei Staaten. (Die Deutschen und das östliche Europa. Studien und Quellen 1) Frankfurt, New York 2007, 7–13.

———. (Hg.): Hundert Jahre sudetendeutsche Geschichte: Eine völkische Bewegung in drei Staaten. (Die Deutschen und das östliche Europa. Studien und Quellen 1) Frankfurt, New York 2007.

HASLINGER, Peter/VON PUTTKAMER, Joachim (Hg.): Staat, Loyalität und Minderheiten in Ostmittel- und Südosteuropa 1918–1941. (Buchreihe der Kommission für Geschichte und Kultur der Deutschen in Südosteuropa 39) München 2007.

HEINEMANN, Isabel: „Rasse, Siedlung, deutsches Blut": das Rasse- und Siedlungshauptamt der SS und die rassenpolitische Neuordnung Europas. Göttingen 2003.

HEUMOS, Peter: Soziale Aspekte der Flucht aus den Grenzgebieten der böhmischen Länder. In: BRANDES, Detlef/IVANÍČKOVÁ, Edita/PEŠEK, Jiří (Hg.): Flüchtlinge und Asyl im Nachbarland: die Tschechoslowakei und Deutschland 1933 bis 1989. (Veröffentlichungen der Deutsch-Tschechischen und Deutsch-Slowakischen Historikerkommission 22) Essen 2018, 133–147.

HLAWITSCHKA, Eduard (Hg.): Forschungsbeiträge der Geisteswissenschaftlichen Klasse. (Schriften der Sudetendeutschen Akademie der Wissenschaften und Künste 32) München 2012.

HOENSCH, Jörg K.: Geschichte der Tschechoslowakei. Stuttgart 1992.

HOFFMANN-OCON, Andreas/HORLACHER, Rebekka (Hg.): Pädagogik und pädagogisches Wissen. Pedagogy and Educational Knowledge. Ambitionen in und Erwartungen an die Ausbildung von Lehrpersonen. Ambitions and Imaginations in Teacher Education. Bad Heilbrunn 2016.

JAWORSKI, Rudolf: Die ‚Kunde vom Grenz- und Auslandsdeutschtum' im Schulunterricht der Weimarer Republik. In: EISLER, Cornelia/GÖTTSCH-ELTEN, Silke (Hg.): Minderheiten im Europa der Zwischenkriegszeit. (Kieler Studien zur Volkskunde und Kulturgeschichte 12) Münster 2017, 117–132.

JELÍNEK, Tomáš: Nucená práce v nacionálním socialismu. In: Kolektiv pracovníků Kanceláře pro oběti nacismu (Hg.): „Nepřichází-li práce k Tobě...": různé podoby nucené práce ve studiích a dokumentech. „Kommt die Arbeit nicht zu Dir...". Verschiedene Formen der Zwangsarbeit in Studien und Dokumenten. Praha 2003, 16–32.

JENSEN, Uffa: Blut und Boden. In: BENZ, Wolfgang/GRAML, Hermann/WEISS, Hermann (Hg.): Enzyklopädie des Nationalsozialismus. 5. Aufl. München 2007, 442.

KARL, Josef (Hg.): Bauern, Förster, Gärtner schufen ein blühendes Land: Das sudetendeutsche Landvolk und seine Schulen: eine Dokumentation. München 1988.

KASPER, Tomáš: Výchova či politika? Úskalí německého reformně pedagogického hnutí v Československu v letech 1918–1933. Praha 2007.

——. (Hg): Německé a české reformě pedagogické vzdělávací a výchovné koncepty – analýza, komparace. Liberec 2008.

KASPER, Tomáš/KASPEROVÁ, Dana: Německé mládežnické hnutí a spolky mládeže v ČSR v letech 1918–1933. Praha 2016.

KASPEROVÁ, Dana: Výchova a vzdělávání židovských dětí v protektorátu a v ghettu Terezín. Praha 2010.

——. Erziehung und Bildung der jüdischen Kinder im Protektorat und im Ghetto Theresienstadt. Bad Heilbrunn 2013.

——. „Und wir streben höher". Die Bemühungen der tschechischen und deutschen Lehrerschaft um die Hochschulbildung in der Zwischenkriegszeit in der Tschechoslowakei. In: HOFFMAN-OCON, Andreas/HORLACHER, Rebekka (Hg.): Pädagogik und pädagogisches Wissen. Pedagogy and Educational Knowledge. Ambitionen in und Erwartungen an die Ausbildung von Lehrpersonen. Ambitions and Imaginations in Teacher Education. Bad Heilbrunn 2016, 171–190.

——. Československá obec učitelská v kontextu reformy vzdělávání učitelů (ŠVSP) a reformy školy [Der Tschechoslowakische Lehrerverband im Kontext der Lehrerbildungsreform in Brünn und Prag und der Schulreform]. Praha 2018.

KEIL, Theo (Hg.): Die deutsche Schule in den Sudetenländern: Form u. Inhalt d. Bildungswesens. München 1967.

Kokoška, Stanislav: Zwangsarbeit der tschechischen Bevölkerung in den Jahren des Zweiten Weltkriegs (historische Einleitung). In: Kokošková, Zdenka (Hg.): Pracovali pro Třetí říši: nucené pracovní nasazení českého obyvatelstva Protektorátu Čechy a Morava pro válečné hospodářství Třetí říše (1939–1945): edice dokumentů. Praha 2011, 25–33.

Kokošková, Zdenka (Hg.): Pracovali pro Třetí říši: nucené pracovní nasazení českého obyvatelstva Protektorátu Čechy a Morava pro válečné hospodářství Třetí říše (1939–1945): edice dokumentů. Praha 2011.

Konrád, Ota: ‚Denn die Uneignung der slawischen Völkergruppe bedarf keines Beweises mehr'. Die ‚sudetendeutsche Wissenschaft' und ihre Einbindung in die zeitgenössischen Diskurse 1918–1945. In: Schachtmann, Judith/Strobel, Michael/Widera, Thomas (Hg.): Politik und Wissenschaft in der prähistorischen Archäologie. Perspektiven aus Sachsen, Böhmen und Schlesien. Göttingen 2009, 69–97.

Kostlán, Antonín (Hg.): Wissenschaft in den böhmischen Ländern 1939–1945. (Práce z dějin vědy 9) Praha 2004.

Majewski, Piotr. M.: Sudetští Němci: 1848–1948 – dějiny jednoho nacionalismu. Brno 2014.

Marek, Michaela et al. (Hg.): Kultur als Vehikel und als Opponent politischer Absichten: Kulturkontakte zwischen Deutschen, Tschechen und Slowaken von der Mitte des 19. Jahrhunderts bis in die 1980er Jahre. (Veröffentlichungen zur Kultur und Geschichte im östlichen Europa 37) Essen 2010.

Míšková, Alena: Die Deutsche (Karls-)Universität vom Münchener Abkommen bis zum Ende des Zweiten Weltkrieges: Universitätsleitung und Wandel des Professorenkollegiums. Prag 2007.

Nagel, Anne Christine: Hitlers Bildungsreformer. Das Reichsministerium für Wissenschaft, Erziehung und Volksbildung 1934–1945. Frankfurt am Main 2012.

Němec, Mirek: Erziehung zum Staatsbürger? Deutsche Sekundarschulen in der Tschechoslowakei 1918–1938. (Veröffentlichungen zur Kultur und Geschichte im östlichen Europa 33) Essen 2010.

———. Kulturtransfer oder Abschottung? In: Marek, Michaela et al. (Hg.): Kultur als Vehikel und als Opponent politischer Absichten: Kulturkontakte zwischen Deutschen, Tschechen und Slowaken von der Mitte des 19. Jahrhunderts bis in die 1980er Jahre. (Veröffentlichungen zur Kultur und Geschichte im östlichen Europa 37) Essen 2010, 165–175.

———. Sudeten/Sudety als deutsch-tschechisches Palimpsest. In: Bohemia – Zeitschrift für Geschichte und Kultur der böhmischen Länder 53/1 (2013) 94–111.

———. Verpönte Landessprache? Deutsch in der Ersten Tschechoslowakischen Republik. In: EHLERS, Klaas-Hinrich et al. (Hg.): Sprache, Gesellschaft und Nation in Ostmitteleuropa: Institutionalisierung und Alltagspraxis. (Bad Wiesseer Tagungen des Collegium Carolinum 35) Göttingen 2014, 93–113.

———. Ve státním zájmu? Národnostní problematika ve středním školství meziválečného Československa. Červený Kostelec, Ústí nad Labem 2020.

OSTERLOH, Jörg: Nationalsozialistische Judenverfolgung im Reichsgau Sudetenland. (Veröffentlichungen des Collegium Carolinum 105) München 2006.

PALLAS, Ladislav: České školství v severozápadních Čechách 1938–1945 [Tschechisches Schulwesen in Nordwestböhmen 1938–1945]. In: Slezský sborník, 3/4 (1991) 181–190.

PONTZ, Peter: Die Entwicklung und das Wesen der beruflichen Schulen in den Ländern der heutigen Tschechoslowakei. In: Bohemia – Zeitschrift für Geschichte und Kultur der böhmischen Länder 5/1 (1964) 242–284.

PRÄG, Werner/JACOBMEYER, Wolfgang (Hg.): Das Diensttagebuch des deutschen Generalgouverneurs in Polen: 1939–1945. Stuttgart 1975.

PREISSLER, Gottfried: Der Reichsverband Deutscher Mittelschullehrer und seine Schulpolitische Arbeitsstelle. In: KEIL, Theo (Hg.): Die deutsche Schule in den Sudetenländern: Form und Inhalt des Bildungswesens. München 1967, 530–541.

———. Geschichte meines Lebens: aus der Sicht des 85. Geburtstags. Frankfurt am Main 1979.

PROSCHWITZER, Erhart: Staatsbürgerkunde: Lehrbuch für praktisches Studium und Handbuch für Schulpraxis. Leipzig [u. a.] 1925, 10. Zitiert nach NĚMEC, Mirek: Erziehung zum Staatsbürger? Deutsche Sekundarschulen in der Tschechoslowakei 1918–1938. (Veröffentlichungen zur Kultur und Geschichte im östlichen Europa 33) Essen 2010.

RADVANOVSKÝ, Zdeněk/KURAL, Václav (Hg.): „Sudety" pod hákovým křížem. Ústí nad Labem 2002.

———. (Hg.): Historie okupovaného pohraničí 1938–1945. 12 Bände. Ústí nad Labem 1998–2006.

REICH, Andreas: Das tschechoslowakische Bildungswesen vor dem Hintergrund des deutsch-tschechischen Nationalitätenproblems. In: Bohemia – Zeitschrift für Geschichte und Kultur der böhmischen Länder 36/1 (1995) 19–38.

RINAS, Karsten: Grenzland. In: BECHER, Peter et al. (Hg.): Handbuch der deutschen Literatur Prags und der Böhmischen Länder. Stuttgart 2017, 307–318.

SCHACHTMANN, Judith/STROBEL, Michael/WIDERA, Thomas (Hg.): Politik und Wissenschaft in der prähistorischen Archäologie. Perspektiven aus Sachsen, Böhmen und Schlesien. Göttingen 2009.

ŠIMŮNEK, Michal: Ein neues Fach. Die Erb- und Rassenhygiene an der Medizinischen Fakultät der Deutschen Karls-Universität in Prag 1939–1945. In: KOSTLÁN, Antonín (Hg.): Wissenschaft in den böhmischen Ländern 1939–1945. (Práce z dějin vědy 9) Praha 2004, 190–316.

ŠIMŮNEK, Michal/SCHULZE, Dietmar (Hg.): Die nationalsozialistische „Euthanasie" im Reichsgau Sudetenland und Protektorat Böhmen und Mähren 1939–1945. Červený Kostelec 2008.

TINKL, Walter: Die Deutsche Pestalozzi-Gesellschaft. In: KEIL, Theo (Hg.): Die deutsche Schule in den Sudetenländern: Form u. Inhalt d. Bildungswesens. München 1967, 439–41.

VIERLING, Birgit: Kommunikation als Mittel politischer Mobilisierung: die Sudetendeutsche Partei (SdP) auf ihrem Weg zur Einheitsbewegung in der Ersten Tschechoslowakischen Republik (1933–1938). (Studien zur Ostmitteleuropaforschung 27) Marburg 2014.

VON KÖNIGSWALD, Harald (Hg.): Was wir mitbrachten. Eine Rückschau über Kräfte und Leistungen der Heimatvertriebenen und Flüchtlinge 1945–1955. (Schriftenreihe für d. Vertriebenenwesen 21) Troisdorf/Rheinland 1955.

WEGER, Tobias: Das Konzept der ‚Volksbildung' – völkische Bildung für die deutschen Minderheiten. In: EISLER, Cornelia/GÖTTSCH-ELTEN, Silke (Hg.): Minderheiten im Europa der Zwischenkriegszeit. (Kieler Studien zur Volkskunde und Kulturgeschichte 12) Münster 2017, 99–116.

———. Großschlesisch? Großfriesisch? Großdeutsch! Ethnonationalismus in Schlesien und in Friesland 1918–1945. (Schriften des Bundesinstituts für Kultur und Geschichte der Deutschen im östlichen Europa 63) Berlin, Boston 2017.

ZIMMERMANN, Volker: Die Sudetendeutschen im NS-Staat: Politik und Stimmung der Bevölkerung im Reichsgau Sudetenland (1938–1945). (Veröffentlichungen des Instituts für Kultur und Geschichte der Deutschen im Östlichen Europa 16) Essen 1999.

———. Sudetští Němci v nacistickém státě. Politika a nálada obyvatelstva v Říšské župě Sudety (1938–1945). Praha 2001.

ZÜCKERT, Martin: Vom Aktivismus zur Staatsnegation?: Die Sudetendeutschen zwischen Staatsakzeptanz, regional-nationalistischer Bewegung und dem nationalsozialistischen Deutschland. In: HASLINGER, Peter/VON PUTTKAMER, Joachim (Hg.): Staat, Loyalität und Minderheiten in Ostmittel- und Südosteuropa 1918–1941. (Buchreihe der Kommission für Geschichte und Kultur der Deutschen in Südosteuropa 39) München 2007, 69–98.

Publikace do roku 1945

BRETHOLZ, Berthold: Geschichte Böhmens und Mährens. Band 1. Reichenberg 1921.

BROSCHE, Wilfried/NAGL, Fritz (Hg.): Sudetendeutsches Jahrbuch 1938. Nach der Beschlagnahme 2. Auflage. Böhmisch-Leipa, Zwickau 1938.

Deutscher Landes-Lehrerverein in Böhmen (Hg.): Standesausweis der Lehrerschaft an den Deutschen Volks- und Bürgerschulen Böhmens. 11. Folge: 1936. Zusammengestellt von Ferd. Altmann, Lehrer in Reichenberg. Reichenberg 1937.

Deutscher Volksschulverband in Mähren und deutscher Landeslehrerverein in Schlesien (Hg.): Standesausweis des deutschen Schulwesens in Mähren-Schlesien 1935. Brünn 1935.

EICHHOLZ, Ludwig: Der Kampf um unsere Schule. In: BROSCHE, Wilfried/NAGL, Fritz (Hg.): Sudetendeutsches Jahrbuch 1938. Nach der Beschlagnahme 2. Auflage. Böhmisch-Leipa, Zwickau 1938, 45–48.

———. Die Neugestaltung des sudetendeutschen Schulwesens. Reichenberg 1940.

FIEDLER, Rudolf: Bürgerschule – Hauptschule. In: Mitteilungsblatt des NSLB. Gauwaltung Sudetenland 2 (1941) 14–15.

Gauorganisationsamt der NSDAP/Amt des Reichsstatthalters im Reichsgau Sudetenland (Hg.): Das Sudetenbuch: Handbuch für d. Reichsgau Sudetenland, mit ausführl. Ortsverz. Teplitz-Schönau 1940.

HERR, Arthur: Sudetendeutsches Erbe und großdeutsche Schule. (Schriften zu Erziehung und Unterricht 1) Reichenberg 1940.

JÖRNS, Emil/SCHWAB, Julius: Rassenhygienische Fibel. Berlin 1942.

KREBS, Hans/LEHMANN, Emil: Wir Sudetendeutsche! Berlin 1937.

LEHMANN, Emil: Der Sudetendeutsche. Eine Gesamtbetrachtung. Potsdam 1925.

LOCHNER, Rudolf: Sudetendeutschland. Ein Beitrag zur Grenzlanderziehung im ostmitteldeutschen Raum. Langensalza 1937.

PAX, Emil/RAFFAUF, Josef (Hg.): Bestimmungen über Erziehung und Unterricht in der Mittelschule. Halle 1940.

PFITZNER, Josef: Nationales Erwachen und Reifen der Sudetendeutschen. In: PIRCHAN, Gustav/ZATSCHEK, Heinz/WEIZSÄCKER, Wilhelm: Das Sudetendeutschtum: Sein Wesen und Werden im Wandel der Jahrhunderte. 2. Aufl. Brünn, Prag, Leipzig und Wien 1939, 437–471.

PIRCHAN, Gustav/ZATSCHEK, Heinz/WEIZSÄCKER, Wilhelm: Das Sudetendeutschtum: Sein Wesen und Werden im Wandel der Jahrhunderte. 2. Aufl. Brünn, Prag, Leipzig und Wien 1939.

Reichsstatthalter im Sudetengau (Hg.): Bestimmungen über Erziehung und Unterricht in der Bürgerschule. Reichenberg 1940.

SINN, Karl Alexander: Kurzer Abriß einer Reichskunde, bearbeitet von Alfred Tews-Prag mit 17 Übersichten und Schaubildern. 3. Aufl. Unveränderter Nachdruck der 11. Auflage von Sinns Staatsbürgerkunde. Leipzig, Berlin 1941.

SINN, Karl Alexander/TEWS, Alexander: Kurzer Abriß einer Staatsbürgerkunde. 14. Aufl. Unveränderter Nachdruck der 11. ergänzten Auflage. Leipzig, Berlin 1940.

SÜSSEMILCH, Gustav/ZEPNICK, Karl/EGGERS, W. (Hg.): Sudetendeutscher Schulatlas. Harms einheitliches Unterrichtswerk. Reichenberg, Leipzig 1941.

URBAHN, Anneliese: Peter Donnhäuser: Heimatabend. Reichenberg 1943.

WEPS, Karl/ESSL, Karl/PREISSLER, Gottfried (Hg.): Von deutscher Art und Kunst. Deutsches Lesebuch für deutsche Mittelschulen. 6 Bände. Reichenberg 1934–1936.

WILLINGER, Josef/WILLINGER, Hans/BERGMANN, Edmund: Tschechisch für Hauptschulen. (Band 1) Reichenberg 1943.

Publikace bez údajů o autorství

Deutsches Lesebuch für Volksschulen. Erster Band (1. und 2. Schuljahr). 3. Aufl. Reichenberg 1942.

Deutsches Lesebuch für Volksschulen. Zweiter Band (3. und 4. Schuljahr). 2. Aufl. Reichenberg 1941.

Deutsches Lesebuch für Volksschulen. Dritter Band. 1. Aufl. Reichenberg 1942.

Časopisecké články do roku 1945

Aus der Arbeit des NS-Lehrerbundes. Ernennung von Theo Keil zum Regierungs- und Schulrat am 17.1.1940. In: Mitteilungsblatt des NSLB. Gauwaltung Sudetenland 5 (1940) 65.

Deutscher Lehrerbund: Vortrag von Ludwig Eichholz zur Gründung der „Sudetendeutschen Erzieherschaft", Hauptvortrag des Lehrertages in Trautenau. In: Freie Schulzeitung 27 (1938) 430; 438.

Die Schulverwaltung im Sudetengau. In: Mitteilungsblatt des NSLB. Gauwaltung Sudetenland 8 (1940) 104–105.

Die sudetendeutschen Erzieher vor neuen Aufgaben – sie wollen sie mit der bisherigen Hingabe lösen. In: Der Sudetendeutsche Erzieher 6 (1939) 136.

HAUDEK, Josef: Sudetendeutsche Schicksalswende. 30. September 1938. In: Sudetendeutsche Schule. Monatsblatt für zeitgemäße Schulgestaltung 2 (1938) 37.

HERZOG, Robert: Die Stellung der sudetendeutschen Lehrerschaft im Volke. In: Der Sudetendeutsche Erzieher 2 (1939) 34–36.

———. Peter Donnhäuser – ein Grenzlandkämpfer. In: Der Sudetendeutsche Erzieher 5 (1939) 102–104.

KEIL, Theo: Die Bürgerschule im neuen Schuljahre. In: Der Sudetendeutsche Erzieher 17 (1939) 378–380.

LEMBERG, Eugen: Erzieher und Grenzlandaufgabe. In: Der Sudetendeutsche Erzieher 5 (1939) 105–106.

PLEYER, Wilhelm: Bleibt dem Grenzland treu! (Nach Angabe des Autors wurde der Artikel im Erntemond [August] 1938 verfasst.) In: Sudetendeutsche Monatshefte. Zeitschrift des Bundes der Deutschen. Weinmond [Oktober] (1938) 505–510.

PREISSLER: Gottfried: Die Höhere Schule und ihre Lehrerschaft im Sudetengau. In: Der Sudetendeutsche Erzieher 1 (1939) 16–19.

Prolog zur ersten Ausgabe der NSLB-Zeitschrift Der Sudetendeutsche Erzieher. In: Der Sudetendeutsche Erzieher 1 (1939) 4.

SCHWARZ, Sepp: Volk und Boden. In: Sudetendeutsche Monatshefte. Zeitschrift des Bundes der Deutschen 7 (1938) 344–346.

STEINER, Josef: Der „Hilf-mit!"-Wettbewerb. „Volksgemeinschaft – Schicksalsgemeinschaft" in unseren Landschulen. In: Sudetendeutsche Schule. Monatsblatt für zeitgemäße Schulgestaltung 5 (1939) 159–162.

Sudetenland soll das Schulland des ganzen Deutschen Reiches werden [ohne Autorenangabe]. In: Sudetendeutsche Schule. Monatsblatt für zeitgemäße Schulgestaltung 3 (1938) [15. November 1938] 73

SÜSSEMILCH, Gustav: Sudetendeutscher Grenzkampf und die geopolitische Volkserziehung. In: Der Sudetendeutsche Erzieher 2 (1939) 36–38.

SÜSSEMILCH, Gustav/ZEPNICK, Karl: Erläuterungen zum neu erschienenen Sudetendeutschen Schulatlas. Von den Bearbeitern des Heimatteils. In: Mitteilungsblatt der NSLB. Gauwaltung Sudetenland 9 (1941) 89–93.

Völkischer Beobachter, Nr. 296 vom 23. Oktober 1938 [ohne Seitenangabe]. BArch, NS5/5/VI 2012 Zeitungsberichte, fol. B 345.

WASGESTIAN, Hugo: Die Berufs- und Fachschulen in den Sudetenländern. In: Der Sudetendeutsche Erzieher 1 (1939) 20–22.

———. Die berufsbildenden Schulen im Sudetengau seit der Befreiung. In: Der Sudetendeutsche Erzieher, 15/16 (1939) 346–350.

Abkürzungen

BArch	Bundesarchiv, Standort Berlin
BayHStA	Bayerisches Hauptstaatsarchiv
BDM	Bund Deutscher Mädel
Biogr. Slg.	Biographische Sammlung des Collegium Carolinum, München
CC	Collegium Carolinum, München
CIC	Counter Intelligence Corps
ČSR	Československá republika [Tschechoslowakische Republik]
DAF	Deutsche Arbeitsfront
DDR	Deutsche Demokratische Republik
DFG	Deutsche Forschungsgemeinschaft
DGfE	Deutsche Gesellschaft für Erziehungswissenschaft
DNP	Deutsche Nationalpartei
DNSAP	Deutsche Nationalsozialistische Partei
DSAP	Deutsche sozialdemokratische Arbeiterpartei in der Tschechoslowakischen Republik
fol.	foliert
GUT SAMML	Sammlungsgut
HJ	Hitler-Jugend
HU Berlin	Humboldt-Universität zu Berlin
inv. č.	inventární číslo [Inventarnummer]
KLV	Kinderlandverschickung
KZ	Konzentrationslager
NA Praha	Národní archiv v Praze [Nationalarchiv in Prag]
Napola	Nationalpolitische Erziehungsanstalt
NDB	Neuere Deutsche Biographie
NS	Nationalsozialismus
NSDAP	Nationalsozialistische Deutsche Arbeiterpartei
NSLB	Nationalsozialistischer Lehrerbund
NSV	Nationalsozialistische Volkswohlfahrt
OKW	Oberkommando der Wehrmacht

550 Abkürzungen

OstDok	Bundesarchiv, Standort Bayreuth/ Lastenausgleichsarchiv
Pg.	Parteigenosse
Reg.	Regierungsbezirk (auch: Regierungsrat)
Reichserziehungsministerium	Reichsministerium für Wissenschaft, Erziehung und Volksbildung
RGBl	Reichsgesetzblatt
ŘM	Říšské místodržitelství Liberec [Reichsstatthalterei Reichenberg]
RMBliV	Reichsministerialblatt der inneren Verwaltung
RP Opava	Úřad vládního prezidenta Opava [Amt des Regierungspräsidenten in Karlsbad]
RI	Regierungsinspektor
RMin AmtsblDtschWiss	Deutsche Wissenschaft, Erziehung und Volksbildung. Amtsblatt des Reichs- und Preußischen Ministeriums für Wissenschaft, Erziehung und Volksbildung und der Unterrichts-Verwaltungen der anderen Länder
ROI	Regierungsoberinspektor
RuSHA	Rasse- und Siedlungshauptamt der SS
S.	Seite
S. J. S.	Stefan Johann Schatz
SD	Sicherheitsdienst des Reichsführers SS
SdA	Sudetendeutsches Archiv
SdP	Sudetendeutsche Partei
SFK	Sudetendeutsches Freikorps
SHF	Sudetendeutsche Heimatfront
SOA Plzeň/Klášter	Státní oblastní archiv v Plzni, pracoviště Klášter [Staatliches Gebietsarchiv Pilsen, Außenstelle Klášter]
SOAL	Státní oblastní archiv v Litoměřicích [Staatliches Gebietsarchiv in Litoměřice]
SOkA Cheb	Státní okresní archiv Cheb [Staatliches Bezirksarchiv Cheb]
SOkA Děčín	Státní okresní archiv Děčín [Staatliches Bezirksarchiv Děčín]
SOkA Karlovy Vary	Státní okresní archiv Karlovy Vary [Staatliches Bezirksarchiv Karlovy Vary]

Abkürzungen 551

SOkA Lovosice	Státní okresní archiv Litoměřice se sídlem v Lovosicích [Staatliches Bezirksarchiv in Litoměřice mit Sitz in Lovosice]
SOkA Opava	Státní okresní archiv Opava [Staatliches Bezirksarchiv Opava]
SOkA Trutnov	Státní okresní archiv Trutnov [Staatliches Bezirksarchiv Trutnov]
SS	Schutzstaffel
ÚŘP	Úřad říšského protektora [Behörde des Reichsprotektors]
USA	Vereinigte Staaten von Amerika
ÚVP Karlovy Vary	Úřad vládního prezidenta Karlovy Vary [Amt des Regierungspräsidenten in Karlsbad]
ÚVP Ústí	Úřad vládního prezidenta Ústí nad Labem [Amt des Regierungspräsidenten in Aussig]
VDA	Verein für das Deutschtum im Ausland
VdL	Verband der Landsmannschaften
WHW	Winterhilfswerk des Deutschen Volkes
ZA Opava	Zemský archiv v Opavě [Landesarchiv Opava]
ZŘKUN	Zmocněnec říšského vedoucího SS jako říšský komisař pro upevnění němectví, pracovní štáb východ, Fulnek [Der Beauftragte des Reichsführers-SS als Reichskommissar für die Festigung deutschen Volkstums – Arbeitsstab Ost in Fulnek]

Konkordanz der Ortsnamen[1]

Deutsch – Tschechisch

Alt Rohlau	Stará Role
Asch	Aš
Aussig	Ústí nad Labem
Bad Karlsbrunn	Karlova Studánka
Bärn	Moravský Beroun
Benke	Benkov
Bergreichenstein	Kašperské Hory
Bilin	Bílina
Bischofteinitz	Horšovský Týn
Blauda	Bludov
Böhmisch Budweis	České Budějovice
Böhmisch Krumau	Český Krumlov
Böhmisch Leipa	Česká Lípa
Böhmisch Sternberg	Český Šternberk
Braunau	Broumov
Brünn	Brno
Brüsau	Březová nad Svitavou
Brüx	Most
Budweis	České Budějovice
Chabitschau	Chabičov
Dauba	Dubá

---

1 Unter Zuhilfenahme folgenden Handbuchs: INSTITUT FÜR LANDESKUNDE IN DER BUNDESANSTALT FÜR LANDESKUNDE UND RAUMFORSCHUNG (Hg.): Sudetendeutsches Ortsnamenverzeichnis. Amtliches Gemeinde- und Ortsnamenverzeichis der nach dem Münchener Abkommen vom 29.9.1938 (Grenzfestlegung vom 20.11.1938) zum Deutschen Reich gekommenen Sudetendeutschen Gebiete. Bearbeitet vom Sudetendeutschen Archiv und dem Institut für Landeskunde unter Unterstützung des Collegium Carolinum. 2. Aufl. München 1987.

Deutsch Gabel	Jablonné v Podještědí
Deutschbrod	Havlíčkův Brod (bis 1945 Německý Brod)
Dittersdorf	Dětřichov u Moravské Třebové
Dobrzan, 1939–1945 Wiesengrund	Dobřany
Duppau	Doupov
Dux	Duchcov
Eger	Cheb
Elbogen	Loket
Falkenau	Falknov nad Ohří, heute Sokolov
Franzensbad	Františkovy Lázně
Freiberg in Mähren	Příbor
Freistadt	Fryštát
Freiwaldau	Frývaldov, heute Jeseník
Freudenthal	Bruntál
Friedek-Mistek	Frýdek-Místek
Friedland in Böhmen	Frýdlant v Čechách
Fulnek	Fulnek
Gablonz	Jablonec nad Nisou
Gießhübel im Adlergebirge	Olešnice v Orlických horách
Göding	Hodonín
Graslitz	Kraslice
Groß Sichdichfür	Velká Hleďsebe
Groß Tajax	Dyjákovice
Groß-Ullersdorf (Bad Ullersdorf)	Velké Losiny
Grulich	Králíky
Hammerstein	Hamrštejn
Herrlich	Hrdlovka
Hirschberg	Doksy
Hochstadt an der Iser	Vysoké nad Jizerou
Hohenelbe	Vrchlabí
Hohenstadt	Zábřeh

Hotzenplotz	Osoblaha
Humpoletz, 1939–1945 Gumpolds	Humpolec
Iglau	Jihlava
Illeschowitz	Jilešovice
Jägerndorf	Krnov
Jaktar	Jaktař
Jauernig	Javorník
Jechnitz	Jesenice
Kaaden	Kadaň
Kaplitz	Kaplice
Karlsbad	Karlovy Vary
Klattau	Klatovy
Klösterle an der Eger	Klášterec nad Ohří
Königgrätz	Hradec Králové
Königinhof an der Elbe	Dvůr Králové nad Labem
Königsberg an der Eger	Kynšperk nad Ohří
Königsberg in Schlesien	Klimkovice
Komotau	Chomutov
Kopitz (Brüx)	Kopisty
Kosten	Košťany
Kralowitz	Kralovice
Kreuzendorf	Holasovice
Kurschin	Kořen
Kuttenplaner Schmelzthal	Chodovská Huť
Landskron	Lanškroun
Leitmeritz	Litoměřice
Leitomischl	Litomyšl
Lobositz	Lovosice
Lodenitz	Loděnice
Luditz	Žlutice
Mährisch Altstadt	Staré Město
Mährisch Chrostau	Moravská Chrastová

Mährisch Neustadt	Uničov
Mährisch Ostrau	Moravská Ostrava
Mährisch Schönberg	Šumperk
Mährisch Trübau	Moravská Třebová
Maltheuern	Záluží (Litvínov)
Mariaschein	Bohosudov
Marienbad	Mariánské Lázně
Markersdorf	Leskovec
Mies	Stříbro
Morchenstern	Smržovka
Müglitz	Mohelnice
Nassengrub	Mokřiny
Neudek	Nejdek
Neuhaus	Jindřichův Hradec
Neutitschein	Nový Jičín
Nieder-Einsiedel	Dolní Poustevna
Niederhof	Dolní Dvůr
Nieder-Rochlitz	Dolní Rokytnice
Niemes	Mimoň
Nikolsburg	Mikulov
Obergeorgenthal	Horní Jiřetín
Ober Rosenthal	Horní Růžodol
Olmütz	Olomouc
Ossegg	Osek
Parschnitz	Poříčí
Pfraumberg	Přimda
Pilsen	Plzeň
Plan	Planá
Ploschkowitz	Ploskovice
Podersam	Podbořany
Prachatitz	Prachatice

Konkordanz der Ortsnamen

Prag	Praha
Preßnitz	Přísečnice
Protiwitz	Protivec
Reichenberg	Liberec
Rochlitz	Rokytnice nad Jizerou
Römerstadt	Rýmařov
Roßbach bei Asch	Hranice
Rothkosteletz	Červený Kostelec
Rumburg	Rumburk
Saaz	Žatec
Sankt Joachimsthal	Jáchymov
Schemnitz	Banská Štiavnica
Schluckenau	Šluknov
Schönbach	Luby
Schönlinde	Krásná Lípa
Schreckenstein	Střekov
Schüttenhofen	Sušice
Senftenberg	Žamberk
Staab	Stod
Sternberg	Šternberk
Tabor	Tábor
Tachau	Tachov
Taus	Domažlice
Tepl	Teplá
Teplitz (Teplitz-Schönau)	Teplice (Teplice-Šanov)
Tetschen	Děčín
Tetschen-Liebwerd	Libverda
Theresienstadt	Terezín
Theusing	Toužim
Trautenau	Trutnov
Troppau	Opava

Tschausch	Souš u Mostu
Tschechisch Teschen	Český Těšín
Tyrnau	Trnava
Wagstadt	Bílovec
Warnsdorf	Varnsdorf
Wawrowitz	Vávrovice
Weipert	Vejprty
Weißensulz	Bělá nad Radbuzou
Welchau	Velichov
Wickwitz	Vojkovice
Wiesengrund (Dobrzan)	Dobřany
Winterberg	Vimperk
Wittingau	Třeboň
Zlin	Zlín
Znaim	Znojmo
Zwickau in Böhmen	Cvikov
Zwittau	Svitavy

Tschechisch – Deutsch

Aš	Asch
Banská Štiavnica	Schemnitz
Bělá nad Radbuzou	Weißensulz
Benkov	Benke
Bílina	Bilin
Bílovec	Wagstadt
Bludov	Blauda
Bohosudov	Mariaschein
Brno	Brünn
Broumov	Braunau
Bruntál	Freudenthal

Konkordanz der Ortsnamen

Březová nad Svitavou	Brüsau
Cvikov	Zwickau in Böhmen
Červený Kostelec	Rothkosteletz
Česká Lípa	Böhmisch Leipa
České Budějovice	(Böhmisch) Budweis
Český Krumlov	Böhmisch Krumau
Český Šternberk	Böhmisch Sternberg
Český Těšín	Tschechisch Teschen
Děčín	Tetschen
Dětřichov u Moravské Třebové	Dittersdorf
Dobřany	Dobrzan, 1939–1945 Wiesengrund
Doksy	Hirschberg
Dolní Dvůr	Niederhof
Dolní Poustevna	Nieder-Einsiedel
Dolní Rokytnice	Nieder-Rochlitz
Domažlice	Taus
Doupov	Duppau
Dubá	Dauba
Duchcov	Dux
Dvůr Králové nad Labem	Königinhof an der Elbe
Dyjákovice	Groß Tajax
Falknov nad Ohří, heute Sokolov	Falkenau
Františkovy Lázně	Franzensbad
Frýdek-Místek	Friedek-Mistek
Frýdlant v Čechách	Friedland in Böhmen
Fryštát	Freistadt
Frývaldov, heute Jeseník	Freiwaldau
Fulnek	Fulnek
Hamrštejn	Hammerstein
Havlíčkův Brod (bis 1945 Německý Brod)	Deutschbrod
Hodonín	Göding

Holasovice	Kreuzendorf
Horní Jiřetín	Obergeorgenthal
Horní Růžodol	Ober Rosenthal
Horšovský Týn	Bischofteinitz
Hradec Králové	Königgrätz
Hranice	Roßbach bei Asch
Hrdlovka	Herrlich
Humpolec	Humpoletz, 1939–1945 Gumpolds
Chabičov	Chabitschau
Cheb	Eger
Chodovská Huť	Kuttenplaner Schmelzthal
Chomutov	Komotau
Jablonec nad Nisou	Gablonz
Jablonné v Podještědí	Deutsch Gabel
Jáchymov	Sankt Joachimsthal
Jaktař	Jaktar
Javorník	Jauernig
Jesenice	Jechnitz
Jihlava	Iglau
Jilešovice	Illeschowitz
Jindřichův Hradec	Neuhaus
Kadaň	Kaaden
Kaplice	Kaplitz
Karlova Studánka	Bad Karlsbrunn
Karlovy Vary	Karlsbad
Kašperské Hory	Bergreichenstein
Klášterec nad Ohří	Klösterle an der Eger
Klatovy	Klattau
Klimkovice	Königsberg in Schlesien
Kopisty	Kopitz (Brüx)
Kořen	Kurschin

Košťany	Kosten
Králíky	Grulich
Kralovice	Kralowitz
Kraslice	Graslitz
Krásná Lípa	Schönlinde
Krnov	Jägerndorf
Kynšperk nad Ohří	Königsberg an der Eger
Lanškroun	Landskron
Leskovec	Markersdorf
Liberec	Reichenberg
Libverda	Tetschen-Liebwerd
Litoměřice	Leitmeritz
Litomyšl	Leitomischl
Loděnice	Lodenitz
Loket	Elbogen
Lovosice	Lobositz
Luby	Schönbach
Mariánské Lázně	Marienbad
Mikulov	Nikolsburg
Mimoň	Niemes
Mohelnice	Müglitz
Mokřiny	Nassengrub
Moravská Chrastová	Mährisch Chrostau
Moravská Ostrava	Mährisch Ostrau
Moravská Třebová	Mährisch Trübau
Moravský Beroun	Bärn
Most	Brüx
Nejdek	Neudek
Německý Brod	Deutschbrod
Nový Jičín	Neutitschein
Olešnice v Orlických horách	Gießhübel im Adlergebirge

Olomouc	Olmütz
Opava	Troppau
Osek	Ossegg
Osoblaha	Hotzenplotz
Planá	Plan
Ploskovice	Ploschkowitz
Plzeň	Pilsen
Podbořany	Podersam
Poříčí	Parschnitz
Praha	Prag
Prachatice	Prachatitz
Protivec	Protiwitz
Příbor	Freiberg in Mähren
Přimda	Pfraumberg
Přísečnice	Preßnitz
Rokytnice nad Jizerou	Rochlitz
Rumburk	Rumburg
Rýmařov	Römerstadt
Smržovka	Morchenstern
Souš u Mostu	Tschausch
Stará Role	Alt Rohlau
Staré Město	Mährisch Altstadt
Stod	Staab
Střekov	Schreckenstein
Stříbro	Mies
Sušice	Schüttenhofen
Svitavy	Zwittau
Šluknov	Schluckenau
Šternberk	Sternberg
Šumperk	Mährisch Schönberg
Tábor	Tabor

Konkordanz der Ortsnamen

Tachov	Tachau
Teplá	Tepl
Teplice (Teplice-Šanov)	Teplitz (Teplitz-Schönau)
Terezín	Theresienstadt
Toužim	Theusing
Trnava	Tyrnau
Trutnov	Trautenau
Třeboň	Wittingau
Uničov	Mährisch Neustadt
Ústí nad Labem	Aussig
Varnsdorf	Warnsdorf
Vávrovice	Wawrowitz
Vejprty	Weipert
Velichov	Welchau
Velká Hleďsebe	Groß Sichdichfür
Velké Losiny	Groß-Ullersdorf (Bad Ullersdorf)
Vimperk	Winterberg
Vojkovice	Wickwitz
Vrchlabí	Hohenelbe
Vysoké nad Jizerou	Hochstadt an der Iser
Zábřeh	Hohenstadt
Záluží (Litvínov)	Maltheuern
Zlín	Zlin
Znojmo	Znaim
Žamberk	Senftenberg
Žatec	Saaz
Žlutice	Luditz

Personenregister

Al-Qawuqji (Kaukdži), Fawzi (Fauzi) 275–276
Albin, John 429
Altmann [Kreisberufsschule Reichenberg] 334
Altrichter, Marie 442
Anderson, Benedict 39
Appel, Ferdinand 445, 449
Arent, Benno von 206
Arndtová, Veronika 326
Aubin, Hermann 72
Autherid, Ferdinand 430

Back [Reichenberg] 163
Baeumler, Alfred 110
Bartels, Bruno 435
Bartl, Friedrich 440
Bartoš, Josef 362
Bartusch, Herbert 440, 447
Becker, Peter 31
Bečwař, Hans 430
Beigl, Leopold 431
Bělohlavek (Belohlawek), Karl 446
Benatzky, Emil 430
Benda, Jan 121–122
Beneš, Edvard 41, 89, 127, 201
Bernt, Alois 202
Bertram, Adolf 115–116
Bierhoff [Regierungspräsidium Karlsbad] 433
Bodenreuth, Friedrich 197
Boehm, Max Hildebert 56
Bormann, Martin 144, 150–152, 157, 178, 245
Bouhler, Philipp 203
Brandes, Detlef 24, 297, 514
Brandt, Rudolf 326
Breitfelder, Miroslav 24

Breitfelder, Rudolf 444, 448
Bretholz, Berthold 47, 212–213, 522
Bretschneider [Reichsstatthalterei] 435
Brich, Anton 433, 440
Broche, Gustav 438
Broßmann [Reichsstatthalterei] 435
Brubaker, Rogers 40
Buchwald, Ernst 448
Budňák, Jan 39
Bürckel, Josef 38, 387
Bürger, Friedrich 52
Busse [Reichserziehungsministerium] 111, 228–229

Cassel, Erich 327
Černy, Josef 430
Comenius (Komenský), Johann Amos (Jan Amos) 280
Czapka, Maximilian 431
Czech, Ludwig 15
Czernay, Alfred 443, 445

Dabel, Gerhard 288
Darré, Richard Walther 299
Dellner, Otto 446
Dengler, Ernst 439
Dentz, Henri Fernand 275
Dérer, Ivan 80
Dicker-Brandeis, Friedl 130
Dieckhoff, Hans 442
Dießl, Rudolf 429
Diewock, Anton 433, 435
Dokoupil, Karl 235, 441
Donnevert, Richard 73, 107
Donnhäuser, Peter 114, 281–284, 289–290, 419, 523
Dorniak, Richard 431

Drab, Marie 29, 432, 435, 442
Drachsler, Josef 444, 447
Dreßler, Heinrich 437
Dunckern, Anton 387
Dusik, Michael 447
Duve, Marie 248

Eben, Wilhelm 429
Eden, Sören 29
Eichholz, Ludwig 13, 64, 73–74,
  87–89, 100–101, 105–106, 113, 118,
  131, 134, 148–149, 155, 159, 163,
  168, 173, 181, 191, 226, 288, 301–
  302, 306, 308–309, 328, 339, 341,
  344, 346, 355, 370, 385–386, 393,
  408, 415, 423–424, 432, 508
Eis, Gerhard 213
Elger [Reichsstatthalterei] 434–435
Elgner, Franz 431, 441
Endt, Alfred 291
Erben, Josef 430
Ermold [Reichsstatthalterei] 434
Ertel, Franz 440
Eschler, Hans 429
Essl, Karl 202

Feest, Adolf 434
Feischer, Emil 430
Fekl, Klemens 439
Fiedler, Rudolf 84, 107, 133, 149,
  151, 188, 208, 246, 277, 350, 368–
  369, 378, 380, 392, 399, 411, 415,
  425, 432, 434, 442, 508
Fischer, Rudolf 446
Fischer, Siegfried 442
Fleischer, Rudolf 429
Föhst, Rudolf 430, 437
Frank, Ernst 69
Frank, Josef 446
Frank, Karl Hermann 51, 69, 107,
  210, 242, 321–322
Freysoldt, Arnold 228

Fritsch, Rudolf 430, 437
Fritsch, Waldemar 443
Fritscher, Eduard 109, 186,
  303–304, 313, 332, 339, 399–400,
  409, 441
Fritz [Wien] 180
Funek, Emil 180, 432, 443
Füssel, Ernst 437

Gallerach, Rudolf 447
Gaudek, Ferdinand 445
Gebauer, Edmund 444, 448
Gebel, Ralf 20, 28, 171, 297, 327, 514
Gellner, Ernest 39
Gierach, Erich 49, 51, 54
Gläßner, August 431
Glocker, Ernst Friedrich 45
Glott, Josef 443
Göbel, Wilhelm 437, 446
Goldmann, Friedrich 429
Göth, Ignaz 51
Götz, Margarete 30
Greiser, Arthur 151
Grimm, Alfred 443
Grohs, Josef 445
Gromes [Reichsstatthalterei] 435
Gruber, Karl 447
Gruber, Richard 432, 442
Grünes, Meta 442
Günther, Adolf 72
Günther, Hans Friedrich Karl 337–
  338
Güntner, Josef 445, 448
Gürtler, Franz 446

Haberer, Emil 445
Hadina, Emil 199
Hahn, Eva 49
Hahn, Hans Henning 47
Hálek, Vítězslav 274
Hanika, Josef 73, 443
Haslinger, Peter 40, 55

Haßmann [Regierungspräsidium Aussig] 432
Haßmann [Regierungspräsidium Karlsbad] 433
Haudek, Josef 70, 98
Hauptmann, Ludwig 431
Haushofer, Karl 57
Heckel, Hans 189, 228–229, 242
Heger, Hans 444, 448
Heide [Reichsstatthalterei] 434–435
Hein, Florian 430
Heinzmann, Wendelin 445, 448
Heiß, Friedrich 56
Held, Fritz 432–433
Heller, Anton 430
Henlein, Konrad 16, 29, 48, 52, 61, 64, 71, 89, 91, 107–108, 110, 115–116, 120, 123, 140, 143, 144, 148, 152, 157, 159, 170, 173, 179–180, 191, 206, 208, 210, 240–242, 273, 283–284, 286, 289–290, 299–300, 314, 324, 326–327, 337, 360, 369, 372, 380, 407, 411, 508
Herbinger, Anton 430
Herget, Anton 85
Hermann [Reichsstatthalterei] 434
Herr, Arthur 66
Herzog, Robert 67
Heß, Rudolf 100, 228
Heumos, Peter 122
Heydrich, Reinhard 223, 238, 240–242, 249, 279, 321, 324–326, 328, 532
Hillen-Ziegfeld, Arnold 56
Himmler, Heinrich 299, 375, 384
Hirnich, Robert 441, 445
Hirschmann, Heinrich 430
Hitler, Adolf 16, 26, 89–91, 98–99, 113, 180, 185, 192, 203–206, 208, 210, 212, 228–229, 266–267, 270, 290, 297, 302, 321, 324, 345, 384, 419, 517–518, 521–522, 532

Hlawath, Hans 446
Hobsbawn, Eric 39
Hocke, Oskar 432, 438
Hodina, Franz 52
Hoffmann, Albert 112
Hofstaetter, Walther 199
Hohlbaum, Robert 199
Holfelder, Albert 110, 141, 178, 409
Höller, Franz 284
Holoubek, Rudolf 180
Hübler, Bruno 197
Hübner, Gustav 445, 447–448
Huschka, Rudolf 446

Illing, Josef 438
Ingrisch, Franz 431
Ingrisch, Friedrich 433
Iro, Alfred 407, 439
Itermann, Hans 302, 339, 440

Jäger, Karl 443
Jahnel, Franz 439
Jakowetz, Josef 309, 437
Jaksch, Wenzel 122
Jaroschek, Walter 235
Jaworski, Rudolf 50, 57
Jedlitschka, Heinrich 433, 441
Jenisch, Adolf 441
Jesser, Franz 46
Jesser, Kurt 108, 433, 442
Jilge, Wilfried 21
John, Jürgen 27–28
Jörns, Emil 336, 338
Josef II., römisch-deutscher Kaiser 75

Kaiserová, Kristina 23
Kalies, Erwin 109–110, 432
Kapras, Jan 127
Karl, Josef 22, 515
Kasper, Tomáš 23, 515
Kasperová, Dana 22, 129, 514

Kaukdži, Fauzi siehe
  Al-Qawuqji, Fawzi
Keil, Theo 22, 62, 107, 133, 137, 140,
  142, 146–147, 149–151, 182, 225,
  233, 246–247, 284–285, 306, 339,
  379–380, 397, 399, 403, 408–409,
  424, 432, 442, 508, 515
Kern, Josef 448
Kieseler, Paul 108, 233, 315, 350,
  410, 433
Klätte, Erna 29, 158, 432, 434
Kleinwächter, Marie 442
Klier, Ignaz 444, 446–447
Klopfer, Gerhard 152–153
Knahl, Eduard 446
Knauschner, Franz 430
Knoblich, Rudolf 440, 444
Koch, Karl 444
Köchling, Anton 432
Köchling, Friedrich 91
Kohlbach, Georg 242
Köhler [Regierungspräsidium
  Troppau] 433
Kohlert, Anton 444
Kolařík, Karl 430
Kolb, Julius 431
Köllner, Fritz 107, 210
König, Viktor 430
Korten, Bruno 449
Kožíšek, Josef 350
Kraemer, Adolf 433
Krahl, Franz 445, 447–448
Kramer [Regierungspräsidium
  Troppau] 433
Krause [Regierungspräsidium
  Karlsbad] 433
Krause, Franz 437, 444, 446, 448
Krause, Otwin 449
Krautzberger, Franz 89
Krebs, Hans 60, 296, 301, 311, 319–
  320, 355, 359, 389, 528
Kriegler, Josef 447

Krippner, Anton 445, 447–448
Kriwanek, Josef 445, 448
Kriz, Hugo Maria 197
Krumei, Robert 442
Krumpholz, Rudolf 431
Kudera, Max 60, 108, 344, 433
Kulka, Emil 431
Kümmel, Adolf 433
Kunštát, Miroslav 23
Kunz [Reichsstatthalterei] 432, 435
Künzel, Ermin 324–325
Künzel, Franz 51–52, 298–299, 302,
  304–305, 309, 319–321, 324–328,
  341, 393, 530
Küpper, René 124
Küssel, Ferdinand 440

Lammel, Richard 210, 407
Langhans, Franz 433, 446
Langner [Nieder-Rochlitz] 277
Lankisch-Hoernitz, Kurt von 235
Lanzendörfer, Karl 125
Lees, Leopold 447
Lehanka, Franz 4 39
Lehanka, Georg 444, 448
Lehmann, Emil 45, 51, 59–60, 72,
  199, 202, 213, 415
Lehnhart, Franz 443
Leicher, Leopold 449
Lemberg, Eugen 66, 182–183,
  415, 423
Leniger, Markus 385
Leppa, Karl Franz 196, 199
Lichtenstern, Joseph Marx
  Freiherr von 45
Liebscher, Johann 435
Liedl, Kurt 433
Lochner, Rudolf 51, 58, 64, 72, 83,
  111–112, 177, 415, 426
Lodgman von Auen, Rudolf 423
Loesch, Karl C. von 56
Lozoviuk, Petr 388

Lüdtke, Alf 29
Lüftner, Gottfried 448
Lutz, Hans 430

Majewski, Piotr M. 79
Marschas, Rudolf (Rolf) 88, 160
Martin, Max 439, 447
Marx, Henry 29
Masaryk, Tomáš Garrigue 41, 90, 213–214
Matthäus, Gerhard 70, 109–110, 142–143, 426, 433
Mattusch, Walter 439
Matura, Hugo 445, 449
Matzer, Lisbeth 37
Mauthner, Fritz 197
Mayr-Harting, Robert 15
Mayring, Philipp 257
Menzel, Gustav 437, 444, 446–447
Menzel, Hans 84, 443
Metzner, Karl 51, 81–82
Meyer [Wien] 146
Meyer, Arthur 431
Michalik [Regierungspräsidium Troppau] 110
Miksch, Friedrich 447
Mirschitzka, Franz 430
Míšková, Alena 514
Möchel, Friedrich 440
Morawek, Hans 441, 446
Morche, Trude 442
Müller, Ernst 324, 327–328, 335, 341, 366, 371, 378–380, 393
Müller, Karl 110
Müller, Karl Valentin 304
Müller, Saskia 118

Nadler, Josef 47
Nagel, Anne Christine 25
Nahler, Leopold 431
Nakel, Julius 431
Němcová, Božena 274

Němec, Josef 274
Němec, Mirek 15, 22–23, 80, 83, 171, 214, 259, 514
Neruda, Jan 274
Neuburg, Hermann 74, 108, 300, 405
Neumann [Reichenberg] 163
Neurath, Konstantin von 228–229, 238, 321, 360
Niclatsch, H. 93
Nowak, Bruno siehe Rothacker, Gottfried
Nowak, Hans 447
Nowotny, Anton 431

Oberdorffer, Kurt 51
Oppelt, Franz 430
Orłowski, Hubert 197
Ortmeyer, Benjamin 118
Osterloh, Jörg 168
Otruba, Walter 433
Ott, Erwin 444, 448
Otto, Ernst 64, 87

Patscheider, Richard 54, 60, 288, 344
Patzelt, Franz 444, 447
Patzelt, Rudolf 431
Patzner, Franz 432
Pax, Emil 219, 233, 356
Pech, Adolf 446
Pecher [Regierungspräsidium Karlsbad] 433
Pekař, Josef 212
Peschel, Franz 433
Peter, Franz 429, 431
Peter, Rudolf 169
Peukert, Herbert 443
Pfitzner, Josef 45, 62, 280
Pirchan, Gustav 212
Plail, Ernst 433
Planitz, Karl Ferdinand Edler von der 404

Plato, Fritz 322, 532
Pleyer, Wilhelm 59, 69, 404
Plischke, Gustav 443
Pollack [Reichenberg] 163
Pompe, Wilhelm 399, 434–435
Posselt, Hermann 442–443
Prade, August 439
Präger, Franz 430, 440
Prasse, Adolf 446
Preißler (Preissler), Gottfried 62, 78, 84, 86–87, 106, 110–111, 131, 156, 168, 176–181, 202, 226, 229–230, 256, 399, 415, 425, 432, 434–435, 442, 508
Preißler, Adolf 430
Přemysl Ottokar II., böhmischer König 216
Preußler (Syrowatka), Josef 113, 163, 442
Preußler, Otfried 113
Pritzl, Barbara (Schulschwester Epiphania Maria) 125
Prokert, Heinz 443
Puttkamer, Joachim von 40

Raaz, Josef 430
Rasche, Rudolf 432
Ratzel, Friedrich 57
Rauchberg, Heinrich 202
Reche, Otto 338
Reich, Andreas 342
Reich, Eduard 430
Reimer, Emil 439
Reiprich, Gerhard 433
Reiter, Anton 442
Repp, Friedrich 443
Reymann, Anton 430
Richter, Johann Ivo 429
Riedel, Gustav 439
Rieger, Florian 430
Riehl, Wilhelm Heinrich 47
Rieß, Christoph 88

Rinas, Karsten 196–197, 200, 520
Rohm, Emil 430
Rohn, Eduard Josef 83, 89
Rösler, Karl 256
Rößler, Karl 444, 446, 448
Rothacker (Nowak), Gottfried (Bruno) 198–199, 203, 207
Rother, Karl 434
Rothmayer, Josef 432
Rotter, Josef 439
Rust, Bernhard 94, 97–99, 115, 138, 142, 150–152, 170, 180, 203, 238, 282–283
Rutha, Heinz 51

Sadowski, Adolf 60, 441
Sagaster, Rudolf 215, 412, 425, 432
Schemm, Hans 37
Schiepel [Regierungspräsidium Troppau] 433
Schill, Ferdinand von 284
Schill, Johann Georg von 284
Schimeczek, Eduard 445, 447–448
Schlageter, Leo 283
Schlegel, Adolf 410, 412, 430, 437
Schlegel, Otto 438
Schlesinger, Alois 442, 445
Schmidt, Josef 430
Schmiechen-Ackermann, Detlef 27–28
Schneck, Bernhard 54
Scholtis, August 197
Scholze, Gustav 443
Schön, Josef 445, 449
Schönfeldt, Jost von 333–334
Schrimpf, Wolfgang 407
Schroubek, Richard 429
Schubert, Adolf 446
Schulte-Schomburg, Gustav Adolf 326
Schulz, Ulrike 29
Schulze Wessel, Martin 41

Schusser, Friedrich 439
Schwab, Julius 336, 338
Schwarz, Sepp 59
Sedlaček (Sedlatschek),
   Otto 437, 444
Sedlak, Heinrich 445
Sedlatschek, Erich 443
Seemann, Franz 448
Seidel, Adolf 446
Seidler, Karl 431, 441, 445
Siegel, Josef 438
Sinn, Karl Alexander 337–338
Skazel, Heinrich 440, 444, 448
Skransky, Franz 448
Sladek, Anton 430
Slapnička, Franz 430
Slivka (Sliwka), Aurel 433
Smetana, Rudolf 447
Soffner, Josef 430
Spachovský, Wilhelm 429
Spahn, Martin 56
Spina, Franz 15
Spranger, Eduard 87
Sprenger, Jakob 110
Stanzel, Bruno 446–447
Steber, Martina 33
Steiner, Josef 65
Stelzner, Karl 448
Stepanek, Ignaz 430
Steppan, Rudolf 443
Stiebitz [Regierungspräsidium
   Karlsbad] 433
Stiller, Reinhold 437
Stonjek, Otto 448
Stransky, Franz 444
Streit, Julius 435
Stricker, Hans 181
Strobl, Karl Hans 53, 199
Stroh, Karl 444, 447
Stuckart, Wilhelm 100–101
Sturm, Walter 443
Sünderhauf, Karl 430, 438

Süssemilch, Gustav 66–67, 195, 217–218, 443, 522
Šustrová, Radka 288
Swarowsky, Gustav 443
Swoboda, Emil 431
Swoboda, Ferdinand 446
Syrowatka, Josef siehe
   Preußler, Josef

Taller, Josef 202
Tannert, Heinrich 108, 277
Teufel, Herbert 446
Thöner, Karl 444, 448
Tippelt, Josef 125
Toischer, Wendelin 111
Tornow, Karl 164
Tosch, Adolf 432, 442
Träger, Ludwig 443
Träger, Robert 440
Treixler, Gustav 212
Trimbuch
   [Reichsstatthalterei] 434–435
Tschipper, Anton 429
Tschuschner, Franz 411
Tugemann, Rudolf 334, 437, 445, 447–448
Turba, Rudolf 433

Ulbricht, Robert 444, 447
Urban, Alfons 382, 437, 444, 446, 448

Valasek, Emil 123
Venken, Machteld 39
Vergnon, Bastian 121
Vierebl, Karl (Kurt Vorbach) 71
Vinzel [Regierungspräsidium
   Karlsbad] 433
Vogeler, Friedrich 108, 189, 307, 358, 363, 371, 378–380, 410
Vogt, Ernst 447
Vorbach, Kurt siehe Vierebl, Karl

Wächtler, Fritz 118, 181
Wagner [Regierungspräsidium Aussig] 433
Wagner, Robert 38
Waldeyer-Hartz, Wolfgang von 432
Wasgestian, Hugo 63, 84, 107, 169, 306–307, 339, 356–359, 432, 435, 442, 508, 527
Watzke, Friedrich 448
Watzlik, Hans 51, 53, 196, 205
Weber, Anton Alois 116
Weger, Tobias 22, 49
Wehler, Hans-Ulrich 33
Weigand, Gustav 445
Weigel, Wenzel 64, 82
Weigt, Josef 430
Weinmann, Rudolf 386
Weiser, Caroline 213
Weitzdörfer, Ernst Rudolf 430
Weps, Karl 202
Wiehl, Heinrich 443
Wild, Ernst 443
Wildt, Michael 31
Willinger, Josef 258–259
Wißgott, Franz 431

Wittek, Bruno Hans 199
Wittek, Erwin 378–379
Wokurka, Erich 446
Woldan, Otto 431
Wolf, Alois 175
Wolf, Bruno 446
Wollmann, Rudolf 432
Wunderlich, Friedrich 444

Zahra, Tara 23
Zajicek, Erwin 15
Zechiel [Reichsstatthalterei] 434–435
Zeppezauer, Erich 441
Zimmermann, Volker 20, 28, 63, 171, 299, 326, 394, 514
Zintl, Ernst 70, 432, 442–443
Zippelius, Friedrich 108, 233, 237, 241, 291, 300–301, 308–309, 311, 313, 315, 319–320, 328, 339–341, 358, 378, 393, 415, 425, 524
Zoubek, Karl 439
Zubeck, Karl 444, 446, 448
Zuber, Hans (Johann) 439
Zückert, Martin 41, 48
Zvánovec, Mikuláš 24

Forschungen zu Geschichte und Kultur der böhmischen Länder

Herausgegeben von
Robert Luft / Stefan Albrecht / Joachim Bahlcke /
K. Erik Franzen / Andreas Helmedach / Sarah Scholl-Schneider /
Thomas Winkelbauer / Volker Zimmermann
im Auftrag der Historischen Kommission für die böhmischen Länder e.V.

Band 1 Stefan Albrecht (Hrsg.): Chronicon Aulae regiae – Die Königsaaler Chronik. Eine Bestandsaufnahme. 2013.

Band 2 Stefan Albrecht (Hrsg.): Die Königsaaler Chronik. Aus dem Lateinischen von Josef Bujnoch † und Stefan Albrecht. Mit einer Einleitung von Peter Hilsch. 2014.

Band 3 Joachim Bahlcke: Erinnerungskonkurrenz. Geschichtsschreibung in den böhmischen Ländern vom 16. Jahrhundert bis zur Gegenwart. 2016.

Band 4 Ota Konrád: Geisteswissenschaften im Umbruch. Die Fächer Geschichte, Germanistik und Slawistik an der Deutschen Universität in Prag 1918–1945. 2020.

Band 5 Stefan Albrecht (Hrsg.): Großmähren und seine Nachbarn. 2021.

Band 6 Stefan Johann Schatz: Unterricht für die „Grenzlanddeutschen". Das deutschsprachige Schulwesen im Reichsgau Sudetenland 1938–1945. 2023.

www.peterlang.com

Printed by
CPI books GmbH, Leck